TOUTES les matières

Objectif BAC 2nde

Français
Karine JUILLIEN

Maths
Claudine RENARD
Florence BODSON

Histoire-Géographie
Catherine GUILLERIT
Florence NIELLY

Physique-Chimie
Sébastien DESSAINT
Sébastien ZARDET

SVT
Malorie GORILLOT
Gladys BOUREAU

Anglais
Annie SUSSEL

Espagnol
Jean-Rémy CUENOT

Allemand
Marie-Christine DESPAS

SES
Alexandre BLIN

hachette
ÉDUCATION

Crédits photographiques

p. 16 : *Perceval*, © The British Library Board / Leemage ; Marie de France, © Aisa / Leemage ; Marguerite de Navarre, Clément Marot, Pierre de Ronsard, Joachim du Bellay, photos © Photothèque Hachette-Livre. p. 17, Photo © Photothèque Hachette-Livre. p. 18 : photos © Photothèque Hachette-Livre. p. 28 : © Costa / Bridgeman Images. pp. 34, 35 : photos © Photothèque Hachette-Livre. p. 36 : Marcel Proust, Raymond Queneau, Jean-Paul Sartre, Albert Camus, photos © Photothèque Hachette-Livre ; Marguerite Yourcenar, photo © PVDE / Bridgeman Images ; Marguerite Duras, photo © AGIP / Bridgeman Images. p. 45 : Photo © Costa / Bridgeman Images. p. 46 : photos © Photothèque Hachette-Livre. p. 47 : Photo © Pascal Victor / ArtComPress. p. 49 : Victor Hugo, Eugène Ionesco, photos © Photothèque Hachette-Livre ; Alfred Jarry, dessin de F.-A. Cazais, photo © Photothèque Hachette-Livre ; Jean Giraudoux, photo Henri Manuel, © Photothèque Hachette-Livre ; Samuel Beckett, photo © akg-images / Pictures From History ; Jean-Claude Carrière, photo © Hannah Assouline / Opale / Leemage ; bas : Gravure de Grandville, Photo © Photothèque Hachette Livre. p. 148 : © Louvre / Giraudon / Bridgeman Images. pp. 154, 155 : Photo © Photothèque Hachette Livre. p. 161 : Library of Congress, Geography and Map Division. p. 163 : Photo © Leemage. p. 164 : Photo © Shutterstock. p. 166 : © Château de Versailles, distr. RMN-Grand Palais/Christophe Fouin. pp. 169, 170 : Photo © Photothèque Hachette Livre. p. 171 : © Bridgeman Images. p. 172 : Photo © Scala, Florence. p. 173 : Photo © Photothèque Hachette Livre. p. 174 : Photo © Bridgeman Images. p. 175 : Photo © Selva/Leemage. p. 177 : Photo © Photothèque Hachette Livre. p. 192 : Photo © Shutterstock. p. 210 : © Société du Grand Paris. p. 216 : © REUTERS/James Oatway. p. 243 © Shutterstock. pp. 278, 280, 287, 288, 291, 303 et 305 (coupe du cerveau) : © Shutterstock. p. 290 : photo de l'auteur.

Conception graphique
Couverture : Stéphanie Benoit
Intérieur : Françoise Bouvard – Médiamax – Graph'in Folio

Réalisation
Composition et mise en pages : Médiamax – Grafatom
Schémas Mathématiques, Physique-Chimie, SVT : Grafatom
Schémas Histoire-Géographie, SES : Médiamax
Cartographie et schéma page 310 : Domino.

ISBN : 978-2-01-708162-3

www.hachette-education.com

Sommaire

EN PLUS ! Pour améliorer votre orthographe

Téléchargez **gratuitement** sur notre site
www.hachette-education.com
30 tutos vidéos pour éviter les fautes
d'orthographe les plus fréquentes !

Avant-propos

Conforme aux nouveaux programmes, cet ouvrage a été conçu pour vous accompagner durant toute votre année de Seconde et vous permettre d'acquérir et de maîtriser les connaissances et les méthodes nécessaires à votre réussite.
Les différentes rubriques de chaque matière ont été élaborées pour vous aider, que vous souhaitiez réviser ou mieux comprendre votre cours, vous entraîner pour préparer un contrôle ou trouver un soutien pour réussir un devoir à la maison.
Grâce au sommaire général (p. 3), au sommaire détaillé en page d'ouverture de chaque matière et à l'index des mots-clés (pp. 395 à 400), vous trouverez immédiatement la question que vous voulez travailler.

Le cours complet

Chaque chapitre développe un point du programme. Structuré et clairement rédigé, il est enrichi d'encadrés (exemples, vocabulaire, chronologie) en sciences humaines et d'exercices d'application du cours suivis de leur solution dans les disciplines scientifiques pour vous aider à comprendre et à mémoriser votre cours.

Les méthodes en sciences humaines et SVT

Correspondant aux principaux devoirs que l'on vous demandera tout au long de l'année, chacune de ces méthodes vous explique le savoir-faire à mettre en œuvre, puis vous présente un exercice d'application accompagné de son corrigé commenté.

Les exercices d'entraînement en Maths et Physique-Chimie

À la fin de chaque chapitre du cours, vous trouverez les exercices correspondants. Tous corrigés, ces exercices constituent un entraînement immédiat sur la notion travaillée dans le cours.

Nous espérons que cet ouvrage répondra à toutes vos attentes et vous souhaitons à tous une brillante réussite.

Les auteurs

Français

MÉTHODES

COURS

La poésie du Moyen Âge au XVIIIe siècle

La littérature d'idées et la presse du XIXe siècle au XXIe siècle

Le roman et le récit du XVIIIe siècle au XXIe siècle

Le théâtre du XVIIe siècle au XXIe siècle

Les registres et les figures de style

La grammaire et le lexique

Rédiger et présenter un devoir

COMMENT FAIRE

Quel que soit le type de devoir, il y a des règles de base à respecter impérativement pour donner une impression favorable à l'écrit, et augmenter ainsi ses chances d'avoir une bonne note.

Respecter les conventions de présentation

Les paragraphes

• À chaque changement d'idée, de rubrique ou de sous-partie, il faut créer un **paragraphe**, c'est-à-dire **aller à la ligne** et **faire un alinéa** : ne pas écrire au bord de la marge mais laisser un intervalle d'un ou deux carreaux.
• Entre toutes les grandes parties d'un devoir (introduction, deux ou trois parties du développement et conclusion), il faut **sauter une ligne**.

Les marges

On écrit le plus près possible de la marge de gauche sauf en cas d'alinéa. On ne laisse **pas de marge supplémentaire** ni à gauche ni à droite, sauf demande particulière du professeur. Des marges excessives peuvent donner l'impression qu'on veut « occuper » l'espace et qu'on n'a rien à dire.

L'écriture

• **Les signes de ponctuation et les tirets** utilisés pour couper un mot se mettent en fin de ligne, jamais au début de la ligne suivante.
• **Les titres** (livres, œuvres d'art, recueils) doivent être soulignés dans un texte manuscrit (écrit à la main), en italique dans un texte dactylographié (tapé).
• **Les abréviations** sont interdites.
• **Les chiffres** et **nombres** doivent être écrits en toutes lettres (sauf les dates et les numéros de lignes ou de vers).
• **Les ratures** (ou taches et mots illisibles) sont à éliminer à la relecture, avec du blanc ou un effaceur. S'il en reste, cela donnera l'impression que le devoir n'a pas été relu avant d'être rendu et la copie sera moins bien notée, surtout si c'est un travail qui était à faire à la maison.

Respecter les conventions de rédaction

• Vérifier que toute phrase commence par une **majuscule** et se termine par un **signe de ponctuation**. Une relecture rapide pour vérifier ces deux points peut être très profitable.
• On n'utilise jamais **« oui »** ou **« non »** à l'écrit.
• Une phrase ne peut jamais commencer par une **conjonction de coordination** *(mais, ou et, donc, or, ni, car)* car ces mots doivent toujours être utilisés pour relier deux éléments à l'intérieur d'une même phrase.

Attention !

On ne fait jamais figurer de **titres** ou **sous-titres** (avec ou sans numérotation) dans un devoir rédigé.

- Les **tirets en début de ligne** (liste) ou les **flèches** (schéma) sont interdits.
- On ne place jamais **« : »** après le verbe « être ».
- Il faut **éviter** d'utiliser **la première personne du singulier**. On peut remplacer « Je pense que… » ou « Les indices qui prouvent ma réponse… » par des tournures impersonnelles, avec « on » ou « il » (« On peut penser que… » ou « Les indices qui le prouvent… »).

Prendre de bonnes habitudes pour obtenir de meilleures notes

- Rédiger la réponse de façon à ce qu'on comprenne très vite de quoi il est question, en reprenant éventuellement les termes de l'énoncé et éviter en particulier d'utiliser « il » ou « elle » sans avoir nommé auparavant ce qui ou celui qui est désigné. Il faut également proscrire « ça », « cela » ou « c'est » qui sont des expressions trop vagues.
- Développer les réponses en les expliquant comme pour quelqu'un d'ignorant, même si on sait que c'est un professeur de français qui va corriger. En effet, l'évaluation porte également sur la capacité à s'expliquer clairement.
- Ordonner la réponse en mettant en évidence le raisonnement grâce aux connecteurs temporels (*tout d'abord*, *ensuite*, *enfin*, etc.) et logiques (*cependant*, *en effet*, etc.).
- Classer les idées de la moins intéressante à la plus intéressante : cet ordre laisse ainsi au correcteur une meilleure impression à la fin de sa lecture.
- Dans le cas d'une étude de texte, illustrer chacune des idées par une citation. Toute affirmation doit en effet être prouvée à l'aide d'une référence au texte et cette référence doit être expliquée.

Attention !
Une citation qui n'est pas commentée n'a pas de valeur.

LES MÉTHODES

Construire et rédiger un commentaire de texte

Le commentaire littéraire consiste à analyser un texte littéraire de façon construite. Cet exercice demande des qualités d'analyse, une bonne maîtrise des outils techniques et un sens certain de l'organisation. Il se mène en plusieurs étapes successives.

COMMENT FAIRE

Première approche du texte (brouillon 1)

Examiner le paratexte

L'examen du **paratexte** permet d'identifier :
– l'auteur ;
– le titre (en italique) ;
– la situation du texte dans l'œuvre (sous-titre, chapitre, partie, vers, etc.) ;
– la date de parution qui peut donner un indice sur le mouvement littéraire auquel appartient l'œuvre dont le texte est extrait ;
– le contenu du texte grâce au chapeau explicatif ;
– le vocabulaire difficile ou les références historiques que l'on trouve dans les notes.

> **Mot-clé**
> **Paratexte :** toute information accompagnant le texte, mais qui lui est extérieure.

Lire plusieurs fois le texte

• Il est nécessaire de lire le texte plusieurs fois pour en avoir la compréhension la plus précise possible.
• Au niveau du **vocabulaire :** en l'absence de notes, décomposer les mots posant problème ; chercher des mots de la même famille dans toutes les langues connues.
• Au niveau du **texte :** identifier les grandes lignes de l'histoire, les relations entre les personnages, le(s) registre(s).

Observer le découpage du texte

Y a-t-il des **parties** clairement visibles ? des **changements** de thème ? des **variations** marquantes à d'autres niveaux ?

Bilan de la première approche

Noter quelques éléments de conclusion au brouillon dès ce stade : qu'est-ce qui frappe dès la première lecture ? Quelles sont les spécificités du texte ? Quels semblent être les objectifs de l'auteur ?

> **À savoir**
> Si aucune problématique n'est proposée pour l'étude, ce premier bilan aidera à la trouver.

Analyse plus approfondie (brouillon 2)

Repérages sur le texte

- Utiliser un crayon, un stylo ou un surligneur, si on dispose d'une version photocopiée pour repérer tout ce qui attire l'œil.
- Parcourir le texte en utilisant tous les outils connus :

– **grammaire** : système verbal (modes et temps des verbes, changements de personnes, types de verbes employés) ; système nominal (répétitions, substituts grammaticaux et lexicaux) ;
– **lexique** : champs lexicaux, synonymes, antonymes, familles de mots, niveaux de langue ;
– **style** : figures de style.

Attention !
Si des parties ont été repérées, travailler le texte partie par partie.

Bilan de l'analyse plus approfondie

- Pour chaque observation faite, noter des éléments de conclusion : à quoi le phénomène observé peut-il servir dans ce texte ?
- Si les éléments de conclusion vont toujours dans le même sens ou aboutissent à la même idée que lors de la première approche, c'est qu'il s'agit d'une problématique possible ou d'une confirmation de la problématique supposée au départ.

Élaboration du plan (brouillon 3 ; 1 feuille par partie)

Constituer les parties et les sous-parties

- Pour constituer les **différentes parties**, reprendre le brouillon 2 et repérer les remarques qui présentent des ressemblances ou des objectifs identiques. Choisir alors une couleur de surligneur pour chaque groupe de remarques qui constitueront les futures parties.
- Sur une autre série de brouillons, classer les remarques qui sont de la même couleur de la plus simple ou évidente à la plus complexe ou subtile, de la plus courte à la plus longue afin d'**organiser ces parties et de créer des sous-parties**.

Donner un titre aux parties

En même temps ou ultérieurement, à titre de vérification, trouver un **titre** pour chacune des parties et des sous-parties. Cela permet de s'assurer qu'il n'y a pas de répétitions et que la démarche est logique. Ne pas trouver de titre signifie souvent que la partie ne repose pas sur une idée claire ou qu'elle contient trop d'idées différentes et qu'elle doit donc être subdivisée. On peut ajouter une **numérotation provisoire** pour plus de clarté.

Attention !
- Les **titres**, les **sous-titres** (avec ou sans numérotation) ne doivent pas être conservés dans le devoir rédigé.
- La rédaction n'est pas forcément utile à ce stade.

Pré-rédaction de l'introduction et de la conclusion (brouillon 4)

Pour avoir tout de même une conclusion en cas de mauvaise gestion du temps, il est préférable de la rédiger à ce stade, même si elle risque de subir des modifications après la rédaction du développement. On rédige son introduction et sa conclusion sur une quatrième série de brouillons. La rédaction de la conclusion est aussi un bon moyen de valider ou non son plan, et de constater des erreurs de logique qu'il est encore temps de rectifier.

Exercice d'application

ÉNONCÉ

Rédigez l'introduction du commentaire de cet incipit du roman d'Émile Zola, *Thérèse Raquin*.

Au bout de la rue Guénégaud, lorsqu'on vient des quais, on trouve le passage du Pont-Neuf, une sorte de corridor étroit et sombre qui va de la rue Mazarine à la rue de Seine. Ce passage a trente pas de long et deux de large, au plus ; il est pavé de dalles jaunâtres, usées, descellées, suant toujours une humidité âcre le vitrage qui le couvre, coupé à angle droit, est noir de crasse.

Par les beaux jours d'été, quand un lourd soleil brûle les rues, une clarté blanchâtre tombe des vitres sales et traîne misérablement dans le passage. Par les vilains jours d'hiver, par les matinées de brouillard, les vitres ne jettent que de la nuit sur les dalles gluantes, de la nuit salie et ignoble.

À gauche, se creusent des boutiques obscures, basses, ecrasées, laissant échapper des souffles froids de caveau. Il y a là des bouquinistes, des marchands de jouets d'enfant, des cartonniers, dont les étalages gris de poussière dorment vaguement dans l'ombre ; les vitrines, faites de petits carreaux, moirent étrangement les marchandises de reflets verdâtres ; au-delà, derrière les étalages, les boutiques pleines de ténèbres sont autant de trous lugubres dans lesquels s'agitent des formes bizarres.

À droite, sur toute la longueur du passage, s'étend une muraille contre laquelle les boutiquiers d'en face ont plaqué d'étroites armoires ; des objets sans nom, des marchandises oubliées là depuis vingt ans s'y étalent le long de minces planches peintes d'une horrible couleur brune. Une marchande de bijoux faux s'est établie dans une des armoires ; elle y vend des bagues de quinze sous, délicatement posées sur un lit de velours bleu, au fond d'une boîte en acajou.

Au-dessus du vitrage, la muraille monte, noire, grossièrement crépie, comme couverte d'une lèpre et toute couturée de cicatrices.

Le passage du Pont-Neuf n'est pas un lieu de promenade. On le prend pour éviter un détour, pour gagner quelques minutes. Il est traversé par un public de gens affairés dont l'unique souci est d'aller vite et droit devant eux. [...] Toute la journée, c'est un bruit sec et pressé de pas sonnant sur la pierre avec une irrégularité irritante ; personne ne parle, personne ne stationne ; chacun court à ses occupations, la tête basse, marchant rapidement, sans donner aux boutiques un seul coup d'œil. Les boutiquiers regardent d'un air inquiet les passants qui, par miracle, s'arrêtent devant leurs étalages.

Le soir, trois becs de gaz, enfermés dans des lanternes lourdes et carrées, éclairent le passage. Ces becs de gaz, pendus au vitrage sur lequel ils jettent des taches de clarté fauve, laissent tomber autour d'eux des ronds d'une lueur pâle qui vacillent et semblent disparaître par instants. Le passage prend l'aspect sinistre d'un véritable coupe-gorge ; de grandes ombres s'allongent sur les dalles, des souffles humides viennent de la rue ; on dirait une galerie souterraine vaguement éclairée par trois lampes funéraires. Les marchands se contentent, pour tout éclairage, des maigres rayons que les becs de gaz envoient à leurs vitrines ; ils allument seulement, dans leur boutique, une lampe munie d'un abat-jour, qu'ils posent sur un coin de leur comptoir, et les passants peuvent alors distinguer ce qu'il y a au fond de ces trous où la nuit habite pendant le jour. Sur la ligne noirâtre des devantures, les vitres d'un cartonnier flamboient : deux lampes à schiste trouent l'ombre de deux flammes jaunes. Et, de l'autre côté, une bougie, plantée au milieu d'un verre à quinquet, met des étoiles de lumière dans la boîte de bijoux faux. La marchande sommeille au fond de son armoire, les mains cachées sous son châle.

Il y a quelques années, en face de cette marchande, se trouvait une boutique dont les boiseries d'un vert bouteille suaient l'humidité par toutes leurs fentes. L'enseigne, faite d'une planche étroite et longue, portait, en lettres noires, le mot : *Mercerie*, et sur une des vitres de la porte était écrit un nom de femme : *Thérèse Raquin*, en caractères rouges. [...]

Zola, *Thérèse Raquin*, Chapitre 1, 1867.

CORRIGÉ

Zola, considéré aujourd'hui comme un des auteurs les plus « classiques » de la littérature française, a été en son temps un des romanciers les plus attaqués et les plus décriés, pour ses partis pris stylistiques et thématiques. — *Phrase d'accroche*

Thérèse Raquin, publié pour la première fois en 1867, est justement un texte emblématique à ce titre car il a contribué à rendre son auteur célèbre par le scandale, même s'il n'appartient pas au cycle des Rougon-Macquart pour lequel Zola est particulièrement connu. — *Présentation générale de l'œuvre*

Le romancier a pris le risque d'ouvrir son récit par un incipit qui propose une vaste description du lieu principal de l'action. Alors que ce choix pourrait décourager le lecteur, il le place au contraire immédiatement dans une ambiance intrigante. — *Présentation du texte*

Nous chercherons donc à comprendre (Introduit une interrogative indirecte) comment Zola (sujet) a réussi (verbe (pas d'inversion)) à installer — *Formulation d'une problématique*

cette atmosphère, en étudiant d'abord (partie 1) les modalités d'une représentation réaliste et ensuite (partie 2) les aspects qui créent un malaise à la limite du fantastique. — *Annonce du plan*

LES MÉTHODES

Construire et rédiger une dissertation

La dissertation consiste à répondre de façon argumentée à une question posée. Cet exercice réclame un grand sens de l'organisation, une bonne culture littéraire et des qualités de raisonnement. Il se mène en plusieurs étapes successives.

COMMENT FAIRE

Analyse du sujet (brouillon 1)

Repérer les mots-clés

Identifier les mots importants (en les entourant, soulignant ou surlignant) pour cerner :
– le thème concerné ;
– le genre littéraire ciblé ;
– l'époque privilégiée.

Identifier la forme de la question

Le mot interrogatif permet de savoir s'il s'agit d'une question fermée ou d'une question ouverte.

• Une **question fermée** ou **interrogation totale** commence par « Est-ce que » ou est construite par une inversion sujet-verbe. Elle attend une réponse par « oui » ou « non ».

Ex. : La littérature vous **semble-t-elle** un moyen efficace pour émouvoir le lecteur et pour dénoncer les cruautés commises par les hommes ?
Au théâtre, **existe-t-il** vraiment des personnages secondaires ?

Dans ce cas, il faut privilégier un **plan dialectique** (thèse / antithèse / synthèse).

• Une **question ouverte** ou **interrogation partielle** commence par un mot interrogatif.

Ex. : À votre avis, **quel** intérêt un romancier, et plus largement un artiste, peut-il avoir à mettre en scène des personnages frappés de folie ?
Dans **quelle** mesure les lieux dans un roman nous aident-ils à connaître les personnages ?

Dans ce cas, on choisira un **plan analytique** ou **thématique** (classement des idées par thème).

Reformuler la problématique posée

Énoncer la question d'une autre façon pour faire apparaître ses limites, sa portée et ses enjeux.

Recherche d'arguments et d'exemples (brouillon 2)

• Lister les **œuvres**, les **personnages** et les **scènes** concernés par le sujet :
– dans le sujet lui-même (en cas de citation par exemple) ;
– dans les œuvres étudiées en classe et qui ont donc déjà fait l'objet d'analyses réutilisables ;
– dans sa culture personnelle.

• Lister les **idées** possibles, c'est-à-dire des phrases qui pourraient être des réponses à la question posée par le sujet.

Élaboration du plan (brouillon 3)

Plan dialectique

Regrouper les idées sur une nouvelle série de brouillons : une page pour la thèse, une autre pour l'antithèse, une dernière pour la synthèse.

Plan analytique ou thématique

Repartir du brouillon 2 et regrouper les idées présentant des ressemblances (en les numérotant ou en les surlignant de couleurs différentes en fonction de la partie où on veut les placer).

Organisation des parties et des sous-parties

Chaque partie ou sous-partie doit contenir quatre éléments :
– **énonciation** claire de l'idée ;
– **explication** à l'aide d'arguments ;
– **illustration** par un ou plusieurs exemples ;
– **commentaire** des exemples qui montre le lien entre l'exemple choisi et l'argument défendu.

Pré-rédaction de l'introduction et de la conclusion (brouillon 4)

Pour avoir tout de même une conclusion en cas de mauvaise gestion du temps, il est préférable de la rédiger à ce stade, même si elle risque de subir des modifications après la rédaction du développement. On rédige son introduction et sa conclusion sur une quatrième série de brouillons. La rédaction de la conclusion est aussi un bon moyen de valider ou non son plan, et de constater des erreurs de logique qu'il est encore temps de rectifier.

Introduction

1. **Phrase d'amorce** qui introduit :
– le thème ;
– ou le corpus concerné ;
– ou le courant littéraire ;
– ou le contexte historique
en partant du constat d'un paradoxe.
2. **Énoncé du sujet** (avec citation recopiée entre guillemets s'il y en a une).
3. **Analyse et reformulation du sujet.**
4. **Annonce du plan.**

Conclusion

1. **Synthèse :** bilan global de la réflexion qui apporte une réponse claire et tranchée à la question posée par le sujet.
2. **Ouverture :** élargissement de la réflexion qui inscrit le sujet dans une problématique plus large censée donner une nouvelle perspective à la réflexion. L'ouverture est formulée de façon affirmative et non interrogative.

Attention !
Soigner particulièrement la conclusion car c'est elle qui donnera au correcteur la dernière impression sur votre travail. Si nécessaire, la réajuster ou la refaire.

Rédaction

- Si le temps est limité, cette phase se fera directement sur la feuille définitive, au propre.
- Chaque partie doit contenir une phrase d'introduction qui redonne la thèse et se terminer par une phrase de transition (synthèse rapide de la partie terminée et annonce de la partie suivante).

Relecture

- Élimination des ratures.
- Vérification de la présentation : le correcteur doit identifier du premier coup d'œil tous les « blocs » du devoir (introduction / développement / conclusion) et repérer le nombre de parties et de sous-parties (voir Méthode p. 6).
- Vérification de l'orthographe et de la ponctuation.

Attention !
Ne pas oublier de réécrire après avoir utilisé du blanc.

Exercice d'application

ÉNONCÉ

Proposer un plan de réponse au sujet suivant :

Dans quelle mesure les lieux dans un roman nous aident-ils à connaître les personnages ?

CORRIGÉ

Analyse du sujet

- **Repérer les mots-clés**

– « Lieux » → le cadre de l'histoire : pays, région, ville, quartier, maison, pièce, lieux habituels, récurrents, changements de lieu et déplacements.
– « Roman » → restreint le sujet à un seul genre.
– « Connaître » → plus précis que « découvrir » ; implique un savoir approfondi.
– « Personnages » → pluriel à valeur de généralisation ; ne restreint pas le sujet au personnage principal mais s'étend à tous, y compris les moins importants.

- **Identifier la forme de la question**

La question est posée sous forme d'interrogation partielle → plan thématique.

- **Reformuler le sujet et trouver une problématique**

Les lieux, éléments secondaires, ont-ils un lien avec les éléments les plus importants, les personnages ? En quoi les lieux peuvent-ils améliorer et approfondir notre connaissance des personnages ?

Chercher des idées

- **Partir de ses connaissances**

Quels lieux avez-vous gardés en tête de vos lectures scolaires ou personnelles ? Si vous ne pensez à rien, listez méthodiquement vos dernières lectures en précisant si possible pour chacune (sous forme de tableau) : titre, auteur, lieux utilisés, noms de personnages.

Ex. :

Madame Bovary	Flaubert	École (une salle de classe) / province	Charles Bovary
Thérèse Raquin	Zola	Un passage (très sombre et humide) / Paris	Thérèse, Camille, Mme Raquin

Proposition de plan

I – Le lieu facilite une pré-connaissance du personnage

a. Un lieu réaliste permet au lecteur de croire à un personnage avant de l'avoir vu
b. Un lieu inconnu ou imaginaire crée une atmosphère qui permet de visualiser le personnage avant de l'avoir vu

II – Le lieu améliore la connaissance du milieu social du personnage

a. Il donne des éléments de compréhension sur son cadre de vie (fonction descriptive)
b. Il donne des éléments de compréhension sur ses réactions (fonction explicative)

III – Le lieu approfondit la connaissance de la psychologie du personnage

a. Le choix des lieux récurrents dans le récit reflète les goûts des personnages
b. L'évolution de ces lieux reflète l'évolution du personnage
c. Paysage état d'âme : la description du lieu annonce celle de l'état d'esprit du personnage (mimétisme)

Conclusion

Élargissement possible vers :
– le temps : présente-t-il le même intérêt que le lieu ?
– la connaissance de l'auteur : les choix du roman sont ceux du romancier ; en observant ces lieux, n'est-ce pas aussi à la psychologie de l'écrivain que nous accédons ?

S'exprimer à l'oral lors d'un examen

Dans n'importe quelle présentation orale, deux aspects doivent être pris en compte, en plus du contenu : la présentation personnelle et l'aspect purement oral de la prestation.

COMMENT FAIRE

Respecter les conventions de présentation

• **La tenue :** choisissez des vêtements qui fassent bonne impression (plus élégants que ceux que vous portez habituellement ; pas de tenue de sport), dans lesquels vous vous sentez bien (si vous ne les avez jamais portés, vous risquez d'être mal à l'aise) et qui ne peuvent pas choquer l'interlocuteur ou le public.
• **Le matériel :** vous pouvez utiliser à votre guise le matériel, dans la limite des autorisations reçues. En particulier, n'hésitez pas à vous munir de bouchons d'oreille si vous avez peur que le bruit vous gêne lors de la préparation, d'une gourde ou d'une petite bouteille d'eau, etc.
• **L'attitude :** gardez une attitude ouverte et souriante, et tentez de ne pas montrer votre stress si vous en ressentez. Essayez de paraître dynamique et motivé car cela valorise votre auditoire. Debout, ne mettez pas les mains dans vos poches, évitez les tics gestuels (jouer avec ses cheveux ou son stylo, tirer sur ses manches, etc.) et les mouvements inutiles.
Assis(e), tenez-vous droit(e), pas trop enfoncé(e) sur votre chaise.
Ne croisez pas les bras (signe de blocage ou de refus).

Respecter les conventions de prise de parole

• **Exprimez-vous clairement :** ne parlez ni trop lentement (votre interlocuteur ne doit pas s'endormir), ni trop vite (il doit pouvoir suivre et prendre des notes) et ne laissez pas échapper de marques d'hésitation (*euh, bah, alors,* etc.).
Faites des phrases complètes, que vous fassiez une présentation personnelle ou que vous répondiez à la question qui vous a été posée et ne coupez pas la parole à votre interlocuteur.
Parlez assez fort pour vous faire entendre de tous, surtout si votre public est nombreux et la salle grande.
• **N'oubliez pas le contexte :** ne cherchez pas à faire de l'humour ou de l'ironie dans le cadre d'un examen car ce sont vos idées qui doivent être mises en valeur, pas votre sens de l'humour. Croyez en vous et en ce que vous dites et n'oubliez pas que le stress et le doute peuvent vous donner une vision négative de ce que vous exprimez mais que cette vision est déformée. Ne vous dévalorisez donc pas devant votre interlocuteur en faisant des commentaires négatifs sur vous-même ou votre prestation.

1 La poésie au Moyen Âge et à la Renaissance

La poésie en français a été pratiquée dès le IXe siècle. Utilisée au départ en lien avec la religion chrétienne, elle s'en détache progressivement en s'appuyant sur des thèmes, des sources d'inspiration et des registres très variés.

Chrétien de Troyes (ap. 1135-ap. 1183) Illustration de *Perceval* — Marie de France (1160-1210) — Marguerite de Navarre (1492-1549) — Clément Marot (1497-1544) — Pierre de Ronsard (1521-1585) — Joachim du Bellay (1522-1560)

1 La poésie au Moyen Âge (XIe-XIVe siècles)

A La poésie épique

Progressivement, se développe le récit en vers des combats de **personnages historiques**. Ces textes, qui appartiennent au **registre épique**, se nomment **chansons de geste** (ce dernier mot désignant des actes héroïques). La plus célèbre est *La Chanson de Roland*.

Texte-clé

La Chanson de Roland, dont l'auteur n'est pas identifié avec certitude, nous a été transmise par plusieurs manuscrits dont le plus ancien est écrit en anglo-normand. Comportant entre 4 000 et 9 000 vers selon les versions, elle raconte les combats du chevalier Roland de Bretagne contre les Vascons (ancien peuple d'Espagne).

B La poésie merveilleuse

- D'autres longs poèmes racontent les exploits de **personnages légendaires** et appartiennent au **registre merveilleux**. On parle alors de **roman de chevalerie** : le terme « roman » ne se rapporte pas ici à un genre littéraire, mais à la langue romane utilisée à la place du latin pour écrire l'épopée merveilleuse.

Mot-clé

Registre : effet que l'auteur veut susciter chez ses lecteurs (voir p. 56).

- **Chrétien de Troyes** s'est illustré dans ce genre avec des romans en vers liés au cycle du Graal (légendes du roi Arthur), comme *Lancelot ou Le Chevalier de la charrette*, *Yvain ou Le Chevalier au lion* ou encore *Perceval ou Le Conte du Graal*.

C La poésie courtoise

- La poésie courtoise, véhiculée par les **troubadours** (qui s'expriment en langue d'oc, dans le sud de la France) et les **trouvères** (en langue d'oïl, dans le nord), est destinée à la cour (d'où le nom de poésie courtoise). Elle illustre les valeurs morales de la chevalerie et exalte le ***fin'amor***, l'amour idéal pour lequel on doit être prêt à souffrir. Cette poésie, essentiellement orale, a une variante plus populaire, la **chanson**.

Mots-clés

Troubadours et **trouvères :** poètes itinérants qui vont de château en château pour y proposer leurs services consistant à réciter des textes mis en musique.

• **Marie de France** est la représentante la plus connue de la poésie courtoise en langue d'oïl, avec ses *Lais*, inspirés pour certains du cycle des chevaliers de la table ronde, et son *Ysopet*, ensemble de fables traduites ou inspirées d'Ésope.

▲ « L'âne et le petit chien », fragment d'un manuscrit des lais de Marie de France.

2 La poésie à la Renaissance (XVe-XVIe siècles)

A Le cercle de Lyon

Le poète lyonnais **Maurice Scève** (v. 1500-v. 1560), fait entrer en France et développe la poésie d'inspiration italienne **(Pétrarque)** destinée à un public érudit. Son mouvement permet aux premières poétesses de gagner une certaine célébrité, comme Pernette du Guillet et Louise Labé (v. 1524-1566).

> **Auteur-clé**
>
> **Pétrarque** (1304-1374) s'est fait connaître par ses nombreux poèmes inspirés par son amour pour Laure. 366 d'entre eux, principalement des sonnets, sont rassemblés dans le recueil *Canzoniere*, dont le titre désigne à la fois un recueil de chansons et un compositeur.

B Protections royales

François Ier et sa sœur **Marguerite de Navarre**, elle-même poétesse, vont exercer une influence déterminante en favorisant les artistes et en les protégeant. Le poète officiel de la Cour, **Clément Marot**, devenu ensuite valet de chambre de la reine de Navarre, publie d'ailleurs grâce à eux la plupart de ses recueils. De nombreux ouvrages de l'époque leur sont dédicacés.

C La Pléiade

• La « Pléiade » désigne un groupe de poètes qui se réunit autour de **Ronsard** et **du Bellay**.

• Le mouvement lancé par ces poètes marque une rupture très nette avec tout ce qui a précédé : ils publient en parallèle des textes théoriques (du Bellay, *Défense et illustration de la langue française*, 1549) et des recueils de poésie amoureuse (*Les Amours* de Ronsard). Tout en prônant la suprématie de la langue française, ils s'inspirent des modèles antiques pour l'enrichir, et élargissent leurs références, notamment à la littérature italienne. Ils cherchent à élever la poésie française au rang des œuvres grecques et latines, en utilisant majoritairement la forme du **sonnet**.

• **Pierre de Ronsard** a écrit une œuvre variée (épopée, discours, hymnes, poèmes d'amour) dominée par son recueil *Les Amours*, qui regroupe les *Amours de Cassandre*, les *Amours de Marie*, *Sur la mort de Marie* et les *Sonnets pour Hélène*, parus entre 1552 et 1578. Dédiés à ses quatre muses, Cassandre Salviati, Marie Dupin, sa maîtresse, pour le premier recueil, Marie de Clèves, pour le second, et Hélène de Surgères, ces poèmes renouvellent la poésie amoureuse en y ajoutant parfois une pointe d'humour.

• **Joachim du Bellay** est issu, comme Ronsard, de la région de l'Anjou. Après avoir travaillé comme son ami à la rénovation de la langue française impulsée par François Ier, il publie en 1550 un recueil de poèmes (*L'Olive*) inspirés de Pétrarque. Contraint de quitter la France pour Rome, il rencontre difficultés et déceptions en Italie, ce qui le pousse à composer *Les Regrets*, qui contient le sonnet « Heureux qui, comme Ulysse ». Ce recueil ne sera publié qu'à son retour en France, en 1558, avec les *Antiquités de Rome*, rédigé à la même période. De nombreux poèmes adressés à Ronsard expriment la tristesse du poète et la nostalgie de la France.

2 La poésie aux XVIIe et XVIIIe siècles

Vincent Voiture (1597-1648) — Isaac de Benserade (1612-1691) — Jean de La Fontaine (1621-1695) — Nicolas Boileau (1636-1711) — Voltaire (1694-1778) — André Chénier (1762-1794)

1 La poésie au XVIIe siècle

A La poésie des salons et la préciosité

Le développement des salons littéraires où l'on récite des poèmes devant un public soigneusement sélectionné encourage les écrivains à produire de petites pièces en vers qui peuvent être facilement retenues et répétées. Les registres comique, satirique, parfois érotique sont privilégiés. L'originalité, la technicité ou la méchanceté de ces œuvres peuvent assurer l'immédiate célébrité de leurs auteurs qui s'affrontent par sonnets interposés comme **Voiture** (« Sonnet à Uranie ») et **Benserade** (« Sonnet à Job »). La recherche de l'originalité à tout prix se fait parfois au détriment du sens. Molière, dans sa pièce *Les Précieuses ridicules*, se moque de cette façon « précieuse » de parler et d'écrire qui devient une mode à Paris.

B La Fontaine et les fables

• **Jean de La Fontaine** s'installe à Paris après une enfance passée en Touraine. Protégé d'abord par Fouquet, surintendant de Louis XIV, il est ensuite défendu et favorisé par différents nobles proches du pouvoir royal. Après avoir rédigé des *Contes et Nouvelles* en vers (1665), il publie les *Fables* (1668, 1678 et 1694) qui le rendent immédiatement célèbre.

• S'inspirant des modèles antiques, en particulier d'**Ésope**, La Fontaine développe et popularise le genre de la fable animalière. Il se distingue en variant types de vers, niveaux de langue et registres, et en refusant d'imposer un classement apparent aux fables de ses 13 livres.

▲ « Le loup et l'agneau », illustration de Gustave Doré (1832-1883).

L'artiste a marqué graphiquement la supériorité du loup par le contraste des couleurs (loup en noir, couleur de la mort ; agneau en blanc, couleur de l'innocence). En plaçant le loup face au spectateur, bien droit, les pattes antérieures surélevées, et l'agneau de dos, en contrebas, les pattes antérieures plus basses que les postérieures, Doré montre de plus immédiatement quel animal va l'emporter.

C Définir l'art classique

Boileau publie en 1674 son *Art poétique*, un **manifeste** de l'art classique. Dans une forme élaborée, ce long poème de 1 100 alexandrins liste et explique les règles de composition à respecter ; c'est pourquoi on parle de poésie **didactique**.

Ex. : Ce que l'on conçoit bien s'énonce clairement,
Et les mots pour le dire arrivent aisément.
Nicolas Boileau, *Art poétique*, chant 1, 1674.

Mots-clés

- **Manifeste :** déclaration ou texte théorique qui définit les principes d'un mouvement politique ou artistique.
- **Didactique :** qui propose un enseignement méthodique.

2 La poésie au XVIIIe siècle

A La poésie et les Lumières

La poésie n'est pas le moyen d'expression le plus utilisé par les philosophes, qui privilégient la prose pour son côté rationnel. Pourtant, de grands auteurs comme **Voltaire** ou Rousseau recourent aussi au vers pour s'exprimer, dans des domaines légers ou plus sérieux, comme l'histoire ou la philosophie. Voltaire écrit la *Henriade* (1728), **épopée** en dix chants consacrée à Henri IV, sur le modèle des épopées antiques comme l'*Iliade* ou l'*Énéide*, *Le Mondain* (1736), **poème philosophique** qui présente ses convictions, mais aussi le *Poème sur le désastre de Lisbonne* (1756), qui cherche à alerter l'Europe sur les conséquences du tremblement de terre qui détruisit en partie la capitale portugaise en 1755.

Ex. : J'aime le luxe, et même la mollesse,
Tous les plaisirs, les arts de toute espèce,
La propreté, le goût, les ornements :
Tout honnête homme a de tels sentiments.
Voltaire, *Le Mondain*, 1736.

Mot-clé

Épopée : récit en vers des combats de personnages historiques ou mythologiques.

B L'ossianisme et le retour aux héros

Ossian est un poète écossais du IIIe siècle redécouvert et traduit en 1760 et dont l'existence est contestée. Son œuvre, publiée en Angleterre en 1761, rencontre immédiatement un grand succès partout en Europe, et influence en France les poètes qui créeront ensuite le mouvement romantique (Chateaubriand, Musset). Les textes inspirés d'Ossian renouvellent le genre de l'épopée et relancent la mode des légendes et du rêve (textes oniriques).

C André Chénier

D'origine grecque , **André Chénier** écrit des poèmes inspirés des modèles antiques, mais aussi philosophiques et satiriques (voir p. 56). Il participe activement à la Révolution française, est arrêté pendant la Terreur et guillotiné. Ses œuvres ne sont publiées qu'après sa mort, à partir de 1819. Son destin tragique et sa passion pour la littérature en ont fait une source d'inspiration importante pour les futurs poètes romantiques, en particulier Lamartine.

Ex. : Pleurez, doux alcyons ! ô vous, oiseaux sacrés,
Oiseaux chers à Thétis, doux alcyons, pleurez !
Elle a vécu, Myrto, la jeune Tarentine !
André Chénier, *Les Bucoliques*, « La jeune Tarentine », 1788.

Textes-clés

« La jeune Tarentine », « La jeune captive » (poème écrit la veille de son exécution).

3 La versification

La poésie se fonde sur une unité de base appelée **vers** et s'appuie sur des jeux de **rythmes** et de **sonorités** qui donnent à l'écriture un **caractère musical**. On recourt pour cette raison à des outils spécifiques pour l'analyser.

1 Compter les syllabes du vers

Une syllabe correspond à une ou plusieurs lettres prononcée(s) en une seule fois. Il s'agit la plupart du temps d'un groupe constitué d'une consonne et d'une voyelle (parfois suivies d'une autre consonne), parfois d'une seule voyelle. Le décompte des syllabes en poésie obéit aux mêmes règles que celles de la découpe d'un mot en fin de ligne.

A Règles particulières

- Dans le cas de **deux consonnes identiques**, la coupe se fait entre les deux.
- **Le -*e* muet (= -*e* sans accent) :**

– compte (se prononce) à l'intérieur du vers, si le mot suivant commence par une consonne ;
– ne compte pas (ne se prononce pas) à l'intérieur du vers, si le mot suivant commence par une voyelle et à la fin d'un vers.

-*e* muet

Ex. : Quand / vous / se/rez / **bien** / vieil/l(e), au / soir, / à / la / chan/dell(e),

coupe entre deux consonnes identiques

les deux voyelles ne sont pas séparables car elles ne forment qu'un seul son (oi)

Lors, / vous / n'au/rez / ser/van/t(e) o/yant / te/lle / nou/velle,

-*e* qu'on doit compter car le mot qui le suit commence par une consonne

Ronsard, *Le second livre des sonnets pour Hélène*, XLIII, v. 1 et 5, 1556.

B Synérèse et diérèse

- **Un groupe contenant *i, u, ou* avec une autre voyelle** peut se prononcer et se compter de deux façons.
- La **synérèse** fait prononcer les deux voyelles en une seule fois ; c'est la prononciation la plus naturelle et la plus fréquente (c'est le cas du mot « bien » dans l'exemple ci-dessus).
- La **diérèse** sépare la prononciation des deux voyelles ; c'est la prononciation la plus rare.

Ex. : Du **li**/**en** / de / tes / mains, / Maî/tres/se, / je / te / prie,
Enlace-moi le corps.

Ronsard, *Amours diverses*, Chanson III, v. 3 et 4, 1578.

Attention !

La diérèse est utilisée par les poètes pour des raisons pratiques (obtenir le bon nombre de syllabes dans le vers) ou pour des raisons stylistiques (produire un effet d'insistance sur un mot).

2 Identifier le type de vers

- Un **vers** est un **ensemble de mots écrits sur la même ligne** et qui fait sens. Il ne correspond pas forcément à une phrase entière.

• On nomme les différents types de vers en fonction de leur nombre de syllabes. Les vers le plus fréquemment employés sont en gras dans le tableau ci-dessous.

Nombre de syllabes par vers	Nom du vers	Nombre de syllabes par vers	Nom du vers
1	monosyllabe	7	heptasyllabe
2	dissyllabe	**8**	**octosyllabe**
3	trisyllabe	9	ennéasyllabe
4	tétrasyllabe	**10**	**décasyllabe**
5	pentasyllabe	11	hendécasyllabe
6	hexamètre ou hexasyllabe	**12**	**alexandrin**

• **Exemples**

Ex. : Ne / sen/ti/rai-/je / plus / de / char/me / qui / m'ar/rête ?
1 2 3 4 5 6 7 8 9 10 11 12 → **alexandrin**
Ai-/je / pas/sé / le / temps / d'ai/mer ?
1 2 3 4 5 6 7 8 → **octosyllabe**
La Fontaine, *Fables*, IX, 2, « Les deux pigeons », 1678.

• Un poème (ou une strophe) qui utilise constamment le **même** type de vers est dit **isométrique**. S'il utilise des types de vers **différents**, il est dit **hétérométrique**. Par exemple, le poème de Ronsard, « À Cassandre », présenté en fin de chapitre, est un poème constitué uniquement d'octosyllabes ; il est donc isométrique.

3 Identifier le type de strophe

• Une **strophe** est un **ensemble de vers**. C'est l'équivalent poétique du paragraphe.

• On nomme les différents types de strophes d'après leur nombre de vers. Les strophes le plus fréquemment employées sont en gras dans le tableau ci-dessous.

Nombre de vers par strophe	Nom de la strophe
1	monostiche ou monostique
2	**distique**
3	**tercet**
4	**quatrain**
5	quintil ou quintain
6	sizain ou sixain
7	septain
8	huitain
9	neuvain
10	dizain
11	onzain
12	douzain

Poème hétérométrique (trois types de vers différents) de deux strophes

U/ne / Mon/ta/gn(e) en / mal / d'en/fant
Je/tai/t u/ne / cla/meur / si / haut(e),
Que / cha/cun/, au / bruit / ac/cou/rant,
Crut qu'ell(e) accoucherait, sans faut(e),
D'une cité plus grosse que Paris :
Ell(e) accoucha d'une souris.

Strophe 1 Sizain ou sixain : **6 vers** (octosyllabes)

Quand / je / son/g(e) à / cet/te / fabl(e),
Dont / le / ré/ci/t est / men/teur
Et / le / sen/s est / vé/ri/tabl(e),
Je me figur(e) un auteur
Qui dit : « Je chanterai la guerr(e)
Que firent les Titans au Maître du tonnerr(e). »
C'est promettre beaucoup ; mais qu'en sort-il souvent ?
Du/ vent.

Strophe 2 Huitain : **8 vers** (7 hepta-syllabes et un dissyllabe)

La Fontaine, *Fables*, Livre V, X, « La Montagne qui accouche », 1668.

4 Analyser les rimes

- Voir texte de Ronsard en bas de page.
- Une **rime** est **l'identité des syllabes finales de deux mots** placés généralement **en fin de vers**.
- La **disposition** des rimes : on désigne chaque rime par une lettre de l'alphabet et on observe ensuite la disposition des lettres.
  – Rimes **plates** ou **suivies** : AABB.
  – Rimes **croisées** ou **alternées** : ABAB.
  – Rimes **embrassées** : ABBA.
- La **qualité** des rimes.
  – Rimes **féminines** : elles se terminent par un *-e* muet.
  – Rimes **masculines** : elles ne se terminent pas par un *-e* muet.
- La **richesse** des rimes.
  – Rimes **pauvres** : elles ne portent que sur une voyelle prononcée (le *-e* sans accent ne compte donc pas).
  – Rimes **suffisantes** : elles portent sur 2 sons.
  – Rimes **riches** : elles portent sur plus de 2 sons.

5 Prendre en compte les sonorités

- Voir texte de Ronsard ci-dessous.
- **L'allitération** est la répétition de **consonnes** ou de sons consonantiques identiques.
- **L'assonance** est la répétition de **voyelles** ou de sons vocaliques identiques.
- **L'harmonie imitative** est la répétition de **sonorités** qui établissent une correspondance entre les sons et le sens.

Ex. : Pour qui sont ces serpents qui sifflent sur vos têtes ? Racine, *Andromaque*, acte V, scène 5, 1667.
L'allitération en [s] et l'assonance en [i] évoquent le sifflement des serpents dont il est question dans le vers.

Vers	Rime	Qualité	Commentaire
Mignonne, allons voir si la rose	A	fém.	
Qui ce matin avait déclose	A	fém.	
Sa robe de pourpre au soleil,	B	masc.	La poésie classique exige qu'on alterne le plus régulièrement possible rimes masculines et rimes féminines.
A point perdu cette vesprée	C	fém.	
Les plis de sa robe pourprée,	C	fém.	
Et son teint au vôtre pareil.	B	masc.	
Las ! voyez comme en peu d'espace,	D	fém.	
Mignonne, elle a dessus la place	D	fém.	
Las ! las ses beautés laissé choir !	E	masc.	Chaque rime déjà rencontrée doit reprendre la (ou les) lettre(s) qu'on a utilisée(s) pour elle la première fois qu'elle apparaît.
Ô vraiment marâtre Nature,	F	fém.	
Puis qu'une telle fleur ne dure	F	fém.	
Que du matin jusques au soir !	E	masc.	
Donc, si vous me croyez, mignonne,	G	fém.	
Tandis que votre âge fleuronne	G	fém.	Un poème peut utiliser toutes les richesses de rime, mais les rimes pauvres sont considérées comme trop « faciles ».
En sa plus verte nouveauté,	H	masc.	La rime riche, la plus difficile à faire, est souvent utilisée pour un mot ou une idée importante dans le poème.
Cueillez, cueillez votre jeunesse :	I	fém.	
Comme à ceste fleur la vieillesse	I	fém.	
Fera ternir votre beauté.	H	masc.	

Ronsard, *Odes*, XVII, « À Cassandre », 1524.

-e : -e muet. Syllabe : rime suffisante Syllabe : rime riche souligné : assonance double souligné : allitération

4 Le rythme et la forme d'un poème

1 Analyser le rythme

• **Césure :** pause de la voix dans un vers, souvent indiquée par la ponctuation ou par le sens des groupes de mots. Les césures contribuent à rythmer le vers.

Ex. : France, // mère des arts, // des armes et des lois, 2 // 4 // 6
Tu m'as nourri longtemps // du lait de ta mamelle : 6 // 6
Ores, // comme un agneau // qui sa nourrice appelle, 2 // 4 // 6
Je remplis de ton nom les antres et les bois. 6 // 6

Du Bellay, *Les Regrets*, IX, 1558.

• **Hémistiche :** moitié d'un alexandrin. On fait souvent la césure entre les deux hémistiches, si bien qu'on appelle parfois hémistiche cette césure elle-même. Elle donne une impression de régularité et accentue les effets d'insistance et les parallélismes de construction.

Ex. : Ceux qui sont amoureux, leurs amours chanteront,
Ceux qui aiment l'honneur, chanteront de la gloire,
Ceux qui sont près du roi, publieront sa victoire,
Ceux qui sont courtisans, leurs faveurs vanteront, [...]

Du Bellay, *Les Regrets*, V, 1558.

• **Rejet, contre-rejet et enjambement**

L'enjambement est l'effet de **continuité d'un vers sur le suivant**. La lecture du poème est rendue très fluide et naturelle parce que, sans signe de ponctuation, on ne peut pas faire de pause en fin de ligne.	**Une grenouille vit un bœuf** **Qui lui sembla de belle taille.** La Fontaine, *Fables*, I, 3, « La grenouille qui se veut faire aussi grosse que le bœuf », 1668.	
Le **rejet** est le **dépassement sur un vers d'un court élément du vers précédent**. La voix marque une pause juste après lui.	**Du palais d'un jeune lapin** **Dame Belette, un beau matin,** **S'empara** : // c'est une rusée. La Fontaine, *Fables*, VII, 16, « Le chat, la belette, et le petit lapin », 1668.	:
Le **contre-rejet** est le **placement à la fin d'un vers d'un court élément du vers suivant**. La voix a marqué une pause juste avant lui.	– Par ma barbe, dit l'autre, il est bon ; // **et je loue** **Les gens bien sensés comme toi.** La Fontaine, *Fables*, III, 5, « Le renard et le bouc », 1668.	;

2 Les poèmes à forme fixe

On parle de forme fixe quand un poème est construit selon un schéma particulier. Si le sonnet est resté le plus courant et le mieux connu, beaucoup d'autres types de poèmes ont constitué, à une période donnée, des formes de référence.

Nom	Construction	Origine	Auteur de référence
Le rondeau	Il contient 3 strophes en octosyllabes ou décasyllabes de 5, 3 et 5 vers, et est construit sur 2 rimes seulement. Un refrain (le premier hémistiche du premier vers), revient à la fin des strophes 2 et 3, hors rime. Le rondeau était initialement mis en musique.	Forme française créée au XIIIe siècle. Très complexe, elle a été abandonnée à la fin du Moyen Âge.	Charles d'Orléans (« Le Printemps », entre 1440 et 1450).
La chanson	Elle est composée de strophes à structure identique, dotées d'un refrain. Elle est destinée à être chantée.	Inconnue.	Forme populaire, souvent anonyme. Dans sa version littéraire : Marguerite de Navarre (*Les Marguerites de la Marguerite des princesses*, 1547).
La ballade	Elle est composée de 3 strophes de 8 octosyllabes ou de 3 strophes de 10 décasyllabes, et d'une demi-strophe (de 4 octosyllabes ou de 5 décasyllabes). Les 3 strophes et la demi-strophe se terminent sur un vers identique, le refrain.	Forme médiévale, abandonnée à la Renaissance.	Christine de Pisan (*Cent ballades d'amant et de dame*, 1409), François Villon (« Ballade des pendus », 1489), Clément Marot (*L'Adolescence clémentine*, 1532).
La fable	Récit en vers qui comporte une morale explicite ou non.	Forme grecque ou orientale : Ésope, auteur grec du VIIe-VIIIe siècle av. J.-C., est considéré comme le père de la fable européenne.	Marie de France (*Ysopet*, fin du XIIe siècle), Jean de La Fontaine (*Fables*, 1668, 1678 et 1694), Jean-Pierre Claris de Florian (*Fables*, 1792).
Le sonnet	Forme composée de 14 vers (décasyllabes ou alexandrins, le plus souvent) répartis en deux quatrains à rimes embrassées et deux tercets. La structure la plus courante est donc la suivante : ABBA, ABBA, CCD, EDE mais on peut aussi trouver : ABBA, ABBA, CCD, EED.	Forme importée d'Italie au XVIe siècle.	Pierre de Ronsard (*Les Amours*, 1552-1578), Joachim du Bellay (*Les Regrets*, 1558).

5 Étudier un poème

1 Observer le texte

Vers	Rime	Remarque
Heureux qui, comme Ulysse, // a fait un beau voyage,	A	
Ou comme celui-là // qui conquit la toison,	B	
Et puis est retourné, // plein d'usage et raison,	B	
Vivre entre ses parents // le reste de son âge !	A	
Quand reverrai-je, hélas, // de mon petit village	A	
Fumer la cheminée, // et en quelle saison	B	⚠ rimes riches
Reverrai-je le clos de ma pauvre maison,	B	⚠ pas de coupe à l'hémistiche
Qui m'est une province, // et beaucoup davantage ?	A	
Plus / me / plaît / le / sé/jour // qu'ont / bâ/ti/ mes / a/ïeux	C	
Que / des / pa/lais / ro/mains // le / front / au/da/ci/eux,	C	⚠ diérèse
Plus que le marbre dur // me plaît l'ardoise fine,	D	
Plus mon Loire gaulois // que le Tibre latin,	E	⚠ rimes riches
Plus mon petit Liré, // que le mont Palatin,	E	
Et plus que l'air marin // la douceur angevine.	D	

Du Bellay, *Les Regrets*, 31, « Heureux qui, comme Ulysse », 1558.

-e : *-e* muet. Syllabe : rime suffisante Syllabe : rime riche // : coupe à l'émistiche

2 Classer ses observations

Ce poème étant un sonnet, on peut diviser les observations en deux catégories : celles qui correspondent au schéma classique de cette forme et celles qui s'en écartent un peu (*a priori* les plus intéressantes).

A Les éléments classiques du sonnet

- L'alternance habituelle des rimes masculines et féminines est respectée et il y a une majorité habituelle de rimes suffisantes.
- Le poème est constitué exclusivement d'alexandrins, il est donc isométrique.
- Les alexandrins présentent presque tous une coupe à l'hémistiche (souvent signalée par une virgule).
- Il n'y a ni rejet, ni contre-rejet, et pas vraiment d'enjambement.
- Le schéma des rimes (ABBA ABBA CCD EED) est un des deux possibles pour le sonnet classique.
- **Conclusion :** il s'agit **apparemment** d'un sonnet très **classique** dans sa forme.

B Les irrégularités pouvant permettre de tirer des conclusions

- Quatre mots portent des rimes riches à des places comparables (avant-dernier vers du 2e quatrain / avant-dernier vers du 2e tercet).
- Deux rimes (v. 9 et 10) ne se prononcent pas sur le même nombre de syllabes car l'une (v. 10) porte une diérèse.
- Un seul vers (v. 7) ne permet pas de faire une coupe à l'hémistiche (le groupe nominal serait alors séparé).
- **Conclusion :** l'auteur essaie sans doute d'attirer l'attention du lecteur sur des éléments importants par l'intermédiaire de ces irrégularités.

3 Tirer des conclusions

- Le seul mot qui porte une **diérèse** est « audacieux » (v. 10). La voix s'attardant davantage sur la prononciation de cet adjectif, il y a un **effet d'insistance**. Ce mot, positif de nos jours, a des connotations négatives au XVIe siècle et est synonyme d'arrogant.
→ Du Bellay attire donc l'attention, par la longueur de la prononciation, sur un défaut qu'il trouve aux bâtiments romains : la prétention de la construction des « palais », opposée à la simplicité de la maison familiale (« pauvre maison »).
- Les deux premières **rimes riches** (v. 6 et 7) correspondent à un moment où l'auteur s'interroge sur son retour (« en quelle saison ? » / « ma pauvre maison ») dans sa région d'origine. Les deux autres (v. 12 et 13) correspondent à « Tibre latin » (fleuve de Rome) et « Palatin » (colline de Rome) et font référence à l'exil de Du Bellay dans la capitale italienne.
→ Les rimes riches accentuent l'importance des deux « pôles » qui déchirent le poète : sa région natale dans laquelle il ne peut pas vivre mais qui l'attire ; la ville où il est obligé de séjourner mais qui le repousse.
- La **coupe à l'hémistiche** donne une grande **impression de régularité**. Séparant le vers en deux parties égales, elle permet d'**opposer deux éléments d'importance identique**, de part et d'autre de la coupe. Dans la dernière strophe, elle vise notamment à opposer les éléments qui rappellent l'Anjou (le Loire, le Liré, la « douceur angevine ») et ceux qui évoquent Rome (le Tibre, le Palatin, « l'air marin »). Le seul vers qu'on peut difficilement couper est « Reverrai-je le clos de ma pauvre maison, ». Il s'agit du vers 7, c'est-à-dire celui qui est exactement au milieu du poème, et il parle du « clos » (la clôture, la limite) de la maison tellement désirée.
→ En plaçant au cœur du poème un vers sans coupe, Du Bellay indique au lecteur, grâce au rythme, son élément central : sa maison, enclose comme l'est le vers 7 par le reste du poème.
- **Conclusion :** par de **petites irrégularités** apparaissant dans un **ensemble régulier**, Du Bellay attire insensiblement notre attention sur les éléments-clés du poème : la modestie de sa maison, et le regret qu'il en a. Ce regret est accentué par d'autres éléments, notamment l'**anaphore de « plus »** aux vers 9, 11, 12 et 13.

6 L'argumentation

1 Le vocabulaire de l'argumentation

A Les notions

- **Thèse :** point de vue, opinion ou **idée** qu'on essaie de démontrer. Elle peut être **explicite** (clairement formulée) ou **implicite** (à deviner).
- **Argument :** idée, preuve utilisée pour **soutenir** la thèse.
- **Exemple :** cas précis qui **illustre**, éclaire l'argument.

B Les actions

- **Convaincre :** rallier une personne à sa cause en s'appuyant sur la **raison** (utilisation de connecteurs logiques, de plusieurs types d'arguments et de raisonnements, justification par des exemples, effacement des émotions, etc.).
- **Persuader :** rallier une personne à sa cause en s'appuyant sur les **sentiments**. On utilise pour cela la connivence (points communs supposés) avec le lecteur (utilisation de la 2e personne, du vocabulaire des sentiments et des émotions, de l'ironie, etc.).
- **Délibérer :** confronter **différents points de vue** pour résoudre un problème.
- **Réfuter :** contredire, détruire une affirmation ; **démontrer la fausseté** des idées d'une personne.

2 Les différents genres de l'argumentation

A L'argumentation directe

L'argumentation directe est **explicite** ; l'auteur défend ses idées lui-même. Le but est de faire réfléchir, d'éduquer. On la trouve sous différentes formes.

Le pamphlet	Court texte polémique visant à déstabiliser, remettre en cause l'ordre établi (politique) (*Ex. :* Flaubert, *Dictionnaire des idées reçues*, 1913 (posthume) ; Hessel, *Indignez-vous !*, 2010).
L'article	Court texte publié dans la presse (*Ex. :* Zola, « J'accuse ! » *L'Aurore*, 13 janvier 1898).
La préface	Court texte précédant un ouvrage qui permet à l'auteur d'expliquer ou de défendre son projet littéraire (*Ex. :* Hugo, « Préface » de *Cromwell*, 1827).
La satire	Court texte (ou représentation visuelle) qui critique une personne ou un groupe en s'en moquant. Elle s'appuie sur les registres satirique ou ironique (*Ex. :* Gide, *Les Caves du Vatican*, 1914).
La maxime	Court texte qui donne une leçon de morale (*Ex. :* La Rochefoucauld, *Maximes*, 1664).
Le manifeste	Texte visant à exposer les principes d'un groupe (politique ou artistique) (*Ex. :* Breton, *Manifeste du surréalisme*, 1962).
Le sermon	Discours religieux adressé à des croyants pour les instruire (*Ex. :* Bossuet, *Sermons*, 1772 (posthume)).
L'essai	Long texte de réflexion dans lequel un auteur expose son point de vue (subjectif) sur un thème, sans volonté de systématiser (*Ex. :* Camus, *Le Mythe de Sisyphe*, 1942).

Le traité	Long texte de réflexion systématique et objectif sur une matière ou une discipline précise (*Ex. :* Voltaire, *Traité sur la tolérance*, 1763, sur l'affaire Calas).
Le discours	Exposé oral (mais pouvant être publié dans une version écrite) qui s'appuie sur la rhétorique. On en distingue 3 types : le plaidoyer (discours de défense), le réquisitoire (discours d'accusation) et le panégyrique (discours d'éloge). (*Ex. :* La Boétie, *Discours sur la servitude volontaire*, 1576. Rousseau, *Discours sur l'origine et les fondements de l'inégalité parmi les hommes*, 1755).

B L'argumentation indirecte

• L'argumentation indirecte est **implicite** ; l'auteur utilise la fiction et ses personnages pour défendre son point de vue. Le but est de faire réfléchir, d'éduquer mais aussi de plaire. L'argumentation indirecte, parfois difficile à saisir, est un bon moyen de contourner la censure. Elle s'appuie sur différents types de textes narratifs.

• L'apologue

– Conte philosophique : récit reprenant les principaux éléments formels du conte merveilleux, mais à visée critique ou satirique (*Ex. :* Voltaire, *Zadig*, 1748 ou *Candide*, 1759).

– Fable : récit court en vers ou prose dont on doit tirer une morale (*Ex. :* La Fontaine, *Fables*, 1668, 1678 et 1684).

– Parabole : récit moral appartenant au domaine religieux (*Ex. :* La Bible).

• Le récit de voyage : il peut être réel ou fictif (*Ex. :* De Léry, *Histoire d'un voyage fait en la terre du Brésil, autrement dite Amérique*, 1578 ; A. Dumas, *Impressions de voyage*, 1833).

• L'utopie ou la contre-utopie (dystopie) : récit décrivant le fonctionnement d'une société idéale, pour en faire un modèle, ou d'une société qui dysfonctionne, pour la critiquer (*Ex. :* More, *Utopie*, 1516 ; « l'abbaye de Thélème » dans *Gargantua* de Rabelais, 1534 ou « L'Eldorado » dans *Candide* de Voltaire, 1759).

▲ **Représentation idéale d'un Phalanstère, 1848.**
Le thème de l'utopie intéresse écrivains, artistes, philosophes et hommes politiques. Tous essaient, avec les moyens qui sont propres à leur art, d'imaginer le lieu d'une société idéale et d'en définir les conditions de fonctionnement.

3 Les différentes formes ou stratégies de raisonnement

• Le raisonnement **par assertion**, ou **assertif** : on se contente d'affirmer les choses, sans démonstration.

• Le raisonnement **par déduction**, ou **déductif** est un raisonnement en deux temps : on tire un ou plusieurs cas particuliers (exemples) d'une règle générale (on va du plus général au plus précis). Une variante ou une sous-catégorie est le raisonnement par **syllogisme** : raisonnement déductif en trois temps qui tire sa conclusion de deux propositions appelées prémisses (majeure et mineure).

Ex. : Tous les hommes sont mortels (majeure)
(or) Socrate est un homme (mineure)
Donc Socrate est mortel. (conclusion)

Si le raisonnement est **spécieux** (= faux), on parle de **sophisme** (raisonnement faux mais qui a les apparences, la forme du raisonnement par syllogisme).

Ex. : Le Logicien, au Vieux Monsieur. – Voici donc un syllogisme exemplaire. Le chat a quatre pattes. Isidore et Fricot ont chacun quatre pattes. Donc Isidore et Fricot sont chats.
Le Vieux Monsieur, au Logicien. – Mon chien aussi a quatre pattes.
Le Logicien, au Vieux Monsieur. – Alors, c'est un chat.

Ionesco, *Rhinocéros*, 1960.

• Le raisonnement **par induction**, ou **inductif** est un raisonnement en deux temps : on exprime une règle générale à partir de plusieurs cas particuliers (exemples). On va du plus précis au plus général ; c'est l'inverse du précédent.

• Le raisonnement **par analogie** : on calque ses arguments sur ceux d'une autre thèse ; on copie une autre démarche ; on s'appuie sur des situations similaires.

• Le raisonnement **dialectique** : raisonnement en trois temps, qui oppose une thèse et une antithèse avant de proposer une synthèse qui les dépasse toutes deux.

• Le raisonnement **par l'absurde** : on cite les conséquences absurdes qu'aurait une thèse pour mieux l'invalider.

• Le raisonnement **par concession**, ou **concessif** : on admet une partie du raisonnement de l'adversaire (ou on fait semblant de l'accepter) pour mieux le contrer ensuite.

• Le raisonnement **par réfutation** : on s'appuie sur les arguments de l'adversaire et on les reprend un à un pour les présenter comme faux ou inopérants.

À savoir

Si on anticipe les arguments adverses pour mieux les réfuter, on parle de **prolepse**.

4 Les différents types d'arguments

• L'argument d'**autorité** : référence à une personne célèbre dont l'opinion, les écrits ou les actes vont dans le sens de la thèse qu'on défend. Il peut aussi s'appuyer sur l'opinion commune (la *doxa*).

• L'argument d'**expérience** : appui sur l'expérience personnelle (cas individuel transformé en vérité générale).

• L'argument ***ad hominem*** (« contre l'homme ») : attaque directe à la personne (pour le discréditer) et non pas à ses idées.

• L'argument **par les faits** : il présente des données historiques, des chiffres ou toute autre information scientifique irréfutable.

• Le **contre-argument** : argument exactement opposé à celui de l'adversaire.

7 La presse

La presse est liée à la littérature depuis ses origines, mais ce lien se renforce au **XIXe siècle**, en raison de la place importante conférée aux **écrivains dans les journaux**. C'est l'**âge d'or du journalisme**, symbolisé par l'ascension du personnage de Georges Duroy dans le roman de Maupassant, *Bel-Ami*, et le début de la culture de masse.

Au **XXe siècle**, la presse est le **reflet des luttes et des conflits qui secouent le monde** et le paysage journalistique est recomposé. Elle participe dans un premier temps à la divulgation des informations, elle est ensuite peu à peu concurrencée dans cette mission par d'autres médias comme la télévision, puis par la presse en ligne et les réseaux sociaux.

1 Histoire de la presse

A L'essor spectaculaire de la presse

• **Au XIXe siècle**, la révolution industrielle permet la création de machines de plus en plus puissantes. Parallèlement, plusieurs patrons de presse inventent des procédés permettant de baisser les coûts (insertion de publicités) et de créer de la demande (publication de romans-feuilletons, développement de la presse « à sensation », etc.). Dans un contexte de progression massive de l'alphabétisation (depuis la Révolution), ces facteurs expliquent la véritable explosion des ventes et le foisonnement de titres (350 quotidiens à la veille de la Première Guerre mondiale).

Dates-clés

• **1811 :** König invente la presse typographique mécanique.
• **1847 :** Marinoni fabrique une presse à deux cylindres qui peut imprimer 1 500 feuilles à l'heure.
• **1885 :** Mergenthaler invente la linotype, machine équipée d'un clavier alphanumérique qui permet à de petits ateliers de saisir rapidement de plus grandes quantités de texte.

• **Durant la guerre de 1914-1918**, le manque d'hommes dû à la mobilisation empêche de faire fonctionner les imprimeries et de nombreux journaux disparaissent. Le renouveau progressif des années suivantes est interrompu par la Seconde Guerre mondiale.

• **Après la Libération**, la parution des titres qui avaient continué à sortir pendant l'occupation est interdite, notamment ceux qui sont accusés de collaboration. De nombreux organes disparaissent ou changent de nom. *Le Monde*, fondé en 1944 par Hubert Beuve-Méry, remplace par exemple *Le Temps* : les locaux sont réattribués au nouveau journal, qui reprend la plupart des ouvriers et journalistes de l'ancien.

Mots-clés

• **Quotidien :** journal qui paraît tous les jours, généralement le matin.
• **Hebdomadaire :** journal qui paraît une fois par semaine.
• **Mensuel :** journal qui paraît une fois par mois.

B Une politisation progressive

• ***L'Aurore***, quotidien fondé en 1897, parut jusqu'en 1914. Célèbre pour avoir publié en janvier 1898 la lettre ouverte « J'accuse ! », de Zola, ce journal sera accusé d'être un outil de propagande. En effet, Georges Clémenceau a fait partie de l'équipe de rédaction et a transformé le journal, fortement littéraire au départ, en tribune pour ses idées au fil de son ascension politique.

• Les oppositions politiques se marquent plus nettement avec la radicalisation d'organes de presse de droite dans les années 1930 : ***Gringoire*** et ***Je suis partout***, en particulier, sont le reflet de la montée de l'antisémitisme et du collaborationnisme, pour le second.

• À côté du ***Figaro*** (créé en 1826), historiquement marqué à droite, sont créés deux quotidiens de gauche : ***Le Monde*** (1944), bénéficiant de la protection du général de Gaulle même s'il cherche ensuite à s'en libérer par volonté d'indépendance, et ***Libération***, créé en 1973 par un groupe proche de Jean-Paul Sartre, initialement situé à l'extrême gauche.

C Déclin de la presse papier et globalisation

Avec la création de la **télévision** d'abord, puis l'avènement d'**Internet** et des **réseaux sociaux**, la part du média historique, le papier, tend à se réduire au profit des autres supports.

2 La presse comme tremplin pour la littérature

• **Un nouveau genre populaire.** *La Presse* et *Le Siècle* inventent dès 1836 un nouveau concept, en publiant de courts épisodes de romans d'aventures, fractionnés en fonction du suspens qu'ils procurent, et qui créent ainsi une forte attente chez le lectorat : c'est la naissance du **roman-feuilleton**, dispositif qui sera adopté par de nombreux titres car il contribue de façon spectaculaire à l'augmentation des ventes et donc des bénéfices. Parallèlement, il procure des revenus complémentaires aux jeunes écrivains, qui travaillent dans des conditions difficiles, payés à la ligne, dans l'espoir d'accéder ainsi à la célébrité.

• **De nouvelles possibilités de publication.** Profitant d'un dispositif similaire, de nombreux auteurs, encore peu connus, utilisent la presse car ils sont dans l'impossibilité de trouver un éditeur. Le roman de Gustave Flaubert, *Madame Bovary*, sort en feuilleton dans la *Revue de Paris* en 1856, avant sa publication sous forme de livre en 1857. C'est le cas aussi des nouvelles et romans de Maupassant et de Balzac. Pour des textes dont on pense que la publication fera scandale, la pré-publication agit comme « test ». Baudelaire en jouera en publiant les premiers poèmes du futur recueil *Les Fleurs du mal* dans différents organes de presse (*L'Artiste* en 1845, la *Revue des deux Mondes* en 1855 puis la *Revue française* en 1857, la même année que la première édition du recueil).

• **La presse se fait l'écho des querelles littéraires.** Le procès des *Fleurs du Mal* est déclenché par un article de Gustave Bourdin, dans *Le Figaro* du 5 juillet 1857, qui attire l'attention de la justice : *« ce livre est un hôpital ouvert à toutes les démences de l'esprit, à toutes les putridités du cœur ; encore si c'était pour les guérir, mais elles sont incurables ».*
À la sortie du roman de Flaubert *Madame Bovary*, la presse se déchaîne également. Flaubert est finalement relaxé, mais Baudelaire sera, lui, condamné pour outrage à la morale publique et son recueil en partie censuré.

Auteurs-clés

• **Eugène Sue (1804-1857)** publie *Les Mystères de Paris* (1842-1843) avec un succès immédiat et international, puis *Le Juif errant*, entre 1844 et 1845, qui fait multiplier par 7 le nombre d'abonnés du *Constitutionnel*. Député socialiste et républicain convaincu, Sue est contraint à l'exil lors de l'arrivée au pouvoir de Louis-Napoléon Bonaparte.
• **Pierre Ponson du Terrail (1829-1871)** est la cible de la presse pour les imprécisions et les incorrections réelles ou supposées de ses publications dans *La Patrie* ; son héros, Rocambole, y vit des aventures tellement peu crédibles qu'on créé pour lui l'adjectif « rocambolesque ».
• **Alexandre Dumas (1802-1870) :** champion du roman-feuilleton, il publie dans quatre journaux différents (*La Presse, Le Siècle, Le Constitutionnel* et le *Journal des Débats*) des œuvres comme *Les Trois Mousquetaires* (1844), *Le Comte de Monte-Cristo* (1844-1846), *La Reine Margot* (1844-1845) et *Vingt Ans après* (1845), pour les plus célèbres, écrites simultanément, avec l'aide d'Auguste Maquet. Compte tenu de l'énorme quantité de textes produits en si peu de temps, la paternité de ces œuvres, qui portent uniquement son nom, lui est aujourd'hui partiellement contestée.

8 Étudier une lettre ouverte

1 Observer le texte

Vocabulaire à connotations positives

2e personne du pluriel (vouvoiement) et 1re personne du singulier puis du pluriel

Parallélismes de construction

Mots soulignés : répétitions

Monsieur le Président,

Me permettez-vous, dans ma gratitude pour le bienveillant accueil que vous m'avez fait un jour, d'avoir le souci de votre juste gloire et de vous dire que votre étoile, si heureuse jusqu'ici, est menacée de la plus honteuse, de la plus ineffaçable des taches ?

Vous êtes sorti sain et sauf des basses calomnies, vous avez conquis les cœurs. Vous apparaissez rayonnant dans l'apothéose de cette fête patriotique que l'alliance russe a été pour la France, et vous vous préparez à présider au solennel triomphe de notre Exposition Universelle, qui couronnera notre grand siècle de travail, de vérité et de liberté. Mais quelle tache de boue sur votre nom – j'allais dire sur votre règne – que cette abominable affaire Dreyfus ! Un conseil de guerre vient, par ordre, d'oser acquitter un Esterhazy, soufflet suprême à toute vérité, à toute justice. Et c'est fini, la France a sur la joue cette souillure, l'histoire écrira que c'est sous votre présidence qu'un tel crime social a pu être commis.

Puisqu'ils ont osé, j'oserai aussi, moi. La vérité, je la dirai, car j'ai promis de la dire, si la justice, régulièrement saisie, ne la faisait pas, pleine et entière. Mon devoir est de parler, je ne veux pas être complice. Mes nuits seraient hantées par le spectre de l'innocent qui expie là-bas, dans la plus affreuse des tortures, un crime qu'il n'a pas commis.

Et c'est à vous, monsieur le Président, que je la crierai, cette vérité, de toute la force de ma révolte d'honnête homme. Pour votre honneur, je suis convaincu que vous l'ignorez. Et à qui donc dénoncerai-je la tourbe malfaisante des vrais coupables, si ce n'est à vous, le premier magistrat du pays ?

Zola, « J'accuse ! », *L'Aurore*, 13 janvier 1898.

Expression du haut degré (superlatifs)

Vocabulaire à connotations négatives

Question rhétorique

2 Tirer des conclusions

• Les marques de la 1re personne du singulier alternent avec celles de la 2e du pluriel dans le premier paragraphe, mais on rencontre la 1re personne du pluriel dès le deuxième paragraphe.
→ Zola crée un lien entre le président Félix Faure et lui grâce à cette alternance, qui trouve sa synthèse dans l'utilisation de la 1re personne du pluriel. Celle-ci permet de faire apparaître l'**idée d'intérêt commun**.

• Zola s'adresse à lui en utilisant deux fois son titre, ainsi que le **substitut lexical à valeur laudative** « le premier magistrat du pays ».
→ C'est une façon d'insister, par la répétition, sur l'importance de ses fonctions et de son pouvoir.

• D'autres mots font l'objet d'une **répétition** : « France » (2 occurrences), « justice » (2 occurrences) et surtout « vérité » (3 occurrences)
→ Ils correspondent aux points sur lesquels l'auteur veut insister : la grandeur du pays et le patriotisme ; la justice que doit faire respecter le président ; la vérité que l'article a pour but de défendre.

• Le **vocabulaire à connotations positives** concerne l'auteur, mais surtout le président.
→ C'est une façon de marquer son respect, mais aussi peut-être de le flatter pour attirer sa bienveillance (le mot « règne » en particulier, n'est pas adapté à un président mais à un roi, et Zola ne l'a pas choisi au hasard).

• Deux **noms propres** apparaissent : **Dreyfus** et **Esterhazy**. Le premier est désigné par le substitut lexical « l'innocent qui expie là-bas ».
→ Les protagonistes de cette affaire sont nommés dès le début de l'article ; celui que Zola défend est clairement identifiable. Ainsi, le lecteur n'a pas de doute sur le sujet de la lettre (ces deux personnes sont connues de tout le lectorat du journal à l'époque) et sur la position de l'auteur de cette lettre.

• Plusieurs verbes sont repris sous des formes différentes : « ils ont osé, j'oserai », « je la dirai […] j'ai promis de la dire ».
→ Les **parallélismes de construction** renforcent la clarté du propos et ils sont soulignés par une gradation : « je la dirai » / « je la crierai ». Cette **gradation** crée une montée en intensité qui culmine avec la **question rhétorique**, c'est-à-dire une question qui n'attend pas de réponse parce que celle-ci est évidente. L'adresse directe au président ne peut pas le laisser insensible ou inactif.

• **Conclusion**
Pour cette lettre ouverte, publiée dans *L'Aurore*, Zola a construit une **attaque efficace** : tout en valorisant le président par un vocabulaire positif, il met en évidence, par des répétitions et des parallélismes, les valeurs qu'il entend défendre, et en fait des **valeurs communes**, pour ne pas courir le risque d'être accusé d'anti-patriotisme. Il a ainsi plus de chance de capter l'attention de ses lecteurs et d'obtenir ce qu'il veut de Félix Faure, à qui cette lettre ouverte est adressée.

9 Le roman et le récit au XVIIIe siècle

Les **genres purement narratifs** ne sont pas les plus représentés au siècle des Lumières, car leurs auteurs ont des formations variées (philosophes, scientifiques, juristes, etc.). Mêlés à d'autres, comme la **lettre** ou le **dialogue**, ils donnent naissance à de nouvelles formes qui conjuguent **plaisir du récit et réflexion**, et rencontrent tous un grand succès.

Montesquieu (1689-1755) — L'abbé Prévost (1697-1763) — Jean-Jacques Rousseau (1712-1772) — Denis Diderot (1713-1784) — Pierre Choderlos de Laclos (1741-1803)

• Le roman épistolaire

Le XVIIIe siècle voit la naissance du roman épistolaire, **constitué d'un échange de lettres fictives**. Les plus grands succès en sont les *Lettres persanes* (1721) de **Montesquieu** ou *Julie ou la Nouvelle Héloïse* (1761) de **Rousseau**, qui annonce le romantisme du début du siècle suivant. Les *Liaisons dangereuses* (1782) de **Choderlos de Laclos** profite à la fois de la mode épistolaire et du scandale d'un sujet libertin.

Ex. : *Les Lettres persanes* sont un échange fictif de lettres entre deux nobles persans, Usbek et Rica en voyage à Paris au temps de Louis XIV, et leurs amis restés à Ispahan. L'utilisation du « regard étranger », c'est-à-dire d'une vision extérieure apparemment naïve et supposément objective, permet à Montesquieu de faire la critique de la monarchie absolue. Malgré toutes ces précautions, Montesquieu préféra tout de même publier son ouvrage à Amsterdam, comme de nombreux auteurs de l'époque voulant contourner la censure française, et se présenter comme simple éditeur.

• Le roman-dialogue

Cette forme nouvelle, appelée aussi **roman dialogué**, consiste à présenter la quasi-totalité du texte sous la forme d'une discussion entre deux personnages. Très novatrice pour l'époque, elle a été créée par Diderot avec *Le Neveu de Rameau* et *Jacques le Fataliste* (1773), et peu reprise à l'époque. Elle a en revanche inspiré les romanciers des siècles suivants.

Ex. : *Le Neveu de Rameau*, rédigé sans doute dans les années 1760, est une discussion entre un philosophe, qui s'exprime à la première personne, et le neveu du musicien Rameau. Leurs points de vue étant opposés, le contraste des opinions permet d'approfondir la compréhension du thème et d'en proposer une vision globale ; l'échange est à rapprocher des dialogues socratiques de l'Antiquité. Violemment pris à partie à cause du projet de *L'Encyclopédie* et au centre d'une querelle entre philosophes et anti-philosophes, Diderot ne peut pas faire paraître sans danger cet ouvrage, qui contient une forte composante satirique. Le manuscrit, envoyé en Allemagne et miraculeusement conservé, ne sera publié en France qu'en 1891, à titre posthume.

• Le roman-mémoires

La mode est aux fausses confessions, présentées comme réelles mais purement fictives. *Manon Lescaut* (1753), de **L'abbé Prévost**, en est l'exemple le plus marquant, avec *La Religieuse* de **Diderot**, publié en 1760. Comme pour les romans épistolaires, des préfaces garantissent la « réalité » de ces ouvrages, ce qui procure une certaine protection aux écrivains : ils peuvent se présenter comme de simples éditeurs ayant retrouvé un manuscrit et ne portent ainsi pas la responsabilité des contenus publiés.

10 Le roman et le récit au XIXe siècle

Au XIXe siècle, le développement et le recentrage sur la narration « pure », en lien avec l'essor de la presse, font du récit, et en particulier du **roman**, le **genre roi** de l'époque.

Stendhal (1783-1842) | Honoré de Balzac (1799-1850) | Victor Hugo (1802-1885) | Gustave Flaubert (1821-1880) | Émile Zola (1840-1902) | Guy de Maupassant (1850-1893)

1 Henri Beyle, dit Stendhal

• L'œuvre d'Henri Beyle est une analyse des différents aspects de sa propre personnalité **(égotisme)** et une réflexion personnelle sur le bonheur et l'art, issue de ses expériences de voyages en Italie. Il a écrit sous différents pseudonymes, le plus célèbre étant celui de Stendhal, et s'est créé une sorte de double, comme l'indique le titre de son autobiographie, *Vie d'Henry Brulard*. Il a laissé trois grands romans où la part d'**analyse psychologique** est importante : *Le Rouge et le Noir* (1830), *La Chartreuse de Parme* (1839) et *Lucien Leuwen*, qui sera publié inachevé en 1894, à titre posthume.

Mot-clé

Beylisme : comportement typique des héros de Stendhal, qui sont individualistes et privilégient la recherche des passions.

• On parle de **« roman du moi »** pour les romans publiés par les écrivains romantiques, comme **François-René de Chateaubriand** (*René*, 1802), **Benjamin Constant** (*Adolphe*, 1816) ou **Alfred de Musset** (*La Confession d'un enfant du siècle*, 1836). Ces romans autobiographiques protègent les confidences personnelles grâce à un personnage qui est le double de l'auteur, comme Henry Brulard pour Stendhal.

2 Honoré de Balzac

Après avoir été clerc de notaire, éditeur et journaliste, Balzac se consacre à l'écriture en poursuivant des investissements financiers parfois hasardeux. Sa vie sera marquée par l'argent, qui lui manque souvent, et qui deviendra un des thèmes récurrents de ses romans, ainsi que par la recherche d'un bon mariage, qu'il finira par conclure avec la riche Mme Hanska. Son œuvre est principalement composée de récits (romans surtout, mais aussi nouvelles ou contes) et de quelques essais. La quasi-totalité de ses romans compose le cycle de « La Comédie humaine ».

Œuvre-clé

La parution de *La Peau de chagrin* (1831) fait naître chez Balzac l'idée d'un ensemble d'œuvres qui deviendra **« La Comédie humaine »** (1829-1855), et c'est *Le Père Goriot* (voir p. 44), en 1834, qui le décide à créer des personnages récurrents pour assurer la cohérence de cette **saga sociale**. C'est un total de cent quarante-cinq **romans réalistes** qui était prévu, mais Balzac n'aura pas le temps de les rédiger tous et quatre-vingt-dix seulement seront terminés à sa mort. Beaucoup ont été retouchés voire refondus après parution pour mieux s'insérer dans la saga, construite en trois parties (*Études de mœurs*, *Études philosophiques* et *Études analytiques*).

3 Victor Hugo

Poète, essayiste, romancier, homme politique, Hugo a aussi fait scandale pour ses pièces de théâtre et pourrait ainsi être qualifié d'**« écrivain total »**. En 1826, il publie son premier roman, *Bug-Jargal*. Il a écrit huit autres romans qui ont pour la plupart une forte **composante historique et sociale**, comme *Notre-Dame de Paris* (1831), *Les Misérables* (1862) ou *Quatrevingt-Treize* (1874). Son œuvre romanesque, très variée, intègre aussi une réflexion sur la peine de mort (*Le Dernier Jour d'un condamné*, 1829) ou sur le thème du monstre (*L'Homme qui rit*, 1869).

4 Gustave Flaubert

- Flaubert se définit lui-même comme un **« homme-plume »**, complètement accaparé par l'écriture et la réflexion sur les techniques littéraires. La rédaction de *Madame Bovary* (1857) lui prend d'ailleurs cinquante-six mois et son succès public est renforcé par le scandale qui entoure sa parution (voir p. 31).
- Il publie deux autres romans (*Salammbô* en 1862 et *L'Éducation sentimentale* en 1869), ainsi que des nouvelles (*Trois Contes*, 1877).
- Son écriture se caractérise par l'**effacement de la présence du narrateur** et par un travail particulier de **recherche du mot juste**. Pour tester ses phrases, il invente la technique du « gueuloir », qui consiste à les hurler pour en faire apparaître les éventuels défauts.

> **Mot-clé**
>
> **Bovarysme :** sorte de romantisme qui amène la personne à être toujours déçue par la réalité de ce qu'elle vit, dans une forme d'auto-illusion.

5 Émile Zola

Zola explore une écriture plus pessimiste et plus sociale que ses prédécesseurs, qui donnera naissance au **naturalisme** dont il devient le théoricien. Son œuvre montre l'importance de l'hérédité et du déterminisme social : **chaque personnage est dépendant de son milieu et ne peut s'en extraire**. Ses romans les plus importants (*L'Assommoir*, 1877 ; *Nana*, 1880 ; *Au bonheur des dames*, 1883 ; *Germinal*, 1885 ; *La Bête humaine*,1890) appartiennent au cycle des « Rougon-Macquart ».

> **Œuvre-clé**
>
> Inspiré de « La Comédie humaine », le cycle des **« Rougon-Macquart »** comprend vingt romans écrits entre 1871 et 1893. Ils couvrent cinq générations successives de personnages et se fondent sur les observations très précises que Zola a faites sur le terrain.

6 Guy de Maupassant

- Maupassant se fait connaître pour ses **nouvelles** parfois appelées contes, publiées dans la presse puis en recueil. D'abord **réalistes**, elles ont souvent pour cadre la Normandie, région d'origine de l'auteur, et pour thèmes ses passions (comme la chasse). Plusieurs sont étroitement liées à l'actualité (en particulier la guerre franco-prussienne de 1870), comme *Boule de suif* en 1880 ou *Mademoiselle Fifi* en 1882. Progressivement, elles deviennent **fantastiques**, peut-être en lien avec les troubles mentaux qui gagnent l'auteur (*La Peur*, 1882 ; *Le Horla*, première version en 1886 et deuxième en 1887 ; *Qui sait ?* en 1890, par exemple). La plupart se distinguent par le travail sur la **chute**, comme *La Parure* (1884).
- Maupassant est aussi l'auteur de six **romans**, dont *Une vie* (1883) et *Bel-Ami* (1885), qui reprend le thème de l'ascension sociale déjà développé par Balzac. Les deux romans, présentant des personnages masculins qui utilisent les femmes pour obtenir argent ou pouvoir, renvoient une vision de la nature humaine plus pessimiste que celle de Balzac.

11 Le roman et le récit aux XXe et XXIe siècles

Progressivement décliné en une **infinité de sous-catégories**, le récit ne cesse de se renouveler et de s'enrichir et voit se développer l'écriture des femmes. Même si certains auteurs ont exploré les limites du genre au point qu'on a pu parler d'**anti-roman**, le roman reste de nos jours le type d'ouvrages le plus vendu, sur support papier comme numérique.

Marcel Proust (1871-1922) · Marguerite Yourcenar (1903-1987) · Raymond Queneau (1903-1976) · Jean-Paul Sartre (1905-1980) · Albert Camus (1913-1960) · Marguerite Duras (1914-1996)

1 Le roman et le récit au XXe siècle

A Marcel Proust

L'œuvre de Proust garde les traces des grands romans du XIXe siècle, notamment la construction d'une saga à composante familiale et sociale, mais elle est **centrée sur le moi**, et contient une large **part d'autobiographie**. Son écriture se caractérise par des phrases longues et un **rythme particulier** : asthmatique, Proust, aurait inconsciemment calqué son style sur sa propre respiration.

Œuvre-clé

Le premier volume, *Du côté de chez Swann*, paraît en 1913. La publication des six autres s'échelonnera jusqu'en 1927 (les trois derniers à titre posthume). L'ensemble, ***À la recherche du temps perdu***, raconte une partie de la vie du narrateur, dans son univers familial et y intègre la vie des personnages qui gravitent autour de la famille, issus de la bourgeoisie, de la noblesse ou de milieux artistiques. Cette œuvre est aussi une réflexion sur la place des arts, et en particulier de la littérature, dans la vie.

B Le surréalisme et l'OULIPO

- **André Breton** publie en 1928 *Nadja*, roman expérimental qui suit le courant artistique du surréalisme. Un auteur comme **Raymond Queneau** en reprend l'esprit avec *Zazie dans le métro* (1959).
- **L'Ouvroir de Littérature Potentielle** se définit par une **vision ludique et créative de la littérature** et prône l'idée que l'écriture doit découler d'une contrainte. Ses membres les plus célèbres sont **Raymond Queneau** et **Georges Pérec** : le premier écrit 99 versions différentes du même très court récit dans les *Exercices de style* (1947) ; le second planifie les changements de chapitre en fonction du « problème du cavalier » (déplacements du cavalier sur un échiquier en passant par toutes les cases sans s'arrêter deux fois sur la même), pour *La Vie mode d'emploi* (1978).

C L'engagement philosophique et politique

- À l'inverse de la dimension ludique que peut avoir le mouvement précédent, des écrivains philosophes publient des **romans marqués par la réflexion**. **Albert Camus** entame avec *L'Étranger* (1942) le « cycle de l'absurde », constitué de ce roman ainsi que d'un essai, *Le*

Mythe de Sisyphe (1942), et de deux pièces de théâtre, *Caligula* (1938) et *Le Malentendu* (1944). L'ensemble interroge la destinée humaine. **Jean-Paul Sartre**, fondateur de l'existentialisme, rédige *La Nausée* (1938) ou *Les Chemins de la liberté* (1945).

- En lien avec les conflits du XXe siècle, des auteurs utilisent le roman pour témoigner de leur engagement ou donner leur point de vue de façon indirecte, tels **André Malraux** avec *La Condition humaine* (1933) sur la révolution en Chine, ou **Vercors** avec *Le Silence de la mer* (1940) sur la Résistance.

D Le nouveau roman

Des auteurs **questionnent le genre romanesque**, contestent l'intérêt du personnage, refusent le point de vue omniscient (voir p. 42) et appellent un nouveau type de récit. C'est le cas de **Nathalie Sarraute** (1900-1999) qui formule toutes ces critiques dans son essai *L'Ère du soupçon*, dès 1956, et poursuivra sa recherche jusqu'en 1983, date à laquelle elle publie *Enfance*, autobiographie dialoguée. Ce nouveau genre est théorisé par **Alain Robbe-Grillet** (1922-2008) dans *Pour un nouveau roman*, en 1963, dix ans après son roman *Les Gommes*. **Michel Butor** (1926-2016) écrit *La Modification* (1957), premier roman français qui s'adresse directement au lecteur en utilisant la deuxième personne du pluriel. Ce mouvement bénéficie d'un grand succès critique et l'un de ses représentants, **Claude Simon** (1913-2005), obtient le prix Nobel de littérature en 1985.

> **Auteur-clé**
>
> Les limites entre les genres tendent progressivement à disparaître : ainsi, **Marguerite Duras**, proche des choix du nouveau roman, a aussi écrit un roman autobiographique (*Un Barrage contre le Pacifique*, 1950) et a concentré ses choix littéraires sur sa vie amoureuse, en partie racontée dans *L'Amant* (1984) et réécrite dans *L'Amant de la Chine du Nord* (1991).

2 Le roman et le récit au XXIe siècle

A L'autofiction

L'intérêt qui grandit au XXe siècle autour des récits autobiographiques se développe en s'élargissant : la revendication d'authenticité et de vérité (**« pacte autobiographique »**) cède la place à la volonté de **réécriture** et de **réinvention de sa propre vie**. Ce qu'on pouvait déjà constater chez Proust, Colette, Robbe-Grillet ou Duras se retrouve par exemple chez Annie Ernaux (*La Place*, 1983), ou Delphine de Vigan (*Rien ne s'oppose à la nuit,* 2011).

B La nouvelle littérature populaire

En raison de l'importance accrue des chiffres de vente et des classements, certains auteurs disposent d'une visibilité renforcée en matière de publicité et « occupent » le terrain des librairies, publiant un ouvrage par an et bénéficiant d'un grand soutien des réseaux sociaux. C'est le cas de Fred Vargas, d'Anna Gavalda (dix romans pour adultes et jeunesse, ainsi que de nombreuses nouvelles publiées depuis 2001) ou d'Amélie Nothomb pour les femmes, de Guillaume Musso (dix-huit romans publiés depuis 2001) ou de Marc Levy (dix-huit romans publiés depuis 2000) pour les hommes, dont les ventes se chiffrent en centaines de milliers d'exemplaires et font souvent l'objet d'adaptations cinématographiques.

C Un nouveau féminisme

La part de plus en plus grande des écrivaines amène une véritable réflexion commencée dans les années 1970 sur l'écriture féminine et le féminisme. En littérature, la « défense » des femmes ou leur mise en avant, y compris de manière violente, est portée par Christine Angot (*Un amour impossible*, 2015) ou Virginie Despentes (*King Kong Théorie*, 2006), par exemple.

12 Les différents types de récit

Nom	Définition	Auteurs et œuvres de référence
Le roman	• Long récit, généralement fictif et rédigé en prose. • Roman épistolaire s'il est rédigé sous forme d'échange de lettres. • Plusieurs formes en fonction du thème traité : – roman historique, – roman noir ou gothique, – roman de cape et d'épée ou d'aventures, – roman policier, – roman de science-fiction, – roman fantastique.	**Stendhal**, *Le Rouge et le Noir* (1830) **Balzac**, cycle « La Comédie humaine » (entre 1829 et 1855) **Hugo**, *Les Misérables* (1862) **Flaubert**, *Madame Bovary* (1857) **Zola**, cycle « Les Rougon-Macquart » (entre 1871 et 1893) **Proust**, cycle « La Recherche du temps perdu » (entre 1913 et 1927) **Camus**, *La Peste* (1947), *La Chute* (1956) **Pérec**, *La Disparition* (1969), seul roman de langue française rédigé sans la lettre *e* **Ernaux**, *La Place* (1983)
La nouvelle	Court récit complet, fait pour être lu en une fois, généralement fictif et rédigé en prose.	**Maupassant**, *Boule de suif* (1880), *La Parure* (1884), *Le Horla* (1887) **Mérimée**, *Colomba* (1840), *Carmen* (1847) **Stendhal**, *Chroniques italiennes* (1855) **Daeninckx**, *Non-lieux* (1989), *Main courante* (1994)
Le conte	Court récit fictif de tradition orale, généralement écrit en prose.	**Daudet**, *Contes du lundi* (1873) **Maupassant**, *Contes de la bécasse* (1883), *Contes du jour et de la nuit* (1885)
L'autobiographie	Récit qu'un auteur fait de sa propre vie, en en privilégiant la partie personnelle.	**Stendhal**, *Vie de Henry Brulard* (1890) **Sartre**, *Les Mots* (1964).
L'autofiction	Récit qu'un auteur fait de sa propre vie, en mêlant réalité et fiction.	**Doubrovski**, *Fils* (1977) **De Vigan**, *D'après une histoire vraie* (2015)
Le journal	Récit que fait un auteur de sa propre vie, au jour le jour, ou avec une régularité comparable.	**Baudelaire**, *Mon Cœur mis à nu* (1864) **Goncourt** (frères), *Journal* (1851-1895) **Gide**, *Journal* (1889-1949)
Les Mémoires	Récit qu'un auteur fait de sa propre vie en en privilégiant la partie publique (historique ou politique).	**Chateaubriand**, *Mémoires d'outre-tombe* (1809-1841) **Dumas**, *Mes Mémoires* (1852-1856) **Beauvoir**, *Mémoires d'une jeune fille rangée* (1958)
La biographie	Récit qu'un auteur fait de la vie de quelqu'un d'autre.	**Yourcenar**, *Mémoires d'Hadrien* (1951) (version romancée de la vie de l'empereur romain)
Le récit de voyage	Récit réel ou fictif d'un voyage par la personne qui l'a effectué.	**Stendhal**, *Rome, Naples et Florence* (1817) **Lamartine**, *Impressions, souvenirs, pensées et paysages pendant un voyage en Orient, 1832-1833* **Kessel**, *Hong Kong et Macao* (1957)

13 Le personnage dans le récit

Le personnage est l'**élément-clé du roman**. Sa crédibilité, son intérêt et son originalité favorisent chez le lecteur un processus d'identification qui facilite la lecture et développe les émotions. De lui dépend donc, en grande partie, le succès du récit.

1 Les différents types de personnages

- Présenté généralement dès l'incipit, le **personnage principal** est tout d'abord identifié par son nom et par sa description. Au fil de l'œuvre, il acquiert d'autant plus d'épaisseur psychologique que le roman couvre une période de temps longue.
- Le **personnage éponyme** donne son nom à l'œuvre.
- Les **personnages secondaires** peuvent avoir des rôles d'**adjuvants** (ils aident) ou d'**opposants** (ils contrarient). Ils permettent toujours de révéler d'autres aspects du personnage principal.

Mot-clé

Incipit : début d'un récit, du latin *incipit*, « il commence ». Il est l'équivalent de la scène d'exposition au théâtre. On appelle *excipit* ou *explicit* la fin du récit.

Attention !

Quand on veut nommer le personnage, on l'écrit sans style particulier ; quand on veut mentionner l'œuvre, il faut en souligner le titre (texte manuscrit) ou le mettre en italique (texte tapé).
Ex. : Phèdre est l'héroïne de *Phèdre*.

2 Nommer le personnage

A Le choix du nom d'un personnage

- Le nom du personnage est un choix déterminant pour un auteur puisque ce nom sera le mot le plus utilisé pour le désigner.
- Le choix d'un **mot existant** pour nommer un personnage attribue les caractéristiques de ce mot au personnage : le personnage de Candide, dans le conte philosophique de Voltaire, est identifié comme naïf avant même sa première action.
- L'auteur peut créer un nom à partir de **plusieurs mots existants** (mot-valise). Dans *Vipère au poing* d'Hervé Bazin, la mère du narrateur est surnommée « Folcoche », contraction de « folle » et de « cochonne ». L'intention de l'auteur est claire : il double l'aspect négatif du personnage pour mieux mettre en valeur sa méchanceté.

B Emploi des substituts lexicaux

Les substituts lexicaux qui remplacent le nom permettent d'éviter les répétitions et de caractériser le personnage.

Ex. : Dans l'extrait du *Père Goriot*, p. 44, les groupes nominaux substituts du nom du personnage principal sont pour la plupart très longs. Certains sont répétés (*« père »* apparaît sept fois). Les connotations des noms noyaux de ces substituts sont de moins en moins négatives au fur et à mesure du texte : *« vieillard »* formé avec un suffixe péjoratif, *« malheureux »* puis *« bonhomme »* et *« père »* (avec des relatives qui indiquent les dons qu'il a faits à ses filles, et donc son dévouement à leur égard), sauf le dernier (*« comme le dernier des misérables »*, présenté sous forme de comparaison), qui reflète la vision qu'ont de lui ses gendres.

14 La chronologie dans le récit

Un récit se fait le plus souvent dans l'ordre chronologique, mais un auteur peut décider de le rompre pour en briser la monotonie, au moyen de trois procédés : l'**analepse** (retour en arrière qui correspond au « *flash-back* » dans un film), la **prolepse** (anticipation) ou l'**ellipse** (coupe).

Nom	Définition	Objectif	Caractéristiques
Analepse	Retour sur un événement qui a déjà eu lieu (voir p. 44).	Elle est utilisée pour donner des explications auxquelles le lecteur n'aurait pas accès autrement. **Elle favorise la compréhension**.	Elle utilise le temps verbal du **plus-que-parfait**. On la repère grâce à des **compléments circonstanciels de temps** qui indiquent l'**antériorité** comme « l'année d'avant », « hier », « la veille », « quelques heures auparavant », etc.
Prolepse	Indications sur ce qui ne s'est pas encore passé (voir p. 44).	Elle est employée pour créer une attente, du suspens, en dévoilant un peu de la suite. **Elle suscite l'envie de lire**.	Elle s'appuie sur le temps verbal (voir p. 64) du **futur** (système de temps du discours) ou sur le **conditionnel présent** (système de temps du récit). On la repère grâce à des **compléments circonstanciels de temps** qui indiquent la **postériorité** comme « l'année d'après », « demain », « quelques heures plus tard », etc.
Ellipse	Coupe dans l'histoire : un ou plusieurs moment(s) ne sont volontairement pas racontés.	Elle permet de ne pas raconter des événements mineurs et des détails sans importance qui ralentiraient l'action et n'apporteraient rien au récit ; elle permet aussi de cacher des éléments importants qui permettraient de deviner trop rapidement la fin. **Elle influence le rythme de lecture**.	On comprend qu'il y a eu ellipse quand un chapitre ou un paragraphe commence par une mention du type « deux heures après », « le lendemain », etc. On peut également la signaler par un **blanc typographique** important.

15 Point de vue et focalisation dans le récit

Un récit est une histoire écrite par un **auteur** et racontée par un **narrateur** en fonction d'un certain nombre de choix (point de vue, temps des verbes, chronologie, etc.).

1 Auteur et narrateur

• L'**auteur** est la personne réelle qui écrit le texte. Le **narrateur** est la « voix » qui raconte l'histoire. L'auteur et le narrateur ne sont les mêmes que dans le cas spécifique de l'autobiographie. Dans tous les autres cas, une narration à la première personne ne reflète pas la réalité de l'auteur : elle est la plupart du temps totalement imaginaire.

• Le narrateur peut être **extérieur** au récit ou **intérieur** au récit (il s'agit alors d'un narrateur-personnage).

• Il peut avoir plusieurs fonctions :
– fonction narrative : raconter est la fonction de base qui existe dans tout récit ;
– fonction de commentaire : le narrateur intervient au sein de l'histoire pour faire des commentaires, donner son avis, interpeller le lecteur, etc.

2 Le point de vue

Le point de vue (ou **focalisation**) se décline en trois modalités que l'auteur choisit en fonction de l'effet qu'il veut produire sur le lecteur.

> **Attention !**
> Un roman n'a pas toujours un point de vue unique : il peut y avoir des changements de point de vue ou des passages où il est difficile de définir clairement le point de vue choisi.
> Plus il y a de recherche formelle de la part de l'auteur (roman moderne ou contemporain par exemple), plus cette question des points de vue peut être complexe.

A Point de vue omniscient

• Du latin *omnis* (« tout ») et *sciens* (« sachant »), le point de vue omniscient est aussi appelé **focalisation zéro**.

• Dans cette configuration, **le narrateur voit tout et connaît tout des lieux, des événements et des personnages y compris actions, sensations et pensées, présents, passés et à venir**. Ce point de vue permet de donner au lecteur une vision d'ensemble et une compréhension globale, souvent guidée par l'auteur ; il est assez « pédagogique ».

> **À savoir**
> C'est un point de vue très courant dans le roman « traditionnel » du XIXe siècle (Hugo, Balzac, Stendhal, etc.).

• On le reconnaît aux termes qui indiquent la présence d'un narrateur ou celle du lecteur (en bleu dans l'exemple) ; aux procédés de globalisation et de généralisation (en vert) ; aux commentaires du narrateur (en rouge) ; au vocabulaire de la narration (en rose).

Ex. : Nous avouerons que, suivant l'exemple de beaucoup de graves auteurs, nous avons commencé l'histoire de notre héros une année avant sa naissance. Ce personnage essentiel n'est autre, en effet, que Fabrice Valserra, *marchesino* del Dongo, comme on dit à Milan. Il venait justement de se donner la peine de naître lorsque les Français furent chassés, et se trouvait, par le hasard de la naissance, le second fils de ce marquis del Dongo si grand seigneur, et dont vous connaissez déjà le gros visage blême, le sourire faux et la haine sans bornes pour les idées nouvelles. Toute la fortune de la maison était substituée au fils aîné Ascanio del Dongo, le digne portrait de son père. Il avait huit ans, et Fabrice deux, lorsque tout à coup ce général Bonaparte, que tous les gens bien nés croyaient pendu depuis longtemps, descendit du mont Saint-Bernard. Il entra dans Milan : ce moment est encore unique dans l'histoire ; figurez-vous tout un peuple amoureux fou.

Stendhal, *La Chartreuse de Parme*, chapitre I, « Milan en 1796 », 1839.

B Point de vue externe

• Le regard du narrateur est celui d'un **simple observateur, objectif et neutre**. En tant que témoin, il ne rentre pas dans les pensées des personnages. Il y a restriction des connaissances par rapport au point de vue omniscient mais la vision qui est donnée au lecteur est plus neutre ; il peut donc tirer sa propre « morale » de sa lecture.

• On le reconnaît à l'importance des repères spatiaux et parfois des repères temporels qui organisent les descriptions (en bleu dans l'exemple) ; à la présence du vocabulaire de la perception et des sens (en vert) ; à des éléments qui favorisent le regard – sources de lumière, miroir, vitrine, fenêtre, etc. (en rouge) ; à la présence de verbes d'action (en rose) ; à l'absence de marques de subjectivité.

Ex. : En bas, dans le grand vestibule dallé de marbre, où était installé le contrôle, le public commençait à se montrer. Par les trois grilles ouvertes, on voyait passer la vie ardente des boulevards, qui grouillaient et flambaient sous la belle nuit d'avril. Des roulements de voiture s'arrêtaient court, des portières se refermaient bruyamment, et du monde entrait, par petits groupes, stationnant devant le contrôle, montant, au fond, le double escalier, où les femmes s'attardaient avec un balancement de la taille. Dans la clarté crue du gaz, sur la nudité blafarde de cette salle dont une maigre décoration Empire faisait un péristyle de temple en carton, de hautes affiches jaunes s'étalaient violemment, avec le nom de Nana en grosses lettres noires. Des messieurs, comme accrochés au passage, les lisaient ; d'autres, debout, causaient, barrant les portes ; tandis que, près du bureau de location, un homme épais, à large face rasée, répondait brutalement aux personnes qui insistaient pour avoir des places.

Zola, *Nana*, chapitre 1, 1880.

C Point de vue interne

• Les événements sont exclusivement racontés à travers la **conscience d'un personnage** qui voit et sait ce qui se passe. Il y a restriction encore plus importante du champ des connaissances car on reste dans l'ignorance de ce que le personnage ne connaît pas ; le processus d'identification et l'attachement du lecteur vis-à-vis du personnage sont plus importants, même quand celui-ci présente des aspects négatifs.

• On le reconnaît à l'utilisation du vocabulaire des impressions, émotions, sentiments (en bleu dans l'exemple) ; à la présence de la subjectivité (en vert) dans l'emploi d'adjectifs connotés (mélioratifs ou péjoratifs), de l'expression du haut degré (adverbes d'intensité, superlatifs), de comparaisons ou de métaphores ; à la modalisation (en rouge) : phrases interrogatives ou exclamatives, emploi du conditionnel, abondance des adverbes, verbes ou expressions indiquant un jugement.

Ex. : Elle songeait quelquefois que c'étaient là pourtant les plus beaux jours de sa vie, la lune de miel, comme on disait. Pour en goûter la douceur, il eût fallu, sans doute, s'en aller vers ces pays à noms sonores où les lendemains de mariage ont de plus suaves paresses ! Dans des chaises de poste, sous des stores de soie bleue, on monte au pas des routes escarpées, écoutant la chanson du postillon, qui se répète dans la montagne avec les clochettes des chèvres et le bruit sourd de la cascade. Quand le soleil se couche, on respire au bord des golfes le parfum des citronniers ; puis, le soir, sur la terrasse des villas, seuls et les doigts confondus, on regarde les étoiles en faisant des projets. Il lui semblait que certains lieux sur la terre devaient produire du bonheur, comme une plante particulière au sol et qui pousse mal tout autre part. Que ne pouvait-elle s'accouder sur le balcon des chalets suisses ou enfermer sa tristesse dans un cottage écossais, avec un mari vêtu d'un habit de velours noir à longues basques, et qui porte des bottes molles, un chapeau pointu et des manchettes !

Flaubert, *Madame Bovary*, chapitre 7, 1857.

16 Étudier un extrait de roman

1 Observer le texte

Substituts lexicaux désignant le personnage éponyme, absent du passage, et ses filles et leurs maris

— Qui est-ce ? dirent les deux femmes.

— Un vieillard qui vit à raison de deux louis par mois, au fond du faubourg Saint-Marceau, comme moi, pauvre étudiant ; un véritable malheureux dont tout le monde se moque, et que nous appelons le père Goriot.

— Mais, enfant que vous êtes, s'écria la vicomtesse, madame de Restaud est une demoiselle Goriot.

— La fille d'un vermicellier, reprit la duchesse, une petite femme qui s'est fait présenter le même jour qu'une fille de pâtissier. [...]

— Ah ! c'est son père, reprit l'étudiant en faisant un geste d'horreur.

— Mais oui ; ce bonhomme avait deux filles dont il est quasi fou, quoique l'une et l'autre l'aient à peu près renié.

— La seconde n'est-elle pas, dit la vicomtesse en regardant madame de Langeais, mariée à un banquier dont le nom est allemand, un baron de Nucingen ? Ne se nomme-t-elle pas Delphine ? [...]

La duchesse sourit en disant :

— Mais, ma chère, je vous admire. Pourquoi vous occupez-vous donc tant de ces gens-là ? Il a fallu être amoureux fou, comme l'était Restaud, pour s'être enfariné de mademoiselle Anastasie. Oh ! il n'en sera pas le bon marchand ! Elle est entre les mains de monsieur de Trailles, qui la perdra.

Élément d'anticipation : verbes au futur

— Elles ont renié leur père, répétait Eugène.

— Eh bien ! oui, leur père, le père, un père, reprit la vicomtesse, un bon père qui leur a donné, dit-on, à chacune cinq ou six cent mille francs pour faire leur bonheur en les mariant bien, et qui ne s'était réservé que huit à dix mille livres de rente pour lui, croyant que ses filles resteraient ses filles, qu'il s'était créé chez elles deux existences, deux maisons où il serait adoré, choyé. En deux ans, ses gendres l'ont banni de leur société comme le dernier des misérables.

Retour en arrière : verbes au plus-que-parfait

Substitut lexical sous forme de comparaison

Quelques larmes roulèrent dans les yeux d'Eugène, récemment **rafraîchi** par les pures et saintes **émotions** de la famille, encore **sous le charme** des **croyances** jeunes, et qui n'en était qu'à sa première journée sur le champ de bataille de la civilisation parisienne.

Récit à la 3e personne du sing. ; on a accès à **l'état mental** du personnage d'Eugène. La société parisienne présentée comme un « champ de bataille » est un commentaire du narrateur (point de vue omniscient).

Honoré de Balzac, *Le Père Goriot*, chapitre 1, 1835.

2 Tirer des conclusions

• Différents **substituts lexicaux** désignent les **personnages féminins** et ils sont placés dans les mêmes phrases que les références à des hommes et à leurs titres ou fonctions.
→ La proximité des deux séries de substituts permet au lecteur de découvrir l'origine des filles au fur et à mesure où elle est dévoilée aux personnages.

• Un très grand nombre de substituts renvoie au **personnage principal**, pourtant **absent**.
→ Le personnage le plus nommé (et donc le plus important) est paradoxalement celui qui n'est pas là. Il est majoritairement présenté par le lien familial qu'il entretient avec les autres personnages : le lien de paternité qui semble le définir plus que toute autre chose.

• Deux verbes au **plus-que-parfait** sont employés par la vicomtesse (**retour en arrière**).
→ Ils permettent de comprendre la stratégie qui a été celle du père Goriot dans le mariage de ses filles et les sacrifices qu'il a faits pour la mettre en œuvre.

• Deux verbes au **futur** sont utilisés par la duchesse (**anticipation**).
→ Ils annoncent les déboires d'Anastasie Goriot.

• **La Duchesse de Langeais** : personnage éponyme d'un autre roman de Balzac.
→ Cette mention rappelle que le **roman appartient à un cycle** (« La Comédie humaine ») dont les personnages sont récurrents.

• **Conclusion :** cet épisode de **« La Comédie humaine »** de Balzac fait partie des « Études de mœurs » et en particulier des « Scènes de la vie privée », on s'y attarde donc en priorité sur le **fonctionnement moral de la société** (ici, parisienne) et des **relations familiales**, d'où l'insistance sur le lien de paternité, qui est perceptible dès le titre.
La façon de désigner et de caractériser les personnages met en avant et explique le **sacrifice d'un père pour ses filles**, dont on pressent le destin dramatique ou tragique. Le père Goriot, absent de l'extrait, en est pourtant le centre, comme il est le centre du roman dont il est le personnage éponyme.

Le Père Goriot, gravure par Honoré Daumier pour l'édition Furne (1842-1846). ▶

17 Le théâtre aux XVIIe et XVIIIe siècles

Le XVIIe siècle est l'âge d'or du théâtre, pendant lequel les règles en sont fixées et les pièces les plus célèbres créées. Inspirées de la mythologie ou de l'histoire pour la **tragédie**, simples divertissements visuels pour la **comédie**, elles atteignent leur apogée grâce à un véritable **travail sur la langue.** Cet aspect se maintient au XVIIIe siècle, avec l'ajout d'une dimension satirique plus importante, issue de l'esprit critique des Lumières.

Corneille (1606-1684) — Molière (1622-1673) — Racine (1639-1699) — Marivaux (1688-1763) — Voltaire (1694-1778) — Beaumarchais (1732-1799)

1 Le théâtre au XVIIe siècle

A La comédie

• Issue de la **farce** médiévale française et de la ***commedia dell'arte*** italienne, la comédie est représentée à cette époque par **Molière**, qui a écrit plus de trente-et-une pièces. La plupart sont des comédies ou des **comédies-ballets** mais trois d'entre elles sont considérées comme des tragi-comédies (*Le Tartuffe* en 1664, *Dom Juan* en 1665, *Le Misanthrope* en 1666) parce que leurs sujets sont plus sérieux et relèvent des registres tragique et satirique (voir p. 56), en plus du comique.

Mots-clés

• **Farce :** courte pièce comique à objectif souvent satirique, généralement écrite en vers et dont les personnages sont stéréotypés, sans psychologie. Ce genre, inventé au Moyen Âge et encore pratiqué à l'époque de Molière, disparaît progressivement au profit de la comédie.
• ***Commedia dell'arte* :** comédie italienne proche de la farce, elle tire son nom (« comédie de l'art ») du fait qu'elle était jouée par des comédiens professionnels. Fondée sur la gestuelle et l'improvisation, elle recourt à des acteurs masqués jouant des rôles stéréotypés, identifiables à leur costume, dont les plus connus sont Arlequin, Colombine, Pantalon, Matamore, Scaramouche ou Scapin.
• **Comédie-ballet :** comédie qui mélange théâtre, chant et danse. C'est un genre qui a été inventé par Molière et le musicien Lully et qui ne leur a pas survécu.

• La **troupe** de Molière a longtemps partagé une salle avec les comédiens italiens du roi, ce qui explique les emprunts à leurs pratiques. Protégée par Monsieur, frère de Louis XIV, elle acquiert progressivement son indépendance et se voit confier la salle du Palais-Royal, qui deviendra par la suite la Comédie-Française, aujourd'hui encore considérée comme la « Maison de Molière ».

Œuvre-clé

***Tartuffe* :** par cette pièce sur l'hypocrisie religieuse et les faux dévots, Molière s'attire, malgré la protection royale dont il bénéficie, des problèmes avec La Compagnie du Saint-Sacrement ou « Parti des dévots », société secrète catholique. La pièce, deux fois jouée et interdite en 1664 et 1667, rencontre cependant un immense succès en 1669, en partie à cause du scandale qu'elle suscite.

• La particularité de cet auteur est d'avoir été aussi acteur, metteur en scène et chef de troupe. En tant qu'écrivain, il a par ailleurs introduit une **dimension stylistique** importante dans un type de pièce qui n'en comportait pas forcément auparavant.

B La tragédie

• Issue de la tragédie grecque antique, la **tragédie classique** en reprend les thèmes et les registres mais en modifie la structure, en éliminant notamment les parties chantées et dansées par le chœur.

• **Corneille** commença par écrire des vers et des comédies dont la plus novatrice est sans doute *L'illusion comique* (1635) qui associe différents genres théâtraux et met en scène du théâtre dans le théâtre. Cette pièce marque un tournant dans la carrière de Corneille qui n'écrira plus ensuite que des tragédies (vingt-et-une sur trente-deux pièces). Les plus célèbres sont *Le Cid* (1637), considérée comme une tragi-comédie, *Horace* (1640) et *Cinna ou la Clémence d'Auguste* (1641).

• Les personnages de Corneille sont souvent placés dans des **situations d'hésitation** entre deux choix également difficiles, contraires à leur volonté ou impossibles à concilier ; on parle dans ce cas de **dilemme cornélien**.

Œuvre-clé

Le Cid : cette pièce, qui met en scène une jeune femme qui finit par épouser l'assassin de son père, fut jugée choquante car elle ne respectait pas la vraisemblance (voir p. 53). Cette situation était en effet considérée comme impossible du point de vue de la morale. La pièce fut même condamnée par l'Académie Française qui venait d'être créée.

« À vaincre sans péril, on triomphe sans gloire »

Corneille, *Le Cid*, acte II, scène 2.

• Son style est apparenté à l'**esthétique baroque**, c'est-à-dire que l'expression des sentiments est exubérante et la tension constante ; les figures de l'exagération sont les plus utilisées.

• **Racine** a eu une carrière centrée sur le théâtre et a écrit douze pièces dont une seule comédie, *Les Plaideurs* (1668). Ses tragédies les plus célèbres sont sans doute *Andromaque* (1667), *Britannicus* (1669), *Bérénice* (1670), *Iphigénie* (1674), inspirées de thèmes tirés de l'histoire ancienne ou de la mythologie gréco-romaine, et surtout *Phèdre* (1677). Douze ans après le succès de cette pièce, alors qu'il est devenu historiographe du roi et n'écrit plus en tant que dramaturge, il compose deux autres tragédies à la demande de Mme de Maintenon : *Esther* (1689) et *Athalie* (1691). Ces deux pièces sont d'inspiration biblique, contrairement aux précédentes, car la maîtresse du roi, devenue sa femme à la mort de la reine, est très pieuse.

• Les personnages de Racine sont **soumis à leur destin et se retrouvent face à leur devoir**. Leurs **choix** sont en fait **prédéterminés**, ce qui en fait de vrais personnages tragiques.

• Son style est apparenté à l'**esthétique classique**, c'est-à-dire que l'expression des sentiments y est mesurée et le sentiment du devoir mis en avant.

Phèdre (Dominique Blanc), Thésée (Pascal Greggory) et Théramène (Michel Duchaussoy), mise en scène de Patrice Chéreau, Odéon-Théâtre de l'Europe aux Ateliers Berthier (2003). ▶

La dernière scène de l'acte V montre Phèdre, qui s'est empoisonnée, agoniser aux pieds de Thésée. L'actrice, au sol, témoigne de la mort imminente du personnage. Elle semble s'écarter de Thésée, dont le corps est tourné dans l'autre sens, ce qui symbolise leur désaccord irréconciliable.

2 Le théâtre au XVIIIe siècle

A La tragédie

• Même si les pièces de théâtre de **Voltaire** sont moins connues et étudiées aujourd'hui que le reste de ses écrits, ses cinquante-deux pièces (dont vingt-sept tragédies) ont connu un grand succès à leur époque, comme le prouvent les registres journaliers de la Comédie-Française : on y apprend que les recettes cumulées de toutes les représentations dépassent très largement celles de Racine et Corneille. Il est aussi symbolique que sa première œuvre (*Œdipe*, 1718) et la dernière (*Agathocle*, 1778) soient des tragédies.

• Si certaines pièces, comme *Œdipe* ou *Mérope* (1743), reprennent des thèmes connus de la mythologie gréco-romaine, d'autres sont d'inspiration orientale comme *Zaïre* (1732) ou *Mahomet* (1741), médiévale (*Tancrède*, 1760) ou encore asiatique (*L'Orphelin de la Chine*, 1755), la variété de ses sujets étant sans doute une des raisons de ses succès publics.

• Son style est majoritairement apparenté à l'**esthétique classique**, même s'il a cherché à la renouveler et à la dépasser.

B La comédie

• **Marivaux.** La carrière littéraire de Marivaux est presque centrée sur la comédie (une seule tragédie) mais ses pièces rencontrent peu de succès, en termes de recettes et de nombre de représentations, n'intégrant ni la réflexion des Lumières, ni la légèreté de la farce pure. On y retrouve des personnages stéréotypés de la *commedia dell'arte* comme Arlequin, mais avec une **profondeur psychologique nouvelle**. Presque toutes les intrigues de ses pièces ont pour point de départ l'amour, mêlé aux thèmes du travestissement (déguisements visant à changer le sexe ou le niveau social du personnage), des faux semblants et des quiproquos. L'amour y est présenté sous toutes ses facettes, de la légèreté (badinage) à la noirceur (personnages intéressés, chasseurs de dot, etc.).

> **Mot-clé**
>
> **Marivaudage :** nom qui désigne, en référence aux pièces de Marivaux, les échanges amoureux fondés sur la galanterie et le jeu spirituel.

• Ses œuvres les plus célèbres sont *La Surprise de l'amour* (1722), *La Double Inconstance* (1723), *Le Jeu de l'amour et du hasard* (1730) et *Les Fausses Confidences* (1737).

• Son style s'apparente à l'**esthétique précieuse** (voir p. 18).

• **Beaumarchais.** La vie de Beaumarchais est marquée par l'aventure et les scandales : accusé de captations d'héritages (ses deux premières femmes, très riches, sont mortes jeunes), il est au centre de polémiques et d'affaires de corruption. Professeur de harpe des filles du roi Louis XV, agent secret, défenseur de l'indépendance des États-Unis, il est aussi l'éditeur de Voltaire et premier militant pour la reconnaissance du droit d'auteur.

> **Citation**
>
> « [...] sans la liberté de blâmer, il n'est point d'éloge flatteur ; et [...] il n'y a que les petits hommes qui redoutent les petits écrits. »
>
> Beaumarchais, *Le Mariage de Figaro*, acte V, scène 3.

• Il a écrit six pièces mais est surtout resté célèbre pour sa « Trilogie de Figaro », composée des œuvres : *Le Barbier de Séville* ou la *Précaution inutile* (1775), *La Folle journée ou le Mariage de Figaro* (1778) et *L'Autre Tartuffe ou la Mère coupable* (1792). Ces pièces sont considérées comme des déclencheurs possibles de la Révolution française, en raison des idées développées (critique du pouvoir arbitraire de la noblesse) et du succès rencontré. Mozart s'en inspirera pour son opéra *Les Noces de Figaro*, dont le livret a été adapté de Beaumarchais par Da Ponte.

18 Le théâtre du XIXe au XXIe siècles

Au **XIXe siècle**, le théâtre entreprend de **s'éloigner des règles formelles** des siècles précédents pour s'en affranchir définitivement au siècle suivant. Les thèmes traités, comme le niveau de langue, tendent à **se rapprocher du vécu du spectateur** et les limites existant entre les différents types de pièces à s'effacer. Les pièces plus contemporaines échappent désormais à toute classification.

Victor Hugo (1802-1885) — Alfred Jarry (1873-1907) — Jean Giraudoux (1882-1944) — Samuel Beckett (1906-1989) — Eugène Ionesco (1909-1994) — Jean-Claude Carrière (1931)

1 Le théâtre au XIXe siècle

- Le XIXe siècle est marqué par l'apparition du **mélodrame** (pièce dramatique où les situations sont invraisemblables et les personnages manichéens) et surtout du **drame romantique**, qui brise les codes du théâtre classique et tire son succès de la nouveauté qu'il introduit.
- **Hugo**, en revanche, crée des pièces marquées par une volonté particulière de « casser » l'alexandrin en le divisant entre les répliques de plusieurs personnages ou en multipliant rejets et contre-rejets (voir p. 23). Ce qui choque aussi, c'est le niveau de langue jugé trop courant pour des personnages nobles (le roi d'Espagne Don Carlos par exemple, dans *Hernani*). Les deux pièces les plus célèbres d'Hugo sont *Hernani* (1830) et *Ruy Blas* (1838).

▲ Bagarre entre les partisans de la pièce et ses opposants lors des premières représentations d'*Hernani*.
Dessin de J.-J. Grandville (1803-1847).

2 Le théâtre au XXe siècle

A Le renouvellement des genres

- La première moitié du siècle est caractérisée par la réutilisation de thèmes ou de genres existants, mais modifiés. Ainsi, **Alfred Jarry**, en 1896 s'inspire du *Macbeth* de Shakespeare pour créer ***Ubu roi***, fable grinçante sur la dictature.
- **Jean Giraudoux** reprend les thèmes des pièces des tragiques grecs (*La guerre de Troie n'aura pas lieu* en 1935 ou *Électre* en 1937) ou du comique romain Plaute avec *Amphitryon 38* (1929). Il s'inspire aussi de la mythologie germanique dans *Ondine* (1939) même si sa pièce la plus célèbre, *La Folle de Chaillot* écrite pendant l'occupation et jouée en 1945 après sa mort, se déroule à Paris à l'époque contemporaine. En multipliant les sources, Giraudoux témoigne de leur caractère intemporel et de leur intérêt renouvelé.

• La réécriture de pièces antiques donne naissance à des **versions actualisées**, en particulier en ce qui concerne les **décors** et les **costumes**, mais aussi les **registres** (insertion du comique dans les tragédies). Elle rapproche le public de sujets qui peuvent lui paraître trop éloignés de sa réalité quotidienne.

Ex. : Représentée pour la première fois sous l'occupation, en 1944, devant un public en partie allemand, *Antigone*, de Jean Anouilh, présente des personnages de gardes vêtus de « chapeaux » et qui « sentent [...] le cuir ». Il est ainsi possible de les identifier à des officiers de la Gestapo. Anouilh a commencé à écrire dès 1941, inspiré par les attentats commis par la Résistance contre les Allemands, provoquant les condamnations à mort de leurs auteurs, terroristes pour l'occupant, héros pour les résistants. La pièce est donc un élément de réflexion sur la révolte et ses conséquences, et sur le respect des lois, communes ou personnelles.

B Le théâtre de l'absurde

• La Seconde Guerre mondiale et le traumatisme lié à la découverte progressive de l'ampleur de la Shoah bouleversent profondément la création littéraire.

• **Albert Camus** a créé un ensemble d'œuvres intitulé « cycle de l'absurde » qui est composé, entre autres, de deux pièces de théâtre : *Caligula* (1938) et *Le Malentendu* (1944). Leur point commun est de mettre en avant l'absurdité des destinées humaines.

• **Eugène Ionesco** suit la même logique avec *La Cantatrice chauve* (1950), dont la fin fait repartir la pièce au début, et *Rhinocéros* (1959) qui met en scène une épidémie qui transforme les hommes en rhinocéros.

• **Samuel Beckett**, écrivain irlandais, a écrit son œuvre en partie en français, notamment *En attendant Godot* (1952) et *Fin de partie* (1957). Même s'il n'a jamais revendiqué l'appellation « théâtre de l'absurde », on l'en rapproche aujourd'hui. Il a reçu le prix Nobel de littérature en 1969, ce qui montre l'importance qu'on lui a donnée.

• **Nathalie Sarraute**, avec *Pour un oui ou pour un non* (1981), perpétue ce mouvement en mettant en scène la fin d'une amitié déclenchée par le traumatisme provoqué par un seul mot.

C Le théâtre expérimental

On classe dans cette catégorie des auteurs ayant bouleversé les codes du théâtre, en y intégrant notamment une dimension de violence, physique ou verbale, comme **Jean Genet** avec *Les Bonnes* (1947), inspiré d'un fait divers sanglant ou **Bernard-Marie Koltès** (*Combat de nègre et de chiens*, 1980). Plus récemment, **Wajdi Mouawad** conclut une tétralogie commencée en 1997, inspirée à la fois par les mythes grecs et la guerre au Liban, dont il est originaire.

3 Le théâtre au XXIe siècle

• Le théâtre du XXIe siècle, comme les autres genres, tend à se diversifier et à échapper aux classifications : shows personnels, *stand-up*, recours aux arts du cirque, récitations (textes classiques dits par Fabrice Lucchini, par exemple) et expériences nouvelles et diverses se multiplient.

• À côté des reprises des classiques de toutes époques, de nouvelles créations voient le jour, avec des auteurs comme Jean-Claude Carrière (*La Controverse de Valladolid* en 1999, *Les Mots et la Chose* en 2007 ou *Audition* en 2010), Éric-Emmanuel Schmitt (*Monsieur Ibrahim et les Fleurs du Coran* en 2001), Yasmina Réza (*Le Dieu du carnage* en 2006), Florian Zeller (*Le Fils* en 2018) ou Olivier Py, auteur et metteur en scène (*La Grande Parade de Py*, 2006).

19 Les caractéristiques de la forme théâtrale

1 La comédie et la tragédie

A La comédie

• Habituellement en trois actes, une **comédie** est une **pièce en prose ou en vers, destinée à faire rire** et utilisant donc les **registres comique ou satirique** (voir p. 56).

• Elle reprend parfois des pièces antiques.

Ex. : la pièce de Molière, *L'Avare*, est inspirée de l'*Aulularia* de Plaute.

• Elle peut aussi sinspirer de la mythologie gréco-romaine.

Ex. : Molière et Giraudoux ont tous deux écrit une pièce sur le personnage d'Amphitryon.

• Les sujets sont en principe tirés de la **vie quotidienne** ; les **personnages** sont le plus souvent des **anonymes**.

B La tragédie

• Habituellement en cinq actes, une **tragédie** est une **pièce en prose ou en vers, destinée à provoquer la pitié ou la terreur** et utilisant donc les **registres tragique ou pathétique** (voir p. 56).

• Elle reprend souvent des pièces antiques des tragiques grecs Eschyle, Sophocle et Euripide, ou romains comme Sénèque.

• Elle s'inspire de l'histoire ancienne ou de la mythologie gréco-romaine, en particulier les familles maudites royales de Mycènes (Atrides), de Thèbes (Labdacides) ou de Crète ; les **personnages** sont des **nobles** ou des **personnages historiques**.

Ex. : Œdipe roi de Sophocle a été repris successivement par Corneille en 1659, Voltaire en 1718, Gide en 1930 ou Cocteau en 1934 *(La Machine infernale)* et 1937 *(Œdipe-roi)* ; *Antigone* de Sophocle a inspiré des pièces du même nom à Cocteau en 1922 et Anouilh en 1944.

2 Le vocabulaire du théâtre

Acte	Unité la plus large du théâtre correspondant à un ensemble de scènes, délimitée à l'origine par les changements de décors, eux-mêmes liés au remplacement des bougies qui éclairaient la salle
Aparté	Prise de parole d'un personnage pour lui-même : il n'est donc pas censé être entendu par les autres personnages mais seulement par le public. Elle sert à révéler l'état d'esprit du personnage qui parle sincèrement puisqu'il ne pense pas être entendu ; elle peut aussi faire passer les idées de l'auteur dont le personnage est le porte-parole (*Ex. :* Dans la scène 2 de l'acte II de *Tartuffe*, Dorine se moque de Tartuffe et commente ses actes pour le spectateur).
Dénouement	Partie de la pièce, à la fin, qui « débloque » le nœud en éliminant le dernier obstacle. Dans les pièces de Molière, la révélation de l'identité cachée d'un ou plusieurs personnages déclenche le dénouement (*Ex. :* Dans la scène 7 de l'acte III des *Fourberies de Scapin*, on découvre que Pandolphe et Géronte ne font qu'un et dans la scène 11, Argante découvre sa fille sous une fausse identité).

Deus ex machina	« Dieu qui sort d'une machine », expression latine qui désigne un dispositif scénique (machine) particulier permettant de faire apparaître un personnage, souvent divin, pour dénouer la pièce. On peut aussi l'utiliser pour désigner le personnage lui-même.
Dialogue	Prise de parole alternée entre deux personnages, échange de répliques.
Didascalie ou indication scénique	Mention écrite par l'auteur pour donner des précisions aux acteurs, au metteur en scène ou au lecteur sur la façon dont il veut que la pièce soit représentée. Les didascalies initiales sont celles qui se trouvent en début d'acte ou de scène.
Dilemme	Hésitation d'un personnage tiraillé entre deux exigences opposées. C'est une situation fréquente dans les pièces de Corneille (*Ex. :* Chimène, dans *Le Cid* (1637) est tiraillée entre son amour pour Rodrigue et son sens de l'honneur qui lui interdit de l'aimer).
Double énonciation	Particularité de l'énonciation au théâtre où tout acteur qui parle s'adresse indirectement au spectateur tandis que le personnage qu'il joue s'adresse directement à un autre personnage de la pièce. Il y a donc un seul message mais deux destinataires.
Monologue	Longue prise de parole par un personnage seul en scène dont la fonction est généralement de faire connaître au lecteur et au spectateur l'état d'esprit ou les idées du personnage qui le dit (*Ex. :* le monologue d'Harpagon, dans *L'Avare* de Molière, acte IV, scène 7).
Nœud	Moment où l'intrigue parvient à son apogée sans certitude sur le dénouement ; moment de blocage apparent.
Protagoniste	Acteur qui a le rôle principal (« premier combattant » en grec ancien).
Quiproquo	Malentendu comique. Le quiproquo s'oppose au malentendu tragique (méprise tragique). Les effets comique et tragique sont rendus possibles par la double énonciation ; seul le spectateur les perçoit dans un premier temps.
Réplique	Prise de parole d'un personnage.
Scène	Unité la plus réduite d'une pièce, délimitée par l'entrée en scène ou la sortie de scène d'au moins un personnage.
Scène d'exposition	Première scène d'une pièce, équivalent de l'*incipit* dans le genre romanesque. Elle doit donner au lecteur les éléments nécessaires à la compréhension (fonction informative) et l'accrocher, pour qu'il ait envie de continuer à regarder ou lire la pièce.
Stichomythie	Échange de répliques courtes (vers à vers). Ce procédé est souvent utilisé quand deux personnages s'affrontent verbalement (*Ex. :* Racine, *Britannicus*, acte II, scène 8 ; plus le ton monte entre Néron et Britannicus, plus la fréquence de la stichomythie augmente).
Tirade	Longue réplique.

3 La représentation théâtrale

Les représentations théâtrales ont été très codifiées dès l'Antiquité, notamment pour respecter le cadre religieux dans lequel elles prenaient place. Chaque époque s'est déterminée par rapport à la précédente, en précisant les règles existantes ou en choisissant de s'y opposer.

Notion-clé	Auteur	Époque
Catharsis (« purification ») : effet recherché du théâtre tragique, qui « purge » le spectateur de ses passions destructrices.	**Aristote**, *Poétique*	**Antiquité grecque** : milieu du IVe siècle av. J.-C.

Notion-clé	Auteur	Époque
• **Démarrage *in medias res*** (« au milieu des choses ») : la pièce débute alors que l'action est déjà entamée. • **Identification** : le comédien doit ressentir la souffrance du personnage pour la faire passer au spectateur. « Si tu veux que je pleure, il te faut d'abord souffrir toi-même. »	**Horace**, *Art poétique*	**Antiquité romaine** : entre 19 et 13 av. J.-C.
• **Règle des trois unités :** la pièce doit être centrée sur une seule action importante, durer une seule journée et ne pas changer de lieu. « Qu'en **un lieu**, qu'en **un jour**, **un seul fait** accompli / Tienne jusqu'à la fin le théâtre rempli. » • **Règle de vraisemblance :** tout doit être crédible. « Jamais au spectateur n'offrez rien d'incroyable : Le vrai peut quelquefois n'être pas vraisemblable. Une merveille absurde est pour moi sans appas : L'esprit n'est point ému de ce qu'il ne croit pas. » • **Règle de bienséance :** ce qui convient bien ; en particulier, on ne doit pas voir de sang sur scène. « Ce qu'on ne doit point voir, qu'un récit nous l'expose : Les yeux en le voyant saisiraient mieux la chose ; Mais il est des objets que l'art judicieux Doit offrir à l'oreille et reculer des yeux. »	**Boileau**, *L'Art poétique*. Poème didactique de 1 100 alexandrins répartis en quatre chants	**Période classique** : 1674
Hugo retrace une histoire du théâtre pour mieux annoncer l'avènement d'une **nouvelle forme théâtrale**, libérée de toute contrainte formelle, en **contestant la règle des trois unités**. « Il n'y a ni règles, ni modèles ; ou plutôt il n'y a d'autres règles que les lois générales de la nature qui planent sur l'art tout entier, et les lois spéciales qui, pour chaque composition, résultent des conditions d'existence propres à chaque sujet. »	**Hugo**, *Cromwell* (préface)	1827
Distanciation : le comédien peut faire passer une émotion sans la ressentir lui-même. C'est l'opposé de l'identification. « C'est au sang-froid à tempérer le délire de l'enthousiasme. Ce n'est pas l'homme violent qui est hors de lui-même qui dispose de nous ; c'est un avantage réservé à l'homme qui se possède. »	**Diderot**, *Paradoxe sur le comédien*	1830 (publication posthume)
Théâtre de la cruauté : il exprime la cruauté qui régit la vie humaine et la souffrance fondamentale de l'être humain. **Spectacle total :** il inclut une plus grande attention portée à tous les aspects visuels du spectacle, en plus du texte.	**Artaud**, *Le Théâtre et son double*	1938
Effet de distanciation (*Verfremdungseffekt*) : il signale l'illusion théâtrale en utilisant notamment la prise à partie du public par un personnage de la pièce.	**Brecht**, *Écrits sur le théâtre*	1948, 1951 et 1972

20 Étudier un texte de théâtre

1 Observer le texte

LE PRINCE – UN SEIGNEUR – FLAMINIA, fille d'un domestique du Prince.
LISETTE, sœur de Flaminia. – SILVIA, aimée du Prince et d'Arlequin. – ARLEQUIN. – TRIVELIN, officier du palais.
Laquais – Filles de chambre.
La scène est dans le palais du Prince.

Acte premier – Scène première

SILVIA, TRIVELIN et quelques femmes à la suite de Silvia.
Silvia paraît sortir comme fâchée.

TRIVELIN. Mais, Madame, écoutez-moi.
SILVIA. Vous m'ennuyez.
TRIVELIN. Ne faut-il pas être raisonnable ?
SILVIA *impatiente*. Non, il ne faut pas l'être, et je ne le serai point.
TRIVELIN. Cependant...
SILVIA *avec colère*. Cependant, je ne veux point avoir de raison ; et quand vous recommenceriez cinquante fois votre *cependant*, je n'en veux point avoir : que ferez-vous là ?
TRIVELIN. Vous avez soupé hier si légèrement, que vous serez malade, si vous ne prenez rien ce matin.
SILVIA. Et moi je hais la santé et je suis bien aise d'être malade ; ainsi vous n'avez qu'à renvoyer tout ce qu'on m'apporte, car je ne veux aujourd'hui ni déjeuner, ni dîner, ni souper, demain la même chose ; je ne veux qu'être fâchée, vous haïr tous tant que vous êtes, jusqu'à tant que j'aie vu Arlequin dont on m'a séparée : voilà mes petites résolutions, et si vous voulez que je devienne folle, vous n'avez qu'à me prêcher d'être plus raisonnable, cela sera bientôt fait.
TRIVELIN. Ma foi, je ne m'y jouerai pas, je vois bien que vous me tiendriez parole ; si j'osais cependant...
SILVIA *plus en colère*. Eh bien ne voilà-t-il pas encore un *cependant* ?
TRIVELIN. En vérité, je vous demande pardon, celui-là m'est échappé, mais je n'en dirai plus, je me corrigerai ; je vous prierai seulement de considérer...
SILVIA. Oh ! vous ne vous corrigez pas, voilà des considérations qui ne me conviennent point non plus.
TRIVELIN *continuant*. ... que c'est votre souverain qui vous aime.
SILVIA. Je ne l'en empêche pas, il est le maître : mais faut-il que je l'aime, moi ? Non, et il ne le faut pas, parce que je ne le puis pas, cela va tout seul, un enfant le verrait, et vous ne le voyez pas.
TRIVELIN. Songez que c'est sur vous qu'il fait tomber le choix qu'il doit faire d'une épouse entre ses sujettes.
SILVIA. Qui est-ce qui lui a dit de me choisir ? m'a-t-il demandé mon avis ? S'il m'avait dit : Me voulez-vous, Silvia ? Je lui aurais répondu : Non, Seigneur, il faut qu'une honnête femme aime son mari, et je ne pourrais pas vous aimer. Voilà la pure raison, cela : mais point du tout, il m'aime, crac, il m'enlève, sans me demander si je le trouverai bon.
TRIVELIN. Il ne vous enlève que pour vous donner la main.
SILVIA. Eh que veut-il que je fasse de cette main, si je n'ai pas envie d'avancer la mienne pour la prendre ? force-t-on les gens à recevoir des présents malgré eux ?
TRIVELIN. Voyez depuis deux jours que vous êtes ici comment il vous traite ; n'êtes-vous pas déjà servie comme si vous étiez sa femme ? Voyez les honneurs qu'il vous fait rendre, le nombre de femmes qui sont à votre suite, les amusements qu'on tâche de vous procurer par ses ordres. Qu'est-ce qu'Arlequin au prix d'un Prince plein d'égards, qui ne veut pas même se montrer qu'on ne vous ait disposée à le voir ? d'un Prince jeune, aimable et rempli d'amour, car vous le trouverez tel. Eh, Madame, ouvrez les yeux, voyez votre fortune, et profitez de ses faveurs.

Marivaux, *La Double Inconstance*, acte I, scène 1, 1723.

Références de l'acte et de la scène

Personnages de la scène.

Didascalie en début de scène : elle concerne la totalité de la scène et des personnages, en lien avec le décor ou les mouvements des personnages. Les autres *didascalies* concernent un personnage seulement (attitude, mouvement).

Les points de suspension en fin de ligne signalent une interruption. Les points de suspension en début de ligne signalent que le personnage interrompu poursuit la phrase entamée plus haut.

Liste des personnages.

Didascalies
La didascalie qui suit la liste des personnages concerne toute la pièce, habituellemen en lien avec le lieu.

Démarrage *in medias res*

Noms et fonctions des personnages

Indications de temps et de lieu

Répétition de certains terme

2 Tirer des conclusions

• La conjonction de coordination « mais » indique que la conversation est déjà commencée avant la première réplique ; la pièce démarre donc ***in medias res***.
→ Ce démarrage donne plus de rapidité et d'énergie à la première scène : il plonge immédiatement le lecteur et le spectateur dans l'action.

• Le personnage de Silvia interrompt Trivelin, comme le montrent les séries de **points de suspension**. Plusieurs **didascalies** sont liées à ce personnage (« avec colère », « plus en colère »).
→ La ponctuation et les didascalies confirment son **caractère emporté et énergique.**

• On trouve dans le texte des noms propres et des substituts lexicaux. Pour ces derniers, le plus grand nombre (et les groupes nominaux les plus développés) désignent un personnage qui n'est pas nommé.
→ Ils nous indiquent les personnages les plus importants de la pièce, et précisent leurs fonctions. Le plus désigné est aussi celui qui a le titre le plus élevé (« prince ») et il est valorisé par des substituts à **connotations mélioratives** (accompagné des adjectifs et de leurs compléments « plein d'égards », « jeune », « aimable », « rempli d'amour »). On peut penser que son nom n'a pas d'importance ; **seul son rang compte**. Arlequin est le nom d'un **personnage type** de la *commedia dell'arte*.

• Il y a quelques **indications spatio-temporelles** ; le plus grand nombre d'entre elles concerne le temps (« ce matin », « depuis deux jours », « demain »).
→ Le temps écoulé semble pénible pour le personnage de Silvia ; cela explique en partie sa colère.

• Les répliques les plus longues fournissent des explications sur l'intrigue.
→ On comprend que le personnage du prince a fait venir Silvia contre sa volonté et la retient pour lui exprimer son amour. Elle est en colère parce qu'elle est retenue de force et a été séparée d'Arlequin. On peut supposer qu'elle est amoureuse de ce dernier.

• Certains mots sont répétés plusieurs fois : l'adjectif « raisonnable » et le verbe « aimer » mais aussi le nom « femme » (ainsi que quelques mots de leurs familles).
→ **Trivelin** invite Silvia à être raisonnable ; il **semble incarner la raison** ; **Silvia** lui oppose l'amour ; elle est **dominée par ses sentiments.** Le nom « femme » est employé la première fois au sens d'« épouse » et la deuxième fois au sens de « servante » (c'est une figure de style appelée **antanaclase**). Le fait que les deux occurrences soient très proches invite à un parallèle : dans l'esprit du lecteur, du spectateur et de Silvia, l'épouse est assimilée à une servante.

• **Conclusion :** Cette **scène d'exposition** débute *in medias res* et met en scène deux personnages qui se disputent. L'un, Trivelin, défend le personnage du prince en essayant de le valoriser aux yeux de Silvia. La femme, elle, est **en colère** parce qu'elle est séparée depuis deux jours de son amant Arlequin. Elle semble avoir un caractère énergique et se rebelle contre l'autorité d'un **personnage qui n'est pas nommé** et ne semble avoir d'importance dans la pièce que par la place qu'il occupe dans la hiérarchie sociale. Elle ne veut pas lui être soumise.
Les deux personnages en présence sont en désaccord parce qu'ils ne semblent pas avoir les mêmes valeurs : Silvia est gouvernée par les **sentiments** alors que Trivelin lui oppose la **raison**, et détaille les avantages qu'elle pourrait trouver à une relation, même si elle n'éprouve rien.

21 Les registres

Un registre est l'ensemble des moyens employés par l'auteur pour produire un effet donné sur le lecteur et le spectateur. On peut classer les registres selon le type d'effet ou d'objectif qu'ils veulent produire : **distraire**, **émouvoir** ou **faire réfléchir**.

1 Distraire

- **Comique** → Faire sourire ou rire.
  Jeux de mots, jeux sur les sonorités – Contraste entre plusieurs niveaux de langue – Figures d'insistance (hyperbole, répétition, énumération, gradation) – Gestuelle, costumes et accessoires (théâtre).
- **Satirique** → Dénoncer des comportements, des défauts ou des personnes en se moquant.
  Termes péjoratifs – Figures d'insistance (hyperbole, répétition) – Figures d'opposition (antiphrase, antithèse) – Allusions et sous-entendus – Costumes ou maquillage caricaturaux (théâtre).
- **Burlesque** → Ridiculiser, dégrader.
  Vocabulaire familier, voire vulgaire – Contraste entre un sujet noble et son traitement de manière basse – Inversion des natures avec dégradation (humanisation des dieux, animalisation des hommes) – Inversion des valeurs (bien / mal) – Inversion des genres (masculin / féminin), travestissement.
- **Ironique** → Se moquer (en disant le contraire de ce qu'on pense).
  Figures d'opposition (antiphrase, antithèse) – Figures employées de façon inattendue (inversion exagération / atténuation ; litote et euphémisme) – Allusions et sous-entendus – Intonation, regards (théâtre).
- **Merveilleux** → Étonner dans un univers surnaturel.
  Cadre spatio-temporel imprécis ou inexistant – Éléments surnaturels présentés comme « normaux » – Personnages stéréotypés – Comparaisons – Récit à la 3e personne – Schéma narratif simple / respect de la chronologie.
- **Fantastique** → Provoquer la peur, inquiéter, faire hésiter entre deux explications (rationnelle et irrationnelle).
  Cadre spatio-temporel précis, réaliste ou réel – Éléments surnaturels présentés comme « anormaux » – Champ lexical du mystère, de l'étrange – Métaphores – Écriture à la 1re personne, verbes de perception, modalisateurs – Schéma narratif complexe / ruptures dans la chronologie.

2 Émouvoir

- **Lyrique** → Exprimer et partager des émotions personnelles.
  Lexique des émotions, des sensations, des sentiments – Recherche de la musicalité (rythme, rimes, sonorités) – Figures d'analogie (métaphore, comparaison) – Figures de l'insistance (anaphore, hyperbole, gradation) – Phrases exclamatives et interrogatives – Écriture à la première personne – Présence d'un destinataire.
- **Élégiaque** → Exprimer le deuil ou la souffrance amoureuse.
  Spécificité du lyrisme dont on retrouve les procédés, mais avec évocation de la mélancolie, la souffrance amoureuse, la mort – Apostrophes, hyperboles, antithèses – Présence d'un destinataire.

• **Pathétique** → Inspirer la pitié, émouvoir, faire pleurer.
Lexique des émotions, des sensations, des sentiments, de la compassion – Métaphores ou comparaisons violentes – Expression du haut degré (superlatifs, adverbes d'intensité, hyperboles) – Interpellation de l'auditoire (apostrophe, exclamation).

• **Tragique** → Inspirer l'effroi, la terreur et le désespoir sur le destin de l'homme qui semble décidé par les dieux.
Lexique noble, solennel et moral – Lexique du destin ou de la fatalité, références aux dieux – Métaphores et comparaisons exprimant le déchirement (parfois physique) – Expression du haut degré (superlatifs, adverbes d'intensité, hyperboles) – Antithèses et parallélismes exprimant le dilemme (moral) – Interpellation de l'auditoire (apostrophe, exclamation, interrogation exprimant la détresse).

Dramatique → Émouvoir, faire peur, maintenir le suspens.
Champ lexical de l'émotion forte – Expression du haut degré (superlatifs, adverbes d'intensité, hyperboles) – Narration rapide, événements inattendus – Verbes d'action en quantité – Adverbes (de temps) exprimant des changements brusques – Phrases exclamatives ou interrogatives.

3 Faire réfléchir

• **Épique** → Provoquer l'admiration et l'enthousiasme, célébrer des prouesses et des exploits des héros.
Lexique des combats et de la guerre – Quantité importante de verbes d'action – Vocabulaire mélioratif (pour le héros) ou péjoratif (pour ses adversaires) – Exaltation des qualités morales (vertu, courage) – Ampleur des phrases, recherche d'un rythme (anaphores) – Figures de l'insistance et de l'amplification (hyperboles, gradations) et de l'analogie (personnifications, allégories) – Présence du merveilleux, de forces surnaturelles.

• **Épidictique** → Vanter les qualités d'une personne ou la dénigrer par l'éloge ou le blâme.
Lexique des valeurs (bien / mal) – Vocabulaire mélioratif ou péjoratif – Hyperboles – Implication du locuteur et du destinataire.

• **Didactique** → Instruire, transmettre un savoir ou une morale.
Lexique précis (vocabulaire technique) – Texte structuré par des liens logiques (cause / conséquence) – Recours à des exemples, des citations – Usage d'aphorismes et de proverbes – Usage de l'injonction (ordre ou conseil) – Phrases brèves.

• **Polémique** → Faire partager la colère, l'indignation, susciter un débat passionné, provoquer le scandale, choquer.
Lexique des valeurs (bien / mal) – Figures d'opposition (antithèses, oxymores) – Antonymie – Métaphores ou comparaisons dévalorisantes – Dénigrement de l'adversaire par des arguments et des attaques *ad hominem* – Dénonciation de la faiblesse d'une thèse et des arguments qui la soutiennent (stratégie de réfutation).

• **Délibératif** → Examiner une situation pour faire un choix, confronter des opinions.
Lexique du jugement, du doute et de la décision – Lexique des valeurs (bien / mal) – Connecteurs logiques en quantité – Phrases interrogatives ou exclamatives.

22 Les figures d'analogie et de substitution

Les figures de style permettent de produire un discours de manière élaborée et souvent imagée . On les repère généralement car elles ne correspondent pas à une façon « naturelle » de s'exprimer. Plus l'**impression d'étrangeté** est forte, plus la figure est facile à repérer.

1 Les figures de l'analogie ou de la ressemblance

- La **comparaison** rapproche deux éléments comportant une caractéristique commune **à l'aide d'un outil de comparaison** (*comme, pareil à, semblable à*, etc.).

Ex. : Heureux qui, comme Ulysse, a fait un beau voyage

Du Bellay, *Les Regrets*, 31, 1558.

– comparé : « qui » (= celui qui),
– comparant : « Ulysse »
– outil de comparaison : « comme »,
– point commun : le bonheur.

> **Attention !**
> L'outil de comparaison peut également être un verbe comme *ressembler à, s'apparenter à*, etc.

- La **métaphore** est une comparaison **sans outil de comparaison**.

Ex. : L'amant est une bête, et bête qui s'empêtre
Dans les liens d'amour [...]

Ronsard, *Amours de Marie*, XVIII, v. 1 et 2, 1556.

– comparé : « L'amant »
– comparant : « une bête »
– point commun : l'amant est prisonnier de son amour comme la bête sauvage prise dans un filet.

> **Attention !**
> Le verbe « être » n'est pas considéré comme un outil ; il ne s'agit donc pas ici de comparaison.

- Une métaphore qui s'étend sur plusieurs vers s'appelle **métaphore filée.**

Ex. : Ainsi tant plus l'amant les rets d'amour secoue,
Plus à l'entour du col son destin les renoue,
Pour jamais n'échapper d'un si plaisant malheur. Ronsard, *Amours de Marie*, XVIII, v. 11 à 14, 1556.

« Les rets » sont les nœuds coulants qu'utilisent les chasseurs pour piéger les bêtes, qui s'étranglent en voulant se libérer. L'auteur a poursuivi la même métaphore du début à la fin du poème.

- Une **allégorie** permet de représenter de **façon imagée** une **idée abstraite** (en la matérialisant ou en la personnifiant).

Ex. : Le Lion, terreur des forêts,
Chargé d'ans, et pleurant son antique prouesse,
Fut enfin attaqué par ses propres sujets,
Devenus forts par sa faiblesse. La Fontaine, *Fables*, « Le lion devenu vieux » , III, 14, 1668.

« Le Lion » = le roi (il a des « sujets ») → personnification ; son pouvoir provoque la peur (« terreur ») ; il a été puissant (« prouesse ») mais ne l'est plus (« chargé d'ans », « antique », « faiblesse »).
Chez La Fontaine, le lion représente presque toujours le roi et permet de faire une allégorie du pouvoir royal, ici, vieillissant.

- La **personnification** consiste à utiliser pour un **objet** ou une **idée** des termes réservés à un être humain.

Ex. : La pauvreté me suit, le souci me dévore, Du Bellay, *Les Regrets*, 42, 1558.

Les verbes « suivre » et « dévorer » ne peuvent pas normalement avoir pour sujets « La pauvreté » et « le souci », qui ne désignent pas des personnes.

2 Les figures de la substitution et du déplacement

• La **métonymie** remplace un terme par un autre, lié au premier par un **rapport logique**.

– Le contenu remplace le contenant, ou l'inverse.

Ex. : Cependant que la Cour mes ouvrages lisait Du Bellay, *Les Regrets*, 7, 1558.
« Cour » = les gens de la Cour, les courtisans.

– Le tout remplace une de ses parties ou l'inverse.

Ex. : Fuyons, mon cœur, fuyons ! Ronsard, *Amours de Marie*, XVII, 1556.
« mon cœur » = moi.

> **Mot-clé**
> Ce type de métonymie s'appelle **synecdoque**.

– Le créateur remplace la création, ou l'inverse.

Ex. : Et ne sont mes portraits auprès de vos tableaux
Non plus qu'est un Janet auprès d'un Michel-Ange Du Bellay, *Les Regrets*, 21, 1558.
« un Janet » = un tableau du peintre Janet (très peu connu), « un Michel-Ange » = un tableau du peintre Michel-Ange (très connu).

– Le lieu d'origine remplace l'objet ou la personne, ou l'inverse.

Ex. : Ce que n'a pu jamais Aragon ni Grenade, / [...] / Le Comte en votre cour l'a fait presque à vos yeux.
Corneille, *Le Cid*, acte II, scène 7, 1637.
« Aragon » et « Grenade » = les chefs et les armées de ces deux lieux.

• La **périphrase** consiste à remplacer un mot par sa **définition** ou par une **explication**. On l'utilise lorsqu'on ne veut ou ne peut pas employer le mot juste, ou seulement pour se donner du style.

Ex. : Vite, venez nous tendre ici dedans le conseiller des grâces.
Molière, *Les Précieuses ridicules*, acte I, scène 6, 1659.
Magdelon, alias Polyxène, nomme ainsi le miroir, pour se faire passer pour une femme distinguée.

• La **litote** atténue l'expression d'une information dans le but d'accentuer son effet, de façon souvent ironique.

Ex. : Le roi vous recevra d'une manière dont vous ne serez pas mécontent [...]
Voltaire, *Candide*, chapitre 18, 1759.
« dont vous ne serez pas mécontent » = dont vous serez très content.

> **Attention !**
> Dans une litote, le verbe est souvent à la forme négative.

• Un **euphémisme** atténue l'expression d'une information dans le but de ne pas choquer.

Ex. : Rosine, *avec embarras* :
Il est certain qu'une jeune personne ne peut empêcher un honnête homme de l'estimer.
Beaumarchais, *Le Barbier de Séville*, acte II, scène 2, 1775.
Rosine, n'osant pas dire « aimer », emploie le terme « estimer », plus général. La didascalie « avec embarras » montre son hésitation et sa pudeur.

• L'**hypallage** est le transfert syntaxique qui consiste souvent à accorder un adjectif à un nom alors que, du point de vue du sens, il concerne un autre mot de la phrase.

Ex. : **Ils** avançaient **obscurs** à travers l'ombre, dans la **nuit solitaire**.
Virgile, *Énéide*, VI, v. 264, Ier siècle av. J.-C.
Ici, ce sont les personnages qui sont solitaires, et non pas la nuit ; c'est la nuit qui est obscure, et non pas les personnages. Cette figure crée souvent un effet d'étrangeté.

23 Les figures de l'amplification, de l'insistance et de l'opposition

1 Les figures de l'amplification et de l'insistance

• L'**anaphore** est l'**emploi répété d'un mot ou d'un groupe de mots au début de phrases ou de vers.**

Ex. : **Rome**, l'unique objet de mon ressentiment !
Rome, à qui vient ton bras d'immoler mon amant !
Rome, qui t'a vu naître, et que ton cœur adore !
Rome enfin que je hais parce qu'elle t'honore ! Corneille, *Horace*, acte IV, scène 5, 1640.

• L'**épiphore** est la **répétition d'un mot ou d'un groupe de mots en fin de phrase ou de vers.**

• L'**anadiplose** est la reprise d'un mot au début d'une phrase ou d'un membre de phrase qui figurait à la fin de la phrase, du vers ou du groupe de mots précédent.

Ex. : Le cœur a **ses raisons** que **la raison** ne connaît point. Pascal, *Pensées*, IV, 277, 1669.
« ses raisons » = ses motivations ; « la raison » = l'intelligence

• L'**hyperbole** amplifie une idée parfois jusqu'à l'exagération pour la mettre en relief.

Ex. : **Toute** la Thessalie en armes te poursuit,
Ton père te déteste, et l'**univers** te fuit.
Corneille, *Médée*, acte II, scène 2, 1635.
C'est exagéré (hyperbolique) car il est impossible que l'univers tout entier veuille fuir Médée.

> **À savoir**
> L'hyperbole se repère grâce au superlatif *(le plus)*, aux déterminants ou pronoms indéfinis *(tout, toute(s), tous)* et à l'intensité du vocabulaire choisi.

• L'**énumération** est une accumulation de termes juxtaposés. Cette figure, parfois considérée comme lourde – surtout si l'énumération est très longue –, permet de lister des éléments ou de les récapituler.

Ex. : **Les trompettes, les fifres, les hautbois, les tambours, les canons**, formaient une harmonie telle qu'il n'y en eut jamais en enfer.
Voltaire, *Candide*, chapitre 3, 1759.
Dans cette énumération, les quatre premiers éléments sont de même ordre (instruments de musique) et s'opposent nettement au cinquième, qui est ainsi mis en valeur.

• La **gradation** est une énumération contenant des termes de force croissante, dont le dernier est souvent hyperbolique.

Ex. : **Va, cours, vole**, et nous venge.
Corneille, *Le Cid*, acte I, scène 5, 1637.
Il y a une augmentation de la vitesse exprimée entre « va », « cours » et « vole ». Dans cet exemple, « vole » est aussi une hyperbole car il est impossible qu'un humain arrive à s'envoler en courant très vite.

2 Les figures de l'opposition

• L'**antithèse** met en parallèle deux mots désignant des réalités opposées. Cet effet de contraste, souvent renforcé par un parallélisme de construction, permet de mettre nettement une idée en valeur.

Ex. : Je cherche la **vertu**, et ne trouve que **vice** Du Bellay, *Les Regrets*, 39, 1558.
(vertu ≠ vice)

• Le **chiasme** oppose quatre termes deux à deux en les inversant.

Ex. : Il faut **manger** pour **vivre**, et non pas **vivre** pour **manger**.

Molière, *L'Avare*, acte III, scène 1, 1668.

• L'**antiphrase** consiste à exprimer une idée par son contraire, dans une intention ironique. C'est l'intonation ou le contexte qui permet souvent de reconnaître l'antiphrase.

Ex. : Voilà certainement des douceurs que j'admire.

Molière, *Le Misanthrope*, acte IV, scène III, 1666.

C'est ce que répond Célimène à Alceste qui vient de lui dire « Que le sort, les démons et le Ciel en courroux / N'ont jamais rien produit de si méchant que vous. »

Attention !

On parle aussi de chiasme dans le cas où l'auteur n'utilise pas exactement le même terme, mais un mot de même sens ou de même famille.

Ex. : « Plus l'**offenseur** est **cher** et plus **grande** est l'**offense**. »

Corneille, *Le Cid*, acte I, scène 5, 1637.

À savoir

L'antiphrase est le procédé, l'ironie est le résultat obtenu.

• La **prétérition** consiste à faire semblant de ne pas vouloir dire ce qu'on dit par la suite très clairement.

Ex. : **Je ne vous peindrai point** le tumulte et les cris,
Le sang de tous côtés ruisselant dans Paris ;
Le fils assassiné sur le corps de son père

Voltaire, *La Henriade*, « La Saint Barthélémy », 1723.

Le 2e et le 3e vers contredisent nettement ce qui est annoncé dans le premier.

• L'**oxymore** (mot masculin), ou alliance de mots, est le rapprochement dans un même groupe nominal de deux éléments en principe contradictoires.

Ex. : **Cette obscure clarté** qui tombe des étoiles

Corneille, *Le Cid*, acte IV, scène 3, 1637.

adjectif + nom = groupe nominal

• Le **zeugma** (ou zeugme, ou attelage) coordonne deux éléments qui ne devraient pas être sur le même plan, soit parce qu'ils n'ont rien à voir du point de vue du sens, soit parce qu'ils n'appartiennent pas à la même classe grammaticale.

Ex. : Ah ! savez-vous **le crime** , et **qui vous a trahie**,

Racine, *Iphigénie*, acte IV, scène 4, 1674.

groupe nominal — prop. sub. interrogative indirecte

À noter

Le zeugma est très proche de l'oxymore, mais les éléments contradictoires qu'il associe ne sont pas dans le même groupe.

24 Les accords

1 Comprendre le cours

A Accords dans le groupe nominal

• À l'intérieur d'un **groupe nominal** (groupe organisé autour d'un nom), tous les éléments (déterminants, adjectifs) s'accordent avec le nom qui en est le noyau.

Ex. : J'ai mangé [des fruits mûrs].
masc. plu.

• Cette règle s'applique même si l'adjectif ou le participe utilisé comme adjectif sont séparés du nom par une virgule ou ou un autre mot.

Ex. : J'ai mangé [**des fruits**, parfaitement **mûrs**].

• S'il y a plusieurs noms, l'adjectif s'accorde au pluriel masculin, même si les noms sont de genres différents.

Ex. : J'ai mangé [**une poire et un kiwi mûrs**].

• Les **adjectifs de couleur** ne s'accordent pas quand plusieurs adjectifs qualifient le même nom, ni quand l'adjectif est précisé par un nom

Ex. : Des tissus bleus → Des tissus bleu vert → Des tissus vert émeraude

• Certains adjectifs de couleur ne s'accordent jamais car ce sont initialement des substantifs. D'autres, fréquents, sont d'anciens noms mais s'accordent tout de même par exception (*écarlate, fauve, mauve, pourpre* et *rose*).

Ex. : Des tissus marron, des tissus orange (Le marron et l'orange sont des fruits.)
Des tissus roses

B Accord sujet-verbe

• **Règle générale :** le sujet et le verbe s'accordent, c'est-à-dire que le verbe prend les terminaisons de la personne qui correspond au sujet.

Personne du verbe		Sujets possibles
Singulier	1re personne	*Moi, je*
	2e personne	*Toi, tu*
	3e personne	*Lui, il, elle, on* / tout nom ou groupe nominal au singulier
Pluriel	1re personne	*Nous* / n'importe quel pronom personnel + *moi*
	2e personne	*Vous* / n'importe quel pronom personnel sauf *moi* + *toi*
	3e personne	*Eux, ils, elles* / tout nom ou groupe nominal au pluriel / deux ou plus de deux noms ou groupes nominaux au singulier

• Un **seul sujet** peut régir plusieurs verbes.

Ex. : Le jeune homme **se leva** et **partit**.

• Un **seul verbe** peut avoir plusieurs sujets.

Ex. : Le jeune homme et la jeune femme **se levèrent**.

• **Cas particuliers**

– On doit faire l'**accord au singulier** avec *aucun, rien, personne, tout le monde, chacun* et *on*.

– On doit faire l'**accord au pluriel** avec *trop (de), beaucoup (de)* et *plusieurs*.

– Avec les noms ou groupes nominaux incluant une idée de nombre ou de quantité *(groupe, pile, ensemble, masse, queue,* etc. *; la plupart (de), la majorité (de)),* on peut faire l'accord au singulier si on veut insister sur l'idée de groupe ou au pluriel si on cherche à mettre en valeur la quantité.

Ex. : La plupart des gens se leva. La plupart des gens se levèrent.
La logique limite cependant cette règle : La pile de livres grossit.
C'est la pile qui grossit et non pas les livres en eux-mêmes ; on ne peut donc pas faire l'accord au pluriel ici.

2 Le fonctionnement dans les textes

A Observer le texte

GN au pluriel : tous les mots qui le composent doivent être au pluriel.

Même si le *nombre* est développé par un pluriel *(de ceux)*, le déterminant indique le singulier ; il faut donc accorder le verbe au singulier.

Madame de Langeais apprit, jeune encore, qu'une femme pouvait se laisser aimer ostensiblement sans être complice de l'amour, sans l'approuver, sans le contenter autrement que par les plus maigres redevances de l'amour, et **plus d'une** sainte nitouche lui révéla les moyens de jouer ces dangereuses comédies. La duchesse eut donc sa cour, et **le nombre** de ceux qui l'adoraient ou la courtisaient fut une garantie de sa vertu. Elle était coquette, aimable, séduisante jusqu'à la fin de la fête, du bal, de la soirée ; puis, le rideau tombé, elle se retrouvait seule, froide, insouciante, et néanmoins revivait le lendemain pour d'autres émotions également superficielles. Il y avait deux ou trois jeunes gens complètement abusés qui l'aimaient véritablement, et dont elle se moquait avec une parfaite insensibilité. Elle se disait : — Je suis aimée, il m'aime !

Balzac, *La Duchesse de Langeais*, chapitre 2, 1832.

Même s'il y a une généralisation, le déterminant (*une*) est singulier, donc il faut faire l'accord du verbe au singulier.

Le sujet du verbe est *qui*, pronom relatif dont les antécédents *ceux* et *jeunes* gens sont au pluriel. Il faut donc mettre les verbes au pluriel.

B Tirer des conclusions

• Les substituts lexicaux qui désignent la Duchesse sont toujours au singulier (« Madame de Langeais », « La duchesse »).
Les substituts grammaticaux qui la désignent (« elle », répété quatre fois ; « l(a) », « lui ») également.
→ Son nom et sa désignation ne sont jamais inclus dans un groupe.

• Les groupes nominaux au pluriel désignent ceux qui sont autour d'elle.
Les gens qui l'entourent sont parfois désignés par des groupes au singulier grammaticalement, mais avec une idée de pluriel.
→ Les autres personnes semblent toutes appartenir à un groupe.

• **Conclusion :** les accords du texte opposent le personnage principal aux groupes qui l'entourent. Ils mettent en valeur l'adjectif qui la symbolise peut-être le mieux : « seule ».

25 Le verbe

La forme du verbe varie selon plusieurs paramètres : la **personne**, la **voix**, le **temps** et le **mode**. Certaines variations sont obligatoires (choix de la personne en fonction du sujet, choix du temps en fonction de la concordance des temps) ; d'autres dépendent des besoins du locuteur et de la façon dont il veut présenter l'action.

1 Comprendre le cours

• Un même verbe à l'**indicatif** peut avoir des valeurs **temporelles** (qui indiquent le placement de l'action sur un axe chronologique) et des valeurs **aspectuelles** (qui indiquent le stade du déroulement de l'action). Peuvent s'ajouter, pour certains, des valeurs **modales** (qui indiquent la façon de présenter l'action).

Temps simples	Temps composés
Présent – Présente l'action en cours de réalisation – Description dans un texte au présent – Vérité générale – Ordre – Répétition ou habitude dans le passé	**Passé composé** – Action antérieure à une action au présent
Imparfait – Actions d'arrière plan / second plan – Présente l'action passée, envisagée dans sa durée – Description dans un texte au passé – Commentaires, analyse des sentiments – Répétition, habitude dans le passé – Futur dans le passé – Politesse – Hypothèse (irréel du présent, après *si*) Une suite de plusieurs verbes à l'imparfait s'emploie pour des **actions simultanées**. (*Ex. :* Il mangeait, parlait, et n'écoutait personne.)	**Plus-que-parfait** – Action antérieure à une action à un temps du passé – Action accomplie – Hypothèse (irréel du passé, après *si*)
Futur – Présente l'action qui n'est pas encore réalisée – Ordre	**Futur antérieur** – Antériorité par rapport à une autre action future
Passé simple – Action de premier plan (actions du personnage principal) – Action achevée, limitée dans le temps, brève Une suite de verbes au passé simple s'emploie pour des **actions successives**. (*Ex. :* Il mangea, parla, puis écouta.)	**Passé antérieur** – Antériorité par rapport à une autre action passée (mêmes valeurs que le plus-que-parfait, mais plus littéraire). – Action présentée comme achevée et limitée dans le temps

• La **concordance des temps** est l'ensemble des règles qu'on doit suivre dans l'utilisation des temps verbaux répartis en deux séries ou systèmes : le **système du récit** (écrit) et le **système du discours** (oral).

2 Le fonctionnement dans les textes

A Observer le texte

Antériorité

Actions du personnage principal

Futur dans le passé

Récit au passé : imparfait obligatoire après *si*

Quand la caissière lui eut rendu la monnaie de sa pièce de cent sous, Georges Duroy **sortit** du restaurant. […]
Les femmes avaient levé la tête vers lui […]
Lorsqu'il **fut** sur le trottoir, il **demeura** un instant immobile, se demandant ce qu'il allait faire. On était au 28 juin, et il lui restait juste en poche trois francs quarante pour finir le mois. Cela représentait deux dîners sans déjeuners, ou deux déjeuners sans dîners, au choix. Il **réfléchit** que les repas du matin étant de vingt-deux sous[…], il lui resterait, en se contentant des déjeuners, un franc vingt centimes de boni […] et il se **mit** à descendre la rue Notre-Dame-de-Lorette.[…]
Il marchait ainsi qu'au temps où il portait l'uniforme des hussards, la poitrine bombée, les jambes un peu entr'ouvertes comme s'il venait de descendre de cheval ; et il avançait brutalement dans la rue pleine de monde, […]. Il inclinait légèrement sur l'oreille son chapeau à haute forme assez défraîchi, et battait le pavé de son talon. Il avait l'air de toujours défier quelqu'un […]
C'était une de ces soirées d'été où l'air manque dans Paris. […]
Les concierges […] fumaient la pipe sous des portes cochères, et les passants allaient d'un pas accablé, le front nu, le chapeau à la main. […]
Quand Georges Duroy **parvint** au boulevard, il **s'arrêta** encore, indécis sur ce qu'il allait faire.

Maupassant, *Bel Ami*, chapitre 1 *(incipit)*, 1885.

Actions de second plan, mise en place du cadre

Description (portrait en action), valeur modale

Présent de vérité générale

Cadre, habitude

Reprise de l'action après les descriptions du personnage et du cadre

B Tirer des conclusions

- Les verbes à des temps exprimant l'antériorité concernent des femmes.
→ Ils reviennent en arrière pour expliquer le succès du personnage principal auprès d'elles.
- Un paragraphe entier est à l'imparfait.
→ Cette zone offre une description du personnage en action (« marchait »).
- Tous les verbes au passé simple concernent Georges Duroy.
→ Les actions les plus importantes sont les siennes.

Conclusion : le système verbal est organisé pour mettre en valeur le personnage principal et l'attention qu'il suscite, dès l'*incipit*.

26 Les relations au sein de la phrase complexe

1 Comprendre le cours

Une phrase complexe est une phrase qui contient **plusieurs propositions**. Les différentes propositions peuvent être d'**importance égale** (juxtaposées ou coordonnées) ou d'**importance inégale** (subordonnées ou insérées).

A Les propositions juxtaposées ou coordonnées

- Les **propositions juxtaposées** sont simplement **posées côte à côte** (*juxta*, en latin) et séparées par un signe de ponctuation.

  Ex. : J'ai appuyé sur l'interrupteur ; la lampe s'est allumée.

- Les **propositions coordonnées** sont liées par une **conjonction de coordination** *(mais, ou, et, donc, or, ni, car)* ou par un adverbe de liaison équivalent.

  Ex. : J'ai appuyé sur l'interrupteur donc la lampe s'est allumée.

B Les propositions subordonnées

Les **propositions subordonnées** sont liées par une **conjonction de subordination** (*lorsque, quand, pour que*, etc.), par un **pronom relatif** ou par un **mot interrogatif**. Les propositions subordonnées infinitives et participiales n'ont aucun mot subordonnant.

Prop. sub. conjonctive – *Ex. :* J'ai appuyé sur l'interrupteur **de sorte que la lampe s'est allumée**.

Prop. sub. relative – *Ex. :* Elle a un chien **qui aboie tout le temps**.

Prop. sub. interrogative indirecte – *Ex. :* Nous nous demandons **si vous viendrez**.

Prop. sub. infinitive – *Ex. :* Tu vois **les voitures passer**.

Prop. sub. participiale – *Ex. :* **Le signal ayant retenti**, les portes se sont fermées.

C Les propositions insérées

- Les propositions **insérées** (**incises** ou **incidentes**) interrompent la phrase pour signaler le locuteur ou pour faire un commentaire (intervention du narrateur).
- La **proposition incise** peut être placée au milieu de la phrase ou à la fin.

  Ex. : J'ai appuyé sur l'interrupteur, **dit-il,** donc la lampe s'est allumée.
  J'ai appuyé sur l'interrupteur, donc la lampe s'est allumée, **dit-il**.

- La **proposition incidente** est séparée du reste de la phrase par des parenthèses ou des tirets.

  Ex. : J'ai appuyé sur l'interrupteur **(il y en avait tout de même un qui fonctionnait)** donc la lampe s'est allumée.

D Liens logiques et chronologiques

- **Liens chronologiques :** **antériorité** *(avant que)* ; **postériorité** (*après que, lorsque* ou *quand* + temps composé) ; **simultanéité** (*tandis que, pendant que, lorsque* ou *quand* + temps simple).
- **Liens logiques :** **cause** *(comme, puisque, parce que / car / en effet)* ; **conséquence** *(de sorte que, tant que, au point que / donc, et / alors, par conséquent)* ; **but** *(pour que, afin que, de telle sorte que)* ; **opposition** *(bien que, alors que, tandis que, quoique / mais, or, et / cependant,*

au contraire) ; **addition** *(et, ni / puis, enfin, également, aussi)* ; **disjonction** *(ou / d'une part… d'autre part, soit… soit).*

2 Le fonctionnement dans les textes

A Observer le texte

Prop. sub. conjonctives introduites par une conjonction de subordination

Conjonctions de coordination

Adverbes de liaison

Pangloss enseignait la métaphysico-théologo-cosmolonigologie. […]

Il est démontré, disait-il, que les choses ne peuvent être autrement ; car tout étant fait pour une fin, tout est nécessairement pour la meilleure fin. Remarquez bien que les nez ont été faits pour porter des lunettes ; aussi avons-nous des lunettes. Les jambes sont visiblement instituées pour être chaussées, et nous avons des chausses. Les pierres ont été formées pour être taillées et pour en faire des châteaux ; aussi monseigneur a un très beau château : le plus grand baron de la province doit être le mieux logé ; et les cochons étant faits pour être mangés, nous mangeons du porc toute l'année : par conséquent, ceux qui ont avancé que tout est bien ont dit une sottise ; il fallait dire que tout est au mieux.

Candide écoutait attentivement, et croyait innocemment ; car il trouvait mademoiselle Cunégonde extrêmement belle, quoiqu'il ne prît jamais la hardiesse de le lui dire. Il concluait qu'après le bonheur d'être né baron de Thunder-ten-tronckh, le second degré de bonheur était d'être mademoiselle Cunégonde ; le troisième, de la voir tous les jours ; et le quatrième, d'entendre maître Pangloss, le plus grand philosophe de la province, et par conséquent de toute la terre.

Voltaire, *Candide*, chapitre 1, 1759.

Proposition incise

Propositions subordonnées participiales

Proposition subordonnée relative

B Tirer des conclusions

• Voltaire utilise, dans le paragraphe qui concerne Pangloss (paragraphe 2) sept subordonnées. Il emploie également deux conjonctions de coordination différentes et deux adverbes de liaison différents. Toutes les phrases sont complexes et la dernière est particulièrement longue.

→ Pangloss s'exprime de façon complexe. Le paragraphe semble présenter une argumentation rigoureuse (nombreux connecteurs logiques) mais les **raisonnements** sont en fait **absurdes** car les principes de départ le sont (les cochons sont faits pour être mangés).

• Dans le paragraphe qui concerne Candide (paragraphe 3), il y a également deux conjonctions de coordination mais aucun adverbe de liaison. Il n'y a qu'un type de subordonnée, la conjonctive, dont la dernière, très longue, comprend trois éléments coordonnés par « et ».

→ La réflexion de Candide est présentée de façon plus simple, plus courte et moins variée.

• **Conclusion : Pangloss** a un nom d'origine grecque (adjectif πάν (pan) : tout / tous ; γλώττα (glôtta) / γλώσσα (glôssa) : la langue) ; c'est un **personnage qui est « tout en langue »**, qui n'est que parole. Sa syntaxe complexe reflète sa personnalité et sa fonction de philosophe. **Candide**, lui, a un nom d'origine latine (adjectif *candidus* : blanc, puis innocent ou naïf). Sa **pensée** est présentée de façon **syntaxiquement moins complexe**. On perçoit bien sa « simplicité » et ses véritables préoccupations (Cunégonde, et non pas la philosophie).

27 La syntaxe des relatives

1 Comprendre le cours

A Définition

• La proposition subordonnée relative fait partie de la catégorie des **expansions du nom**, c'est-à-dire des mots ou groupes qui précisent un nom ou un pronom.

• Comme toutes les propositions, elle a sa propre structure **organisée autour de son verbe conjugué**.

Ex. : J'ai un ami **qui** **possède** **un bateau.**
(qui : sujet ; possède : V ; un bateau : COD)
(J'ai un ami : prop. principale ; qui possède un bateau : prop. sub. relative)

• Elle peut être introduite par un **pronom relatif simple** *(qui, que, quoi, dont, où)* ou **composé** (*lequel, laquelle, lesquels, lesquelles,* etc.) qui correspond à un niveau de langue plus soutenu.

Ex. : L'homme **à qui** je parle est important. L'homme **auquel** je parle est important.

B Fonction grammaticale

La relative a pour fonction **complément de l'antécédent** ou **complément du nom**, c'est-à-dire qu'elle complète un nom ou pronom qui est placé à sa gauche et qu'on appelle **antécédent**.

Ex. : J'aime beaucoup le cadeau (antécédent) **que tu m'as fait**. C'est le nôtre (antécédent) **que tu as choisi**.

C Place et organisation de la phrase

• La relative peut être imbriquée dans la principale.

Ex. : Le cadeau **que tu m'as fait** me plaît beaucoup.
(que tu m'as fait : prop. sub. relative)

• Plusieurs relatives peuvent se succéder dans une même phrase.

Ex. : Le cadeau **que tu m'as acheté dans le magasin** **où nous sommes allés** me plaît beaucoup.
(que tu m'as acheté dans le magasin : relative 1 ; où nous sommes allés : relative 2)

La relative 2 a pour antécédent un nom de la relative 1.

D Mode et temps du verbe

• Il n'y a pas de mode obligatoire pour le verbe de la proposition subordonnée relative mais le cas le plus fréquent est l'emploi de l'**indicatif**. Mode du réel et des certitudes, il indique que l'action est sûre.

Ex. : J'ai une idée qui est bonne. (l'idée est forcément bonne)

• On choisit le temps en fonction de sa valeur et de la chronologie de la phrase. (*Ex. :* un test qui est utile, qui sera utile, qui a été utile, etc.)

• **Subjonctif :** mode des incertitudes et du doute, il ajoute une nuance de volonté, d'hypothèse ou de conséquence.

Ex. : Je cherche une idée qui **puisse** régler mon problème. (n'importe quelle idée qui pourra régler le problème sera la bonne)

> **Attention !**
> Le subjonctif est obligatoire si l'antécédent contient un superlatif, les mots *seul, premier* ou *dernier*.
> *Ex. :* J'ai **la meilleure** idée qu'on **puisse** trouver.

- **Conditionnel :** mode des actions soumises à une condition, il sous-entend un blocage possible.

  Ex. : J'ai une idée qui pourrait être bonne. (l'idée sera reconnue comme bonne si une condition de blocage est levée)

- **Infinitif :** nuance de possibilité.

  Ex. : Je cherche une chambre où dormir. (une chambre où je puisse dormir)

2 Le fonctionnement dans les textes

A Observer le texte

Ne pas confondre *que* (ou *qu'*) pronom relatif et *que* indiquant la restriction (toujours avec *ne*).

Les relatives enchaînées (*où*, dans la relative 2, a pour antécédent *endroits*, qui est dans la relative 1).

Ici *homme* est l'antécédent commun des deux *qui*.

Pronom relatif composé

Tout son vêtement n'était qu'un haillon qui **eût fait pitié l'été** et qui **faisait horreur l'hiver**. Elle n'avait sur elle que de la toile trouée ; pas un chiffon de laine. On voyait sa peau çà et là, et l'on y distinguait partout des taches bleues ou noires qui **indiquaient les endroits** où **la Thénardier l'avait touchée**. Ses jambes nues étaient rouges et grêles. Le creux de ses clavicules était à faire pleurer.

Hugo, *Les Misérables*, Tome II : « Cosette », livre 3, chapitre 8, 1862.

Le Thénardier était un homme petit, maigre, blême, anguleux, osseux, chétif, qui **avait l'air malade** et qui **se portait à merveille** ; sa fourberie commençait là. Il souriait habituellement par précaution, et était poli à peu près avec tout le monde, même avec le mendiant auquel **il refusait un liard**. […] Il y avait des noms qu'**il prononçait souvent**, pour appuyer les choses quelconques qu'**il disait**, Voltaire, Raynal, Parny, et, chose bizarre, saint Augustin. […] On se souvient qu'il prétendait avoir servi.

Hugo, *Les Misérables*, Tome II : « Cosette », livre 3, chapitre 2, 1862.

Antécédent inclus dans le groupe nominal qui est à gauche du pronom relatif.

Pronom relatif simple qui introduit la **relative**. Ici *haillon* est l'antécédent commun des deux *qui*.

Ne pas confondre *que* (ou *qu'*) pronom relatif (complète un nom) et *que* (ou *qu'*) conjonction de subordination (complète un verbe).

B Tirer des conclusions

- Les propositions subordonnées relatives, comme les autres expansions du nom sont particulièrement utilisées dans les descriptions et les portraits car elles permettent de donner des détails : on en compte d'ailleurs quatre dans le premier texte et cinq dans le second.

- Les propositions subordonnées relatives complètent et précisent un nom appelé antécédent. Si l'auteur a fait l'« effort » de le développer, c'est qu'il est important pour lui. Les noms auxquels deux relatives sont attachées sont donc doublement déterminants.

→ Dans le texte 1, le nom *haillon* désigne le vêtement qui symbolise Cosette et sa misère visible.

→ Dans le texte 2, le nom *homme* est mis en valeur car Victor Hugo fait dans ce chapitre un portrait de couple : M. et Mme Thénardier. Il faut que la différence de sexe soit donc particulièrement perceptible.

28 Néologie : dérivation, composition, emprunt

La **néologie est la création de mots nouveaux**. Elle peut se faire grâce à trois techniques principales : la dérivation, la composition et l'emprunt.

1 La dérivation

La dérivation consiste à **ajouter au radical d'un mot existant** un **préfixe** (au début), un **suffixe** (à la fin) ou **les deux**. On obtient un **mot construit**, que l'on peut **décomposer** pour en **comprendre le sens**.

A Les principaux préfixes

Préfixes d'origine latine			Préfixes d'origine grecque		
Préfixe français / (origine latine)	**Sens du préfixe**	**Exemples**	**Préfixe français**	**Sens du préfixe**	**Exemples**
a-, ab-, abs-/*(ab)*	idée de séparation	**ab**lation	a-, an-	privatif	**a**pesanteur, **an**archie
a-, ad-/*(ad)*	idée de jonction	**a**jouter, **ad**verbe	ant(i)-	contre, à l'opposé	**ant**onyme
anté-/*(ante)*	avant, devant	**anté**rieur, **anté**riorité	dia-	à travers	**dia**logue
co-, con-, com-, col-, cor-/*(cum)*	avec	**co**pain, **con**frère, **com**paraison, **col**lègue, **cor**rélation	dys-	problème	**dys**lexique
contra-/*(contra)*	contre	**contra**diction	épi-	après, sur	**épi**logue, **épi**thète
dé-, dés-, dis-/ *(dis-, di-)*	idée de division, de séparation	**dé**tacher, **dés**espoir, **dis**parition	eu-	bien, bon	**eu**phémisme
ex-, é-/*(ex)*	hors de	**ex**térieur, **é**tirer	hémi-	moitié	**hémi**sphère, **hémi**stiche
extra-/*(extra)*	en dehors de	**extra**terrestre	hyper-	au-delà de (la norme)	**hyper**actif, **hyper**onyme
in-, im-, ill-, ir-/*(in)*	négation, impossibilité	**in**capable, **im**possible, **il**logique, **ir**régulier	hypo-	en deçà de (la norme)	**hypo**glycémie, **hypo**nyme
inter-, entr-/*(inter)*	entre, parmi	**inter**disciplinaire, **entre**poser	mono-	(un) seul	**mono**logue
juxta-/*(juxta)*	à côté	**juxta**poser	péri-	autour	**péri**phrase
mal-, mau-/*(male)*	mal	**mal**adroit, **mau**dit	poly-	plusieurs	**poly**sémie
post-/*(post)*	après	**post**érieur, **post**ériorité	pro-	avant, devant	**pro**logue
pré-/*(prae)*	avant, devant	**pré**fixe, **pré**parer	syn-, sym-, syl-	avec	**sy**métrie, **syn**onyme, **syl**labe
pro-/*(pro)*	à la place de	**pro**nom			
re-, red-/*(re-)*	à nouveau	**re**donner			
sub-, suf-, sou-/*(sub)*	sous (sens propre ou figuré)	**sub**merger, **suf**fixe, **sou**tenir			
super-/*(super)*	idée d'augmentation	**super**latif			
trans-/*(trans)*	à travers	**trans**porter			

À savoir

L'ajout d'un **préfixe à un mot ne change pas sa classe grammaticale**.
Ex. : capable (adjectif) / incapable (adjectif).

B Les principaux suffixes

• Les **suffixes verbaux** permettent de transformer un mot en verbe.

> **Attention !**
> L'ajout d'un **suffixe à un mot change sa classe grammaticale**.
> *Ex. :* simple (adjectif) / simplifier (verbe).

• Les **suffixes adjectivaux** transforment un mot en adjectif.
– ***-ique***, ***-aire***, ***-eux*** (féminin ***-euse***), ***-el*** (féminin ***-elle***), ***-al*** (pluriel ***-aux***) : scén**ique**, second**aire**, peur**eux**, form**el**, numér**al** (numér**aux**) ;
– ***-able***, ***-ible*** et ***-uble*** indiquent l'idée de **possibilité** ou de **capacité** ;
– ***-âtre*** a des **connotations péjoratives** : « roug**eâtre** » moins « net » que « rouge ».

• Les **suffixes nominaux** transforment un mot en substantif.
– ***-(i)té*** s'emploie pour les noms abstraits : libert**é**, égal**ité**, fratern**ité** ;
– ***-ement***, ***-age***, ***-(a)tion*** sont utilisés pour les actions ou leur résultat : rang**er** → rang**ement** (action de ranger) ;
– ***-(t)eur*** ou ***-er*** pour les hommes ; ***-ère***, ***-euse***, ***-eure***, ***-resse***, ou ***-trice*** pour les femmes ; ***-iste***, sont employés pour les noms de métiers : chant**eur** / chant**euse** ;
– on utilise ***-et*** (masculin) et ***-ette*** (féminin) pour créer des diminutifs : poule ≠ poul**et**, fille ≠ fill**ette** ;
– les suffixes ***-âtre***, ***-ard***, ***-asse*** ou ***-ace*** ajoutent des **connotations péjoratives** : fade ≠ fad**asse**.

• Un **suffixe adverbial** permet de former un adverbe à partir d'un adjectif.
Le plus courant est ***-ment***, du latin *mente* (« d'une façon ») ; aussi écrit ***-amment*** ou ***-emment***.
Ex. : vive → vive**ment** ; cour**ant** → cou**ramment** ; différ**ent** → différ**emment**.

2 La composition

• La **composition** consiste à créer un **mot nouveau à partir d'au moins deux mots existants**. On obtient un mot construit, que l'on peut **décomposer** pour en **comprendre le sens**.

• **Méthodes de composition**
– En **collant** plusieurs éléments : « porter » + « feuille » = « portefeuille ».
– En **reliant** plusieurs éléments par un trait d'union (« après-midi ») ou par une préposition (« fer » + « à » + « repasser » = « fer à repasser »).
– En **caractérisant un nom par un adjectif** : « une table basse ». Dans ce dernier cas, on parle de mot composé uniquement si l'expression créée désigne bien une nouvelle catégorie d'objet.

3 L'emprunt

• L'emprunt consiste à **prendre un mot existant dans une autre langue, sans le modifier.** Il s'agit en quelque sorte d'un simple changement de nationalité. Les **néologismes** correspondent soit à des expressions à la mode, souvent familières *(cool, wesh)*, soit à des mots rendus nécessaires par de nouvelles pratiques, inventions ou découvertes *(un like)*.

• Tout au long de l'histoire de la langue, des mots ont été empruntés aux **langues anciennes** : *a priori, a posteriori, post scriptum, nota bene, et cetera* (latin) ; *euréka* (grec). On fait plus souvent aujourd'hui des emprunts aux **langues vivantes** : allemand (handball) ; anglais (football) ; arabe (chiffres) ; japonais (futon) ; espagnol (paella) ; italien (pizza).

• Parfois, l'emprunt s'accompagne d'une **légère modification de l'orthographe** (*hacker* → hackeur). Cette adaptation se nomme **francisation**.

29 Relations lexicales : synonymes, antonymes, hyperonymes

1 Synonymes et antonymes

• Définitions

Des **synonymes** sont des mots de **même classe grammaticale et de même sens ou de sens très proche** (*Ex. :* beau = joli).

Des **antonymes** sont des mots de **même classe grammaticale et de sens contraire** (*Ex. :* beau ≠ laid).

• Rôle des synonymes

Les synonymes permettent d'**éviter les répétitions** quand on rédige un texte.

Ex. : Le **cheval** galopait. Quand j'aperçus l'**étalon**, je fus étonné. C'était un **équidé** étonnamment puissant.

> **À savoir**
>
> Il existe des dictionnaires de synonymes qu'on peut consulter pour enrichir son vocabulaire.

Ils servent à **préciser** ce qu'on veut dire, car deux synonymes n'ont jamais exactement le même sens.

Ex. : Elle a les cheveux **bouclés**, ou plutôt **ondulés**.
« Ondulés » signale des cheveux moins frisés que « bouclés ».

• Choisir un synonyme

Le choix d'un synonyme ne doit **pas modifier le sens général de la phrase**. Le synonyme doit garder, dans la mesure du possible, les mêmes connotations que le mot de départ, le même niveau de langue, le même degré de précision, la même intensité.

> **Attention !**
>
> Pour un mot polysémique, il faut s'assurer de son sens dans la phrase avant de le remplacer. « Billet » peut être remplacé par « ticket » s'il s'agit d'un spectacle, par « espèce » s'il s'agit d'argent, par « lettre » s'il s'agit d'un petit mot.

2 Hyponymes et hyperonymes

• Définitions

On appelle **nom générique** ou **hyperonyme** un nom qui désigne une catégorie ou un ensemble d'éléments.

Ex. : « Figure » est un nom générique.

On appelle nom spécifique ou hyponyme un nom qui ne désigne qu'un seul élément.

Ex. : « métaphore », « comparaison », « litote », « euphémisme » sont des hyponymes.

> **Attention !**
>
> Un nom peut être générique par rapport à un mot et spécifique par rapport à un autre mot.
> « Récit » est un mot générique par rapport à « nouvelle », mais c'est un mot spécifique par rapport à « texte ».

> **Exemple**
>
> « Jeune homme, lui dit le premier eunuque, n'avez-vous point vu le **chien** de la reine ? » Zadig répondit modestement : « C'est une **chienne**, et non pas un chien. — Vous avez raison, reprit le premier eunuque. — C'est une **épagneule** très petite, ajouta Zadig ; elle a fait depuis peu des chiens ; elle boite du pied gauche de devant, et elle a les oreilles très longues. »
>
> Voltaire, *Zadig*, chapitre 3, 1747.

• Rôle des hyponymes et des hyperonymes

Dans des **documents de travail**, ils permettent de regrouper et classer des notions ou d'établir un sommaire.

Dans un **texte**, on peut les utiliser pour éviter les répétitions à la place de synonymes ou pour apporter des précisions.

Maths

	COURS	EXERCICES D'ENTRAÎNEMENT

1 Algorithmique et programmation en Python

Ce chapitre sera réinvesti dans les chapitres suivants.

1 Algorithme

Un algorithme est une suite d'instructions élémentaires. Il comprend :
– une phase d'initialisation où l'on entre les données,
– une phase de traitement du problème,
– une phase de sortie des résultats.

Appliquer le cours
Écrire un algorithme qui demande un entier N, lui ajoute 4, multiplie la somme obtenue par le nombre choisi, ajoute 5 à ce produit, et écrit le résultat R.

Solution

Langage naturel	TI	Casio	Python
Entrer N R reçoit $(N+4)\times N+5$ Afficher R	Prompt N $(N+4)*N+5\to R$ Disp R	$? \to N$ $(N+4)*N+5\to R$ R ◢	from lycee import* N = demande ("N=?") R = (N + 4)*N + 5 print(R)

2 Condition : Si... alors... sinon...

Appliquer le cours Un maraîcher vend des endives au prix de 2 euros le kilo.
Le prix devient 1,50 euro à partir de 10 kilos achetés.
Écrire un algorithme qui demande le nombre n de kilos d'endives achetés, calcule et affiche le prix p à payer en euros.

Solution

```
Entrer n
Si n < 10
Alors   p reçoit 2 × n
Sinon   p reçoit 1,5 × n
Fin Si
Afficher p
```

Python

```
from lycee import*
n = demande ("n=?")
if n < 10 :
   p = 2*n
else :
   p = 1.5*n
print(p)
```

On teste cet algorithme :
- Si $n = 8$, alors $n < 10$ et $P = 2 \times 8 = 16$.
- Si $n = 17$, alors $n > 10$ et $P = 1,5 \times 17 = 25,5$.

3 Boucle « Pour... »

- Une **boucle** (ou calcul itératif ou répétitif) permet de répéter plusieurs fois de suite le même traitement.

• Lorsque le nombre d'itérations N est connu à l'avance, on utilise une boucle « pour… » : le compteur s'incrémente automatiquement de 1 à chaque itération.

Appliquer le cours Écrire un algorithme qui demande un nombre entier naturel N et calcule la somme S des nombres entiers naturels de 1 à N.

Solution

```
Entrer N
S reçoit 0
Pour i variant de 1 à N
    S reçoit S+i
Fin Pour
Afficher S
```

Python

```
from lycee import*
N = demande ("N=?")
S = 0
for i in range (1, N+1) :
    S = S + i
print(S)
```

On teste cet algorithme avec $N = 4$: la première boucle fait $S = 0 + 1 = 1$, la deuxième $S = 1 + 2 = 3$, la troisième $S = 3 + 3 = 6$ et la quatrième (et dernière !) $S = 6 + 4 = 10$.

4 Boucle « Tant que… »

Lorsque le nombre d'itérations n'est pas connu à l'avance, et qu'il dépend d'une condition, on utilise une boucle « tant que… ». Dans ce cas, le traitement est répété tant que la condition est vraie. Quand la condition devient fausse, on sort de la boucle.

Appliquer le cours Robin dépose 3 000 € sur un livret d'épargne rémunéré à 2 %. Il veut savoir au bout de combien d'années N, son capital C aura augmenté de 10 % au moins, c'est-à-dire atteint ou dépassé 3 300 €. Écrire un algorithme qui répond à cette question.

Solution

```
C prend la valeur 3 000
N prend la valeur 0
Tant que C < 3 300
    C prend la valeur C × 1,02
    N prend la valeur N + 1
Fin tant que
Afficher N
Afficher C
```

Python

```
from lycee import*
C = 3000
N = 0
while C < 3300 :
    C = C*1.02
    N = N + 1
print(N)
print(C)
```

Attention !
Augmenter un nombre de 2 %, c'est le multiplier par 1,02.

On teste l'algorithme : $C = 3\,000$, donc $C < 3\,300$, on entre une première fois dans la boucle,
on fait $C = 3\,000 \times 1{,}02 = 3\,060$ et $N = 0 + 1 = 1$;
$3\,060 < 3\,300$, on entre une deuxième fois dans la boucle,
on fait $C = 3\,060 \times 1{,}02 = 3\,121{,}2$ et $N = 1+1 = 2$;
$3\,121{,}2 < 3\,300$, on entre une troisième fois dans la boucle,
on fait $C = 3\,121{,}2 \times 1{,}02 \approx 3\,183{,}62$ et $N = 2+1 = 3$; et ainsi de suite.
La boucle s'arrête pour $N = 5$ et $C \approx 3\,312{,}24$.
Il faudra donc 5 ans au capital de Robin pour dépasser 3 300 €.

Exercices d'entraînement

Exercice 1 ★ 5 min

Corrigé p. 128

On donne l'algorithme ci-dessous :

```
n = demande ("n=?")
a = 7*n
b = a – 5
print(b)
```

Vrai ou faux ?

1. Le nombre obtenu avec l'entrée 10 est 65.
2. Le nombre obtenu avec l'entrée 2 est 9.
3. Le nombre obtenu avec l'entrée – 2 est – 9.
4. Le nombre obtenu avec l'entrée – 10 est – 75.

Exercice 2 ★ 5 min

Corrigé p. 128

Écrire un algorithme qui demande deux nombres réels a et b, puis calcule et affiche la somme S des carrés de ces deux nombres.

Exercice 3 ★ 5 min

Corrigé p. 128

Écrire en langage Python un algorithme qui demande les dimensions en mètres d'un parallélépipède rectangle et qui affiche son volume en mètres cubes.

Exercice 4 ★★ 10 min

Corrigé p. 128

Écrire un algorithme qui demande un nombre réel X, qui le multiplie par 4 s'il est négatif ou nul, qui le multiplie par 5 sinon, et qui affiche le résultat R.

Exercice 5 ★★ 10 min

Corrigé p. 128

On mesure l'obésité à l'aide de l'indice de masse corporelle, noté I, évalué à l'aide du poids P (en kg) et de la taille T (en m) d'un individu : $I = \frac{P}{T^2}$. Suivant une classification établie par l'Organisation mondiale de la Santé, un individu est en surpoids lorsque son indice de masse corporelle est strictement supérieur à 25. Écrire un algorithme qui demande à l'utilisateur son poids en kilogrammes et sa taille en mètres, puis calcule l'indice I et affiche s'il est en surpoids ou non.

Exercice 6 ★★ 10 min

Corrigé p. 128

Écrire en langage Python un algorithme qui demande un entier naturel n, puis calcule et affiche la somme S des carrés des n premiers entiers naturels.

Exercice 7 ★★★ 10 min

Corrigé p. 128

Nathan verse sur un compte d'épargne une somme S en euros. Ce compte rapporte 4 % d'intérêts par an. Écrire un algorithme qui demande la somme versée et qui calcule en combien d'années N le capital S de Nathan aura doublé.

Exercice 8 ★★★ 10 min

Corrigé p. 128

Écrire en langage Python un algorithme qui calcule la somme S des n premiers entiers naturels non nuls et affiche la plus petite valeur de n pour laquelle S dépasse 1 000 000.

2 Nombres – Intervalles de $\mathbb{R}$ Valeur absolue

1 Ensemble de nombres

• **$\mathbb{N}$ est l'ensemble des entiers naturels,** c'est-à-dire des entiers positifs ou nuls.

$$\mathbb{N} = \{0, 1, 2, 3, 4, 5, \ldots\}$$

• **$\mathbb{Z}$ est l'ensemble des entiers relatifs,** c'est-à-dire des entiers positifs, négatifs ou nuls.

$$\mathbb{Z} = \{\ldots, -3, -2, -1, 0, 1, 2, 3, \ldots\}$$

• **$\mathbb{D}$ est l'ensemble des nombres décimaux,** c'est-à-dire des nombres qui peuvent s'écrire avec un nombre fini de chiffres derrière la virgule.

Exemple

0,125 est un nombre décimal, ce qui s'écrit aussi $0{,}125 \in \mathbb{D}$.

• **$\mathbb{Q}$ est l'ensemble des nombres rationnels,** c'est-à-dire des nombres qui peuvent s'écrire sous la forme d'un quotient $\dfrac{a}{b}$ où a est un entier relatif et b un entier naturel différent de 0.

Exemple

$\dfrac{-3}{7}$ est un rationnel, ce qui s'écrit aussi $\dfrac{-3}{7} \in \mathbb{Q}$.

• **$\mathbb{R}$ est l'ensemble des nombres réels.** Tous les nombres que vous connaissez sont des nombres réels.
On peut représenter $\mathbb{R}$ par une droite graduée : chaque réel est l'abscisse d'un point de la droite.

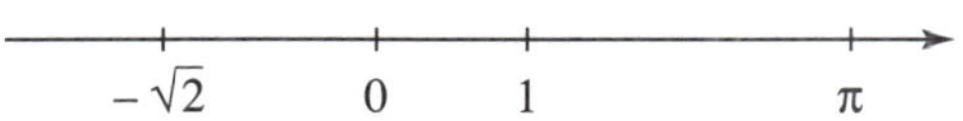

À retenir

• Tout entier naturel est un entier relatif. On dit que $\mathbb{N}$ est inclus dans $\mathbb{Z}$, on peut écrire :
$\mathbb{N} \subset \mathbb{Z}$.
• Tout entier relatif est un nombre décimal. On dit que $\mathbb{Z}$ est inclus dans $\mathbb{D}$, on écrit : $\mathbb{Z} \subset \mathbb{D}$.
• De même, on a : $\mathbb{D} \subset \mathbb{Q}$ et $\mathbb{Q} \subset \mathbb{R}$.
• Finalement : $\mathbb{N} \subset \mathbb{Z} \subset \mathbb{D} \subset \mathbb{Q} \subset \mathbb{R}$.

Appliquer le cours Compléter par le symbole $\in$ ou le symbole $\notin$.

a. $-5 \ldots \mathbb{N}$; **b.** $\dfrac{56}{8} \ldots \mathbb{N}$; **c.** $\sqrt{400} \ldots \mathbb{N}$; **d.** $-6 \ldots \mathbb{Z}$; **e.** $\dfrac{9}{2} \ldots \mathbb{Z}$;

f. $-\dfrac{49}{7} \ldots \mathbb{D}$; **g.** $-34 \ldots \mathbb{D}$; **h.** $\sqrt{64} \ldots \mathbb{Q}$; **i.** $\sqrt{2} \ldots \mathbb{Q}$; **j.** $\pi \ldots \mathbb{R}$.

Solution

a. $-5 \notin \mathbb{N}$; **b.** $\dfrac{56}{8} \in \mathbb{N} \left(\text{car } \dfrac{56}{8} = 7\right)$; **c.** $\sqrt{400} \in \mathbb{N}$ (car $\sqrt{400} = 20$) ;

d. $-6 \in \mathbb{Z}$; **e.** $\dfrac{9}{2} \notin \mathbb{Z} \left(\text{car } \dfrac{9}{2} = 4{,}5\right)$; **f.** $-\dfrac{49}{7} \in \mathbb{D} \left(\text{car } -\dfrac{49}{7} = -7\right)$;

g. $-34 \in \mathbb{D}$; **h.** $\sqrt{64} \in \mathbb{Q}$ (car $\sqrt{64} = 8$) ; **i.** $\sqrt{2} \notin \mathbb{Q}$; **j.** $\pi \in \mathbb{R}$.

2 Intervalles de $\mathbb{R}$

Un **intervalle** de $\mathbb{R}$ est une partie de $\mathbb{R}$ « d'un seul morceau ».

A Différents types d'intervalles

a et b sont deux réels tels que : $a < b$.

Notation	Représentation graphique	Ensemble des réels x tels que :
$[a\,;b]$ intervalle fermé borné		$a \leqslant x \leqslant b$
$]a\,;b[$ intervalle ouvert borné		$a < x < b$
$]a\,;b]$ intervalle semi-ouvert borné		$a < x \leqslant b$
$[a\,;b[$ intervalle semi-ouvert borné		$a \leqslant x < b$
$[a\,;+\infty[$ intervalle non borné		$a \leqslant x$
$]a\,;+\infty[$ intervalle non borné		$a < x$
$]-\infty\,;b]$ intervalle non borné		$x \leqslant b$
$]-\infty\,;b[$ intervalle non borné		$x < b$

• **Remarque** : $\mathbb{R}$ peut aussi s'écrire $]-\infty\,;+\infty[$.

Appliquer le cours Compléter le tableau suivant.

Notation	Représentation graphique	Ensemble des réels x tels que :
$]-3\,;5]$		

		$x \leqslant 6$

Solution

Notation	Représentation graphique	Ensemble des réels x tels que :
$]-3\,;5]$		$-3 < x \leqslant 5$
$]-2\,;+\infty[$		$-2 < x$
$]-\infty\,;6]$		$x \leqslant 6$

B Intersection et réunion d'intervalles

• **L'intersection** de deux intervalles I et J est l'ensemble des réels qui appartiennent à la fois à I et à J. On le note : $I \cap J$.

• **La réunion** de deux intervalles I et J est l'ensemble des réels qui appartiennent à I ou à J. On le note : $I \cup J$.

Remarque
$\cap$ se lit « inter ».
$\cup$ se lit « union ».

Appliquer le cours Déterminer l'intersection et la réunion des intervalles I et J suivants.

1. $I = [-2 \,;\, 5]$ et $J = [4 \,;\, 6[$.

2. $I =]-\infty \,;\, 3{,}5[$ et $J = [-2 \,;\, 7]$.

Solution

1. $I \cap J$ est l'ensemble des réels qui appartiennent à la fois à $[-2 \,;\, 5]$ et à $[4 \,;\, 6[$ (qui sont à la fois rouges et bleus), donc : $I \cap J = [4 \,;\, 5]$.
$I \cup J$ est l'ensemble des réels qui appartiennent à $[-2 \,;\, 5]$ ou à $[4 \,;\, 6[$ (qui sont rouges ou bleus), donc : $I \cup J = [-2 \,;\, 6[$.

2. $I \cap J = [-2 \,;\, 3{,}5[$ $I \cup J =]-\infty \,;\, 7]$

Remarque
On utilise une représentation graphique.
1.
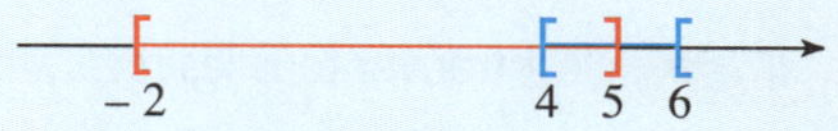

2.
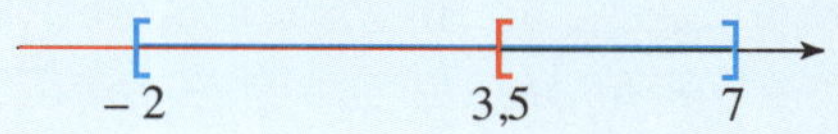

3 Valeur absolue d'un réel

x et y désignent des réels.

A Définition

• La **valeur absolue de x**, que l'on note $|x|$, est la **distance entre les réels x et 0**.

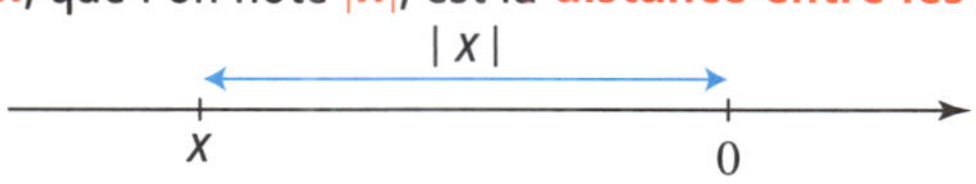

On peut écrire : $|x| = d(x \,;\, 0)$.

• **Remarque :** la valeur absolue correspondant à une distance, c'est un nombre supérieur ou égal à 0.

B Propriétés

• $|x| = \begin{cases} x & \text{si } x \geqslant 0 \\ -x & \text{si } x \leqslant 0 \end{cases}$

• $|x| = 0$ si, et seulement si, $x = 0$

• $|-x| = |x|$

• $|x - y| = d(x \,;\, y)$

Appliquer le cours
Donner la valeur absolue de :
-345 ;
$31{,}1$;
$(-2)^3$;
$(-3)^2$;
$2 - \sqrt{2}$;
$3 - \pi$.

Solution
• $-345 < 0$, donc $|-345| = 345$.
• $31{,}1 > 0$, donc $|31{,}1| = 31{,}1$.
• $(-2)^3 = -8$, donc $(-2)^3 < 0$, d'où $|(-2)^3| = 8$.
• $(-3)^2 = 9$, donc $(-3)^2 > 0$, d'où $|(-3)^2| = 9$.
• $2 - \sqrt{2} \approx 0{,}6$ à 10^{-1} près, donc $2 - \sqrt{2} > 0$, d'où $|2 - \sqrt{2}| = 2 - \sqrt{2}$.
• $3 - \pi \approx -0{,}14$ à 10^{-2} près, donc $3 - \pi < 0$, d'où $|3 - \pi| = \pi - 3$.

C Équations et inéquations avec des valeurs absolues

Soit a un réel strictement positif. Résoudre :

- $|x| = a$, c'est trouver tous les réels x situés à une distance égale à a de 0.

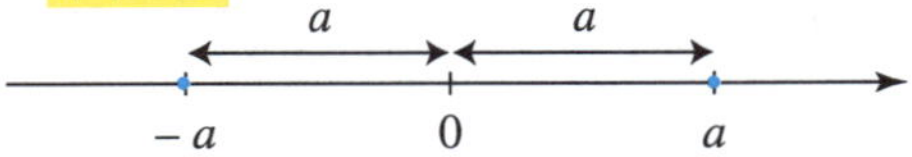

D'après le graphique, $|x| = a$ signifie :

$x = a$ ou $x = -a$.

- $|x| \leqslant a$, c'est trouver tous les réels x situés à une distance inférieure ou égale à a de 0.

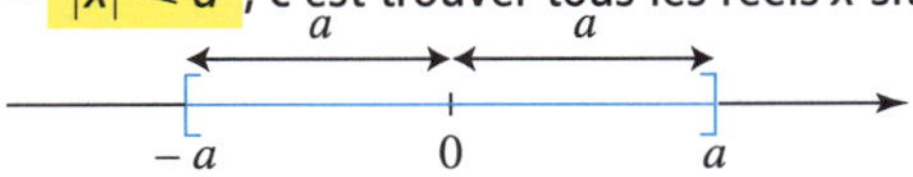

D'après le graphique, $|x| \leqslant a$ signifie :

$x \in [-a\,;a]$.

- $|x| \geqslant a$, c'est trouver tous les réels x situés à une distance supérieure ou égale à a de 0.

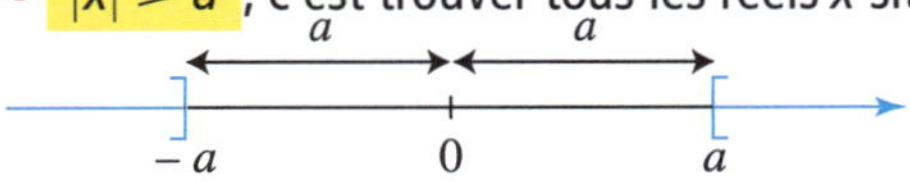

D'après le graphique, $|x| \geqslant a$ signifie :

$x \in]-\infty\,;-a] \cup [a\,;+\infty[$.

Appliquer le cours

Résoudre les équations et inéquations suivantes :

a. $|x| = 7$;
b. $|x| = -2$;
c. $|x| \leqslant 3$;
d. $|x| < 8$;
e. $|x| \geqslant 6$.

Solution

a. $|x| = 7$ a pour solutions 7 et – 7.

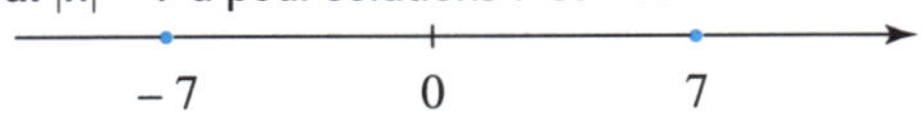

b. $|x| = -2$ n'a pas de solution car une valeur absolue est un nombre positif ou nul.

c. $|x| \leqslant 3$ a pour ensemble de solutions $[-3\,;3]$.

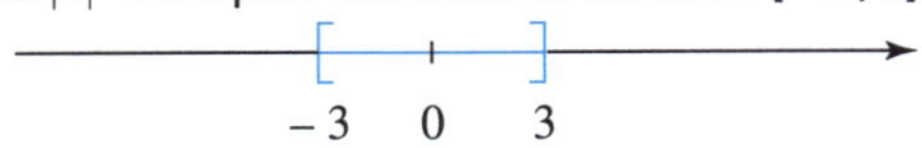

d. $|x| < 8$ a pour ensemble de solutions $]-8\,;8[$.

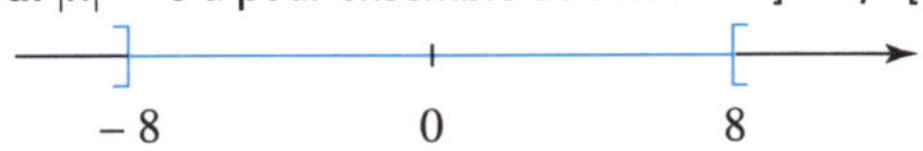

e. $|x| \geqslant 6$ a pour ensemble de solutions $]-\infty\,;-6] \cup [6\,;+\infty[$.

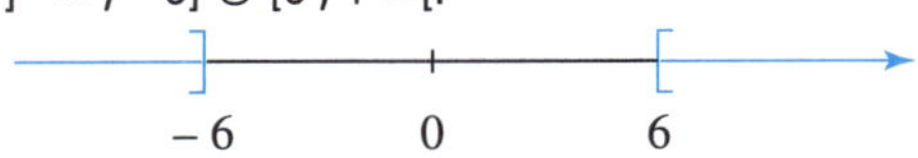

D Valeur approchée d'un réel

Soient x et a des réels et r un réel positif. On dit que a est une **valeur approchée** de x à r près, si on peut écrire :

$$|x - a| < r$$

Appliquer le cours

Donner une valeur approchée de π à 10^{-2} près, une valeur approchée par défaut de π à 10^{-4} près, une valeur approchée par excès de π à 10^{-4} près.

Solution

- 3,14 est une valeur approchée de π à 10^{-2} près car $|\pi - 3{,}14| < 10^{-2}$.
- 3,141 5 est une valeur approchée par défaut de π à 10^{-4} près car $|\pi - 3{,}141\,5| < 10^{-4}$ et $3{,}141\,5 < \pi$.
- 3,141 6 est une valeur approchée par excès de π à 10^{-4} près car $|\pi - 3{,}141\,6| < 10^{-4}$ et $3{,}141\,6 > \pi$.

Exercices d'entraînement

Exercice 1 ★ 5 min

Corrigé p. 128

1. Écrire avec une puissance de 10 les nombres suivants :
0,000 1 ; 100 000 ; 10 millions ; 1 centième.
2. Donner l'écriture décimale des nombres suivants : 10^3 ; -10^6 ; -10^{-5} ; 10^{-7}.

Exercice 2 ★ 5 min

Corrigé p. 128

Donner l'écriture décimale des nombres suivants :
$0{,}001^2$; 45×10^3 ; $0{,}005 \times 10^6$; $-0{,}000\,18 \times 10^9$; $1{,}67 \times 10^5$.

Exercice 3 ★ 5 min

Corrigé p. 128

Utiliser l'appartenance à un intervalle pour formuler les inégalités suivantes d'une autre façon.

1. $-10 \leqslant x \leqslant -9{,}9$;
2. $x \geqslant -100$;
3. $-10^6 < x < -10^5$;
4. $x < -3$;
5. $-0{,}1 < x \leqslant 0{,}1$;
6. $0{,}3 \leqslant x < 1$.

Exercice 4 ★ 10 min

Corrigé p. 128

Dans chacun des cas suivants, représenter les intervalles I et J, donner leur intersection $I \cap J$ et leur réunion $I \cup J$.

1. $I = [-10 ; 2]$ et $J = [-3 ; 7[$. 2. $I = [7 ; +\infty[$ et $J = [-5 ; 10]$.

Exercice 5 ★★ 10 min

Corrigé p. 129

Dans chacun des cas suivants, faire un schéma et donner l'ensemble des solutions du système sous forme d'un intervalle.

1. $\begin{cases} x < 7 \\ x \geqslant 0 \end{cases}$ 2. $\begin{cases} x \geqslant -3 \\ x > 2 \end{cases}$ 3. $\begin{cases} -3 \leqslant x \leqslant 0 \\ -7 < x < \sqrt{2} \end{cases}$

Exercice 6 ★★ 10 min

Corrigé p. 129

Sur une droite graduée, les points A, B, C et D sont les points d'abscisses respectives : – 3 ; 5,2 ; – 14,5 et 2.
Calculer, à l'aide des valeurs absolues, les distances AB, BC et CD.

Exercice 7 ★★ 10 min

Corrigé p. 129

À l'aide de la calculatrice, donner des encadrements de $\sqrt{2}$ d'amplitudes respectives 1, 10^{-1}, 10^{-2}, 10^{-3}.

Exercice 8 ★★ 10 min

Corrigé p. 129

Donner une valeur approchée de :

1. $\sqrt{10}$ à 10^{-2} près par excès ;
2. $\sqrt{10}$ à 10^{-3} près par défaut ;
3. $-\sqrt{10}$ à 10^{-1} près par excès ;
4. $-\sqrt{10}$ à 10^{-4} près par défaut.

3 Arithmétique

1 Multiples et diviseurs

A Définition

Soient a et b des entiers relatifs, b étant non nul.
On dit que **b est un diviseur de a** lorsqu'il existe un entier relatif k tel que : $a = kb$.

B Remarques

1. Les propositions :
   a est divisible par b,
   b est un diviseur de a,
   a est un multiple de b

ont la même signification.

2. Les diviseurs de 1 sont – 1 et 1.
3. 1 et – 1 sont des diviseurs de n'importe quel entier relatif.
4. 0 est multiple de n'importe quel entier relatif.

C Propriétés

a, b et c désignent des entiers relatifs non nuls.

1. Si a est un diviseur de b et si b est un diviseur de c, alors a est un diviseur de c.
2. Si a est un diviseur de b et de c, alors a est un diviseur de la somme $b + c$.

Appliquer le cours

1. Trouver les diviseurs de 21.
2. Trouver tous les diviseurs positifs de 156, puis tous ceux de 90.
3. 819 est-il divisible par 9 ?
819 est-il divisible par 3 ?

Solution

1. Les diviseurs de 21 sont 1 ; 3 ; 7 ; 21 ; – 1 ; – 3 ; – 7 ; – 21.
2. Les diviseurs positifs de 156 sont 1 ; 2 ; 3 ; 4 ; 6 ; 12 ; 13 ; 26 ; 39 ; 52 ; 78 ; 156.
Les diviseurs positifs de 90 sont 1 ; 2 ; 3 ; 5 ; 6 ; 9 ; 10 ; 15 ; 18 ; 30 ; 45 ; 90.
3. 819 est divisible par 9 car $819 = 91 \times 9$.
819 est divisible par 3 car 819 est divisible par 9 et 9 est divisible par 3.

2 Nombres pairs – Nombres impairs

A Définitions

• Les entiers relatifs **pairs** sont les multiples de 2, c'est-à-dire ceux qui s'écrivent $2k$, avec k entier.

• Les entiers relatifs **impairs** sont les entiers qui ne sont pas multiples de 2, c'est-à-dire ceux qui s'écrivent $2k + 1$, avec k entier.

B Propriétés

- Le carré d'un entier pair est un entier pair.
- Le carré d'un entier impair est un entier impair.

Démonstration :
Soit un entier impair n ; on peut écrire $n = 2k + 1$, avec k entier.
On a alors : $n^2 = (2k + 1)^2 = 4k^2 + 4k + 1 = 2(2k^2 + 2k) + 1$ avec $2k^2 + 2k$ entier.
Par conséquent, n^2 est aussi impair.

Appliquer le cours Parmi les entiers suivants, quels sont ceux qui sont pairs ?
445 231 ; – 2 370 ; 63 102 ; – 2 444 888 663.

Solution
Les nombres pairs sont – 2 370 ; 63 102. Ce sont ceux dont le chiffre des unités est pair.

3 Nombres premiers

A Définition

Dire qu'un entier naturel est **premier** signifie qu'il admet exactement **deux diviseurs positifs**.

B Crible d'Ératosthène

Les nombres de la grille qui sont en rouge sont les nombres premiers inférieurs à 100.

1	2	3	4	5	6	7	8	9	10
11	12	13	14	15	16	17	18	19	20
21	22	23	24	25	26	27	28	29	30
31	32	33	34	35	36	37	38	39	40
41	42	43	44	45	46	47	48	49	50
51	52	53	54	55	56	57	58	59	60
61	62	63	64	65	66	67	68	69	70
71	72	73	74	75	76	77	78	79	80
81	82	83	84	85	86	87	88	89	90
91	92	93	94	95	96	97	98	99	100

Histoire !
En 2018, le plus grand nombre premier connu est $2^{77\,232\,917} - 1$.
Cet objet mathématique est composé de plus de 23 millions de chiffres et son écriture remplirait près de 20 livres de 500 pages.

Appliquer le cours Parmi les entiers naturels suivants, quels sont ceux qui sont premiers ?
45 ; 17 ; 2 432 ; 321.

Solution
- 45 admet au moins trois diviseurs positifs : 1 ; 3 et 5, donc 45 n'est pas un nombre premier.
Les diviseurs positifs de 45 sont 1, 3, 5, 9, 15 et 45.
- 17 est un nombre premier ; ses seuls diviseurs positifs sont 1 et 17.
- 2 432 est un nombre pair, il admet au moins trois diviseurs positifs : 1 ; 2 et 2 432, donc 2 432 n'est pas un nombre premier.
- 321 admet au moins trois diviseurs positifs : 1 ; 3 et 321, donc 321 n'est pas un nombre premier.
(La somme des chiffres de 321 vaut 6, donc elle est divisible par 3, donc 321 est divisible par 3).

Exercices d'entraînement

Exercice 1 ★ 10 min

Corrigé p. 129

Simplifier le plus possible les fractions $\frac{75}{100}$, $\frac{33}{21}$, $\frac{72}{64}$ et $\frac{450}{300}$.

Exercice 2 ★ 10 min

Corrigé p. 129

Un document rédigé comporte 4 340 lignes sur plusieurs pages. Chaque page, avant la dernière, est complète et comporte 34 lignes. La dernière page est-elle aussi complète ?
Quel est le nombre de pages du livre ?

Exercice 3 ★★ 10 min

Corrigé p. 129

Écrire un algorithme qui demande deux entiers naturels *a* et *b* et qui précise si *b* est un diviseur de *a*. Le programmer en Python.

Exercice 4 ★★ 10 min

Corrigé p. 129

1. Démontrer que le produit d'un entier pair par un entier impair est un entier pair.
2. La somme de deux entiers impairs peut-elle être impaire ?
3.

+	pair	impair
pair		
impair		

Compléter la table d'addition suivant la parité.

4.

×	pair	impair
pair		
impair		

Compléter la table de multiplication suivant la parité.

Exercice 5 ★★ 10 min

Corrigé p. 130

1. La somme de deux nombres premiers peut-elle être un nombre premier ?
2. Le produit de deux nombres premiers peut-il être un nombre premier ?

Exercice 6 ★★ 10 min

Corrigé p. 130

Pour tout entier naturel n, on note F_n le n-ième nombre de Fermat. Il est défini par

$$F_n = 2^{2^n} + 1.$$

Pierre de Fermat, leur inventeur, a conjecturé : « tous les nombres de Fermat sont premiers ».
L'objectif est de tester cette conjecture.

1. a. Calculer F_0, F_1, F_2 et F_3.
   b. Peut-on en déduire que tous les nombres de Fermat sont premiers ?
2. On considère l'algorithme ci-contre :
$F\%N$ désigne le reste de la division euclidienne de F par N.
La valeur affichée à la fin de l'exécution est 641. Que peut-on en déduire ?

```
F ← 2^(2^5) + 1
N ← 2
Tant que F%N ≠ 0
    N ← N + 1
Fin tant que
Afficher N
```

Exercice 7 ★★ 10 min

Corrigé p. 130

Écrire un algorithme qui demande un entier n supérieur ou égal à 3 et qui précise s'il est premier ou non. Le programmer en Python.

4 Calcul littéral

1 Puissances

A Définition

Soit n un entier naturel non nul et a un réel non nul.

- $a^n = \underbrace{a \times a \times \ldots \times a}_{n \text{ fois}}$
- $a^0 = 1$
- $a^1 = a$
- $a^{-n} = \dfrac{1}{a^n}$
- $0^n = 0$

Appliquer le cours

Donner l'écriture décimale des nombres suivants.

$(-2)^3$; 3^2 ;
-2^3 ; $(-3)^2$;
2^{-3} ; 5^{-2}.

Solution $\mathbf{(-2)^3} = (-2) \times (-2) \times (-2) = \mathbf{-8}$.

$\mathbf{-2^3} = -(2 \times 2 \times 2) = \mathbf{-8}$.

$\mathbf{2^{-3}} = \dfrac{1}{2^3} = \dfrac{1}{8} = \mathbf{0{,}125}$.

$\mathbf{3^2} = 3 \times 3 = \mathbf{9}$.

$\mathbf{(-3)^2} = (-3) \times (-3) = \mathbf{9}$.

$\mathbf{5^{-2}} = \dfrac{1}{5^2} = \dfrac{1}{25} = \mathbf{0{,}04}$.

B Règles de calcul

Quels que soient les réels a et b non nuls et les entiers m et n, on a :

- $a^m \times a^n = a^{m+n}$
- $\dfrac{a^m}{a^n} = a^{m-n}$
- $(a^m)^n = a^{mn}$
- $(ab)^n = a^n \times b^n$
- $\left(\dfrac{a}{b}\right)^n = \dfrac{a^n}{b^n}$

Appliquer le cours

Simplifier les expressions suivantes.

$$A = a^2 b^3 (a^3)^2 \ ;$$

$$B = \left(\frac{a}{b}\right)^3 \times \frac{b^6}{a^5} \ ;$$

$$C = \frac{(a^2 b)^2}{b^3}.$$

Solution $\mathbf{A} = a^2 b^3 a^6 = a^{2+6} b^3 = \mathbf{a^8 b^3}$.

$\mathbf{B} = \dfrac{a^3}{b^3} \times \dfrac{b^6}{a^5} = a^{3-5} b^{6-3} = a^{-2} b^3 = \mathbf{\dfrac{b^3}{a^2}}$.

$\mathbf{C} = \dfrac{a^4 b^2}{b^3} = a^4 b^{2-3} = a^4 b^{-1} = \mathbf{\dfrac{a^4}{b}}$.

2 Racines carrées

A Définition

La **racine carrée** d'un nombre réel a positif est le nombre positif, noté $\sqrt{a}$ dont le carré vaut a.

$$(\sqrt{a})^2 = a \quad \text{et} \quad \sqrt{a} \geqslant 0$$

MATHS

Appliquer le cours
1. Écrire plus simplement $\sqrt{81}$; $\sqrt{100}$; $\sqrt{49}$; $\sqrt{121}$.
2. Quelles sont les solutions de l'équation $x^2 = 25$?
3. Quelles sont les solutions de l'équation $x^2 = 7$?

Solution
1. $\sqrt{81} = 9$; $\sqrt{100} = 10$; $\sqrt{49} = 7$; $\sqrt{121} = 11$.
2. Les solutions de l'équation $x^2 = 25$ sont -5 et 5.
3. Les solutions de l'équation $x^2 = 7$ sont $-\sqrt{7}$ et $\sqrt{7}$.

B Règles de calcul

Soient a et b des réels positifs

$\sqrt{a} \times \sqrt{b} = \sqrt{ab}$ et $\dfrac{\sqrt{a}}{\sqrt{b}} = \sqrt{\dfrac{a}{b}}$ si $b \neq 0$.

Attention !
En général,
$\sqrt{a+b} \neq \sqrt{a} + \sqrt{b}$.
On a « seulement »:
$\sqrt{a+b} \leqslant \sqrt{a} + \sqrt{b}$.

Appliquer le cours Écrire les nombres suivants sous la forme $a\sqrt{b}$, avec a et b entiers naturels, b étant le plus petit possible :

$$\sqrt{75} \ ; \ \sqrt{36 \times 27} \ ; \ \sqrt{\frac{1}{2}} \times \sqrt{2}.$$

Solution
$\sqrt{75} = \sqrt{25 \times 3} = \sqrt{25} \times \sqrt{3} = \mathbf{5\sqrt{3}}$;
$\sqrt{36 \times 27} = \sqrt{36} \times \sqrt{27}$
$= 6 \times \sqrt{9 \times 3} = 6 \times 3 \times \sqrt{3} = \mathbf{18\sqrt{3}}$;
$\sqrt{\frac{1}{2}} \times \sqrt{2} = \frac{1}{\sqrt{2}} \times \sqrt{2} = \frac{\sqrt{2}}{\sqrt{2}} = \mathbf{1}$.

3 Expressions fractionnaires

a, b, c et d désignent des réels.

A Produit de deux expressions fractionnaires

$\dfrac{a}{b} \times \dfrac{c}{d} = \dfrac{ac}{bd}$ si b et d non nuls.

Attention !
Pour simplifier une somme de fractions, on transforme les écritures de façon à avoir le même dénominateur.

B Quotient de deux expressions fractionnaires

$\dfrac{\frac{a}{b}}{\frac{c}{d}} = \dfrac{a}{b} \times \dfrac{d}{c} = \dfrac{ad}{bc}$ si b, c et d non nuls.

Appliquer le cours Simplifier l'écriture des nombres suivants.

$$\frac{3}{4} \times \frac{5}{7} \ ; \ \frac{\frac{3}{4}}{\frac{5}{7}} \ ; \ \frac{3}{4} + \frac{5}{7}.$$

Solution
$\mathbf{\frac{3}{4}} \times \mathbf{\frac{5}{7}} = \frac{3 \times 5}{4 \times 7} = \mathbf{\frac{15}{28}}$;

$\mathbf{\frac{\frac{3}{4}}{\frac{5}{7}}} = \frac{3}{4} \times \frac{7}{5} = \frac{3 \times 7}{4 \times 5} = \mathbf{\frac{21}{20}}$;

$\mathbf{\frac{3}{4}} + \mathbf{\frac{5}{7}} = \frac{3 \times 7}{4 \times 7} + \frac{5 \times 4}{7 \times 4} = \frac{21}{28} + \frac{20}{28} = \mathbf{\frac{41}{28}}$.

4 Développement

a, b et k désignent des réels.

Développer une expression, c'est l'écrire sous forme d'une somme sans parenthèses en utilisant :

• La distributivité de la multiplication

- $k(a+b) = ka + kb$
- $k(a-b) = ka - kb$

• Les identités remarquables

- $(a+b)^2 = a^2 + 2ab + b^2$
- $(a-b)^2 = a^2 - 2ab + b^2$
- $(a+b)(a-b) = a^2 - b^2$

Appliquer le cours Développer et réduire les expressions suivantes.

$A(x) = 3(x-1) - 4(3-x)$;

$B(x) = (x-2)(1-x)$;

$C(x) = (x+3)^2 - (x-2)(x+2)$.

Solution $A(x) = 3 \times x - 3 \times 1 - (4 \times 3 - 4 \times x)$

$= 3x - 3 - 12 + 4x = \mathbf{7x - 15}$.

$B(x) = x - x^2 - 2 + 2x = \mathbf{-x^2 + 3x - 2}$.

$C(x) = x^2 + 2 \times 3 \times x + 3^2 - (x^2 - 2^2)$

$= x^2 + 6x + 9 - x^2 + 4 = \mathbf{6x + 13}$.

5 Factorisation

a, b et k désignent des réels.

Factoriser une expression, c'est l'écrire sous la forme d'un produit de facteurs, en reconnaissant :

• Un facteur commun

- $ka + kb = k(a+b)$
- $ka - kb = k(a-b)$

• Une identité remarquable

- $a^2 + 2ab + b^2 = (a+b)^2$
- $a^2 - 2ab + b^2 = (a-b)^2$
- $a^2 - b^2 = (a-b)(a+b)$

Appliquer le cours Factoriser les expressions suivantes.

$A(x) = (2x+1)(x+3) + 5(2x+1)$;

$B(x) = 9x^2 - 12x + 4$.

Solution $A(x) = (2x+1)(x+3) + (2x+1) \times 5$

On reconnaît un facteur commun : $2x + 1$.

$A(x) = (2x+1)(x+3+5) = \mathbf{(2x+1)(x+8)}$.

$B(x) = (3x)^2 - 2 \times 3x \times 2 + 2^2$

On reconnaît une identité remarquable : $(a-b)^2$.

$B(x) = \mathbf{(3x-2)^2}$.

Exercices d'entraînement

Exercice 1 ★★ 5 min *Corrigé p. 130*

Simplifier les expressions suivantes :

$$A = (a^2b^3c^5)^2 \; ; \quad B = \frac{a(b^2)^4c^7}{a^4b^2c^{13}} \; ; \quad C = \frac{(a^2b)^3c^2}{a^3b^7(c^2)^5}.$$

Exercice 2 ★★ 5 min *Corrigé p. 130*

Écrire sous la forme $2^p3^q5^r$ les nombres suivants :

$$A = (2^3 \times 3^4 \times 5^2)^2 \; ; \quad B = \frac{2 \times (3^3)^6 \times 5^5}{2^{-3} \times 3^7 \times 5^7}.$$

Exercice 3 ★★ 5 min

Corrigé p. 130

Proposer un algorithme en langage naturel qui demande un nombre positif A et qui affiche le plus petit entier naturel N tel que 2^N dépasse A. L'écrire en langage Python.

Exercice 4 ★★ 10 min

Corrigé p. 130

Écrire sous forme d'une fraction irréductible les nombres suivants :

$$A = \frac{4 - \frac{1}{3}}{4 + \frac{1}{3}} \; ; \qquad B = \frac{\frac{4}{5} - \frac{1}{5} \times \frac{8}{7} - \frac{2}{7}}{1 - \frac{1}{3}}.$$

Exercice 5 ★★ 10 min

Corrigé p. 131

Écrire les nombres suivants sous la forme $a\sqrt{b}$, avec a et b entiers naturels, b étant le plus petit possible.

$A = \sqrt{45}$; $B = 2\sqrt{32} + \sqrt{50} - 3\sqrt{2}$; $C = 2\sqrt{5} \times 4\sqrt{15}$; $D = \dfrac{\sqrt{75} \times \sqrt{10} \times 7}{\sqrt{6} \times \sqrt{35}}$

Exercice 6 ★ 10 min

Corrigé p. 131

1. Développer chacune des quatre expressions suivantes.

   a. $(x + 10)^2$ b. $(3x - 7)^2$ c. $(x - 1)(x + 1)$ d. $\left(\frac{x}{4} + \sqrt{5}\right)\left(\frac{x}{4} - \sqrt{5}\right)$

2. Factoriser chacune des quatre expressions suivantes.

   a. $x^2 + 4x + 4$ b. $4x^2 - 4x + 1$ c. $x^2 - 16$ d. $x^2 - \frac{2}{5}x + \frac{1}{25}$

3. Compléter les égalités suivantes.

   a. $(\ldots + \ldots)^2 = 9x^2 + \ldots + 49$ b. $(5x - \ldots)^2 = \ldots - 80x + \ldots$ c. $(x + \ldots)(x - \ldots) = \ldots - 36$

Exercice 7 ★★ 10 min

Corrigé p. 131

Développer, réduire et ordonner les expressions suivantes :

$A(x) = (2x + 1)(x - 2)$; $B(x) = 3(4x - 1)(x + 5) - (x - 6)(8 - 3x)$;

$C(x) = (x + 3)^2 - 2(x - 2)^2$; $D(x) = (x - 5)(3x + x^2 + 7)$.

Exercice 8 ★★ 10 min

Corrigé p. 131

QCM. Dans chacun des cas, indiquer la (ou les) bonne(s) réponse(s).

a. $(x - 5)^2$ est égal à :

[A] $x^2 - 25$ [B] $x^2 + 25$ [C] $x^2 - 10x + 25$ [D] $(x - 5)(x + 5)$

b. $y^2 - 9$ est égal à :

[A] $(y - 3)^2$ [B] $(y - 3)(y + 3)$ [C] $(y - 3)(y - 3)$

c. La factorisation de $(x - 1)(x + 3) + 3(x - 1)$ est :

[A] $x^2 - 5x + 6$ [B] $(x - 1)(x + 6)$ [C] $(x - 1)(3 + 9)$

d. $2(x - 1)(x + 3)$ est égal à :

[A] $(2x - 2)(x + 3)$ [B] $(2x - 2)(2x + 6)$ [C] $(x - 1)(2x + 6)$

5 Comparaisons Équations – Inéquations

1 Comparaison de deux nombres

A Signe de la différence

Soient a et b deux nombres réels.

Si $a - b = 0$, alors $a = b$.
Si $a - b > 0$, alors $a > b$.
Si $a - b < 0$, alors $a < b$.

Appliquer le cours Soit n un entier naturel.
On pose :
$a = 3n^3 - 7n^2 + 5n$
et $b = 3n^3 - 6n^2 + 15n$.
Comparer a et b.

Solution
$a - b = 3n^3 - 7n^2 + 5n - (3n^3 - 6n^2 + 15n)$
$= -n^2 - 10n$
or n est un entier positif,
donc $-n^2 - 10n < 0$,
donc $a - b < 0$,
d'où $a < b$.

B Règles sur les inégalités

• On peut **ajouter membre à membre** deux inégalités de même sens, on obtient une inégalité de même sens.

• On peut multiplier (ou diviser) par un même nombre non nul les deux membres d'une inégalité, on obtient :
– une inégalité **de même sens** si ce nombre est **strictement positif** ;
– une inégalité **de sens contraire** si ce nombre est **strictement négatif**.

Attention !
Ne jamais soustraire deux inégalités membre à membre.
Ne jamais diviser deux inégalités membre à membre.

• On peut **multiplier membre à membre** deux inégalités de même sens **sur des nombres positifs**, on obtient une inégalité de même sens.

Appliquer le cours
1. a et b sont des réels tels que :
$a \leqslant b$.
Comparer $3a$ et $3b$, puis $-7a$ et $-7b$.
2. x et y sont des réels tels que :
$7 \leqslant x \leqslant 13$ et $4 \leqslant y \leqslant 9$.
Encadrer les réels :
$x + y$ et xy

Solution
1. On sait : $a \leqslant b$ et $3 > 0$
donc : $3a \leqslant 3b$.
On sait : $a \leqslant b$ et $-7 < 0$
donc : $-7a \geqslant -7b$.
2. On sait : $7 \leqslant x \leqslant 13$
et $4 \leqslant y \leqslant 9$.
On en déduit :
$7 + 4 \leqslant x + y \leqslant 13+9$
d'où : $11 \leqslant x + y \leqslant 22$.
Puisque les inégalités portent sur des réels positifs :
$7 \times 4 \leqslant xy \leqslant 13 \times 9$
d'où $28 \leqslant xy \leqslant 117$.

2 Résoudre des équations

A Équations du premier degré

Une équation du premier degré est une équation qui peut se mettre sous la forme : $ax + b = 0$, où a et b sont des réels et a est différent de 0. La solution de l'équation $ax + b = 0$ est alors $-\dfrac{b}{a}$.

Appliquer le cours

Résoudre l'équation (E) :

(E) $2x - 1 = 5x + 8$.

Solution

(E) est équivalente aux équations suivantes :

$$2x - 5x = 8 + 1$$
$$-3x = 9$$
$$x = -3.$$

(E) admet donc une unique solution : -3.

Remarques

- Résoudre une équation, c'est déterminer l'ensemble des *solutions* de cette équation.
- On dit que deux équations sont *équivalentes* lorsqu'elles ont le même ensemble de solutions.

B Équation-produit nul

Un produit de facteurs est nul si, et seulement si, l'un des facteurs est nul.

Appliquer le cours

Résoudre l'équation (E) :

(E) $x(1 - 5x) = 0$.

Solution

(E) est équivalente à :

$$x = 0 \text{ ou } 1 - 5x = 0$$
$$x = 0 \text{ ou } x = \frac{1}{5}.$$

(E) admet donc deux solutions : 0 et $\frac{1}{5}$.

C Équation avec inconnue au dénominateur

Un quotient est nul si, et seulement si, son numérateur est nul et son dénominateur n'est pas nul.

Appliquer le cours Résoudre l'équation (E) : $\dfrac{(3x + 5)(2x - 7)}{x - 1} = 0$.

Solution L'équation (E) est équivalente à : $(3x + 5)(2x - 7) = 0$ et $x - 1 \neq 0$

$(3x + 5 = 0$ ou $2x - 7 = 0)$ et $x \neq 1$.

L'équation (E) admet donc deux solutions : $-\frac{5}{3}$ et $\frac{7}{2}$.

D Résolutions d'équations avec transformation d'écriture

Dans certains cas, on peut se ramener à une équation-produit nul en écrivant l'équation sous la forme $A(x) = 0$, puis en exprimant $A(x)$ sous la forme d'un produit factorisé.

Appliquer le cours Résoudre les équations $(E_1) : 2(3 - x) = (8 - x)(3 - x)$ et $(E_2) : x^2 - 3 = 0$.

Solution L'équation (E_1) est équivalente à :

$2(3 - x) - (8 - x)(3 - x) = 0$ *(on regroupe tout dans un même membre)*

$(3 - x)[2 - (8 - x)] = 0$ *(on remarque un facteur commun)*

$(3 - x)(-6 + x) = 0$ *(on obtient une équation-produit nul).*

L'équation (E_1) admet donc deux solutions : 3 et 6.

L'équation (E_2) est équivalente à :

$(x + \sqrt{3})(x - \sqrt{3}) = 0$ *(on reconnaît une identité remarquable).*

L'équation (E_2) admet donc deux solutions : $-\sqrt{3}$ et $\sqrt{3}$.

E Problème

Certains problèmes peuvent se résoudre grâce à une équation à une inconnue. On procède alors en **quatre étapes** :
- **choix de l'inconnue ;**
- **mise en équation** (on traduit l'énoncé par une équation) ;
- **résolution de l'équation ;**
- **conclusion** (on confronte la (ou les) solution(s) de l'équation aux contraintes portant sur l'inconnue).

Attention !
Ne pas oublier les unités (mètre, seconde, euro…) et les contraintes (positif, entier…)

Appliquer le cours
Si l'on augmente de 6 cm la longueur du côté d'un carré, on obtient un second carré dont l'aire est de 336 cm² plus grande que celle du premier.
Quelle est la longueur du côté du premier carré ?

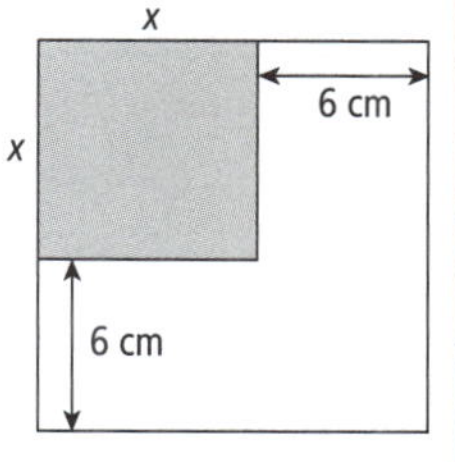

Solution **1. Choix de l'inconnue.**
La longueur du côté du premier carré peut être choisie comme inconnue.
Soit x cette mesure en cm (x est un réel positif).

2. Mise en équation du problème.
L'aire du premier carré est x^2 ; l'aire du second carré est $(x + 6)^2$. Donc x vérifie l'équation :

$$(x + 6)^2 = x^2 + 336 .$$

3. Résolution de l'équation.
L'équation $(x + 6)^2 = x^2 + 336$ est équivalente aux équations suivantes :

$x^2 + 12x + 36 = x^2 + 336$

$12x = 300$

$x = 25.$

4. Conclusion. La longueur du côté du premier carré est 25 cm.

3 Résoudre des inéquations

A Inéquations du premier degré

Une inéquation du premier degré est une inéquation qui peut se mettre sous la forme :

$ax + b \geqslant 0$ ou $ax + b > 0$ ou $ax + b \leqslant 0$ ou $ax + b < 0$.

Appliquer le cours

Résoudre les inéquations suivantes.

(I_1) : $2x - 1 \geqslant 5x + 8$;

(I_2) : $\dfrac{3x-1}{3} < \dfrac{4x+1}{2}$.

À savoir

- Résoudre une inéquation, c'est déterminer l'ensemble des *solutions* de cette inéquation.
- On dit que deux inéquations sont *équivalentes* si elles ont le même ensemble de solutions.

Solution

(I_1) est équivalente aux inéquations suivantes :

$2x - 5x \geqslant 8 + 1$

$-3x \geqslant 9$

$x \leqslant -\dfrac{9}{3}$

$x \leqslant -3$. L'ensemble des solutions de (I_1) est $]-\infty\,;-3]$.

(I_2) est équivalente aux inéquations suivantes :

$6x - 2 < 12x + 3$

$6x - 12x < 3 + 2$

$-6x < 5$

$x > -\dfrac{5}{6}$. L'ensemble des solutions de (I_2) est $\left]-\dfrac{5}{6}\,;+\infty\right[$.

Attention !

Lorsqu'on divise par un nombre négatif, l'inégalité change de sens.

B Signge de $ax + b$

- **Premier cas : $a > 0$**

x	$-\infty$	$-\dfrac{b}{a}$	$+\infty$
signe de $ax + b$	$-$	0	$+$

Explication

Si $x \in \left]-\infty\,;-\dfrac{b}{a}\right[$, alors $ax + b < 0$;

si $x \in \left]-\dfrac{b}{a}\,;+\infty\right[$, alors $ax + b > 0$;

si $x = -\dfrac{b}{a}$, alors $ax + b = 0$.

- **Second cas : $a < 0$**

x	$-\infty$	$-\dfrac{b}{a}$	$+\infty$
signe de $ax + b$	$+$	0	$-$

Explication

Si $x \in \left]-\infty\,;-\dfrac{b}{a}\right[$, alors $ax + b > 0$;

si $x \in \left]-\dfrac{b}{a}\,;+\infty\right[$, alors $ax + b < 0$;

si $x = -\dfrac{b}{a}$, alors $ax + b = 0$.

Appliquer le cours Donner le tableau de signes des expressions suivantes.

1. $2x + 3$; **2.** $-3x + 5$; **3.** $4x - 6$; **4.** $-7x - 2$.

Solution

1. $2 > 0$, donc $2x + 3$ relève du premier cas.

x	$-\infty$	$-\dfrac{3}{2}$	$+\infty$
signe de $2x + 3$	$-$	0	$+$

2. $-3 < 0$, donc $-3x + 5$ relève du second cas.

x	$-\infty$	$\dfrac{5}{3}$	$+\infty$
signe de $-3x + 5$	$+$	0	$-$

3. $4 > 0$, donc $4x - 6$ relève du premier cas.

x	$-\infty$		$\frac{3}{2}$		$+\infty$
signe de $4x - 6$		$-$	0	$+$	

4. $-7 < 0$, donc $-7x - 2$ relève du second cas.

x	$-\infty$		$-\frac{2}{7}$		$+\infty$
signe de $-7x - 2$		$+$	0	$-$	

C Signe d'un produit

- Le produit de deux réels de même signe est positif.
- Le produit de deux réels de signes contraires est négatif.

Appliquer le cours

Étudier le signe de la fonction f définie sur $\mathbb{R}$ par : $f(x) = (3x - 2)(x + 5)$.

Solution

$3x - 2$ s'annule en $\frac{2}{3}$ et $x + 5$ s'annule en -5.

x	$-\infty$		-5		$\frac{2}{3}$		$+\infty$
signe de $3x - 2$		$-$		$-$	0	$+$	
signe de $x + 5$		$-$	0	$+$		$+$	
signe de $(3x - 2)(x + 5)$		$+$	0	$-$	0	$+$	

La dernière ligne s'obtient en appliquant les règles des signes, et on y lit les résultats suivants :

si $x \in]-\infty\,;-5[\cup \left]\frac{2}{3}\,;+\infty\right[$, alors $f(x) > 0$;

si $x = -5$ ou $x = \frac{2}{3}$, alors $f(x) = 0$;

si $x \in \left]-5\,;\frac{2}{3}\right[$, alors $f(x) < 0$.

D Signe d'un quotient

- Le quotient de deux réels de même signe est positif.
- Le quotient de deux réels de signes contraires est négatif.

Appliquer le cours Étudier le signe de la fonction $f : x \mapsto \frac{-2x - 7}{x - 1}$.

Solution

$x - 1$ s'annule en 1, donc l'ensemble de définition de f est $\mathbb{R} - \{1\}$.

De plus : $-2x - 7$ s'annule en $-\frac{7}{2}$ et l'on connaît le signe d'une fonction affine.

1 est la valeur interdite ; dans la dernière ligne du tableau, on exclut cette valeur à l'aide d'une double barre.

La dernière ligne du tableau s'obtient en appliquant les règles de signe d'un quotient.

On y lit les résultats suivants :

x	$-\infty$		$-\frac{7}{2}$		1		$+\infty$
signe de $-2x - 7$		$+$	0	$-$		$-$	
signe de $x - 1$		$-$		$-$	0	$+$	
signe de $f(x)$		$-$	0	$+$	‖	$-$	

si $x \in \left]-\infty\,;-\frac{7}{2}\right[\cup]1\,;+\infty[$, alors $f(x) < 0$;

si $x \in \left]-\frac{7}{2}\,;1\right[$, alors $f(x) > 0$;

si $x = -\frac{7}{2}$, alors $f(x) = 0$;

si $x = 1$, alors $f(x)$ n'existe pas.

Exercices d'entraînement

Exercice 1 ★★ 10 min

Corrigé p. 131

Soit n un entier naturel. Comparer les nombres $\dfrac{2n-1}{n+2}$ et 2.

Exercice 2 ★★ 10 min

Corrigé p. 131

x et y sont des réels tels que $5 \leqslant x \leqslant 6$ et $3 \leqslant y \leqslant 7$.

Encadrer successivement les réels $x + y$, xy, $x - y$ et $\dfrac{x}{y}$.

Exercice 3 ★ 10 min

Corrigé p. 131

Résoudre les équations suivantes.

(E_1) : $\dfrac{3x}{5} = \dfrac{4}{3}$; (E_2) : $3x - 8 - 7(x - 3) = 9$;

(E_3) : $4(3x - 1) = 3(4x - 2)$; (E_4) : $2x + 3 = 3(x - 2) - x + 9$.

Exercice 4 ★ 10 min

Corrigé p. 132

Résoudre les équations suivantes.

(E_1) : $(3x - 5)(2x + 11) = 0$;

(E_2) : $\left(\dfrac{x-1}{2}\right)\left(\dfrac{3-2x}{4}\right) = 0$;

(E_3) : $-15(7 - 2x)(4 - x)(3x + 8) = 0$.

Exercice 5 ★★ 10 min

Corrigé p. 132

Un automobiliste constate que, s'il ajoute 18 litres d'essence dans son réservoir plein aux trois septièmes, il le remplit aux trois quarts. Quelle est la contenance de son réservoir ?

Exercice 6 ★★ 10 min

Corrigé p. 132

Une maison carrée est bordée sur deux côtés d'une terrasse.
Calculer l'aire de cette maison, sachant que l'aire de la terrasse est de 81 m².

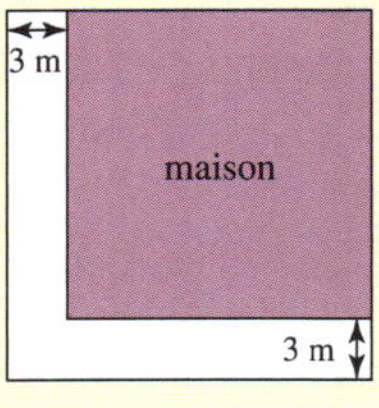

Exercice 7 ★ 10 min

Corrigé p. 132

Résoudre les inéquations suivantes .

(I_1) : $-3x \geqslant x$; (I_2) : $3(x + 2) \leqslant 3x + 5$;

(I_3) : $2x - 3 < 4x + 3$; (I_4) : $0{,}5x + 8 > \dfrac{1}{2}(x - 6)$.

Exercice 8 ★ 10 min *Corrigé p. 132*

Dresser le tableau de signes des expressions suivantes : $-2x + 3$; $1 - x$; $3x + 7$; $-2x$.

Exercice 9 ★★ 10 min *Corrigé p. 132*

Anne, Noémie et Lola ont respectivement 39, 20 et 6 ans. Dans combien d'années l'âge d'Anne sera-t-il inférieur ou égal à la somme des âges des deux autres ?

Exercice 10 ★ 10 min *Corrigé p. 132*

Étudier le signe des expressions suivantes.

$A(x) = (x + 1)(x - 1)(x + 2)$;

$B(x) = (x + 1)^2(2x - 1)(3x + 2)$;

$C(x) = \dfrac{1 - x}{x + 2}$.

Exercice 11 ★★ 10 min *Corrigé p. 133*

L'étude du signe de l'expression $E(x)$ a permis d'établir le tableau de signes ci-dessous.

x	$-\infty$		-2		1		3		$+\infty$
$E(x)$		$-$	0	$+$	‖	$+$	0	$-$	

Dans chacun des cas suivants, préciser si l'affirmation est vraie ou fausse.

a. $E(4,5)$ est négatif.

b. $E(1) = 0$.

c. $E(0) \geqslant 0$.

d. Les solutions de l'équation $E(x) = 0$ sont -2 et 3.

e. Si $x \leqslant 0$, alors $E(x) \leqslant 0$.

f. L'ensemble des solutions de l'inéquation $E(x) \geqslant 0$ est $[-2 ; 3]$.

Exercice 12 ★ 10 min *Corrigé p. 133*

Résoudre les inéquations suivantes.

(I_1) : $-3(x + 2)(x - 1) \geqslant 0$; (I_2) : $4x^2 + 3x < 0$;

(I_3) : $\dfrac{2 - 7x}{3 - 4x} \leqslant 0$; (I_4) : $\dfrac{2x + 1}{x - 7} > -3$.

6 Vecteurs du plan

1 Définitions

Soient A et B deux points distincts.

A Translation de vecteur $\overrightarrow{AB}$

- À la **translation** qui transforme A en B, on associe le vecteur $\overrightarrow{AB}$ qui symbolise le déplacement de A vers B.
- Le **vecteur $\overrightarrow{AB}$** est caractérisé par :
  – sa direction : celle de la droite (AB),
  – son sens : de A vers B,
  – sa norme : la distance AB.

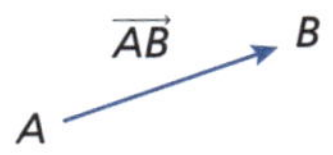

On peut désigner le vecteur $\overrightarrow{AB}$ par $\vec{u}$; on écrit alors $\overrightarrow{AB} = \vec{u}$.

> **À savoir**
> La **norme** du vecteur $\overrightarrow{AB}$ est la distance AB et se note $\|\overrightarrow{AB}\|$:
> $\|\overrightarrow{AB}\| = AB$.

B Vecteur nul

- Le **vecteur nul** est un vecteur de norme 0, il n'a ni direction, ni sens.
- Il est noté $\vec{0}$.
- Les vecteurs $\overrightarrow{AA}$ et $\overrightarrow{BB}$ sont des vecteurs nuls.

> **À savoir**
> $\overrightarrow{AB}$ et $\overrightarrow{BA}$ sont des **vecteurs opposés**.

2 Égalité vectorielle

- Les points A et B étant distincts, dire que les vecteurs **$\overrightarrow{AB}$ et $\overrightarrow{CD}$** sont égaux signifie que les vecteurs $\overrightarrow{AB}$ et $\overrightarrow{CD}$ ont :

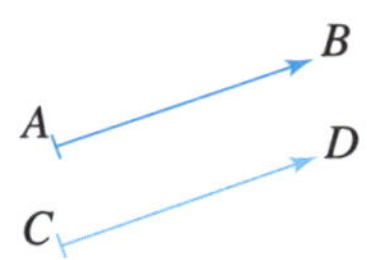

– la **même direction** (c'est-à-dire (AB) et (CD) sont parallèles) ;
– le **même sens** (c'est-à-dire que pour aller de A à B, on va dans le même sens que pour aller de C à D) ;
– la **même norme** (c'est-à-dire $AB = CD$).

- Dire $\overrightarrow{AI} = \overrightarrow{IB}$ signifie que I est le milieu de $[AB]$.

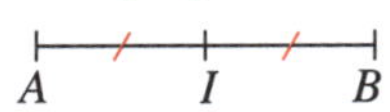

> **À savoir**
> Il revient au même d'affirmer $\overrightarrow{AB} = \overrightarrow{CD}$ et $ABDC$ parallélogramme.

Appliquer le cours

Donner des vecteurs :
- égaux à $\overrightarrow{GH}$;
- non égaux à $\overrightarrow{GH}$, mais de même direction que $\overrightarrow{GH}$;
- non égaux à $\overrightarrow{GH}$, mais de même direction et de même sens que $\overrightarrow{GH}$.

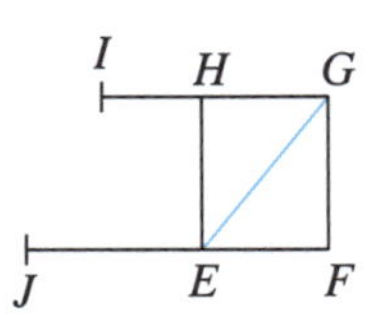

Solution

- Les vecteurs $\overrightarrow{GH}$ et $\overrightarrow{FE}$ sont égaux.
- Les vecteurs $\overrightarrow{IG}$, $\overrightarrow{GI}$, $\overrightarrow{FJ}$, $\overrightarrow{JF}$, $\overrightarrow{JE}$, $\overrightarrow{EJ}$, $\overrightarrow{IH}$ et $\overrightarrow{HI}$ ont même direction que $\overrightarrow{GH}$, mais ne sont pas égaux à $\overrightarrow{GH}$.
- Les vecteurs $\overrightarrow{GI}$, $\overrightarrow{FJ}$, $\overrightarrow{EJ}$ et $\overrightarrow{HI}$ ont même direction et même sens que $\overrightarrow{GH}$, mais ne sont pas égaux à $\overrightarrow{GH}$.

3 Somme de vecteurs

A Relation de Chasles

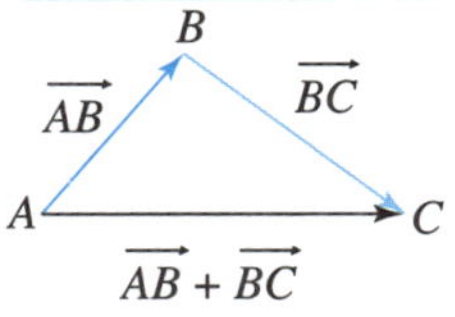

$\overrightarrow{AB}+\overrightarrow{BC}=\overrightarrow{AC}$

B Règle du parallélogramme

Il revient au même de dire que $ABCD$ est un parallélogramme ou que l'on a :

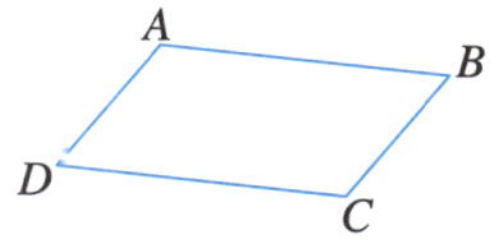

$\overrightarrow{AB}+\overrightarrow{AD}=\overrightarrow{AC}$

Appliquer le cours

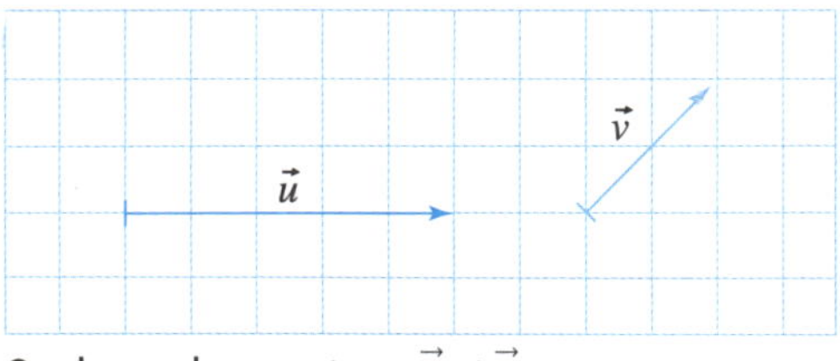

On donne deux vecteurs $\vec{u}$ et $\vec{v}$.
Placer un point A.
Puis construire les points B et C tels que :
$\overrightarrow{AB}=\vec{u}+\vec{v}$ et $\overrightarrow{AC}=\vec{u}-\vec{v}$.

Solution

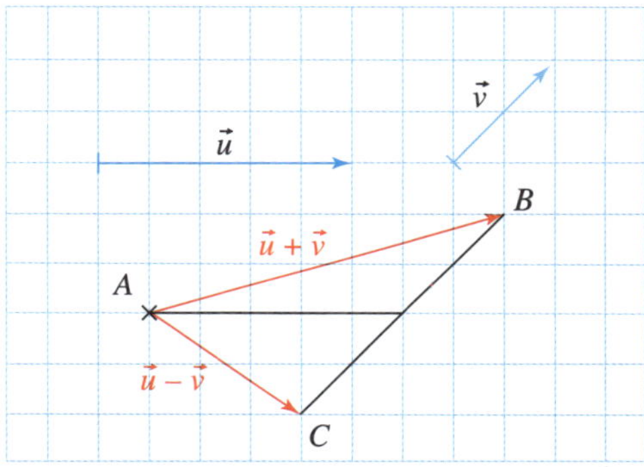

4 Produit d'un vecteur par un réel

On appelle produit d'un vecteur $\vec{u}$ par un réel k le vecteur $k\vec{u}$ défini de la façon suivante :

- **si $k > 0$ et $\vec{u} \neq \vec{0}$**, alors le vecteur $k\vec{u}$ a même direction que $\vec{u}$, même sens que $\vec{u}$ et pour norme $k\|\vec{u}\|$;
- **si $k < 0$ et $\vec{u} \neq \vec{0}$**, alors le vecteur $k\vec{u}$ a même direction que $\vec{u}$, est de sens contraire à $\vec{u}$ et a pour norme $(-k)\|\vec{u}\|$;
- **si $k = 0$ ou $\vec{u} = \vec{0}$**, alors le vecteur $k\vec{u}$ est le vecteur nul.

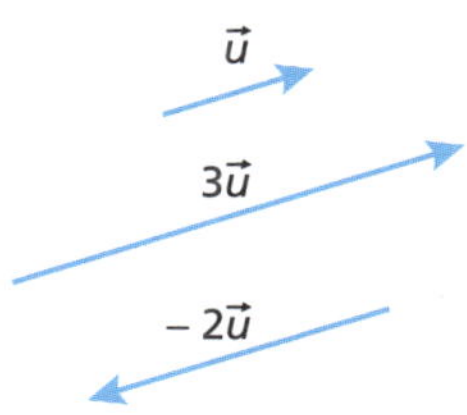

Appliquer le cours

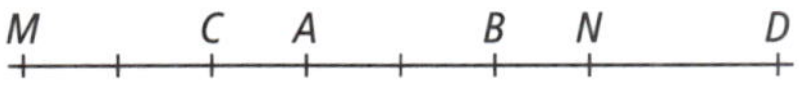

Compléter les égalités vectorielles :

$\overrightarrow{AB}= \dots \overrightarrow{BN}$ $\overrightarrow{MD}= \dots \overrightarrow{DA}$

$\overrightarrow{NM}= \dots \overrightarrow{CB}$ $\overrightarrow{CD}= \dots \overrightarrow{NM}$

$\overrightarrow{CN}= \dots \overrightarrow{NB}$ $\overrightarrow{AC}= \dots \overrightarrow{MD}$

Solution

$\overrightarrow{AB}=2\overrightarrow{BN}$ $\overrightarrow{MD}=-\dfrac{8}{5}\overrightarrow{DA}$

$\overrightarrow{NM}=-2\overrightarrow{CB}$ $\overrightarrow{CD}=-\overrightarrow{NM}$

$\overrightarrow{CN}=-4\overrightarrow{NB}$ $\overrightarrow{AC}=-\dfrac{1}{8}\overrightarrow{MD}$

5 Repérage dans le plan

A Repère du plan

On appelle **repère du plan** :

– un triplet (O, I, J) de points non alignés ;

– ou un triplet $(O ; \vec{i}, \vec{j})$ formé d'un point et de deux vecteurs (non nuls) n'ayant pas la même direction.

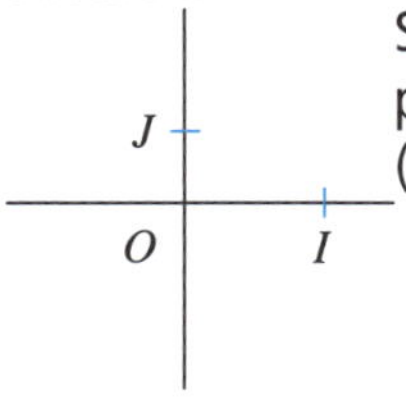

Si les droites (OI) et (OJ) sont perpendiculaires, le repère (O, I, J) est dit **orthogonal**.

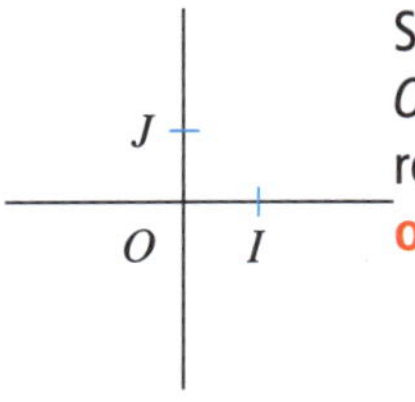

Si de plus, les distances OI et OJ sont égales, le repère (O, I, J) est dit **orthonormal**.

Dans la suite du chapitre, on munit le plan d'un repère orthonormal.

B Coordonnées d'un vecteur

- Dire que le vecteur $\vec{u}$ **a pour coordonnées** $(x ; y)$ signifie : $\vec{u} = x\vec{i} + y\vec{j}$.

On note : $\vec{u}(x ; y)$ **ou** $\vec{u}\begin{pmatrix} x \\ y \end{pmatrix}$.

- Soient les points $A(x_A ; y_A)$, $B(x_B ; y_B)$, les vecteurs $\vec{u}(x ; y)$, $\vec{v}(x' ; y')$ et le réel k.

$$\overrightarrow{AB}(x_B - x_A ; y_B - y_A)$$

$$\|\overrightarrow{AB}\| = AB = \sqrt{(x_B - x_A)^2 + (y_B - y_A)^2}$$

$$k\vec{u}(kx ; ky)$$

$$\vec{u} + \vec{v}\ (x + x' ; y + y')$$

Appliquer le cours On considère les points $A(-2 ; 1)$ et $B(3 ; 5)$. On note I le milieu de $[AB]$ et l'on pose :

$\vec{u} = \frac{3}{2}\overrightarrow{AB}$ et $\vec{v} = -\frac{1}{4}\overrightarrow{AB}$.

1. Donner les coordonnées :

a. du vecteur $\overrightarrow{AB}$;

b. du point I ;

c. des vecteurs $\vec{u}$ et $\vec{v}$.

2. Calculer la distance AB.

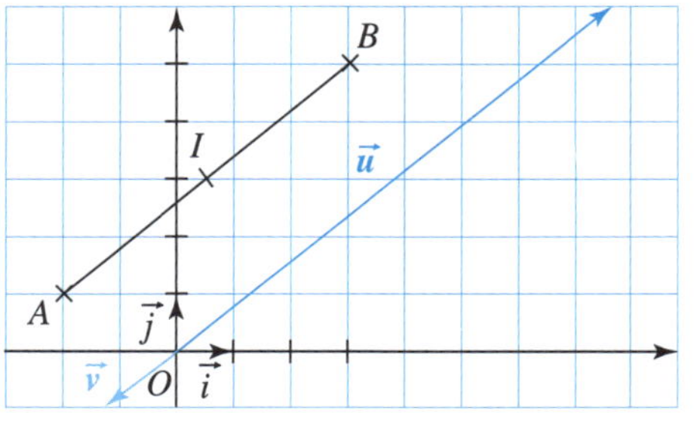

Solution

1. a. On a : $3 - (-2) = 5$ et $5 - 1 = 4$, donc le vecteur $\overrightarrow{AB}$ a pour coordonnées $(5 ; 4)$.

b. On a : $x_I = \frac{-2+3}{2} = \frac{1}{2}$ et $y_I = \frac{1+5}{2} = 3$. Le point I a pour coordonnées $\left(\frac{1}{2} ; 3\right)$.

c. $\overrightarrow{AB}$ a pour coordonnées $(5 ; 4)$,

donc $\vec{u}$ a pour coordonnées $\left(\frac{15}{2} ; 6\right)$ et $\vec{v}$ a pour coordonnées $\left(-\frac{5}{4} ; -1\right)$.

2. On a : $\overrightarrow{AB}(5 ; 4)$ donc $AB = \sqrt{5^2 + 4^2} = \sqrt{41}$.

6 Colinéarité de deux vecteurs

A Définition

- Dire que des vecteurs non nuls $\vec{u}$ et $\vec{v}$ sont **colinéaires** signifie qu'ils ont **même direction**, c'est-à-dire qu'il existe un nombre réel k tel que $\vec{v} = k\vec{u}$.
- Par définition, le vecteur nul est colinéaire à n'importe quel vecteur.

B Déterminant de deux vecteurs

On appelle déterminant des vecteurs $\vec{u}\begin{pmatrix} x \\ y \end{pmatrix}$ et $\vec{v}\begin{pmatrix} x' \\ y' \end{pmatrix}$ le réel noté $\begin{vmatrix} x & x' \\ y & y' \end{vmatrix}$ égal à $xy' - x'y$.

$$\det(\vec{u}, \vec{v}) = \begin{vmatrix} x & x' \\ y & y' \end{vmatrix} = xy' - x'y.$$

C Propriété caractéristique

Les vecteurs $\vec{u}\begin{pmatrix} x \\ y \end{pmatrix}$ et $\vec{v}\begin{pmatrix} x' \\ y' \end{pmatrix}$ sont colinéaires si, et seulement si leur déterminant $\begin{vmatrix} x & x' \\ y & y' \end{vmatrix}$ est nul.

Appliquer le cours

On considère les vecteurs

$$\vec{u}\begin{pmatrix} -3 \\ 4 \end{pmatrix} \text{ et } \vec{v}\begin{pmatrix} 9 \\ -12 \end{pmatrix}.$$

Sont-ils colinéaires ?
Si oui, écrire une relation de colinéarité.

Solution

$$\det(\vec{u}, \vec{v}) = \begin{vmatrix} -3 & 9 \\ 4 & -12 \end{vmatrix}$$
$$= -3\times(-12) - 4\times 9$$
$$= 36 - 36$$

$\det(\vec{u}, \vec{v}) = 0$,
donc les vecteurs $\vec{u}$, et $\vec{v}$ sont colinéaires.
De plus, on peut écrire les relations de colinéarité :

$$\vec{u} = -\frac{1}{3}\vec{v} \text{ et } \vec{v} = -3\vec{u}.$$

D Points alignés

Les points ***A*, *B* et *C* sont alignés** si, et seulement si, les vecteurs **$\overrightarrow{AB}$ et $\overrightarrow{AC}$ sont colinéaires**.

Appliquer le cours On considère les points :

$M(1 ; 0)$, $N(3 ; 3)$ et $P\left(4 ; \frac{9}{2}\right)$.

Les points M, N et P sont-ils alignés ?

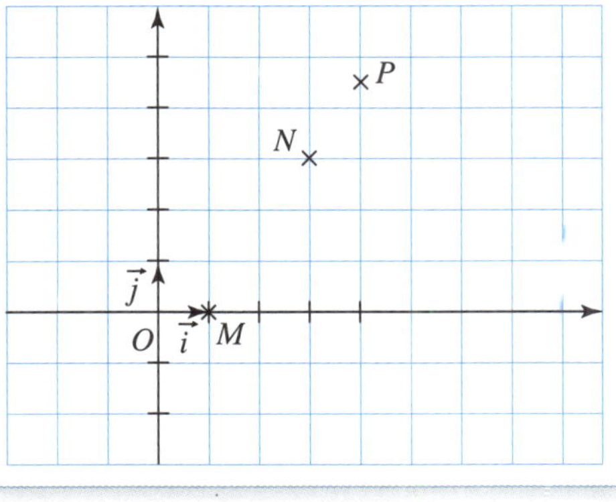

Solution

$\overrightarrow{MN}(2 ; 3)$ et $\overrightarrow{NP}\left(1 ; \frac{3}{2}\right)$,

donc $\overrightarrow{MN} = 2\,\overrightarrow{NP}$
ce qui prouve que les vecteurs $\overrightarrow{MN}$ et $\overrightarrow{NP}$ sont colinéaires.
Par conséquent, les points M, N et P sont alignés.

E Droites parallèles

Les droites **(AB) et (CD) sont parallèles** si, et seulement si, les vecteurs **$\overrightarrow{AB}$ et $\overrightarrow{CD}$ sont colinéaires**.

Appliquer le cours On considère les points : $M(1\ ;5)$, $N(3\ ;4)$, $P(-2\ ;2)$ et $Q(2{,}5\ ;0)$.
Les droites (MN) et (PQ) sont-elles parallèles ?

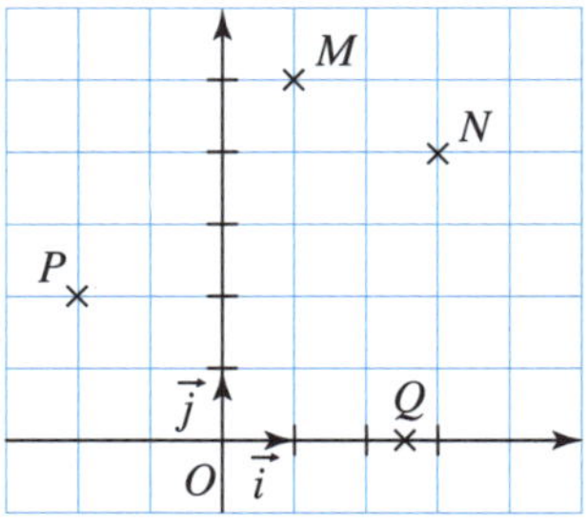

Solution

$\overrightarrow{MN}(2\ ;-1)$ et $\overrightarrow{PQ}(4{,}5\ ;-2)$.

$\det(\overrightarrow{MN}, \overrightarrow{PQ}) = 2 \times (-2) - 4{,}5 \times (-1)$
$= 0{,}5$
$\neq 0$,

donc les vecteurs $\overrightarrow{MN}$ et $\overrightarrow{PQ}$ ne sont pas colinéaires.
Par conséquent, les droites (MN) et (PQ) ne sont pas parallèles.

Exercices d'entraînement

Exercice 1 ★ 5 min *Corrigé p. 133*

On donne la figure suivante. Les graduations sont régulières.

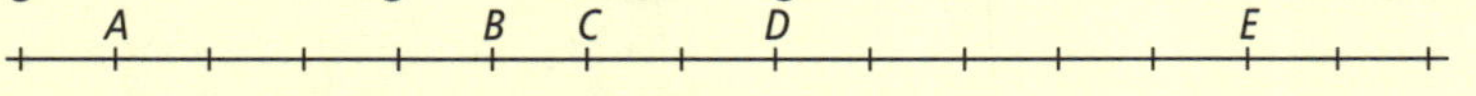

Par lecture graphique, compléter les égalités vectorielles :

$\overrightarrow{AB} = \ldots\ldots \overrightarrow{CD}$ $\quad \overrightarrow{ED} = \ldots\ldots \overrightarrow{BC}$ $\quad \overrightarrow{AC} = \ldots\ldots \overrightarrow{ED}$

$\overrightarrow{BD} = \ldots\ldots \overrightarrow{AB}$ $\quad \overrightarrow{AD} = \ldots\ldots \overrightarrow{CE}$ $\quad \overrightarrow{AE} = \ldots\ldots \overrightarrow{BD}$

Exercice 2 ★ 5 min *Corrigé p. 133*

ABCD est un parallélogramme. Construire les points *E* et *F* définis par : $\overrightarrow{BE} = \frac{1}{2}\overrightarrow{AB}$ et $\overrightarrow{AF} = 3\overrightarrow{AD}$.

Exercice 3 ★ 5 min *Corrigé p. 133*

ABC est un triangle. Construire les points *I* et *J* définis par : $\overrightarrow{AI} = \frac{1}{3}\overrightarrow{AB}$ et $\overrightarrow{AJ} = 3\overrightarrow{AC}$.

Exercice 4 ★ 5 min *Corrigé p. 133*

S'aider de la figure pour dire, dans chaque cas, si l'affirmation est vraie ou fausse.

1. $\overrightarrow{AB} = \overrightarrow{CD}$
2. $\overrightarrow{AE} = \overrightarrow{FB}$
3. $[AC]$ et $[BD]$ ont le même milieu.
4. $\overrightarrow{AD}$ et $\overrightarrow{CB}$ sont opposés.

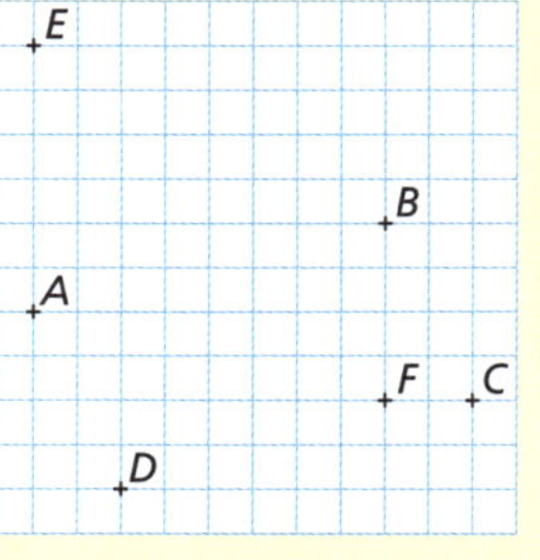

MATHS

Exercice 5 ★ 5 min

Corrigé p. 134

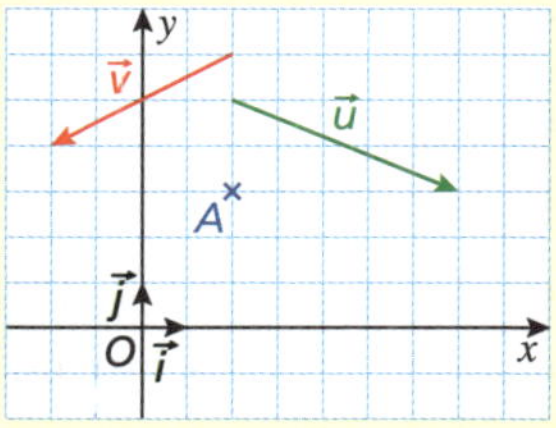

1. Lire les coordonnées des vecteurs $\vec{u}$ et $\vec{v}$.
2. Tracer un représentant du vecteur $\vec{w}(-1\ ;2)$.
3. Placer le point B tel que le vecteur $\overrightarrow{AB}$ ait pour coordonnées $(2\ ;-1)$.

Exercice 6 ★ 10 min

Corrigé p. 134

On donne les points $A(-3\ ;-4)$, $B(7\ ;-4)$ et $C(5\ ;2)$.

1. Calculer les coordonnées du point K, milieu de $[OB]$.
2. Calculer les coordonnées du point L, milieu de $[AC]$.
3. Contrôler les résultats à l'aide d'une figure.

Exercice 7 ★ 5 min

Corrigé p. 134

On donne les points $A(-1\ ;2)$, $B(3\ ;1)$ et $C(1\ ;5)$.

1. Placer les points A, B et C dans un repère.
2. Construire le point L, symétrique du point A par rapport au point C.
3. Construire le point K, symétrique du point B par rapport au point C.
4. Lire sur le graphique les coordonnées des points L et K.

Exercice 8 ★ 5 min

Corrigé p. 134

Écrire en langage Python un algorithme qui calcule les coordonnées du milieu I d'un segment $[AB]$.

Exercice 9 ★ 10 min

Corrigé p. 134

Les vecteurs $\vec{u}$ et $\vec{v}$ suivants sont-ils colinéaires ? Si oui, trouver k tel que $\vec{v} = k\vec{u}$.

1. $\vec{u}\left(\frac{1}{3}\ ;\frac{-4}{7}\right)$ et $\vec{v}\left(\frac{1}{4}\ ;-\frac{3}{7}\right)$;
2. $\vec{u}(1-\sqrt{2}\ ;1)$ et $\vec{v}(1+\sqrt{2}\ ;-1)$;
3. $\vec{u}(\sqrt{3}+1\ ;-2)$ et $\vec{v}(1\ ;1-\sqrt{3})$.

Exercice 10 ★ 10 min

Corrigé p. 134

On donne les points : $A(0\ ;3)$, $B(9\ ;-3)$, $C(-3\ ;5)$ et $D\left(7\ ;-\frac{3}{2}\right)$.

1. Les points A, B et C sont-ils alignés ?
2. Les points A, B et D sont-ils alignés ?

Exercice 11 ★ 10 min

Corrigé p. 135

On considère les points $A(-1\ ;4)$, $B\left(\frac{7}{3}\ ;3\right)$ $C(-3\ ;2)$ et $D\left(\frac{11}{3}\ ;\frac{1}{4}\right)$.

Les droites (AB) et (CD) sont-elles parallèles ?

7 Configurations du plan

1 Droites et points remarquables d'un triangle

• **Les médianes** d'un triangle sont les droites passant par un sommet et le milieu du côté opposé ; leur point d'intersection est appelé **centre de gravité** du triangle ; il est situé aux deux tiers de chaque médiane à partir du sommet.

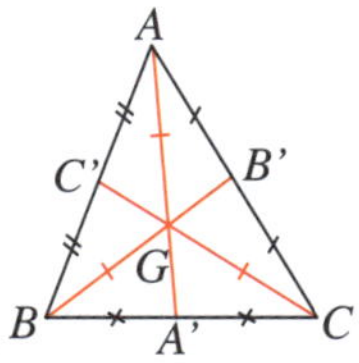

• **Les médiatrices** d'un triangle sont les droites perpendiculaires à un côté en son milieu ; leur point d'intersection est le **centre du cercle circonscrit** du triangle.

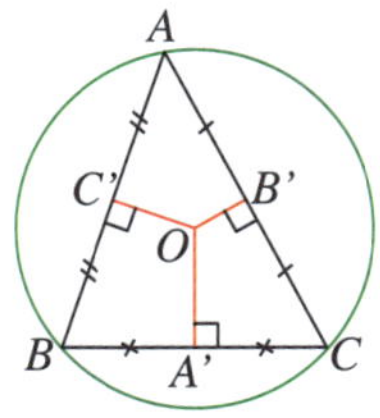

• **Les hauteurs** d'un triangle sont les droites passant par un sommet et perpendiculaires au côté opposé ; leur point d'intersection est appelé **orthocentre** du triangle.

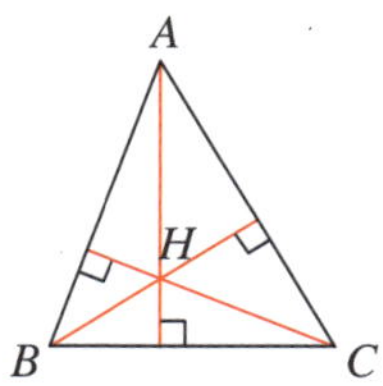

• **Les bissectrices** d'un triangle sont les droites passant par un sommet et partageant l'angle au sommet en deux angles égaux ; leur point d'intersection est le **centre du cercle inscrit** du triangle.

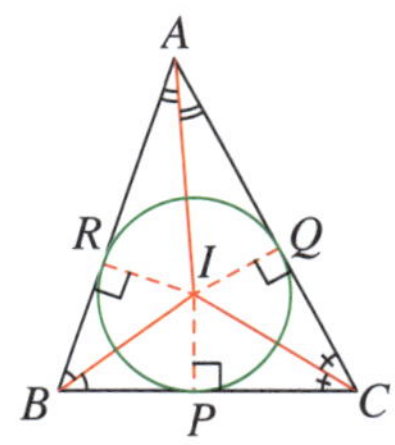

2 Triangle rectangle

A Théorème de Pythagore

• **Si un triangle est rectangle**, alors le carré de l'hypoténuse est égal à la somme des carrés des côtés de l'angle droit.

• **Si un triangle *ABC* est tel que : $AB^2 + AC^2 = BC^2$**, alors ce triangle est rectangle en A.

Appliquer le cours **1.** Un carré a pour longueur de côté a.
Déterminer la longueur de sa diagonale en fonction de a.
2. Un triangle équilatéral a pour longueur de côté a.
Déterminer la longueur de sa hauteur en fonction de a.

Solution **1.** On considère le triangle ABC qui est rectangle en B.
D'après le théorème de Pythagore : $AC^2 = AB^2 + BC^2$,
donc $AC^2 = a^2 + a^2 = 2a^2$, d'où : $AC = a\sqrt{2}$.
La diagonale d'un carré de côté a est $a\sqrt{2}$.

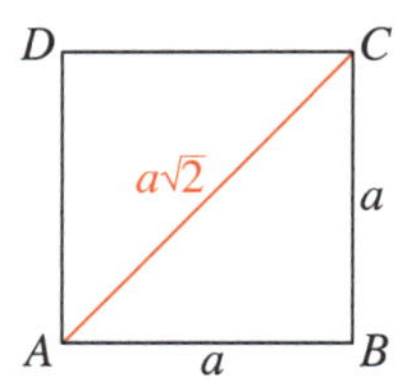

2. Notons I le milieu de $[BC]$. Le triangle ABI est rectangle en I.
D'après le théorème de Pythagore : $AI^2 + BI^2 = AB^2$,
donc : $AI^2 = a^2 - \left(\frac{a}{2}\right)^2 = a^2 - \frac{a^2}{4} = \frac{3a^2}{4}$, d'où : $AI = a\frac{\sqrt{3}}{2}$.

La hauteur d'un triangle équilatéral de côté a est $a\frac{\sqrt{3}}{2}$.

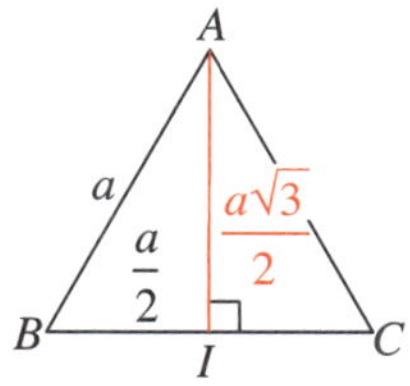

B Cercle circonscrit

• **Le cercle circonscrit** à un triangle ABC rectangle en A est le cercle de diamètre $[BC]$.

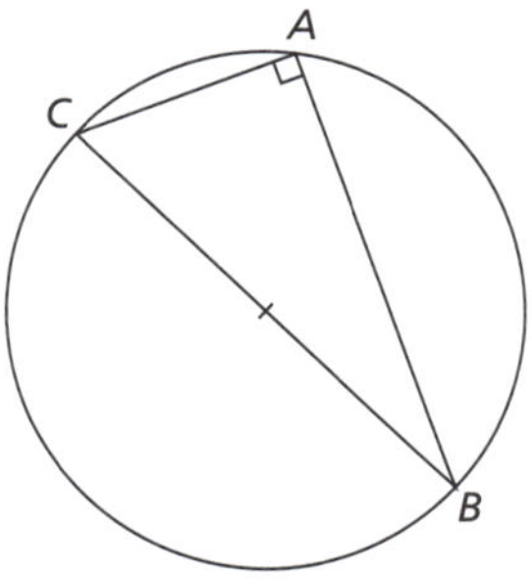

C Trigonométrie

ABC est un triangle rectangle en A.

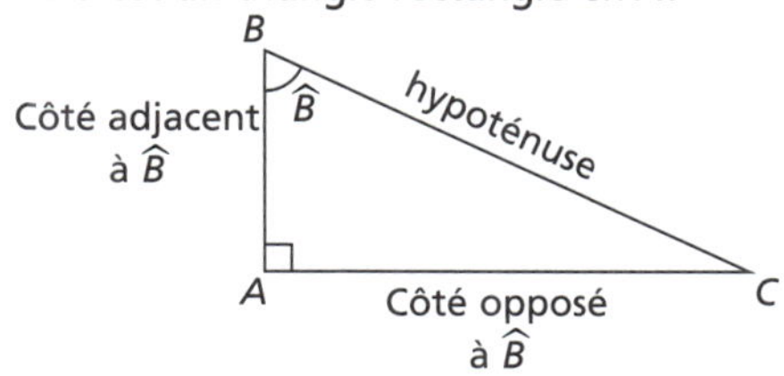

$\sin\hat{B} = \frac{AC}{BC}$ $\cos\hat{B} = \frac{AB}{BC}$

$\tan\hat{B} = \frac{AC}{AB}$

Appliquer le cours ABC est un triangle rectangle en A tel que :
$BC = 5$ et $\hat{B} = 30°$.
Calculer les distances AB et AC.

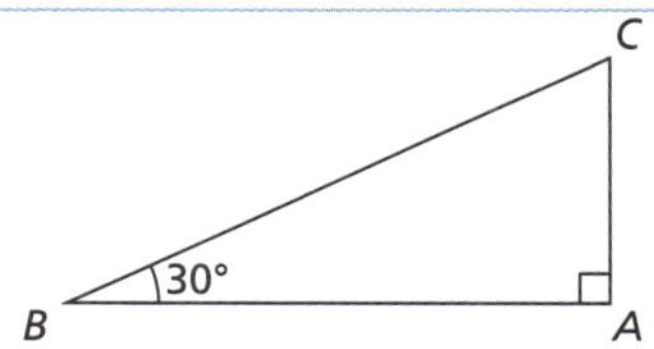

Solution

$\cos\hat{B} = \frac{AB}{BC} = \frac{AB}{5}$, donc $AB = 5\cos\hat{B} = \frac{5\sqrt{3}}{2}$. $\sin\hat{B} = \frac{AC}{BC} = \frac{AC}{5}$, donc $AC = 5\sin\hat{B} = \frac{5}{2}$.

3 Mise au point sur les parallélogrammes

• **Définition.** Un **parallélogramme** est un quadrilatère dont les côtés opposés sont parallèles.

• **Propriété caractéristique.** Un quadrilatère est un parallélogramme si, et seulement si, ses diagonales ont le même milieu.

Attention !

• Un **quadrilatère** dont les deux diagonales sont perpendiculaires n'est pas nécessairement un losange.

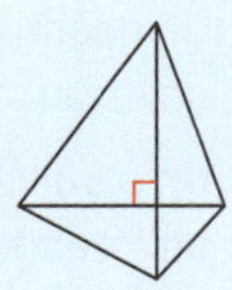

• Un **quadrilatère** dont les deux diagonales sont de même longueur n'est pas nécessairement un rectangle.

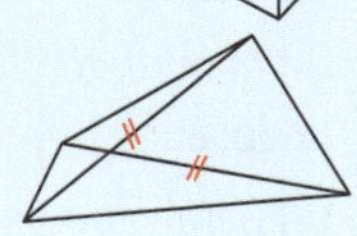

Appliquer le cours **Vrai ou Faux ?**

1. Si un parallélogramme a des diagonales de même longueur, alors c'est un rectangle.
2. Si un parallélogramme a deux côtés consécutifs perpendiculaires, alors c'est un losange.
3. Si un parallélogramme a deux côtés consécutifs de même longueur et perpendiculaires, alors c'est un carré.

Solution **1.** Vrai.
2. Faux.
Si un parallélogramme a deux côtés consécutifs perpendiculaires, alors c'est un rectangle.
Si un parallélogramme a des diagonales perpendiculaires, alors c'est un losange.
3. Vrai.

4 Projeté orthogonal sur une droite

Le **projeté orthogonal** d'un point M sur une droite Δ est :

– le point M' appartenant à la droite Δ et tel que $(MM') \perp \Delta$, si $M \notin \Delta$;

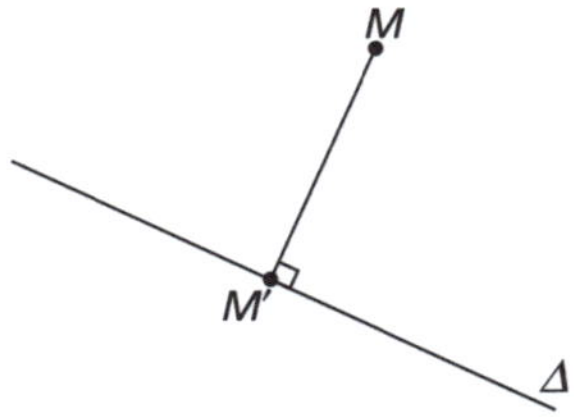

– le point M, si $M \in \Delta$.

À savoir

Le projeté orthogonal du point M sur une droite Δ est le point de la droite Δ le plus proche du point M.

Appliquer le cours

On considère la figure ci-dessous.

Quel est le projeté orthogonal du point O

– sur la droite (AM) ?

– sur la droite (AM') ?

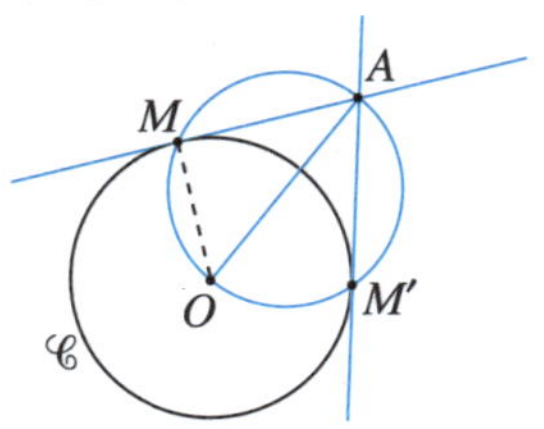

Solution

M est un point du cercle de diamètre $[OA]$, donc le triangle OAM est rectangle en M.

Et bien sûr, M appartient à la droite (AM).

On en déduit :

M est le projeté orthogonal de O sur (AM).

On démontre de même :

M' est le projeté orthogonal de O sur (AM').

Exercices d'entraînement

Exercice 1 ★ 5 min

Corrigé p. 135

QCM. Entourer les bonnes réponses (il peut y avoir plusieurs réponses justes à chaque ligne).

1. Un quadrilatère qui a ses diagonales de même longueur et perpendiculaires est :
   un losange ; un rectangle ; un carré ; on ne sait pas.
2. Un parallélogramme qui a un angle droit est :
   un losange ; un rectangle ; un carré ; on ne sait pas.
3. Un quadrilatère qui a ses quatre côtés de même longueur et ses quatre angles droits est :
   un losange ; un rectangle ; un carré ; on ne sait pas.
4. Un parallélogramme dont deux côtés consécutifs ont même longueur est :
   un losange ; un rectangle ; un carré ; on ne sait pas.

Exercice 2 ★ 5 min

Corrigé p. 135

Le quadrilatère $ABCD$ ci-contre est-il :

– un parallélogramme ?

– un losange ?

Justifier soigneusement les réponses.

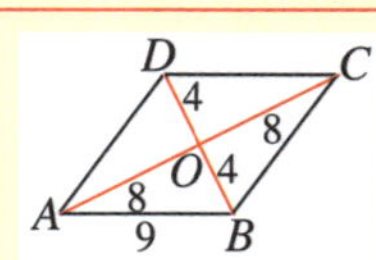

Exercice 3 ★ 5 min

Corrigé p. 135

Écrire un algorithme qui calcule la longueur de la diagonale d'un carré de côté a.

Exercice 4 ★ 10 min

Corrigé p. 135

Le pavé droit $ABCDEFGH$ a pour dimensions 15 cm, 10 cm et 8 cm.

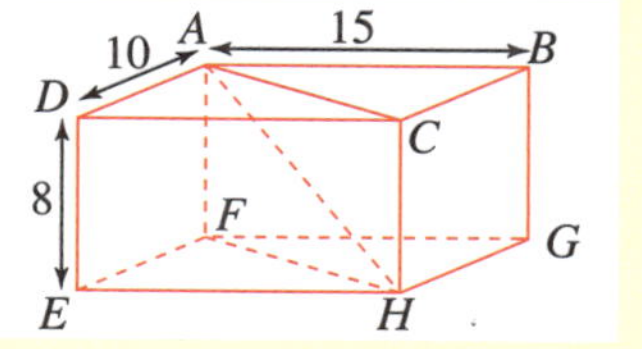

Calculer la longueur de la diagonale $[AH]$.

Exercice 5 ★★ 10 min

Corrigé p. 135

On considère les points $P(-4\,;-1)$, $Q(1\,;0)$, $R(2\,;2)$ et $S(-3\,;1)$.

1. Calculer les coordonnées du milieu K du segment $[PR]$.
2. Calculer les coordonnées du milieu L du segment $[QS]$.
3. Que peut-on en déduire pour le quadrilatère $PQRS$?

Exercice 6 ★★ 10 min

Corrigé p. 135

On considère les points $A\,(1\,;3)$, $B\,(4\,;-1)$, $C\,(6{,}5\,;4)$.

1. Placer ces points dans un repère.
2. Le point C appartient-il à la médiatrice du segment $[AB]$?

Exercice 7 ★★ 15 min

Corrigé p. 135

On donne les points $A(-2\,;3)$, $B(5\,;2)$ et $C(-3\,;-4)$.
Faire une figure, puis démontrer que le triangle ABC est rectangle isocèle.

Exercice 8 ★★ 10 min

Corrigé p. 136

On considère les points $A\,(-3\,;-2)$, $B\,(5\,;4)$, $C\,(4\,;-3)$.

1. Calculer la longueur AB.
2. Déterminer les coordonnées du milieu M du segment $[AB]$.
3. Démontrer que C appartient au cercle $\mathscr{C}$ de diamètre $[AB]$.
4. Placer les points A, B et C dans un repère et construire la tangente à $\mathscr{C}$ au point C.

Exercice 9 ★★ 15 min

Corrigé p. 136

On donne les points $A\,(-1\,;-1)$, $B\,(2\,;3)$ et $C\,(4\,;-1)$.

1. Calculer les distances AB, AC et BC.
2. Quelle semble être la nature du triangle ABC ? Justifier la réponse.
3. Calculer le périmètre du triangle ABC.
4. Calculer l'aire du triangle ABC.

Exercice 10 ★★ 15 min

Corrigé p. 136

On considère le triangle SNT ci-contre.

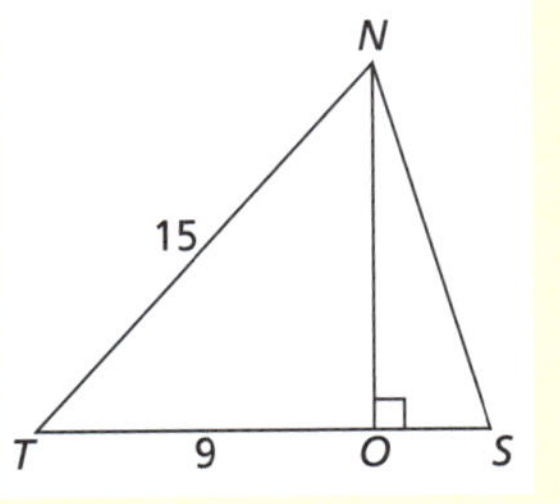

1. Que représente la droite (ON) pour le triangle SNT ?
2. Calculer la distance ON.
3. Déterminer une mesure en degrés de l'angle $\widehat{NTO}$ à 0,1° près.

Exercice 11 ★★★ 15 min

Corrigé p. 136

Un triangle ABC rectangle en A est tel que $AB = 9$ et $\widehat{ABC} = 30°$.
On note I le milieu de $[AB]$.

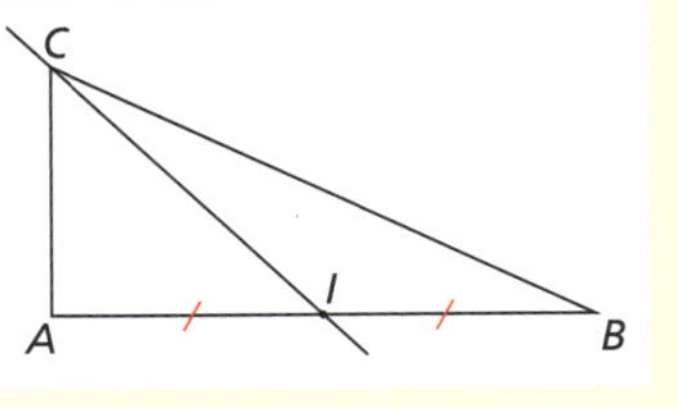

1. Calculer les distances BC et AC.
2. Calculer la distance CI.
3. Déterminer une valeur approchée à 0,1° près, de la mesure de l'angle $\widehat{AIC}$.

Exercice 12 ★ 5 min

Corrigé p. 137

ABC est un triangle équilatéral de centre de gravité G.
Quel est le projeté orthogonal du point A sur la droite (BC) ?
Quel est le projeté orthogonal du point G sur la droite (AC) ?

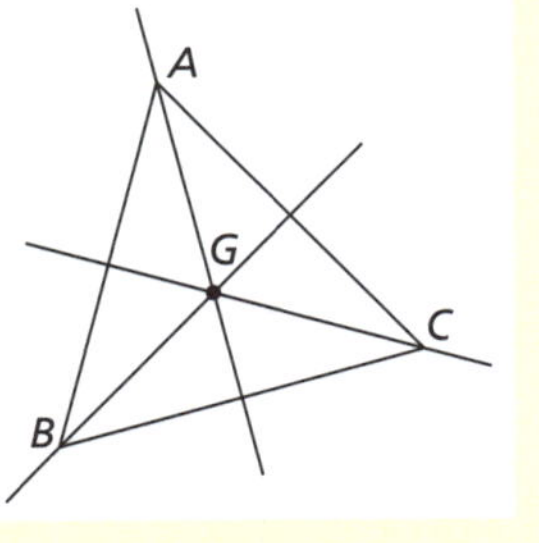

Exercice 13 ★ 5 min

Corrigé p. 137

$ABCD$ est un carré de centre O.
Quel est le projeté orthogonal du point A sur la droite (BD) ?
Trouver les trois points de la figure qui ont le point O pour projeté orthogonal sur la droite (BD).

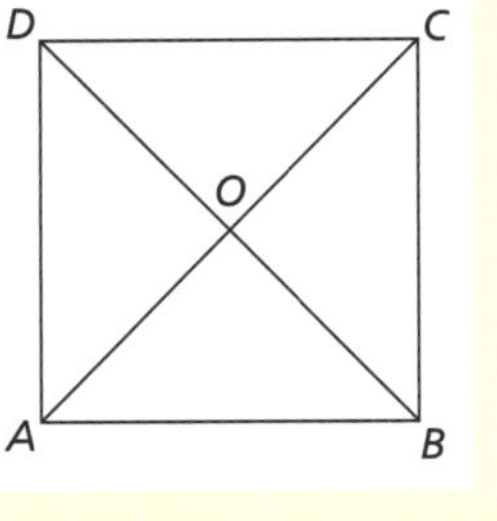

8 Droites du plan
Systèmes d'équations

1 Équations de droite

A Vecteur directeur d'une droite

On appelle **vecteur directeur** de la droite (AB) tout vecteur non nul $\vec{u}$ colinéaire à $\overrightarrow{AB}$.

Appliquer le cours

On considère les points $A(6\ ;\ 7)$ et $B(3\ ;\ 5)$.
Donner trois vecteurs directeurs de la droite (AB).

Solution

$\overrightarrow{AB}(-3\ ;\ -2)$, $\overrightarrow{BA}(3\ ;\ 2)$, $2\overrightarrow{AB}(-6\ ;\ -4)$ sont des vecteurs directeurs de la droite (AB).

À savoir

La droite (AB) a une infinité de vecteurs directeurs : ce sont tous les vecteurs qui s'écrivent $k\overrightarrow{AB}$ avec k réel non nul.

B Théorème

Toute droite admet une équation de la forme $ax+by+c=0$ avec $(a,b)\neq(0,0)$.
L'ensemble d'équation $ax+by+c=0$ avec $(a,b)\neq(0,0)$ est une droite de vecteur directeur $\vec{u}\begin{pmatrix}-b\\ a\end{pmatrix}$.

À savoir

- Si un point appartient à d, alors ses coordonnées vérifient l'équation de d.
- Si un point n'appartient pas à d, alors ses coordonnées ne vérifient pas l'équation de d.

Appliquer le cours

1. Donner un vecteur directeur et un point de la droite d d'équation $3x+4y-7=0$.
Tracer la droite d.
2. Déterminer une équation de la droite d passant par le point $A(-1\ ;\ 2)$ et de vecteur directeur $\vec{u}$ de coordonnées $(4\ ;\ 5)$.

Solution

1. $\vec{u}\ (-4\ ;\ 3)$ est un vecteur directeur de d.
Le point $A(1\ ;\ 1)$ appartient à la droite d.

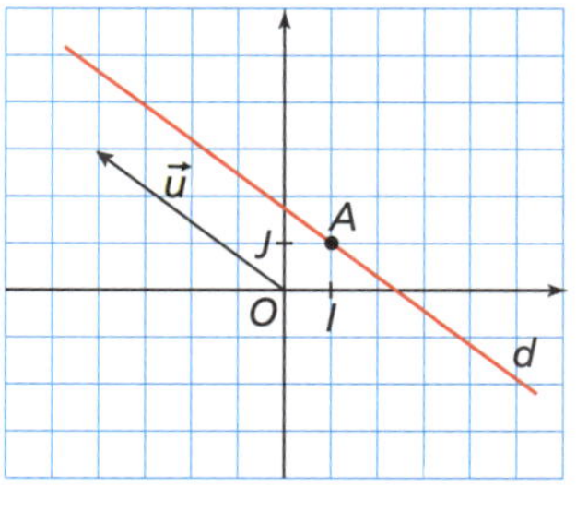

2. Dire qu'un point $M(x\ ;\ y)$ appartient à la droite d signifie que les vecteurs $\overrightarrow{AM}\begin{pmatrix}x+1\\ y-2\end{pmatrix}$ et $\vec{u}\begin{pmatrix}4\\ 5\end{pmatrix}$ sont colinéaires, c'est-à-dire que leur déterminant est nul.

$$\text{Or } \det\left(\overrightarrow{AM},\ \vec{u}\right)=\begin{vmatrix}x+1 & 4\\ y-2 & 5\end{vmatrix}$$
$$=(x+1)\times5-4\times(y-2)$$
$$=5x+5-4y+8$$
$$=5x-4y+13$$

Par conséquent, $5x-4y+13=0$ est une équation de la droite d.

2 Équation réduite d'une droite

A Droites verticales

Toute droite parallèle à la droite des ordonnées a une équation de la forme : $x = k$.

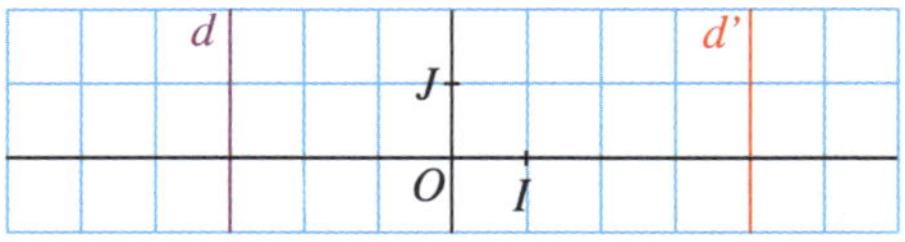

$d : x = -3$ et $d' : x = 4$

Attention !
Tous les points d'une droite parallèle à la droite des ordonnées ont la même abscisse.

B Droites non verticales

• Toute droite non parallèle à la droite des ordonnées est la représentation graphique d'une fonction affine, donc elle a une équation de la forme : $y = ax + b$.

a est appelé **coefficient directeur** ou encore la **pente** de la droite, *b* est appelé **ordonnée à l'origine** de la droite.

À savoir
La droite d'équation $y = ax + b$ coupe la droite des ordonnées au point de coordonnées $(0 ; b)$.

• Si deux points $A(x_A ; y_A)$ et $B(x_B ; y_B)$ appartiennent à une droite de coefficient directeur *a*, alors :

$$a = \frac{y_B - y_A}{x_B - x_A}.$$

• **Cas particulier.** Toute droite parallèle à la droite des abscisses a une équation de la forme :

$$y = b.$$

À savoir
Le coefficient directeur d'une droite parallèle à la droite des abscisses est nul.

Appliquer le cours Tracer les droites d_1 d'équation $x = 4$;
d_2 d'équation $y = x - 3$;
d_3 d'équation $y = -2x + 2$;
d_4 d'équation $y = -4$;
d_5 d'équation $y = 2$.

Solution • d_1 est parallèle à la droite des ordonnées.
• d_4 et d_5 sont parallèles à la droite des abscisses.
• d_2 passe par le point de coordonnées $(0 ; -3)$ et elle a pour coefficient directeur 1 (sur d_2, si les abscisses augmentent de 1, alors les ordonnées augmentent aussi de 1).
• d_3 passe par le point de coordonnées $(0 ; 2)$ et elle a pour coefficient directeur -2 (sur d_3, si les abscisses augmentent de 1, alors les ordonnées diminuent de 2).

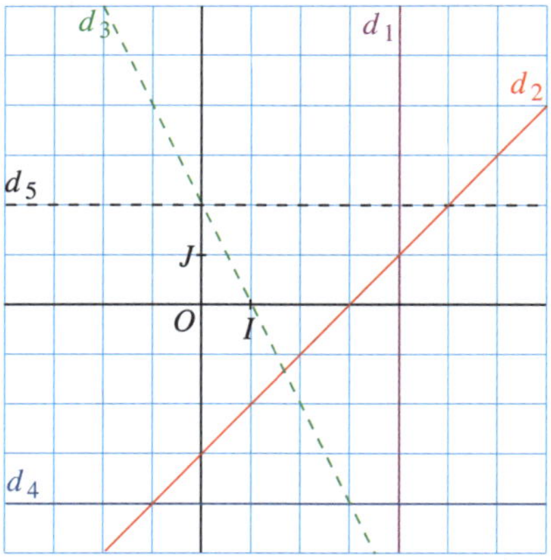

3 Droites parallèles

Deux droites non parallèles à la droite des ordonnées sont **parallèles** si, et seulement si, elles ont le **même coefficient directeur**.

Exemple : les droites *d* et *d'* d'équations respectives $y = 3x - 4$ et $y = 3x + 1$ sont parallèles.

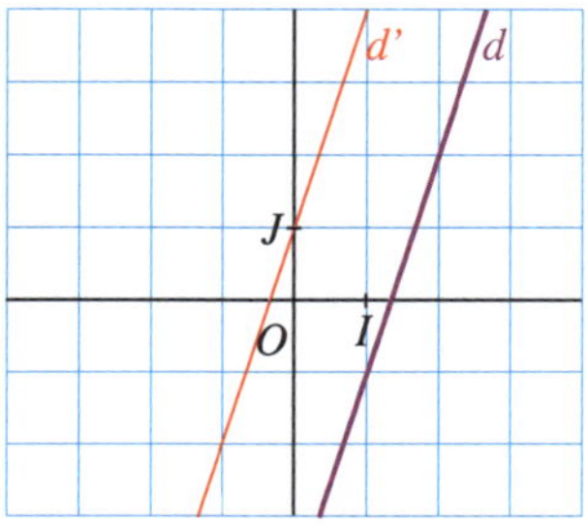

4 Systèmes d'équations

Un système de deux équations d'inconnue $(x\ ;y)$ est la donnée de deux équations de la forme :

$$\begin{cases} ax+by+c=0 \\ a'x+b'y+c'=0 \end{cases} \text{ avec } (a, b) \neq 0 \text{ et } (a', b') \neq 0.$$

Les solutions de ce système sont les couples $(x\ ;y)$ vérifiant les deux équations.

Appliquer le cours

Le système (S) : $\begin{cases} x-2y=3 \\ x+2y=1 \end{cases}$ admet-il une seule solution ?

Solution

$x-2y=3$ équivaut à $y=\frac{1}{2}x-\frac{3}{2}$; le coefficient directeur de la droite d d'équation $x-2y=3$ est $\frac{1}{2}$.

$x+2y=1$ équivaut à $y=-\frac{1}{2}x+\frac{1}{2}$;

le coefficient directeur de la droite d' d'équation $x+2y=1$ est $-\frac{1}{2}$.

d et d' ne sont pas parallèles. Elles sont donc sécantes en un point dont le couple de coordonnées est l'unique solution du système (S). On a prouvé que (S) a une seule solution.

On peut lire sur le graphique que la solution de (S) est le couple $\left(2\ ;-\frac{1}{2}\right)$.

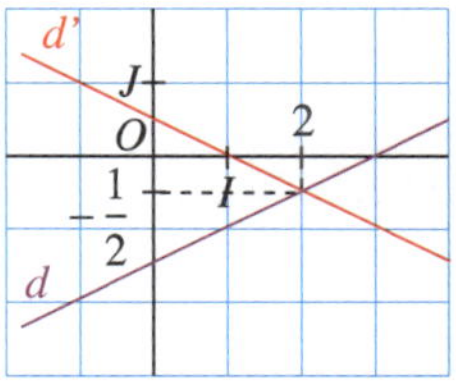

Exercices d'entraînement

Exercice 1 ★ 10 min *Corrigé p. 137*

Déterminer une équation de la droite (AB) avec $A(3\ ;4)$ et $B(-2\ ;1)$.

Exercice 2 ★ 10 min *Corrigé p. 137*

Associer à chacune des droites d_1, d_2, d_3, d_4 et (OJ) son équation :

$y=3$; $x=0$; $y=-x$; $y=x-3$; $y=-2x+3$.

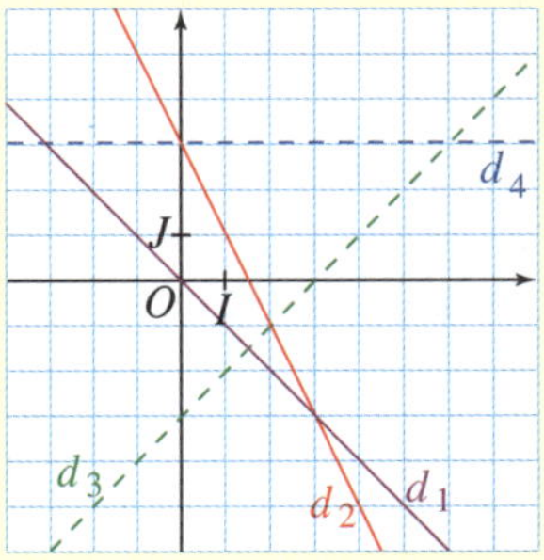

Exercice 3 ★ 5 min *Corrigé p. 137*

Tracer les droites d_1, d_2, d_3, d_4 et d_5 passant par le point $A(3\ ;4)$ et de coefficients directeurs respectifs :

$$m_1=2, \quad m_2=-1, \quad m_3=\frac{4}{3}, \quad m_4=0 \quad \text{et} \quad m_5=-\frac{1}{5}.$$

Exercice 4 ★ 10 min

Corrigé p. 137

Dans chacun des cas suivants, déterminer le coefficient directeur de la droite (AB).

1. $A(1\,;5)$ et $B(0\,;3)$; 2. $A(0\,;1)$ et $B(-2\,;1)$; 3. $A(-65\,;54)$ et $B(23\,;-34)$.

Exercice 5 ★ 10 min

Corrigé p. 137

Déterminer l'équation réduite de la droite d' passant par le point $A(3\,;-1)$ et parallèle à la droite d d'équation :

1. $y = 2x + 1$; 2. $x = 1$; 3. $y = 3$.

Exercice 6 ★ 15 min

Corrigé p. 138

On considère les points $A(-1\,;3)$, $B(1\,;10)$ et la droite $\mathscr{D}$ d'équation $y = 4x + 7$.

1. Les points A et B appartiennent-ils à la droite $\mathscr{D}$? Justifier.
2. Le point C d'ordonnée 15 est un point de $\mathscr{D}$. Calculer l'abscisse de C.
3. Déterminer une équation de la droite (AB).

Exercice 7 ★★ 10 min

Corrigé p. 138

Les systèmes suivants admettent-ils une seule solution ?

$(S_1) : \begin{cases} 4x - y = 3 \\ -24x + 6y = 7 \end{cases}$ $(S_2) : \begin{cases} x = \sqrt{2} \\ x - 2y = 1 \end{cases}$ $(S_3) : \begin{cases} x - y = 4 \\ x + y = 7 \end{cases}$ $(S_4) : \begin{cases} 4x - 2y = 3 \\ -24x + 12y = -18 \end{cases}$

Exercice 8 ★★ 15 min

Corrigé p. 138

Déterminer, par le calcul, les coordonnées du point d'intersection des deux droites d et d' et faire une vérification graphique.

1. $d : y = -3x + 1$ et $d' : x = \frac{1}{2}$;
2. $d : y = \frac{1}{3}x - 2$ et $d' : y = -1$;
3. $d : y = 2x - 1$ et $d' : y = x + 1$.

Exercice 9 ★★ 15 min

Corrigé p. 139

On considère les droites d_1 d'équation $2x - y + 1 = 0$, d_2 d'équation $x = 3$, d_3 d'équation $y = \frac{3}{4}x + 2$, d_4 d'équation $y = 4$, d_5 d'équation $3x - 4y - 7 = 0$.

Compléter le tableau lorsque c'est possible.

La droite	Un vecteur directeur	Un point	La pente	L'équation réduite
d_1	$\vec{u}_1(\ \ )$	$A_1(\ldots\,;\ldots)$		
d_2	$\vec{u}_2(\ \ )$	$A_2(\ldots\,;\ldots)$		
d_3	$\vec{u}_3(\ \ )$	$A_3(\ldots\,;\ldots)$		
d_4	$\vec{u}_4(\ \ )$	$A_4(\ldots\,;\ldots)$		
d_5	$\vec{u}_5(\ \ )$	$A_5(\ldots\,;\ldots)$		

9 Courbe représentative d'une fonction Fonction paire, fonction impaire

MATHS

1 Courbe représentative d'une fonction

A Définition

Soit f une fonction définie sur un ensemble $\mathcal{D}$. La courbe représentative de f est l'ensemble des points $M(x\ ;\ f(x))$ avec x appartenant à $\mathcal{D}$.
On la note en général $\mathscr{C}_f$.

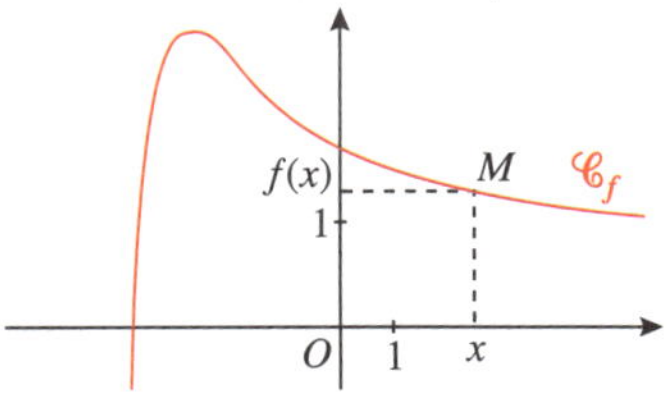

$y = f(x)$ est une équation de la courbe $\mathscr{C}_f$.

À retenir

- L'image d'un réel par une fonction f se lit sur l'axe des ordonnées.
- Les antécédents d'un réel par une fonction f, quand il y en a, se lisent sur l'axe des abscisses.

Appliquer le cours On considère la fonction f définie sur $[-4{,}5\ ;\ 3{,}5]$ et sa courbe représentative $\mathscr{C}_f$ ci-dessous.

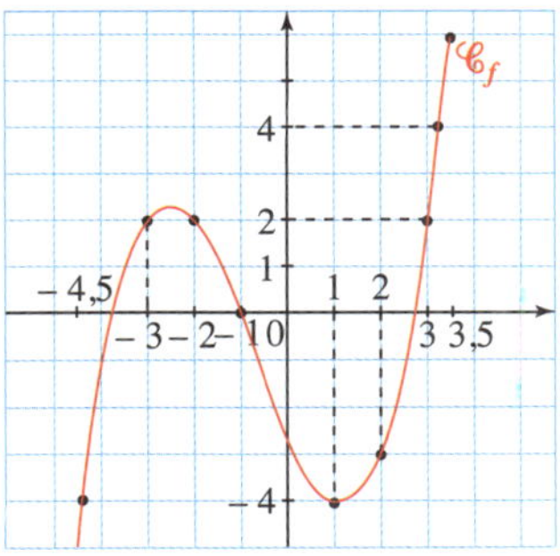

1. Donner les images par f de : -2, -1, 1 et 3.
2. Encadrer $f(0)$ par deux entiers consécutifs.
3. Donner les antécédents de 2 par f.
4. Encadrer par deux entiers consécutifs l'antécédent de 4 par f.

Solution

1. L'image de -2 par f est l'ordonnée du point de la courbe $\mathscr{C}_f$ ayant pour abscisse -2, donc $f(-2) = 2$.
De la même manière, on obtient
$$f(-1) = 0,\ f(1) = -4 \text{ et } f(3) = 2.$$
2. On lit : $-3 < f(0) < -2$.
3. Les antécédents de 2 par f sont les abscisses des points de $\mathscr{C}_f$ ayant pour ordonnée 2, donc les antécédents de 2 par f sont : -3, -2 et 3.
4. On lit sur le graphique que 4 a un seul antécédent par f ; celui-ci est compris entre 3 et 4.

B Résolution graphique d'équations et d'inéquations

Soient f une fonction et b un réel.

- **Les solutions de l'équation $f(x) = b$** sont les abscisses des points de la courbe $\mathscr{C}_f$ ayant une ordonnée égale à b. Résoudre l'équation $f(x) = b$ revient à trouver les antécédents de b par f.
- **Les solutions de l'équation $f(x) \leqslant b$** sont les abscisses des points de la courbe $\mathscr{C}_f$ ayant une ordonnée inférieure ou égale à b. Énoncés analogues avec : $f(x) < b$ ou $f(x) \geqslant b$ ou $f(x) > b$.

Appliquer le cours
Résoudre graphiquement l'équation $f(x) = 2$, puis les inéquations $f(x) \leqslant 2$ et $f(x) > 2$.

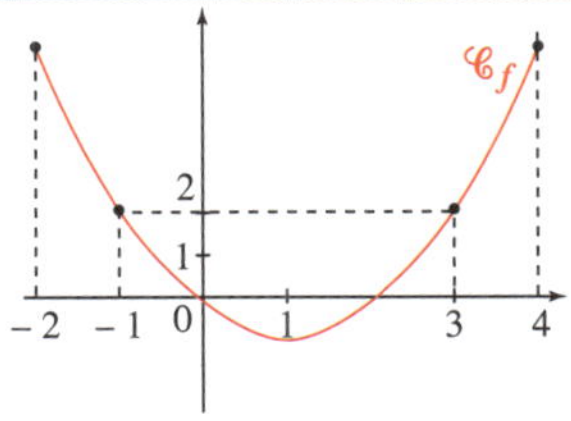

Solution
Les solutions de l'équation $f(x) = 2$ sont -1 et 3.
L'ensemble des solutions de l'inéquation $f(x) \leqslant 2$ est $[-1\ ;\ 3]$.
L'ensemble des solutions de l'inéquation $f(x) > 2$ est $[-2\ ;\ -1[\ \cup\ ]3\ ;\ 4]$.

2 Fonction paire, fonction impaire

A Définition

• Dire qu'une fonction f est paire signifie que l'axe des ordonnées est un axe de symétrie de sa courbe $\mathscr{C}_f$.

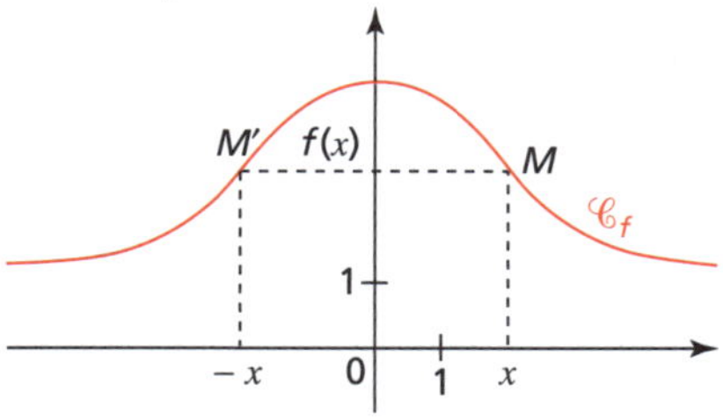

• Dire qu'une fonction f est impaire signifie que l'origine du repère est le centre de symétrie de sa courbe $\mathscr{C}_f$.

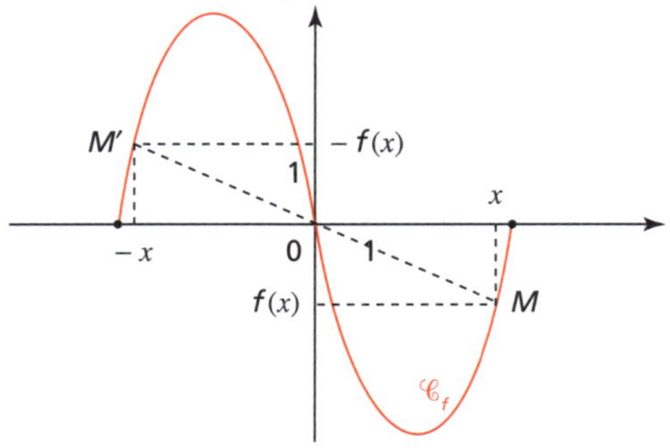

Appliquer le cours L'une des deux courbes ci-dessous représente une fonction paire. Laquelle ?

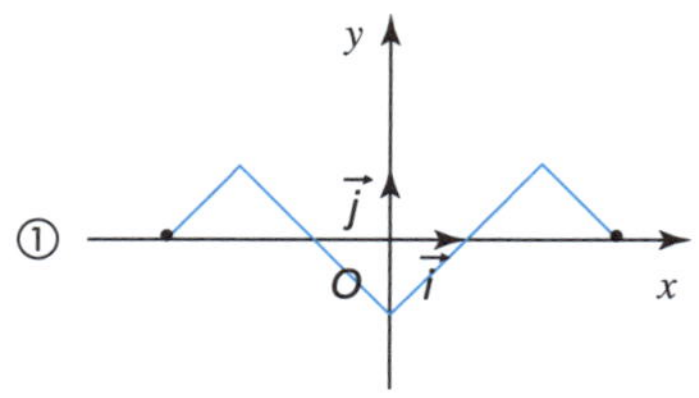

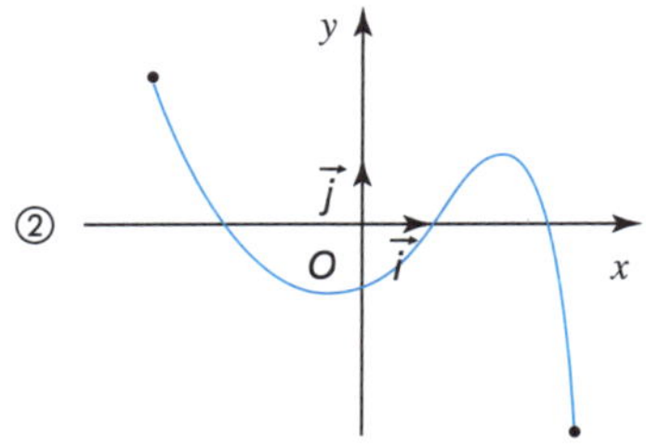

Solution
La fonction représentée en ① est paire, car sa courbe est symétrique par rapport à l'axe des ordonnées.

B Caractérisation

Soit une fonction f définie sur un ensemble $\mathscr{D}$ symétrique par rapport à 0.

• f est **paire** lorsque : pour tout x de $\mathscr{D}$, $f(-x) = f(x)$.

• f est **impaire** lorsque : pour tout x de $\mathscr{D}$, $f(-x) = -f(x)$.

Appliquer le cours
Étudier la parité des fonctions suivantes.

• $f : x \mapsto \dfrac{x}{1-x^2}$;

• $g : x \mapsto x^4 - 2x^2$.

Solution

• $\mathscr{D} =]-\infty\,;-1[\, \cup\,]-1\,;1[\, \cup\,]1\,;+\infty[$.
$\mathscr{D}$ est centré en 0 et pour tout x de $\mathscr{D}$:

$$f(-x) = \frac{-x}{1-(-x)^2} = \frac{-x}{1-x^2} = -f(x),$$

donc f est impaire.

• La fonction g est définie sur $\mathbb{R}$ et pour tout réel x :
$g(-x) = (-x)^4 - 2(-x)^2 = x^4 - 2x^2 = g(x)$,
donc g est paire.

MATHS

Exercices d'entraînement

Exercice 1 ★ 5 min

Corrigé p. 139

Traduire symboliquement par une égalité les phrases suivantes.

1. 4 est l'image de – 5 par la fonction *f*.
2. 3 a pour image 0 par la fonction *g*.
3. 5 est un antécédent par *h* de – 2.
4. La courbe de la fonction *f* passe par le point de coordonnées (6 ; – 1).
5. L'ordonnée du point d'abscisse $-\frac{1}{2}$ de la courbe de la fonction *g* est 7.
6. La courbe $\mathscr{C}_h$ coupe l'axe des abscisses au point d'abscisse 4.

Exercice 2 ★ 15 min

Corrigé p. 139

On considère la fonction *f* et sa courbe $\mathscr{C}_f$ ci-contre.

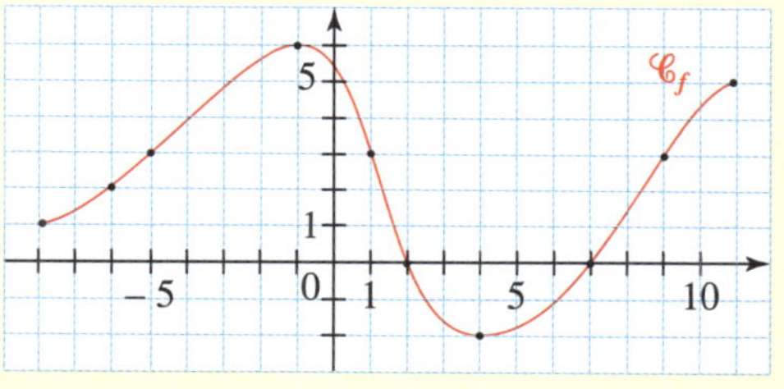

1. a. Donner l'ensemble de définition de *f*.
   b. Donner les images par *f* de – 8, – 6, 2 et 4.
   c. Donner les antécédents de 3 par *f*.
   d. Encadrer *f*(3) par deux entiers consécutifs.
2. a. Résoudre l'équation $f(x) = 0$.
   b. Résoudre l'inéquation $f(x) < 0$.
   c. Résoudre l'inéquation $f(x) > 0$.
3. Déduire, de la question 2., le tableau de signes de *f*(*x*).

Exercice 3 ★★ 10 min

Corrigé p. 139

Soit *f* la fonction définie sur $\mathbb{R}$ par $f(x) = 2x^2 - 7$.
Écrire en langage Python un algorithme qui calcule et affiche les ordonnées de tous les points de la courbe de *f* ayant une abscisse entière comprise au sens large entre –10 et 10.

Exercice 4 ★★ 10 min

Corrigé p. 139

On donne ci-contre une partie de la courbe représentative d'une fonction *f* définie sur [– 6 ; 6] .
Compléter le tracé en supposant que :

1. *f* est paire ;
2. *f* est impaire.

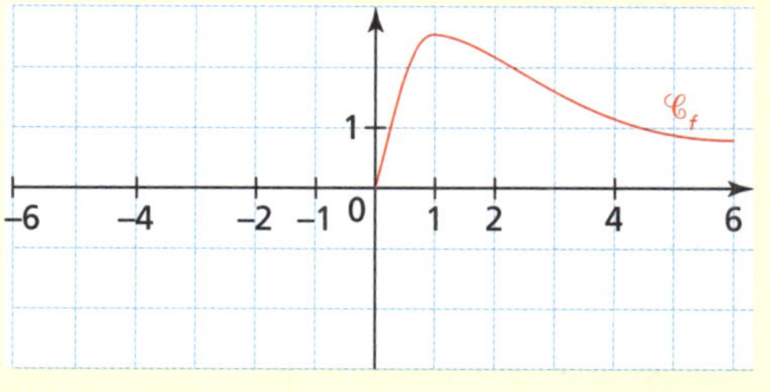

Exercice 5 ★★ 10 min

Corrigé p. 139

Étudier la parité des fonctions suivantes :

$f : x \mapsto x^5 - 3x^3 + x$; $\quad g : x \mapsto \dfrac{1}{(x-2)^2}$; $\quad h : x \mapsto \dfrac{4}{2x^2+1}$.

10 Sens de variation d'une fonction Fonctions affines

1 Sens de variation d'une fonction

Soit f une fonction définie sur un intervalle I.

• Dire que f est **strictement croissante** sur I signifie que pour tous réels a et b de I :

$$\text{si } a < b \text{ alors } f(a) < f(b).$$

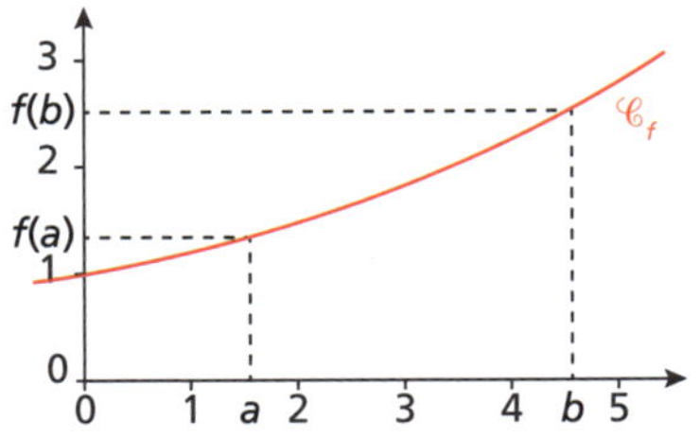

• Dire que f est **strictement décroissante** sur I signifie que pour tous réels a et b de I :

$$\text{si } a < b \text{ alors } f(a) > f(b).$$

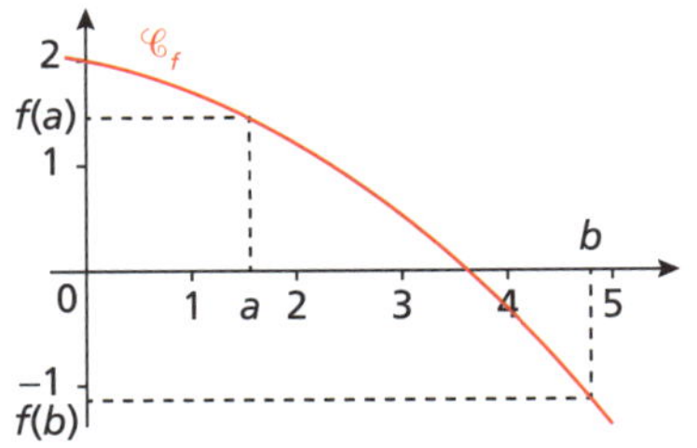

• Dire que f est **constante** sur I signifie que pour tous réels a et b de I : $f(a) = f(b)$.

• Dire que f est **strictement monotone** sur I signifie que :
– soit f est strictement croissante sur I,
– soit f est strictement décroissante sur I.

À retenir
• Une fonction strictement croissante conserve l'ordre.
• Une fonction strictement décroissante renverse l'ordre.

Appliquer le cours La courbe $\mathscr{C}_f$ est la courbe représentative d'une fonction f définie sur $[-2 ; 3]$.

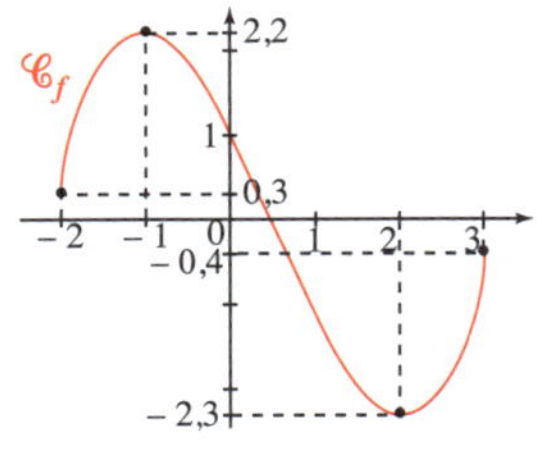

Déterminer le sens de variation de la fonction f.

Solution
Lorsque la courbe « monte », la fonction f est croissante.
La fonction f est donc strictement croissante sur $[-2 ; -1]$ et sur $[2 ; 3]$.
Lorsque la courbe « descend », la fonction f est décroissante.
La fonction f est strictement décroissante sur $[-1 ; 2]$.

2 Maximum – Minimum

Soit f une fonction définie sur un intervalle I. Soient a et b sont deux réels de l'intervalle I.

• On dit que f admet sur I un **maximum** en a lorsque : pour tout réel x de I, $f(x) \leqslant f(a)$.
$f(a)$ est le maximum de f sur I : c'est la plus grande valeur prise par $f(x)$ lorsque x décrit I.

• On dit que f admet sur I un **minimum** en b lorsque : pour tout réel x de I, $f(x) \geqslant f(b)$.
$f(b)$ est le minimum de f sur I : c'est la plus petite valeur prise par $f(x)$ lorsque x décrit I.

Appliquer le cours Donner le minimum et le maximum de la fonction f définie dans le « Appliquer le cours » précédent.

Solution Le minimum de la fonction f sur $[-2 ; 3]$ est $-2{,}3$ et il est atteint en 2.
Le maximum de la fonction f sur $[-2 ; 3]$ est 2,2 et il est atteint en -1.

3 Tableau de variation d'une fonction

Un **tableau de variation** est un tableau en deux lignes :
– sur la première ligne, on indique l'ensemble sur lequel est définie la fonction ;
– sur la deuxième ligne, on indique à l'aide de flèches qui montent ou qui descendent si la fonction est croissante ou décroissante sur les intervalles considérés.

Appliquer le cours
Dresser le tableau de variation de la fonction f définie dans les « Appliquer le cours » précédents.

Solution

x	-2		-1		2		3
f	$0{,}3$	↗	$2{,}2$	↘	$-2{,}3$	↗	$-0{,}4$

4 Cas des fonctions affines

A Définition

Une **fonction affine** est une fonction définie sur $\mathbb{R}$ qui peut s'écrire :

$$x \mapsto ax + b \quad \text{avec } a \text{ et } b \text{ réels.}$$

B Sens de variation

- Si $a > 0$, alors la fonction affine $x \mapsto ax + b$ est strictement croissante sur $\mathbb{R}$.
- Si $a < 0$, alors la fonction affine $x \mapsto ax + b$ est strictement décroissante sur $\mathbb{R}$.
- Si $a = 0$, alors la fonction affine $x \mapsto ax + b$ est constante sur $\mathbb{R}$.

Remarque
Si $b = 0$, alors la fonction $x \mapsto ax + b$ est appelé fonction linéaire.

C Représentation graphique

La courbe représentative de la fonction affine $x \mapsto ax + b$ est la droite d'équation $y = ax + b$.
Cette droite a pour coefficient directeur a et elle passe par le point de coordonnées $(0\,;b)$.

Appliquer le cours Dresser le tableau de variation et construire la représentation graphique des fonctions affines : $f : x \mapsto 3x - 2$ et $g : x \mapsto -x + 4$.

Solution

- $3 > 0$, donc f est croissante sur $\mathbb{R}$.

x	$-\infty$		$+\infty$
f		↗	

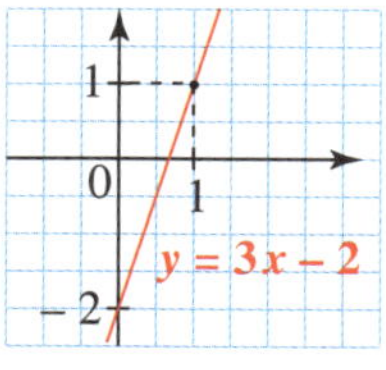

- $-1 < 0$, donc g est décroissante sur $\mathbb{R}$.

x	$-\infty$		$+\infty$
g		↘	

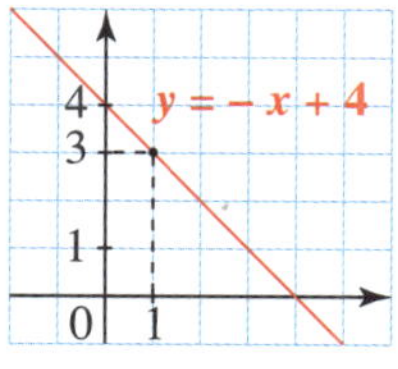

Exercices d'entraînement

Exercice 1 ★ 10 min

Corrigé p. 139

Voici la représentation graphique d'une fonction f définie sur $[-1\,;5]$.

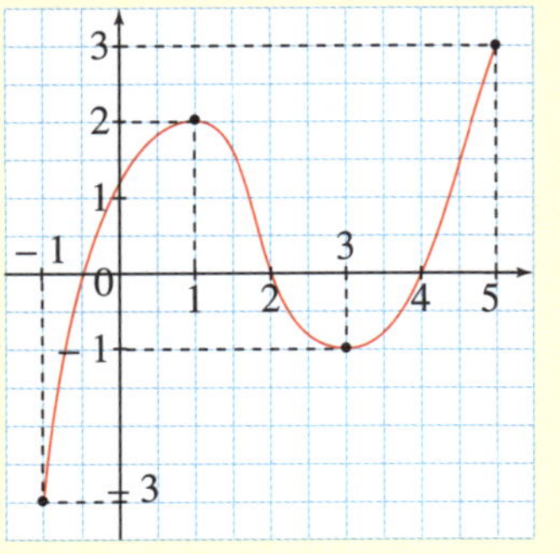

1. Dresser le tableau de variation de f.

2. Quel est le maximum de f sur $[-1\,;5]$?
En quel réel est-il atteint ?

3. Quel est le minimum de f sur $[0\,;4]$?
En quel réel est-il atteint ?

Exercice 2 ★ 10 min

Corrigé p. 140

On considère la fonction f définie sur $[-4\,;3]$ et ayant la représentation graphique ci-contre.

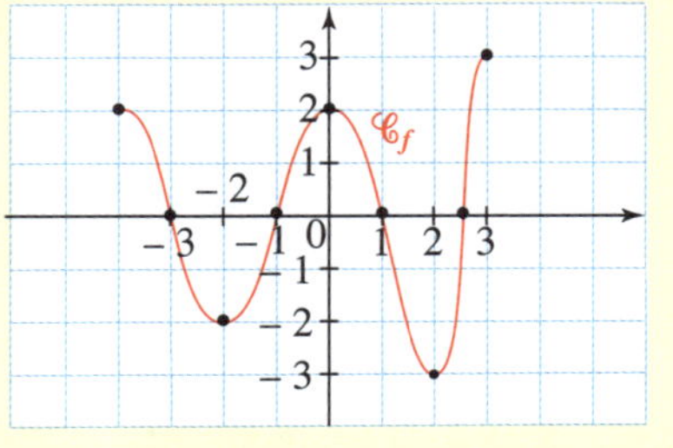

1. Déterminer graphiquement le signe de $f(x)$ et résumer les résultats obtenus dans un tableau.

2. Dresser le tableau de variation de f.

Exercice 3 ★★ 10 min

Corrigé p. 140

1. Tracer l'allure de la courbe représentative d'une fonction f ayant pour tableau de variation :

x	-5		-1		2		4		7
$f(x)$	1	↗	3	↘	-2	↗	0	↘	-2

2. Préciser le sens de variation de la fonction f sur chacun des intervalles : $[-5\,;-1]$; $[-1\,;2]$; $[2\,;4]$ et $[4\,;7]$.

3. Comparer, si c'est possible : $f(-2)$ et $f(-4)$; $f(0)$ et $f(1{,}5)$; $f(2{,}1)$ et $f(3{,}9)$; $f(3)$ et $f(6)$.

Exercice 4 ★ 15 min

Corrigé p. 140

Pour chacune des fonctions affines f et g dont les courbes représentatives sont données ci-contre :

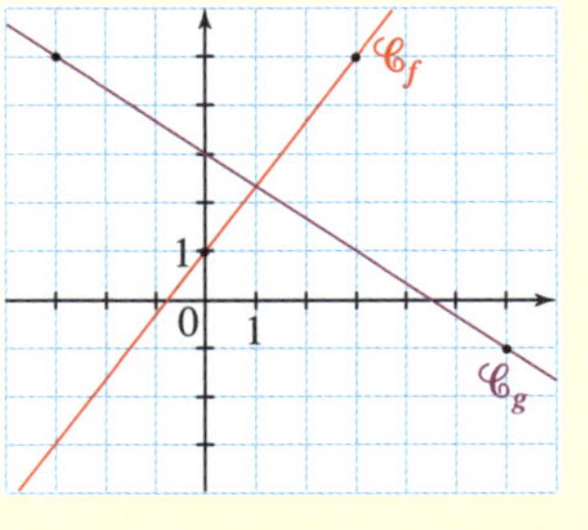

1. déterminer son expression ;

2. dresser son tableau de variation ;

3. déterminer l'abscisse du point d'intersection de sa courbe avec l'axe des abscisses ;

4. dresser son tableau de signes.

Exercice 5 ★ 10 min

Corrigé p. 141

Vrai ou faux ?

La fonction affine f est définie sur $\mathbb{R}$ par : $f(x) = 3x - 4$. On appelle Δ sa représentation graphique.

a. L'image par f du nombre 1 est -7.

b. L'image par f du nombre -6 est -22.

c. 1 est l'antécédent par f du nombre 0.

d. 33 est l'antécédent par f du nombre 95.

e. Le point $E(34\,;98)$ appartient à la droite Δ.

f. Le point $F(-15\,;49)$ appartient à la droite Δ.

11 Fonctions de référence

1 Fonction carré

- La fonction carré $x \mapsto x^2$ est définie sur $\mathbb{R}$.
- La fonction carré est strictement décroissante sur $]-\infty\,;0]$ et strictement croissante sur $[0\,;+\infty[$.

Attention !
Un nombre et son opposé ont toujours le même carré.

x	$-\infty$		$+\infty$
x^2	↘	0	↗

- La fonction carré ne prend que des valeurs positives.
- La fonction carré est paire.
- La courbe de la fonction carré est une **parabole** de sommet l'origine du repère, d'axe de symétrie la droite des ordonnées.

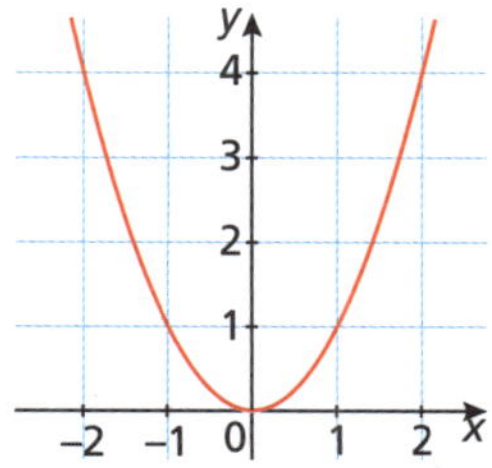

Appliquer le cours **Vrai ou Faux ?**

1. L'équation $x^2 = 27$ admet trois solutions.
2. L'équation $x^2 = -16$ admet une solution.
3. L'équation $x^2 = 3$ a pour solution 9.

Solution **1.** Faux : la courbe de la fonction carré a deux points d'ordonnée 27, donc l'équation $x^2 = 27$ admet deux solutions $\sqrt{27}$ et $-\sqrt{27}$.
2. Faux : un carré n'est jamais négatif.
3. Faux : l'équation $x^2 = 3$ a deux solutions $\sqrt{3}$ et $-\sqrt{3}$.

2 Fonction inverse

- La fonction inverse $x \mapsto \dfrac{1}{x}$ a pour ensemble de définition $\mathbb{R}^*$.

Attention !
Un nombre et son inverse sont toujours de même signe.

- La fonction inverse est strictement décroissante sur $]-\infty\,;0[$ et strictement décroissante sur $]0\,;+\infty[$.

x	$-\infty$	0	$+\infty$
$\dfrac{1}{x}$	↘	‖	↘

- La fonction inverse est impaire.
- La courbe représentative de la fonction inverse est une **hyperbole**, de centre l'origine du repère, d'asymptotes les droites des abscisses et des ordonnées.

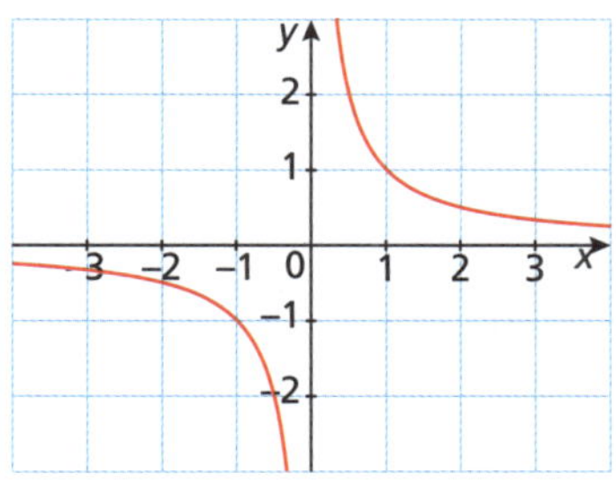

Appliquer le cours **Vrai ou Faux ?**

1. Si $1 \leqslant x \leqslant 3$, alors $1 \leqslant \dfrac{1}{x} \leqslant \dfrac{1}{3}$.
2. Si $-2 \leqslant x \leqslant -1$, alors $-\dfrac{1}{2} \geqslant \dfrac{1}{x} \geqslant -1$.
3. Si $x \leqslant 3$, alors $\dfrac{1}{x} \geqslant \dfrac{1}{3}$.

Solution **1. Faux.** La fonction inverse n'est pas croissante sur $[1\,;3]$.
2. Vrai. En effet, la fonction inverse est décroissante sur $[-2\,;-1]$.
3. Faux. Voici un contre-exemple. Pour $x = -2$, $\dfrac{1}{x} = -\dfrac{1}{2}$; on a alors : $x \leqslant 3$ et $\dfrac{1}{x} < \dfrac{1}{3}$.

3 Fonction racine carrée

- La fonction racine carrée $x \mapsto \sqrt{x}$ a pour ensemble de définition $[0 ; +\infty[$.
- La fonction racine carrée est strictement croissante sur $[0 ; +\infty[$.

x	0 $\qquad$ $+\infty$
$\sqrt{x}$	0 ↗

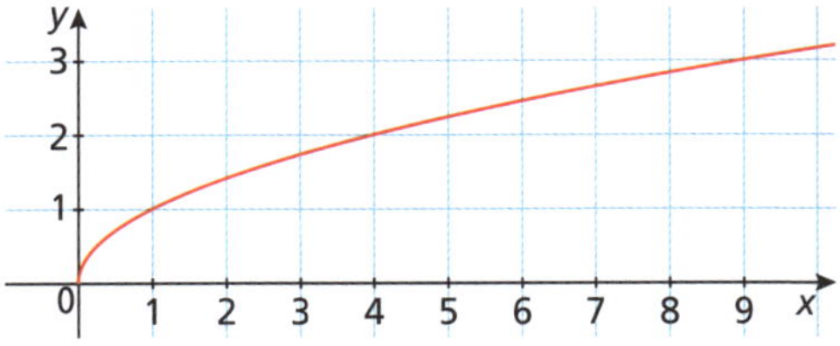

- La courbe représentative de la fonction racine carrée est une **demi-parabole**.

Appliquer le cours **Vrai ou Faux ?**

1. L'équation $\sqrt{x} = 2$ admet une seule solution : 4.

2. Si $1 \leqslant x \leqslant 4$, alors $1 \leqslant \sqrt{x} \leqslant 2$.

3. $\sqrt{5} > 2$.

4. L'équation $x^2 = 5$ admet une seule solution : $\sqrt{5}$.

Solution **1. Vrai.** La courbe de la fonction racine carrée n'a qu'un seul point d'ordonnée 2 : c'est le point d'abscisse 4.

2. Vrai. La fonction racine carrée étant croissante sur $[0 ; +\infty[$, des nombres positifs sont rangés dans le même sens que leur racine carrée.

3. Vrai. La fonction racine carrée est strictement croissante sur $[0 ; +\infty[$.
On a : $5 > 4$, donc : $\sqrt{5} > \sqrt{4}$, d'où : $\sqrt{5} > 2$.

4. Faux. L'équation $x^2 = 5$ admet deux solutions : $-\sqrt{5}$ et $\sqrt{5}$.

4 Fonction cube

- La fonction cube $x \mapsto x^3$ est définie sur $\mathbb{R}$.
- La fonction cube est strictement croissante sur $\mathbb{R}$.

x	$-\infty$ $\qquad$ 0 $\qquad$ $+\infty$
x^3	↗ 0 ↗

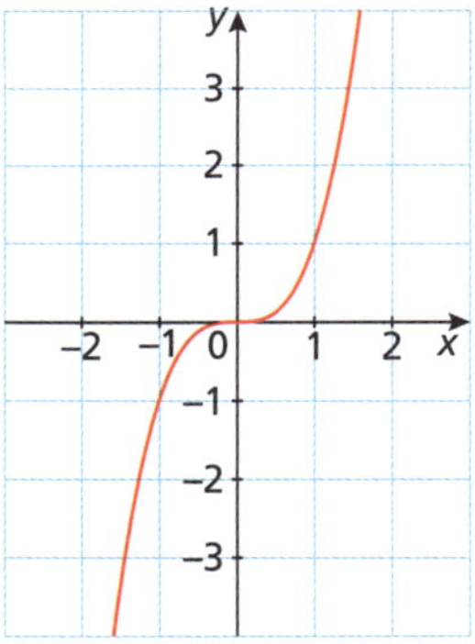

- La fonction cube est impaire.
- La courbe de la fonction cube est symétrique par rapport à l'origine du repère.

Appliquer le cours **Vrai ou Faux ?**

1. L'équation $x^3 = 8$ admet deux solutions -2 et 2.

2. L'équation $x^3 = -x$ admet pour seule solution 0.

3. Si $-1 \leqslant x \leqslant 4$, alors $-1 \leqslant x^3 \leqslant 64$.

Solution **1. Faux.** La courbe de la fonction cube n'admet qu'un seul point d'ordonnée 8, le cube de -2 vaut -8 et le cube de 2 vaut 8. Donc l'équation $x^3 = 8$ n'a qu'une seule solution : 2

2. Vrai. La courbe de la fonction cube et la droite d'équation $y = -x$ ont pour seul point d'intersection l'origine du repère.

3. Vrai. La fonction cube est croissante sur $\mathbb{R}$.
Donc : si $-1 \leqslant x \leqslant 4$, alors $(-1)^3 \leqslant x^3 \leqslant 4^3$.
Cela revient à dire :
si $-1 \leqslant x \leqslant 4$, alors $-1 \leqslant x^3 \leqslant 64$.

5 Comparaison

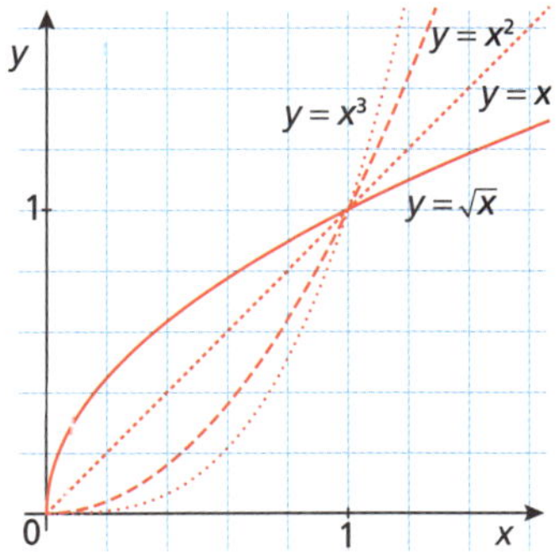

Si $x = 0$ ou $x = 1$, alors $x^3 = x^2 = x = \sqrt{x}$.
Pour tout x de $]0\,;1[$, $x^3 < x^2 < x < \sqrt{x}$.
Pour tout x de $]1\,;+\infty[$, $\sqrt{x} < x < x^2 < x^3$.

Exercices d'entraînement

Exercice 1 ★ 5 min Corrigé p. 141

Donner un encadrement de x^2 dans chacun des cas suivants.
1. $-3 \leqslant x \leqslant 2$; 2. $0 < x < 4$; 3. $-1 \leqslant x \leqslant 2$; 4. $-2 < x < -1$.

Exercice 2 ★ 5 min Corrigé p. 141

À l'aide de la représentation graphique de la fonction carré, résoudre :
1. $x^2 = 16$; 2. $x^2 \leqslant 9$; 3. $x^2 > 4$.

Exercice 3 ★ 10 min Corrigé p. 141

Soit (E) l'équation : $x^2 = x + 1$.
1. Tracer la parabole $\mathcal{P}$ d'équation $y = x^2$ et la droite d d'équation $y = x + 1$.
2. Établir d'après le graphique le nombre de solutions de (E) et encadrer chacune d'entre elles par deux entiers consécutifs.

Exercice 4 ★ 5 min Corrigé p. 141

À l'aide de la représentation graphique de la fonction inverse, donner un encadrement de $\frac{1}{x}$ dans chacun des cas suivants. 1. $2 < x < 3$; 2. $-4 \leqslant x \leqslant -1$.

Exercice 5 ★ 5 min Corrigé p. 141

Donner le meilleur encadrement possible de $\sqrt{x}$ dans chacun des cas suivants.
1. $9 \leqslant x \leqslant 36$; 2. $16 < x < 121$.

Exercice 6 ★★ 10 min Corrigé p. 141

Résoudre dans $\mathbb{R}$ chacune des équations suivantes.
1. $\sqrt{x} = 9$ 2. $\sqrt{x} - 7 = 93$ 3. $3\sqrt{x} - 16 = 8$.

Exercice 7 ★ 5 min Corrigé p. 141

Donner le meilleur encadrement possible de x^3 dans chacun des cas suivants.
1. $1 \leqslant x \leqslant 3$ 2. $-2 < x < 4$.

Exercice 8 ★★ 5 min Corrigé p. 141

Résoudre dans $\mathbb{R}$ les équations suivantes. 1. $x^3 = -27$; 2. $x^3 = 125$; 3. $\frac{1}{2}x^3 - 15 = 93$.

12 Information chiffrée Pourcentages

1 Proportion et pourcentage

- Si un ensemble A est inclus dans un ensemble B, alors la **proportion de A par rapport à B** est le rapport : $\dfrac{\text{nombre d'éléments de } A}{\text{nombre d'éléments de } B}$.
- Une proportion est comprise entre 0 et 1 et elle s'exprime souvent en pourcentage.

2 Coefficients multiplicateurs

- **Augmenter** une valeur **de t %** revient à la **multiplier par** $1+\dfrac{t}{100}$.
- **Diminuer** une valeur **de t %** revient à la **multiplier par** $1-\dfrac{t}{100}$.

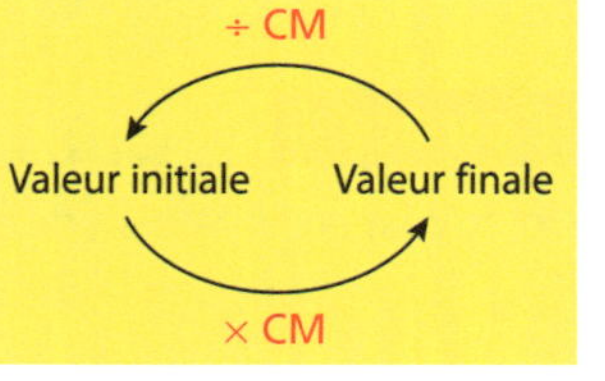

$1+\dfrac{t}{100}$ **et** $1-\dfrac{t}{100}$ sont alors appelés les **coefficients multiplicateurs**.

Appliquer le cours

Donner le coefficient multiplicateur CM associé à chacune des situations.

1. Le prix d'un vêtement augmente de 8 %.
2. Le prix d'un polo diminue de 12 %.
3. Le prix d'un pull est passé de 45 € à 56,25 €.

Solution

1. $CM = 1 + \dfrac{8}{100} = 1 + 0{,}08 = 1{,}08$.

2. $CM = 1 - \dfrac{12}{100} = 1 - 0{,}12 = 0{,}88$.

3. $CM = \dfrac{56{,}25}{45} = 1{,}25$.

3 Évolutions successives

Si une grandeur subit des évolutions successives, alors le coefficient multiplicateur global est égal au produit des coefficients multiplicateurs de chaque évolution.

Appliquer le cours

Une ville compte 20 000 habitants en 1990.
Sa population augmente de 12 % entre 1990 et 2010, puis elle baisse de 18 % entre 2010 et 2020.
Combien d'habitants compte-t-elle en 2020 ?

Solution

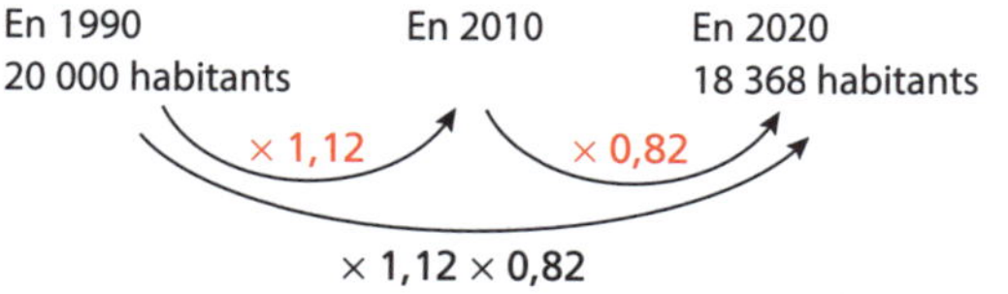

MATHS

4 Taux d'évolution

- On considère une valeur initiale V_0 qui subit une évolution pour arriver à une valeur finale V_1.

Le taux d'évolution t en % est tel que : $t = \frac{V_1 - V_0}{V_0} \times 100$.

- **Si $t > 0$**, l'évolution est une **augmentation**.
- **Si $t < 0$**, l'évolution est une **diminution**.

Appliquer le cours **1.** Le prix d'un manteau est passé de 104 € à 114 €.
Calculer le pourcentage d'augmentation du prix de ce manteau.
2. La population d'un village est passée de 10 400 habitants à 8 500 habitants en 10 ans. Calculer le pourcentage de diminution de la population de ce village.

Solution **1.** Soit t le taux d'évolution du prix du manteau. $t = \frac{114 - 104}{104} \times 100 \approx 9{,}62$.
Le prix du manteau a augmenté environ de 9,6 %.
2. Soit t le taux d'évolution de la population.
$t = \frac{8\,500 - 10\,400}{10\,400} \times 100 \approx -18{,}26$.
La population a diminué environ de 18,3 %.

Exercices d'entraînement

Exercice 1 ★ 5 min

Corrigé p. 141

Sur 500 élèves de première, 430 étudient l'anglais en LV1.
Quel pourcentage des élèves de première, les LV1 anglais représentent-ils ?

Exercice 2 ★★ 10 min

Corrigé p. 141

Un article voit son prix, en euros, augmenter de 1,2 %, ce qui représente 38,58 € de plus.
1. Quel était le prix initial ? **2.** Quel est son nouveau prix ?

Exercice 3 ★★ 10 min

Corrigé p. 142

Sur les vêtements, on applique le taux normal de TVA qui est de 20 %.
1. Calculer le prix TTC d'une robe valant 155 € hors taxe.
2. a. Calculer le prix hors taxe d'un manteau coûtant 500 € TTC.
b. Quel est le montant de la TVA sur ce vêtement ?

Exercice 4 ★ 5 min

Corrigé p. 142

À l'occasion des soldes, un commerçant a diminué les prix de tous ses articles de 30 %.
Pour liquider son stock, il procède à une nouvelle diminution de 20 %.
Quel est le pourcentage global de la diminution proposée maintenant aux clients ?

Exercice 5 ★★ 15 min

Corrigé p. 142

QCM

1. Une hausse de 19 % correspond à un coefficient multiplicateur de :
a. 1,9 **b.** 1,81 **c.** 0,81 **d.** 1,19
2. Une baisse de 25 % correspond à un coefficient multiplicateur de :
a. 1,25 **b.** 1,75 **c.** 0,75 **d.** 2,5
3. Une baisse de 2 % suivie d'une baisse de 8 % correspond à une évolution globale de :
a. –10 % **b.** –9,84 % **c.** –16 % **d.** 0,9016
4. Deux augmentations successives de 15 % correspondent à une évolution globale de :
a. +32,25 % **b.** + 30 % **c.** +27,75 % **d.** 1,3225

13 Statistique Échantillonnage

1 Indicateurs de position

On considère une série statistique dont les valeurs du caractère sont x_1, x_2, … x_p,
et leurs effectifs respectifs n_1, n_2, … n_p.

• **La moyenne** m d'une série statistique est le quotient de la somme de toutes les valeurs du caractère par l'effectif total.

À savoir
• Si les valeurs d'une série statistique sont multipliées par un réel a, alors la moyenne est multipliée par a.
• Si l'on ajoute à chacune des valeurs d'une série statistique un réel b, alors la moyenne est augmentée de b.

$$m = \frac{n_1x_1 + n_2x_2 + \ldots + n_px_p}{n_1 + n_2 + \ldots + n_p}$$

• **Le mode** d'une série statistique est l'une des valeurs du caractère qui correspond au plus grand effectif.

Attention !
Une série statistique peut avoir plusieurs modes.

• **La médiane** d'une série statistique est une valeur qui partage la population en deux parties telles qu'au moins la moitié de la population prend une valeur inférieure ou égale à la médiane et au moins la moitié de la population prend une valeur supérieure ou égale à la médiane.

• **Le premier quartile** Q_1 d'une série statistique est la plus petite valeur du caractère telle qu'au moins un quart des valeurs lui soient inférieures ou égales.

• **Le troisième quartile** Q_3 d'une série statistique est la plus petite valeur du caractère telle qu'au moins trois quarts des valeurs lui soient inférieures ou égales.

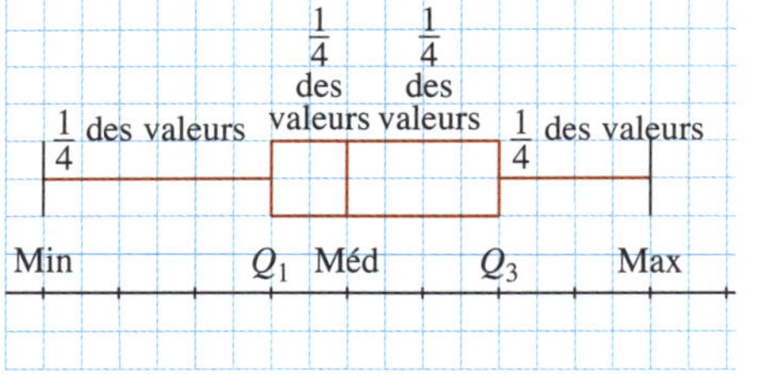

Appliquer le cours Au cours de l'année 2020, un professeur interroge les 35 élèves d'une classe de Seconde sur le nombre de leurs frères et sœurs. Voici les données recueillies :
1 3 1 1 2 2 1 1 2 2 1 3 5 3 1 1 0 3 5 3 2 2 2 1 1 2 3 2 1 1 2 4 1 1 2.
Déterminer la moyenne, le mode, la médiane, les premier et troisième quartiles.

Solution Le nombre moyen m des frères et sœurs est tel que :

$$\overline{m} = \frac{0 \times 1 + 1 \times 14 + 2 \times 11 + 3 \times 6 + 4 \times 1 + 5 \times 2}{35} = \frac{68}{35},$$

donc : $m \approx 1{,}9$ à 0,1 près.
Le nombre de frères et sœurs le plus courant est : 1, donc le mode est : 1.
L'effectif total est 35, les valeurs étant rangées dans l'ordre croissant :
01111111 **1** 11111122 **2** 22222222 **3** 33333455
La médiane est la 18e valeur, la médiane est donc 2.
De même, le 1er quartile Q_1 est la 9e valeur et le 3e quartile Q_3 est la 27e valeur.
On en déduit : $Q_1 = 1$ et $Q_3 = 3$.

2 Indicateurs de dispersion

• **L'étendue** d'une série statistique est la différence entre les valeurs maximale et minimale du caractère.

• **L'écart interquartile** est la différence entre le troisième quartile Q_3 et le premier quartile Q_1.

• **L'écart type** d'une série statistique, dont les valeurs du caractère sont $x_1, x_2, \ldots, x_p$, leurs effectifs respectifs $n_1, n_2, \ldots, n_p$ et la moyenne m, est le réel noté s tel que :

$$s=\sqrt{\frac{n_1(x_1-m)^2+n_2(x_2-m)^2+\ldots+n_p(x_p-m)^2}{n_1+n_2+\ldots+n_p}}$$

Appliquer le cours En reprenant les mêmes données que précédemment, déterminer l'étendue, l'écart interquartile et l'écart type de la série statistique.

Solution Le nombre minimal de frères et sœurs est 0, le nombre maximal de frères et sœurs est 5, donc l'étendue est 5.

$Q_3 = 3$ et $Q_1 = 1$, donc : $Q_3 - Q_1 = 3 - 1 = 2$; l'écart interquartile est 2.

L'écart type s est tel que :

$$s=\sqrt{\frac{\left(0-\frac{68}{35}\right)^2+14\left(1-\frac{68}{35}\right)^2+11\left(2-\frac{68}{35}\right)^2+6\left(3-\frac{68}{35}\right)^2+\left(4-\frac{68}{35}\right)^2+2\left(5-\frac{68}{35}\right)^2}{35}}$$

$=\sqrt{\frac{1\,606}{1\,225}}$ donc $s \approx 1{,}14$ à 10^{-2} près.

3 Échantillonnage

• Lorsque l'on répète n fois, dans les mêmes conditions, une même expérience aléatoire, on obtient une série de n résultats que l'on appelle **échantillon de taille n**.

Exemple : on lance 10 fois de suite une pièce de monnaie.

On obtient l'échantillon de taille 10 :

Face, Face, Face, Pile, Pile, Face, Pile, Face, Face, Face.

On recommence et l'on obtient l'échantillon de taille 10 suivant :

Face, Pile, Face, Face, Pile, Pile, Face, Pile, Pile, Face.

Dans le premier échantillon, la fréquence de Face est de $\frac{7}{10}$, c'est-à-dire 0,7.

Dans le deuxième échantillon, la fréquence de Face est de $\frac{5}{10}$, c'est-à-dire 0,5.

• Si l'on réalise plusieurs échantillons de même taille, la fréquence observée d'un caractère varie : ce phénomène s'appelle **fluctuation d'échantillonnage**.

• **Loi des grands nombres :** lorsque le nombre n d'épreuves est grand, sauf exception, la fréquence observée est proche de la probabilité.

À savoir
Lorsque la taille n de l'échantillon augmente, l'ampleur des fluctuations diminue et la fréquence tend à se stabiliser.

Exercices d'entraînement

Exercice 1 ★ 15 min

Corrigé p. 142

Au conseil de classe de fin d'année, le professeur de physique-chimie donne la note attribuée à chaque élève de Seconde :

14 ; 14 ; 11 ; 14 ; 6 ; 8 ; 8 ; 9 ; 16 ; 13 ; 8 ; 11 ; 7 ; 14 ; 11 ; 9 ; 9 ; 13 ; 13 ; 9 ;
3 ; 9 ; 14 ; 13 ; 14 ; 8 ; 10 ; 8 ; 6 ; 8 ; 12 ; 14 ; 14 ; 13 ; 10.

1. Dresser le tableau statistique.
2. Quel est le mode de cette série ?
3. Donner une note médiane.
4. Calculer la moyenne m.
5. Calculer l'écart type s.
6. Déterminer l'intervalle $[m - 2s\ ;\ m + 2s]$, puis calculer le pourcentage de notes appartenant à cet intervalle.

Exercice 2 ★ 15 min

Corrigé p. 142

1. Les vingt-cinq membres d'un club passent un test de neuf questions. Le nombre de bonnes réponses de chacun des participants est donné par la liste suivante :

   5 1 2 4 9 8 7 4 0 0 1 5 6 8 9 9 8 6 1 7 6 5 2 8 9

   Rechercher la médiane de cette série, puis calculer la moyenne.
2. Cinq nouvelles personnes s'inscrivent au club ; ils ont respectivement 7, 8, 9, 9 et 8 bonnes réponses. Que deviennent la médiane et la moyenne ?
3. Le club connaissant un succès croissant, son effectif augmente de six à l'occasion de sa grande fête annuelle. Les nouveaux arrivants obtiennent respectivement : 5, 5, 6, 6, 6 et 7 bonnes réponses. Rechercher la médiane, les quartiles et préciser l'écart interquartile et l'étendue.

Exercice 3 ★★ 10 min

Corrigé p. 143

Écrire en langage Python un algorithme qui simule le lancer d'un dé et qui affiche « Gagné » si on obtient 6 et « Perdu » sinon.

Exercice 4 ★★ 10 min

Corrigé p. 143

On considère l'algorithme ci-contre.

```
N=demande("N=?")
C=0
for i in range(1,N+1):
    if randint(1,6)==1:
        C=C+1
F=C/N
print(F)
```

1. Quelles sont les valeurs prises par le compteur i ?
2. Que simule la commande randint(1,6) ?
3. Que compte i ? Que compte C ?
4. À quoi correspond F ?

Exercice 5 ★★★ 15 min

Corrigé p. 143

1. Quelle est la probabilité d'obtenir 6 lors d'un lancer de dé équilibré ?
2. Écrire, en langage Python, un algorithme qui simule 100 fois n lancers d'un dé équilibré, à chaque fois, calcule la fréquence f d'apparition du « 6 » et teste si $\left|f - \frac{1}{6}\right| \leqslant \frac{1}{\sqrt{n}}$, affiche la proportion p des fréquences f pour lesquelles $\left|f - \frac{1}{6}\right| \leqslant \frac{1}{\sqrt{n}}$.
3. Faire fonctionner l'algorithme avec plusieurs valeurs de n (avec $n > 25$) et vérifier que p est toujours supérieur ou égal à 0,95.

14 Probabilités

1 Vocabulaire

- **Une expérience est dite aléatoire** lorsqu'elle a plusieurs **issues** (ou résultats possibles), et que l'on ne peut ni prévoir ni calculer laquelle de ces issues sera réalisée.
- **Un événement** est une partie de l'ensemble E de toutes les issues.
- E est appelé **événement certain**.
- $\varnothing$ (ensemble vide) est appelé **événement impossible**.

Exemple : une expérience aléatoire consiste à lancer un dé, et lire la face supérieure.
L'ensemble E des issues est $\{1 ; 2 ; 3 ; 4 ; 5 ; 6\}$.
L'événement A : « obtenir un nombre pair » est $\{2 ; 4 ; 6\}$.
L'événement « obtenir un nombre supérieur ou égal à 7 » est impossible.
L'événement « obtenir un nombre inférieur ou égal à 6 » est certain.

2 Probabilité

- La probabilité d'un événement A est la somme des probabilités des issues qui le réalisent ; on la note $P(A)$.

On a bien sûr : $0 \leqslant P(A) \leqslant 1$.

À savoir
- La probabilité d'un événement certain est 1.
- La probabilité d'un événement impossible est 0.

Appliquer le cours On lance un dé pipé tel que : $P(1) = 0{,}2$; $P(2) = P(4) = 0{,}18$; $P(3) = P(5) = 0{,}16$ et $P(6) = 0{,}12$.
Calculer la probabilité de l'événement A : « obtenir un des chiffres du nombre 421 ».

Solution
$P(A) = P(1) + P(2) + P(4)$
$= 0{,}2 + 0{,}18 + 0{,}18$
donc $P(A) = 0{,}56$.

- **Cas de l'équiprobabilité**

Si toutes les issues ont la même probabilité, alors pour tout événement A :

$$P(A) = \frac{\text{nombre d'issues de } A}{\text{nombre d'issues de } E}$$

3 Intersection et réunion de deux événements

On note E l'ensemble des issues d'une expérience aléatoire. A et B sont deux événements.

A Intersection

- **L'événement $A \cap B$, appelé intersection** de A et de B, est constitué par les issues qui réalisent à la fois A et B.

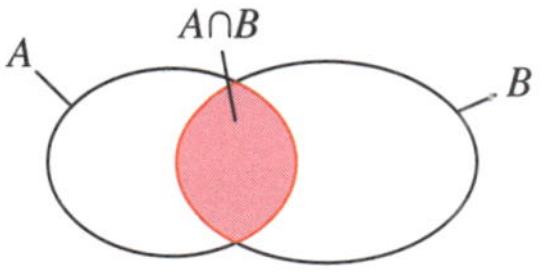

- On dit que **A et B sont incompatibles** lorsque aucune issue ne réalise à la fois A et B, c'est-à-dire lorsque l'on a : $A \cap B = \varnothing$.

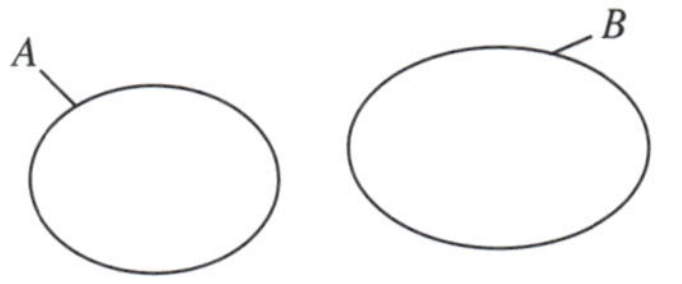

B Réunion

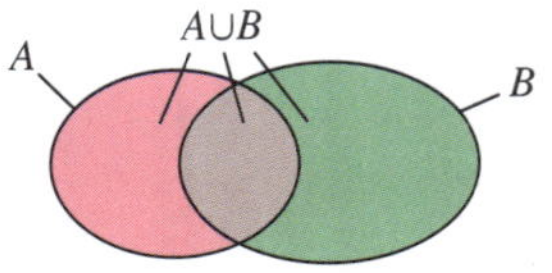

- **L'événement $A \cup B$, appelé réunion de A et B,** est constitué par les issues qui réalisent A ou B, c'est-à-dire soit A seulement, soit B seulement, soit A et B à la fois.
- On dit que des événements sont **contraires** lorsqu'ils sont incompatibles et que leur réunion est E.

L'événement contraire de A se note $\overline{A}$.

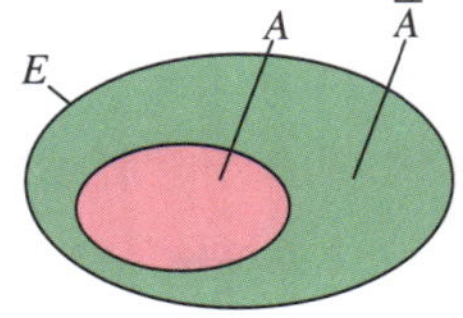

Appliquer le cours
On lance un dé à six faces.
A est l'événement « obtenir un nombre pair ».
B est l'événement « obtenir un nombre supérieur ou égal à 3 ».
Donner $A \cap B$, $A \cup B$, $\overline{A}$ et $\overline{B}$.

Solution
On a : $A \cap B = \{4 ; 6\}$,
$A \cup B = \{2 ; 3 ; 4 ; 5 ; 6\}$,
$\overline{A} = \{1 ; 3 ; 5\}$ et $\overline{B} = \{1 ; 2\}$.

C Probabilité de la réunion de deux événements

- $P(A \cup B) = P(A) + P(B) - P(A \cap B)$.

Dans le cas particulier où A et B sont **incompatibles** : $P(A \cup B) = P(A) + P(B)$.

- $P(A) + P(\overline{A}) = 1$, ou encore : $P(\overline{A}) = 1 - P(A)$.

Appliquer le cours On tire une carte au hasard dans un jeu de 32 cartes.
On définit les événements A : « la carte tirée est un cœur » et B : « la carte est une figure » (valet, dame ou roi).
1. Calculer $P(A)$ et $P(B)$.
2. a. Définir par une phrase en français l'événement $A \cap B$.
b. Calculer $P(A \cap B)$.
c. Les événements A et B sont-ils incompatibles ?
3. a. Définir par une phrase en français l'événement $A \cup B$.
b. Calculer $P(A \cup B)$.

Solution On prend pour modèle la loi équirépartie sur l'ensemble E des 32 cartes.
1. L'événement A possède 8 issues : les 8 cœurs, donc : $P(A) = \frac{8}{32} = \frac{1}{4}$.
L'événement B possède 12 issues : 4 valets, 4 dames et 4 rois, donc : $P(B) = \frac{12}{32} = \frac{3}{8}$.
2. a. L'événement $A \cap B$ est l'ensemble des figures de la couleur cœur.
b. $P(A \cap B) = \frac{3}{32}$.
c. A et B ne sont pas incompatibles, car leur intersection n'est pas vide (ils peuvent être réalisés en même temps).
3. a. L'événement $A \cup B$ est l'ensemble des cartes qui sont de la couleur cœur ou qui représentent une figure (une figure cœur appartient à $A \cap B$, donc à $A \cup B$).
b. $P(A \cup B) = P(A) + P(B) - P(A \cap B)$

$$= \frac{8}{32} + \frac{12}{32} - \frac{3}{32} = \frac{17}{32}.$$

Exercices d'entraînement

Exercice 1 ★ 5 min

Corrigé p. 143

On lance un dé équilibré à six faces et on lit le nombre obtenu sur la face supérieure.
Quelle est la probabilité des événements suivants ?
A : « obtenir un 6 » ; B : « obtenir un multiple de 2 » ; C : « obtenir 7 » ; D : « obtenir un nombre entier ».

Exercice 2 ★ 5 min

Corrigé p. 143

On tire au hasard une boule dans une urne qui contient quatre boules : une rouge, une bleue, une verte et une noire, puis on lance une pièce de monnaie.

1. Représenter cette situation à l'aide d'un arbre.
2. Quelle est la probabilité de l'événement A : « obtenir la boule verte et FACE » ?

Exercice 3 ★ 10 min

Corrigé p. 144

On lance deux dés tétraédriques équilibrés et l'on fait la somme des nombres obtenus sur la face au sol.
Quelle est la probabilité des événements suivants ?
A : « obtenir 8 » ; B : « obtenir 7 » ; C : « obtenir un nombre pair » ; D : « obtenir au moins 6 » ; E : « obtenir au plus 8 ».

Exercice 4 ★ 5 min

Corrigé p. 144

Dans chaque question, une seule réponse est exacte. Laquelle ? Pourquoi ?

1. Si A et B sont des événements incompatibles tels que $P(A) = 0{,}28$ et $P(B) = 0{,}15$, alors :
   a. $P(A \cup B) = 0{,}0042$; b. $P(A \cup B) = 0{,}43$; c. $P(A \cup B) = 0{,}13$.
2. Si A et B sont des événements tels que $P(A) = 0{,}8$ et $P(\overline{B}) = 0{,}3$ et $P(A \cup B) = 0{,}9$, alors :
   a. $P(A \cap B) = 0{,}1$; b. $P(A \cap B) = 0{,}6$; c. c'est impossible.

CORRIGÉS

CHAPITRE 1 *(Énoncés p. 76)*

1 1. **Vrai** : si n = 10, alors a = 7 × 10 = 70 et b = 70 – 5 = 65.

2. **Vrai** : si n = 2, alors a = 7 × 2 = 14 et b = 14 – 5 = 9.

3. **Faux** : si n = – 2, alors a = 7 × (– 2) = – 14 et b = – 14 – 5 = – 19.

4. **Vrai** : si n = – 10, alors a = 7 × (– 10) = – 70 et b = – 70 – 5 = – 75.

2

```
Entrer a
Entrer b
S reçoit a² + b²
Afficher S
```

3 $V_{\text{parallélépipède}}$ = longueur × largeur × hauteur

```
L = demande ("L=?")
l = demande ("l=?")
h = demande ("h=?")
V = L*l*h
print(V)
```

4

```
Entrer X
Si X ⩽ 0
Alors
        R reçoit X × 4
Sinon
        R reçoit X × 5
FinSi
Afficher R
```

5

```
Entrer P
Entrer T
I reçoit P/T²
Si I > 25
Alors
        Afficher « en surpoids »
Sinon
        Afficher « pas en surpoids »
Fin Si
```

6

```
n = demande ("n=?")
S = 0
for i in range (0,n+1) :
        S = S + i**2
print(S)
```

7 On appelle *D* le double du capital de départ.
Augmenter de 4 % revient à multiplier par 1,04.
Tant que le capital *S* est inférieur à *D*, on le multiplie donc par 1,04 et on compte avec *N* le nombre de fois où l'on rentre dans la boucle Tant que.

```
Entrer S
N reçoit 0
D reçoit 2 × S
Tant que S < D
        S reçoit S × 1,04
        N reçoit N+1
Fin Tant que
Afficher N
```

8

```
S = 1
n = 1
while S <= 1000000 :
        n = n+1
        S = S+n
print(n)
```

CHAPITRE 2 *(Énoncés p. 81)*

1 1. 0,000 1 = 10^{-4} ; 100 000 = 10^{5} ;
10 millions = 10 000 000 = 10^{7} ;
1 centième = $\frac{1}{100}$ = 10^{-2} .

2. 10^{3} = 1 000 ; – 10^{6} = – 1 000 000 ;
– 10^{-5} = – 0,000 01 ; 10^{-7} = 0,000 000 1 .

2 1. $0{,}001^2$ = 0,000 001 ; 45 × 10^{3} = 45 000 ;
0,005 × 10^{6} = 5 000 ; – 0,000 18 × 10^{9} = – 180 000 ;
1,67 × 10^{5} = 167 000.

3 1. $-10 \leqslant x \leqslant -9{,}9$ signifie :
$x \in [-10 ; -9{,}9]$.

2. $x \geqslant -100$ signifie : $x \in [-100 ; +\infty[$.

3. $-10^6 < x < -10^5$ signifie : $x \in]-10^6 ; -10^5[$.

4. $x < -3$ signifie : $x \in]-\infty ; -3[$.

5. $-0{,}1 < x \leqslant 0{,}1$ signifie : $x \in]-0{,}1 ; 0{,}1]$.

6. $0{,}3 \leqslant x < 1$ signifie : $x \in [0{,}3 ; 1[$.

4 1. $I \cap J = [-3 ; 2]$ et $I \cup J = [-10 ; 7[$.

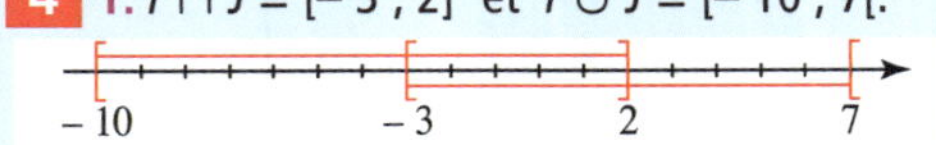

2. $I \cap J = [7 ; 10]$ et $I \cup J = [-5 ; +\infty[$.

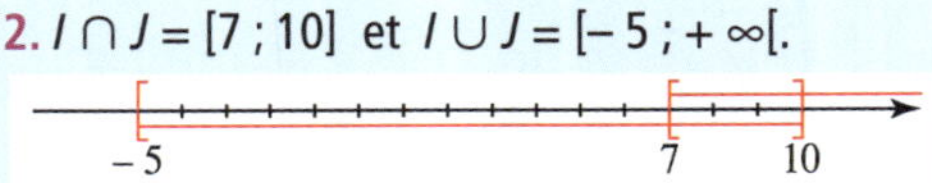

5 **1.**

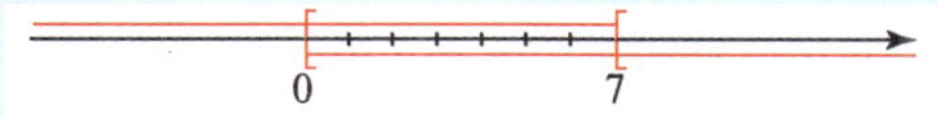

Le système a pour ensemble de solutions : [0 ; 7[.

2.

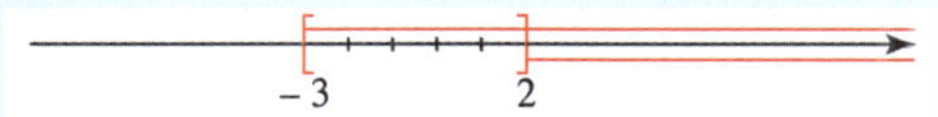

Le système a pour ensemble de solutions :]2 ; + ∞[.

3.

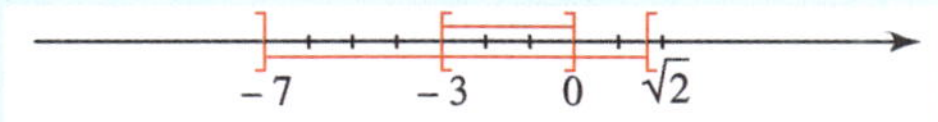

Le système a pour ensemble de solutions : [– 3 ; 0].

6 $AB = d(-3\,;5{,}2) = |-3-5{,}2| = |-8{,}2| = 8{,}2.$
$BC = d(5{,}2\,;-14{,}5) = |5{,}2+14{,}5| = |19{,}7| = 19{,}7$
$CD = d(-14{,}5\,;2) = |-14{,}5-2| = |-16{,}5| = 16{,}5$

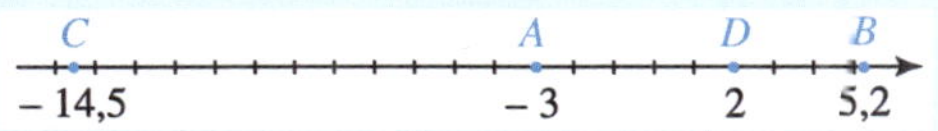

7 La calculatrice donne $\sqrt{2} \approx 1{,}414\,213\,562$.
$1 \leqslant \sqrt{2} \leqslant 2$ est un encadrement de $\sqrt{2}$ d'amplitude 1.
$1{,}4 \leqslant \sqrt{2} \leqslant 1{,}5$ est un encadrement de $\sqrt{2}$ d'amplitude 10^{-1}.
$1{,}41 \leqslant \sqrt{2} \leqslant 1{,}42$ est un encadrement de $\sqrt{2}$ d'amplitude 10^{-2} .
$1{,}414 \leqslant \sqrt{2} \leqslant 1{,}415$ est un encadrement de $\sqrt{2}$ d'amplitude 10^{-3}.

8 La calculatrice donne $\sqrt{10} \approx 3{,}162\,277\,66$.

1. 3,17 est une valeur approchée de $\sqrt{10}$ à 10^{-2} près par excès.

2. 3,162 est une valeur approchée de $\sqrt{10}$ à 10^{-3} près par défaut.

3. –3,1 est une valeur approchée de $-\sqrt{10}$ à 10^{-1} près par excès.

4. –3,162 3 est une valeur approchée de $-\sqrt{10}$ à 10^{-4} près par défaut.

CHAPITRE 3 *(Énoncés p. 84)*

1 • 25 est le plus grand diviseur commun à 75 et 100 ;

on a : $\dfrac{75}{100} = \dfrac{3\times 25}{4\times 25} = \dfrac{3}{4}$.

3 est le plus grand diviseur commun à 33 et 21 ;

on a : $\dfrac{33}{21} = \dfrac{3\times 11}{3\times 7} = \dfrac{11}{7}$.

• 8 est le plus grand diviseur commun à 72 et 64 ;

on a : $\dfrac{72}{64} = \dfrac{8\times 9}{8\times 8} = \dfrac{9}{8}$.

• 450 et 300 sont (d'abord) tous deux divisibles par 10 ;

$\dfrac{450}{300} = \dfrac{45\times 10}{30\times 10} = \dfrac{45}{30} = \dfrac{3\times 15}{2\times 15} = \dfrac{3}{2}$.

2 34 n'est pas un diviseur de 4 340.
En effet, la division euclidienne de 4 350 par 34 s'écrit : $4\,340 = 34 \times 127 + 22$.
On en déduit que la dernière page n'est pas complète et qu'elle comporte 22 lignes, le nombre de pages du livre est 127 + 1 = 128 pages.

3 **Algorithme en langage naturel**

Entrer *a*
Entrer *b*
Si le reste de la division euclidienne de *a* par *b* est 0
alors afficher « *b* divise *a* »
Sinon afficher « *b* ne divise pas *a* »
Fin Si

Programme en Python

```
from lycee import*
a = demande ("a=?")
b = demande ("b=?")
if a%b == 0 :
    print(b,"divise", a)
else :
    print(b,"ne divise", a)

# a%b donne le reste de la division euclidienne
de a par b.
```

4 **1.** Soient un entier pair *m* et un entier impair *n*.
On peut écrire : $m = 2k$ et $n = 2k' + 1$, avec *k* et *k'* des entiers.
Alors : $mn = (2k)(2k'+1) = 2(2kk'+k)$ avec $2kk'+k$ entier,
donc *mn* est pair.
On a prouvé que le produit d'un entier pair par un entier impair est un entier pair.

2. La somme de deux entiers impairs ne peut pas être impaire ; elle est toujours paire.
En effet : si *m* et *n* sont des entiers impairs, alors on peut écrire :
$m = 2k+1$ et $n = 2k'+1$, avec *k* et *k'* des entiers.

Alors : $m + n = (2k+1) + (2k'+1) = 2k + 2k' + 2$
$= 2\,(k + k' + 1)$

avec $k + k' + 1$ entier, donc *m* + *n* est pair.

3.

+	pair	impair
pair	pair	impair
impair	impair	pair

MATHS

4.

×	**pair**	**impair**
pair	pair	pair
impair	pair	impair

5 **1.** La somme de deux nombres premiers peut être un nombre premier. Par exemple 2, 3 et 5 sont des nombres premiers et 2 + 3 = 5.

2. Le produit de deux nombres premiers p et q ne peut pas être un nombre premier.
En effet, pq admet alors au moins 3 diviseurs positifs : 1, p et pq.

6 **1.** $F_n = 2^{2^n}+1$

a. $F_0 = 2^{2^0}+1 = 2^1+1 = 3$, donc F_0 est premier.
$F_1 = 2^{2^1}+1 = 2^2+1 = 5$, donc F_1 est premier.
$F_2 = 2^{2^2}+1 = 2^4+1 = 17$, donc F_2 est premier.
$F_3 = 2^{2^3}+1 = 2^8+1 = 257$. Les deux seuls diviseurs positifs de 257 sont 1 et lui-même donc F_3 est premier.

b. On a prouvé que les quatre premiers nombres de Fermat sont premiers. On ne peut rien dire des autres (pour l'instant).

2. La valeur affichée à la fin de l'exécution est 641, ce qui permet d'affirmer que 641 est un diviseur de F, c'est-à-dire que 641 est un diviseur de F_5.
De plus $F_5 = 2^{2^5}+1 = 2^{32}+1$, et l'on sait $2^{32} > 2^{10} > 1000$, donc $F_5 > 641$.
F_5 admet au moins trois diviseurs positifs : 1 ; 641 et lui-même.
Par conséquent, F_5 n'est pas un nombre premier.

Les mathématiciens savent que les cinq premiers nombres de Fermat sont premiers, que les nombres de Fermat de F_5 à F_{32} ne sont pas premiers, et ne savent rien des suivants…

7 **Algorithme en langage naturel**

```
Entrer un entier naturel n
k prend la valeur 2
Tant que k < n
    Si le reste de la division euclidienne de n par
    k est nul
    alors k = n +1 (n est divisible par k, donc il
    n'est pas premier, on arrête la boucle tant que)
    Sinon k = k +1 (on teste l'entier suivant)
    Fin si
Fin tant que
Si k = n +1
alors afficher « n n'est pas premier »
Fin Si
Si k = n
alors afficher « n est premier »
Fin Si
```

Programme en Python

```
from lycee import*
n = demande ("n=?")
k=2
while k<n :
    if n%k==0 :
        k=n+1
    else:
        k=k+1
if k==n+1 :
    print(n,"n'est pas premier")
else
    print(n,"est premier")
```

CHAPITRE 4 *(Énoncés p. 87)*

1 $A = a^{2\times 2}\times b^{3\times 2}\times c^{5\times 2} = a^4 b^6 c^{10}$.

$B = \dfrac{ab^{2\times 4}c^7}{a^4b^2c^{13}} = a^{1-4}\times b^{8-2}\times c^{7-13} = a^{-3}b^6c^{-6}$.

$C = \dfrac{a^{2\times 3}b^3c^2}{a^3b^7c^{2\times 5}} = \dfrac{a^6b^3c^2}{a^3b^7c^{10}} = a^{6-3}\times b^{3-7}\times c^{2-10}$

$C = a^3b^{-4}c^{-8}$.

2 $A = 2^{3\times 2}\times 3^{4\times 2}\times 5^{2\times 2} = 2^6\times 3^8\times 5^4$.

$B = \dfrac{2\times 3^{3\times 6}\times 5^5}{2^{-3}\times 3^7\times 5^7} = 2^{1+3}\times 3^{18-7}\times 5^{5-7}$

$B = 2^4\times 3^{11}\times 5^{-2}$.

3 **Langage naturel**

```
Saisir A
Tant que 2^N ⩽ A
    N ← N+1
Fin tant que
Afficher N
```

Programme en Python

```
from lycee import*
A = demande ("A=?")
N = 0
while 2**N<A :
    N=N+1
print(N)
```

4 $A = \dfrac{4-\frac{1}{3}}{4+\frac{1}{3}} = \dfrac{\frac{12}{3}-\frac{1}{3}}{\frac{12}{3}+\frac{1}{3}} = \dfrac{\frac{11}{3}}{\frac{13}{3}} = \dfrac{11}{3}\times\dfrac{3}{13} = \dfrac{11}{13}$;

$B = \dfrac{\frac{4}{5}-\frac{1}{5}\times\left(\frac{8}{7}-\frac{2}{7}\right)}{1-\frac{1}{3}} = \dfrac{\frac{4}{5}-\frac{1}{5}\times\frac{6}{7}}{\frac{3}{3}-\frac{1}{3}} = \dfrac{\frac{4}{5}-\frac{6}{35}}{\frac{2}{3}}$

$B = \dfrac{\frac{28}{35}-\frac{6}{35}}{\frac{2}{3}} = \dfrac{\frac{22}{35}}{\frac{2}{3}} = \dfrac{22}{35}\times\dfrac{3}{2} = \dfrac{2\times 11\times 3}{35\times 2} = \dfrac{33}{35}$.

5 $A = \sqrt{45} = \sqrt{(9 \times 5)} = 3\sqrt{5}$.

$B = 2\sqrt{32} + \sqrt{50} - 3\sqrt{2}$
$= 2\sqrt{(16 \times 2)} + \sqrt{(25 \times 2)} - 3\sqrt{2}$
$= 2 \times 4\sqrt{2} + 5\sqrt{2} - 3\sqrt{2}$
$= 8\sqrt{2} + 5\sqrt{2} - 3\sqrt{2}$
$= 10\sqrt{2}$.

$C = 2\sqrt{5} \times 4 \times \sqrt{15}$
$= 2\sqrt{5} \times 4 \times \sqrt{5} \times \sqrt{3}$
$= \mathbf{40\sqrt{3}}$

$D = \dfrac{\sqrt{75} \times \sqrt{10} \times 7}{\sqrt{6} \times \sqrt{35}}$
$= \dfrac{5\sqrt{3} \times \sqrt{2} \times \sqrt{5} \times 7}{\sqrt{2} \times \sqrt{3} \times \sqrt{5} \times \sqrt{7}}$
$= \dfrac{5 \times 7}{\sqrt{7}}$
$= \dfrac{5 \times \sqrt{7} \times \sqrt{7}}{\sqrt{7}}$
$= \mathbf{5\sqrt{7}}$

6 **1. a.** $(x + 10)^2 = x^2 + 20x + 100$
b. $(3x - 7)^2 = 9x^2 - 42x + 49$
c. $(x - 1)(x + 1) = x^2 - 1$
d. $\left(\dfrac{x}{4} + \sqrt{5}\right)\left(\dfrac{x}{4} - \sqrt{5}\right) = \dfrac{x^2}{16} - 5$
2. a. $x^2 + 4x + 4 = (x + 2)^2$
b. $4x^2 - 4x + 1 = (2x - 1)^2$
c. $x^2 - 16 = (x - 4)(x + 4)$
d. $x^2 - \dfrac{2}{5}x + \dfrac{1}{25} = \left(x - \dfrac{1}{5}\right)^2$
3. a. $(3x + 7)^2 = 9x^2 + 42x + 49$
b. $(5x - 8)^2 = 25x^2 - 80x + 64$
c. $(x + 6)(x - 6) = x^2 - 36$

7 $A(x) = 2x^2 - 4x + x - 2$
$= 2x^2 - 3x - 2$.
$B(x) = 3(4x^2 + 20x - x - 5) - (8x - 3x^2 - 48 + 18x)$
$= 3(4x^2 + 19x - 5) - (26x - 3x^2 - 48)$
$= 12x^2 + 57x - 15 - 26x + 3x^2 + 48$
$= 15x^2 + 31x + 33$.

$(a + b)^2 = a^2 + 2ab + b^2$

$(a - b)^2 = a^2 - 2ab + b^2$

$C(x) = x^2 + 6x + 9 - 2(x^2 - 4x + 4)$
$= x^2 + 6x + 9 - 2x^2 + 8x - 8$
$= -x^2 + 14x + 1$.
$D(x) = 3x^2 + x^3 + 7x - 15x - 5x^2 - 35$
$= x^3 - 2x^2 - 8x - 35$.

8 **a.** [C] $x^2 - 10x + 25$.
b. [B] $(y - 3)(y + 3)$.
c. [B] $(x - 1)(x + 6)$.
d. [A] $(2x - 2)(x + 3)$ et [C] $(x - 1)(2x + 6)$.

CHAPITRE 5 *(Énoncés p. 94)*

1 $\dfrac{2n-1}{n+2} - 2 = \dfrac{2n-1-2(n+2)}{n+2} = \dfrac{-5}{n+2}$

$-5 < 0$ et $n+2 > 0$
(puisque n est un entier naturel)
donc $\dfrac{-5}{n+2} < 0$

On peut conclure : $\dfrac{2n-1}{n+2} < 2$.

Si un quotient a son numérateur et son dénominateur de signes contraires, alors il est négatif.

2 $5 \leqslant x \leqslant 6$ et $3 \leqslant y \leqslant 7$.

• On en déduit :
$5 + 3 \leqslant x + y \leqslant 6 + 7$
d'où : $8 \leqslant x + y \leqslant 13$.

• Puisque les inégalités portent sur des nombres positifs, on peut écrire :
$5 \times 3 \leqslant xy \leqslant 6 \times 7$
d'où $15 \leqslant xy \leqslant 42$.

• Les encadrements de x et de $-y$:
$5 \leqslant x \leqslant 6$ et $-7 \leqslant -y \leqslant -3$
donnent par somme :
$5 - 7 \leqslant x - y \leqslant 6 - 3$,
d'où $-2 \leqslant x - y \leqslant 3$.

• Les encadrements de x et de $\dfrac{1}{y}$:
$5 \leqslant x \leqslant 6$ et $\dfrac{1}{7} \leqslant \dfrac{1}{y} \leqslant \dfrac{1}{3}$
donnent par produit :
$5 \times \dfrac{1}{7} \leqslant x \times \dfrac{1}{y} \leqslant 6 \times \dfrac{1}{3}$
d'où : $\dfrac{5}{7} \leqslant \dfrac{x}{y} \leqslant 2$.

3 • (E_1) est équivalente à : $9x = 20$.
L'équation (E_1) admet une unique solution : $\dfrac{20}{9}$.

• (E_2) est équivalente à :
$3x - 8 - 7x + 21 = 9$
$-4x = 9 - 21 + 8$
$-4x = -4$
$x = 1$.
L'équation (E_2) admet une unique solution : 1.

• (E_3) est équivalente à :
$12x - 4 = 12x - 6$
$-4 = -6$ jamais vrai
L'équation (E_3) n'a pas de solution.

• (E_4) est équivalente à :
$2x + 3 = 3x - 6 - x + 9$
$2x + 3 = 2x + 3$
$0 = 0$ toujours vrai
Tous les nombres sont solutions de l'équation (E_4).

MATHS

4 Un produit de facteurs est nul si, et seulement si, l'un des facteurs est nul.

• $(3x-5)(2x+11)=0$ équivaut à :

$$3x-5=0 \text{ ou } 2x+11=0.$$

L'équation (E_1) admet deux solutions : $\frac{5}{3}$ et $-\frac{11}{2}$.

• $\left(\frac{x-1}{2}\right)\left(\frac{3-2x}{4}\right)=0$ équivaut à :

$$\frac{x-1}{2}=0 \text{ ou } \frac{3-2x}{4}=0$$

$$x-1=0 \text{ ou } 3-2x=0.$$

L'équation (E_2) admet deux solutions : 1 et $\frac{3}{2}$.

• $-15(7-2x)(4-x)(3x+8)=0$ équivaut à :

$$7-2x=0 \text{ ou } 4-x=0 \text{ ou } 3x+8=0.$$

– 15 n'est bien sûr jamais nul.

L'équation (E_3) admet trois solutions : $\frac{7}{2}$, 4 et $-\frac{8}{3}$.

5 Soit x la contenance du réservoir en litres, x vérifie :

$$\frac{3}{7}x+18=\frac{3}{4}x,$$

$$\frac{9}{28}x=18,$$

$$x=56.$$

La contenance du réservoir est donc de 56 litres.

6 Soit x la longueur en mètres du côté de la maison ; l'aire de la maison et de la terrasse est :

$$x^2+81 \text{ et aussi } (x+3)^2.$$

x vérifie donc : $x^2+81=(x+3)^2$,

$$81=6x+9,$$

$$x=12.$$

Le côté de la maison est 12 m, donc l'aire de cette maison est 144 m².

7 • (I_1) est équivalente aux inéquations suivantes :

$$-4x \geqslant 0$$

$$x \leqslant 0$$

L'ensemble des solutions de (I_1) est $]-\infty\,;0]$.

Lorsque l'on multiplie ou divise les deux membres d'une inéquation par un nombre négatif, on change le sens de l'inéquation.

• (I_2) est équivalente aux inéquations suivantes :

$$3x+6 \leqslant 3x+5$$

$$6 \leqslant 5 \quad \text{jamais vrai}$$

L'inéquation (I_2) n'admet pas de solution.

• (I_3) est équivalente aux inéquations suivantes :

$$2x-4x<3+3$$

$$-2x<6$$

$$x>-3$$

L'ensemble des solutions de (I_3) est $]-3\,;+\infty[$.

• (I_4) est équivalente aux inéquations suivantes :

$$0{,}5x+8 \geqslant \frac{1}{2}x-3$$

$$8 \geqslant -3 \quad \text{toujours vrai}$$

Tous les nombres sont solutions de (I_4).

8

x	$-\infty$		$\frac{3}{2}$		$+\infty$
signe de $-2x+3$		+	0	–	

x	$-\infty$		1		$+\infty$
signe de $1-x$		+	0	–	

x	$-\infty$		$-\frac{7}{3}$		$+\infty$
signe de $3x+7$		–	0	+	

x	$-\infty$		0		$+\infty$
signe de $-2x$		+	0	–	

9 Soit x le nombre d'années pour que l'âge d'Anne soit inférieur ou égal à la somme des âges de Noémie et Lola (x est un entier naturel).

Dans x années, Anne aura $(39+x)$ ans, Noémie aura $(20+x)$ ans et Lola aura $(6+x)$ ans.

Donc x vérifie l'inéquation :

$$39+x \leqslant 20+x+6+x.$$

On en déduit : $-x \leqslant -13$,

$$x \geqslant 13.$$

Donc, dans 13 ans, l'âge d'Anne sera inférieur ou égal à la somme des âges des deux autres.

10 • $A(x)=(x+1)(x-1)(x+2)$

x	$-\infty$		-2		-1		1		$+\infty$
signe de $x+1$		–		–	0	+		+	
signe de $x-1$		–		–		–	0	+	
signe de $x+2$		–	0	+		+		+	
signe de $A(x)$		–	0	+	0	–	0	+	

• $B(x)=(x+1)^2(2x-1)(3x+2)$

x	$-\infty$		-1		$-\frac{2}{3}$		$\frac{1}{2}$		$+\infty$
signe de $(x+1)^2$		+	0	+		+		+	
signe de $2x-1$		–		–		–	0	+	
signe de $3x+2$		–		–	0	+		+	
signe de $B(x)$		+	0	+	0	–	0	+	

• $C(x) = \dfrac{1-x}{x+2}$

x	$-\infty$		-2		1		$+\infty$
signe de $1-x$		+		+	0	−	
signe de $x+2$		−	0	+		+	
signe de $C(x)$		−	‖	+	0	−	

11 a. **Vrai.** Dans le tableau, on lit : si $x \in]3 ; +\infty[$, alors $E(x) < 0$.
b. **Faux.** 1 est une valeur pour laquelle $E(x)$ n'existe pas.
c. **Vrai.** Dans le tableau, on lit : si $x \in [-2 ; 1[$, alors $E(x) \geqslant 0$.
d. **Vrai.**
e. **Faux.** Dans le tableau, on lit : si $x \in]-2 ; 0]$, alors $E(x) > 0$.
f. **Faux.** L'ensemble des solutions de $E(x) \geqslant 0$ est $[-2 ; 1[\cup]1 ; 3]$.

12 • Inéquation (I_1)

x	$-\infty$		-2		1		$+\infty$
signe de -3		−		−		−	
signe de $x+2$		−	0	+		+	
signe de $x-1$		−		−	0	+	
$-3(x+2)(x-1)$		−	0	+	0	−	

$-3(x+2)(x-1) \geqslant 0$ équivaut à $x \in [-2 ; 1]$.
L'ensemble des solutions de (I_1) est donc $[-2 ; 1]$.
• L'inéquation (I_2) est équivalente à $x(4x+3) < 0$.

x	$-\infty$		$-\frac{3}{4}$		0		$+\infty$
signe de x		−		−	0	+	
signe de $4x+3$		−	0	+		+	
signe de $x(4x+3)$		+	0	−	0	+	

$x(4x+3) < 0 \Leftrightarrow$ à $x \in \left]-\frac{3}{4} ; 0\right[$, donc l'ensemble des solutions de l'inéquation (I_2) est $\left]-\frac{3}{4} ; 0\right[$.

• Inéquation (I_3)

x	$-\infty$		$\frac{2}{7}$		$\frac{3}{4}$		$+\infty$
signe de $2-7x$		+	0	−		−	
signe de $3-4x$		+		+	0	−	
signe de $\dfrac{2-7x}{3-4x}$		+	0	−	‖	+	

$\dfrac{2-7x}{3-4x} \leqslant 0$ équivaut à $x \in \left[\frac{2}{7} ; \frac{3}{4}\right[$.
L'ensemble des solutions de (I_3) est donc $\left[\frac{2}{7} ; \frac{3}{4}\right[$.
• (I_4) est équivalente aux inéquations :
$\dfrac{2x+1}{x-7} + 3 > 0$,
$\dfrac{2x+1+3x-21}{x-7} > 0$,
$\dfrac{5x-20}{x-7} > 0$.

x	$-\infty$		4		7		$+\infty$
signe de $5x-20$		−	0	+		+	
signe de $x-7$		−		−	0	+	
signe de $\dfrac{5x-20}{x-7}$		+	0	−	‖	+	

$\dfrac{5x-20}{x-7} > 0$ équivaut à $x \in]-\infty ; 4[\cup]7 ; +\infty[$.
L'ensemble des solutions de (I_4) est donc :
$]-\infty ; 4[\cup]7 ; +\infty[$.

CHAPITRE 6 (Énoncés p. 100)

1 $\overrightarrow{AB} = 2\overrightarrow{CD}$ $\overrightarrow{ED} = -5\overrightarrow{BC}$ $\overrightarrow{AC} = -\overrightarrow{ED}$
$\overrightarrow{BD} = \frac{3}{4}\overrightarrow{AB}$ $\overrightarrow{AD} = \overrightarrow{CE}$ $\overrightarrow{AE} = 4\overrightarrow{BD}$

2

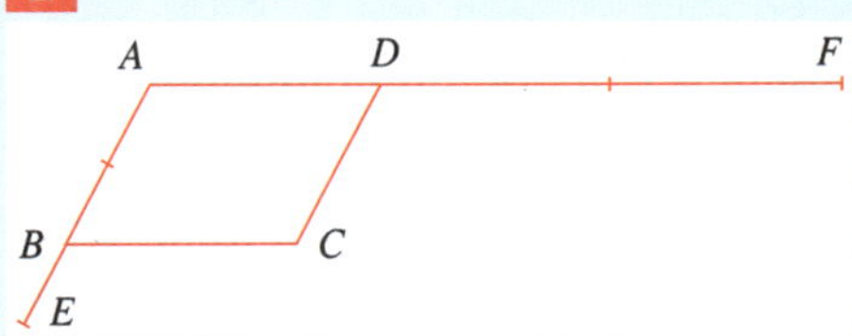

3

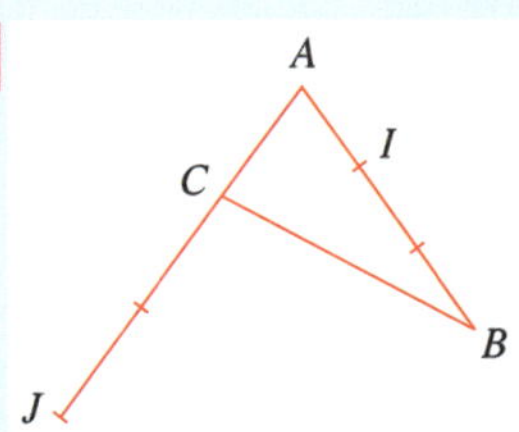

4 1. $\overrightarrow{AB} = \overrightarrow{CD}$: **Faux.**
En revanche, l'affirmation $\overrightarrow{AB} = \overrightarrow{DC}$ est vraie.
2. $\overrightarrow{AE} = \overrightarrow{FB}$: **Faux.**
En revanche, l'affirmation $\overrightarrow{AE} = \frac{5}{4}\overrightarrow{FB}$ est vraie.
3. $[AC]$ et $[BD]$ ont le même milieu : **Vrai.**
En effet $\overrightarrow{AB} = \overrightarrow{DC}$,
donc $ABCD$ est un parallélogramme
et ses diagonales se coupent en leur milieu.
4. $\overrightarrow{AD}$ et $\overrightarrow{CB}$ sont opposés : **Vrai.**

5 1. $\vec{u}(5\,;-2)$ et $\vec{v}(-4\,;-2)$.

2. et 3.

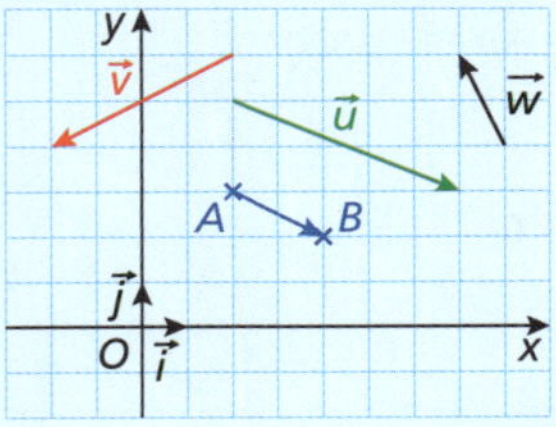

6 1. K est le milieu de $[OB]$, donc :

$$x_K = \frac{x_O + x_B}{2} = \frac{0+7}{2} = \frac{7}{2},$$

et : $y_K = \dfrac{y_O + y_B}{2} = \dfrac{0-4}{2} = -2$;

K a pour coordonnées $\left(\dfrac{7}{2}\,;-2\right)$.

2. L est le milieu de $[AC]$, donc :

$$x_L = \frac{x_A + x_C}{2} = \frac{-3+5}{2} = 1,$$

et $y_L = \dfrac{y_A + y_C}{2} = \dfrac{-4+2}{2} = -1$;

L a pour coordonnées $(1\,;-1)$.

3.

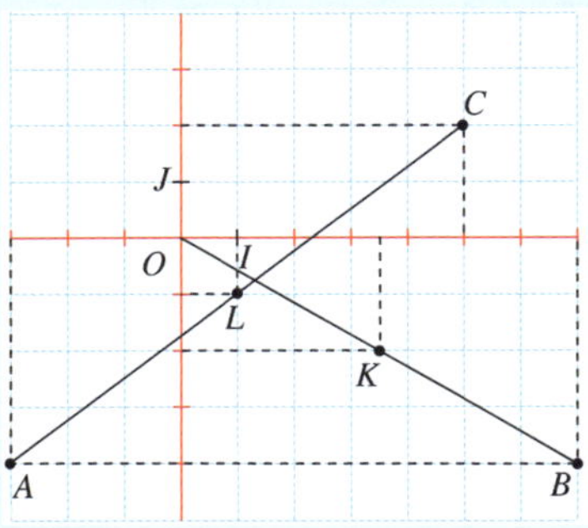

7 1. 2. 3.

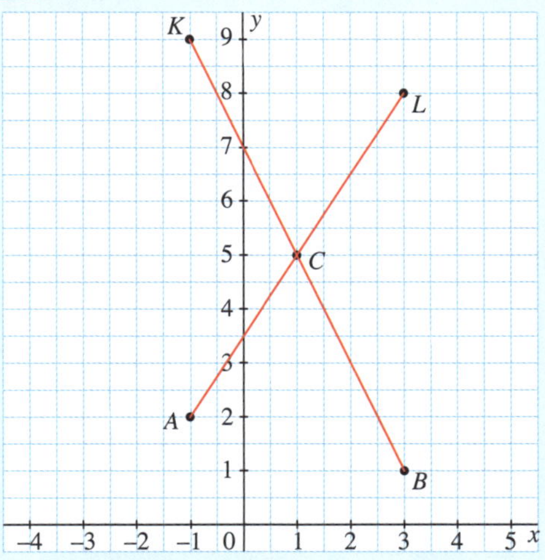

4. On lit $L\,(3\,;8)$ et $K\,(-1\,;9)$.

8

```
xA = demande ("xA=?")
yA = demande ("yA=?")
xB = demande ("xB=?")
yB = demande ("yB=?")
xI = (xA + xB)/2
yI = (yA + yB)/2
print(xI , yI)
```

9 1. $\vec{u}\left(\dfrac{1}{3}\,;\dfrac{-4}{7}\right)$ et $\vec{v}\left(\dfrac{1}{4}\,;\dfrac{-3}{7}\right)$.

$$\det(\vec{u},\vec{v}) = \frac{1}{3}\times\left(\frac{-3}{7}\right) - \frac{1}{4}\times\left(\frac{-4}{7}\right)$$

$$= -\frac{1}{7} + \frac{1}{7} = 0.$$

Donc $\vec{u}$ et $\vec{v}$ sont colinéaires et l'on a :

$\vec{v} = \dfrac{3}{4}\vec{u}$ et $\vec{u} = \dfrac{4}{3}\vec{v}$.

2. $\vec{u}\,(1-\sqrt{2}\,;1)$ et $\vec{v}\,(1+\sqrt{2}\,;-1)$.

$$\det(\vec{u},\vec{v}) = (1-\sqrt{2})\times(-1) - (1+\sqrt{2})\times 1$$
$$= -1+\sqrt{2}-1-\sqrt{2}$$
$$= -2$$
$$\neq 0.$$

Donc $\vec{u}$ et $\vec{v}$ ne sont pas colinéaires.

3. $\vec{u}\,(\sqrt{3}+1\,;-2)$ et $\vec{v}\,(1\,;1-\sqrt{3})$.

$$\det(\vec{u},\vec{v}) = (\sqrt{3}+1)\times(1-\sqrt{3}) - 1\times(-2)$$
$$= 1-3+2$$
$$= 0.$$

Donc $\vec{u}$ et $\vec{v}$ sont colinéaires et l'on a :

$\vec{v} = \dfrac{1-\sqrt{3}}{-2}\vec{u}$ ou encore $\vec{v} = \dfrac{\sqrt{3}-1}{2}\vec{u}$.

On a aussi : $\vec{u} = \left(\sqrt{3}+1\right)\vec{v}$.

10 1. $A(0\,;3)$, $B(9\,;-3)$ et $C(-3\,;5)$.

On a : $\overrightarrow{AB}\begin{pmatrix}9\\-6\end{pmatrix}$ et $\overrightarrow{AC}\begin{pmatrix}-3\\2\end{pmatrix}$.

Donc $\overrightarrow{AB} = -3\,\overrightarrow{AC}$, ce qui prouve que les vecteurs $\overrightarrow{AB}$ et $\overrightarrow{AC}$ sont colinéaires. On en déduit que les points A, B et C sont alignés.

2. $A(0\,;3)$, $B(9\,;-3)$ et $D\left(7\,;-\dfrac{3}{2}\right)$.

On a : $\overrightarrow{AB}\begin{pmatrix}9\\-6\end{pmatrix}$ et $\overrightarrow{AD}\begin{pmatrix}7\\-\dfrac{9}{2}\end{pmatrix}$,

$$\det(\overrightarrow{AB},\overrightarrow{AD}) = 9\times\left(-\frac{9}{2}\right) - 7\times(-6)$$

$$= -\frac{81}{2} + 42$$

$$= \frac{3}{2},$$

donc $\det\left(\overrightarrow{AB},\overrightarrow{AD}\right) \neq 0$,

ce qui prouve que les vecteurs $\overrightarrow{AB}$ et $\overrightarrow{AD}$ ne sont pas colinéaires.
On en déduit que les points A, B et D ne sont pas alignés.

11 On a : $\overrightarrow{AB}\begin{pmatrix}\frac{10}{3}\\-1\end{pmatrix}$ et $\overrightarrow{CD}\begin{pmatrix}\frac{20}{3}\\-\frac{7}{4}\end{pmatrix}$

$$\det(\overrightarrow{AB},\overrightarrow{CD}) = \frac{10}{3}\times\left(-\frac{7}{4}\right)-\frac{20}{3}\times(-1)$$
$$= -\frac{35}{6}+\frac{40}{6}$$
$$= \frac{5}{6},$$

donc $\det\left(\overrightarrow{AB},\overrightarrow{CD}\right)\neq 0$,
ce qui prouve que les vecteurs $\overrightarrow{AB}$ et $\overrightarrow{CD}$ ne sont pas colinéaires.
On en déduit que les droites (AB) et (CD) ne sont pas parallèles.

CHAPITRE 7 *(Énoncés p. 104)*

1 1. **On ne sait pas.**
2. Un **rectangle** ou un **carré**.
3. Un **losange** et un **rectangle** et un **carré**.
4. Un **losange**.

2 $[AC]$ et $[BD]$ ont le même milieu, donc $ABCD$ est un parallélogramme.
$OA^2 + OB^2 = 8^2 + 4^2 = 64 + 16 = 80$
et $AB^2 = 9^2 = 81$,
donc : $OA^2 + OB^2 \neq AB^2$, ce qui prouve que le triangle OAB n'est pas rectangle en O.
Puisque ses diagonales ne sont pas perpendiculaires, le parallélogramme $ABCD$ n'est pas un losange.

3

Lire a
d reçoit $a\sqrt{2}$
Afficher d

4 Le triangle EFH est rectangle en E, donc, d'après le théorème de Pythagore :
$$FH^2 = EF^2 + EH^2,$$
d'où $FH^2 = 10^2 + 15^2 = 100 + 225 = 325$.
Le triangle AFH est rectangle en F, donc, d'après le théorème de Pythagore :
$$AH^2 = AF^2 + FH^2,$$
d'où $AH^2 = 8^2 + 325 = 64 + 325 = 389$.
On en déduit que la longueur de la diagonale $[AH]$ du pavé est $\sqrt{389}$ cm.

5 $P(-4\,;-1)$, $Q(1\,;0)$, $R(2\,;2)$ et $S(-3\,;1)$.

L'abscisse du milieu d'un segment est la moyenne des abscisses des extrémités.

L'ordonnée du milieu d'un segment est la moyenne des ordonnées des extrémités.

1. K est le milieu de $[PR]$,
donc : $x_K = \dfrac{-4+2}{2}$ et $y_K = \dfrac{-1+2}{2}$,
d'où : $K\left(-1\,;\frac{1}{2}\right)$.

2. L est le milieu de $[QS]$,
donc : $x_L = \dfrac{1-3}{2}$ et $y_L = \dfrac{0+1}{2}$,
d'où : $L\left(-1\,;\frac{1}{2}\right)$.

3. Les diagonales $[PR]$ et $[QS]$ du quadrilatère $PQRS$ ont le même milieu, donc $PQRS$ est un parallélogramme.

6 1.

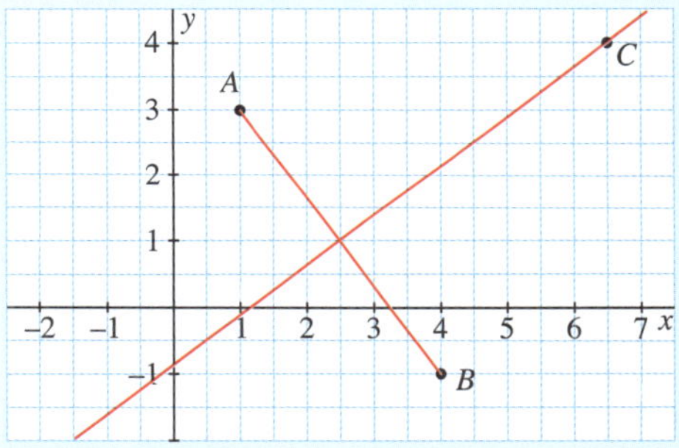

2. $AC = \sqrt{(6{,}5-1)^2+(4-3)^2} = \sqrt{5{,}5^2+1^2} = \sqrt{31{,}25}$.
$BC = \sqrt{(6{,}5-4)^2+(4+1)^2} = \sqrt{2{,}5^2+5^2} = \sqrt{31{,}25}$.
$AB = BC$ donc C est bien un point de la médiatrice du segment $[AB]$.

7

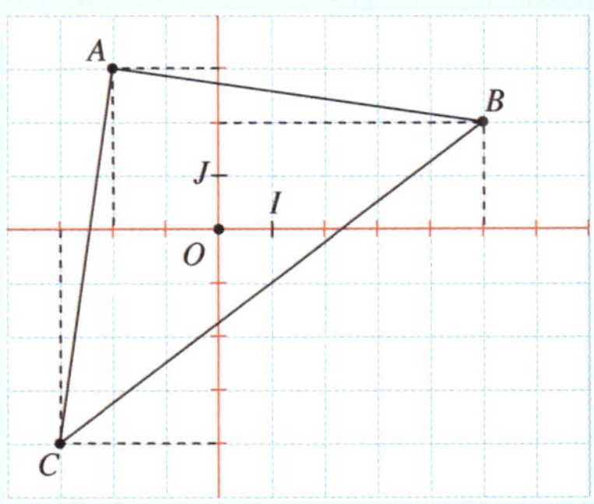

• Calculons les longueurs des côtés du triangle ABC :
$AB = \sqrt{(5+2)^2+(2-3)^2} = \sqrt{7^2+(-1)^2} = \sqrt{50}$,
$AC = \sqrt{(-3+2)^2+(-4-3)^2} = \sqrt{(-1)^2+(-7)^2}$
$= \sqrt{50}$,
$BC = \sqrt{(-3-5)^2+(-4-2)^2} = \sqrt{(-8)^2+(-6)^2}$
$= \sqrt{100} = 10$.

• $AC = AB$, donc le triangle ABC est isocèle en A.
• En outre :
$AC^2 + AB^2 = 50 + 50 = 100$ et $BC^2 = 100$,
donc : $AC^2 + AB^2 = BC^2$,
d'où, d'après la réciproque du théorème de Pythagore : ABC est rectangle en A. Finalement, le triangle ABC est rectangle et isocèle en A.

8 1. $\boldsymbol{AB} = \sqrt{(5+3)^2 + (4+2)^2} = \sqrt{8^2 + 6^2} = \sqrt{100}$,
donc : $\boldsymbol{AB = 10}$.

2. $x_M = \dfrac{-3+5}{2} = 1$ et $y_M = \dfrac{-2+4}{2} = 1$,
donc **M a pour coordonnées (1 ; 1).**

3. Démontrons que le triangle ABC est rectangle en C.
$AC = \sqrt{(4+3)^2 + (-3+2)^2}$
$= \sqrt{7^2 + 1^2} = \sqrt{50}$.
$BC = \sqrt{(4-5)^2 + (-3-4)^2}$
$= \sqrt{(-1)^2 + (-7)^2}$
$= \sqrt{50}$
$= 2\sqrt{5}$.
On a : $AB^2 = 100$ et $AC^2 + BC^2 = 50 + 50 = 100$, donc $AB^2 = AC^2 + BC^2$.
D'après Pythagore, le triangle est rectangle en C, ce qui permet d'affirmer que C appartient au cercle $\mathscr{C}$ de diamètre $[AB]$.

4. La tangente en C est la droite perpendiculaire à la droite (MC) en C.

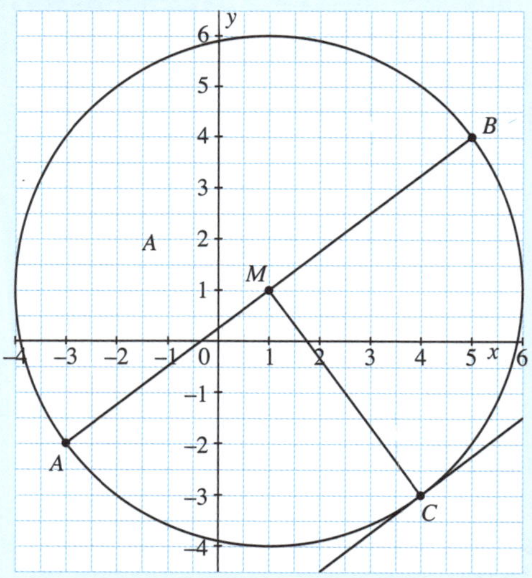

9 $A(-1\ ;-1)$, $B(2\ ;3)$ et $C(4\ ;-1)$.

$$AB = \sqrt{(x_B - x_A)^2 + (y_B - x_A)^2}$$

1. $AB = \sqrt{(2+1)^2 + (3+1)^2} = 5$;
$AC = \sqrt{(4+1)^2 + (-1+1)^2} = \sqrt{25+0} = 5$;
$BC = \sqrt{(4-2)^2 + (-1-3)^2} = \sqrt{4+16} = \sqrt{20} = 2\sqrt{5}$.

2. $AC = AB = 5$, on en déduit que le triangle ABC est isocèle en A.

3. Le périmètre P du triangle ABC est tel que :
$$P = 5 + 5 + 2\sqrt{5} = 10 + 2\sqrt{5}.$$

4. Comme le triangle ABC est isocèle en A, le milieu M de $[BC]$ est aussi le pied de la hauteur issue de A et son aire $\mathscr{A}$ vérifie : $\mathscr{A} = \dfrac{AM \times BC}{2}$.

On a : $x_M = \dfrac{2+4}{2} = 3$ et $y_M = \dfrac{3-1}{2} = 1$,
donc : $AM^2 = (3+1)^2 + (1+1)^2 = 16 + 4 = 20$,
d'où : $AM = 2\sqrt{5}$.
$\mathscr{A} = \dfrac{AM \times BC}{2} = \dfrac{2\sqrt{5} \times 2\sqrt{5}}{2} = \dfrac{20}{2} = 10$.
L'aire du triangle ABC vaut 10.

10 1. La droite (ON) est la hauteur issue de N du triangle SNT.

2. Le triangle TON est rectangle en O, donc d'après le théorème de Pythagore :
$TO^2 + ON^2 = TN^2$
d'où :
$ON^2 = TN^2 - TO^2 = 225 - 25 = 200$,
d'où :
$ON = \sqrt{200} = \sqrt{100 \times 2} = 10\sqrt{2}$.

3. On sait : $\sin\widehat{NTO} = \dfrac{ON}{NT} = \dfrac{10\sqrt{2}}{15} = \dfrac{2\sqrt{2}}{3}$.
En tapant $\sin^{-1}\left(\dfrac{2\sqrt{2}}{3}\right)$ sur la calculatrice en mode degrés, on obtient $\widehat{NTO} \approx 70{,}7°$ à 0,1° près.

11 1. Le triangle ABC est rectangle en A, donc
$\cos\widehat{ABC} = \dfrac{AB}{BC}$,
d'où :
$$BC = \frac{AB}{\cos\widehat{ABC}} = \frac{9}{\frac{\sqrt{3}}{2}} = \frac{18}{\sqrt{3}} = \frac{18\sqrt{3}}{3} = 6\sqrt{3}.$$
De même : $\sin\widehat{ABC} = \dfrac{AC}{BC}$,
d'où :
$$AC = BC\sin\widehat{ABC} = 6\sqrt{3} \times \frac{1}{2} = 3\sqrt{3}.$$

2. Le triangle CIA est rectangle en A, donc d'après le théorème de Pythagore :
$CI^2 = AI^2 + AC^2$
$= \left(\dfrac{9}{2}\right)^2 + (3\sqrt{3})^2$
$= \dfrac{81}{4} + 27$
$= \dfrac{189}{4}$,
d'où : $CI = \dfrac{17}{2}$.

3. On sait : $\sin\widehat{AIC} = \dfrac{AC}{CI} = \dfrac{3\sqrt{3}}{\frac{17}{2}} = \dfrac{6\sqrt{3}}{17}$.

En tapant $\sin^{-1}\left(\dfrac{6\sqrt{3}}{17}\right)$ sur la calculatrice en mode degrés, on obtient :
$\widehat{AIC} \approx 37{,}7°$ à 0,1° près.

12 ABC est un triangle équilatéral donc son centre de gravité G est à la fois le point d'intersection des médianes, des médiatrices et des hauteurs.
On en déduit que la droite (AG) coupe perpendiculairement le segment $[BC]$ en son milieu et que la droite (BG) coupe perpendiculairement le segment $[AC]$ en son milieu.
Par conséquent, le projeté orthogonal du point A sur la droite (BC) est le milieu de $[BC]$ et le projeté orthogonal du point G sur la droite (AC) est le milieu de $[AC]$.

13 $ABCD$ est un carré de centre O, donc ses diagonales $[AC]$ et $[BD]$ sont perpendiculaires en O.
Le point O appartient à (BD) et l'on a : $(AO) \perp (BD)$ donc le projeté orthogonal du point A sur la droite (BD) est O.
On démontre de même que le projeté orthogonal du point C sur la droite (BD) est O.
De plus, O est un point de la droite (BD) donc son projeté est lui-même.
Finalement, les points A, C et O ont le point O pour projeté orthogonal sur la droite (BD).

CHAPITRE 8 *(Énoncés p. 109)*

1 Dire qu'un point $M(x, y)$ appartient à la droite (AB) signifie que les vecteurs

$\overrightarrow{AM}\begin{pmatrix} x-3 \\ y-4 \end{pmatrix}$ et $\overrightarrow{AB}\begin{pmatrix} -5 \\ -3 \end{pmatrix}$ sont colinéaires,

c'est-à-dire que leur déterminant est nul.

$$\text{Or } \det\left(\overrightarrow{AM}, \overrightarrow{AB}\right) = \begin{vmatrix} x-3 & -5 \\ y-4 & -3 \end{vmatrix}$$
$$= (x-3)\times(-3) - (-5)\times(y-4)$$
$$= -3x + 9 + 5y - 20$$
$$= -3x + 5y - 11$$

Par conséquent, $-3x + 5y - 11 = 0$ est une équation de la droite (AB).

2 $d_1 : y = -x$; $d_2 : y = -2x + 3$; $d_3 : y = x - 3$; $d_4 : y = 3$; $(OJ) : x = 0$.

3

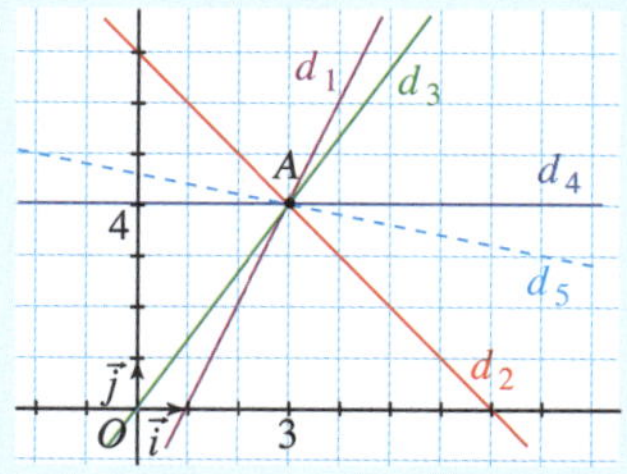

4 Si les points A et B n'ont pas la même abscisse, le coefficient directeur a de la droite (AB) vérifie :
$$a = \frac{y_B - y_A}{x_B - x_A}.$$

1. $A(1 ; 5)$ et $B(0 ; 3)$.
Le coefficient directeur a de (AB) est tel que :
$$a = \frac{3-5}{0-1} = \frac{-2}{-1} = 2.$$

2. $A(0 ; 1)$ et $B(-2 ; 1)$.
Le coefficient directeur de (AB) est nul car A et B ont la même ordonnée.

3. $A(-65 ; 54)$ et $B(23 ; -34)$.
Le coefficient directeur a de (AB) est tel que :
$$a = \frac{-34-54}{23-(-65)} = \frac{-88}{88} = -1.$$

5 **1.** $A(3 ; -1)$ et $d : y = 2x + 1$.
La droite d a pour coefficient directeur 2, donc il en est de même pour d'.
L'équation de d' est du type : $y = 2x + b$.
De plus, A est un point de d', donc ses coordonnées vérifient l'équation de d'. Par conséquent :
$$-1 = 2 \times 3 + b, \text{ d'où } b = -7.$$
Finalement, d' a pour équation : $y = 2x - 7$.

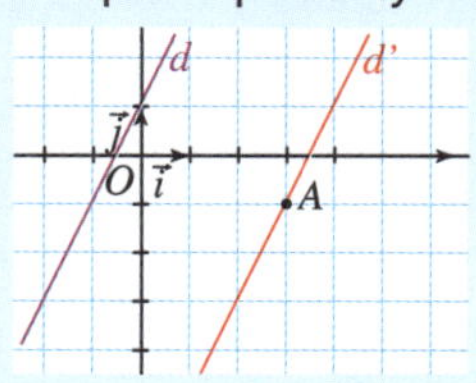

2. $A(3 ; -1)$ et $d : x = 1$.
La droite d est parallèle à la droite des ordonnées, donc d' est aussi parallèle à la droite des ordonnées. L'équation de d' est de la forme : $x = k$.
Comme, de plus, d' passe par le point A qui a pour abscisse 3, l'équation de d' est : $x = 3$.

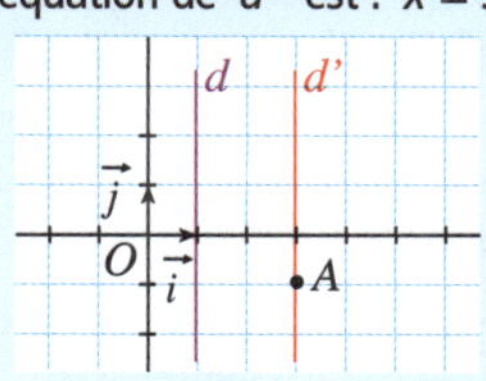

3. $A(3\,;-1)$ et $d : y = 3$.
La droite d est parallèle à la droite des abscisses, donc d' l'est aussi. L'équation de d' s'écrit $y = b$. De plus, A a pour ordonnée -1, donc l'équation de d' est : $y = -1$.

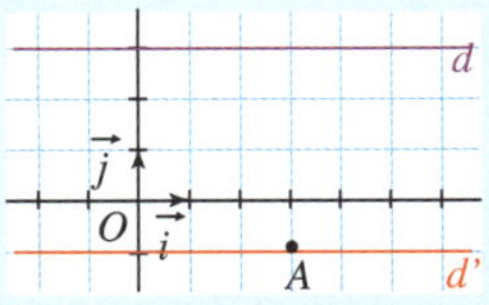

6 **1.** On a : $4x_A + 7 = 4 \times (-1) + 7 = 3 = y_A$, donc $A \in \mathcal{D}$.
De même : $4x_B + 7 = 4 \times 1 + 7 = 11 \neq y_B$, donc $B \notin \mathcal{D}$.

2. On a $y_C = 15$, et on sait que C appartient à $\mathcal{D}$, donc : $15 = 4x_C + 7$, d'où : $x_C = \dfrac{15-7}{4} = 2$.

3. A et B n'ayant pas la même abscisse, (AB) n'est pas parallèle à l'axe des ordonnées et elle possède une équation de la forme $y = ax + b$;

de plus : $a = \dfrac{y_B - y_A}{x_B - x_A} = \dfrac{10-3}{1-(-1)} = \dfrac{7}{2}$.

A appartient à (AB), donc : $y_A = \dfrac{7}{2}x_A + b$,

c'est-à-dire : $3 = \dfrac{7}{2} \times (-1) + b$, d'où : $b = \dfrac{13}{2}$.

Finalement : $y = \dfrac{7}{2}x + \dfrac{13}{2}$ est une équation de (AB).

7 • $(S_1)\begin{cases} 4x - y = 3 \\ -24x + 6y = 7 \end{cases}$ équivaut à $\begin{cases} y = 4x - 3 \\ y = 4x + \dfrac{7}{6}. \end{cases}$

Les droites d'équations $y = 4x - 3$ et $y = 4x + \dfrac{7}{6}$ étant strictement parallèles, le système (S_1) n'admet pas de solution.

• (S_2) $\begin{cases} x = \sqrt{2} \\ x - 2y = 1 \end{cases}$

La droite d d'équation $x = \sqrt{2}$ est parallèle à la droite des ordonnées.
La droite d' d'équation $x - 2y = 1$ n'est pas parallèle à la droite des ordonnées.
d et d' sont sécantes, donc (S_2) admet une seule solution.

• (S_3) $\begin{cases} x - y = 4 \\ x + y = 7 \end{cases}$ équivaut à $\begin{cases} y = x - 4 \\ y = -x + 7. \end{cases}$

Les droites d'équations $y = x - 4$ et $y = -x + 7$ n'ont pas le même coefficient directeur, elles sont donc sécantes.
Donc, le système (S_3) admet une seule solution.

• $(S_4)\begin{cases} 4x - 2y = 3 \\ -24x + 12y = -18 \end{cases}$ équivaut à $\begin{cases} y = 2x - \dfrac{3}{2} \\ y = 2x - \dfrac{3}{2}. \end{cases}$

(S_4) équivaut à une seule équation : $y = 2x - \dfrac{3}{2}$.

On en déduit que (S_4) admet une infinité de solutions : tous les couples $\left(x, 2x - \dfrac{3}{2}\right)$ avec x réel.

8 **1.** $d : y = -3x + 1$ et $d' : x = \dfrac{1}{2}$.

Le couple de coordonnées du point d'intersection de d et d' est solution du système :

(S) $\begin{cases} y = -3x + 1 \\ x = \dfrac{1}{2} \end{cases}$ équivalent à $\begin{cases} x = \dfrac{1}{2} \\ y = -3 \times \dfrac{1}{2} + 1 \end{cases}$

(S) équivaut à $\begin{cases} x = \dfrac{1}{2} \\ y = -\dfrac{1}{2} \end{cases}$

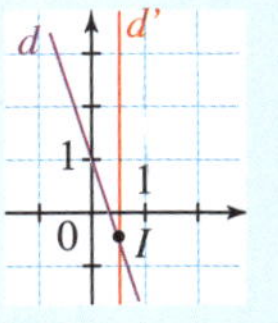

Finalement, d et d' se coupent en $I\left(\dfrac{1}{2}\,;-\dfrac{1}{2}\right)$.

2. $d : y = \dfrac{1}{3}x - 2$ et $d' : y = -1$.

d et d' se coupent au point I de coordonnées (x, y) telles que :

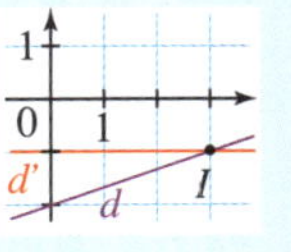

$\begin{cases} y = \dfrac{1}{3}x - 2 \\ y = -1. \end{cases}$

Ce système équivaut à $\begin{cases} -1 = \dfrac{1}{3}x - 2 \\ y = -1 \end{cases}$

ou encore : $\begin{cases} x = 3 \\ y = -1. \end{cases}$

Par conséquent, le point d'intersection I de d et d' a pour coordonnées $(3\,;-1)$.

3. $d : y = 2x - 1$ et $d' : y = x + 1$.
Résolvons le système :

(S) $\begin{cases} y = 2x - 1 \\ y = x + 1. \end{cases}$

(S) équivaut à $\begin{cases} 2x - 1 = x + 1 \\ y = x + 1 \end{cases}$

$\begin{cases} x = 2 \\ y = x + 1, \end{cases}$

$\begin{cases} x = 2 \\ y = 3. \end{cases}$

On en déduit que d et d' se coupent au point $I(2\,;3)$.

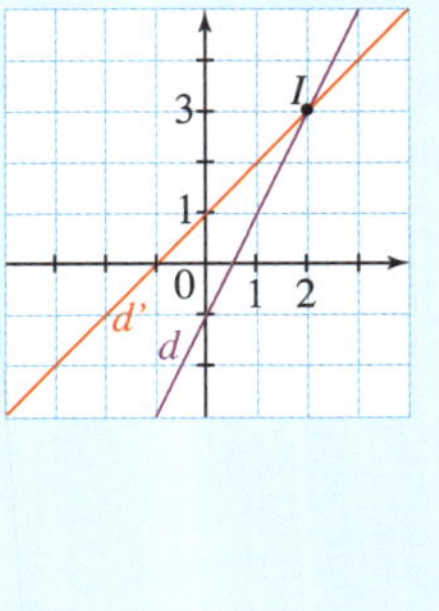

9

La droite	Un vecteur directeur	Un point	La pente	L'équation réduite
d_1	$\vec{u_1}\begin{pmatrix}1\\2\end{pmatrix}$	$A_1(0\,;1)$	2	$y=2x+1$
d_2	$\vec{u_2}\begin{pmatrix}0\\1\end{pmatrix}$	$A_2(3\,;1)$		$x=3$
d_3	$\vec{u_3}\begin{pmatrix}1\\\frac{3}{4}\end{pmatrix}$	$A_3(4\,;5)$	$\frac{3}{4}$	$y=\frac{3}{4}x+2$
d_4	$\vec{u_4}\begin{pmatrix}1\\0\end{pmatrix}$	$A_4(1\,;4)$	0	$y=4$
d_5	$\vec{u_5}\begin{pmatrix}4\\3\end{pmatrix}$	$A_5(1\,;-1)$	$\frac{3}{4}$	$y=\frac{3}{4}x-\frac{7}{4}$

CHAPITRE 9 *(Énoncés p. 113)*

1 1. $f(-5)=4$. 2. $g(3)=0$.
3. $h(5)=-2$. 4. $f(6)=-1$.
5. $g\left(-\frac{1}{2}\right)=7$. 6. $h(4)=0$.

2 1. a. L'ensemble de définition de f est $[-8\,;11]$.
b. $f(-8)=1$; $f(-6)=2$; $f(2)=0$; $f(4)=-2$.
c. Les antécédents de 3 par f sont les abscisses des points de $\mathscr{C}_f$ ayant pour ordonnée 3.
Donc les antécédents de 3 par f sont : -5 ; 1 et 9.
d. $-2 \leqslant f(3) \leqslant -1$.

2. a. Les solutions de l'équation $f(x)=0$ sont les abscisses des points d'intersection de $\mathscr{C}_f$ avec l'axe des abscisses.

Donc $f(x)=0$ admet deux solutions : 2 et 7.
b. Les solutions de l'inéquation $f(x)<0$ sont les abscisses des points de $\mathscr{C}_f$ situés en dessous de l'axe des abscisses.
Donc l'ensemble des solutions de $f(x)<0$ est $]2\,;7[$.
c. Les solutions de l'inéquation $f(x)>0$ sont les abscisses des points de $\mathscr{C}_f$ situés au-dessus de l'axe des abscisses.
Donc l'ensemble des solutions de $f(x)>0$ est :
$$[-8\,;2[\,\cup\,]7\,;11].$$
3. Le tableau de signes de $f(x)$ est :

x	-8		2		7		11
signe de $f(x)$		+	0	−	0	+	

3

```
for x in range (-10,11) :
    f = 2*x**2 - 7
    print(f)
```

range (– 10,11) prend en compte tous les entiers de [– 10, 11[.

4 1. Si f est paire, alors $\mathscr{C}_f$ admet l'axe des ordonnées comme axe de symétrie.

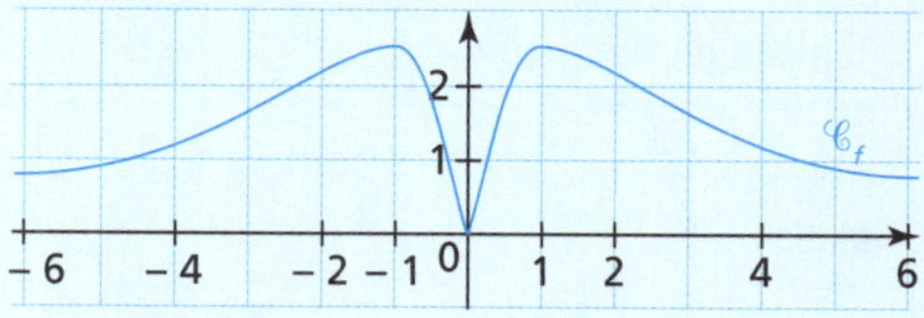

2. Si f est impaire, alors $\mathscr{C}_f$ admet l'origine du repère comme centre de symétrie.

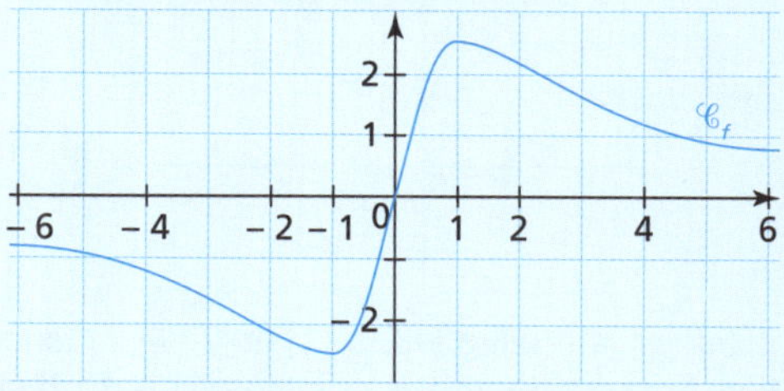

5 • L'ensemble de définition de f est $\mathbb{R}$ qui est centré en 0, et pour tout réel x :
$$\begin{aligned}f(-x)&=(-x)^5-3(-x)^3+(-x)\\&=-x^5+3x^3-x\\&=-f(x).\end{aligned}$$
Donc f est impaire.
• L'ensemble de définition de g est :
$$]-\infty\,;2[\,\cup\,]2\,;+\infty[.$$
Cet ensemble n'est pas centré en 0 , donc g n'est ni paire, ni impaire.
• L'ensemble de définition de h est $\mathbb{R}$ qui est centré en 0, et pour tout réel x :
$$h(-x)=\frac{4}{2(-x)^2+1}=\frac{4}{2x^2+1}=h(x).$$
Donc h est paire.

CHAPITRE 10 *(Énoncés p. 116)*

1 1. Tableau de variation de f.

x	-1	1	3	5
variation de f	-3 ↗	2 ↘	-1 ↗	3

2. Sur $[-1 ; 5]$, le maximum de f est 3.
Il est atteint en 5.

3. Sur $[0 ; 4]$, le minimum de f est -1.
Il est atteint en 3.

2 1. La résolution graphique permet d'établir le tableau ci-dessous :

x	-4		-3		-1		1		$2{,}5$		3
signe de $f(x)$		+	0	−	0	+	0	−	0	+	

2. Tableau de variation de f.

x	-4		-2		0		2		3
variation de f	2	↘	-2	↗	2	↘	-3	↗	3

3 1. Courbe représentative de f.

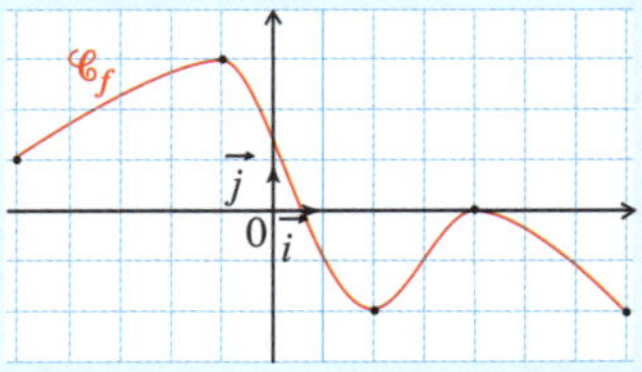

2. Sur les intervalles $[-5 ; -1]$ et $[2 ; 4]$, la fonction f est croissante. Sur les intervalles $[-1 ; 2]$ et $[4 ; 7]$, la fonction f est décroissante.

3. Une fonction croissante respecte l'ordre, une fonction décroissante change l'ordre.

- -2 et -4 appartiennent à l'intervalle $[-5 ; -1]$ sur lequel f est croissante et $-4 < -2$; donc $f(-4) < f(-2)$.
- 0 et 1,5 appartiennent à l'intervalle $[-1 ; 2]$ sur lequel f est décroissante et $0 < 1{,}5$; donc $f(0) > f(1{,}5)$.
- 2,1 et 3,9 appartiennent à l'intervalle $[2 ; 4]$ sur lequel f est croissante et $2{,}1 < 3{,}9$; donc $f(2{,}1) < f(3{,}9)$.
- 3 appartient à l'intervalle $[2 ; 4]$ sur lequel f est croissante ; 6 appartient à l'intervalle $[4 ; 7]$ sur lequel f est décroissante.

f n'est pas monotone sur $[3 ; 6]$, donc on ne peut pas comparer $f(3)$ et $f(6)$.

4

Une fonction affine est une fonction qui peut s'écrire $x \mapsto ax + b$, où a et b sont deux réels.

$$a = \frac{f(x_1) - f(x_2)}{x_1 - x_2}$$

Fonction f

1. Graphiquement, on constate : $f(0) = 1$ et $f(3) = 5$, donc

$$a = \frac{f(0) - f(3)}{0 - 3} = \frac{4}{3}.$$

$f(0) = 1$ donne $b = 1$.

Donc, pour tout réel x, $f(x) = \frac{4}{3}x + 1$.

2. $\frac{4}{3} > 0$, donc f est croissante sur $\mathbb{R}$.

x	$-\infty$	$+\infty$
variation de f	↗	

3. $f(x) = 0$ équivaut à : $\frac{4}{3}x + 1 = 0$,
c'est-à-dire : $x = -\frac{3}{4}$.
Donc l'abscisse du point d'intersection de la courbe de f avec l'axe des abscisses est $-\frac{3}{4}$.

4. Tableau de signes de f

x	$-\infty$		$-\frac{3}{4}$		$+\infty$
signe de $f(x)$		−	0	+	

Fonction g

1. Graphiquement, on constate :

$$g(-3) = 5 \text{ et } g(6) = -1,$$

donc $a = \dfrac{g(-3) - g(6)}{-3 - 6} = -\dfrac{2}{3}$.

$g(-3) = 5$ donne $5 = -\frac{2}{3} \times (-3) + b$, d'où $b = 3$.
Donc, pour tout réel x, $g(x) = -\frac{2}{3}x + 3$.

2. $-\frac{2}{3} < 0$, donc g est décroissante sur $\mathbb{R}$.

x	$-\infty$	$+\infty$
variation de g	↘	

3. $g(x) = 0$ équivaut à $-\frac{2}{3}x + 3 = 0$, soit $x = \frac{9}{2}$.
Donc l'abscisse du point d'intersection de la courbe de g avec l'axe des abscisses est $\frac{9}{2}$.

4. Tableau de signes de g

x	$-\infty$		$\frac{9}{2}$		$+\infty$
signe de $g(x)$		+	0	−	

5 a. **Faux**, car : $f(1) = 3 \times 1 - 4 = -1$.
b. **Vrai**, car : $f(-6) = 3 \times (-6) - 4 = -22$.
c. **Faux**, car : $f(x) = 0 \Leftrightarrow 3x - 4 = 0 \Leftrightarrow x = \frac{4}{3}$.
d. **Vrai**, car : $f(x) = 95 \Leftrightarrow 3x - 4 = 95$
$\Leftrightarrow x = \frac{99}{3} = 33$.
e. **Vrai**, car : $f(34) = 3 \times 34 - 4 = 98$.
f. **Faux**, car : $f(-15) = 3 \times (-15) - 4 = -49$.

CHAPITRE 11 *(Énoncés p. 119)*

1 On considère la fonction $x \mapsto x^2$ et on trace sa courbe représentative $\mathscr{C}$ (voir page 117).

1. Les points de $\mathscr{C}$ ayant une abscisse comprise entre -3 et 2 ont une ordonnée comprise entre 0 et 9. Donc : si $-3 \leqslant x \leqslant 2$, alors $0 \leqslant x^2 \leqslant 9$.
2. Les points de $\mathscr{C}$ ayant une abscisse comprise entre 0 et 4 ont une ordonnée comprise entre 0 et 16. Donc : si $0 < x < 4$, alors $0 < x^2 < 16$.
3. Les points de $\mathscr{C}$ ayant une abscisse comprise entre -1 et 2 ont une ordonnée comprise entre 0 et 4. Donc : si $-1 \leqslant x \leqslant 2$, alors $0 \leqslant x^2 \leqslant 4$.
4. Les points de $\mathscr{C}$ ayant une abscisse comprise entre -2 et -1 ont une ordonnée comprise entre 1 et 4. Donc : si $-2 < x < -1$, alors $1 < x^2 < 4$.

2 1. $x^2 = 16$ a pour solutions -4 et 4.
2. $x^2 \leqslant 9$ a pour ensemble de solutions $[-3 ; 3]$.
3. $x^2 > 4$ a pour ensemble de solutions :
$]-\infty ; -2[\cup]2 ; +\infty[$.

3 1. $(E)\ x^2 = x + 1$

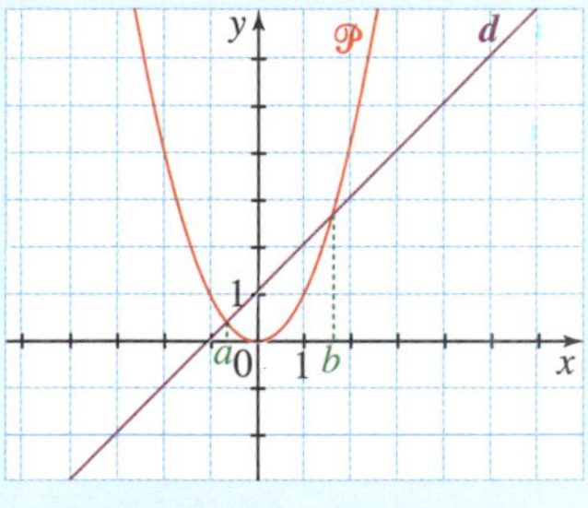

2. La parabole $\mathscr{P}$ et la droite d ont deux points d'intersection ; donc l'équation (E) a deux solutions a et b, la plus petite de ces solutions étant comprise entre -1 et 0, l'autre entre 1 et 2.

4 On considère la fonction $x \mapsto \frac{1}{x}$ et on trace sa courbe représentative $\mathscr{C}$ (voir page 117).

1. Les points de $\mathscr{C}$ ayant une abscisse comprise entre 2 et 3 ont une ordonnée comprise entre $\frac{1}{3}$ et $\frac{1}{2}$.

Donc : si $2 < x < 3$, alors $\frac{1}{3} < \frac{1}{x} < \frac{1}{2}$.

2. Les points de $\mathscr{C}$ ayant une abscisse comprise entre -4 et -1 ont une ordonnée comprise entre -1 et $-\frac{1}{4}$.

Donc : si $-4 \leqslant x \leqslant -1$, alors $-1 \leqslant \frac{1}{x} \leqslant -\frac{1}{4}$.

5

La fonction racine carrée est strictement croissante sur $[0 ; +\infty[$.

1. $3 \leqslant \sqrt{x} \leqslant 6$.
2. $4 < \sqrt{x} < 11$.

6 1. $x = 81$.
2. $\sqrt{x} - 7 = 93 \Leftrightarrow \sqrt{x} = 100$
$\Leftrightarrow x = 10\,000$.
3. $3\sqrt{x} - 16 = 8 \Leftrightarrow 3\sqrt{x} = 24$
$\Leftrightarrow \sqrt{x} = 8$
$\Leftrightarrow x = 64$.

7

La fonction cube est strictement croissante sur $\mathbb{R}$.

1. $1 \leqslant x^3 \leqslant 27$
2. $-8 < x^3 < 64$

8 1. $x^3 = -27 \Leftrightarrow x = -3$.
2. $x^3 = 125 \Leftrightarrow x = 5$.
3. $\frac{1}{2}x^3 - 15 = 93 \Leftrightarrow \frac{1}{2}x^3 = 108$
$\Leftrightarrow x^3 = 216$
$\Leftrightarrow x = 6$.

CHAPITRE 12 *(Énoncés p. 121)*

1 Sur 500 élèves de première, 430 étudient l'anglais en LV1.

De plus : $\frac{430}{500} = 0{,}86$.

Donc 86 % des élèves de première étudient l'anglais en LV1.

2 Augmentation de 1,2 %, soit 38,58 € de plus.

1. Soit x le prix initial en euros.

$38{,}58 = \frac{1{,}2}{100} \times x = 0{,}012x$

On déduit : $x = \frac{38{,}58}{0{,}012} = 3\,215$.

Le prix initial était 3 215 €.

2. $3\,215 + 38{,}58 = 3\,253{,}58$.
Le nouveau prix est 3 253,58 €.

3 **1.** 155 € HT $\xrightarrow{\times 1,2}$ Prix TTC

De plus : $155 \times 1,2 = 186$.
Le prix TTC de la robe est 186 €.

2. a. Prix HT $\xrightarrow{\times 1,2}$ 500 € ; 500 € $\xrightarrow{\div 1,2}$ Prix HT

On a : $\dfrac{500}{1,2} \approx 416,65$

Le prix hors taxe du manteau est 416,65 €.

b. On a : $500 - 416,65 = 83,35$.
Le montant de la TVA sur ce manteau est de 83,35 €.

4 Diminution de 30 %, puis diminution de 20 %.

Prix initial $\xrightarrow{\times 0,7}$ Prix après la 1re baisse $\xrightarrow{\times 0,8}$ Prix après la 2e baisse

On a : $0,7 \times 0,8 = 0,56$.
Il reste 56 % du prix initial à payer.
Le pourcentage global de la diminution proposée aux clients est de 44 %.

5 **1. d.** 1,19.

2. c. 0,75.

3. b. –9,84 %.
En effet : $0,98 \times 0,92 = 0,9016$
et $1 - 0,901\,6 = 0,098\,4$.
0,098 4 est le coefficient multiplicateur correspondant à une baisse de 9,84 %.

4. a. +32,25 %.
En effet : $1,15 \times 1,15 = 1,322\,5$ et 1,322 5 est le coefficient multiplicateur d'une hausse de 32,25 %.

CHAPITRE 13 *(Énoncés p. 124)*

1 **1.** Tableau statistique

Note	3	6	7	8	9	10	11	12	13	14	16
Effectif	1	2	1	6	5	2	3	1	5	8	1

2. La valeur du caractère le plus souvent prise est 14, donc le mode est 14.

3. Dans cette classe de Seconde, il y a 35 élèves. Si on les ordonne d'après leur résultat en physique, le dix-huitième élève a 11 pour note en physique.
La moitié des élèves ont au moins 11, la moitié des élèves ont au plus 11.
La médiane est donc 11.

4. On a :

$$\overline{m} = \frac{1}{35}(3\times1+6\times2+7\times1+8\times6+9\times5+10\times2+11\times3+12\times1+13\times5+14\times8+16\times1) = \frac{373}{35},$$

donc $\overline{m} \approx 10,6$ à 0,1 près.

5. Voir réponse en bas de page.
Donc $s \approx 3,02$ à 10^{-2} près.

6. $m - 2s \approx 4,617$ et $m + 2s \approx 16,697$.
L'intervalle $[m - 2s\ ;\ m + 2s]$ est environ égal à $[4,61\ ;\ 16,70]$.

De plus : $2 + 1 + 6 + 5 + 2 + 3 + 1 + 5 + 8 + 1 = 34$.
34 notes sur les 35 appartiennent à l'intervalle $[m - 2s\ ;\ m + 2s]$.

De plus : $\dfrac{34}{35} \approx 0,97$ à 10^{-2} près.

Le pourcentage de notes appartenant à $[m - 2s\ ;\ m + 2s]$ est donc d'environ 97 %.

2 **1.** Les valeurs étant rangées dans l'ordre croissant ou décroissant, la médiane est une valeur (réelle ou fictive) du caractère qui partage la population en deux populations de même effectif.
Pour tous les individus de l'une des populations, le caractère prend des valeurs inférieures ou égales à la médiane ; pour tous ceux de l'autre population, les valeurs du caractère seront supérieures ou égales à la médiane.

• Rangeons les 25 valeurs dans l'ordre croissant ; celle située au 13e rang est la médiane.

0 0 1 1 1 2 2 4 4 5 5 5   6   6 6 7 7 8 8 8 8 9 9 9 9

← 12 valeurs →   ↑ médiane   ← 12 valeurs →

• La moyenne $\overline{m}$ vérifie :

$$\overline{m} = \frac{1}{25}(0\times2+1\times3+2\times2+4\times2+5\times3+6\times3+7\times2+8\times4+9\times4) = \frac{130}{25}.$$

Donc, la moyenne est 5,2.

Chapitre 13, Exercice 1, question 5.

$$s=\sqrt{\frac{\left(3-\frac{373}{35}\right)^2+2\left(6-\frac{373}{35}\right)^2+\left(7-\frac{373}{35}\right)^2+6\left(8-\frac{373}{35}\right)^2+5\left(9-\frac{373}{35}\right)^2+2\left(10-\frac{373}{35}\right)^2+3\left(11-\frac{373}{35}\right)^2+\left(12-\frac{373}{35}\right)^2+5\left(13-\frac{373}{35}\right)^2+8\left(14-\frac{373}{35}\right)^2+\left(16-\frac{373}{35}\right)^2}{35}}$$

2. Le club comporte maintenant 30 membres.

• Les valeurs étant toujours rangées dans l'ordre croissant, la médiane sera une valeur fictive quelconque prise entre la valeur de rang 15 et celle de rang 16.
On prend, en général, la moyenne arithmétique de ces deux valeurs.

```
001112244555666     777888888999999
←— 15 valeurs —→  ↑  ←— 15 valeurs —→
               médiane
```

Toute valeur strictement comprise entre 6 et 7 peut être considérée comme médiane ; nous prendrons 6,5.

• En utilisant la question 2., la nouvelle moyenne $\overline{m'}$ vérifie :

$$\overline{m'} = \frac{25 \times 5{,}2 + 1 \times 7 + 2 \times 8 + 2 \times 9}{30} = \frac{171}{30}.$$

Donc, la moyenne est 5,7.

3. Rangeons les résultats dans l'ordre croissant.

```
001112244   555556666   667777888   888999999
← 9 valeurs → ← 9 valeurs → ← 9 valeurs → ← 9 valeurs →
```

Le premier quartile est la plus petite valeur du caractère telle qu'au moins un quart des valeurs lui soient inférieures ou égales.

Le troisième quartile est la plus petite valeur du caractère telle qu'au moins trois quarts des valeurs lui soient inférieures ou égales.

On en déduit que la médiane est 6, le premier quartile est 5, le troisième quartile est 8.
L'écart interquartile est $Q_3 - Q_1$, c'est-à-dire 3.
L'étendue, c'est-à-dire la différence entre la valeur la plus grande et la valeur la plus petite, est 9.

3

```
from lycee import*
x=randint (1, 6)
if x== 6 :
    print("gagné !")
else :
    print("perdu...")
```

4 1. Le compteur i prend les valeurs 1,2,3,... N.

2. La commande randint(1,6) donne un nombre entier entre 1 et 6 : elle permet par exemple de simuler le lancer d'un dé à 6 faces bien équilibré.

3. i compte le nombre de lancers. C compte le nombre de 1.

4. F correspond à la fréquence du 1 parmi ces N lancers.
Finalement, cet algorithme simule N lancers d'un dé, calcule et affiche la fréquence F d'apparition du « 1 ».

5 1. La probabilité d'obtenir 6 lors d'un lancer de dé équilibré est $\frac{1}{6}$.

2.

```
n = demande ("n=?")
C1=0
for k in range (0, 101) :
    C2=0 :
    for i in range (1, n+1) :
        if randint (0, 6)==6 :
            C2=C2+1
    f=C2/n
    if abs (f -1/6)<=1/ sqrt(n) :
        C1=C1+1
p=C1/100
print(p)
```

C1 compte les f tels que $\left|f - \frac{1}{6}\right| \leqslant \frac{1}{\sqrt{n}}$.
C2 compte les 6.

3. $\left|f - \frac{1}{6}\right| \leqslant \frac{1}{\sqrt{n}}$ signifie $\frac{1}{6} - \frac{1}{\sqrt{n}} \leqslant f \leqslant \frac{1}{6} + \frac{1}{\sqrt{n}}$.

L'intervalle $\left[\frac{1}{6} - \frac{1}{\sqrt{n}} ; \frac{1}{6} + \frac{1}{\sqrt{n}}\right]$ est appelé intervalle de fluctuation au seuil de 95 % : il contient au moins 95 % des fréquences observées. C'est pourquoi, lorsque l'on fait fonctionner l'algorithme, p est en général supérieur ou égal à 0,95.

CHAPITRE 14 *(Énoncés p. 127)*

1 Puisque le dé est équilibré, les six issues 1 ; 2 ; 3 ; 4 ; 5 ; 6 sont équiprobables et la probabilité de chaque issue est $\frac{1}{6}$.

$P(A) = \frac{1}{6}$.

$P(B) = P(2 \text{ ou } 4 \text{ ou } 6) = \frac{3}{6} = \frac{1}{2}$.

$P(C) = 0$ car l'événement « obtenir 7 » est impossible.
$P(D) = 1$ car l'événement « obtenir un nombre entier » est certain.

2 1.

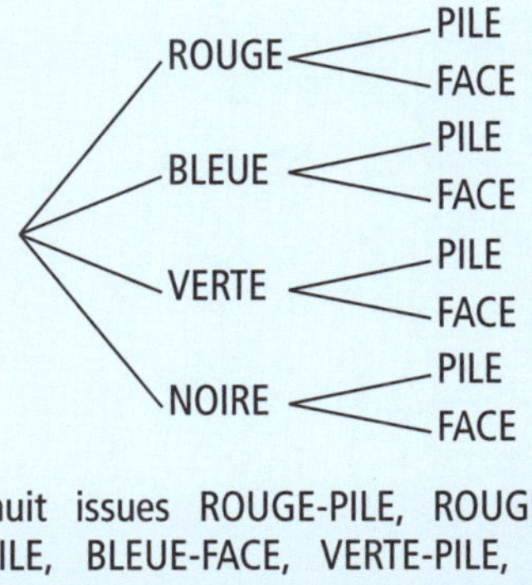

2. Les huit issues ROUGE-PILE, ROUGE-FACE, BLEUE-PILE, BLEUE-FACE, VERTE-PILE, VERTE-FACE, NOIRE-PILE, NOIRE-FACE sont équiprobables puisque le tirage de la boule se fait au hasard et que la pièce est équilibrée, donc : $P(A) = \frac{1}{8}$.

3

2e dé \ 1er dé	1	2	3	4
1	2	3	4	5
2	3	4	5	6
3	4	5	6	7
4	5	6	7	8

Puisque les deux dés tétraédriques sont équilibrés, les seize issues (1 ; 1), (1 ; 2), (1 ; 3), (1 ; 4), (2 ; 1), (2 ; 2), (2 ; 3), (2 ; 4), (3 ; 1), (3 ; 2), (3 ; 3), (3 ; 4), (4 ; 1), (4 ; 2), (4 ; 3), (4 ; 4) sont équiprobables.

Il n'y a que l'issue (4 ; 4) qui réalise l'événement A : « obtenir 8 », donc : $P(A) = \frac{1}{16}$.

Les issues (3 ; 4) et (4 ; 3) sont les seules qui réalisent l'événement B : « obtenir 7 », donc : $P(B) = \frac{2}{16} = \frac{1}{8}$.

Huit issues réalisent l'événement C : « obtenir un nombre pair », donc : $P(C) = \frac{8}{16} = \frac{1}{2}$.

« Obtenir au moins 6 » signifie « obtenir 6, 7 ou 8 », donc : $P(D) = \frac{3+2+1}{16} = \frac{6}{16} = \frac{3}{8}$.

L'événement E : « obtenir au plus 8 » est certain, donc : $P(E) = 1$.

4 **1.** C'est la réponse **b.** qui est exacte. En effet, A et B sont incompatibles, donc :

$$P(A \cup B) = P(A) + P(B) = 0{,}28 + 0{,}15 = 0{,}43.$$

2. C'est la réponse **b.** qui est exacte. En effet :

$P(B) = 1 - P(\overline{B}) = 1 - 0{,}3 = 0{,}7$

et $P(A \cup B) = P(A) + P(B) - P(A \cap B)$, donc :

$P(A \cap B) = P(A) + P(B) - P(A \cup B) = 0{,}8 + 0{,}7 - 0{,}9 = 0{,}6.$

Histoire Géographie

MÉTHODES

Histoire

Géographie

COURS

Histoire

Géographie

LES MÉTHODES

Analyser un texte historique

COMMENT FAIRE

Après avoir **replacé le document dans son contexte historique**, l'objectif d'une analyse de document est de le mettre en relation et de le confronter avec des connaissances personnelles, grâce à des pistes fournies par les questions.
Il s'agit de **dégager les apports essentiels du document et de le critiquer**. Aussi, pour réussir l'analyse du document, est-il indispensable de bien connaître et comprendre le cours.

Une démarche historique...

Étudier un document en histoire, c'est être capable, grâce à ses connaissances, de prendre du recul et de **percevoir le point de vue de l'auteur**. Il faut donc avoir une **lecture critique** et ne pas prendre au pied de la lettre tout ce que le document affirme. De plus, les réponses doivent montrer la maîtrise du vocabulaire, des notions et des concepts historiques indispensables à une bonne compréhension du document.

... pour bien comprendre et expliquer le texte

D'abord, prenez le temps de lire et comprendre chaque mot du document. **Repérez les mots-clés et la structure de l'argumentation.** Puis, lisez attentivement toutes les questions et **cernez la logique du questionnement.** Cela permet alors de placer les éléments de réponse au bon endroit et d'éviter les répétitions. Il sera alors possible de rédiger les réponses.

Attention !
Ne mettez pas toutes vos connaissances dans la première réponse : il serait ensuite difficile de répondre aux autres questions sans vous répéter.

Exercice d'application

ÉNONCÉ

Lisez le texte ci-dessous et répondez aux questions.

Un éloge de la démocratie athénienne par Périclès

« Notre régime politique ne se propose pas pour modèle les lois d'autrui et nous sommes nous-mêmes des exemples plutôt que des imitateurs.
Pour le nom de ce régime, comme les choses dépendent non pas du petit nombre mais de la majorité, c'est une démocratie. En ce qui concerne nos différends privés, la loi nous place tous à égalité. Quant à l'honneur des magistratures, il revient à ceux qui ont le plus de mérite dans le domaine concerné, l'appartenance à telle ou telle catégorie sociale n'entre pas en ligne de compte. D'ailleurs, la pauvreté n'empêche pas un homme capable, d'être au service de l'État [...]. Nous pratiquons la liberté non seulement dans notre conduite politique mais aussi dans la vie quotidienne où nous restons ouverts aux autres [...]. Malgré cette tolérance qui règle nos relations privées, dans le domaine public, nous craignons d'agir illégalement, car nous prêtons attention aux magistrats qui se succèdent et aux lois [...]. En résumé, j'ose le dire : notre cité dans son ensemble, est pour la Grèce une vivante leçon. »

Thucydide, *Histoire de la guerre du Péloponnèse*, II, 36-43, Ve siècle av. J.-C.
D'après la traduction de J. de Romilly, Éd. R. Laffont, 1990.

1. Présentez le document en insistant sur son auteur.
2. Comment fonctionne la démocratie à Athènes d'après Thucydide ?
3. Pourquoi peut-on affirmer que l'auteur fait l'éloge de la démocratie et de Périclès ?

CORRIGÉ

1. Identifier le document (nature, source, auteur, date, contexte historique, thème général). Ce texte présente une difficulté particulière à expliquer : l'auteur rapporte un discours du stratège Périclès.

Le texte est composé d'extraits du discours politique prononcé en 430 av. J.-C. par Périclès, puissant stratège athénien. Il est rapporté par l'historien Thucydide dans son *Histoire de la guerre du Péloponnèse* à la fin du Ve siècle av. J.-C. Cet ouvrage est considéré comme le premier livre d'histoire jamais écrit. L'auteur rapporte dans cet extrait, plusieurs années après, un discours s'adressant aux citoyens athéniens rassemblés pour la cérémonie en l'honneur des soldats morts pendant les premiers combats de la guerre qui oppose Athènes à Sparte. Thucydide, admirateur de Périclès et de sa politique, écrit cet ouvrage alors que la puissance athénienne est remise en cause par Sparte dès 431 av. J.-C. et que la démocratie ne fait plus l'unanimité. Périclès, dans cet extrait, fait l'éloge de la démocratie athénienne. Par la transcription de ce discours, l'historien souligne la supériorité du régime athénien.

2. Analyser le document : les réponses aux questions doivent s'appuyer sur des citations courtes et bien sélectionnées.

La « **démocratie** » athénienne comme le proclame Périclès s'appuie sur les valeurs que sont « **l'égalité, le mérite, la liberté et la tolérance** ». Ainsi tous les citoyens d'Athènes votent, peuvent être élus ou tirés au sort. Ces pratiques politiques leur permettent d'exercer les responsabilités à tour de rôle comme « **l'honneur des magistratures** » et de prendre part aux décisions. Les citoyens pauvres peuvent s'investir davantage dans la vie politique grâce au *misthos*, une indemnité instaurée par Périclès. À l'inverse, les plus riches financent certaines dépenses religieuses ou militaires de la Cité.

Tous les citoyens discutent et votent librement les lois à l'Ecclesia, assemblée des citoyens. Le respect de la loi est déterminant car elle est, dans la démocratie directe, l'expression « **de la majorité** ». Les citoyens prêtent « **attention aux magistrats** » en contrôlant étroitement leurs actes. Ainsi pour éviter toute tentative d'abus de pouvoir, ils ne sont désignés que pour un an et peuvent être condamnés à un exil forcé par un vote secret des citoyens (ostracisme) si ceux-ci estiment qu'ils sont dangereux pour la démocratie.

3. Évaluer la portée du texte : la dernière question invite à mettre le document en perspective, à souligner son intérêt et à en faire parfois une lecture critique.

Thucydide présente par la voix de Périclès ce régime comme une invention d'Athènes et un modèle unique : les Athéniens ne sont pas des « **imitateurs** » mais des « **exemples** », « **une leçon** » à suivre pour toutes les cités grecques. Ainsi l'auteur, admirateur de Périclès, donne une image flatteuse du magistrat défenseur de la démocratie, réélu 15 fois stratège, améliorateur des institutions et de la cité. Ce discours de propagande du dirigeant politique et chef de guerre, Périclès, doit convaincre et mobiliser les citoyens pour la sauvegarde de la démocratie dans un contexte militaire difficile. Ce plaidoyer en faveur de la démocratie ne présente pas les limites, ni les critiques pourtant nombreuses, à la fin du Ve siècle, dans un contexte politique de tentation d'un autre modèle oligarchique, celui de Sparte.

LES MÉTHODES

Analyser un tableau

COMMENT FAIRE

L'analyse d'une peinture suit la même démarche globale que celle d'un texte ou de tout autre document. Cependant, elle présente des **spécificités**.

Présenter un tableau

Comme tout document, il s'agit de l'**identifier** (nature, source, auteur, date, contexte historique, thème général) en précisant pour un tableau : son **genre**, ses **dimensions**, son **lieu de conservation**, son **support** et **les techniques utilisées par le peintre**.
L'auteur du tableau doit être situé dans l'histoire de l'art et son œuvre replacée dans le contexte historique et artistique de son époque, en indiquant si possible son commanditaire.

Analyser un tableau

Il faut d'abord **décrire le tableau** en étudiant la composition, les couleurs et la lumière, le dessin et les contours des personnages ou des objets pour ensuite en déduire sa signification artistique et historique en déterminant **les intentions de l'artiste**.

Estimer l'intérêt et la portée d'un tableau

Il s'agit **d'évaluer la place de la peinture dans son époque** et de définir son **influence** dans l'histoire de l'art à court et à long terme.

Exercice d'application

ÉNONCÉ

Étudiez le document ci-contre et répondez aux questions.

Sainte Anne, la Vierge et l'Enfant,
huile sur bois de Léonard de Vinci (Vinci 1452-Amboise 1519), vers 1510, 1,685 m × 1,30 m, Paris, musée du Louvre. ▶

1. Présentez le document.

2. Étudiez le mouvement, la composition, les contours des différents personnages ainsi que le paysage.

3. Quelles innovations décisives Léonard de Vinci apporte-t-il à la représentation de cette scène déjà très courante au Moyen Âge ?

CORRIGÉ

1. Ce tableau de grand format (1,70 m × 1,30 m) est une huile sur bois conservée à Paris au musée du Louvre et peinte par **Léonard de Vinci**. Célèbre peintre florentin, il participe à la **révolution artistique de la Renaissance** qui apparaît en **Italie** au **XVe siècle** puis se diffuse à l'ensemble de **l'Europe** au **XVIe siècle**. Esprit curieux et universel, il se déplace dans toute l'Italie au service de différents princes.

• Le **commanditaire** de cette œuvre, dont l'identité reste sujette à discussion, est sûrement le roi de France **Louis XII**. Ce dernier passe une commande privée à Vinci en 1499. Le peintre réalise plusieurs dessins très différents avant d'arriver à l'état final.

• Achevée vers 1510, cette **peinture religieuse** représente la Vierge assise sur les genoux de sa mère, sainte Anne, qui tente de retenir l'enfant Jésus qui lui échappe. Si la représentation est courante depuis le XIIe siècle, **la manière de traiter le sujet a considérablement évolué à la Renaissance.**

2. La **composition** est basée sur la forme géométrique du triangle dans lequel s'inscrivent les trois personnages. Ce groupe repose sur un équilibre fragile et une cohérence étroite. Le **mouvement** est **descendant vers la droite** le long d'une ligne qui joint tous les visages, souligné par la lumière portée sur les carnations, et accompagné par les bras de Marie et de Jésus.

Vinci remplace la ligne de contour et de démarcation, c'est-à-dire le dessin, par la **modulation chromatique** : les transitions entre les figures et les objets se font fluides. Cette **technique du *sfumato*, inventée par Léonard de Vinci,** qui consiste à estomper les contours des formes est ici employée de manière à mettre en évidence à la fois l'originalité et la personnalité de chaque figure.

• En arrière-plan, le **paysage**, une chaîne de montagnes aux sommets acérés et aux tons froids et purs, tranche avec la terre brune du premier plan, par son caractère mystique, presque fantasmagorique. Fondée sur l'observation physique selon laquelle les couleurs d'un paysage bleuissent vers l'horizon, la **perspective atmosphérique** sert ici pour figurer l'austérité minérale d'un monde céleste imaginaire. Ce paysage met en valeur le **caractère sacré des personnages** du premier plan. L'arbre sur la droite, seul organisme vivant de cette contrée désertique, pourrait être l'emblème de l'homme, la trace de Joseph, personnage exclu de cette trinité sacrée.

3. Cette scène caractéristique de l'art chrétien diffère totalement du Moyen Âge dans la manière de traiter le sujet. **Les techniques picturales** employées ici sont **novatrices.**

• En recourant à la **perspective**, mais en en détournant l'usage, en réduisant les contours et les délimitations, alors que le dessin domine encore la couleur au début de la Renaissance, **Léonard de Vinci révolutionne la conception de la peinture.**

• L'originalité vient aussi de la **composition** et du **traitement des personnages**, positionnés en double mouvement d'accompagnement et d'éloignement. Ils expriment toutes sortes d'émotions qui humanisent les figures sacrées de la religion chrétienne : Marie, anxieuse, essaie d'empêcher Jésus de tomber en l'étreignant alors que sainte Anne, souriante, semble incarner l'acquiescement au sacrifice divin. Ces personnages sont presque à la portée du spectateur si ce n'est la présence du fossé au premier plan.

• Enfin, l'inscription de cette scène dans un paysage naturel imaginaire est aussi en **rupture avec l'art religieux médiéval.**

LES MÉTHODES

Répondre à une question problématisée en histoire

COMMENT FAIRE

La **question problématisée** d'histoire permet au candidat de montrer qu'il maîtrise les **connaissances** du programme et qu'il sait utiliser à bon escient les **notions** et les **échelles chronologiques**. Il traite le sujet par une **réponse organisée**, composée d'une introduction, de plusieurs paragraphes et d'une conclusion.

Étapes de préparation

Analyser le sujet et la problématique

Il faut bien **lire** le sujet, en **comprendre** les mots-clés, et le **délimiter** dans le **temps** et dans l'**espace**.
La problématique sert de fil directeur à la réflexion et donc au plan.

Mobiliser les connaissances

Cet exercice doit **répondre à la problématique** avec logique, grâce à une certaine hiérarchie et organisation des connaissances. Pour cela, il faut se poser les **grandes questions** : qui ? quoi ? comment ? pourquoi ? quand ? où ?, etc. Elles permettent de définir les termes du sujet, de **mettre** toutes ses connaissances en vrac au brouillon, avant de les trier et de les **hiérarchiser**.

Rédaction du devoir

L'introduction

L'introduction, qui doit être concise, est fondamentale. Après avoir montré que le sujet a bien été compris par une **analyse des termes**, il faut indiquer la **problématique** et annoncer le plan, c'est-à-dire les thèmes principaux du devoir.

Le développement du devoir

Le corps du devoir est formé de **deux à trois parties**. Chacune des parties comprend plusieurs **arguments** formant des paragraphes – deux ou trois – développés par un exemple, un fait précis et/ou une explication. **À la fin** de chaque partie, **une transition** annonce la partie suivante. Les transitions permettent de souligner **la cohérence** du raisonnement.

La conclusion

Elle redonne son unité à la composition et apporte une **réponse à la problématique**. Elle présente le **bilan**, l'aboutissement du raisonnement qui répond de **façon nuancée à la problématique**. Elle finit par **l'élargissement du sujet :** il s'agit de l'ouvrir sur des perspectives plus larges.

Tout le devoir doit bien sûr être rédigé en soignant l'expression et l'orthographe... Aucun titre ne doit apparaître dans le corps du développement !

Exercice d'application

ÉNONCÉ

La société française aux XVIIe-XVIIIe siècles : une société complexe.

Problématique : Quelles sont les caractéristiques de la société française des XVIIe et XVIIIe siècles ?

Plan proposé : La société française est une société d'ordres, majoritairement rurale qui connaît des mutations, des tensions et des crispations.

CORRIGÉ

Introduction rédigée

(Présentation du sujet) La société française des XVIIe et XVIIIe siècles est une société compartimentée, organisée en trois ordres, une tripartition héritée du Moyen Âge. Elle repose sur des privilèges c'est-à-dire sur des avantages accordés surtout au clergé et à la noblesse. Cette société hiérarchisée par la famille et la naissance est toutefois diversifiée au sein des trois ordres. Essentiellement rurale et paysanne, la société portée par le dynamisme démographique et la prospérité économique se transforme au cours de la période.

(Problématique) Quelles sont les caractéristiques de la société française des XVIIe et XVIIIe siècles ?

(Annonce du plan) La société française est une société d'ordres, majoritairement rurale qui connaît des mutations, des tensions et des crispations.

Développement : proposition de plan détaillé

1re partie. La société française d'Ancien Régime : ordres et privilèges

Argument 1. Le Clergé, la noblesse et le tiers état sont trois ordres complémentaires.

Argument 2. La société française : une société corporative qui bénéficie de nombreux privilèges.

Argument 3. Des ordres privilégiés diversifiés : des noblesses et des clergés.

(Transition) La société d'ordres est essentiellement paysanne mais le monde urbain domine les campagnes.

2e partie. Une société divisée entre campagne et ville

Argument 1. Plus de 80 % des habitants vivent dans le monde rural.

Argument 2. Des paysans diversifiés aux intérêts divergents.

Argument 3. Une société urbaine dynamique mais avec des écarts sociaux très marqués.

(Transition) Cette société diversifiée se transforme rapidement au XVIIIe siècle.

3e partie. Mutations, tensions et crispations sociales au XVIIIe siècle

Argument 1. Un contexte économique et social favorable.

Argument 2. La diffusion des idées des Lumières parmi les élites cultivées contribue à la montée de la critique et à la naissance de l'opinion publique.

Argument 3. Une crise sociale généralisée dans la deuxième moitié du XVIIIe siècle.

Conclusion rédigée

(Bilan) La division de la société en ordres renvoie à un système social marqué par l'inégalité de naissance entre les personnes et de nombreux privilèges. Cette société déjà diversifiée au XVIIe siècle change fortement après 1750. Le décalage grandit entre les aspirations sociales et l'organisation traditionnelle, ce qui crée de fortes tensions dans un contexte de résistance nobiliaire.

(Ouverture) Ce blocage social ainsi que l'impossibilité de toute réforme vont conduire à la Révolution.

Introduction : découper le temps

Traditionnellement, l'enseignement de l'histoire en France est divisé en **quatre grandes périodes** : histoire ancienne, médiévale, moderne et contemporaine. Pour caractériser une période, il faut chercher une **rupture significative**.

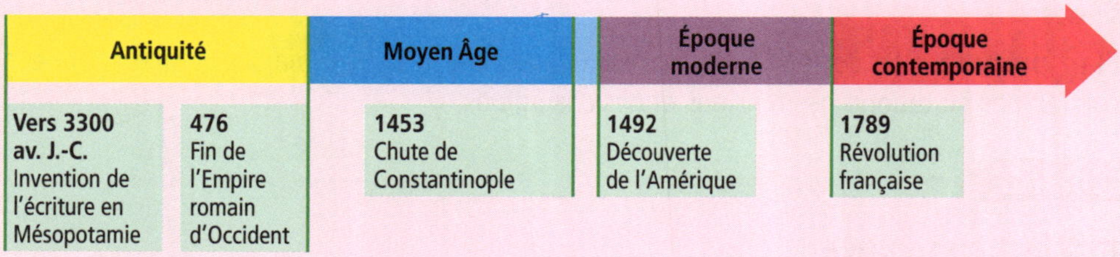

• **Une périodisation contestable.** Ces périodes sont le **produit de l'histoire européenne et méditerranéenne** et ne sont pas forcément pertinentes pour d'autres aires géographiques. Déjà à l'échelle de l'Europe, les délimitations ne recouvrent pas les mêmes bornes chronologiques selon les pays. La **mondialisation qui renouvelle notre rapport au savoir** accentue cette remise en cause de la périodisation.

• **Le temps a une histoire.** Pour la première fois, l'Histoire est séparée en périodes dès la fin du XVe siècle. Les **césures actuelles**, définies à la fin du XIXe siècle, sont **surtout politiques** (476, 1453, 1789). En effet, les historiens de cette époque expliquent l'histoire par le facteur unique de l'événement politique. Mais cette périodisation peut être différente si l'on suit d'autres objets d'étude, économiques, culturels ou sociaux. La date de 1492 est par exemple un autre marqueur pour la fin du Moyen Âge caractérisant le changement d'échelle dans la connaissance du monde. Ainsi **les temporalités sont multiples** et se chevauchent ; il s'agit de mettre en relation leurs enchevêtrements.

• **Le Moyen Âge, une période ?** La période du Moyen Âge est une **création de la Renaissance** pour définir de manière négative la période qui va traditionnellement de la fin de l'Empire romain à la fin du XVe siècle. **Plusieurs dates de ruptures** peuvent être choisies pour débuter cette période : en 313 lorsque Constantin s'engage à se convertir au christianisme, 392 lorsque l'Empire romain devient officiellement chrétien, 410 lors du sac de Rome par les Wisigoths ou 476 qui marque la déposition du dernier empereur romain d'Occident. Mais aucune n'est véritablement pertinente pour le médiéviste Jean-Philippe Genet. Il propose le **VIIe siècle** comme rupture décisive pour commencer cette période puisqu'il marque la **stabilisation de trois grandes civilisations** (empires, monothéismes, systèmes de pouvoir).

• **Différentes échelles du temps.** **Périodiser**, c'est donc **construire une séquence temporelle**. Outre les dates de ruptures, d'autres formes de périodisation existent, comme les dynasties, les ères, les âges, les époques, les siècles, les générations… Par exemple, certains historiens choisissent la temporalité d'une biographie pour caractériser une époque. Même si les découpages ne sont jamais satisfaisants, surtout dans une **histoire de plus en plus globale**, leur conservation permet de rendre l'histoire plus intelligible. Les utiliser permet aussi de se les approprier et de les remettre en question.

1 La Méditerranée antique

Les civilisations antiques qui se sont épanouies autour de la **Méditerranée** ont nourri les identités multiples de l'Europe. Au Ve siècle av. J.-C., la Méditerranée est dominée par la **cité d'Athènes** puis par les **Romains** qui édifient dès le Ier siècle **un immense empire territorial**.

Athènes au Ve siècle av. J.-C. : une cité démocratique impérialiste

Athènes domine un vaste empire maritime dont elle tire d'immenses richesses qui lui permettent de renforcer et d'installer durablement la démocratie.

L'Empire romain (Ier siècle av. J.-C. – Ve siècle) : de sa naissance sous Auguste à sa christianisation sous Constantin

Dès 27 av. J.-C. et durant quatre siècles, les Romains unifient l'espace méditerranéen et permettent l'essor d'une culture gréco-romaine.

1 Athènes : puissance de la mer Égée au Ve siècle av. J.-C.

A Une cité qui invente la démocratie

• **L'instauration de la démocratie.** Ce régime est progressivement mis en place à la fin du VIe siècle av. J.-C. Il doit éliminer toutes les sources de rivalité et de conflit entre les familles. Les citoyens se partagent le pouvoir à égalité **sans considération de naissance, ni de fortune**.

• **Une citoyenneté active.** Chaque citoyen **peut et doit participer** à la vie politique, judiciaire et religieuse ainsi qu'à **la défense de la cité.**

• **Une minorité de citoyens.** Les femmes, les métèques et les esclaves sont exclus de la citoyenneté.

B Un empire maritime au service de la démocratie

• **La constitution d'un Empire.** Ce régime tire sa renommée de ses **victoires contre les Perses** à **Marathon** (490 av. J.-C.) et à **Salamine** (480 av. J.-C.). Pour protéger les cités grecques, **Athènes fonde en 478 av. J.-C. la ligue de Délos.** Les contributions financières de chaque cité sont déposées dans l'île de Délos.

• **Une cité impérialiste.** La cité renforce son emprise sur les 275 cités et, en 454 av. J.-C., **le trésor de la ligue est transféré par Périclès à Athènes.** Cette dernière accroît sa puissance commerciale et **le port du Pirée** devient le grand centre économique grec.

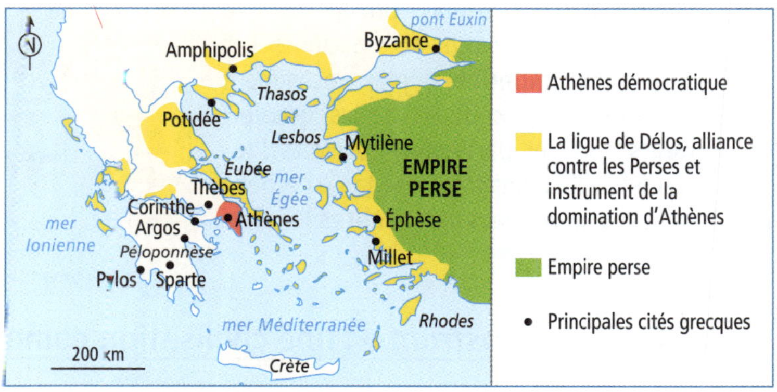

▲ L'Empire d'Athènes à son apogée au Ve siècle av. J.-C.

C « Le siècle de Périclès »

• **Un homme politique influent.** Issu d'une famille aristocratique prestigieuse, **Périclès**, brillant orateur, est élu **stratège** en 443 et réélu 15 fois de suite. S'appuyant sur le petit peuple urbain, il fait voter le versement d'une **indemnité journalière (*misthos*) pour les juges.** Il fait aussi adopter un **décret qui restreint les conditions d'accès à la citoyenneté** pour permettre à la **démocratie directe** d'être plus efficace.

▲ Buste de Périclès en marbre, ve siècle av. J.-C., British Museum, Londres.

• **La puissance d'Athènes célébrée.** Pour renforcer le prestige d'Athènes, foyer intellectuel et artistique de la Grèce, Périclès entreprend la **reconstruction de l'Acropole** à partir de 447 av. J.-C. en utilisant le **tribut** versé par les cités alliées.

• **Défendre la cité démocratique.** Périclès engage Athènes et la ligue de Délos en 431 av. J.-C. dans une **guerre contre Sparte et ses alliés**. Il meurt en 429 av. J.-C. de la peste. La **défaite d'Athènes en 404 av. J.-C.** marque la fin de sa domination sur la mer Égée.

2 Un monde méditerranéen dominé par Rome (Ier-IIIe siècle)

A La naissance de l'Empire romain

• **Un nouveau régime.** Après une longue **guerre civile**, **Octave**, fils adoptif de César, nommé **Auguste** par le Sénat, fonde le **principat**, résultat d'un compromis passé entre l'aristocratie sénatoriale et le « **princeps** » (premier citoyen).

• **Auguste concentre tous les pouvoirs. Chef unique des armées,** il désigne les magistrats, peut modifier la composition du Sénat et contrôle la production des lois. L'empereur domine la vie religieuse et devient l'objet d'un **culte.**

B Contrôler et unifier l'Empire

• **Un immense territoire.** Auguste **stabilise les frontières de l'Empire** sur le Rhin, le Danube et l'Euphrate. L'Empire est défendu par 150 000 légionnaires, aidés par des unités auxiliaires. Au IIe siècle **la frontière, le limes**, est consolidée.

• **Administrer l'Empire.** Auguste crée une **administration impériale** et réorganise l'administration provinciale. Le Sénat conserve les provinces pacifiées. Les **provinces impériales**, plus récemment conquises, sont confiées à des **gouverneurs** nommés par l'empereur. Mais l'essentiel de l'administration se fait à l'échelle des cités gouvernées par les **élites locales.**

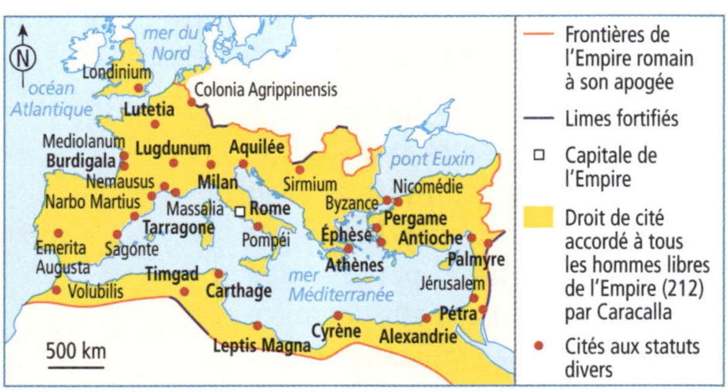

▲ L'Empire romain au début du IIIe siècle : un vaste territoire.

C « *Mare nostrum* » : une civilisation commune

• **Trois types de cités.** Les **cités de droit romain**, les **cités de droit latin** et les **cités pérégrines** (étrangères) versent un tribut à Rome.

• **Intégrer les peuples conquis.** Les empereurs accordent progressivement la citoyenneté romaine aux élites locales et aux provinciaux servant dans l'armée. En **212, par l'édit de Caracalla,** tous les habitants libres de l'Empire deviennent citoyens.

• **Rome, un modèle urbain.** La **romanisation** se diffuse d'abord dans les villes puis dans les campagnes.

3 Un Empire romain en mutation (IIIe-IVe siècle)

A Un empire fragilisé qui se transforme

• **Un empire menacé.** Au milieu du IIIe siècle, **les barbares pillent de nombreuses villes de l'Empire.** Rome est elle-même menacée dans les années 250.

• **Un empire divisé.** Pour résister aux invasions, l'Empire est, à la fin du IIIe siècle, **divisé entre Orient et Occident.** Cette rupture devient officielle quand Constantin installe à Byzance une **« seconde Rome » nommée Constantinople** en 330. La division devient permanente à partir de 395.

• **Un empire restructuré.** Les empereurs font des **réformes administratives et fiscales.** L'armée est aussi réformée et renforcée. Le pouvoir impérial se transforme : l'empereur est **sacré** et maître absolu de ses sujets.

B L'expansion du christianisme

• **Les progrès du christianisme au IIIe siècle.** Si le christianisme ne séduit qu'un dixième de la population de l'Empire, surtout en Asie mineure et en Afrique du Nord, il est **très dynamique dans les villes.** Toutes les catégories sociales sont concernées.

• **Un danger pour l'unité de l'Empire.** Le christianisme brise la solidarité religieuse qui unit d'une part la communauté civique locale, d'autre part les Romains et l'empereur autour du **culte impérial.** La dernière grande **persécution impériale contre les chrétiens est lancée en 303-304 par Dioclétien** mais diversement appliquée dans l'Empire.

C Constantin et le christianisme

• **Des chrétiens ralliés à l'Empire.** Renonçant aux persécutions, **Constantin, empereur d'Occident** publie avec l'empereur d'Orient en **313 un édit de tolérance.** Il s'appuie sur cette nouvelle religion pour consolider **l'unité de l'Empire.**

• **Constantin favorise le christianisme.** Seul au pouvoir en 324, il intervient dans les affaires de l'Église et réunit le **premier concile en 325 à Nicée** pour mettre fin aux querelles théologiques sur la nature du Christ qui divisent les chrétiens. Il élabore une **théologie chrétienne du pouvoir impérial.**

• **Constantin conserve la religion traditionnelle.** Mais il en **interdit certaines pratiques** et confisque les biens des temples au profit du fisc impérial.

▲ Médaille à l'effigie de Constantin, empereur romain (306-337).

2 La Méditerranée médiévale

Au Moyen Âge, la Méditerranée **met en contact des civilisations** qui se différencient de plus en plus. **Fragmenté**, l'espace politique et culturel de la Méditerranée est le cadre de tensions à des échelles différentes, ce qui n'empêche pas les **échanges continuels de biens, d'hommes et de culture**.

- **476** Chute de l'Empire romain d'Occident
- **638** Prise de Jérusalem par les Arabes
- **711** Conquête de l'Espagne par les Arabes
- **750** Les Abbassides établissent un empire musulman
- **962** Couronnement d'Otton Ier comme Empereur romain germanique
- **1064** Début de la Reconquista
- **1099** Prise de Jérusalem par les 1ers croisés
- **1291** Échec de la IXe croisade
- **1453** Prise de Constantinople par les Ottomans
- **1492** Fin de la Reconquista

(400 – 600 – 800 – 1000 – 1200 – 1400)

1 Mise en contact de trois civilisations

A L'Empire byzantin en déclin

• **Un empire à son apogée.** L'Empire byzantin connaît **deux phases brillantes** : du milieu du Ve au milieu du VIe siècle puis du milieu du IXe au début du XIe siècle. Cependant, ses forces déclinent progressivement, ce qui ne lui permet pas de résister aux Perses, Arabes, Slaves, Bulgares, Serbes et Turcs. Finalement, **ce sont les Ottomans qui prennent Constantinople en 1453**.

• **Un empire en déclin.** L'Empire fut longtemps une puissance respectée et admirée. Mais son lent déclin est lié à l'**écart** qui se creuse peu à peu **entre la réalité et l'idéal** que l'Empire veut maintenir coûte que coûte. Sa prétention à **incarner les valeurs éternelles de Rome** l'aveugle face aux menaces extérieures et intérieures, provoquant sa chute.

B Extension du monde arabe et musulman

• **Les conquêtes arabes.** Les Arabes profitent de l'affaiblissement de Byzance pour s'emparer de **Jérusalem (638)** puis de l'ensemble de la Palestine, de la Syrie et de la Mésopotamie. Ils s'étendent jusqu'en **Arménie à l'est** et dans **toute l'Afrique du Nord** jusqu'en **Espagne (711) à l'ouest**.

• **D'un Empire à un autre.** Les **Abbassides** qui prennent en main l'Empire (762) établissent un pouvoir intégralement musulman. Mais les **divisions** qui apparaissent rapidement, notamment entre **sunnites et chiites**, morcellent l'État. Les Turcs s'infiltrent dans l'Empire dès

Mots-clés

• **Sunnites :** ils considèrent la sunna, préceptes postérieurs à Mahomet, comme un fondement de la foi à l'égal du Coran.
• **Chiites :** partisans d'Ali, gendre de Mahomet, ils rejettent la sunna.

le IXe siècle puis s'imposent avec la **prise de Constantinople (1453)**. Les Ottomans contrôlent les Balkans, la Mésopotamie, la Méditerranée orientale.

C L'essor de l'Occident

• **L'Empire romain d'Occident.** L'idée d'un **Empire carolingien** est reprise par **Otton Ier** (962) dont le pouvoir s'étend aux royaumes de Germanie et d'Italie puis à la Bourgogne à partir de 1033 et enfin à la Sicile. Mais l'Empire connaît un **long déclin** : du XIe au XIIIe siècle, les **conflits incessants avec le pape** affaiblissent son pouvoir. Peu à peu l'Empire se disloque et **les États italiens s'émancipent**.

• **La chrétienté d'Occident.** En parallèle, la chrétienté d'Occident s'affirme. D'une part, soutenu par les très nombreux et influents **moines de Cluny et de Cîteaux** ainsi que par le roi de France, **le pape confirme sa prédominance spirituelle** sur l'Europe occidentale. D'autre part, les **royaumes** fixent progressivement leurs frontières et leur organisation.

2 Un espace hétérogène, lieu de conflits...

A Divergences religieuses

• **Chrétiens et musulmans.** Pour les musulmans, les chrétiens sont des **idolâtres** qu'on tolère en territoire musulman à condition qu'ils payent la ***djizya***, impôt qui marque leur subordination. Pour les chrétiens, le courant musulman est au départ identifié comme la **centième hérésie chrétienne** (Jean Damascène, début du VIIIe siècle), d'où l'appellation d'**« infidèles »** et de **« sarrasins »**.

• **Diversités au sein des communautés.** Le monde musulman est traversé par des **dissensions**. Si la domination sunnite est totale dans l'Empire, les **courants chiites** se développent, entraînant des tensions. **Saladin** mettra fin à la **dynastie fatimide** en 1171. Au sein de la chrétienté, la **crise iconoclaste** (730-843) secoue l'Empire byzantin qui prend son indépendance vis-à-vis de Rome en **1095** lors du **schisme orthodoxe**.

• **Les Juifs au Moyen Âge.** La situation des Juifs, aussi bien dans le monde chrétien que dans le monde musulman, est complexe. Les Juifs sont généralement considérés comme des **populations de seconde zone**, victimes de discriminations, sinon de persécutions. Cependant, selon les lieux et les périodes, ils **peuvent faire l'objet d'une protection particulière**, ce qui leur permet de prospérer, comme en Espagne sous le califat omeyyade de Cordoue ou sous Alfonse VII de Castille.

B Des conflits ouverts

• **La Méditerranée sous contrôle musulman.** Dans sa partie occidentale, la **piraterie sarrasine** opère sans réplique durant les IXe-Xe siècles à partir de l'Espagne et du Maghreb sur les **côtes françaises et italiennes**, comptant parmi ses buts le **pillage** et la **capture d'esclaves**. En Espagne, les expéditions sont menées contre les royaumes chrétiens au nord.

• **Le tournant du XIe siècle.** C'est au XIe siècle que s'engage la contre-offensive occidentale pour faire reculer l'Islam : **reconquête de la Sicile** (1059), début de **reconquête espagnole** à partir de 1064, **attaques pisanes et génoises puis normandes** contre le littoral maghrébin.

▲ La Reconquista.

• **Les croisades.** L'esprit de reconquête se développe pleinement avec les croisades en Terre sainte. À partir de 1071, **les Seldjoukides interdisent l'accès aux Lieux saints**. En **1095**, le pape **Urbain II** appelle à la croisade. Les **Croisés** s'emparent de **Jérusalem** en **1099** et organisent des **principautés chrétiennes**. Jusqu'en **1291**, **neuf croisades** se succèderont mais elles se solderont par la **perte des États latins en Orient**.

Événement-clé

Bernard de Clairvaux et la IIe Croisade

À l'annonce de la perte d'Édesse, le roi Louis VII se croise et convoque les princes chrétiens et féodaux à Vézelay en 1146. Bernard de Clairvaux les exhorte à se croiser au point de soulever un enthousiasme semblable à celui de 1095. Il décide aussi l'empereur Conrad III à partir pour la Terre sainte.

3 ... et d'échanges

A Échanges commerciaux

• **Un carrefour commercial.** Dès la fin du VIIe siècle, les **échanges commerciaux en Méditerranée** connaissent un développement considérable : sur terre et par mer, les marchands musulmans sillonnent leur immense empire jusqu'en Asie et en Afrique. Contrôlant l'Est de la Méditerranée, les **califes** encouragent l'**essor du commerce**.

• **Venise, puissance maritime et commerciale.** Dès le Xe siècle, les Vénitiens ont obtenu de Byzance de nombreux **privilèges commerciaux**, permettant à la cité d'être l'**intermédiaire incontournable entre l'Orient et l'Occident**. Installés à **Constantinople**, ils possèdent des quais et un quartier réservé et, s'appuyant sur une **flotte puissante**, ils obtiennent le droit de commercer librement dans tout l'Empire. À partir du XIIe siècle, les flottes de Pise et de Gênes s'imposent progressivement dans le commerce oriental mais Venise parvient à maintenir son statut de **puissance commerciale**.

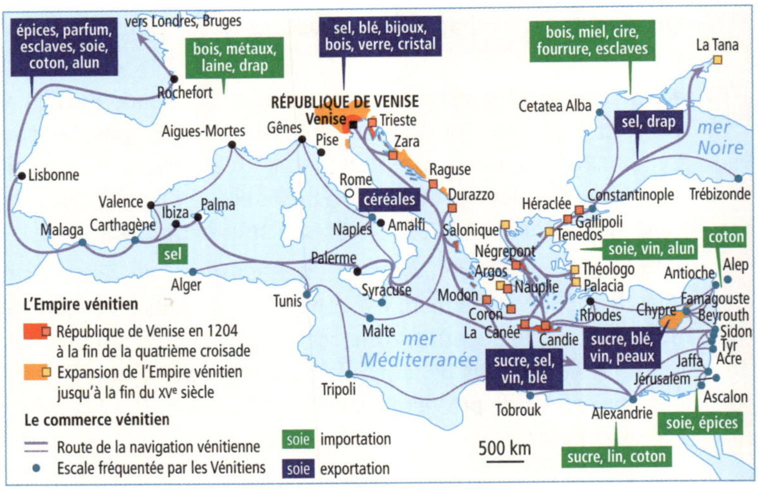

▲ L'Empire maritime de Venise.

B Échanges culturels et scientifiques

• **Avancées arabes.** Les Arabes redécouvrent les **œuvres des auteurs grecs et latins** tels que Ptolémée, Galien qu'ils traduisent et qui se diffusent en Occident. Ils introduisent en Occident des **avancées scientifiques** dans l'optique, les mathématiques, la médecine, la chirurgie.

• **Le cas de la Sicile.** La **Sicile normande**, en particulier sous Roger II (XIIe siècle), favorise la rencontre des cultures. Les rois normands pratiquent une **politique de tolérance et d'assimilation** envers les populations grecques et musulmanes tout en imposant un système féodal. Le géographe **Al-Idrîsî** exalte l'**équilibre des religions**, l'ouverture commerciale et la paix qui y règne sous l'autorité d'un roi sévère.

3 XVe-XVIe siècle : l'ouverture atlantique

La pression musulmane en Méditerranée orientale incite les Européens à se tourner vers l'**Atlantique**. Menés au XVe et XVIe siècle par les Portugais puis par les Espagnols, avec **Christophe Colomb** en 1492 et **Magellan** en 1519, ensuite par les Français et les Anglais, les voyages de découverte ont des conséquences déterminantes pour l'Europe et pour les territoires conquis. Ils marquent le début, au XVIe siècle, de la **colonisation européenne** et entraînent aussi une première **mondialisation**, en multipliant les contacts entre les diverses civilisations.

1400 – **1492** – **1500** – **1522** (GRANDES DÉCOUVERTES) – **1600**

- **1415** Début de l'expansion portugaise dans l'Atlantique
- **1453** Prise de Constantinople par les Ottomans
- **1492** Première expédition de Christophe Colomb jusqu'aux Antilles
- **1494** Traité de Tordesillas
- **1500**
  – Arrivée des premiers esclaves d'Afrique en Amérique
  – Début de traite organisée par les Portugais
- **1521** Fin de la conquête de l'Empire aztèque
- **1534** Prise de possession de l'Empire Inca par Pizarro
- **1552** Publication de la *Destruction des Indes* par Las Casas

1 La constitution d'empires coloniaux

A Une conquête rapide

• **De la découverte à la conquête.** Dans le sillage des **voyages d'exploration** du continent américain, les **conquistadores** en font la conquête pour le compte des souverains de la péninsule ibérique. **Hernán Cortés** parvient en deux ans seulement, entre 1519 et 1521, à prendre le contrôle de l'**Empire aztèque**. Plus au sud, l'**Empire inca** est conquis par **Francisco Pizarro** entre 1531 et 1534. Les Portugais s'installent au Brésil en 1500 et multiplient les **comptoirs** sur les côtes de l'Afrique et de l'Asie. Avec les Espagnols, ils se partagent ces nouvelles terres par les **traités de Tordesillas** en 1494 et de **Saragosse** en 1529.

• **Des facteurs accélérateurs de la conquête.** Les Indiens ne sont pas immunisés contre les maladies apportées par les Européens. Des **épidémies mortelles** paralysent rapidement les sociétés amérindiennes et le pouvoir politique. Les conquistadores exploitent aussi l'**effet de surprise** provoqué par des hommes inconnus, aux armes ignorées. Ils profitent en outre des divisions entre Amérindiens.

• **Des Amériques.** L'Amérique du Nord et le centre de l'Amérique du Sud restent largement inconnus. De plus, Espagnols et Portugais contrôlent des **espaces éclatés**, aux caractéristiques différentes.

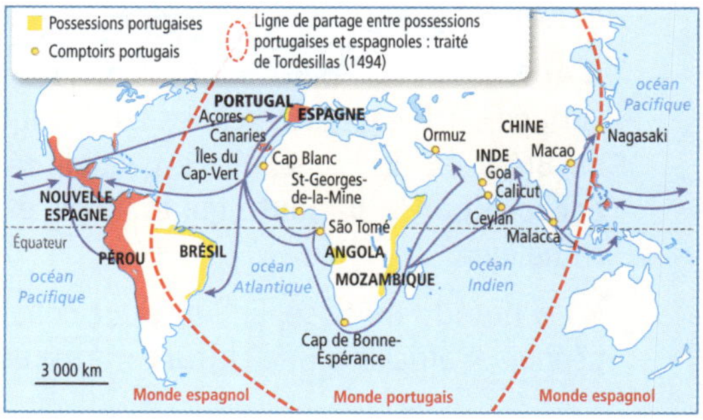

▲ Les empires coloniaux et commerciaux à la fin du XVIe siècle.

B L'organisation des empires

• **Pillages et exploitation du Nouveau Monde.** Les conquistadores exploitent les mines, prélèvent des ressources agricoles, et utilisent la **main-d'œuvre amérindienne**. Le système de l'***encomienda*** est mis en place par l'Espagne : le roi confie à un Espagnol des terres et les Indiens qui y vivent. En échange, il doit les contrôler, assurer leur soumission et les faire travailler. La conquête provoque l'**afflux des colons** attirés par l'appât du gain. Au cours du XVIe siècle, les rois d'Espagne et du Portugal instaurent un **début d'administration** dans les colonies.

• **Une politique de conversion.** La colonisation est justifiée par la **volonté d'une évangélisation** des Amérindiens. Celle-ci est confiée à des **missionnaires européens** pour intégrer les indigènes, par la force si nécessaire, à la communauté chrétienne.

• **La destruction des Amérindiens.** Les guerres et le travail forcé, mais plus encore les maladies comme la rougeole et la variole **exterminent** en quelques années les **neuf dixièmes de la population**. Celle-ci a été estimée à 80 millions d'habitants en 1492 et **moins de 10 millions au milieu du XVIe siècle**. Dénonçant les violences de la colonisation, le missionnaire espagnol **Bartolomé de Las Casas** prend la défense des Amérindiens :

> **Mot-clé**
> **Choc microbien :** arrivée de maladies européennes inconnues des Amérindiens comme la rougeole, la variole, la tuberculose qui vont décimer la population en l'absence de défenses immunitaires.

« Alors que les Indiens étaient si bien disposés à leur égard, les chrétiens ont envahi ces pays tels des loups enragés qui se jettent sur de doux et paisibles agneaux. Et comme tous ces hommes qui vinrent de Castille étaient gens insoucieux de leur âme, assoiffés de richesses et possédés des plus viles passions, ils mirent tant de diligence à détruire ces pays qu'aucune plume, certes, ni même aucune langue ne suffirait à en faire relation. Tant et si bien que la population, estimée au début à onze cent mille âmes, est entièrement dissipée et détruite, s'il est vrai qu'il n'en reste pas aujourd'hui douze mille entre petits et grands, jeunes et vieux, malades et valides [...]. »

Bartolomé de Las Casas, *Très bref exposé de la destruction des Indes*, 1552.
Traduit par Marianne Mahn-Lot, © Éditions Payot, Paris, 1982.

C Les débuts de la traite atlantique

• **Des transferts de populations.** Le **transfert forcé d'Africains en Amérique** commence au XVe siècle avec l'introduction de plusieurs milliers d'esclaves sur l'île portugaise de **São Tomé**, dans le golfe de Guinée, découverte en 1471 et devenue la première colonie sucrière du Portugal. En Amérique à la fin du XVe siècle la main-d'œuvre amérindienne, devenue insuffisante, est remplacée peu à peu par des **esclaves**, venus des côtes africaines. **250 000 à 300 000 esclaves noirs** sont conduits au Nouveau Monde entre 1500 et 1600, essentiellement pour satisfaire les besoins en main-d'œuvre des **plantations**.

• **Au XVIe siècle, un monopole portugais. Premiers à s'être aventurés en Afrique**, les Portugais achètent des esclaves aux trafiquants africains du littoral et les revendent aux colons du Brésil ou de l'Amérique espagnole. **Autorisé par les souverains**, l'esclavage est aussi **accepté par la papauté** qui toutefois exige que les esclaves soient instruits dans la religion catholique.

• **Un monde métissé.** En Amérique cohabitent des populations d'origine amérindienne, européenne et africaine. Une **culture métissée** se développe dans les siècles suivants.

2 L'émergence d'une première mondialisation

A Des flux commerciaux entre tous les continents

• **Des productions pour l'Europe.** Outre l'or et l'argent, le **bois** du Brésil, le **cacao** et le **tabac** sont destinés à l'Europe. À l'inverse, des plantes adaptées au climat comme la **canne à sucre** et les **agrumes** sont introduites en Amérique.

• **L'Europe au cœur des échanges mondiaux.** Elle paie les **épices** achetées aux Indes avec les métaux précieux américains et contrôle les routes des épices asiatiques. Des **produits tropicaux** arrivent d'Amérique vers l'Europe qui **exporte des produits manufacturés** vers les colonies comme les armes, les vêtements et les outils. Sur les côtes africaines, **la traite à destination de l'Amérique s'accélère** à la fin du XVIe siècle.

• **Un afflux de richesses.** Le Portugal et surtout l'Espagne, grâce à l'argent du Nouveau Monde, enrichissent le reste de l'Europe par leurs achats. Grâce à ce commerce, **Lisbonne** pour le Portugal, **Séville** et **Anvers** pour la **couronne d'Espagne** deviennent des ports majeurs : portes d'entrée des richesses de l'Amérique, ils sont au centre d'**une nouvelle économie-monde**. Cette richesse attise la convoitise d'autres nations qui tentent à l'instar des Français, Anglais et Hollandais de s'immiscer dans le **commerce colonial**.

B Une nouvelle vision du monde

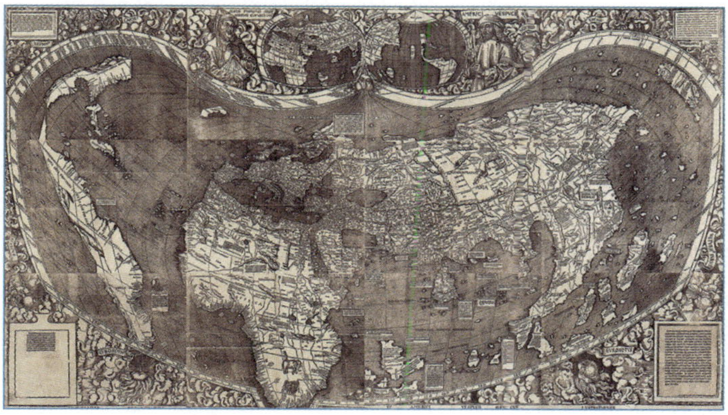

◄ Planisphère de Martin Waldseemüller, 1507 : la première carte représentant le Nouveau Monde et nommant le continent Amérique.

• **Un découpage en quatre continents.** En quelques décennies, **le monde connu des Européens s'est élargi** aux dimensions de la planète. Les terres qu'ils n'ont pas abordées se réduisent : hormis l'intérieur des continents africain et américain, seule l'Océanie est totalement ignorée. Les connaissances géographiques acquises au début de l'époque moderne fournissent de **nouveaux sujets d'étude qui intègrent des terres jusque-là inconnues** aux planisphères européens.

• **Repenser le monde.** Si la rapidité des conquêtes a confirmé la conviction qu'ont les Européens de posséder la vraie foi, ils rencontrent en Amérique des **populations inconnues et non citées dans la Bible**. Les structures politiques qu'ils découvrent sont aussi très diverses, des tribus des Antilles aux empires très organisés des Incas et des Aztèques. La découverte d'un autre continent **remet en cause la conception médiévale de l'univers** et conduit certains à repenser ou même à **critiquer une vision du monde exclusivement centrée sur l'Europe.**

• **Un monde connecté.** La **multiplication des échanges** entraîne partout des **contacts** entre des hommes, des idées, des croyances, des techniques, des objets jusque-là confinés à un territoire limité.

HISTOIRE

4 Renaissance, humanisme et réformes

L'invention de l'imprimerie et la redécouverte de la culture antique favorisent une **révolution de la culture européenne** aux XVe et XVIe siècles. Ce mouvement intellectuel, l'**humanisme**, influence la Renaissance artistique et modifie le **rapport de l'homme à la foi**.

Humanisme	Renaissance artistique	Réformes religieuses
L'Europe connaît une révolution intellectuelle en rupture avec la tradition médiévale.	À partir des foyers italiens et d'Europe du Nord, les arts influencés par l'humanisme se renouvellent.	La quête d'un renouveau spirituel et la contestation de l'Église brisent l'unité chrétienne et provoquent des réformes protestantes, ce qui suscite une Contre-Réforme catholique.

1 Les humanistes : une nouvelle vision de l'homme

A L'Antiquité pour modèle

• **Le retour à l'Antiquité.** Rejetant le Moyen Âge, l'humanisme est un mouvement culturel fondé sur la redécouverte et l'étude des auteurs de l'Antiquité. Il prend sa source en **Italie**, imprégnée des cultures grecque et latine.

• **La maîtrise des langues anciennes.** La redécouverte d'auteurs grecs comme **Platon** ou latins comme **Cicéron** s'accompagne de l'**étude de l'hébreu, du latin et du grec**.

• **L'étude des textes.** Les **textes religieux ou profanes** sont ainsi corrigés, retraduits et commentés. Lorenzo Valla invente la **philologie** pour restaurer l'authenticité des manuscrits. Des humanistes comme **Érasme** traduisent les textes antiques ou bibliques en **langue vernaculaire** ou nationale.

B Une révolution culturelle majeure

• **La confiance en l'homme.** Les humanistes réfléchissent à la **place de l'homme dans l'univers** et exaltent sa grandeur et sa liberté d'action.

• **Une éducation nécessaire.** L'homme est un modèle de perfectionnement par **l'éducation et l'exercice de la raison**. Il est placé par Dieu **au centre de la Création** et doit être formé pour exercer son **esprit critique** et ainsi accéder à la sagesse.

• **Un idéal philosophique.** Les humanistes cherchent à **concilier la pensée de l'Antiquité et la foi chrétienne** et prônent un **idéal de paix et de tolérance** entre les hommes.

C La diffusion des idées humanistes

• **L'imprimerie.** Inventée **vers 1450** par **Gutenberg**, elle permet, grâce au travail des grands imprimeurs ou éditeurs, une **diffusion plus large de l'humanisme**. La noblesse, les notables urbains se l'approprient en constituant des bibliothèques privées.

• **Des lieux de savoir.** Les humanistes créent des institutions nouvelles comme des cercles de réflexion, les **Académies** mais aussi des lieux d'enseignement, les **collèges**.

• **La République des lettres.** La **correspondance** et les **voyages** comme ceux d'Érasme contribuent à développer le **réseau** de relations entre les humanistes.

Personnage-clé
Érasme (vers 1469-1536) : humaniste hollandais qui consacre sa vie à la publication des œuvres de l'Antiquité. Célèbre au début du XVIe siècle pour son érudition, il correspond, voyage et enseigne dans toute l'Europe de la République des lettres.

2 La Renaissance artistique

A Une nouvelle conception de l'art

• **L'influence de l'humanisme.** Les artistes s'inspirent de l'Antiquité et renouvellent en profondeur **l'architecture, la peinture et la sculpture**. La représentation de la nudité devient courante ainsi que la **recherche du Beau** dans l'imitation de la nature et le respect des **proportions idéales** du corps humain.

• **Les innovations.** Les sujets profanes et les **portraits** connaissent un essor important. L'art est aussi fondé sur les symétries, les rapports proportionnels, la **précision mathématique** et le soin apporté à la composition. La peinture utilise de nouvelles techniques de **perspective**, de modelé et de lumière. La **peinture à l'huile**, inventée en **Flandre**, permet plus de précision dans l'usage des couleurs.

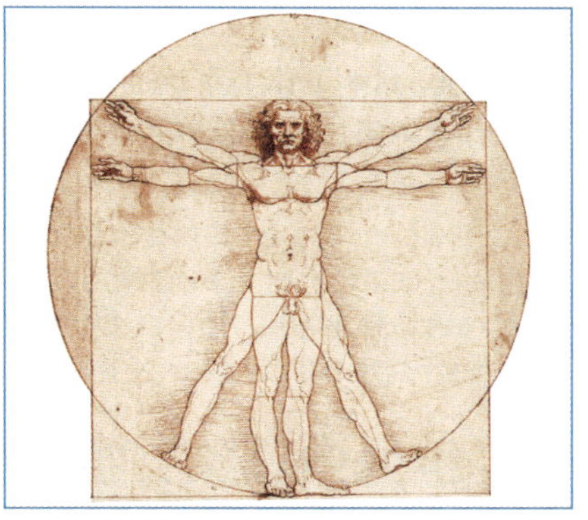

▲ Léonard de Vinci, *La Divine Proportion*. Dessin à la plume, vers 1490. D'après Vitruve, architecte romain de l'Antiquité.

B L'invention de l'artiste

• **Des créateurs.** Érudits et humanistes, les artistes deviennent des personnalités reconnues. Ils **signent leurs œuvres**, réalisent des **autoportraits** et sont matériellement soutenus par des **mécènes** que sont les princes, les rois et les papes.

• **Michel-Ange, un génie de la Renaissance.** À la fois architecte, peintre et sculpteur, l'artiste a travaillé à **Florence** pour les **Médicis** et à **Rome** pour plusieurs papes. Il réalise au **Vatican** les décorations du plafond dès 1508 et du mur de l'autel de la **chapelle Sixtine**. La composition novatrice, le choix des couleurs, la plastique des plus de 400 corps font de ces **fresques** une œuvre centrale de l'art de la Renaissance italienne.

C Une dynamique européenne

• **Les foyers de la Renaissance.** L'Italie est un des foyers majeurs grâce à l'émulation entre des **cités rivales comme Florence, Rome ou Venise.** La **Flandre** est aussi un foyer important.

• **Une diffusion dans toute l'Europe.** Durant le XVIe siècle, la Renaissance artistique se diffuse en **France**, en **Espagne**, dans les **États Allemands** et enfin en **Angleterre**. Des courants artistiques nationaux se créent.

◄ Michel-Ange, *La Création d'Adam*. Détail de la fresque de la voûte de la chapelle Sixtine à Rome, 1508-1512.

3 Les mutations religieuses de l'Europe

A Aux origines de la Réforme

• **Une forte inquiétude religieuse.** Au XVe siècle, les chrétiens redoutent l'**enfer** et, pour l'éviter, multiplient les **prières**, les **pénitences**, les **pèlerinages** et achètent des **indulgences**.

• **Les humanistes et l'Église.** Comme l'écrit Érasme, ils aspirent à une religion plus proche de l'**Évangile** et de l'Église originelle, centrée sur la **foi personnelle**. De nombreux humanistes dénoncent les superstitions, les **erreurs de traduction et d'interprétation des textes bibliques** véhiculées par l'Église. Ils veulent simplifier le culte et le rendre **accessible à tous**.

> **Mot-clé**
> **Indulgence :** grâce accordée par l'Église catholique aux chrétiens repentis de leurs péchés contre un don fait à l'Église. La vente des indulgences permet à l'âme du fidèle d'accéder plus rapidement au Paradis après sa mort.

B L'essor des protestantismes

• **Luther, un moine réformateur.** En **1517, Martin Luther**, critiquant les indulgences et s'opposant au pape, déclenche la **Réforme** qui conduit à son **excommunication en 1521**. Pour lui, le chrétien assure son salut par sa seule croyance en Dieu : c'est la **justification par la foi. Ses idées se répandent rapidement** grâce à l'imprimerie. Le **luthérianisme** s'impose en Allemagne du Nord et en Scandinavie.

• **Le calvinisme.** Pour **Jean Calvin**, la grâce de Dieu est donnée ou refusée par avance : c'est la **prédestination**. Ce **courant protestant** apparu en **1536** se diffuse en France, en Suisse, dans la vallée du Rhin, aux Pays-Bas et en Écosse.

• **L'anglicanisme. Henri VIII** rompt avec le pape en 1534 et devient le **chef de l'Église anglicane** indépendante de Rome. Après beaucoup d'hésitations, l'anglicanisme devient en **1559** une **religion d'inspiration doctrinale protestante** mais conservant une **liturgie catholique**.

C Réforme catholique et division de l'Europe

• **La réforme catholique.** Entre 1545 et 1563, **le concile de Trente condamne les thèses protestantes** et réaffirme la doctrine catholique. Il renforce le rôle et la **formation du clergé** afin de mieux encadrer les fidèles.

• **Une Europe divisée.** La confrontation entre protestants et catholiques provoque des **guerres de religion** qui ensanglantent une partie de l'Europe durant la **seconde moitié du XVIe siècle**. Les souverains tentent d'instaurer ensuite une **coexistence pacifique** entre catholiques et protestants.

5 L'affirmation de l'État en France à l'époque moderne

Le roi de France est **catholique** depuis le **baptême de Clovis (496)**, ce qui a valu à la France le titre de **« fille aînée de l'Église »**. Les rois de France, « rois très chrétiens », sont les seuls à être sacrés. Lors du **sacre**, ils s'engagent à défendre la foi catholique. Ils règnent sur un ensemble de terres au statut hétérogène qu'ils s'efforcent de maîtriser et d'organiser.

fin XVe s.	**Offensive du pouvoir royal** →	milieu du XVIe s.	**Résistances au pouvoir royal** →	milieu du XVIIe s.	**Renforcement du pouvoir royal** →	milieu du XVIIIe s.
	Le pouvoir veut étendre le royaume tout en essayant, à l'intérieur, d'imposer son autorité face aux droits particuliers.		Les guerres de religion alimentent la lutte politique entre ceux qui veulent contrôler le pouvoir du roi et ceux qui veulent son indépendance.		En 1661, Louis XIV décide de diriger seul et Louis XV suivra son exemple. L'État peut assurer l'administration du royaume.	

1 Un monarque, « seigneur en son royaume »

A Le « roi très chrétien »

- **Une monarchie de droit divin.** Le **sacre** rappelle au roi qu'il **tient ses pouvoirs de Dieu**, qu'il est le « lieutenant de Dieu » (Jeanne d'Arc, 1429) dans son royaume. Les acteurs qui participent au sacre manifestent l'**alliance du pouvoir temporel et du pouvoir spirituel**.
- **Un homme à part.** S'il tient son statut de sa naissance, le sacre fait du roi un homme qui ne s'appartient plus. Il est désormais **responsable, devant Dieu, de ses sujets** temporellement et spirituellement. Il devient le garant de la défense, de la justice, de la sécurité de ses sujets contre les ennemis du royaume mais aussi de la paix et de la prospérité de l'Église.

B Maître de la justice et de la guerre

- **La théorisation de la monarchie absolue.** Peu à peu, l'étude de la souveraineté du roi conduit à la **théorisation de la monarchie absolue**. Jean **Bodin** (XVIe siècle) estime que seule la souveraineté du roi est source de cohésion et d'union politique. Cette souveraineté exige un **pouvoir absolu pour le roi**, sachant qu'il reste contraint par le droit naturel et la loi de Dieu. Jacques-Bénigne **Bossuet** (1627-1704) propose une **théorie morale de la monarchie absolue**.

> **Texte-clé**
>
> **La monarchie de droit divin selon Bossuet**
>
> *« Dieu établit les rois comme ses ministres et règne par eux sur les peuples* […]. *Les princes agissent comme ministres de Dieu et ses lieutenants sur terre.* […] *Il paraît de tout cela que la personne des rois est sacrée et qu'attenter sur eux, c'est un sacrilège. »*
>
> J.-B. Bossuet, *Politique tirée des propres paroles de l'Écriture sainte*, 1709.

- **Un système judiciaire complexe.** Le roi rend la justice. Mais le système est complexe : à côté des multiples tribunaux de l'administration royale coexistent des juridictions non royales basées sur le **droit coutumier** ainsi que les **justices seigneuriales et ecclésiastiques**. La monarchie cherche à s'imposer progressivement mais difficilement comme **source du droit**.

• **Renforcement du pouvoir militaire.** Le roi déclare, conduit et conclut la guerre. Nécessitant des capacités techniques et stratégiques, l'art de la guerre manifeste la **puissance du roi et de son royaume**. Le roi tient à conduire les opérations militaires et à **être seul maître des armées** : les organisations militaires particulières sont donc peu à peu interdites.

C Versailles, cœur du pouvoir royal

• **Le cœur du royaume.** C'est à **Versailles** que pour la première fois, à partir de **1682**, le roi, le gouvernement et les grands seigneurs sont réunis au même lieu. L'organisation des jardins et du château souligne que **le roi est le cœur du royaume**.

▲ Louis XIV devant la grotte de Téthys. Anonyme.

• **Le roi-soleil.** Le roi Louis XIV s'identifie au **soleil** : sacré, il ne se dissocie pas de l'État dont il représente la **pièce centrale**. De ce fait, **sa vie est entièrement publique**, ce qui explique la somptuosité de ses appartements, la régularité des journées, l'étiquette. Le faste de la vie au château, ouvert à tous, inspire le **respect** à ses sujets et aux étrangers.

• **La cour.** Marqué par la **Fronde** (1648-1652), Louis XIV veut contrôler les Princes par la **cour**. Elle rassemble des gens divers : famille royale, grands seigneurs, officiers, dames de la noblesse, artistes, domestiques… Elle vit au rythme du roi et dans le respect de l'**étiquette**. Elle est l'instrument du pouvoir car elle exalte la grandeur royale.

2 Faire fonctionner l'État

A Le gouvernement et l'administration du royaume

• **Le Conseil royal.** Les organes du gouvernement royal sont le résultat d'une lente spécialisation du **Conseil du roi**. La monarchie s'appuie de plus en plus sur un personnel spécialisé et fidèle. Mais, les **charges** étant **héréditaires**, le roi n'a pas la garantie d'une administration efficace et loyale. À partir du milieu du XVIe siècle, les **intendants du roi** sont chargés d'inspecter les responsables locaux.

• **Les limites de l'administration royale.** Du fait de la multiplication des corps et des privilèges territoriaux, il n'y a **aucune unité administrative**. Chaque territoire a ses **coutumes**, ses instances locales avec lesquelles il faut composer, ce qui **limite considérablement le pouvoir royal**.

> **Événement-clé**
>
> **L'ordonnance de Villers-Cotterêts**
>
> En août 1539, François Ier signe une ordonnance, dans son château de Villers-Cotterêts, qui institue les prémices de l'état civil. Les curés de paroisses doivent désormais enregistrer les baptêmes par écrit. Elle établit en outre que tous les actes légaux et notariés seront rédigés en français afin que tous puissent comprendre les documents administratifs et judiciaires.

B L'économie du royaume

• **La fiscalité.** La monarchie se trouve presque constamment en **déficit**. Seul l'**impôt** peut en apparence assurer des recettes régulières à l'État. D'abord provisoire, le recours à l'impôt devient plus ordinaire. La **fiscalité indirecte** est peu à peu constituée. L'État a aussi recours à l'emprunt.

• **Développer l'économie intérieure.** Le pouvoir soutient les **corporations** afin d'encourager la production locale. C'est le cas pour la **soie** dont la ville de **Lyon** obtient le monopole de fabrication en 1536. Le roi crée les **manufactures royales** et n'hésite pas à **naturaliser des étrangers** pour les mettre au service de la France.

• Développer le commerce international. L'extension du royaume procure au pays une **longue façade maritime** qui lui permet de s'intégrer aux courants marchands de la façade Nord. Par ailleurs, le roi obtient du sultan d'Istanbul des **comptoirs en Méditerranée orientale** dès 1528. Enfin, l'État permet la constitution de compagnies commerciales avec le soutien de **Richelieu** puis de **Colbert** qui développe la marine française.

Exemple

La Compagnie des Indes et du Levant
Il s'agit de compagnies commerciales qui avaient obtenu de l'État le monopole du commerce entre la métropole et les colonies et comptoirs qu'elle possède à travers le monde. Constituée en 1664 par Colbert, la Compagnie des Indes orientales devait concurrencer les Hollandais et les Britanniques dans le commerce des plantes et des épices. La Compagnie des Indes occidentales qui avait le monopole du commerce avec l'Amérique, sera dissoute en 1674.

3 Renforcer l'État

A Le catholicisme, religion d'État

• Les affaires religieuses. La **Contre-Réforme** se développe en France et soutient l'**essor des ordres religieux et des missions.** Mais le **jansénisme**, pendant du quiétisme, et le **gallicanisme** provoquent des luttes intestines qui affaiblissent le pouvoir.

• L'édit de Nantes. Le **protestantisme**, introduit en France dès 1520, se diffuse dans le royaume. Les clivages entre protestants et catholiques aboutissent aux **guerres de religions** (1562-1598). L'**édit de Nantes (1598)**, décidé par **Henri IV**, rétablit l'Église catholique dans ses droits et privilèges mais laisse d'importants **avantages aux protestants**.

• Révocation de l'édit de Nantes. Louis XIV estimant que les protestants constituaient une **menace** pour l'unité du pays, encourage les missions auprès d'eux puis **révoque l'édit de Nantes en 1685**.

B Des oppositions politiques muselées

• Les oppositions au pouvoir du roi. Issues de la coutume, plusieurs institutions estiment participer à la marche des affaires et souhaitent avoir plus de pouvoir. C'est le cas des **États généraux**, rassemblant des représentants des trois ordres, qui ne seront plus convoqués à partir de 1614. C'est également le cas des **parlements** qui exigent d'avoir un **droit de regard sur les décisions royales**. Enfin, les **nobles** n'hésitent pas à se révolter contre le roi, notamment à l'occasion de la **Fronde**, pour réclamer plus de pouvoir.

• La politique de Louis XIV. Louis XIV met un frein aux ambitions politiques de ceux qui aspirent au contrôle du pouvoir. Il fait appel à la **noblesse de robe** pour gouverner, vide le pouvoir des parlements et installe la cour à Versailles.

C Une politique extérieure ambitieuse

• Élargissement du royaume. Les guerres successives et les liens familiaux permettent l'**extension du royaume** en intégrant l'Alsace (de 1648 à 1697), l'Artois et le Roussillon (1659) puis la Franche-Comté (1667) et la Lorraine (1766).

• Délimitation du royaume. Au début du XVIIIe siècle, les agrandissements ne sont plus que minimes. Le royaume ne se sent plus menacé par la guerre. Les limites du royaume sont consolidées, notamment par les **forteresses de Vauban** (fin du XVIIe siècle).

6 Le modèle britannique et son influence

L'Angleterre instaure à la fin du XVIIe siècle un **nouveau modèle politique** qui limite le pouvoir royal et inspire les philosophes du XVIIIe siècle. S'appuyant sur les **principes des Lumières**, les colons américains se révoltent contre l'Angleterre et fondent une république démocratique. L'influence de la **révolution américaine** sur les élites françaises éclairées est déterminante à la fin du XVIIIe siècle.

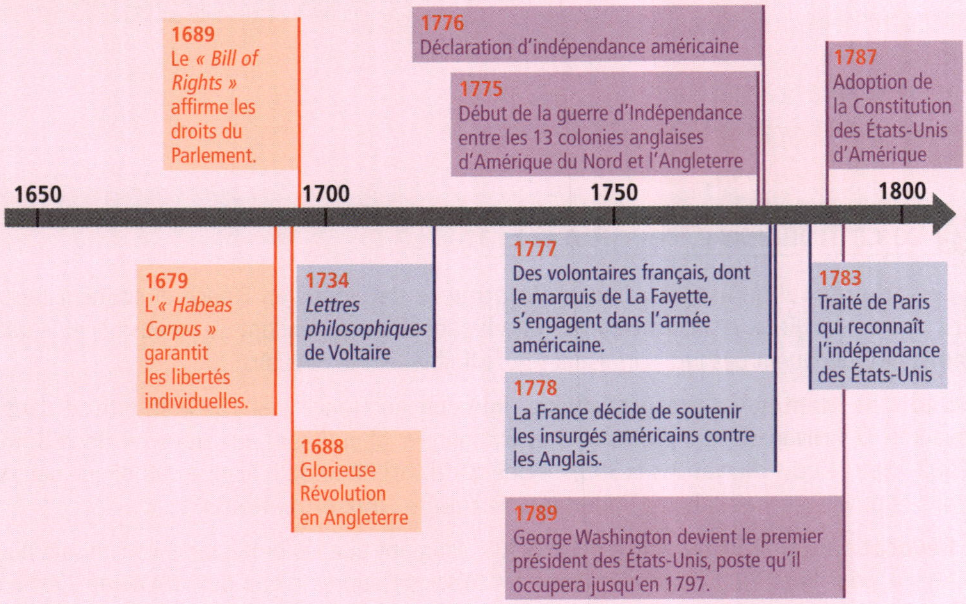

1 Un modèle politique britannique attractif

A Un modèle anti-absolutiste

• **Une monarchie limitée par le Parlement.** Dès le début du XVIIe siècle, le Parlement **résiste au pouvoir royal**. En 1679, il adopte une loi, l'***Habeas Corpus***, qui garantit la liberté individuelle et empêche d'arrêter quelqu'un sans jugement. Une vie parlementaire se développe avec d'un côté les **torys**, partisans d'une royauté forte et les **whigs**, champions du pouvoir parlementaire.

• **Un contexte économique nouveau.** L'économie anglaise connaît une **croissance fulgurante**, ses villes s'étendent et se développent, son commerce s'accroît. Ces bouleversements ouvrent des perspectives aux hommes politiques anglais qui proposent de grands projets de **modernisation de l'État**.

• **La Glorieuse Révolution.** En 1688, les opposants de Jacques II, roi devenu très impopulaire, font appel au prince protestant hollandais **Guillaume d'Orange** et sa femme Marie, fille du roi déchu. En **1689**, les souverains s'engagent à respecter la **Déclaration des droits (Bill of Rights)** qui limite le pouvoir royal en donnant de larges pouvoirs législatifs et financiers au Parlement. Cette loi consacre son indépendance et sa liberté de parole, et son rôle de **contre-pouvoir** en matière fiscale et militaire.

B Une monarchie parlementaire

• **Un parlement souverain à la fin du XVIIIe siècle.** Le roi abandonne son droit de veto sur les lois du Parlement. Celui-ci obtient en 1782 le **droit de renverser le gouvernement**. Le souverain dirige le pays avec le Premier ministre choisi dans le groupe politique qui gagne les élections.

• **Les limites de ce modèle.** La loi interdit le vote et les emplois aux catholiques et aux autres dissidents religieux. La **Chambre des communes** se fonde sur un **suffrage restreint** (4 % des adultes) et sur des circonscriptions qui favorisent les campagnes dociles et dépeuplées, aux dépens des villes turbulentes, à la croissance récente. Lors des élections, il arrive que l'aristocratie achète les voix des électeurs.

▲ **Portrait de Guillaume III d'Orange et Marie II. Huile sur toile de sir Godfrey Kneller, vers 1690.**
Proclamé roi sous le nom de Guillaume III, le 13 février 1689, le prince d'Orange devint le premier monarque constitutionnel d'Angleterre.

• **Un modèle politique inspirant les philosophes des Lumières.** Voltaire séjourne en Angleterre de 1726 à 1728 et vante dans les ***Lettres philosophiques*** publiées en 1734 la liberté de la presse, la liberté de choisir sa religion, la liberté pour chaque individu de disposer de sa personne et de ses biens. Diderot se réfère aussi aux libertés anglaises et Montesquieu analyse la **séparation des pouvoirs entre le Parlement et le roi.** Les théories du philosophe anglais John Locke (1632-1704) sur le **libéralisme**, tant politique qu'économique, ont aussi une influence décisive sur les Lumières françaises.

Texte-clé

Voltaire juge la monarchie anglaise

« La nation anglaise est la seule de la terre qui soit parvenue à régler le pouvoir des rois en leur résistant et qui, d'efforts en efforts, ait enfin établi ce gouvernement sage où le prince tout-puissant pour faire du bien a les mains liées pour faire du mal ; où les seigneurs sont grands sans insolence et sans vassaux, et où le peuple partage le gouvernement sans confusion. La Chambre des pairs et celle des communes sont les arbitres de la nation, le roi est le sur-arbitre. […] »

Voltaire, *Lettres philosophiques*, VIII, « Sur le Parlement », 1734.

2 La révolution américaine et son influence

A D'une révolte fiscale à une révolution politique

• **Des relations tendues avec la monarchie anglaise.** En 1763, l'interdiction faite par l'Angleterre à ses **treize colonies d'Amérique** de poursuivre la colonisation vers l'ouest est perçue par les colons comme une ingérence insupportable et une **atteinte inacceptable à leurs libertés**. La taxation de certains produits sans demander l'avis des élus américains et l'obligation de commercer uniquement avec la métropole choquent les colons. **Influencés par les Lumières**, ils tiennent ces décisions pour arbitraires.

• **Une guerre au nom de la liberté.** Leur combat repose sur le principe qu'**un juste pouvoir** implique le consentement des gouvernés. Au nom de ce principe, les délégués des colonies appellent en 1775 les citoyens à prendre les armes, derrière **George Washington**, et **proclament le 4 juillet 1776 leur indépendance**. Dans cette déclaration, ils affirment **leur droit à la liberté et au bonheur**.

• **Une guerre soutenue par des volontaires et par la France.** Les « **Insurgents** » sont soutenus par des volontaires européens comme l'Anglais Thomas Paine et le **marquis de La Fayette**. La France, désireuse de prendre une revanche sur l'Angleterre, intervient officiellement en 1778 et apporte une aide décisive pour la victoire des insurgés. À **Yorktown** en 1781, encerclés par les armées franco-américaines des généraux Rochambeau et Washington, les Anglais capitulent. Au **traité de Versailles de 1783**, l'Angleterre reconnaît l'indépendance des treize colonies.

▲ *La Prise de Yorktown*, Charles-Auguste Couder, 1781. Huile sur toile, 1836. Musée de Versailles.

① Drapeau du roi de France
② Drapeau des 13 colonies américaines
③ Marquis de La Fayette
④ George Washington
⑤ Marquis de Rochambeau

B Un nouveau modèle politique : la République américaine

• ***« We, the People ».*** Commençant par les mots « Nous, le Peuple », la **Constitution fédérale américaine de 1787**, première de l'histoire à être écrite, repose sur la **souveraineté populaire**. Inspirée des écrits de l'Anglais John Locke et du Français Montesquieu, elle instaure une république qui respecte une stricte **séparation des pouvoirs** législatif, exécutif et judiciaire. Se met alors en place un **État fédéral**, les États-Unis d'Amérique, qui laisse une large **autonomie** à chacun des treize États qui le composent. George Washington devient le premier président des États-Unis de 1789 à 1797.

• **Les limites du modèle.** Seuls les propriétaires blancs sont citoyens. Les **Noirs** sont maintenus dans l'**esclavage** et les **Indiens rejetés** à l'extérieur de la nation. La route vers l'égalité si clairement proclamée est loin d'être achevée.

C Les Français et la révolution américaine

• **Un large écho en France.** L'intervention française en Amérique suscite l'**enthousiasme des élites** et est au centre des discussions dans les salons parisiens et à la cour de Versailles, que fréquentent **Benjamin Franklin et Thomas Jefferson**, principaux rédacteurs de la Déclaration d'indépendance et ambassadeurs des États-Unis à Paris. Vue comme une mise en pratique des idées des Lumières, cette révolution montre aux élites que **la liberté peut être établie par le peuple lui-même**. Tout comme La Fayette, ceux qui ont soutenu la révolution américaine vont jouer un rôle actif dans la diffusion en France des idéaux démocratiques.

George Washington prête serment à la Constitution américaine sur la Bible le 30 avril 1789 à New York. Lithographie, fin du XIXe siècle. ▶

• **Un gouffre financier pour la monarchie.** Plus de 2 000 Français sont morts en Amérique de 1777 à 1783. Le royaume de France a englouti dans cette guerre quelque 2 milliards de livres, quatre fois le budget annuel. Il a aggravé ainsi le **déficit budgétaire** jusqu'au point de non-retour.

7 Lumières et sciences en Europe (XVIIe-XVIIIe siècles)

Au XVIIe siècle, **les sciences** font des progrès spectaculaires. L'esprit scientifique est valorisé et les échanges féconds entre des savants de toute l'Europe font avancer les savoirs dans de nombreux domaines. **Vulgarisée**, la science devient une véritable pratique culturelle. Elle passionne les élites qui prennent conscience de son importance pour le **développement économique**.

XVIIe siècle	**La révolution scientifique**	XVIIIe siècle	**La diffusion des sciences et l'essor de nouvelles techniques**
	De nombreux savants développent de nouvelles pratiques scientifiques basées sur l'expérimentation et l'utilisation du langage mathématique.		L'intérêt pour la recherche scientifique et ses découvertes gagne le grand public éclairé et les savants voient se multiplier les canaux de diffusion de leurs découvertes. Les applications techniques préparent la révolution industrielle.

1 L'essor de l'esprit scientifique au XVIIe siècle

A Galilée, symbole de la rupture scientifique

• **Observer et expérimenter.** L'innovation majeure de **Galilée**, professeur de mathématiques à Padoue, est la mise au point en 1609 d'une **lunette astronomique** qui lui permet d'observer le relief de la Lune et d'établir l'existence des quatre satellites de Jupiter. Il confirme par la **méthode expérimentale** la thèse de l'astronome polonais **Copernic** selon laquelle la Terre est une planète qui tourne autour du Soleil **(héliocentrisme).**

• **Une thèse mal acceptée.** Cette **révolution** dans le domaine de l'astronomie bouscule la tradition et Galilée, en montrant que la Terre n'est qu'une planète parmi les autres, **entre en conflit avec l'Église** qui l'oblige en **1633** à abandonner ses recherches.

Lunette astronomique de Galilée, 1630.
Musée d'histoire de la science, Florence. ▶

B Les fondements mathématiques des sciences

• **Une nouvelle méthode scientifique.** Les savants européens mettent en œuvre des protocoles permettant de tester leurs hypothèses qui s'appuient de plus en plus sur des **démonstrations mathématiques**. L'invention et le perfectionnement des **instruments de mesure et d'observation** facilitent leur travail. Ils cherchent à établir des **lois scientifiques universelles**.

• **Des savants avec un langage commun.** Les progrès dans les calculs font avancer les sciences physiques à la suite des travaux de Gottfried Wilhelm **Leibniz** et d'Isaac **Newton**. Le philosophe René **Descartes** et l'astronome Christiaan **Huygens** décrivent par le calcul des lois de la mécanique et de l'optique. L'astronome Johannes **Kepler** explique le mouvement des planètes.

C Les conditions de travail des savants

• **Un réseau de scientifiques.** Des Académies sont créées comme la **Royal Society de Londres** (1660) et l'**Académie royale des sciences** à Paris fondée en 1666 par Colbert et le roi Louis XIV afin de garantir la fiabilité des hypothèses émises par les savants et de les diffuser. Seule l'**Académie de Bologne** est ouverte aux femmes.

• **Des frontières floues.** Les connaissances scientifiques sont encore influencées par les sciences occultes. Beaucoup de savants pratiquent l'**astrologie** comme Johannes Kepler, ou l'alchimie comme Isaac Newton.

2 Progrès et diffusion des sciences au XVIIIe siècle

A La poursuite des découvertes

• **Les avancées sont nombreuses et rapides.** La science, bouleversée par les théories de Newton, connaît des progrès importants dans les domaines de la physique, de la chimie, de la biologie et de la médecine. Les grands astronomes du XVIIIe siècle comme **Laplace** s'attachent à confirmer le **système newtonien**.

• **Les domaines scientifiques se spécialisent.** En chimie, **Lavoisier** (1743-1794) **analyse l'air** et découvre la composition de l'eau. En astronomie et en géographie, les **expéditions** conduites en 1735 en Laponie et au Pérou permettent de mesurer le rayon de la terre. En sciences naturelles, **Buffon** (1707-1788) établit une nouvelle **classification** des plantes et des animaux.

La première girafe arrive en France en 1827, offerte au roi Charles X par le pacha d'Égypte. ▲ Planche tirée de l'*Histoire naturelle* de Buffon, 1774.

B La diffusion des nouveaux savoirs scientifiques

• **Le nouveau contexte intellectuel.** Les philosophes estiment que l'humanité peut atteindre le stade ultime du **progrès** par la diffusion et l'application des sciences. Ils entendent faire la **synthèse des grandes découvertes** dans tous les domaines scientifiques.

• **La vulgarisation scientifique.** Le succès de l'*Encyclopédie* témoigne de l'**engouement pour les sciences** du public cultivé, notamment des rois et des princes. Des philosophes comme **Voltaire vulgarisent** les idées des savants. Des **cours publics** sont ouverts par les scientifiques dans lesquels ils proposent des démonstrations expérimentales. Les **salons**, souvent tenus par des femmes, informent les élites des dernières découvertes. Des amateurs constituent des **cabinets de curiosités**.

Œuvre-clé

L'*Encyclopédie*, ou *Dictionnaire raisonné des sciences, des arts et des métiers*, éditée de 1751 à 1772, dresse un bilan de tous les nouveaux savoirs de l'époque, notamment scientifiques, pour les mettre à la disposition du public cultivé.

• **Une femme de science.** **Émilie du Châtelet**, amie intime de Voltaire, est une **physicienne** et une **mathématicienne** des Lumières. Par ses travaux et sa participation aux **grands débats** de son temps, elle contribue à renouveler la physique et les mathématiques. Pour accélérer la **diffusion des idées de Newton**, elle traduit son ouvrage majeur, les ***Principia***, publié en France en 1759.

▲ Émilie du Châtelet (1706-1749) par Maurice Quentin de La Tour. Huile sur toile, collection privée, château de Breteuil.

Texte-clé

La marquise Émilie du Châtelet s'adresse à son fils de 8 ans à qui est destiné l'ouvrage.

« [...] *Je veux donc vous faire mettre à profit l'aurore de votre raison, et tâcher de vous garantir de l'ignorance qui n'est encore que trop commune parmi les gens de votre rang.* [...] *L'étude de la physique paraît faite pour l'homme : elle roule sur les choses qui nous environnent sans cesse et desquelles nos plaisirs et nos besoins dépendent. Je tâcherai, dans cet ouvrage, de mettre cette science à votre portée et de la dégager de cet art admirable qu'on nomme Algèbre.* [...] *Ne cessez jamais, mon fils, de cultiver cette science que vous avez apprise dès votre plus tendre jeunesse.* [...] »

Émilie du Châtelet, préface de *Institutions de Physique*, 1740.

3 Des progrès techniques aux origines de la « révolution industrielle »

A Un contexte favorable au XVIIIe siècle

• **Un intérêt pour la technique.** Le goût de l'**innovation technique** gagne l'ensemble des sociétés européennes. L'idée s'impose que **science et technique doivent travailler ensemble** afin de permettre des progrès qui bénéficient à toute la société. L'**expérimentation** et l'**émulation** entre les savants jouent un rôle essentiel dans cette diffusion.

• **Des progrès techniques encouragés.** L'innovation est une source de puissance pour les États. **Vauban** utilise les lois de la balistique de Galilée pour édicter en 1689 les règles pour la **construction de nouvelles fortifications**. Le progrès technique doit aussi permettre l'**enrichissement du pays**. Des **brevets** octroyés par le roi de France, par le Parlement en Angleterre protègent les intérêts des inventeurs.

• **La fondation de nouvelles écoles.** Afin de former au nouveau métier d'**ingénieur**, sont créées l'École des ponts et chaussées en 1747, l'École des arts et métiers en 1780 et l'École polytechnique en 1794. L'**école physiocratique**, première grande école économique, naît en France à la fin des années 1750. Elle préconise la **liberté économique** et le **primat de l'économie sur le politique**. Les physiocrates sont considérés comme les **fondateurs de la science économique**.

B La multiplication des progrès techniques

• **Une science appliquée.** Les connaissances sur l'électricité atmosphérique ou les propriétés des gaz permettent ainsi l'invention du **thermomètre à mercure de Fahrenheit** en 1714 et du **paratonnerre de Franklin** en 1752. Les travaux de Lavoisier sur l'hydrogène conduisent à des applications comme la **montgolfière** en 1783.

• **Une révolution technique.** En 1709, **Thomas Newcomen** met au point un système de **pompage de l'eau** des mines de charbon amélioré en 1769 par la **machine à vapeur de James Watt** qui en dépose le brevet.

• **Une innovation déterminante.** Cette nouvelle **énergie motrice** est à l'origine d'importantes transformations économiques et sociales, dont **la Grande-Bretagne est le laboratoire**. Ce pays puis les autres pays européens ensuite entrent dans l'**âge industriel.**

8 XVIIe-XVIIIe siècles : une société d'ordres en mutation

Une société d'ordres

La société française repose sur la division en ordres et sur l'existence de privilèges ou avantages accordés à des catégories de la population. La société, majoritairement rurale, est néanmoins diversifiée au sein des trois ordres.

Une société en mutation

Portée par le dynamisme démographique et la prospérité économique qui s'accélère après 1750, la société se transforme. Parallèlement, le mouvement des Lumières remet en cause les vérités révélées et les autorités établies. Les tensions et les crispations se renforcent.

1 Une société d'ordres et de privilèges

A Une division de la société en ordres ou en « états »

• **Les trois ordres.** La société est fondée sur une division idéologique et hiérarchique ancienne distinguant **noblesse, clergé et tiers état**. Les individus occupent une place fixe, une fonction et des devoirs spécifiques censés contribuer au bien commun et à l'harmonie d'ensemble. Le **clergé**, premier ordre de la société, est l'intermédiaire entre Dieu et les hommes. Le deuxième, la **noblesse**, sert le roi militairement et politiquement. Le **tiers état**, très hétérogène, regroupe tous ceux qui travaillent.

• **Le clergé et la noblesse bénéficient de privilèges.** Ils sont **honorifiques, fiscaux et judiciaires**. Les nobles sont exonérés de l'impôt royal direct appelé la taille, ont le droit de porter l'épée et occupent des postes d'autorité. Le clergé, recruté dans la noblesse et le tiers état, ne paie pas non plus la taille.

• **Des privilèges territoriaux et corporatifs.** D'autres privilèges reposent sur une **base géographique**. Certaines provinces et de nombreuses villes disposent d'un ensemble d'avantages de nature fiscale mais aussi judiciaire et politique. Il y a une infinie mosaïque de privilèges accordés aux groupes constitués en corps comme les **corporations marchandes**.

La réunion des trois ordres. Estampe anonyme, Musée Carnavalet, 1789. ▲
① **La noblesse** : environ 1,5 % de la population, possède 20 % des terres.
② **Le tiers état** : environ 98 % de la population, possède 70 % des terres dont 40 % pour la bourgeoisie et 30 % pour les paysans.
③ **Le clergé** : environ 0,5 % de la population, possède 10 % des terres.

B Des ordres privilégiés dominants mais diversifiés

• **Les noblesses.** Les nobles possèdent des terres, détiennent les principales charges de l'administration, et disposent de confortables revenus. Unis par leurs privilèges et leurs valeurs, **ils se différencient** par leur niveau de fortune, leur culture, leur formation et leur style de vie. L'écart est grand entre la **petite noblesse rurale** parfois proche de gros paysans et la **haute noblesse**, ancienne et composée de membres de la famille royale, vivant à la cour et à la ville. La plus récente, la **noblesse de robe**, fournit des parlementaires au royaume. Ces deux noblesses tendent à fusionner au XVIIIe siècle et à se constituer en caste de plus en plus fermée.

• **Un clergé divisé.** Le **haut clergé** puissant et riche, issu de la noblesse, exerce un monopole presque total sur les charges lucratives et recherchées. Le **bas clergé**, majoritaire dans cet ordre, issu du tiers état, est pauvre mais de mieux en mieux formé après 1650.

2 Une société essentiellement rurale dominée par la ville

A La France rurale majoritaire

• **La France paysanne.** 85 % des habitants vivent à la campagne au XVIIe siècle et **80 % à la fin du XVIIIe siècle**. Les paysans représentent 85 à 90 % des villageois. Leur travail alimente les trois quarts de la richesse du pays et celle des groupes dominants.

• **La pression des impôts.** Les paysans payent des droits seigneuriaux importants, la dîme ecclésiastique (10 % des récoltes) et enfin les **impôts royaux directs** – comme la taille – et **indirects**. Le poids des impôts varie selon les régions et selon la conjoncture économique mais le monde paysan se trouve pressuré, ainsi qu'en témoignent les **nombreuses révoltes**, comme celle des va-nu-pieds normands en 1639.

• **L'hétérogénéité du monde paysan.** Les **laboureurs**, une minorité de gros exploitants, propriétaires de leur terre, sont de riches notables influents. **La majorité des paysans vit pauvrement** et use d'**outils rudimentaires**. La moitié de leurs récoltes sert à payer tous les impôts.

B La France urbaine minoritaire

• **Des villes en expansion.** Les citadins sont peu nombreux et vivent plutôt dans de petites villes. **Paris**, une des premières villes d'Europe, se distingue avec **600 à 700 000 habitants en 1789**. Les villes s'étendent et se transforment au XVIIIe siècle. Centres des pouvoirs, culturel et économique, elles dominent les campagnes.

• **Une société urbaine très diverse.** En ville, les élites sont surreprésentées et les **écarts sociaux** sont plus marqués que dans le monde rural. Les puissants des trois ordres représentent environ 25 % de la population urbaine. La fraction la plus riche de la **bourgeoisie** constitue le groupe le plus important et forme la véritable classe dominante spécifiquement urbaine. Les travailleurs sans qualification et les petits métiers constituent la majorité de la population urbaine salariée, juste avant les mendiants ou vagabonds très nombreux. **Jusqu'aux deux tiers de la population urbaine** vit dans la **pauvreté**.

3 Dynamiques, tensions et crispations au XVIIIe siècle

A Les dynamiques du siècle des Lumières

• **Le changement économique et social.** Le contexte économique est favorable : le grand commerce fait la fortune des grands ports comme Bordeaux, Nantes et Marseille. Le secteur le plus actif est le commerce colonial atlantique qui repose sur la **traite des Noirs** dans le cadre du **commerce triangulaire**. La société française est mieux nourrie, plus nombreuse, plus jeune et plus instruite, mais les fruits de la croissance restent fort inégalement distribués.

Mot-clé

Commerce triangulaire : commerce maritime entre l'Europe, l'Afrique et l'Amérique consistant à échanger d'abord des denrées contre des esclaves, puis des esclaves contre des produits coloniaux rapportés ensuite dans les ports de l'Atlantique.

▲ *Le Port de Marseille,* Joseph Vernet, 1754, Paris, Musée du Louvre.
Une société urbaine très diversifiée se côtoie sur les quais du port de Marseille.

L'ancien schéma des trois ordres et le système des privilèges érigent des **barrières qui freinent l'ascension sociale**, en particulier des bourgeois.

• **Les Lumières.** Les idées des Lumières se répandent grâce à l'**Encyclopédie**, aux cafés et aux académies. Elles séduisent les élites cultivées. Les **salons**, à l'image de celui de Madame de Tencin durant la première moitié du XVIIIe siècle, sont fréquentés par les grands esprits du temps. Ces idées contribuent dans la seconde moitié du XVIIIe siècle à la **naissance d'une opinion publique** en particulier dans les villes, qui prend l'habitude de porter un jugement critique sur les affaires publiques.

B Les tensions et les crispations sociales

• **Une bourgeoisie en attente.** Si la frange supérieure de la bourgeoisie accède à la noblesse, la **moyenne bourgeoisie** enrichie et instruite réclame une **reconnaissance de ses mérites** et un accès au pouvoir. Elle revendique la **liberté économique** et la libre concurrence mais les effets néfastes à court terme de cette politique économique exacerbent la colère populaire.

• **Les privilégiés sur la défensive.** La **haute noblesse** fortunée et ancienne méprise les bourgeois anoblis. Elle se réserve les **emplois prestigieux** dans le clergé, près du roi, dans l'armée. Face aux **réformes fiscales**, l'aristocratie fait cause commune avec la noblesse parlementaire pour empêcher les projets royaux de réforme fiscale. La **noblesse rurale**, appauvrie dans les années 1770-1780, s'accroche à ses privilèges et tente d'augmenter ses prélèvements, suscitant la **colère des paysans**.

• **Des révoltes populaires.** Les petits paysans supportent de plus en plus difficilement les impôts et la **domination seigneuriale**. Le petit peuple des villes, vivant dans une extrême précarité, est exaspéré par ces difficultés de subsistance. Le poids de l'impôt s'accroît avec les **problèmes financiers de la monarchie**. Si 8 500 émeutes environ ont été recensées entre 1661 et 1789, à partir de 1750, le nombre de **rébellions** chaque année est en forte augmentation dans les villes comme dans les campagnes.

LES MÉTHODES

Analyser une carte en géographie

COMMENT FAIRE

Analyser un document en géographie a pour but de **souligner l'intérêt de ce document par rapport au sujet posé**. Les questions aident à contextualiser et à expliquer les phénomènes géographiques signalés dans le document. La carte est une représentation spatiale d'informations géographiques.

Les connaissances devront être mobilisées, ici, pour analyser et expliquer la situation particulière de la société japonaise face aux risques.

Étapes de préparation et mobilisation des savoir-faire

Identifier le titre et comprendre le document

Le titre de l'exercice permet de cibler les attentes et d'orienter l'analyse. Ci-dessous, l'exercice ne concerne que le Japon et les risques qui menacent le pays. L'identification du document permet de cerner davantage le sujet. L'échelle géographique choisie correspond à l'échelle nationale du Japon mais cette carte n'aborde que les risques naturels. La légende est la clé de compréhension de la carte : il s'agit de la lire attentivement.

Lire attentivement les questions

L'analyse de la carte est guidée par des questions. Elles se succèdent selon une logique particulière. La première permet de s'assurer que l'objet du document a bien été cerné ; les suivantes abordent différents thèmes à analyser. Il faudra faire attention donc à ne pas se répéter d'une réponse à une autre.

Ne pas oublier les connaissances

Évidemment, toutes les réponses aux questions doivent partir d'éléments du document mais il faut aussi développer chaque argument, chaque allusion du document avec les connaissances issues du cours. L'appel à la curiosité d'esprit, à la représentation des territoires et à la réalité de la vie quotidienne est indispensable à une analyse complète.

Exercice d'application

Le Japon face aux risques

ÉNONCÉ

Étudiez le document suivant et répondez aux questions.

1. Présentez le document en insistant sur son thème.
2. D'après le document, quels types de risques menacent le Japon ?
3. Comment expliquer que ces risques puissent devenir des catastrophes ?

Risques naturels au Japon

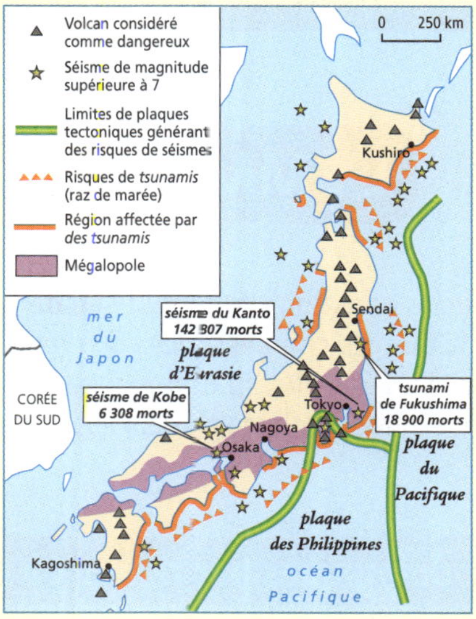

CORRIGÉ

1. La deuxième partie de la question est la plus importante : il faut penser à tous les aspects géographiques concernant l'espace étudié.

Il s'agit d'une carte représentant les risques naturels auxquels le Japon est soumis. Plus précisément, la carte représente les deux grands risques naturels auxquels est soumis l'archipel : les risques géophysiques et le risque induit des tsunamis. Mais ce document n'aborde pas les risques météorologiques ni climatiques. La carte ne représente pas non plus les risques naturels induits par les activités humaines.

2. Les risques qu'il faut aborder sont ceux auxquels le document fait référence. Ne pas oublier de les relier et de les expliquer grâce au cours.

D'après le document, le Japon est soumis à d'importants risques géophysiques. Le Japon possède de nombreux volcans considérés comme dangereux, certains ont même connu des éruptions récentes, comme le volcan Shinmoe en 2018. Ces volcans sont répartis sur l'ensemble de l'archipel, mais aussi en mer, à moins de 300 km des côtes. De plus, le Japon est soumis au risque sismique : de nombreux séismes de magnitude 7 ont eu lieu soit au large, soit au Japon même. Cette haute menace de risques géophysiques s'explique par la situation géographique du pays : il se situe sur la « Ceinture du feu », à la jonction de quatre plaques tectoniques. Le jeu de ces plaques donne naissance aux volcans et à de fréquents séismes.

3. Cette question demande de bien connaître la différence entre un « risque » et une « catastrophe » : s'il y a une catastrophe, c'est que l'aléa rencontre des vulnérabilités.

Ces risques naturels deviennent des catastrophes quand une éruption, un séisme ou un tsunami provoquent des dégâts importants. D'après le document, plusieurs vulnérabilités permettent ces dégâts. D'abord des vulnérabilités naturelles du territoire japonais : situé sur une zone à risque, le Japon est un archipel constitué de très nombreuses îles, plutôt longues, étroites et montagneuses. Il s'agit donc d'un relief contraignant et risqué. L'étroitesse des îles fait que les populations se concentrent sur les littoraux, y compris sur les côtes à risques. De plus, le Japon présente d'importantes vulnérabilités économiques et humaines : au Sud de l'île, se situe la mégalopole japonaise qui réunit plus de 80 % des habitants. Dans cette mégalopole, se concentrent les industries. Les dégâts matériels et humains peuvent donc être particulièrement importants, comme l'ont prouvé les catastrophes de Kanto, de Kobe ou du Kohotu.

LES MÉTHODES

Répondre à une question problématisée en géographie

COMMENT FAIRE

Comme en histoire la **question problématisée de géographie** permet au candidat de montrer qu'il maîtrise les **connaissances** du programme et qu'il sait utiliser à bon escient les **notions** et les **échelles spatiales**. Il traite le sujet par une **réponse organisée**, composée d'une introduction, de plusieurs paragraphes et d'une conclusion.

Nuances méthodologiques par rapport à l'épreuve d'histoire

Les points communs

Les étapes de préparation sont exactement les mêmes : analyse du sujet, mobilisation des connaissances, plan détaillé se font au brouillon. La rédaction de la problématique comporte les mêmes enjeux. Le devoir doit avoir la même forme qu'en histoire (introduction, paragraphes, conclusion) et les différentes étapes de rédaction sont identiques (voir p. 150).

Spécificités en géographie

L'épreuve de géographie présente cependant quelques particularités. Dans l'introduction, lorsque le sujet est défini, il faut penser à en préciser les limites spatiales. En géographie, les plans thématique ou analytique sont les plus fréquemment utilisés. On peut aussi utiliser un plan à échelles, pour montrer un phénomène sous ses différents aspects. Quel que soit le plan choisi, la dimension spatiale doit toujours être au centre de la réflexion.

Conseils généraux

Les bons réflexes

Gérez bien votre temps : tout au long des deux heures, demandez-vous si vous êtes toujours dans l'optique du sujet. Relisez-vous régulièrement et, à la fin, prenez le temps de vérifier l'expression et l'orthographe.

Conseils liés à la rédaction

N'employez jamais le futur, ni « va » ou « vont », ni de parenthèses ou de guillemets hormis pour une citation (dont on indiquera l'auteur, la date et les circonstances). Évitez l'emploi de « je » et « nous » ainsi que certaines expressions *(au niveau de, sur le plan de, de tout temps, il y a…).* La présentation doit être claire ; il faut veiller à l'équilibre des parties.

Erreurs à éviter

Ne vous contentez pas de généralités : à chaque idée doit correspondre un exemple précis (daté, localisé, chiffré), à chaque exemple correspond une idée. Enchaînez logiquement les idées : il s'agit de faire une démonstration. Évitez le hors-sujet, le dérapage et les digressions.

Exercice d'application

ÉNONCÉ

Rédiger la première partie et la transition du sujet suivant.

Sujet : Les migrations internationales.

Problématique : Pourquoi peut-on dire que les migrations internationales représentent un des défis majeurs du monde contemporain ?
Plan proposé : Phénomène croissant, les mobilités migratoires internationales obéissent à des dynamiques mondialisées. Elles font donc l'objet de politiques et de stratégies particulières.

CORRIGÉ

Le but de cet exercice est de montrer l'organisation d'une partie de question problématisée. Le plan proposé est à décomposer pour trouver les axes des parties principales. La première partie consistera à prouver que les migrations internationales sont un phénomène croissant à l'échelle mondiale.
La partie doit débuter par l'idée principale et comprend ici deux sous-parties qui doivent être équilibrées

(Idée de 1re partie) Si les migrations internationales sont un défi majeur du monde contemporain, c'est d'abord parce qu'il s'agit d'un phénomène croissant à l'échelle mondiale.

(Idée de 1re sous-partie) Les migrations internationales sont un phénomène global. **(Développement des arguments et explication avec des exemples précis)** L'ONU estime que ces migrations mondiales concernent environ 258 millions de personnes dans le monde, soit 3,4 % de la population mondiale. Il s'agit bien d'un phénomène croissant puisque la population mondiale vivant en dehors de son pays de naissance en représentait 2,8 % en 2000. Ces migrations ne concernent pas seulement les hommes. L'Organisation internationale pour les migrations (OIM), organisation affiliée à l'ONU, estime que 48 % des migrants sont des femmes et que 14 % seraient âgés de moins de 20 ans. Mais la question des migrants ne concerne pas seulement les flux de personnes : ceux-ci entraînent aussi une augmentation de flux d'informations et de flux de capitaux entre pays d'accueil et pays d'origine. On estime que ces flux d'argent s'élèvent à 466 milliards de dollars, soit 3 fois plus que l'aide au développement.

(Idée de 2e sous-partie) La hausse de ces migrations s'explique par un certain nombre de facteurs. **(Développement des arguments et explication avec des exemples précis)** Tout d'abord, les migrants obéissent à des logiques économiques : dans un monde de plus en plus mondialisé et ouvert, les 2/3 des migrants quittent leur pays à la recherche d'une meilleure situation, d'une meilleure qualité de vie. Ce phénomène concerne non seulement des personnes non-qualifiées mais aussi des personnes diplômées. Cependant, 27 % des migrants subissent des déplacements forcés. On estime que près de 69 millions de personnes ont été obligées de quitter leur pays soit à cause de persécutions politiques ou religieuses, soit à cause de conflits comme ce fut le cas à la suite de la guerre en Afghanistan, en Libye ou en Syrie. Parmi d'autres facteurs, il ne faut pas oublier le cas des étudiants étrangers dont le nombre a plus que doublé en près de 20 ans, atteignant aujourd'hui 4,8 millions de jeunes, du fait d'une plus grande politique d'accords entre universités et entre pays.

(Transition) Ces migrations multiples et croissantes concernent l'ensemble des pays du monde.

LES MÉTHODES

Réaliser un croquis en géographie

COMMENT FAIRE

Le **croquis** de géographie permet au candidat de montrer qu'il est capable de représenter dans l'espace des phénomènes géographiques en réponse à un sujet posé. Le croquis, à réaliser sur un fond de carte donné, est **toujours accompagné d'une légende organisée** qui permet de l'éclairer.

Étapes de préparation

Analyser le sujet et élaborer la légende

Le sujet est un texte qui présente une situation géographique en rapport avec le programme. Le plan apparent du texte vous permet de discerner des grands axes et de les intégrer au départ dans la légende. Il faut donc lire attentivement le texte et en tirer les renseignements à reporter dans la légende et à représenter ensuite sur le croquis.

Déterminer les figurés

Les figurés sont les signes utilisés pour représenter un phénomène sur le croquis. Ils seront zonaux, linéaires ou ponctuels, en fonction de l'élément à représenter. Par exemple, les flèches sont les moyens de représenter des mouvements, des dynamiques spatiales. Les couleurs doivent également être choisies avec attention puisqu'elles obéissent, pour la plupart, à un code conventionnel : un désert ne sera jamais colorié en bleu, ni une montagne en rose.

Mise en œuvre de l'exercice

Élaborer la légende

Après avoir travaillé sur le texte, il faut en répartir tous les éléments pertinents dans la légende en fonction de leur thème. Il est nécessaire de vérifier la logique entre les titres et les éléments qu'ils comprennent. Puis, les figurés – formes et couleurs – devront être déterminés en tenant compte de leur sens et de l'espace qu'ils occuperont. Si plusieurs figurés zonaux se chevauchent, il sera possible d'utiliser des hachures. L'ensemble doit être soigné et propre.

Réalisation du croquis

Il est conseillé de commencer par la représentation des figurés ponctuels, puis linéaires et de terminer par les figurés zonaux. Il faudra ensuite vérifier que tous les éléments de la légende sont bien représentés. Terminez en ajoutant une nomenclature et le titre du croquis.

Exercice d'application

ÉNONCÉ

Réalisez un croquis à partir du texte suivant. Vous utiliserez le fond de carte fourni et donnerez un titre à votre croquis.

Les principaux climats de l'Afrique australe

L'analyse des données météorologiques permet de classer les climats d'Afrique australe en quatre grands groupes : aride à l'ouest, méditerranéen au sud, tropical humide à l'est et tropical sec sur le plateau intérieur.

Ces climats sont influencés par plusieurs éléments. Tout d'abord, dans la zone intertropicale, le climat est lié à l'existence de trois anticyclones, dont l'un est situé sur le continent. Cette haute pression explique la faiblesse des précipitations.

Les climats s'expliquent aussi, d'une part, par l'influence de la circulation des cyclones tropicaux qui se forment dans l'océan Indien et, d'autre part, au sud, par l'influence des vents de latitudes tempérées qui poussent vers l'est les dépressions et les perturbations.

Les climats sont enfin caractérisés par une certaine sécheresse. La pluviosité est faible et surtout irrégulière. Seuls l'extrême nord du Botswana et l'extrême nord-est de la Namibie reçoivent plus de 500 mm de pluie par an. L'isohyète des 500 mm traverse ensuite le continent du nord au sud avant de se diriger vers Le Cap.

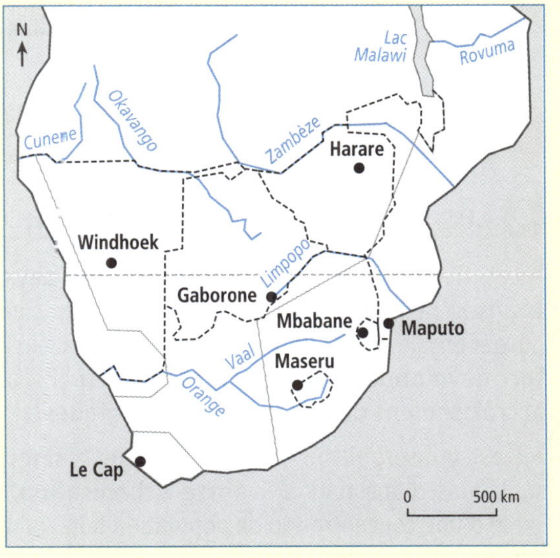

CORRIGÉ

Titre : Les principaux climats de l'Afrique australe.

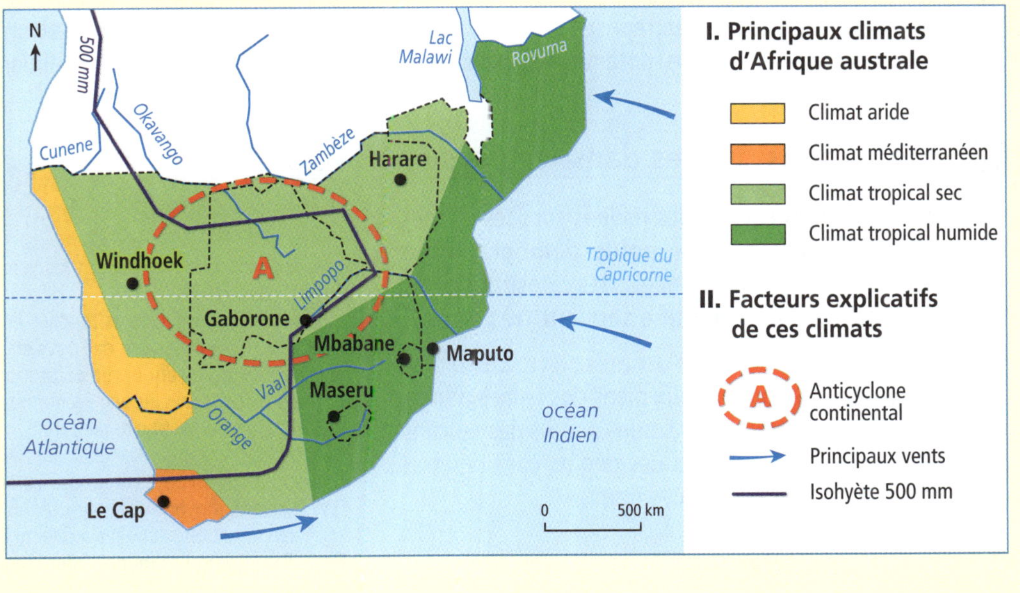

9 Les sociétés face aux risques

On considère aujourd'hui que près du **tiers de la population mondiale** vit dans des **zones à risque**, en ne retenant que les risques naturels majeurs. Si les **sociétés** s'installent dans les régions à risque, c'est que les avantages qu'elles en tirent compensent les inconvénients potentiels. Mais la **maîtrise des risques** se pose en termes différents dans les pays développés et les pays en développement.

1 L'inégale vulnérabilité des sociétés face aux risques

A Les sociétés des pays riches face aux risques

- **Les risques des pays développés.** Les **pays industrialisés** ne sont pas à l'abri des accidents climatiques ou géophysiques. La multiplication des flux ainsi que le **fort développement industriel** sont responsables d'un **accroissement des risques technologiques.**
- **Des vulnérabilités humaines.** Ces **vulnérabilités** sont dues d'une part à la **forte urbanisation**, responsable d'une concentration de population telle qu'un risque devient vite très menaçant et, d'autre part, à l'**attraction de certains sites** qui conduisent les populations à s'installer dans des zones à risque.

> **Mot-clé**
> **Risque :** menace d'un **aléa** sur un territoire qui présente des vulnérabilités. Un risque est dit **majeur** lorsqu'il concerne un espace particulièrement vulnérable en termes d'impacts humains, économiques et/ou environnementaux. Les risques peuvent être d'origine naturelle ou humaine.

- **Les vulnérabilités économiques accrues.** Le système économique de ces pays fait que les **vulnérabilités économiques** sont **énormes**. Il faut aussi prendre en compte le coût dû à l'arrêt de fonctionnement des entreprises et au manque à gagner. À cela s'ajoute la **réparation** à l'atteinte **environnementale**, notamment lors de marées noires ou lorsqu'il faut dépolluer des sols constructibles.

B Ampleur des risques dans les pays en développement

- **Des risques accentués.** Si les risques sont les mêmes, le **sous-développement** et le **poids démographique** augmentent leurs impacts potentiels : les catastrophes ont un **bilan humain et économique souvent très lourd.**
- **Les vulnérabilités liées à l'urbanisation.** Les bidonvilles par exemple se forment aux pieds des usines dangereuses, en zones inondables ou sur les pentes des volcans. Aussi les aléas y provoquent-ils des dégâts considérables pour les sociétés et les économies fragiles.

> **À savoir**
> **Pays les plus touchés par les risques climatiques (1998-2017)**
> « Parmi les dix pays les plus touchés entre 1998 et 2017, huit étaient des pays en développement faisant partie du groupe des pays à faible revenu ou revenu moyen inférieur (Honduras, Myanmar*, Haïti, Philippines, Nicaragua, Bangladesh, Pakistan, Vietnam), pour un pays catégorisé comme pays à revenu moyen supérieur (République Dominicaine) et un seul pays à revenu haut (Porto Rico). » (Indice mondial des risques climatiques, Germanwatch, 2019).
> Sur la même période, la France occupe le 18e rang des pays les plus touchés.
> * *Myanmar :* nom birman de la Birmanie.

2 Comment réduire ces vulnérabilités ?

A Les risques maîtrisés dans les pays développés ?

• **Des solutions techniques.** La réduction des pertes lors des catastrophes passe par la connaissance et la **cartographie** des aléas, par le développement du contrôle de l'usage urbain, par **l'amélioration de systèmes de prévision et d'alerte**, par l'entretien des aménagements existants, par le renforcement des moyens de protection et enfin par l'**élaboration de plans de secours** cohérents.

• **Un dispositif efficace.** Les pays développés possèdent une **législation** qui limite certains risques (normes parasismiques, plans d'occupation des sols). Les systèmes de **surveillance** et d'**information** sont performants et les populations facilement averties des risques météorologiques. En cas de crise, des **réserves financières** et des assurances sont mobilisées.

• **Des sociétés plus fragiles.** Les sociétés des pays développés acceptent de moins en moins l'exposition aux risques. La garantie de la **sécurité individuelle** est **considérée comme un droit.** En outre, il arrive que **nos sociétés perdent la mémoire du risque** et s'exposent dangereusement.

B Difficultés de gestion dans les pays en développement

• **Les freins à une gestion efficace.** Face à cette forte exposition aux risques, les autorités et les populations des pays en développement restent rarement sans réponse. Ces pays rencontrent cependant de nombreuses difficultés : l'**insuffisance de la connaissance du risque**, **l'absence de plans de développement urbain**, des **contraintes financières** et les choix des gouvernements favorisant d'autres priorités.

• **L'aide internationale** joue un rôle qui peut s'avérer vital et la **Banque mondiale** finance à travers le monde des programmes de gestion des risques. Les **ONG** (la Croix-Rouge, Médecins sans frontières) sont souvent le dernier recours possible pour gérer les crises.

• **Des solutions pour réduire les risques.** Lorsque la **prévention et la protection contre les risques** sont inexistantes ou **dépassées par l'ampleur du risque**, une solution radicale reste le déplacement des populations exposées. Développer une culture du risque via l'**information** et l'**enseignement**, par l'organisation de plans de secours, permettrait d'améliorer la prise en compte du risque par les populations urbaines.

À savoir

• À l'échelle mondiale, l'**UNESCO** est chargée d'aider les pays à améliorer leurs capacités de gestion des risques, notamment par l'éducation, la prévention et l'anticipation.

• La réduction des risques climatiques fait partie des thèmes majeurs des **COP**, conférences mondiales sur les changements climatiques.

10 Des ressources majeures sous pression

Les enjeux liés à la **gestion durable des ressources** pèsent de manière croissante et différenciée. La **maîtrise de l'eau**, ressource essentielle, se heurte à des inégalités d'accès, à des convoitises fortes et à des menaces multiples. Par ailleurs, plus un État est développé, plus il a besoin d'énergie pour sa croissance : l'**approvisionnement énergétique** est l'un des enjeux majeurs des relations internationales.

1 L'eau, une ressource sous pression

A Une ressource inégalement répartie et accessible

• **L'inégale répartition de l'eau douce.** Les **régions les plus arrosées** sont les **régions équatoriales**, les régions soumises à la mousson et, dans les zones tempérées, les régions exposées aux vents de l'océan. À l'échelle régionale, les **contrastes pluviométriques** peuvent être très marqués. L'eau est aussi inégalement répartie dans le temps.

• **Une inégalité d'accès à l'eau douce.** **2 milliards de personnes** dans le monde n'ont pas accès à l'eau potable à domicile. Or, l'**absence d'eau potable** et le **manque d'hygiène** provoquent 2 millions de morts par an. Les inégalités d'accès se remarquent entre pays développés et pays en développement mais aussi **au cœur des villes**, surtout dans les pays du Sud.

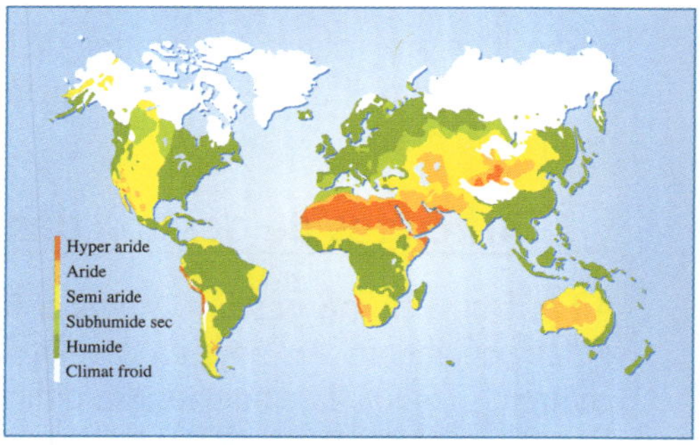

▲ Une humidité inégale sur Terre.

Mot-clé

Maîtrise de l'eau : capacité à contrôler l'eau sous toutes ses formes. Les aménagements hydrauliques visent à capter l'eau, à l'acheminer vers un espace qui en a besoin et, si possible, à la traiter mais aussi à réguler son débit.

• **Maîtrise de l'eau.** Dans les pays du Sud, l'utilisation des **motopompes** se généralise. Des forages sont pratiqués pour capter l'eau des nappes fossiles. L'eau, utilisée comme **énergie**, a motivé la construction de **barrages hydroélectriques**. Les cours d'eau, ou des plans d'eau souvent superficiels, sont aménagés pour les **loisirs** ; d'autres espaces (parcs de loisirs, golfs ou piscines, les villes) nécessitent beaucoup d'eau.

B Gérer une ressource convoitée et menacée

• **Une ressource convoitée.** Les conflits d'usage se multiplient, par exemple entre le secteur agricole et les agglomérations toujours plus gourmandes. Les tensions portent aussi sur la **qualité** et le **débit** de l'eau à l'échelle internationale : **200 réseaux hydrographiques** sont **partagés entre au moins deux pays**. Aujourd'hui, seules des propositions et des **conventions entre États** réglementent le partage de l'eau.

• **Une ressource menacée.** La **pression démographique et économique**, ainsi que le **gaspillage**, augmentent la consommation mondiale en eau. On peut tenter de se procurer plus d'eau potable par le **dessalement d'eau de mer** ou le **traitement des eaux usées**. Il faut aussi lutter contre le gaspillage et réduire la consommation. Mais tout **cela coûte cher**.

2 Gérer les ressources énergétiques

A Besoins en ressources énergétiques

• **Répartition globale des ressources.** À l'échelle mondiale, l'**habitat** et les **transports** sont les secteurs les plus énergivores. La demande annuelle mondiale d'énergie ne cesse de croître. Elle s'élève aujourd'hui à plus de **13 milliards de tonnes équivalent pétrole** : 35 % pour le pétrole, 25 % pour le charbon, 21 % pour le gaz naturel, 13 % pour les énergies renouvelables et 6 % pour le nucléaire.

• **Diversité des ressources.** Au XIXe siècle, c'est surtout le **charbon** qui a nourri la production énergétique puis, au cours du XXe siècle, les **hydrocarbures** (gaz et pétrole) suivi du **nucléaire** l'ont remplacé. Depuis trente ans, l'énergie nucléaire civile tend à décliner, entraînant l'essor **des énergies renouvelables**.

Chiffre-clé

70 % des déchets industriels dans les pays en voie de développement sont rejetés sans traitement préalable dans les eaux de surface, où ils polluent la réserve d'eau utilisable.

B Enjeux environnementaux et géopolitiques

• **Les impacts sur l'environnement.** La production d'énergie entraîne la production de dioxyde de carbone (CO_2) qui s'accumule dans l'atmosphère et constitue l'une des raisons du **réchauffement climatique**. C'est pourquoi, lors de la **conférence de Kyoto** (1997), et surtout des **Conférences sur le climat**, la plupart des États se sont engagés à réduire les émissions de gaz à effet de serre.

• **Les tensions.** Le **contrôle des hydrocarbures** est source de puissance mais aussi de tensions. La **Russie** s'appuie sur ses réserves d'hydrocarbures pour s'imposer sur la scène internationale. Le **contrôle du pétrole** est l'une des causes de la montée des tensions au **Venezuela** depuis 2018.

C Prévisions et choix énergétiques pour l'avenir

• **L'épuisement des ressources ?** L'**Agence internationale de l'énergie** prévoit une **augmentation de plus de la moitié** de la demande d'énergie de 2004 à 2030, puis un **doublement** en 2050. Il faut donc réduire la consommation d'énergie. Mais cela suppose de trouver des **solutions alternatives** fiables et efficaces.

• **Des solutions en attente.** Le bilan actuel des **Conférences sur le climat** (COP21 à Paris en 2015), à l'échelle mondiale, est pour l'instant décevant. La croissance se poursuivant, **la demande mondiale énergétique grimpe** et les **émissions de gaz à effet de serre** sont reparties à la hausse depuis 2016.

Les enjeux de la COP24, tenue en Pologne du 2 au 4 décembre 2018

Enjeu n° 1 : rendre concret l'Accord de Paris	Enjeu n° 2 : rehausser les ambitions	Enjeu n° 3 : mobiliser les financements
Adopter les règles d'application de l'Accord pour que chaque État puisse le mettre en œuvre concrètement.	Engager les États à intensifier leurs efforts pour réduire drastiquement les émissions de gaz à effet de serre.	Faire face à l'urgence en mobilisant des financements climat pour soutenir des projets dans les pays en voie de développement.

GÉOGRAPHIE

11 L'Arctique : fragilité et attractivité

L'**Arctique** est devenu le symbole des enjeux mondiaux actuels. Riche en ressources énergétiques, **voie navigable** en devenir, l'Arctique est un milieu de plus en plus attractif. L'exploitation de la région et les effets du **réchauffement climatique** mettent en danger ce milieu particulièrement fragile.

1 L'Arctique, un pôle attractif

A Des ressources convoitées

• **Un potentiel minier et énergétique.** Les États polaires mesurent depuis longtemps les potentiels **miniers et énergétiques** de l'Arctique. Cet espace polaire recèlerait **25 % des réserves en hydrocarbures** de la planète. Aujourd'hui, la **Russie** lance l'exploitation du **gaz de la mer de Barents.**

• **Un espace géostratégique majeur.** La diminution de la banquise estivale rend de plus en plus vraisemblable l'utilisation régulière des **voies maritimes arctiques.** Cela permettrait une nette réduction des distances et des coûts : grâce au passage du Nord-Est, les navires pourraient gagner jusqu'à 15 jours par rapport à l'itinéraire habituel via le canal de Suez.

Date-clé

En septembre 2018, le *Rhône* fut le premier navire français à traverser l'océan Arctique d'est en ouest. 17 jours furent nécessaires pour atteindre Vladivostok, sans l'aide d'un brise-glace.
Ces **nouvelles routes arctiques maritimes** présentent un intérêt commercial, militaire et scientifique majeur.

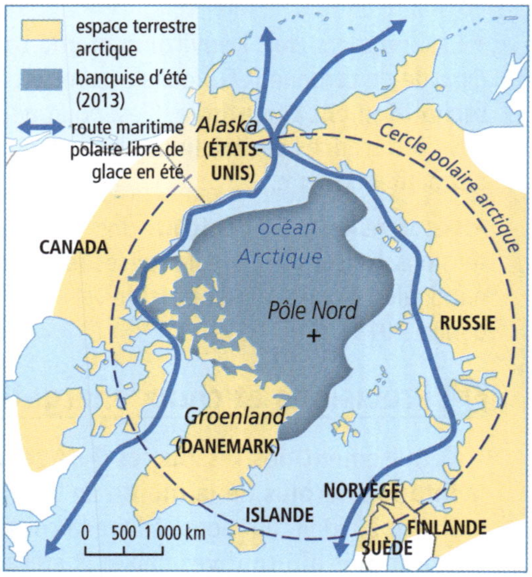

▲ Le monde arctique.

B Des tensions entre les États

• **L'enjeu d'un partage des eaux arctiques.** Si les **cinq pays** bordant l'océan Arctique **contrôlent les eaux** jusqu'à 426 km de leur ligne de côte, ils souhaitent étendre leurs **zones économiques exclusives.**

• **D'importantes rivalités.** Les **différends territoriaux** entre les cinq États riverains sont nombreux. Ces querelles s'intensifient alors que commence l'exploitation de la zone.

2 Protéger un milieu fragile

A Protéger un milieu unique au monde

• **Un laboratoire pour le futur.** L'**Arctique** concentre les **problèmes de l'avenir de la planète** : changement climatique, énergie, écologie humaine, développement et protection. Les habitants des mondes arctiques doivent inventer un modèle polaire de développement durable.

• **Un sanctuaire mondial.** Les **milieux boréaux** sont **protégés** depuis longtemps et possèdent de nombreux parcs nationaux, des réserves et des sites classés. Malgré leurs rivalités, les États riverains sont conscients de la **vulnérabilité de ces territoires** et d'une dégradation irréversible des écosystèmes polaires, conséquence du **réchauffement global sur la région Nord.**

B Protection ou prospection ?

• **La politique de protection reste fragile.** Les pressions pour l'exploitation des gisements, y compris des zones protégées, demeurent fortes et les relations entre les États de l'Arctique sont complexes. Les cadres internationaux mis en place sont fragmentés. La concurrence est croissante entre la **valeur écologique** et **la valeur économique des territoires.**

• **Des signaux d'alarme.** D'ailleurs, les enjeux économiques semblent devenir prioritaires par rapport aux enjeux écologiques, comme le laisse penser le retour des prospecteurs miniers et énergétiques dans certaines régions pourtant menacées écologiquement.

Date-clé

Une gouvernance arctique
En **2008**, la coopération entre les cinq États côtiers (États-Unis, Canada, Russie, Danemark et Norvège) a été renforcée par la signature de la déclaration d'Ilulissat par laquelle ils s'engageaient à collaborer pacifiquement à la préservation de cet espace commun fragile.

GÉOGRAPHIE

12 La France : des milieux entre valorisation et protection

Du fait de sa situation géographique et zonale et des territoires ultra-marins présents dans tous les océans, la France bénéficie de **milieux naturels très diversifiés**. Ces milieux présentent des caractéristiques plutôt favorables au développement territorial de la France. Dans quelle mesure parvient-on à associer **valorisation** et **protection des milieux** en France ?

1 Des milieux naturels diversifiés

A Mise en valeur des principaux milieux français

• **Le milieu océanique.** À l'**ouest** et au **nord**, ce milieu est largement favorable à l'**agriculture** et à l'**urbanisation**. Ensemble de **plaines** et de **bas plateaux** soumis à des **hivers doux** et des **étés frais**, il profite de **précipitations abondantes** toute l'année : les sols bruns, issus d'une végétation de feuillus, sont précieux pour les cultures.

• **Le milieu semi-continental.** À l'**est**, ce milieu concerne la région de la plaine d'Alsace, vaste fossé d'effondrement encadré par les Vosges et la Forêt-Noire allemande, aux **hivers froids** et aux **étés chauds et orageux**. La végétation de **conifères** en montagne et de feuillus dans les plaines favorise la sylviculture, l'élevage, le tourisme.

• **Le milieu méditerranéen.** Le relief, plus contrasté, est soumis à des **hivers doux** et des **étés chauds et secs**. La végétation, contrainte par un sol maigre et sec, est dominée par le **maquis** et la **garrigue**. C'est une région de cultures spécialisées, de vignobles et d'intenses activités touristiques.

B Des milieux plus spécifiques

• **Les milieux montagnards et les littoraux.** Les milieux montagnards sont marqués par de **forts contrastes topographiques** et des **altitudes élevées**. Le climat qui dépend de l'altitude commande la végétation. La sylviculture, l'élevage ainsi que le tourisme en sont les principales activités. Les **littoraux** sont très diversifiés : les côtes (basses, sableuses, rocheuses ou à falaises), ouvertes sur le monde, offrent une grande diversité d'activités industrielles, halieutiques et touristiques.

• **Les milieux tropicaux.** D'**origine volcanique**, les reliefs sont marqués par de hauts massifs montagneux qui s'enfoncent dans la mer, ne permettant la formation que de plaines littorales étroites aux côtes rocheuses. Le climat est **chaud et pluvieux**, ce qui permet l'exploitation de cultures tropicales toute l'année et une activité touristique continue comme aux Antilles ou à la Réunion.

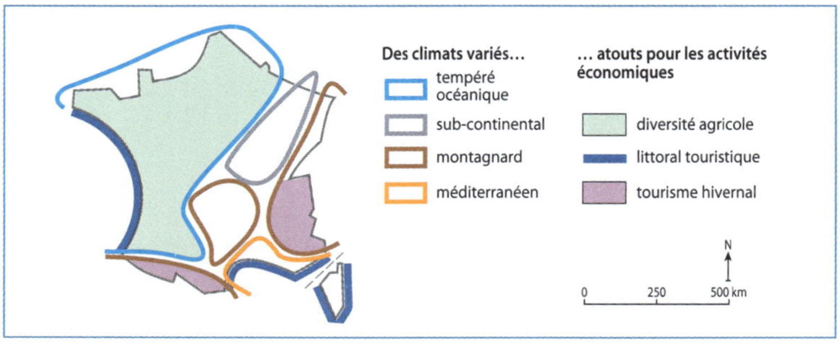

Les climats en France métropolitaine et leurs atouts pour l'économie. ▶

2 Des milieux naturels peu contraignants

A Des ressources abondantes

• **Des ressources non renouvelables limitées.** Si certaines sont aujourd'hui **épuisées** (charbon, gaz, uranium), d'autres sont toujours exploitées en métropole (sel, calcaire bitumineux, bauxite, étain) et en outre-mer (or en Guyane, cobalt et nickel en Nouvelle-Calédonie). On poursuit aussi la **prospection minière**.

À savoir

L'uranium en France. La France a exploité plus de 200 mines d'uranium entre 1945 et 2001 sur le territoire national. Débutée sous la présidence du général De Gaulle, c'est dans les années 1980 que l'exploitation d'uranium a atteint son maximum en France avant de lentement décliner.

• **Des ressources renouvelables.** La diversité des milieux permet au territoire français de profiter d'un **potentiel agricole très riche** et diversifié (céréaliculture, maraîchage, élevage, plantes à parfum…), d'un potentiel **hydraulique** important, source d'irrigation et d'énergie, et d'un potentiel **forestier** précieux sur le plan environnemental, économique et sociétal.

B Des risques essentiellement humains à maîtriser

• **Des risques naturels limités.** Les **DROM** sont soumis aux **risques sismiques et volcaniques** ainsi qu'aux **cyclones**. La France métropolitaine est moins menacée par les séismes mais davantage par les **risques climatiques ponctuels** : inondations, coulées de boue, sécheresse, tempête. Pour limiter ces risques, les pouvoirs publics instaurent des **plans de prévention**.

Mot-clé

DROM : acronyme de Département et Territoire d'Outre-Mer. Il s'agit des territoires d'outre-mer qui ont à la fois le statut de département et celui de région : Guadeloupe, Guyane, Martinique, Mayotte et La Réunion.

• **Des risques accrus par les activités humaines.** Le développement touristique en haute montagne augmente les **risques d'avalanche** ; l'occupation intense des vallées accentue les **risques d'inondations**. Cependant, incendies, pollutions multiples, accidents industriels et risques terroristes sont autant **de menaces générées par l'homme** que les pouvoirs publics sont chargés de limiter.

3 Une valorisation des milieux de plus en plus durable

A Des milieux au service du développement économique

• **Les milieux au service de la compétitivité.** La **diversité des milieux** est utilisée pour accroître les performances des territoires, en particulier dans le contexte de la mondialisation. Les ressources énergétiques du pays sont exploitées et les infrastructures de transport renforcées, profitant d'un territoire ouvert et de faible altitude. Enfin, les **pôles de compétitivité**, les **pôles d'excellence rurale**, les **parcs naturels** mettent en avant l'identité et les particularités locales des milieux pour être plus compétitifs.

• **Vers plus de cohésion territoriale.** Pour réduire les inégalités territoriales, l'État cherche à **stimuler les zones en difficulté** pour les rendre plus attractives, notamment par le biais de **contrats** et de **subventions**. Le but est de permettre aux différents espaces de **s'intégrer à la mondialisation** en mettant en avant les particularités des milieux.

B Vers une politique de protection des milieux

• **De la protection des espaces naturels au développement durable.** Dès les années 1960, une **politique de protection de l'environnement** est établie : elle consiste à protéger les zones dites « naturelles ». Depuis les années 2000, l'aménagement et la protection de l'environnement sont associés dans un même souci de **développement durable**.

• **Protéger les ressources.** Après avoir cherché à réduire la pollution de l'eau dès 1964, puis créé des **agences de l'eau** (1992) pour harmoniser les usages, les pouvoirs publics ont tenté de réduire la consommation abusive d'eau par une **série de lois**. Les lois sur la qualité de l'air, le traitement des déchets ou la gestion des forêts et enfin sur les paysages ont pour but de protéger la société ainsi que le patrimoine culturel et naturel.

Lieu-clé

Inscrite au patrimoine mondial de l'UNESCO depuis 1979, **la baie du Mont-Saint-Michel** a fait l'objet d'importants travaux qui devaient redonner au lieu sa physionomie naturelle tout en permettant son exploitation touristique. Aujourd'hui, le Mont retrouve son caractère insulaire à marée haute.

• **Protéger les milieux.** La protection des milieux naturels est lancée par l'État dans les années 1960 face à l'**urbanisation** et l'**industrialisation massive** du territoire. Sont créés les **parcs naturels** (1960) et les **parcs naturels régionaux** (1967) puis adoptées la **loi montagne** (1985) et la **loi littoral** (1986). Petit à petit, l'approche devient plus globale.

C Concertation et valorisation

• **Vers un développement concerté.** Depuis **2006** et la **loi sur les parcs nationaux et régionaux**, la protection des milieux nécessite l'**implication des autorités locales** dans la gestion des sites afin de permettre un développement concerté entre les différents acteurs.

• **L'implication communautaire.** À l'**échelle de l'UE**, la politique de protection du patrimoine naturel associée à un souci de développement économique se manifeste par le réseau **Natura 2000** qui concerne 13 % du territoire français. L'UE encourage les actions menées à grande échelle grâce à la concertation des acteurs.

À savoir

Le label européen **Natura 2000** vise à préserver la biodiversité dans une gestion équilibrée et durable des espaces tout en tenant compte des préoccupations économiques et sociales.

• **Une politique difficile à mettre en œuvre.** Les acteurs impliqués ayant des intérêts divergents, le développement durable provoque des **conflits d'usage**. Les lois du **Grenelle de l'environnement** ou la **loi SRU** (solidarité et renouvellement urbain) nécessitent des réajustements réguliers.

13 Les défis du nombre et du vieillissement

L'augmentation de la population mondiale est l'une des préoccupations majeures de l'**ONU**. Elle est principalement due à la poursuite de la **transition démographique** dans de nombreux pays . Tous les États du monde sont concernés, d'une manière ou d'une autre, par les **enjeux du nombre et du vieillissement** de leur population. Le **Japon**, qui voit sa population baisser depuis plus de 10 ans, constitue le laboratoire d'**un État face à une population vieillissante**.

1 L'évolution de la population mondiale

A Une population mondiale en forte croissance

• **Une croissance démographique inégale.** On estime que la population mondiale a connu une lente hausse jusqu'à la **fin du XVIIIe siècle**, avant de rapidement augmenter dans les deux derniers siècles.

• **Explosion démographique.** Au cours du XXe siècle, la population mondiale quadruple, pour dépasser les **7,5 milliards aujourd'hui**. L'ONU estime qu'en **2050**, la Terre comptera **10 milliards** de personnes.

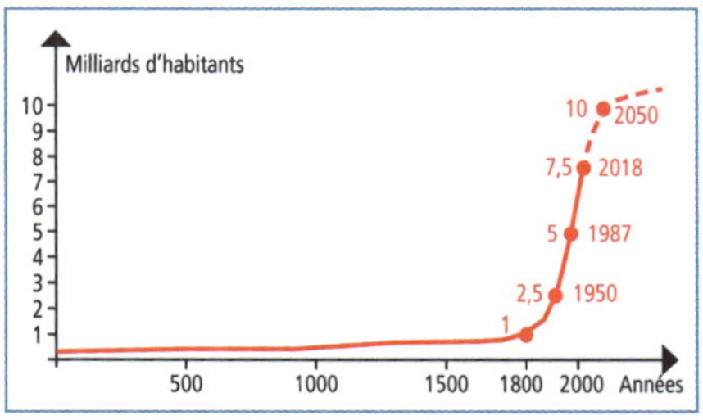

▲ Évolution de la population mondiale (prévisions)

• **Une population encore en hausse.** Même si le taux d'accroissement ralentit, la population mondiale continue d'augmenter. Mais elle devrait finir par se stabiliser vers 2050.

B Une transition démographique différenciée

• **Des rythmes inégaux.** Cet accroissement est lié à la **transition démographique** qui ne s'est pas produite au même moment ni avec la même intensité selon les pays du monde puisqu'elle dépend des caractéristiques politiques, économiques et sanitaires de chaque société.

• **Spécificités démographiques.** Après les pays européens (XVIIIe-XXe siècles), les pays asiatiques puis africains sont entrés dans cette transition mais beaucoup ne l'ont pas achevée. En Inde, la population augmente à cause de la **hausse de l'espérance de vie** ; en Chine, la natalité baisse du fait de la **politique de l'enfant unique**.

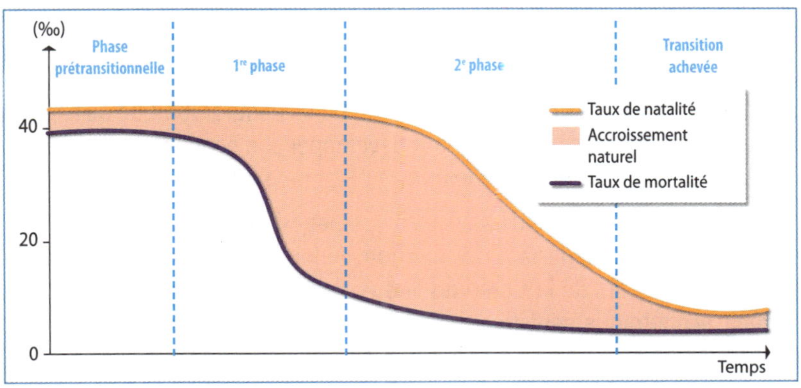

▲ Le modèle de la transition démographique.

Mot-clé

Transition démographique : modèle démographique qui décrit le passage d'une population ayant des taux de natalité et de mortalité élevés à une population ayant des taux de natalité et de mortalité faibles.

GÉOGRAPHIE

2 Des défis démographiques

A Le défi du nombre

• **À l'échelle de la planète.** La croissance de la population mondiale est un sujet qui préoccupe particulièrement l'ONU, surtout dans un contexte de **réchauffement climatique**. Dans cette perspective, l'éducation et la technologie sont des moyens privilégiés pour réaliser le **développement durable**. Selon leur situation, tous les pays du monde ne font pas face au même enjeu du nombre.

• **Un accroissement de la population...** Les pays concernés doivent tenir compte d'une augmentation de la population qui touche principalement les **villes**. La croissance démographique dépasse leur capacité à construire infrastructures et bâtiments adaptés. Les **inégalités socio-spatiales** s'accentuent.

• **... ou la menace d'une diminution démographique.** Même si peu d'États dans le monde voient leur population décliner à l'instar de certains pays européens ou du Japon, la **baisse de la natalité** et l'**augmentation de l'espérance de vie** préoccupent les États qui, pour compenser, font le plus souvent appel à la **technologie** et à l'**immigration**, comme en Allemagne.

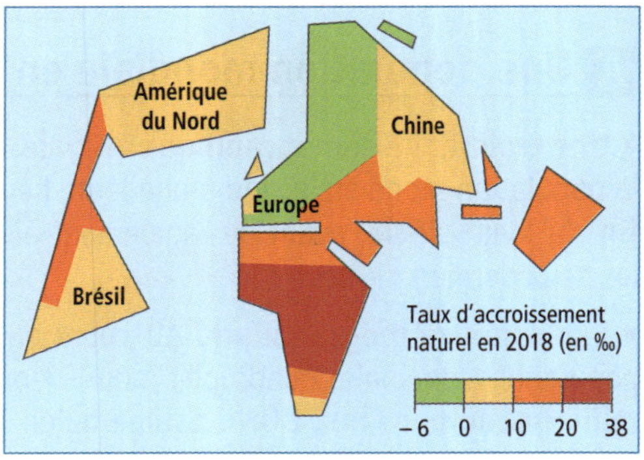

▲ Croissance de la population dans le monde en 2018.

B Le défi du vieillissement

• **Une population mondiale vieillissante.** L'OMS estime que le nombre de personnes de plus de 65 ans devrait passer **de 11 % à 22 % de la population mondiale** entre 2000 et 2050. À cause de la hausse de l'espérance de vie et du fait de générations âgées plus nombreuses, le vieillissement de la population touche tous les pays du monde, même si certains en Europe ou en Asie sont plus avancés que d'autres.

• **La prise en charge des personnes âgées.** Ainsi le besoin de **prise en charge sur le long terme** est un problème préoccupant d'un point de vue social mais aussi économique puisque cela touche de nombreux aspects de la société : soins médicaux, retraites, monde du travail, transport, logement.

C Les impacts géopolitiques

• **Les effets géopolitiques du poids du nombre.** Ce dernier peut-être un **atout** ou un **handicap**. Dans l'UE, le nombre de députés au Parlement dépend du poids démographique de chaque pays ; la Chine a parié sur sa nombreuse population pour développer son économie et s'intégrer à la mondialisation. Mais le nombre peut être un **fardeau** si l'État ne parvient pas à y faire face.

• **Un impact géopolitique.** Parmi d'autres indices, le vieillissement d'une population témoigne du **déclin d'une puissance** et peut mener à sa disparition. Aujourd'hui, la population de la plupart des États européens, du Japon, de la Corée du Sud et de Singapour vieillit. La part des retraités risque d'y devenir économiquement très difficile. La stabilité de ces pays serait donc menacée par de **graves tensions** et **dysfonctionnements financiers**.

3 Étude de cas : les enjeux du vieillissement au Japon

A Le déclin démographique du Japon

• **Une natalité en baisse.** La natalité du Japon continue de baisser tandis que la durée de vie atteint aujourd'hui **84 ans**. Le nombre de Japonais devrait passer de 126 millions en 2015 à 100 millions d'habitants vers 2050.

• **Les causes.** La **baisse de la natalité** a débuté dans les années 1950. Les raisons en sont multiples : « loi sur l'eugénisme national », contraintes culturelles, baisse des solidarités familiales et de voisinage, crise des années 1990.

• **Un vieillissement démographique.** En parallèle, les **progrès** de la médecine, l'hygiène publique et la généralisation du système d'assurance maladie ont donné au Japon l'espérance de vie la plus élevée du monde. Cela soulève la question du paiement des retraites, de la Sécurité sociale et de la prise en charge des aînés.

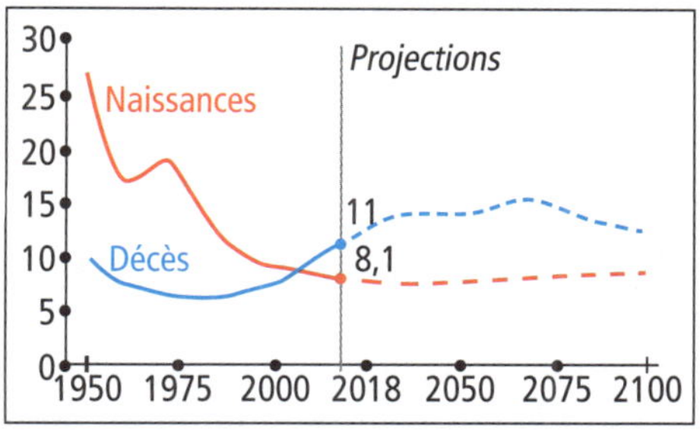

▲ Japon : évolution de la natalité et de la mortalité pour 1 000 habitants

B S'adapter à une population vieillissante

• **Dans les campagnes.** Dans ces zones pauvres, les personnes âgées possèdent souvent leur habitation et une terre, mais elles vivent dans une grande pauvreté, accrue par les **réformes libérales** des années 2000.

• **Dans les villes.** Elles vivent dans de petits pavillons traditionnels dans le centre ou sont regroupées dans des **grands ensembles**, aujourd'hui désertés par les jeunes.

Chiffres-clés

Part des 65 ans et plus au Japon :
- en 2010 : 23 %
- en 2018 : 27 %
- en 2040 : 40 % (prévisions)

• **Adapter les territoires de proximité.** L'environnement urbain **s'adapte** : escaliers roulants, taille de la signalétique accrue, apparition de commerces spécialisés et rues marchandes destinées aux personnes âgées, comme le **« Harajuku des grands-mères »** à Tokyo.

C Des solutions inégalement efficaces

• **Relancer la natalité.** L'État a pris conscience, au début des années 1990, de la nécessité de relancer la natalité. Plusieurs mesures ont été adoptées (augmentation des places en crèche, avantages fiscaux) mais les résultats se font attendre.

• **Le soutien de l'innovation.** Le Japon encourage les innovations dans les domaines de la robotique, de l'intelligence artificielle ou des technologies sans contact afin de pouvoir maintenir le plus longtemps possible les aînés à leur domicile.

• **Faire appel à l'immigration ?** Auparavant réticent à l'idée d'y recourir, l'État envisage sérieusement de faire appel plus massivement à une immigration sélective et temporaire pour faire face à la pénurie de main-d'œuvre.

À savoir

L'immigration au Japon. Au début du XXe siècle, les immigrants, essentiellement coréens, contribuent à l'industrialisation du pays. Après la guerre, la seconde immigration correspond surtout aux descendants des anciens émigrés japonais souhaitant participer à l'essor du pays. En plus de la communauté coréenne, on trouve actuellement des immigrants professionnels, en général temporaires. Les migrants représentaient 1 % de la population en 2017.

GÉOGRAPHIE

14 Développement et inégalités

Le **développement économique et social** inclut l'ensemble des changements positifs que connaît un territoire. Calculé grâce à des indicateurs comme l'**IDH**, il mesure le bien-être d'une société. Or, le développement des sociétés, qui suit des modèles très différents, est freiné par les **inégalités**. Bien que 8e puissance économique mondiale, le **Brésil** est un pays de **contrastes**, au point de créer des tensions.

1 Les inégalités de développement à l'échelle mondiale

A Qu'est-ce que le développement ?

• **Développement et croissance économique.** La **croissance économique**, reposant sur la création de richesse, n'est qu'un composant du développement. Elle est en général nécessaire ou consécutive au développement et entraîne une **amélioration du niveau de vie** des habitants.

• **La limite Nord-Sud.** Le concept d'**opposition Nord-Sud** a été créé au milieu du XXe siècle pour distinguer les pays industrialisés des deux blocs, occidental et soviétique, et le **tiers-monde**. Mais aujourd'hui, cette notion n'est plus vraiment pertinente.

> **Mot-clé**
> **Tiers-monde :** cette expression, forgée au lendemain de la 2de Guerre mondiale par le démographe français Alfred Sauvy en 1952, renvoie au tiers état qui, à la veille de la Révolution française, aspirait à s'affranchir.

B Évolution des blocs Nord-Sud

• **Situation des pays du Nord.** Si l'**Occident** reste riche et bien développé, grâce à son **passé industriel**, les pays de l'**ex-bloc soviétique** ont abandonné le système communiste pour adopter le **modèle libéral** au début des années 1990.

• **Situation des pays du Sud.** Tandis que les **économies asiatiques** émergent et concurrencent les pays européens, à l'exemple de la **Chine**, les pays de la **péninsule arabique**, qui fournissent l'énergie, sont plus riches encore. Cependant, leur développement humain reste contrasté. Les pays les plus démunis, appelés **pays moins avancés (PMA)**, sont regroupés en Afrique subsaharienne et, dans une moindre mesure, en Asie du Sud.

C Accroissement global du développement

• **Des pays plus développés.** D'après le **PNUD** (Programme des Nations unies pour le développement), de plus en plus de pays voient leur niveau de développement s'élever. Ainsi, alors qu'en 2010, 49 pays connaissaient un **« développement humain faible »**, ils sont aujourd'hui 38.

• **Les effets du développement.** Les évolutions de l'**IDH** dépendent des changements survenus dans les **domaines de la santé, de l'éducation et du revenu**, ce qui a permis, depuis 1990, d'augmenter la moyenne de **l'espérance de vie** mondiale de 7 ans et le **niveau d'éducation moyen** de 3,4 ans. Cependant, d'importantes inégalités subsistent.

> **Chiffres-clés**
> **Espérance de vie et éducation**
> *« Un enfant né aujourd'hui en Norvège, en première place du classement selon l'IDH, a de bonnes chances de vivre plus de 82 ans et de rester dans le système éducatif pendant au moins 18 ans. Un enfant né au Niger, en dernière place du classement selon l'IDH, a peu de chances de vivre plus de 60 ans et d'être scolarisé plus de cinq ans. »*
> Programme des Nations unies pour le développement, 14/09/2018.

2 Nécessité d'une transition économique

A Des inégalités majeures à d'autres échelles

• **À l'échelle régionale.** Les contrastes restent fort, en particulier en Asie et en Afrique. Le choix des **modèles de développement**, l'insertion dans la **mondialisation**, la **situation politique et sociale** de chaque pays expliquent ces différences.

• **À l'échelle nationale.** Les **inégalités de développement entre les villes et les campagnes** sont prégnantes partout. Dans toutes les grandes villes, **des quartiers sont défavorisés** par rapport à d'autres. Mais ces contrastes sont plus visibles dans les pays en développement que dans les pays développés.

• **Conséquences sur le développement.** Ces **inégalités infranationales** ont également de plus fortes répercussions dans les pays au faible niveau de développement. Le PNUD estime que les pays concernés perdent jusqu'à 31 % de leur potentiel de développement humain.

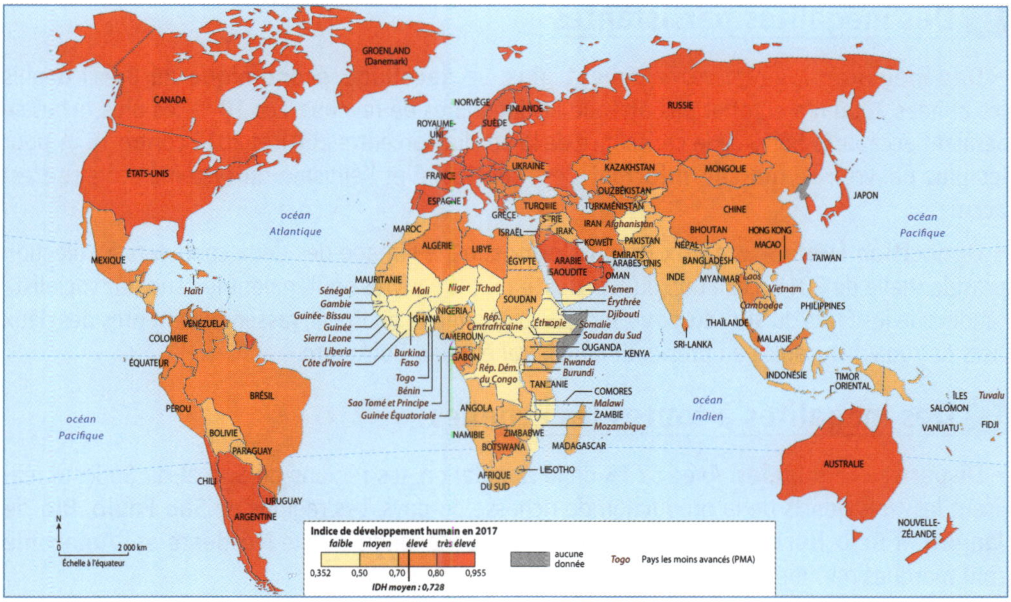

▲ L'indice de développement humain dans le monde.
L'IDH tient compte de l'espérance de vie, du niveau d'éducation et du PIB.

B Des modèles de développement en transition ?

• **Diversité des modèles.** Le développement social et économique ne correspond pas à un seul modèle. Tandis que les pays occidentaux ont basé leur développement sur l'**industrialisation**, la Chine mais aussi les dragons et les tigres asiatiques, les jaguars sud-américains ont suivi différents modèles basés sur une **main-d'œuvre abondante et bon marché**. D'autres, plus fragiles, s'appuient sur l'exploitation de leurs **ressources naturelles**.

• **Une gouvernance mondiale difficile.** À travers les **Objectifs de Développement Durable**, l'ONU souhaite accélérer la **transition économique** en mettant l'accent sur **un développement humain « viable et durable »**. Mais au-delà de la question de la qualité, le débat reste ouvert, entre autres, sur les modes d'**aide au développement** ainsi que sur l'implication des **nombreux acteurs concernés** : États, entreprises, ONG, société civile.

GÉOGRAPHIE

3 Étude de cas : développement et inégalités au Brésil

A Un pays dynamique

• **Un développement progressif.** Le Brésil a basé son développement économique et social sur plusieurs cycles économiques, principalement fondés sur l'agriculture et les ressources minières. Au cours du XXe siècle, l'industrialisation du Brésil et le développement des axes de communication ont permis de parler de « **miracle brésilien** ». La population s'est largement urbanisée et poursuit aujourd'hui la **conquête amazonienne**.

• **Un pays dynamique mais inégalitaire.** 8e puissance mondiale, le Brésil n'occupe que le 79e rang mondial en matière de développement humain. Selon la Banque mondiale, le Brésil est le **10e pays le plus inégalitaire au monde**. En effet, la croissance du PIB ne s'est pas accompagnée d'une diminution des inégalités, même si le PIB par habitant a été multiplié par 7 depuis 1980.

B Des inégalités persistantes

• **Des inégalités qui ne se résorbent plus.** Le **décollage économique** du Brésil depuis les années 2000 n'a en effet pas atténué les inégalités de revenus. Les 10 % les plus riches se seraient accaparés 58 % de la croissance de la production entre 2001 et 2015 contre 16 % pour les plus pauvres. Le **marché informel** s'est développé et l'élitisme du système scolaire s'est accru.

• **Opposition Nord-Sud.** **Deux Brésil s'opposent**, à l'image des deux candidats à l'élection présidentielle de 2018. Les États du **Nordeste** plutôt pauvres soutenaient le candidat socialiste tandis que les États du **sud du pays**, moteur économique du Brésil, rassemblaient près des deux tiers des voix favorables au président néolibéral élu, Jair Bolsonaro.

C Des inégalités à toutes les échelles

• **Disparités régionales.** Avec 57 % de la population, les régions du Sud et du Sudeste réalisent les trois quarts de la production de richesse du pays. Les régions de **São Paulo, Rio de Janeiro** et **Belo Horizonte** sont les plus développées tandis que le **Nordeste** et l'**Amazonie** sont marqués par une grande pauvreté.

• **À l'échelle locale.** Toutes les villes ont connu une forte croissance démographique liée à l'**exode rural**. La pauvreté des campagnes a été transférée en ville, accentuant les **contrastes entre bidonvilles et quartiers riches**.

• **Des tensions accrues.** Ces inégalités persistantes alimentent des **revendications sociales** qui, depuis 2015, ont provoqué de fortes tensions au Brésil. En effet, les problèmes d'insécurité et de pauvreté ont été exacerbés par des **scandales politico-financiers** touchant ces dernières années les hautes sphères de l'État.

15 La France : dynamiques démographiques et inégalités

La France compte **67 millions d'habitants** en 2019 dont **2,2 en outre-mer**. Ayant fini sa transition démographique, son solde naturel est faible : 0,3 % en 2018. Comme de nombreux pays, la France doit faire face à une **population vieillissante**, **voit ses structures démographiques se modifier** tandis que les **inégalités**, encore marquées, ont tendance à évoluer, notamment sous l'influence de la mondialisation.

1 Dynamiques de la population métropolitaine et d'outre-mer

A Une population vieillissante

• **Le papy-boom français.** Comme de nombreux pays européens, la France connaît un **vieillissement de la population** et une hausse du nombre de personnes âgées. Issu de la **génération du baby-boom**, le nombre des plus de 60 ans progresse dans la population tandis que **l'espérance de vie ne cesse d'augmenter** (79 ans pour les hommes et 85 pour les femmes). On parle de **papy-boom**. Les progrès médicaux, l'amélioration des conditions sanitaires et sociales et la hausse du niveau de vie font reculer la mortalité.

• **Évolution de la natalité.** Depuis le milieu des années 1990, l'**indice de fécondité** s'est d'abord accru puis s'est maintenu pendant près de 10 ans à un niveau élevé (environ 13 naissances pour mille habitants). Mais, depuis 2014, **la natalité connaît une baisse rapide** et qui concerne toutes les catégories sociales, bien que la France reste l'État ayant **le plus fort indice de fécondité de l'UE**. En 2018, le solde naturel n'a jamais été aussi bas depuis 1945.

B Modifications démographiques

• **Le rôle des populations immigrées.** L'apport de la population étrangère et immigrée diversifie la population française. En augmentation depuis le début des années 2000, l'INSEE estime que **8,9 % de la population française est immigrée** (7,3 % en 2000). Les origines varient : la part des immigrés d'origine européenne recule (36 %) au profit d'une immigration asiatique (14 %) et surtout africaine (43 %). Cependant, le **solde migratoire** se maintient **entre 50 et 100 000 personnes**. En outre-mer, tandis que le solde migratoire est négatif aux Antilles et à la Réunion, il reste particulièrement élevé en Guyane et à Mayotte.

Mots-clés

Étrangers : personnes n'ayant pas la nationalité française, quel que soit leur lieu de naissance.
Immigrés : personnes résidant en France, nées étrangères dans un pays étranger.

• **Modifications familiales.** En France, on se marie de moins en moins, de plus en plus tard et on vit de plus en plus seul. La cohabitation et le PACS se généralisent tandis que le divorce se banalise. **Les ménages sont de plus en plus petits** : étudiants ou jeunes professionnels vivant seuls, solitude de fin de vie, progression des couples sans enfants, recul des familles nombreuses, augmentation des familles monoparentales.

C Des conditions de vie inégales

• **Niveau de vie de la population.** La population de la France bénéficie d'un **haut niveau de vie** (PIB/hab. en 2018 : 37 300 € ; 22e rang mondial). Les **revenus moyens** sont **élevés** grâce à la généralisation de la double activité au sein des couples, à la hausse du niveau moyen de qualification, à la prise en charge par l'État des dépenses de santé et aux aides et allocations versées par l'État. La France a un **IDH de 0,9** (36e rang mondial).

• **Des disparités fortes.** La population consomme massivement loisirs et services et participe à la **tertiarisation de l'économie**. La consommation est forte. Cependant, **les inégalités se creusent** entre les **couples bi-actifs** sans enfants au niveau de vie élevé et les **familles nombreuses monoparentales** touchées par la pauvreté.

• **Augmentation de la précarité.** L'INSEE estime que **la pauvreté touche 8,8 millions de personnes** en France, soit 14 % de la population. Cette pauvreté concerne essentiellement les familles monoparentales, les retraités, chômeurs, jeunes, agriculteurs et artisans commerçants. L'État a créé le RMI puis le **RSA** pour lutter contre l'exclusion liée au chômage. La précarité augmente à travers les **nouvelles formes de travail** : CDD et temps partiel. L'augmentation du **coût de la vie et des logements** dans les métropoles impacte les classes moyennes.

Chiffres-clés

Les difficultés de l'outre-mer

Les contrastes sont forts entre la métropole et les outre-mer où le PIB par habitant reste nettement inférieur à celui de la métropole : jusqu'à 79 % à Mayotte. La mortalité infantile a progressé dans plusieurs territoires, atteignant 9,9 pour mille en Nouvelle-Calédonie (3,5 pour mille en métropole). Le chômage atteint 27 % à la Réunion, touchant particulièrement les jeunes de moins de 25 ans sans diplôme.

2 Renforcement des disparités socio-spatiales

A Les principaux contrastes à l'échelle nationale

• **Contrastes de densité.** Globalement, la **« diagonale du vide »** qui s'étend des Ardennes aux Pyrénées comprend des **espaces de faible densité** tandis que la population se concentre sur les **littoraux**, dans les **vallées fluviales** et dans les **métropoles**.

• **Contrastes démographiques.** La moitié **nord** de la France est plutôt jeune par rapport à la moitié **sud** qui accueille de nombreux retraités ; l'espérance de vie est plus courte dans la moitié nord.

• **Inégalités socio-économiques.** La **région parisienne** produit **30 % du PIB français** tandis que les **DROM** bénéficient des **fonds structurels européens**.

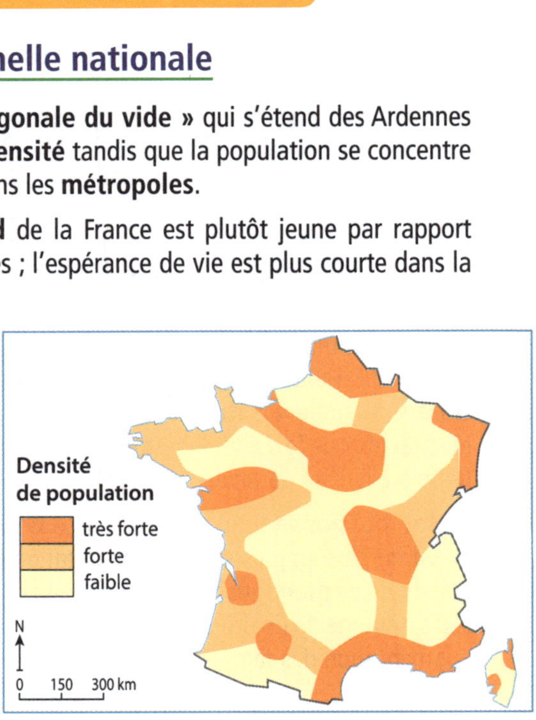

▲ La densité de la population en France métropolitaine.

B Des contrastes qui s'atténuent

• **Atténuation des écarts démographiques.** Le **recul de la fécondité** qui touche aussi la partie nord de la France, combiné aux **mouvements migratoires**, atténue le recul des moins de 20 ans dans la partie sud de la France. Les écarts interrégionaux diminuent.

• **Le cas de la mortalité.** L'**homogénéisation des comportements** de la population française et des conditions socio-économiques amoindrit les disparités régionales liées à la mortalité. En revanche, les **inégalités** tendent à s'affirmer aujourd'hui **entre les zones urbaines et rurales**.

• **Lent recul des inégalités socio-économiques.** La **domination de l'Île-de-France** tend à s'éroder au profit des **métropoles régionales** tandis que les DROM conservent leur retard, même si les conditions de vie sont meilleures que dans les pays environnants.

C Les inégalités à plus grande échelle

• **Inégalités socio-économiques.** La **mobilité résidentielle** qui déconnecte le lieu de travail et le lieu de résidence, la mobilité quotidienne liée au travail ou aux loisirs et la **spécialisation des espaces** participent à l'accroissement des inégalités spatiales et modifient les rapports à l'espace au sein des agglomérations.

• **D'une ségrégation à l'autre.** Jusqu'au XIXe siècle, les différents groupes sociaux vivaient dans une certaine promiscuité. Le **développement des transports** au XIXe siècle permet, à ceux qui en ont les moyens, de **s'établir à l'écart des lieux de production** tandis que les logements ouvriers restent proches des usines. Ce phénomène donne naissance aux disparités socio-spatiales est/ouest. La **mondialisation** et la **métropolisation** accroissent les écarts socio-spatiaux.

• **Rupture du lien social.** Logements et lieux de travail sont de plus en plus dissociés ; les disparités socio-spatiales se creusent et **des populations différentes vivent à côté les unes des autres** sans établir de lien.

À savoir

Inégalités socio-spatiales à Paris

Au sein de l'agglomération parisienne, les évolutions économiques ont favorisé la création d'emplois tertiaires et métropolitains à l'ouest, qui concentre une population aisée et peu nombreuse, tandis que la partie est rassemble des populations aux revenus plus faibles. Cependant, à plus grande échelle, cette opposition est à nuancer.

GÉOGRAPHIE

16 Les migrations internationales

La **mondialisation** s'accompagne d'une hausse des mobilités humaines qui transforment profondément le monde. De nombreux facteurs les expliquent. L'**ONU** s'intéresse particulièrement à ces mouvements représentant des enjeux très différents pour les pays du monde.

1 Un phénomène croissant à l'échelle mondiale

A Dynamiques des migrations mondiales

• **258 millions de personnes concernées.** C'est ce qu'estime l'ONU : **3,4 % de la population mondiale vit en dehors de son pays de naissance** alors que les migrants étaient évalués à 173 millions en 2000 (2,8 %).

• **Particularités.** L'ONU estime que 48 % de ces migrants sont des femmes et que 14 % sont âgés de moins de 20 ans ; 50 millions de ces migrants seraient en **situation irrégulière**. Au moins 2,5 milliers sont **morts en Méditerranée au cours de leur migration** en 2018.

• **De multiples flux.** Ces migrations entraînent des flux de personnes, des flux d'informations mais aussi des flux d'argent : on estime que ces **flux entre pays d'accueil et pays d'origine** s'élèvent à 466 milliards de dollars.

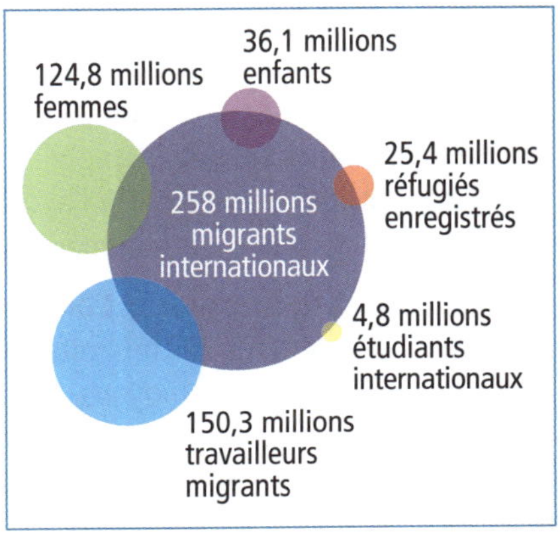

▲ Spécificités des migrants internationaux.

B Causes des mouvements migratoires

• **Migrations économiques.** Environ deux tiers des migrants sont partis à la **recherche d'une meilleure situation**. Il s'agit en général de personnes peu ou pas qualifiées mais cela concerne aussi celles qui sont hautement diplômées.

• **Déplacements forcés.** Près de **69 millions** de personnes ont dû quitter leur pays à cause d'un **climat de persécutions**, de conflits, ou du fait d'un **contexte de violence et de violation des droits de l'homme.**

> **Mot-clé**
> ***Brain Drain* ou « fuite des cerveaux »**
> Émigration des jeunes diplômés, cadres et entrepreneurs qui quittent leur pays d'origine à la recherche de meilleurs marchés, d'un environnement professionnel et fiscal plus porteur.

• **Le cas des étudiants. 4,8 millions** de jeunes sont partis **étudier à l'étranger**, alors qu'ils étaient 2 millions en 2000. Cette hausse est notamment facilitée par les **partenariats développés entre universités** ainsi que par les accords entre pays facilitant la délivrance de visas.

2 Des mouvements migratoires mondialisés

A Principaux pays d'accueil

• **Une forte hausse.** Depuis 1990, le nombre d'immigrés augmente rapidement dans les 10 principaux pays d'accueil. Les **effectifs ont doublé aux États-Unis.**

• **Des flux inversés ?** Alors que la domination européenne s'était appuyée sur un important courant d'émigration vers les pays neufs, **les flux se sont inversés entre le Nord et le Sud** au cours du XXe siècle.

• **Dominations des flux régionaux.** Cependant, il ne faut pas oublier que 90 % des migrations africaines et 80 % des migrations asiatiques restent **régionales.** Ainsi, le Japon, Singapour et la Malaisie sont des destinations qui attirent de plus en plus de migrants.

Chiffres-clés

Les 5 pays où résident le plus de migrants en 2017
- États-Unis : 50 millions
- Arabie Saoudite et Allemagne : 12,2 millions chacun
- Russie : 11,7 millions
- Grande-Bretagne : 8,8 millions

B Les pôles de départ

• **Des départs diffus.** Les départs concernent la plupart des pays du monde. Mais les pays qui connaissent un **solde migratoire déficitaire** sont des pays en développement tels que la Chine, l'Inde, le Bangladesh et le Mexique.

• **Les conséquences de ces émigrations.** Les conséquences immédiates de l'émigration sont difficiles à cerner. En revanche, **l'envoi d'argent aux familles** dans les pays d'origine peut être un atout pour le développement local.

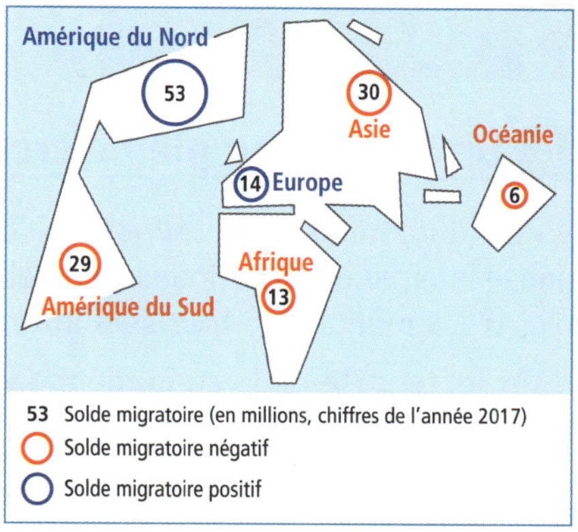

▲ Le solde migratoire régional en 2017.

3 Politiques et stratégies migratoires

A Des politiques nationales très contrastées

• **Mise en avant du multiculturalisme.** Certains pays, comme le Canada, pratiquent une **immigration sélective.** Les candidats à l'immigration sont sélectionnés sur la base de leurs compétences professionnelles et **non en fonction de leur origine ou de leur religion**.

• **Un esclavage moderne ?** D'autres pays ne recrutent que des **travailleurs isolés** pour un temps déterminé, interdisant tout regroupement familial. Dans les pays du Golfe, la ***kafala*** place le travailleur étranger sous la tutelle de son employeur, le privant de ses droits élémentaires.

B Une gouvernance mondiale des migrations

• **Migrations et développement durable.** Selon le rapport global sur les migrations (2018), le sujet des migrations internationales est un thème transversal et récurrent des **17 objectifs du Développement durable.** L'ONU établit donc un lien entre la gestion migratoire et la réalisation du développement durable.

• **Un pacte mondial.** Après la **Déclaration de New York** pour les réfugiés et les migrants qui reconnaissait en 2016 la nécessité d'une approche compréhensive des migrations, 162 pays ont adopté, lors d'une conférence de l'ONU à Marrakech, le 19 décembre 2018, un **« Pacte mondial pour des migrations sûres, ordonnées et régulières ».** Les nombreux débats qu'il a provoqués soulignent la difficile mise en œuvre d'une **gouvernance mondiale** sur ce sujet.

• **Lutte contre le trafic d'êtres humains.** Dans la Déclaration de New York, 3 des 19 engagements concernent les **mesures prises contre la traite et le trafic de migrants**, en particulier des enfants.

GÉOGRAPHIE

17 Les mobilités touristiques internationales

Le tourisme international désigne le **déplacement momentané** de personnes en dehors de leur pays à des **fins récréatives**. Bien qu'elles continuent à alimenter les destinations traditionnelles, ces **mobilités, en forte hausse,** ont tendance à se diffuser dans le reste du monde. Cependant, ces flux s'adaptent constamment aux **aléas naturels, politiques et sociaux**.

1 L'essor des mobilités touristiques internationales

A Un secteur en pleine croissance

• **Plus d'un milliard de touristes.** D'après l'Organisation mondiale du tourisme (OMT), 2017, année internationale du tourisme durable pour le développement, a été une année record avec plus **d'1,3 milliard de touristes internationaux**, soit 84 millions de plus qu'en 2016.

• **Un secteur-clé de l'économie mondiale.** Le tourisme est le **3e plus important secteur** du commerce international. Il représente 10,4 % du PIB mondial et soutient **313 millions d'emplois** à travers le monde. Il représente 7 % des exportations mondiales et 30 % des exportations de services.

B Les principaux vecteurs du tourisme

• **Développement des moyens de transport. L'amélioration de l'accessibilité des territoires** est un facteur majeur du tourisme international. Les **infrastructures aéroportuaires** en particulier doivent constamment gagner en efficacité, en sûreté et en fluidité.

• **Le rôle d'Internet.** L'accès à **Internet** permet de mettre les acteurs du tourisme en concurrence. Le tourisme n'est plus réservé à une élite ; des **plateformes de réservation ou de location** rendent l'activité touristique accessible même aux classes moyennes.

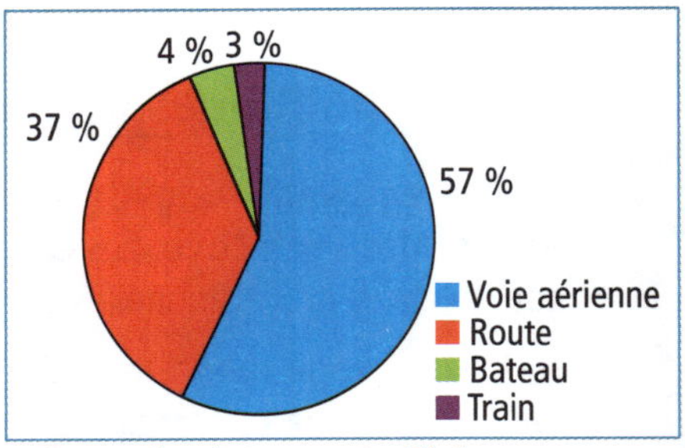

▲ Les modes de transport utilisés.

• **Le poids des politiques étatiques.** Le tourisme est un secteur majeur de l'économie de nombreux États qui mènent des **politiques attractives**. La Tunisie attire les compagnies touristiques par des avantages fiscaux.

2 Des destinations qui se diversifient

A Foyers touristiques majeurs

• **L'Europe, première destination touristique.** Les pays les plus anciennement touristiques restent les plus attrayants : l'accessibilité, la **richesse du patrimoine culturel et naturel**, la diversité des infrastructures participent de cet engouement.

Chiffres-clés

Pays d'origine des touristes les plus dépensiers
- Chine : 258 milliards de $
- États-Unis : 135 milliards de $
- Allemagne : 84 milliards de $
- Royaume-Uni : 63 milliards de $
- France : 41 milliards de $

Source : *2017 Annual Report*, OMT, janvier 2019.

L'Europe reste la destination touristique la plus prisée, accueillant **plus de la moitié des touristes en 2017** (671 millions de personnes).

• **La montée en puissance des pays émergents.** 5 des 10 pays les plus visités au monde sont européens : la France, l'Espagne, l'Italie, le Royaume-Uni et l'Allemagne. Mais les **pays émergents** – la Chine, le Mexique, la Turquie et la Thaïlande – s'imposent progressivement. Avec les États-Unis, ces 10 pays attirent 6 touristes sur 10.

B De nouvelles destinations

• **Montée en puissance de l'Asie et de l'Afrique.** Après l'Europe (+ 8 %), c'est l'Afrique qui, bien qu'elle n'ait attiré que 5 % des touristes, a connu la hausse de fréquentation la plus importante (+ 9 %) entre 2016 et 2017. De son côté, l'Asie-Pacifique attire 25 % des touristes mondiaux. Cela dit, les flux touristiques de ces régions correspondent d'abord à des **flux intrarégionaux**.

• **Spécificités des pays en développement.** La progression des pays en développement est due à une amélioration des infrastructures, aux coûts plus faibles des services, à des cadres naturels et culturels vus comme exotiques, à la richesse du patrimoine mais aussi au **poids des événements internationaux** tels que jeux Olympiques et coupes du monde de football.

Chiffres-clés

Les 10 villes les plus touristiques au monde en 2017

- Bangkok : 20 millions
- Londres : 19,8 millions
- Paris : 17,4 millions
- Dubaï : 15,8 millions
- Singapour : 13,9 millions
- New York : 13,1 millions
- Kuala Lumpur : 12,6 millions
- Tokyo : 11,9 millions
- Istanbul : 10,7 millions
- Séoul : 9,5 millions

Source : *Mastercard Global Destination Cities Index 2018*, septembre 2018.

GÉOGRAPHIE

3 Des flux en constante adaptation

A Tourisme et risques

• **Un marché soumis aux aléas naturels.** Au-delà des aléas saisonniers, les flux touristiques s'adaptent aux **menaces naturelles**. En 2016, le virus Zika a fortement freiné le tourisme aux Antilles. La menace volcanique et les tsunamis remettent en cause l'attractivité de l'Indonésie.

• **Des menaces anthropiques.** Attentats, prises d'otage, instabilités politiques et sociales sont des aléas entraînant une **chute brutale de la fréquentation touristique**. Ce fut le cas en France après les attentats de 2015-2016 mais aussi en Tunisie, en Égypte ou en Syrie à la suite des printemps arabes de 2011.

• **Protéger les territoires.** L'Organisation mondiale du tourisme souligne la **nécessité d'un tourisme plus durable** qui prendrait en compte les cultures locales afin de ne pas **dénaturer** les territoires et les sociétés.

À savoir

Tourisme de masse dans la baie de Maya

Située en Thaïlande, au cœur du parc national de Koh Phi Phi, la baie de Maya immortalisée par le film *La Plage* (2000) attire près de 4 000 touristes par jour, menaçant l'écosystème. C'est une foule de touristes qui se presse sur cette petite plage, encerclée par des falaises de calcaire, pour prendre des photos avant d'en repartir en hors-bord.

B Un secteur instable

• **« L'effet de mode » des destinations touristiques.** Des territoires plutôt répulsifs ont accru leur attractivité après d'importantes **campagnes de publicité**. Le **rôle des célébrités** y est primordial : elles créent un effet de mode en multipliant photos et commentaires sur leurs séjours (Islande, Dubaï, Grèce) dans les réseaux sociaux.

• **L'impact sur les populations locales.** Le tourisme représente **une part non négligeable de l'économie de certains États**. Lorsque les touristes se détournent d'un territoire, les populations locales qui ont investi ce secteur se trouvent démunies. Si au départ le tourisme diminue la pauvreté, un **événement** peut rapidement **renverser la situation**, voire exacerber la **pauvreté**.

18 Dubaï : un pôle touristique et migratoire

Anticipant la fin de la **rente pétrolière**, la **cité-émirat de Dubaï** cherche à diversifier son économie. Destination touristique majeure, elle fait largement appel à l'**immigration** afin de maintenir son statut de **ville mondiale émergente**.

1 Dubaï, un pôle du tourisme international

A Une cité-émirat attractive

• **Secteur-clé du renouveau économique.** Depuis plus de 20 ans, Dubaï a fait du **tourisme** une priorité économique. Son attractivité est fondée sur l'association d'**atouts naturels** – mer, soleil, désert – et de sa capacité à maintenir son **image de modernité**.

• **Une politique volontaire.** Résultat d'une **stratégie ambitieuse** de la famille régnante, Dubaï est parvenu à se présenter comme un **pôle de stabilité régionale**, attirant touristes et travailleurs.

B Le « village global » du tourisme

• **Destination en vogue.** 4e ville la plus visitée au monde, Dubaï a attiré près de **15 millions de touristes** en 2017 (12 en 2013). Dubaï attire des visiteurs venus des pays voisins, d'Inde, des États-Unis et d'Europe.

À savoir

« The World » : archipel de 250 îles artificielles formant une mappemonde, ce projet devait attirer habitants et touristes du monde entier. Stoppé par la crise de 2008, il symbolisait l'ambition de Dubaï de réunir tous les peuples du monde dans un « village global ».

• **Diversification de l'offre.** Pour attirer toujours plus, **Dubaï développe son offre** : luxe (hôtel 5 étoiles Burj Al Arab), culture (Dubaï Museum), commerce (Dubaï Mall), loisirs et sports (Palm Island, Ski Dubaï). Dubaï investit beaucoup dans la préparation de l'**exposition universelle de 2020** : 20 millions de touristes étrangers sont attendus.

2 Un pôle migratoire majeur

A Le recours nécessaire à l'immigration

• **Multiplication des constructions.** Ainsi, les autorités multiplient les **édifices pharaoniques** : la tour Dubaï Creek Harbor, lancée en 2016, mesurera plus d'1 km de haut.

• **Faible démographie.** Pour réaliser et exploiter ces infrastructures, Dubaï fait appel à l'**immigration** : en 2016, sur 2,2 millions d'habitants, 83 % étaient immigrés.

B Une immigration très contrôlée

• **Une politique sélective.** Les **migrants les plus qualifiés** viennent de France, d'Allemagne, des États-Unis. La **main-d'œuvre qualifiée** vient du monde arabe ou indien et la **main-d'œuvre non qualifiée** est originaire d'Inde, du Bangladesh, du Pakistan, d'Égypte et des Philippines.

• **Un statut particulier.** Tous sont attirés par les salaires réputés élevés. Mais **les conditions de travail restent difficiles**, particulièrement pour les moins qualifiés.

19 La France : mobilités, transports et enjeux d'aménagement

Les **mobilités quotidiennes**, **saisonnières** ou **ponctuelles** se font à toutes les échelles et s'expliquent par différents facteurs. Elles utilisent les transports largement dominés par les véhicules particuliers. Ces différents modes de transport révèlent les enjeux majeurs de l'**aménagement des territoires** dans un contexte de **mondialisation** et de **développement durable**.

1 Des mobilités à toutes les échelles

A Mobilités internationales

• **L'immigration en France.** La plupart des immigrés vivent dans les **grandes agglomérations** plus favorables à la recherche d'emplois et d'hébergement. Les **solidarités familiales et communautaires** conduisent à des concentrations spatiales.

• **Inégalités socio-spatiales.** Les populations immigrées s'installent souvent dans les **cités périphériques** qui concentrent aujourd'hui des populations plutôt jeunes, touchées par le chômage. Souvent situés dans les **banlieues**, ces quartiers sont marqués par un **déficit d'équipements collectifs**.

B Les mobilités nationales

• **Mobilités résidentielles.** Les déménagements concernent environ 12 % des Français et se font surtout sur de faibles distances. La plupart sont dus à des événements familiaux ou motivés par la **recherche d'une meilleure qualité de vie** ; la mobilité sur une longue distance est généralement liée à des raisons professionnelles et profite aux **régions du Sud** et du **littoral atlantique.** La mobilité décline avec l'âge.

• **Mobilités quotidiennes.** La **rupture spatiale entre lieu de travail et lieu de résidence** augmente les déplacements quotidiens. La distance moyenne ne cesse d'augmenter (environ 18 km) mais le temps reste le même, environ 1 heure. Ce sont cependant les **déplacements liés aux achats et aux loisirs** qui représentent les trois quarts des mobilités.

> **Chiffres-clés**
> Près de **200 000 personnes** travaillent à plus de 200 km de leur domicile, consacrant près de 3 heures par jour aux déplacements pendulaires.

C Les mobilités touristiques

• **Les touristes français.** Les Français sont mobiles pendant leurs vacances. Même si celles-ci restent marquées par les inégalités, **les Français partent plus en vacances qu'avant**. La plupart de ceux qui partent en vacances sont des urbains. Même si les vacanciers français vont un peu plus à l'étranger, ils sont plus de **80 % à rester en France**.

• **Les touristes internationaux.** S'ajoutent près de **87 millions de touristes étrangers** qu'accueille la France chaque année. L'État souhaite atteindre les 100 millions de touristes internationaux d'ici 2020. Le gouvernement en a fait une priorité puisqu'il s'agit d'un **secteur-clé** qui pourrait rapporter 50 milliards d'euros de recettes.

• **L'inégale attraction du territoire français.** Attirés par le soleil et la mer, la plupart des vacanciers se concentrent dans les départements périphériques de la **moitié sud du pays**, notamment les départements **littoraux** (Alpes-Maritimes, Var, Hérault, Charente-Maritime...). À plus grande échelle, les territoires tentent d'attirer les touristes en mettant en avant leur **patrimoine culturel ou naturel**.

Chiffres-clés

Le **site de France le plus visité** est Disneyland avec plus de 13 millions de visiteurs par an, loin devant le musée du Louvre (7 millions) et le domaine de Versailles (6,7 millions).

2 Transports et enjeux

A L'inégal usage des transports

• **Usage massif de la voiture.** L'étalement urbain et l'éloignement des lieux de résidence se sont traduits par une **utilisation croissante de la voiture** aux dépens des transports en commun. 80 % des transports en France concernent des véhicules particuliers profitant d'un **réseau dense et développé** mais **souvent saturé** sur les axes principaux.

• **Usage limité des transports en commun.** Les **bus** et **cars** correspondent à 8 % des transports, essentiellement dans les grandes agglomérations tandis que le **train** et l'**avion** assurent respectivement 11 % et 1 % des trajets. On leur reproche leur **manque de fréquence**, de régularité, leur insécurité, leur inconfort ou leur **incapacité à desservir l'ensemble du territoire**.

• **Développer les transports en commun.** Pour encourager leur amélioration et tenter de résoudre la question des transports, les villes sont contraintes depuis 1996 et surtout par la **loi SRU** (Solidarité et renouvellement urbain) votée en 2000, d'élaborer des **Plans de déplacements urbains** (PDU) à l'échelle de l'**intercommunalité** dès qu'elles comptent plus de 100 000 habitants. Mais les effets sont lents à se faire sentir.

Exemple

Lorsque cela est possible, certaines villes développent **les bus de mer** pour contourner les embouteillages et désengorger les routes. C'est notamment le souhait de la Guadeloupe, la Martinique et la Nouvelle-Calédonie.

B Lier circulation et développement durable

• **Les enjeux locaux.** Les enjeux sont environnementaux, sanitaires, économiques et sociaux. Les transports sont les **premiers responsables des émissions de CO_2**. La **pollution de l'air** participe au développement de maladies respiratoires et de cancers. Économiquement, modifier les moyens de transport permettrait de faire baisser la facture énergétique et de moins dépendre des importations de carburants.

• **Dans le contexte de la mondialisation.** Les transports assurent l'**accessibilité** et donc la **compétitivité** des territoires français à toutes les échelles. Le défi consiste à associer étroitement les **hubs mondiaux** aux autres types de transport permettant d'irriguer l'**arrière-pays**. Les métropoles françaises s'efforcent de rénover, agrandir, **moderniser leurs infrastructures** pour réduire les distance-temps et **attirer** investissements, activités et population.

Lieu-clé

Aéroport de Roissy-CDG

C'est l'un des dix plus grands aéroports au monde : il accueille plus de 60 millions de passagers par an. Cette plate-forme multimodale est primordiale pour l'économie de l'Île-de-France (4 % du PIB régional) et permet de relier la capitale à l'UE et au reste du monde.

GÉOGRAPHIE

• **L'exemple du Grand Paris Express.** Ce projet est le plus grand projet urbain d'Europe. Il comprendra 200 km de lignes automatiques interconnectées aux lignes existantes. Le but est de faciliter les déplacements en Île-de-France tout en proposant une alternative à la voiture. Desservant les grands pôles d'activité, le projet doit aussi permettre à la métropole parisienne de rester compétitive à l'échelle mondiale.

▲ Projet de développement du Grand Paris Express.

20 L'Afrique australe : des milieux à valoriser et à ménager

L'Afrique australe est composée selon l'ONU de **5 pays** : l'Afrique du Sud, la Namibie, le Botswana, le Lesotho, l'Eswatini (ex-Swaziland). Au sein de cet espace, l'**Afrique du Sud** occupe une place majeure. Les transformations en cours dans cet État émergent ont affecté tous les pays frontaliers qui restent largement dépendants de son rôle moteur. Le Zimbabwe et le Mozambique peuvent donc être aussi associés à cet **ensemble composite**. Un découpage régional plus large peut être aussi envisagé en s'appuyant sur les limites de la **Communauté de développement de l'Afrique australe (SADC)**.

GÉOGRAPHIE

1 Des milieux naturels diversifiés

A Des climats divers, des contraintes climatiques communes

• **Une grande variété climatique.** Les climats d'Afrique australe peuvent être classés en quatre grands groupes : **aride** à l'ouest, **méditerranéen** au sud, **tropical humide** à l'est et **tropical sec** sur le plateau intérieur (voir carte p. 183).

• **Faiblesse et irrégularité des précipitations.** La **pluviosité** est **faible** sauf dans les montagnes et sur le littoral oriental. Environ 60 % des territoires reçoivent **moins de 700 mm d'eau par an**. Seuls l'extrême nord du Botswana et l'extrême nord de la Namibie reçoivent plus de 500 mm de pluie par an. Les précipitations sont aussi caractérisées par leur **irrégularité**.

• **Des sécheresses fréquentes.** Les sécheresses régulières posent une limite à l'**utilisation intensive de cet espace**. De plus, les dernières études sur le changement climatique annoncent la **multiplication des sécheresses et des inondations** combinée à une baisse globale des précipitations sur la région. Ainsi en février 2018, Le Cap, deuxième ville d'Afrique du Sud, soumise à une grave sécheresse, a été menacée d'une rupture d'approvisionnement en eau potable. Le Lesotho, grâce à des aménagements considérables, vend aujourd'hui ses ressources en eau à l'Afrique du Sud.

B Une grande diversité des paysages

• **Les hauts plateaux : un paysage dominant.** Si l'Afrique australe se caractérise par l'altitude, les **hauts plateaux (veld)** ont des hauteurs diverses. Ce relief plat et monotone s'explique en partie par la présence de roches les plus anciennes du monde.

• **De hautes montagnes.** Le paysage est aussi **montagnard** et culmine à des altitudes parfois supérieures à 3 000 m. Certains secteurs connaissent un **enneigement hivernal** très important, ce qui permet au Lesotho de disposer de deux stations de ski, même en juillet.

• **Des vallées fluviales et de nombreux littoraux.** Les vallées fluviales présentent aussi des **paysages diversifiés**. Certaines d'entre elles se rétrécissent en gorges rapides et sont coupées de chutes impressionnantes comme **les chutes Victoria**, à la frontière entre la Zambie et le Zimbabwe. En aval, les fleuves s'ouvrent généralement en **deltas** et **estuaires** grandioses avec une végétation luxuriante et une abondante faune d'oiseaux. Les **littoraux** sont aussi variés : les littoraux, **tropicaux** de l'océan Indien et **méditerranéens** du sud, sont attractifs, à l'opposé des **déserts côtiers** namibiens et sud-africains, longés par le **courant froid de Benguela**. Ces littoraux sont marqués par les **dunes**, la brume constante et le **froid**.

2 La valorisation des milieux naturels

A Le tourisme : entre valorisation et protection

• **Parcs naturels.** Les immenses **parcs naturels**, mondialement célèbres, ont permis la **conservation des espèces animales menacées** et plus globalement de la grande faune africaine. Ces **zones protégées** font l'objet d'une politique d'extension par le biais d'accords transfrontaliers, à l'image du **parc Kruger** (Afrique du Sud-Mozambique). Si les aires de protection sont parfois contestées, certains États choisissent, comme le Botswana, de miser sur ce tourisme de parcs offrant des **perspectives plus durables** que la production minière. Les petits parcs publics et les réserves privées se sont ainsi multipliés. Un **braconnage** de plus en plus important et organisé est aussi constaté, notamment dans le parc Kruger.

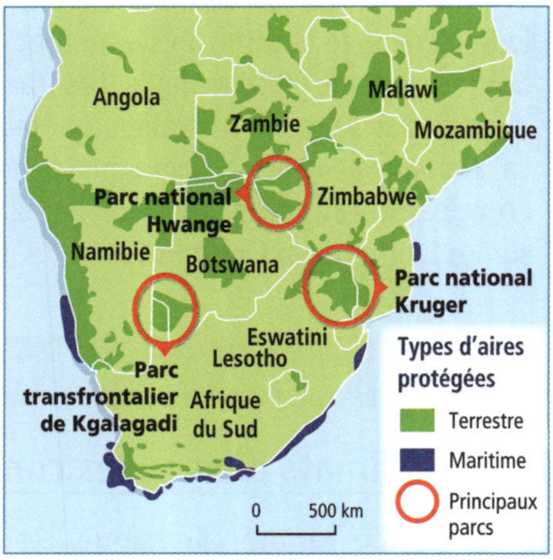

▲ Les aires protégées naturelles en Afrique australe.
D'après l'*Atlas de l'Afrique*, Éditions Autrement Atlas / Monde, 2018.

• **Des littoraux attractifs.** Les plages sur l'océan Indien et le sud de l'Afrique du Sud ont des **saisons climatiques inversées** par rapport à l'hémisphère nord mais la clientèle touristique balnéaire reste surtout régionale. L'Afrique du Sud et le Mozambique ont encore un **potentiel touristique balnéaire** considérable à développer. Les littoraux désertiques namibiens et sud-africains sont peu touristiques mais leurs eaux sont très poissonneuses. Des **aires maritimes protégées** ont été créées.

B Des ressources minières abondantes

• **L'extraordinaire richesse du sous-sol.** Aujourd'hui, plus de la moitié de la production mondiale de vanadium, de platine et de diamants provient d'Afrique australe, où l'on trouve également **36 % de la production d'or** et 20 % de la production de cobalt. L'économie de la Namibie, du Botswana, du Zimbabwe et en partie de l'Afrique du Sud est fondée sur la **richesse minière**. 70 % de la valeur des exportations du Botswana et du Zimbabwe, essentiellement platine, or et diamants, repose sur les **minerais**. La croissance économique du Mozambique s'appuie depuis la fin des années 1990 sur l'exploitation du gaz, du charbon et de l'aluminium, celle de la Namibie sur le diamant et l'uranium. La production de diamant du Lesotho représente 10 % de son PIB.

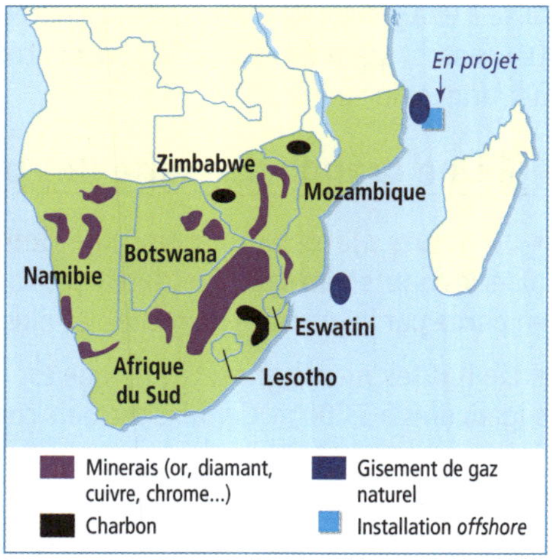

▲ Les principales richesses minières exploitées en Afrique australe.

• **Une région extravertie.** Cette présence massive des ressources minières a entraîné la **construction dès le XIXe siècle d'infrastructures de transport**, entre zones d'extraction et ports coloniaux mais aussi entre pays ainsi qu'une **urbanisation** et une **industrialisation** sans précédent de l'Afrique australe. Toutefois, le **manque de diversité économique de la région** reste un problème central comme l'a montré la chute des cours des matières premières.

21 Les défis de la transition et du développement

L'indépendance de la Namibie en 1990, la fin du régime de l'apartheid en Afrique du Sud en 1991 et la fin de la guerre au Mozambique en 1992 ont ouvert une **nouvelle ère pour la région**. L'Afrique australe s'affirme comme un ensemble de plus en plus attractif dans le **sillage de l'Afrique du Sud**. Toutefois, les différenciations internes sont fortes dans un espace où les **inégalités** et les **logiques ségrégatives** sont particulièrement marquées. Si la transition démographique est quasiment achevée en Afrique australe, le Mozambique et le Zimbabwe ont encore une **très forte croissance démographique**.

1 Un ensemble régional différencié

A L'Afrique du Sud, puissance émergente

• **Une puissance à toutes les échelles.** L'Afrique du Sud est le plus petit des **BRICS** qu'elle a rejoints en **2011**. Elle est aussi un **pays émergent** à l'échelle de l'Afrique avec le **2e PIB africain** derrière le Nigeria. Elle concentre **15 % du PIB de l'Afrique** et 25 % du PIB de l'Afrique subsaharienne. Elle est le seul pays du continent à présenter une **économie aussi diversifiée**, héritée de la colonisation. À l'échelle régionale, ce géant africain mondialisé mais vulnérable (0,8 % de croissance) domine les États voisins.

• **Un centre régional.** L'Afrique du Sud destine **60 % de son PIB à l'Afrique australe**. Elle est le nœud des transports, le lieu d'origine des principaux flux de capitaux, **principal partenaire économique** de la plupart des autres pays, et **modèle ou repoussoir culturel et politique**. Le Botswana, le Lesotho, la Namibie et l'Eswatini sont les États les plus dépendants de l'Afrique du Sud. Mais cet espace est aussi attractif pour d'autre **investisseurs internationaux** comme la Chine, l'Inde ou le Brésil.

B Des périphéries de l'Afrique du Sud

• **Des États dépendants.** Le Lesotho et l'ex-Swaziland, États **enclavés dans l'Afrique du Sud**, ont de faibles PIB et des économies encore largement **agricoles**. Leurs activités économiques sont le plus souvent financées par des **capitaux sud-africains**. Il en va de même pour le Zimbabwe et le Mozambique. Plus de 50 % des échanges du Zimbabwe se font avec l'Afrique du Sud qui est le premier investisseur au Mozambique.

• **Des États vulnérables.** Les économies demeurent peu diversifiées, souvent **rentières** à l'image de la Namibie ou du Mozambique aujourd'hui. Certains États sont fortement **endettés envers la Chine** (Zimbabwe, Mozambique). L'absence de révolution verte, la part importante du secteur agricole et de **graves sécheresses** entraînent des situations d'**insécurité alimentaire** récurrentes dans la plupart des États de la région.

C Une aire régionale en devenir ?

• **« Renaissance africaine ».** L'Afrique du Sud a tenté dès 1999 de concilier **attractivité économique** et revendication d'une **politique plus tournée vers l'Afrique** et d'y entraîner l'Afrique australe.

• **Renforcer l'unité régionale.** L'**Union douanière et monétaire** (SACU) regroupe autour de l'Afrique du Sud, le Botswana, le Lesotho, la Namibie et l'Eswatini, pays dont l'économie reste annexée au rand sud-africain. La **Communauté de développement de l'Afrique australe** (SADC), regroupement régional plus large (16 États membres) ou des coopérations régionales comme celle autour des **réseaux électriques** (SAPP) prouvent la volonté de la région de voir émerger une Afrique australe attractive et puissante.

• **Un ensemble composite.** Alors que les pays présentent un fort potentiel économique, une **population jeune** et une **classe moyenne croissante**, l'Afrique australe est encore très inégalement intégrée à la mondialisation (voir carte de l'IDH p. 197). La capacité des États à réduire les **disparités socio-économiques** à l'échelle nationale et à participer à des dynamiques d'émergence à l'échelle régionale est déterminante pour espérer un développement harmonieux de la région.

2 Les défis du développement

A Réduire la pauvreté et les épidémies

• **Une pauvreté massive.** Les populations vivant **en dessous du seuil de pauvreté** sont importantes dans tous les États mais atteignent des chiffres record au Zimbabwe ou au Eswatini en 2018. Les ruraux, les femmes et les jeunes sont particulièrement touchés par la **vulnérabilité des exploitations familiales agricoles** et par le **fort taux de chômage urbain** auxquels se combine un taux de précarité d'**emplois surtout informels**.

• **La crise sanitaire due au VIH/sida.** Depuis les années 1990, l'Afrique australe connaît une **explosion du nombre de personnes contaminées**. Si les taux commencent à baisser au cours des années 2000, l'**Afrique du Sud reste** numériquement le pays le plus touché mais le Botswana, le Lesotho et l'Eswatini ont aussi atteint des taux record.

B Réduire les inégalités à toutes les échelles

• **Des sociétés très inégalitaires.** Les inégalités sociales sont parmi **les plus élevées de la planète** avec une première place pour l'Afrique du Sud. Les **inégalités raciales** léguées de l'**apartheid** y restent fortes. 80 % de la population totale est composée de Noirs et les deux tiers sont classés comme pauvres. Ces inégalités se répercutent aussi dans l'**indice de développement humain.**

• **Des inégalités socio-spatiales.** La **question foncière** permettant de corriger les inégalités n'est toujours pas réglée au Zimbabwe, en Afrique du Sud et en Namibie. Les politiques de développement tendent à **privilégier** les espaces connaissant déjà une forte croissance, en particulier **les espaces urbains**. En Afrique du Sud, la croissance est polarisée sur **huit villes à statut métropolitain**. Les espaces ruraux ou loin des grandes villes sont en marge. Ces inégalités spatiales peuvent entraîner des **tensions sociales** dans les régions périphériques très pauvres en forte croissance démographique qui se sentent délaissées par le pouvoir central, comme en témoignent les nombreux troubles au nord du Mozambique. À l'échelle urbaine, la **fragmentation socio-spatiale** reste forte et particulièrement visible dans les villes sud-africaines.

22 Des territoires remodelés par des mobilités complexes

L'Afrique australe se caractérise par des **flux migratoires complexes** de migrants internationaux et par une affirmation des **mobilités touristiques**, créatrices de nouvelles **inégalités spatiales**.

1 Des flux migratoires internationaux complexes

A Une région attractive à l'échelle de l'Afrique

• **Une région de migrations.** L'Afrique du Sud, pays riche à l'échelle de l'Afrique, avec une **économie tertiarisée**, est le **premier pôle d'immigration du continent** avec plus de **3 millions de migrants** venus principalement des pays voisins. Ces derniers proviennent surtout du Zimbabwe, du Mozambique, du Lesotho et de la Namibie. Les autres pays d'Afrique australe sont aussi des pays d'accueil même si le nombre de migrants est nettement plus réduit.

• **Des migrations aux causes diverses.** Les migrations sont économiques mais aussi **politiques** avec l'arrivée de nombreux réfugiés, surtout en Afrique du Sud. La **diffusion** de la **culture de consommation sud-africaine** par le biais de ses **expatriés** et de ses commerces de grande distribution contribue à attirer en Afrique australe les migrants d'Afrique centrale et même d'Afrique de l'Ouest.

• **Des destinations de transit.** L'Afrique du Sud et le Botswana surtout sont des **portes d'entrée** vers l'**Europe** ou l'**Amérique du Nord**. Ainsi, les Congolais et les Somalis en particulier utilisent l'Afrique du Sud pour émigrer vers la Grande-Bretagne, les États-Unis et le Canada.

B Des flux migratoires complexes

• **Les flux migratoires des élites.** Les Sud-Africains anglophones s'exilent depuis les **années 1990**, surtout vers le Royaume-Uni, l'Australie, la Nouvelle-Zélande et les États-Unis. Aujourd'hui, le profil des émigrés sud-africains est plus varié, et ils sont représentés dans le monde entier. À l'inverse, 10 % des immigrants viennent du Royaume-Uni. Intégrées dans les réseaux migratoires mondiaux, l'Afrique australe et surtout l'Afrique du Sud attirent des **expatriés hautement qualifiés** de toute la planète. Mais la **circulation des élites** se produit aussi largement à l'échelle de l'Afrique australe. L'attractivité des structures éducatives, particulièrement des **enseignements universitaires** sud-africain, botswanais et namibien attirent les étudiants de la région et une part croissante de l'**élite intellectuelle africaine**.

• **Des flux migratoires séculaires peu ou pas qualifiés.** Les **migrations liées au système** minier ont été d'abord frontalières, temporaires et masculines. Ce système migratoire instauré dans un premier temps autour de l'Afrique du Sud a provoqué des **déplacements massifs de travailleurs sous contrat** des pays voisins (Malawi, Mozambique, Lesotho et Eswatini surtout). Aujourd'hui, avec la restructuration des mines, du secteur agricole et le développement d'autres secteurs économiques, cette population étrangère s'inscrit dans la **mondialisation**. Outre les **migrations frontalières** toujours importantes, les migrants viennent de toute l'Afrique et d'Asie (de Chine par exemple).

GÉOGRAPHIE

• **Des territoires modelés par les flux migratoires.** Ces flux importants de main-d'œuvre ont contribué à constituer un ensemble régional économique et culturel. Ce système du **travail minier migrant** a été un des fondements de la structure de la ville en Afrique du Sud, au Zimbabwe et en Namibie. Se superposent aujourd'hui des flux mondialisés qui participent à la transformation des territoires, en particulier urbains. **Coordonner et réguler les migrations** est un enjeu stratégique et spatial majeur pour les gouvernements des pays de l'Afrique australe.

C La ville, au cœur des migrations

• **Une croissance alimentée par les migrations.** Certains quartiers des grandes villes d'Afrique australe sont privilégiés par les migrants peu qualifiés mozambicains, zimbabwéens, congolais, rwandais. Comme d'autres grandes métropoles, **Johannesburg** accueille un nombre croissant de **migrants qualifiés, non qualifiés, légaux et illégaux**.

• **Creuset du cosmopolitisme.** Le **cosmopolitisme**, en vertu d'interconnexions anciennes et réactivées par la mondialisation, est revendiqué plutôt par les **élites** des métropoles d'Afrique australe. Mais ces citadins aisés s'enferment dans des **complexes sécurisés**. Ainsi l'accroissement de la criminalité et la peur de l'autre ont renforcé les **processus d'exclusion**.

• **Le rejet de l'étranger.** Ces importants mouvements migratoires suscitent des conflits et des **émeutes xénophobes récurrentes** comme dans les métropoles d'Afrique du Sud **depuis 2008** contre les migrants africains (mozambicains, zimbabwéens, somaliens, rwandais, nigérians…)

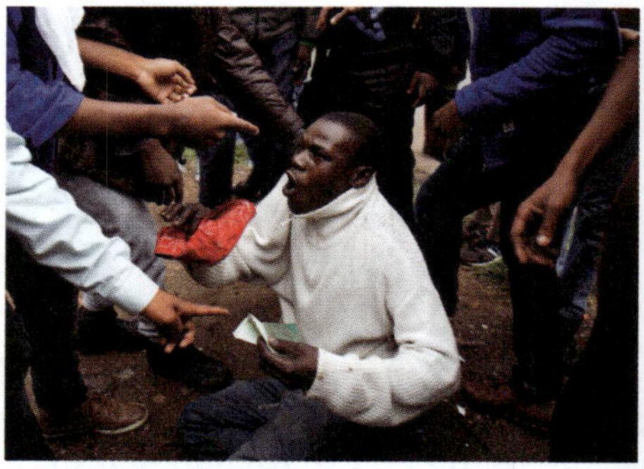

▲ Attaqué par une foule de manifestants à Pretoria le 24 février 2017, un homme montre son document d'identité sud-africain.

2 L'affirmation des mobilités touristiques

A Un tourisme à plusieurs échelles

• **Le tourisme international en Afrique australe.** Il représente environ **20 millions de visiteurs par an** dont la moitié pour l'Afrique du Sud, provenant surtout d'Europe, d'Amérique du Nord et en nette progression de Chine. Essentiel à l'économie de l'Afrique du Sud, il est un **secteur prioritaire** pour la plupart des pays de la région.

• **À l'échelle nationale et frontalière.** Avec le **développement des classes moyennes**, le **tourisme local** se développe à l'échelle de la région mais le **tourisme des Sud-Africains (environ 10 millions)** prédomine.

B Les enjeux spatiaux du tourisme

• **La transformation des paysages.** Promouvoir la région comme une destination touristique majeure nécessite la **construction d'infrastructures** (hébergements, restaurants, transports) adaptées à un tourisme en pleine expansion. À cet effet, l'Afrique du Sud investit dans le secteur touristique sur la **côte du Mozambique** (3 000 km de côtes paradisiaques).

• **Des inégalités territoriales renforcées.** Misant sur le **tourisme durable**, les États de la région, les provinces et certains particuliers **sanctuarisent** des espaces de plus en plus étendus aux dépens d'une juste redistribution des terres. Cela entraîne des conflits et des **revendications foncières**. Le développement du **tourisme urbain**, la multiplication sur les **littoraux** des complexes touristiques, financés souvent par des **capitaux internationaux**, créent de **nouvelles inégalités territoriales**.

Physique Chimie

	COURS	EXERCICES D'ENTRAÎNEMENT

Chimie

Physique

1 Corps purs et mélanges

1 Corps purs et mélanges d'espèces chimiques

On appelle **espèce chimique** un ensemble d'entités chimiques identiques. Un **corps pur** est une substance (solide, liquide ou gazeuse) contenant une seule espèce chimique. Un **mélange** est une substance (solide, liquide ou gazeuse) contenant des espèces chimiques différentes.

Appliquer le cours L'air est-il un corps pur ou un mélange ? Justifier la réponse.
Données : composition approchée de l'air : 78 % de diazote, 21 % de dioxygène et 1 % d'autres gaz ; masse volumique de l'air est de 1,2 kg.m^{-3}.

Solution
L'air contient des espèces chimiques différentes. L'air est donc un mélange qui contient principalement du diazote (N_2) et du dioxygène (O_2).

2 Mélange homogène, mélange hétérogène

La **miscibilité** est la capacité de deux liquides à se mélanger. Deux liquides miscibles forment un **mélange homogène**. Dans le cas contraire, ils forment un **mélange hétérogène**.

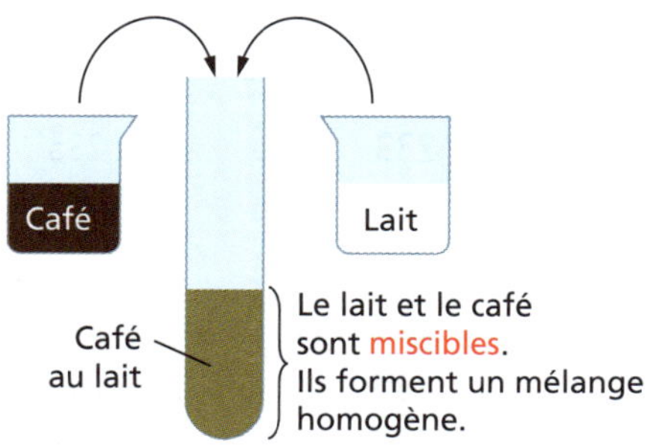

▲ Mélange homogène.

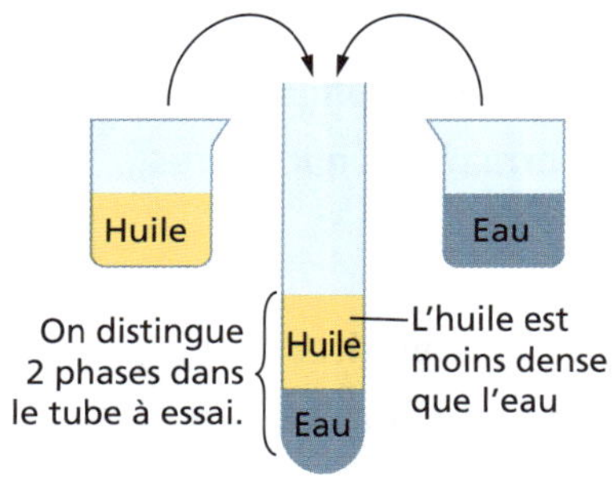

▲ Mélange hétérogène.

3 Identification d'espèces chimiques

Une espèce chimique peut être identifiée par des **mesures physiques** (températures de changements d'état, masse volumique…) ou par des **tests chimiques**.

Espèce chimique testée	Eau (H_2O)	Dihydrogène (H_2)	Dioxygène (O_2)	Dioxyde de carbone (CO_2)
Réactif ou objet utilisé	Réactif : sulfate de cuivre anhydre	Allumette	Morceau de fusain incandescent	Eau de chaux
Description du test	Le sulfate de cuivre bleuit en présence d'eau.	En présence d'une allumette, la combustion du H_2 produit une légère détonation.	En présence de dioxygène, le fusain incandescent s'enflamme.	L'eau de chaux se trouble (blanc) en présence de CO_2.

Appliquer le cours

Identifier les corps A, B et C.

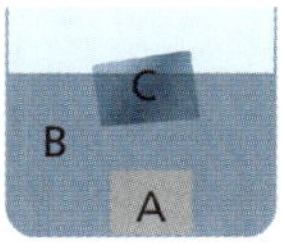

Données :

Matière	Masse volumique ρ
Glace Eau liquide Aluminium A	0,9 $g.cm^{-3}$ 1 $g.cm^{-3}$ 2,7 $g.cm^{-3}$

Solution

On va comparer les masses volumiques des différentes matières.

$\rho_{glace} < \rho_{eau\ liquide}$ donc la glace flotte sur l'eau ;

$\rho_{aluminium} > \rho_{eau}$ donc le cylindre d'aluminium coule.

Donc, A : aluminium ; B : eau liquide ; C : glace.

4 Solution aqueuse et concentration

- Une **solution aqueuse** est obtenue en dissolvant une espèce chimique (solide, liquide ou gazeuse) dans l'eau. L'espèce chimique dissoute est appelée soluté, l'eau est appelée le solvant.
- La **concentration massique** d'une solution, notée *C*, correspond à la masse de soluté dissous par unité de volume. Elle s'obtient par la formule :

$$C_{soluté} = \frac{m_{soluté}}{V_{solution}}$$

$m_{soluté}$: masse du soluté en gramme (g)

$V_{solution}$: volume de la solution en litre (L)

$C_{soluté}$: concentration massique en gramme par litre (g/L ou $g.L^{-1}$)

- On ne peut pas dissoudre une quantité infinie de soluté dans un solvant. Lorsqu'on a dépassé la quantité maximale pouvant être dissoute, la solution est dite **saturée**. On appelle **solubilité** la concentration maximale d'un soluté pouvant être atteinte avec un solvant donné. Elle s'exprime en gramme par litre ($g.L^{-1}$).

5 Dosage par échelle de teintes

- Certains solutés peuvent colorer la solution dans laquelle ils sont dissous. La teinte de la solution aqueuse varie avec la concentration massique du soluté. Plus la solution est concentrée, plus elle est foncée.
- La teinte de la solution renseigne donc sur la concentration du soluté. On peut réaliser un étalonnage par **échelle de teintes** pour déterminer la concentration d'une solution.

Exercice d'entraînement

Exercice 1 ★ **10 min** *Corrigé p. 258*

On a réalisé quatre solutions aqueuses de sulfate de fer de différentes concentrations.
Utiliser les données ci-dessous pour classer ces solutions par concentration massique croissante.

	Solution 1	Solution 2	Solution 3	Solution 4
Masse de soluté dissous (g)	12	15	9	10
Volume de la solution (mL)	150	250	300	50

2 De l'espèce chimique à l'entité

1 Différentes espèces chimiques

• Il existe différents types d'**entités chimiques**. On distingue les **atomes**, les **molécules** et les **ions**.

He	H_2O	Cl^-
Atome d'hélium	Molécule d'eau	Ion chlorure

• On appelle **espèce chimique** un ensemble d'entités chimiques identiques. Une espèce chimique peut donc être **atomique** ou **moléculaire**. Les composés ioniques comportent des ions différents. Ils sont cependant indissociables. Une espèce chimique peut aussi être **ionique**.

Appliquer le cours

Classer les espèces chimiques suivantes en trois catégories :
O_2, Cl, H_2O, (Na^+,Cl^-), Cl_2, H_2, Na, N_2, (Ag^+,NO_3^-), H, He, CO_2 (Cu^{2+},SO_4^{2-}).

Solution

Espèce chimique atomique	Espèce chimique moléculaire	Espèce chimique ionique
Cl, H, He, Na	O_2, H_2O, Cl_2, H_2, N_2, CO_2	(Na^+,Cl^-), (Ag^+,NO_3^-), (Cu^{2+},SO_4^{2-})

2 Électroneutralité de la matière

• Les composés ioniques comportement des ions positifs (appelés **cations**) et des ions négatifs (appelés **anions**). La charge électrique portée par les cations doit compenser la charge électrique portée par les anions : une espèce chimique ionique est donc électriquement neutre : c'est la **règle d'électroneutralité de la matière.**

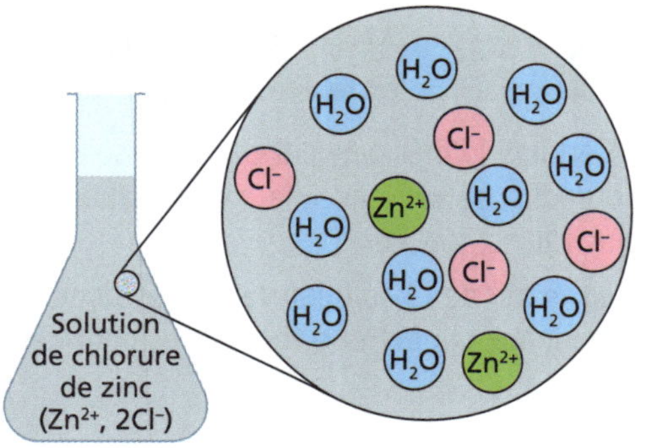

▲ Modélisation de la solution de chlorure de zinc.

• **Exemple de la solution de chlorure de zinc.** La charge de l'ion zinc Zn^{2+} est compensée par la charge de deux ions chlorure Cl^-. La **formule chimique d'un composé ionique** indique le nom et la proportion des ions afin de respecter l'électroneutralité. Ici, il y a un ion zinc pour deux ions chlorure. La formule est : **(Zn^{2+}, $2Cl^-$)**.

Le **nom du composé ionique** est : **chlorure de zinc**.

3 L'atome

A Constituants et dimensions

• Un atome est composé d'un **noyau** constitué de **protons** (chargés positivement) et de **neutrons** (neutres). Les protons et les neutrons sont appelés **nucléons**.

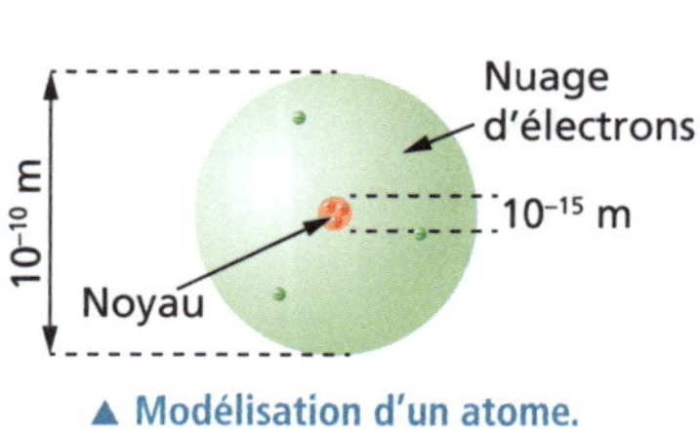

▲ Modélisation d'un atome.

Autour du noyau gravitent les **électrons** (chargé négativement), dans une zone appelée **nuage électronique**.

• Le diamètre de l'atome est de l'ordre de 10^{-10} mètre.
Le noyau de l'atome est 100 000 fois plus petit. Son diamètre est de l'ordre de 10^{-15} mètre.

B Le noyau

Pour décrire le noyau on utilise deux nombres :
– Z : c'est le nombre de protons. Il se nomme **numéro atomique** ;
– A : c'est le nombre de nucléons. Il se nomme **nombre de masse**.
Le nombre de neutrons N s'obtient par le calcul : $A - Z$.
Pour représenter un noyau, avec X symbole de l'atome, on utilise la notation : $^{A}_{Z}X$.

C Masse des constituants de l'atome

Proton et neutron possèdent la même masse :
$m_{nucléon} = 1{,}7.10^{-27}$ kg.
La masse des électrons est négligeable devant celle des nucléons.
La quasi-totalité de la masse étant concentrée dans le noyau, la masse d'un atome est pratiquement égale à celle de son noyau : $m_{atome} = A \times m_{nucléon}$.

À noter !
$m_{proton} = 1{,}7.10^{-27}$ kg
$m_{neutron} = 1{,}7.10^{-27}$ kg
$m_{électron} = 9{,}1.10^{-31}$ kg

Appliquer le cours Calculer la masse de l'atome d'aluminium.

Données : $^{27}_{13}Al$
$m_{nucléon} = 1{,}7.10^{-27}$ kg.

Solution La masse approchée de l'atome d'aluminium est donnée par la formule :
$m_{aluminium} = A \times m_{nucléon}$
A = 27. Le noyau de l'atome d'aluminium contient donc 27 nucléons.
$m_{aluminium} = A \times m_{nucléon} = 27 \times 1{,}7.10^{-27}$
$= 4{,}59.10^{-26}$ kg.

D Charge des constituants de l'atome

• La charge électrique d'un proton est notée + e. La charge électrique du neutron est nulle.
La charge électrique d'un électron est notée – e.
Cette charge e s'exprime en coulomb : $+e = +1{,}6.10^{-19}$ C.

• La charge électrique du noyau, notée Q, est donc égale à $\boldsymbol{Q = Z \times e}$.

Appliquer le cours Calculer la charge électrique du noyau de l'atome de fluor.
Données : $^{19}_{9}F$
e = $1{,}6.10^{-19}$ C.

Solution Pour ce noyau, A = 19 et Z = 9.
Le noyau du fluor contient donc 9 protons.
$Q = Z \times e$
$Q = 9 \times 1{,}6.10^{-19}$
$Q = 1{,}44.10^{-18}$ C.

• Un atome possède autant de protons que d'électrons. **L'atome est est électriquement neutre.**

4 Élément chimique

• Un **élément chimique** est identifié par son symbole et par son numéro atomique Z.

• Les espèces chimiques (atome ou ion) provenant du même élément chimique possèdent le même numéro atomique.

Exercices d'entraînement

Exercice 1 ★ 5 min

Corrigé p. 258

Écrire la formule chimique des solutions ioniques suivantes :

1. solution de chlorure de calcium ;
2. solution de sulfate de cuivre ;
3. solution de carbonate de potassium.

Données : formules chimiques des ions :
ion chlorure : Cl^- , ion carbonate : CO_3^{2-}, ion sulfate : SO_4^{2-}, ion cuivre : Cu^{2+}, ion calcium : Ca^{2+}, ion potassium : K^+.

Exercice 2 ★ 5 min

Corrigé p. 258

L'élément chrome, de symbole chimique Cr, possède 28 neutrons et 24 protons.

1. Déterminer la valeur de *A* et de *Z*.
2. Écrire la notation symbolique de l'élément chrome.

Exercice 3 ★ 10 min

Corrigé p. 258

Donner la composition des noyaux des atomes suivants :

$^{32}_{16}S$ $^{35}_{17}Cl$

Exercice 4 ★ 5 min

Corrigé p. 258

L'atome de fer a un rayon de $1{,}5.10^{-10}$ mètre.

1. Calculer son diamètre et exprimer le résultat en nanomètre (nm).
2. Calculer le diamètre de son noyau.

Exercice 5 ★★ 10 min

Corrigé p. 258

Le noyau de l'atome d'argent, de symbole Ag, possède une charge électrique $Q = 7{,}52.10^{-18}$ C.

1. Calculer le nombre de protons contenus dans son noyau.
2. Calculer le nombre de nucléons sachant qu'il contient 60 neutrons.
3. Écrire la notation symbolique de l'atome d'argent.

Exercice 6 ★★ 5 min

Corrigé p. 258

Un atome a une masse de $1{,}53.10^{-26}$ kg. Identifier cet atome parmi les atomes suivants :
$^{4}_{2}He$ $^{9}_{4}Be$ $^{12}_{6}C$

Exercice 7 ★★ 10 min

Corrigé p. 258

L'élément cuivre a pour notation symbolique $^{63}_{29}Cu$.

1. Donner la composition de cet atome.
2. Calculer la charge électrique de son noyau. En déduire la charge électrique de son nuage d'électrons.
3. Calculer la masse approchée de cet atome.

3 Configuration électronique de l'atome

1 Configuration électronique

• **Les couches et les sous-couches.** On sait, depuis les travaux de Niels Bohr (1885-1962), que les électrons se répartissent dans des couches concentriques K, L, M… qui peuvent accueillir de plus en plus d'électrons. Ces couches se subdivisent elles-mêmes en sous-couches s, p, d…

Numéro de la couche	Nom de la couche	Nombre maximal d'électrons de la couche	Nombre de sous-couches	Nom de la sous-couche	Nombre maximal d'électrons de la sous-couche
1	K	2	1	1s	2
2	L	8	2	2s	2
				2p	6
3	M	18	3	3s	2
				3p	6
				3d	10

• **Remplissage des couches.** Pour remplir les couches électroniques, on commence par remplir la première jusqu'à son maximum, puis on remplit la deuxième jusqu'au maximum, etc.

Appliquer le cours

Quelle est la configuration électronique de l'atome de soufre $^{32}_{16}S$?

Solution

L'atome de soufre possède 16 protons, donc 16 électrons pour respecter l'électroneutralité. On commence par mettre 2 électrons dans la couche 1s, il en reste 14. On en met ensuite 2 dans la couche suivante 2s, puis 6 dans la 2p. Il en reste encore 6. On en met donc 2 dans la 3s et les 4 restants dans la 3p. La configuration électronique de l'atome de soufre est donc : $1s^2 2s^2 2p^6 3s^2 3p^4$. En comptant les nombres en exposant, on a bien réparti 2 + 2 + 6 + 2 + 4 = 16 électrons.

• **Électrons de valence.** On nomme la dernière couche avec les électrons la **couche de valence**, les autres étant les **couches de cœur** ou **couches internes**. Les couches internes sont obligatoirement **saturées** (remplies au maximum), alors que les couches de valence ne le sont pas forcément. En reprenant l'exemple précédent, la couche de valence de l'élément soufre est la couche 3p qui contient 4 électrons, dits électrons de valence. Elle n'est donc pas saturée.

2 La classification périodique

A Construction de la classification

Mendeleïev a établi sa classification périodique de façon à ce que les éléments présentant des propriétés chimiques semblables soient situés dans une même colonne : on parle alors de **famille chimique**. Par exemple, la colonne 18, qui comporte les éléments hélium He, néon Ne, argon Ar, krypton Kr, xénon Xe et radon Rn, est la famille des **gaz nobles**. Ces atomes sont connus pour ne présenter aucune réactivité chimique, on dit qu'ils sont **stables**.

La classification périodique établie par Mendeleïev peut être divisée en 3 blocs : les blocs s, p et d.

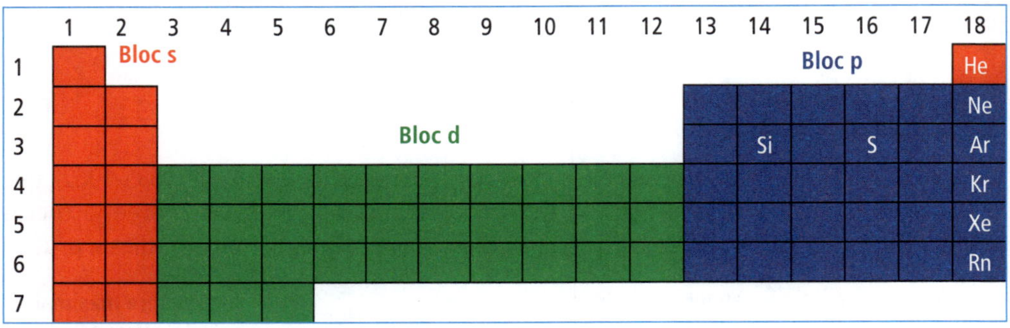

B Lien entre électrons de valence et classification périodique

• **Exemples.** La configuration électronique de l'atome de soufre est $1s^22s^22p^63s^23p^4$. Si on ne garde que la couche de valence, on a $3p^4$: l'élément soufre se situe donc dans la 3e ligne, en 4e position dans le bloc p.

Appliquer le cours

• Localiser l'élément magnésium $_{12}Mg$ dans la classification périodique.

• À l'aide de la classification périodique, déterminer les électrons de valence du silicium Si.

Solution

• L'atome de magnésium possède 12 électrons, sa configuration électronique est donc $1s^22s^22p^63s^2$. En ne considérant que la couche de valence $3s^2$, on place le magnésium à la 3e ligne, en 2e position du bloc s.

• Le silicium Si est situé sur la 3e ligne, en 2e position du bloc p, ses électrons de valence sont donc $3p^2$.

Ainsi, tous les atomes d'une même famille (donc d'une même colonne) ont le même nombre d'électrons de valence : le nombre d'électron de valence du néon est 6 ($2p^6$), celui de l'argon 6 ($3p^6$), celui du krypton 6 ($4p^6$), etc.

• **Classification et propriétés.** D'après sa construction, les colonnes de la classification périodique regroupent les éléments ayant des propriétés chimiques semblables. Le point commun, qu'ont tous les éléments d'une même colonne, est le nombre d'électrons de valence. Ainsi, en prenant comme exemple la famille des gaz nobles, la stabilité chimique (ou **inertie chimique**) s'explique par une configuration électronique qui finit en p^6.

C Ions monoatomiques

Considérons l'atome de magnésium $_{12}Mg$, sa configuration électronique est $1s^22s^22p^63s^2$. Il n'est donc pas stable car sa couche de valence n'est pas en p^6. Ainsi, pour devenir stable, cet atome doit donc perdre 2 électrons (configuration en $1s^22s^22p^6$) ou en gagner 6 (configuration en $1s^22s^22p^63s^23p^6$). Il est plus facile de perdre 2 électrons qu'en gagner 6, par conséquent, la forme stable de l'atome de magnésium est l'ion magnésium II Mg^{2+}.

Remarque

Pour les éléments chimiques de numéro atomique inférieur ou égal à 4, on cherchera à adopter la configuration de l'élément hélium He, en $1s^2$.

Élément chimique	Configuration électronique de l'atome	Formule de l'ion monoatomique stable	Ion	Configuration électronique de l'ion
Sodium Na	$1s^22s^22p^63s^1$.	Na^+	Ion sodium I	$1s^22s^22p^6$
Potassium K	$1s^22s^22p^63s^23p^64s^1$	K^+	Ion potassium I	$1s^22s^22p^63s^23p^6$
Calcium Ca	$1s^22s^22p^63s^23p^64s^2$	Ca^{2+}	Ion calcium II	$1s^22s^22p^63s^23p^6$
Magnésium Mg	$1s^22s^22p^63s^2$	Mg^{2+}	Ion magnésium II	$1s^22s^22p^6$
Chlore Cl	$1s^22s^22p^63s^23p^5$	Cl^-	Ion chlorure	$1s^22s^22p^63s^23p^6$
Fluor F	$1s^22s^22p^5$	F^-	Ion fluorure	$1s^22s^22p^6$

Exercices d'entraînement

Exercice 1 ★ 5 min

Corrigé p. 259

1. Retrouver, à l'aide de la classification périodique, les atomes possédant des propriétés chimiques semblables parmi les suivants : potassium K, bore B, krypton Kr, étain Sn, césium Cs, polonium Po, tellure Te, lithium Li, galium Ga, carbone C, radon Rn, soufre S, aluminium Al, néon et plomb Pb.
2. Identifier, parmi les familles ci-dessus, la famille des gaz nobles.

Exercice 2 ★★ 10 min

Corrigé p. 259

1. À l'aide de la classification périodique et après avoir établi la configuration électronique des atomes suivants, déterminer l'ion monoatomique stable qu'ils vont former : sodium Na, magnésium Mg et fluor F.
2. Nommer ces ions.

Exercice 3 ★★★ 10 min

Corrigé p. 259

1. L'ion monoatomique stable formé par le brome Br est l'ion bromure Br^-. Combien d'électrons devrait-il y avoir sur la couche de valence de l'atome de brome isolé ?
2. Trouver, à l'aide de la classification périodique, un atome possédant des propriétés semblables à celui de l'atome de brome.
3. Sachant que le numéro atomique du brome est 35, le placer dans la classification périodique.

CHIMIE

4 Modélisation des molécules

1 Les molécules

On a vu dans le chapitre précédent comment certains atomes deviennent stables en formant des ions monoatomiques. Mais est-ce la seule stratégie disponible pour les atomes ?

A Notion de doublet

• **Liaison covalente.** D'après sa position dans la classification périodique, la couche de valence du carbone est $2p^2$. Il lui manque donc 4 électrons pour être stable. Or gagner 4 électrons est impossible. Par conséquent, l'atome de carbone va « s'associer » avec d'autres atomes afin de se faire « prêter » les électrons qui lui manquent. Cette « association » n'est possible que si l'atome de carbone lui-même est capable de prêter ses électrons. Le prêt par deux atomes différents d'une paire d'électron crée une **liaison covalente**.

• **Doublet liant.** Considérons la molécule de méthane CH_4. Elle est constituée d'un atome de carbone lié à 4 atomes d'hydrogène. La **représentation de Lewis**, d'après le nom du chimiste américain Gilbert Lewis (1875-1946), de la molécule de méthane est donnée ci-contre :

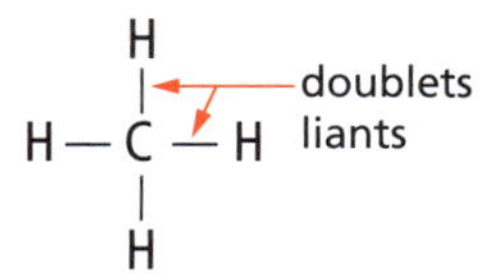

Chaque trait entre l'atome de carbone et un des atomes d'hydrogène correspond à la représentation d'une liaison covalente. Celle-ci étant obtenue par mise en commun de deux électrons, on parle de **doublet liant**.

• **Doublet non liant.** Considérons la molécule d'ammoniaque NH_3. Elle est constituée d'un atome d'azote lié à 3 atomes d'hydrogène. La représentation de Lewis de cette molécule est donnée ci-contre :

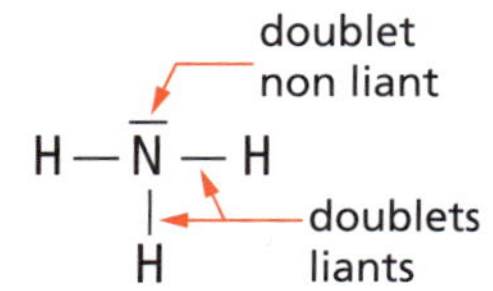

Cette molécule est constituée de 3 doublets liants et d'un **doublet non liant**, matérialisé par un trait qui reste sur l'atome d'azote et ne lie aucun atome.

• **Liaison double.** Considérons la molécule de dioxyde de carbone CO_2. Elle est constituée d'un atome de carbone lié à 2 atomes d'oxygène. La représentation de Lewis de cette molécule est ci-contre :

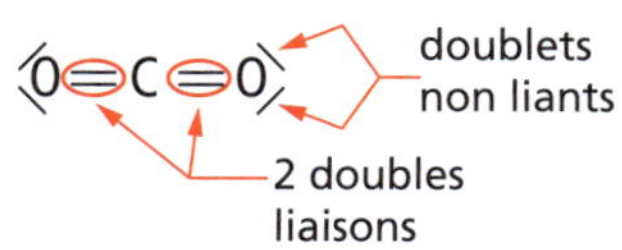

Cette molécule est constituée par 4 doublets liants groupés par deux, formant une **double liaison** et de 4 doublets non liants, matérialisés par des traits qui restent sur les atomes d'oxygène et ne liant aucun atome.

Appliquer le cours

Décrire la molécule de diazote N_2 ci-dessous :

|N ≡ N|

Remarque

Excepté l'hydrogène, tous les atomes d'une molécule sont entourés de 4 doublets.

Solution

Cette molécule est constituée de 3 doublets liants deux atomes d'azote, formant ainsi ce que l'on nomme une triple liaison. De plus, chaque atome d'azote porte un doublet non liant.

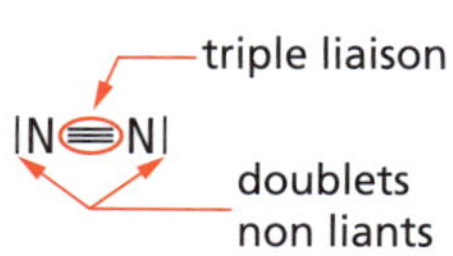

B Stabilité des molécules par rapport aux atomes isolés

• **La molécule de méthane.** En formant 4 liaisons, l'atome de carbone se fait prêter 4 électrons, et ses électrons de valence passent ainsi de 2 ($2p^2$) à 6 ($2p^6$), formant ainsi une couche de valence p saturée, soit une configuration électronique de gaz noble. Ainsi, dans cette molécule de méthane, l'atome de carbone est plus stable que lorsqu'il est isolé.

• **Le diazote.** De même, en formant 3 liaisons, l'atome d'azote se fait prêter 3 électrons, et ses électrons de valence passent ainsi de 3 ($2p^3$) à 6 ($2p^6$) ; il en résulte une couche de valence p saturée, soit une configuration électronique de gaz noble. Ainsi, la forme stable de l'azote est celle où il établit 3 liaisons.

2 Énergie de liaison

Former une molécule permet à des atomes d'être plus stables que lorsqu'ils sont à l'état isolé, car ainsi leur couche externe est en p^6, configuration stable d'un gaz noble. On appellera **énergie de liaison** de deux atomes l'énergie nécessaire qu'il faut fournir pour rompre la liaison entre ces deux atomes. Plus la molécule est stable, plus la liaison est difficile à rompre et donc plus cette énergie est importante. Ainsi, l'énergie de liaison nous permet de comparer les stabilités des molécules.

Exercices d'entraînement

Exercice 1 ★ 5 min

Corrigé p. 259

1. Le numéro atomique de l'oxygène est $Z = 8$. Quelle est la configuration électronique de cet atome isolé ?

2. En déduire le nombre de liaisons que va faire un atome d'oxygène.

Exercice 2 ★★ 10 min

Corrigé p. 259

Considérons les molécules suivantes :

a. 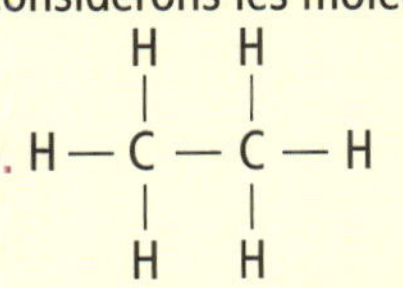

b. 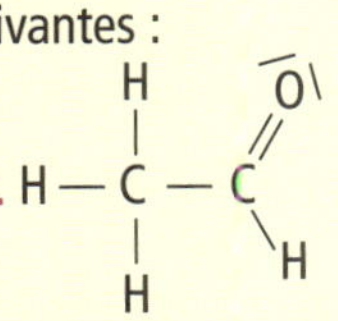

c. 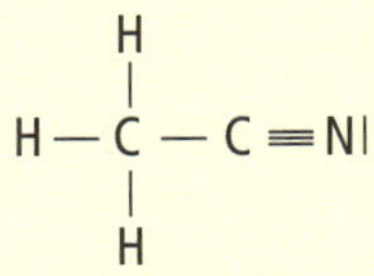

1. Décrire le plus précisément possible ces molécules.

2. Les atomes impliqués dans ces molécules sont-ils tous stables ?

Exercice 3 ★★★ 10 min

Corrigé p. 259

Voici un tableau d'énergies de liaison :

Liaison	O – O	O = O	N – N	N = N	N ≡ N	C – C	C = C	C ≡ C	C = O	C – H
Énergie de liaison (SI)	142	502	159	418	945	347	615	811	730	414

1. Classer ces liaisons par ordre de stabilité croissante.

2. Les liaisons multiples sont-elles plus stables que les liaisons simples ?

3. Pour les deux premières molécules de l'**exercice 2**, déterminer l'énergie totale à fournir pour casser toutes les liaisons.

5 Masse et quantité de matière

1 Quantité de matière

A Paquet de comptage

- En chimie, les entités auxquelles on s'intéresse sont microscopiques. On a donc chaque fois à considérer des nombres très grands d'espèces chimiques. Pour cela, on va réaliser des paquets de comptage. **Le paquet de comptage que l'on utilisera est la mole.** Il contient $6{,}022.10^{23}$ entités.
- En chimie, on dira qu'on détermine une quantité de matière lorsque l'on détermine le nombre de moles d'une espèce. On la notera ***n***.
- Si on a un nombre d'espèces $N_{\text{espèce}}$, alors la quantité de matière $n_{\text{espèce}}$ vaut $n_{\text{espèce}} = \dfrac{N_{\text{espèce}}}{N_A}$, avec N_A **le nombre d'Avogadro, $N_A = 6{,}022.10^{23}$ mol^{-1}.**

Appliquer le cours

Une mine de crayon en carbone contient $8{,}5.10^{22}$ atomes de carbone.
Quelle est la quantité de matière de carbone ?

Solution

On a un nombre d'atomes de carbone N_{carbone} de $8{,}5.10^{22}$. La quantité de matière de carbone est de $n_{\text{carbone}} = \dfrac{N_{\text{carbone}}}{N_A} = \dfrac{8{,}5.10^{22}}{6{,}022.10^{23}} = 0{,}14$ mol.

B Masses molaires

- La **masse molaire atomique** est la masse d'une mole d'atomes. Le paquet de comptage utilisé étant choisi de telle sorte qu'une mole de nucléons pèse 1 g, on en déduit que la masse molaire atomique de l'atome ${}^{A}_{Z}X$ est $M_X = A$ g.mol^{-1}. Ainsi, $M_{{}^{14}_{6}C} = 14$ g.mol^{-1}.
- La **masse molaire moléculaire** correspond à la masse d'une mole de molécules. Elle se calcule à partir des masses molaires atomiques des atomes qui constituent la molécule. Par exemple, $M_{C_6H_{12}O_6} = 6 \times M_C + 12 \times M_H + 6 \times M_O = 6 \times 12 + 12 \times 1 + 6 \times 16 = 180$ g.mol^{-1}.
- La **masse molaire ionique** correspond à la masse d'une mole d'ions. Elle s'obtient en considérant la masse d'une mole de l'entité à l'origine de l'ion.
Par exemple, $M_{SO_4^{2-}} = M_{\text{"}SO_4\text{"}} = 1 \times M_S + 4 \times M_O = 32{,}1 + 4 \times 16 = 96{,}1$ g.mol^{-1}.

2 Détermination de quantité de matière

A Cas des solides

Pour les solides, la grandeur physique la plus aisée à mesurer est la **masse.**
On déterminera donc la quantité de matière d'un solide, n_{solide}, à partir de celle-ci :

$n_{\text{solide}} = \dfrac{m_{\text{solide}}}{M_{\text{solide}}}$ avec m_{solide} masse du solide en g et M_{solide} masse molaire du solide en g.mol^{-1}.

Appliquer le cours

Une pierre de sucre constituée uniquement de saccharose pèse 5 g. Quelle est la quantité de matière de saccharose ? *Donnée* : $M_{\text{saccharose}} = 342$ g.mol^{-1}.

Solution

La quantité de matière de saccharose est donc de $n_{\text{saccharose}} = \dfrac{m_{\text{saccharose}}}{M_{\text{saccharose}}} = \dfrac{5}{342} = 1{,}5.10^{-2}$ mol.

B Cas des liquides

Pour les liquides, la grandeur physique la plus aisée à mesurer est le **volume**. On passe donc de celui-ci à la masse par l'intermédiaire de la **masse volumique** : $\rho_{corps} = \frac{m_{corps}}{V_{corps}}$.

On déterminera ensuite la quantité de matière à partir de la masse.

Appliquer le cours

Une éprouvette contient un volume d'huile de 23 mL. Quelle est la quantité de matière d'huile ?
Données : $M_{huile} = 282$ g.mol^{-1} et $\rho_{corps} = 910$ g.L^{-1}.

Solution

La masse d'huile est de $m_{huile} = \rho_{huile} \times V_{huile} = 23.10^{-3} \times 910 = 20{,}9$ g. La quantité de matière est de $n_{huile} = \frac{m_{huile}}{M_{huile}} = \frac{20{,}9}{282} = 7{,}4.10^{-2}$ mol.

C Cas des gaz

À température et pression données, une même quantité de gaz occupe toujours un même volume (loi d'Avogadro-Ampère). Le volume occupé par une mole est appelé le **volume molaire** V_m. Il vaut 22,4 L.mol^{-1} à 0 °C et 1 013 hPa, et 24 L.mol^{-1} à 20 °C et 1 013 hPa. On obtient alors la quantité de matière en utilisant la relation $n_{gaz} = \frac{V_{gaz}}{V_m}$.

Appliquer le cours

À 20 °C et 1 013 hPa, un gaz occupe un volume de 5,2 L. Quelle est la quantité de matière de ce gaz ?

Solution

La quantité de matière de gaz est de $n_{gaz} = \frac{V_{gaz}}{V_m} = \frac{5{,}2}{24} = $ **0,22 mol.**

CHIMIE

Exercices d'entraînement

Exercice 1 ★ 5 min

Corrigé p. 259

La masse molaire moléculaire du sulfate de cuivre est de 159,6 g.mol^{-1}.

1. À quelle quantité de matière correspond cette valeur ?
2. À combien d'entités chimiques correspond cette valeur ?

Exercice 2 ★ 10 min

Corrigé p. 259

Un comprimé de paracétamol contient $2{,}00.10^{21}$ molécules de paracétamol. En déduire la quantité de matière de paracétamol de ce comprimé.

Exercice 3 ★★ 10 min

Corrigé p. 259

L'oxyde de fer a pour formule chimique Fe_2O_3(s).

1. Donner la composition atomique de l'oxyde de fer et sa masse molaire moléculaire.
2. Déterminer la quantité de matière d'oxyde de fer contenue dans 23,94 grammes.

Données : M(Fe) = 55,8 g.mol^{-1}, M(O)=16 g.mol^{-1}.

6 Transformation physique et transformation chimique

1 Les transformations physiques

A Description microscopique des états de la matière

▲ À l'état solide, les molécules sont en contact les unes des autres. Elles restent au même endroit et vibrent constamment.

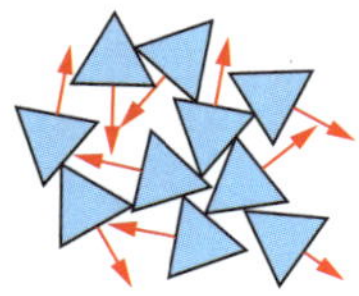

▲ À l'état liquide, les molécules sont en contact les unes des autres. Elles se déplacent dans toutes les directions.

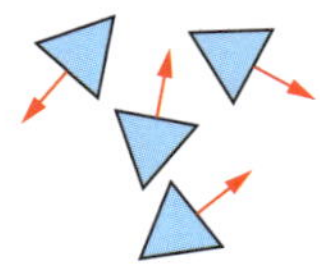

▲ À l'état gazeux, les molécules ne sont pas en contact les unes des autres. Elles se déplacent rapidement dans toutes les directions.

Lors d'une transformation physique (changements d'état, dissolution), la structure des molécules n'est pas modifiée. Seules les interactions entres les molécules changent.

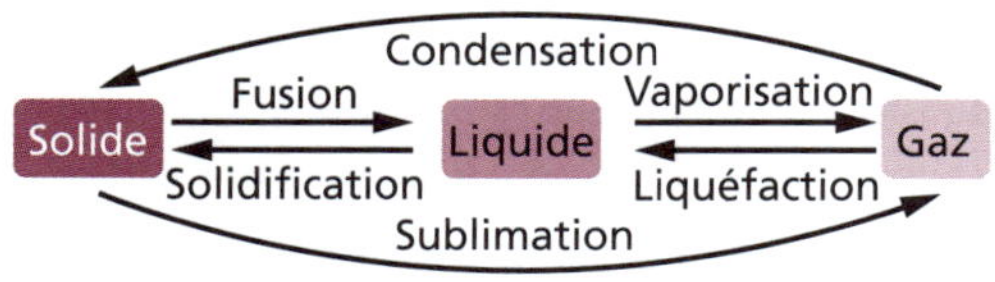

B Transfert thermique

• Lorsque deux corps de températures différentes sont mis en contact, le corps le plus froid reçoit de l'énergie du corps le plus chaud. On appelle **transfert thermique** le passage d'énergie d'un corps chaud vers un corps froid. Un transfert thermique peut provoquer une **modification de la température** ou un **changement d'état.**

• Pour que la glace fonde, il faut qu'elle reçoive de l'énergie. L'équation de changement d'état est $H_2O(s) \longrightarrow H_2O(l)$.
Cette transformation physique **absorbe de l'énergie** : c'est une transformation physique **endothermique.**

• Pour que la vapeur d'eau se liquéfie, il faut qu'elle cède de l'énergie.
Équation de changement d'état est $H_2O\ (g) \longrightarrow H_2O\ (l)$.
Cette transformation physique **cède de l'énergie** : c'est une transformation physique **exothermique.**

C Énergie de changement d'état

Lors d'un changement d'état d'un corps de masse m, l'énergie de changement d'état Q vaut $Q = m \times L$
avec Q en joule (J), m en kilogramme (kg) et L, **énergie massique de changement d'état**, en $J.kg^{-1}$.

Appliquer le cours
Calculer l'énergie nécessaire pour faire fondre 500 g de glace.
Données : énergie massique des changements d'état de l'eau :
$L_{liquéfaction} = 2\ 257\ kJ.kg^{-1}$, $L_{fusion} = 335\ kJ.kg^{-1}$.

Solution
$Q = m \times L_{fusion}$
$Q = 0,5 \times 335$
$Q = 167,5$ kJ.

2 Les transformations chimiques

A Le système chimique

• **Une transformation chimique** est un processus au cours duquel des espèces chimiques sont consommées (réactifs) et des espèces chimiques sont formées (produits). Elle correspond donc à l'évolution d'un système chimique d'un état initial vers un état final.

• Pour chaque état, on distingue le nom des espèces chimiques, leur état physique, la température et la pression.

État initial		État final
espèce chimique (état physique) $T_{initiale}$, $P_{initiale}$	transformation chimique →	espèce chimique (état physique) T_{finale}, P_{finale}

▲ Description d'un système chimique lors d'une transformation chimique.

• Si, lors de la réaction, le système cède de l'énergie, alors la transformation chimique est exothermique.
Si, lors de la réaction, le système absorbe de l'énergie, alors la transformation chimique est endothermique

B Décrire une transformation chimique

• Pour décrire une transformation chimique on peut écrire un **bilan de réaction**. Il indique le nom des réactifs et produits formés réactif 1 + réactif 2 + … → produit 1 + produit 2…

• Le bilan peut être modélisé par une **équation de réaction**. Son écriture fait intervenir les formules chimiques des réactifs et des produits ainsi que des coefficients d'ajustement assurant la **conservation des éléments chimiques** et la **conservation de la charge électrique.**

Appliquer le cours

Le méthane est un gaz qui brûle dans le dioxygène de l'air. Il se forme alors du dioxyde de carbone et de l'eau

1. Identifier réactifs et produits.

2. Écrire le bilan de réaction.

3. Écrire l'équation de réaction et l'ajuster.

Solution

1. Réactifs : le méthane et le dioxygène.
Produits : le dioxyde de carbone et l'eau.

2. Bilan de réaction : méthane + dioxygène → dioxyde de carbone + eau.

3. Coefficient d'ajustement

$CH_4 + 2O_2 \rightarrow CO_2 + 2H_2O$

C Transformation chimique et bilan de matière

• Pour décrire une transformation chimique au cours du temps on réalise un **tableau d'avancement**. Il indique les quantités de matière x (exprimées en mol) à l'état initial et à l'état final.

À l'état initial, l'avancement est nul. Il n'y a donc pas de produit formé.

État	Avancement	CH_4 +	$2\,O_2$ →	CO_2 +	$2\,H_2O$
État initial	$x = 0$	a (mol)	b	0	0
État final	$x = x_{max}$	$a - x_{max}$ (mol)	$b - 2x_{max}$	x_{max}	$2x_{max}$

À l'état final, les quantités de matière des réactifs diminuent. La quantité de matière est nulle pour le réactif limitant. Il faut donc résoudre les deux équations $a - x_{max} = 0$ et $b - 2x_{max} = 0$. Le réactif limitant est celui qui donne la plus petite valeur de x_{max}.

CHIMIE

La lecture du tableau d'avancement permet de calculer les quantités de matières des réactifs et des produits à l'état final.

- Lorsqu'un réactif a été totalement consommé, sa quantité de matière est donc nulle à l'état final. Il est appelé **réactif limitant**. Le réactif limitant est celui qui donne la plus petite valeur de x_{max}.
- Lorsqu'à l'état final, les quantités de matière des réactifs sont nulles, alors la réaction a été réalisée dans les **proportions stœchiométriques**.
- Lorsqu'une espèce chimique est présente mais qu'elle n'intervient pas lors de la transformation chimique, elle est appelée **espèce chimique spectatrice**.

Exercices d'entraînement

Exercice 1 ★ 5 min

Corrigé p. 259

Un échantillon d'étain passe de 350 °C à 200 °C.

1. Nommer le changement d'état subi par l'étain.
2. Écrire l'équation de ce changement d'état.

Données : $T_{\text{fusion étain}}$: 232 °C, $T_{\text{ébullition étain}}$: 2 602 °C, symbole chimique de l'étain : Sn.

Exercice 2 ★ 5 min

Corrigé p. 260

Calculer l'énergie libérée par 5 kg de vapeur d'eau lors de sa liquéfaction.
Donnée : énergie massique de liquéfaction de l'eau $L_{\text{liquéfaction}} = 2\ 257$ kJ.kg^{-1}.

Exercice 3 ★★ 10 min

Corrigé p. 260

La combustion du fer dans le dioxygène produit de l'oxyde de fer (de formule chimique Fe_3O_4). Cette réaction cède de l'énergie au milieu extérieur.

1. Nommer les réactifs et les produits de la transformation chimique
2. Cette transformation chimique est-elle exothermique ou endothermique ? Justifier la réponse.
3. Écrire le bilan de la transformation chimique.
4. Écrire l'équation de réaction et l'ajuster.

Exercice 4 ★★ 15 min

Corrigé p. 260

On fait réagir 0,1 mol d'ions cuivre avec 0,32 mol d'ions hydroxyde. Il se forme alors un précipité bleu d'hydroxyde de cuivre (de formule chimique $Cu(OH)_2$.)

1. Écrire l'équation de réaction et l'ajuster.
2. Construire le tableau d'avancement.
3. Déterminer le réactif limitant.
4. Calculer le nombre de moles d'hydroxyde de cuivre formé.
5. En déduire la masse du précipité formé.

Données : M(Cu) = 63,5 g.mol^{-1} ; M(O) = 16 g.mol^{-1} ; M(H) = 1 g.mol^{-1}.

7 Transformations nucléaires

1 Notion d'isotopes

• **Représentation de noyaux.** Un élément chimique est caractérisé par son numéro atomique. Il est identifié par un nom et un symbole chimique. On représente un atome et donc son noyau par ${}_{Z}^{A}X$, avec X symbole du noyau, Z son **numéro atomique** (nombre de protons) et A son **nombre de masse** (nombre de nucléons). Ainsi, le nombre de neutrons d'un noyau atomique est obtenu en calculant $A - Z$.

• **Isotopes.** On a identifié aujourd'hui 118 éléments chimiques, mais il existe beaucoup plus de noyaux différents (1 500 environ). En effet, certains noyaux ne diffèrent les uns des autres que par le nombre de neutrons qu'ils contiennent. Ils ont le même nombre de protons, mais pas le même nombre de neutrons : ce sont des **isotopes**.

• **Isotopes naturels.** Généralement, si on prend un échantillon d'un élément chimique naturel, cet échantillon comporte un pourcentage de chacun des isotopes de cet élément. Par exemple, le chlore est composé de 75 % de ${}_{17}^{35}Cl$ et de 25 % de ${}_{17}^{37}Cl$.

Appliquer le cours

1. Quelle est la constitution des noyaux suivants : ${}_{6}^{12}C$, ${}_{6}^{13}C$ et ${}_{6}^{14}C$?

2. Comment nomme-t-on ces noyaux ?

Solution

1. Le noyau ${}_{6}^{12}C$ contient 6 protons, 12 nucléons et donc 12 – 6 = 6 neutrons. Le noyau ${}_{6}^{13}C$ contient 6 protons, 13 nucléons et donc 13 – 6 = 7 neutrons. Le noyau ${}_{6}^{14}C$ contient 6 protons, 14 nucléons et donc 14 – 6 = 8 neutrons.

2. Ces noyaux ne diffèrent que par leur nombre de neutrons, ce sont des isotopes.

2 Stabilité et radioactivité

• **Noyaux stables.** Sur les 1 500 noyaux connus, seuls 260 sont stables. Les autres se désintègrent spontanément, plus ou moins rapidement. Si on compare les nombres de neutrons et de protons des noyaux stables de numéros atomiques inférieurs à 20, on constate qu'ils contiennent tous autant de neutrons que de protons. En revanche, les noyaux stables de numéros atomiques supérieurs à 20 comportent plus de neutrons que de protons.

• **Les noyaux qui ne sont pas stables sont dits radioactifs. Les noyaux d'atomes radioactifs se transforment spontanément** en d'autres noyaux d'atomes, radioactifs ou non. Cette transformation peut être immédiate ou avoir lieu beaucoup plus tard. Elle se fera, c'est tout ce que l'on sait. Ainsi, de noyaux radioactifs en noyaux radioactifs, l'uranium 238 tend à se transformer en une forme stable, le plomb 206. Cette transformation irréversible d'un atome radioactif en un autre atome est appelée **désintégration**.

• **La radioactivité d'un noyau est indépendante de son environnement** (voisins radioactifs ou pas, etc.), de l'état physique dans lequel se trouve le corps comprenant le noyau radioactif, des conditions extérieures (température, pression, etc.).

A Réactions nucléaires

• **Équation bilan.** La désintégration d'un noyau instable est une **transformation nucléaire**. De la même façon qu'on écrit une équation bilan pour modéliser une transformation chimique, on va écrire une équation bilan qui porte **uniquement sur les noyaux atomiques.**
Dans le cas général, une telle équation s'écrit :

$$^{A_1}_{Z_1}X \rightarrow {}^{A_2}_{Z_2}Y + {}^{A_3}_{Z_3}P$$

X symbole du « noyau père » ; Y celui du « noyau fils » ; P celui de la particule émise.

• **Lois de conservation.** Ces désintégrations ne se font pas n'importe comment, elles respectent certaines lois dites **lois de conservation**.
En effet, on a :
– **conservation du nombre de protons (ou de la charge électrique) :** $Z_1 = Z_2 + Z_3$ **;**
– **conservation du nombre de nucléons :** $A_1 = A_2 + A_3$.

B Différents types de radioactivité

Suivant le type de particules émises, on distingue différentes catégories de radioactivité :

• **radioactivité α :** la particule éjectée est un noyau d'hélium ^4_2He et l'équation est :

$$^{A}_{Z}X \rightarrow {}^{A-4}_{Z-2}Y + {}^{4}_{2}He \;;$$

• **radioactivité β^- :** la particule éjectée est un électron $^{0}_{-1}e^-$ et l'équation est :

$$^{A}_{Z}X \rightarrow {}^{A}_{Z+1}Y + {}^{0}_{-1}e^- \;;$$

• **radioactivité β^+ :** la particule éjectée est un positon (ou positron) $^{0}_{1}e^+$ et l'équation est :

$$^{A}_{Z}X \rightarrow {}^{A}_{Z-1}Y + {}^{0}_{1}e^+ .$$

3 D'autres transformations nucléaires

A Fusion nucléaire

La **fusion** nucléaire est la réunion de deux noyaux en un seul, avec éventuellement éjection de particules (neutron, proton, etc.). Dans le cas de **noyaux très légers**, la fusion nucléaire libère de l'énergie. C'est ce qui se produit au cœur du Soleil, où la fusion de 2 noyaux d'hélium 3 conduit à la formation d'un noyau d'hélium 4 et deux protons (atomes d'hydrogène) : $^{3}_{2}He + {}^{3}_{2}He \rightarrow {}^{4}_{2}He + 2\,{}^{1}_{1}H$. La formidable quantité d'énergie libérée au cours de cette transformation est à l'origine de l'énergie du Soleil.

B Fission nucléaire

La **fission** est la division d'un noyau atomique en deux noyaux plus légers. Les noyaux susceptibles de subir une fission sont dits **fissibles**. Ce sont des **noyaux lourds**, constitués d'un grand nombre de nucléons. C'est ce procédé qui est mis en œuvre dans les centrales nucléaires (et les bombes atomiques), permettant la production d'énergie. Dans les centrales, on utilise la fission de l'uranium 235, fission provoquée par un neutron : $^{235}_{92}U + {}^{1}_{0}n \rightarrow {}^{94}_{38}Sr + {}^{140}_{54}Xe + 2\,{}^{1}_{0}n$.

Remarque
Les neutrons libérés peuvent à leur tour provoquer la fission d'un autre atome d'uranium, créant ainsi une réaction en chaîne.

4 Différentes transformations

On peut identifier les différentes transformations en répondant à des questions simples :

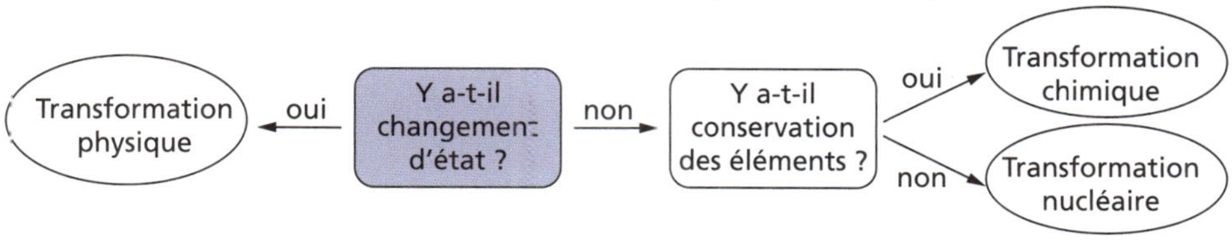

Exercices d'entraînement

Exercice 1 ★★ 5 min

Corrigé p. 260

Compléter le tableau suivant :

Atome		oxygène 18	uranium 235		
Nombre de protons		8	92	6	
Nombre de neutrons				8	
Symbole du noyau	${}^{13}_{6}C$	${}^{18}_{8}O$			${}^{204}_{82}Pb$

Exercice 2 ★★ 10 min

Corrigé p. 260

Identifier le type de réaction nucléaire des équations suivantes :

1. $4\ {}^{1}_{1}H \rightarrow {}^{4}_{2}He + 2\ {}^{0}_{1}e^{+}$
2. ${}^{99}_{42}Mo \rightarrow {}^{99}_{43}Tc + {}^{0}_{-1}e^{-}$
3. ${}^{30}_{15}P \rightarrow {}^{30}_{14}Si + {}^{0}_{1}e^{+}$
4. ${}^{235}_{92}U + {}^{1}_{0}n \rightarrow {}^{95}_{42}Mo + {}^{139}_{57}La + 7\ {}^{0}_{-1}e^{-} + 2\ {}^{1}_{0}n$
5. ${}^{210}_{84}Po \rightarrow {}^{206}_{82}Pb + {}^{4}_{2}He$

Exercice 3 ★★ 5 min

Corrigé p. 260

Identifier les différentes transformations des situations suivantes :

1. De l'eau s'évapore lors du séchage du linge sur un fil au soleil.
2. Un morceau de fer plongé dans une solution d'ions cuivre II se recouvre d'une fine pellicule de cuivre.
3. De l'eau apparaît sur les parois d'un tube à essai contenant du sulfate de cuivre hydraté que l'on chauffe.
4. L'hydrogène se transforme en hélium au cœur du Soleil.
5. On identifie la présence d'ions fer III dans une solution par l'apparition d'un précipité de couleur rouille d'hydroxyde de fer III lors de l'ajout d'une solution d'hydroxyde de sodium.

8 Mouvement et vitesse

1 Description

A Ce qui est indispensable

• **Système.** Il faut toujours préciser ce que l'on étudie. On appelle en mécanique **système** l'objet que l'on étudie et **milieu extérieur** tout ce qui n'est pas le système et qui l'entoure. Le choix du système est important, car c'est la résultante des interactions entre le système et le milieu extérieur qui conditionne le mouvement.
Prenons un parachutiste. Si le système est le parachutiste sans son parachute, alors on devra tenir compte des interactions du parachutiste avec l'air, avec la Terre, avec son parachute. Si le système est l'ensemble {parachutiste-parachute}, on ne devra tenir compte que des influences de l'air et de la Terre.

• **Référentiel.** Il faut toujours préciser par rapport à quoi on étudie le mouvement. Si on choisit un objet comme référence d'étude du mouvement, et qu'on attribue à cet objet des axes gradués, alors on définit un **repère**. Si ce repère est muni d'un appareil permettant la mesure du temps, on définit alors un **référentiel**.
Prenons l'exemple de 2 parachutistes en vol libre. À un instant donné, le premier ouvre son parachute. Si le référentiel est le 2e parachutiste, alors, de son point de vue, le mouvement de son camarade est un mouvement vertical dirigé vers le haut (il a la sensation de le voir remonter). Cependant, si le référentiel est un observateur au sol, le mouvement du parachutiste est toujours vertical, mais dirigé vers le bas. On dit que **le mouvement est relatif**, car il dépend de l'observateur.

> **Remarque**
> Il existe différents référentiels usuels : celui lié à un point de la Terre, le **référentiel terrestre** ; celui lié au centre de la Terre, le **référentiel géocentrique** ; celui lié au centre du Soleil, le **référentiel héliocentrique**. En fonction de l'étude, on choisira l'un des ces référentiels.

B Matérialisation du mouvement

• Imaginons une voiture, ayant une petite fuite d'huile, en déplacement sur une route. Chaque goutte d'huile sur le sol représente une des différentes **positions** occupées par la voiture au cours de son déplacement, nous permettant de décrire le mouvement du système {voiture}.

• En traçant une ligne continue joignant les différentes positions occupées par la voiture, on matérialise la **trajectoire** du système. On pourra ainsi parler, par exemple, de trajectoire rectiligne si c'est une droite, de trajectoire circulaire si c'est un cercle ou un arc-de-cercle, de trajectoire curviligne si c'est une courbe, etc.

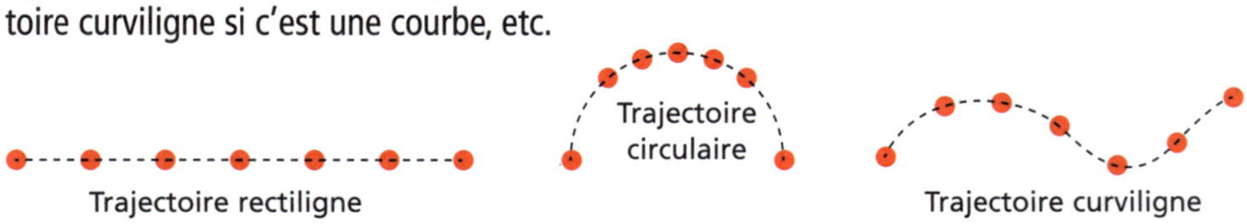

• Parfois, représenter le mouvement d'un système par celui d'un point seulement peut ne pas être pertinent et faire perdre des informations sur sa nature réelle. Imaginons, en effet, que la voiture précédente effectue des tête-à-queue sur du verglas. Si la fuite d'huile se fait au niveau de l'axe de rotation de la voiture, alors on n'observera sur le sol qu'une ligne continue, ce qui induit en erreur.

2 Vitesse et vecteur vitesse

A Définitions

On peut définir deux types de vitesses.

• **La vitesse moyenne** est obtenue par le calcul. Elle correspond à la vitesse qu'aurait un objet sur un trajet si sa vitesse était constante : $v = \dfrac{d}{\Delta t}$ avec d distance parcourue exprimée en mètre et Δt durée, exprimée en seconde, mise par l'objet, pour effectuer ce parcours.

• **La vitesse instantanée** est obtenue par mesure. Elle correspond à la vitesse que possède réellement un objet en déplacement à un instant donné.

• **Vecteur vitesse.** Considérons la trajectoire ci-après.

On sait que la vitesse moyenne du mobile à la position matérialisée par le point rouge est de 5 m.s^{-1}. Comment le faire apparaitre sur le schéma ? Il faut quelque chose qui puisse indiquer à la fois la valeur numérique ET le sens du mouvement. On utilisera pour cela l'outil mathématique vecteur dont la représentation est une flèche. On définit ainsi le **vecteur vitesse $\vec{v}$** . Un vecteur a toujours quatre caractéristiques : sa direction, son sens, son point d'application et sa valeur (norme). Ici :

$\vec{v}$
- direction : tangente à la trajectoire
- sens : celui du mouvement
- point d'application : point rouge
- valeur : 5 m.s^{-1} (à l'aide d'une échelle de représentation, par exemple 1cm pour 1 m.s^{-1}).

Ainsi, on obtiendra :

Appliquer le cours

Représenter le vecteur vitesse moyenne lorsque le mobile est au point rouge, sachant que la norme de la vitesse est de 0,8 m.s^{-1}.

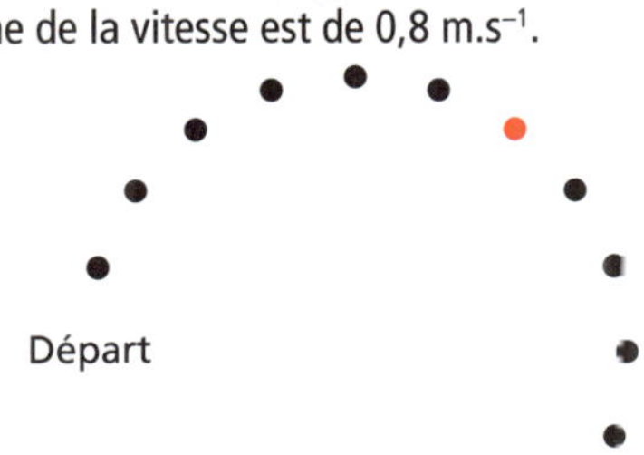

Solution

Pour représenter le vecteur vitesse, il faut définir les quatre paramètres :
- direction : tangente à la trajectoire,
- sens : celui du mouvement ;
- point d'application : la position en rouge ;
- norme : 0,8 m.s^{-1}, soit 2 cm avec une échelle de 1 cm pour 0,4 m.s^{-1}.

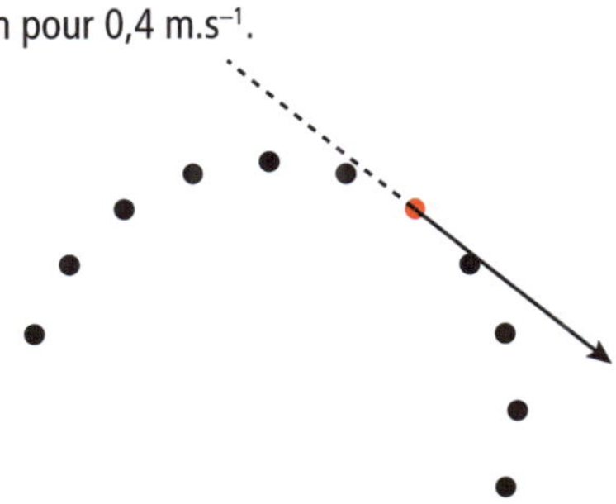

B Trajectoire et déplacement

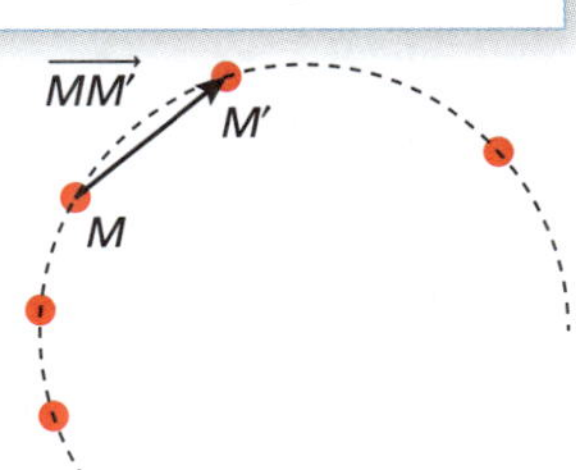

• **Vecteur déplacement.** Considérons la trajectoire circulaire ci-contre. À l'instant t, le système est en M et il est en M' l'instant suivant $t + \Delta t$. Le vecteur $\overrightarrow{MM'}$ représente ainsi le **vecteur déplacement** du point M.

• **Mouvement rectiligne uniforme.** Le système se déplace donc de M à M' entre les instants t et $t + \Delta t$, soit pendant une durée de Δt. Ainsi, les vecteurs vitesse et déplacement sont colinéaires, et on a :

$$\vec{v} = \frac{\overrightarrow{MM'}}{\Delta t}.$$

On parlera de **mouvement rectiligne uniforme** si la trajectoire est une droite et la vitesse constante, c'est-à-dire si la distance entre deux points est constante :

Exercices d'entraînement

Exercice 1 ★★ 10 min

Corrigé p. 260

Une voiture perd de l'huile à intervalles de temps constants. Décrire chacun des mouvements de la voiture au cours du temps.

1.
2.
3.

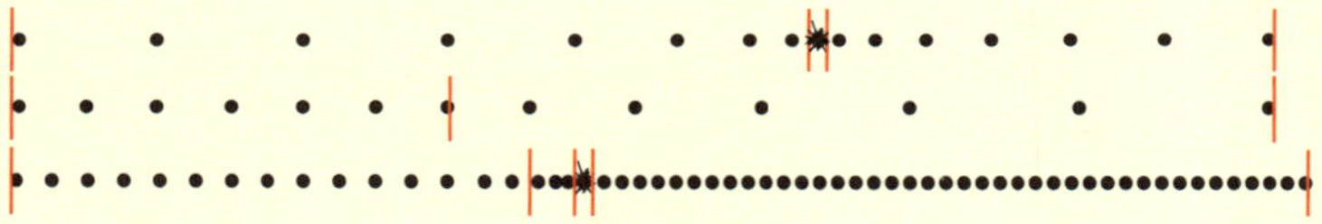

Exercice 2 ★★ 10 min

Corrigé p. 260

Considérons le mouvement curviligne ci-dessous pour lequel la vitesse au point rouge est de 3 m.s^{-1} et celle au point vert de 6 m.s^{-1} (échelle 1 cm pour 1,5 m.s^{-1}).

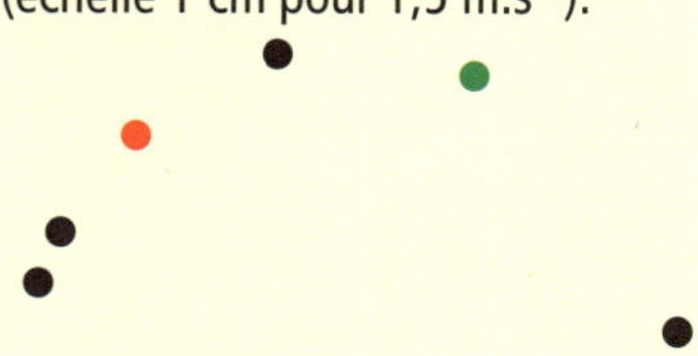

Représenter les vecteurs vitesse aux points rouge et vert.

Exercice 3 ★★ 5 min

Corrigé p. 260

Considérons les enregistrements suivants de la position d'un objet au cours de son déplacement :

Mouvement 1 :
Mouvement 2 :
Mouvement 3 :
Mouvement 4 :

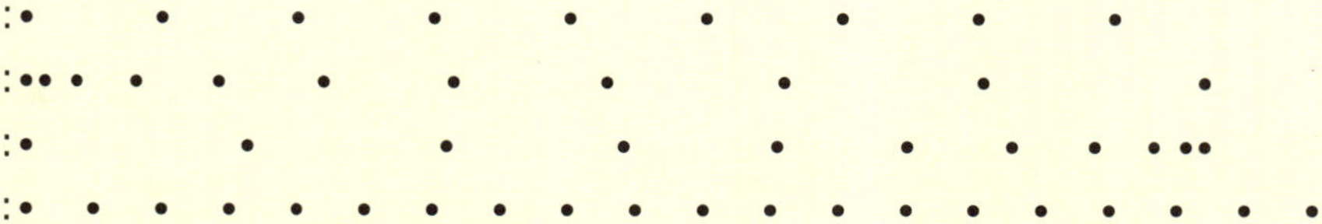

1. Identifier le ou les mouvement(s) rectiligne(s) uniforme(s).
2. Dire lequel est le plus rapide, sachant que l'intervalle de temps entre chaque point est constant.

9 Interaction et force

1 Action mécanique

A Définitions

• **Action mécanique.** Lors d'une rencontre sportive de volleyball, un ballon passe de mains en mains avant de finir au sol. Chaque joueur réalise ce qu'on appelle une **action mécanique**. On appellera **action mécanique** toute action qui peut mettre en mouvement un objet, modifier sa trajectoire et/ou sa vitesse, ou bien le déformer.

• **Acteur et receveur.** Pour chaque action mécanique, on désignera donc un **acteur** (celui qui exerce l'action) et un **receveur** (celui qui la subit). On prendra l'habitude de les préciser lors de chaque étude.

• **Paramètres.** Pour définir une action mécanique, on a besoin de définir 4 paramètres : sa **direction**, son **sens**, son **point d'application** et son **intensité**.

À savoir
Lorsqu'il y a un contact physique entre l'acteur et le receveur, on parle d'**actions de contact** et s'il n'y a pas de contact entre l'acteur et le receveur, on parle d'**actions à distance**.

B Modélisation

• **La force.** Les actions mécaniques étant extrêmement complexes, on décide de les modéliser. Le modèle choisi est celui de la **force**. On notera ainsi $F_{A/R}$ la force exercée par l'acteur A sur le receveur R : cette force va mettre en mouvement le receveur, ou modifier sa vitesse et/ou sa trajectoire ou bien le déformer.

• **Caractéristiques de la force.** L'intensité d'une force se mesurera en **newton** (de symbole N) à l'aide d'un dynamomètre.
On représentera une force $F_{A/R}$ par un **vecteur** $\vec{F}_{A/R}$, partant du point d'application de la force, de même sens et direction que ceux de la force et dont la norme est proportionnelle à l'intensité de la force. Lors de la représentation d'un vecteur, on choisira une échelle pour passer des newtons aux centimètres.

C Principe des actions réciproques

On parle aussi de la troisième loi de Newton :
Si un corps A exerce sur un corps B une force $\vec{F}_{A/B}$, alors le corps B exerce sur le corps A une force $\vec{F}_{B/A}$ ayant même direction, même valeur, mais des sens opposé, soit $\vec{F}_{A/B} = -\vec{F}_{B/A}$.

Appliquer le cours
Une personne s'appuie sur un mur, exerçant ainsi une poussée horizontale de 100 N.
Représenter cette force (on choisira une échelle de 1 cm pour 50 N).
Représenter la force exercée par le mur sur la personne.

Solution

1. Pour représenter cette force, il est nécessaire de connaitre ces 4 paramètres : direction horizontale, sens vers la gauche, point d'application : zone de contact entre la main et le mur, et valeur : 100 N, soit, à l'échelle, 2 cm.

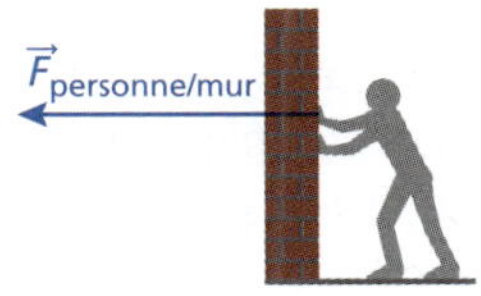

PHYSIQUE

2. La personne exerçant une force sur le mur, le mur exerce aussi une force sur la personne. Cette force est opposée à la précédente (horizontale, vers la droite avec le même point d'application et représentée par 2 cm).

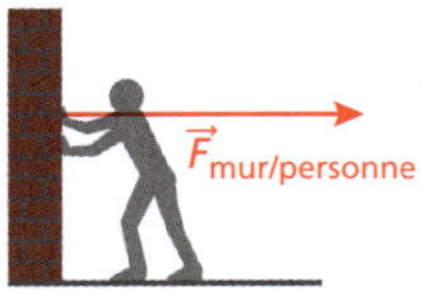

D Exemples de forces

• Force d'interaction gravitationnelle

Deux corps possédant une masse exercent l'un sur l'autre une action attractive, à distance, qui dépend de la distance qui les sépare et de la masse des deux corps. Cette interaction, appelée **gravitation**, gouverne tout l'Univers.

Un corps A (de masse m_A), séparé par une distance d d'un corps B (de masse m_B), exerce sur celui-ci une action attractive qui s'exprime de façon vectorielle par :

$$\vec{F}_{A/B} = -G \times \frac{m_A \times m_B}{d^2} \vec{u}_{AB}.$$

m_A et m_B en kg
d distance entre les deux corps en m
G : constante de gravitation, $G = 6{,}67.10^{-11}$ N.m².kg⁻²
$\vec{u}_{AB}$: vecteur unitaire, orienté de A vers B.

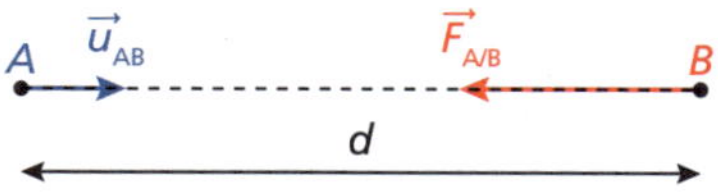

Remarque

Si A exerce sur B une force d'interaction gravitationnelle, alors B exerce aussi sur A une force d'interaction gravitationnelle (loi des actions réciproques).
Celle-ci s'applique en A et s'exprime par

$$\vec{F}_{B/A} = G \times \frac{m_A \times m_B}{d^2} \vec{u}_{AB} = -G \times \frac{m_A \times m_B}{d^2} \vec{u}_{BA}.$$

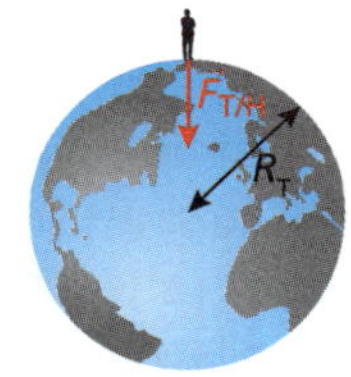

$R_T = 6\,370$ km
$M_T = 5{,}98 \times 10^{24}$ kg

• Poids

La force d'attraction gravitationnelle exercée par la Terre sur un objet de mase m se trouvant à sa surface s'exprime de façon vectorielle par :

$$\vec{F}_{T/O} = G \times \frac{m \times M_{Terre}}{d_{Terre\text{-}objet}^{\ 2}} \vec{u}_{OT} = m \times \frac{G \times M_{Terre}}{R_T^{\ 2}} \vec{u}_{OT}$$

car la distance Terre-objet est environ égale au rayon de la Terre R_T ($\vec{u}_{OT}$ vecteur unitaire dirigé vers le centre de la Terre)

Cette force est le **poids**, et ainsi, $\vec{P} = m \times \vec{g}$, avec $\vec{g} = \frac{G \times M_{Terre}}{R_T^{\ 2}} \vec{u}_{OT}$.

On a donc :

$\vec{P}$
- direction : verticale
- sens : vers le bas
- point d'application : centre de gravité de l'objet
- valeur : $m \times \frac{6{,}67.10^{-11} \times 5{,}98.10^{24}}{(6{,}37.10^{6})^2} = m \times 9{,}81$

• Force exercée par un support ou un fil

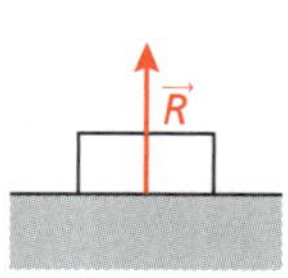

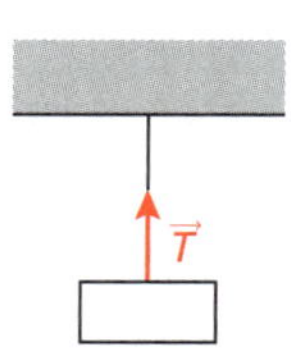

Lorsqu'un objet exerce une force sur un support ou un fil, le support ou le fil exerce aussi une force sur l'objet. Cette force de contact est verticale, dirigée vers le haut, s'exerce sur la zone de contact entre l'objet et le support ou le fil et sa norme est égale à celle de la force exercée par l'objet sur le support ou le fil. On l'appelle la **réaction** dans le cas du support et la **traction** dans le cas d'un fil.

2 Principe d'inertie et mouvement

A Conditions d'équilibre

- Un solide qui n'est soumis à aucune force est obligatoirement à l'équilibre, car une force est justement ce qui perturbe l'équilibre. Un solide soumis à une force ne peut pas être à l'équilibre, car une force le met en mouvement ou le déforme.
- Un solide soumis à plus d'une force peut être à l'équilibre si ces différentes forces se compensent. Cela se traduit mathématiquement par le fait que la somme vectorielle de toutes les forces est égale au vecteur nul.

Un solide est à l'équilibre si les différentes forces qui s'exercent sur lui se compensent.

B Principe d'inertie

- Considérons un mobile en déplacement, soumis seulement à des forces qui se compensent. C'est comme s'il n'était soumis à aucune force. Par conséquent, sa trajectoire n'est pas modifiée, c'est une ligne droite. Sa vitesse non plus ne varie pas, elle est constante. Le mouvement du mobile est donc un **mouvement rectiligne uniforme.**
- C'est le **principe d'inertie**, énoncé au XVIIe siècle par Newton, qui reprenait les travaux de Galilée : **tout corps reste immobile ou persévère dans son mouvement rectiligne uniforme s'il n'est soumis qu'à des forces qui se compensent**.
- Par conséquent, si un système se déplace suivant un mouvement rectiligne uniforme, alors les forces qui s'appliquent sur lui se compensent ; la réciproque est également vraie.

C Système hors d'équilibre

Considérons un système sur lequel agissent les forces qui ne se compensent pas :

- la somme vectorielle des forces est non nulle et peut se résumer en une seule force $\vec{F}$;
- la vitesse n'est donc pas constante. On peut donc définir le vecteur variation de vitesse $\Delta\vec{v} = \vec{v}(t_2) - \vec{v}(t_1)$ entre deux instants voisins t_1 et t_2.

Les vecteurs variation de vitesse $\Delta\vec{v}$ et force résultante $\vec{F}$ ont même direction, même sens : ils sont colinéaires.

Appliquer le cours

Un solide est lâché sur Terre, d'une hauteur de 2 m, sans vitesse initiale. Quelle est la nature de son mouvement ?

Solution

La seule force qui s'applique est le poids, dont la direction est verticale vers le bas. Par conséquent, le vecteur variation de vitesse est lui aussi dirigé vers le bas, ce qui signifie que la vitesse augmente vers le bas : l'objet tombe en ligne droite de plus en plus vite.

PHYSIQUE

Exercices d'entraînement

Exercice 1 ★ 5 min

Corrigé p. 261

Un homme pousse une voiture sur un sol horizontal. Il exerce une force de 500 N.

1. Faire un schéma de la situation.
2. Représenter la force exercée par la personne sur la voiture, à l'échelle 1 cm pour 500 N.
3. Représenter la force exercée par la voiture sur la personne.
4. Représenter aussi sur le schéma le poids de cette personne, sachant qu'il est de 400 N.

Exercice 2 ★ 5 min

Corrigé p. 261

Dans les exemples suivants, on considère le mouvement, dans un référentiel terrestre, d'un objet ou d'un personnage supposés indéformables. D'après chaque description du mouvement, indiquer en justifiant si l'objet ou le personnage est soumis à un ensemble de forces qui se compensent.

1. Une luge descend une piste rectiligne et sa vitesse est constante.
2. Une voiture démarre à un feu vert.
3. Un skieur remonte une piste sur un tire-fesses qui le tracte en virage à vitesse constante.
4. Un avion fait une chandelle.
5. Une goutte d'huile tombe dans de l'eau et décrit une trajectoire rectiligne à vitesse constante.

Exercice 3 ★★ 10 min

Corrigé p. 261

Mercure est la première planète du système solaire. Sa masse est de $3{,}3.10^{26}$ g. Elle est distante de 57 910 000 km du Soleil. La masse du Soleil est de $1{,}99 . 10^{33}$ g.

1. Écrire l'expression littérale de la force exercée par le Soleil sur Mercure et indiquer les unités à utiliser dans le système international.
2. Convertir les données de l'énoncé afin de pouvoir les utiliser dans l'expression littérale.
3. Calculer la valeur de cette force.
4. En déduire la force exercée par Mercure sur le Soleil.
5. Représenter ces forces sur un schéma annoté.

Exercice 4 ★★ 5 min

Corrigé p. 261

Un container de 3,5 tonnes a un poids de 34 303,5 newtons. Utiliser les données suivantes afin de déterminer le lieu où se trouve ce container.

Ville	Paris	Madrid	Rome	Stockholm	Moscou
Intensité de la pesanteur	9,809 $N.kg^{-1}$	9,801 $N.kg^{-1}$	9,803 $N.kg^{-1}$	9,918 $N.kg^{-1}$	9,815 $N.kg^{-1}$

Exercice 5 ★★★ 10 min

Corrigé p. 261

On lance verticalement vers le haut une balle de tennis. Sachant que la seule force qui s'applique est le poids, décrire le mouvement de la balle.

10 Le son

1 La nature d'un son

• Lorsqu'un objet vibre (corde vocale, diapason, corde de guitare…) il fait vibrer les molécules d'air qui l'entourent. Cette **vibration** (qui peut être amplifiée par une caisse de résonance) se transmet aux molécules de proche en proche. Quand la vibration arrive jusque dans notre oreille, elle devient un son.

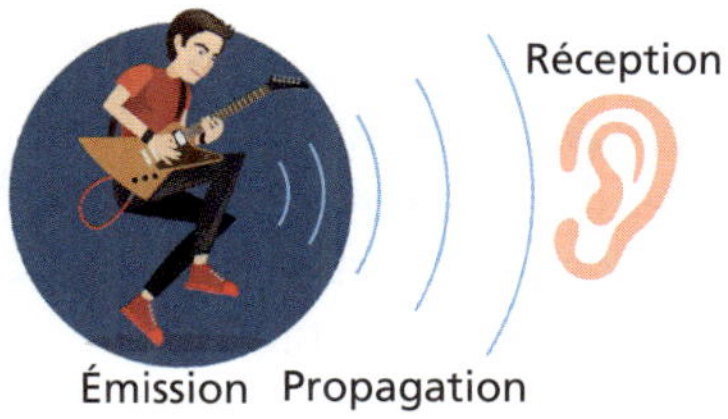

• Un son a besoin d'un **milieu matériel** (solide, liquide ou gazeux) pour se propager et ne peut donc pas se propager dans le vide.

• La **vitesse du son dépend du milieu** dans lequel il se propage ainsi que de la **température** de ce milieu. Le son se propage plus rapidement dans les solides et les liquides que dans les gaz. Par exemple, à 20 °C, le son se propage à 340 $m.s^{-1}$ dans l'air, à 1 500 $m.s^{-1}$ dans l'eau.

2 Les caractéristiques d'une onde sonore

• Un microphone peut capter un son et convertir la vibration des molécules d'air (onde sonore) en signal électrique. Un ordinateur permet ensuite d'analyser ce son afin d'en obtenir une représentation temporelle. Un son est un **signal périodique**. Il décrit un motif qui se répète.

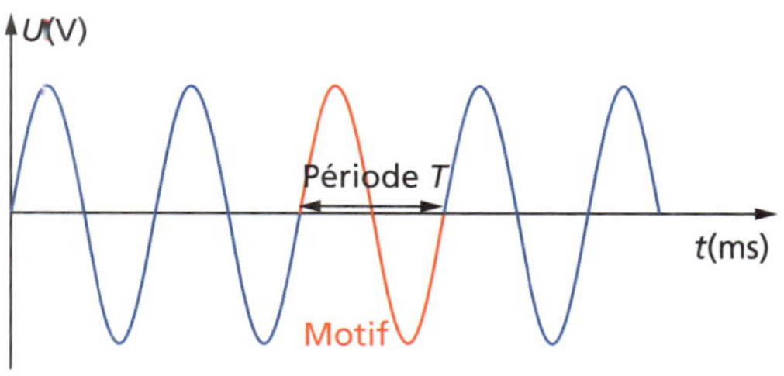

▲ Représentation temporelle d'un son.

• On appelle **période *T*** d'un son, la durée nécessaire pour décrire un motif. La période *T* s'exprime **en seconde**.

• On appelle **fréquence *f*** d'un son, le nombre de périodes effectuées par seconde. La fréquence s'exprime **en hertz**.

$$\text{Hz} \rightarrow f = \frac{1}{T} \leftarrow \text{s}$$

Appliquer le cours

Déterminer la période et la fréquence du signal sonore représenté ci-dessous.

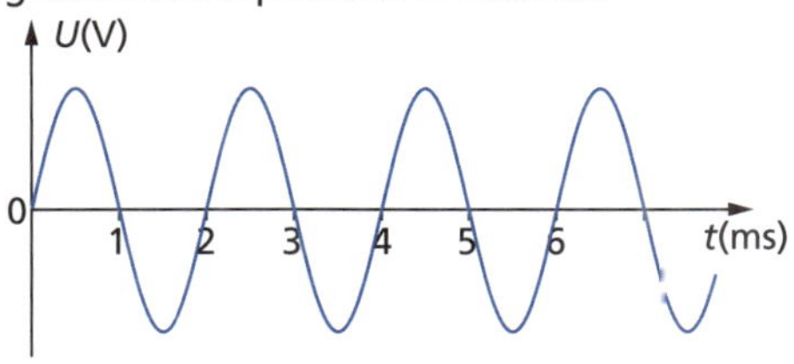

Solution

Il faut repérer un motif sur la représentation, puis déterminer sa durée.

La période *T* de ce signal sonore est de 2 ms.

Il faut exprimer la période en seconde : 1ms = 10^{-3} s.

$T = 2$ ms, soit $T = 2.10^{-3}$ s.

$f = 1/T$, soit $f = 1/2.10^{-3} = 500$ Hz.

PHYSIQUE

3 La perception du son

A Intensité sonore et niveau d'intensité sonore

• Lorsqu'une onde sonore pénètre dans l'oreille et fait vibrer le tympan, on entend un son. Un son d'une **intensité sonore *I*** trop élevée peut provoquer une gêne et s'avérer dangereux. Il peut provoquer des acouphènes, un traumatisme auditif, voire une rupture du tympan.

• La sensation auditive n'étant pas proportionnelle à l'intensité sonore, on définit alors une nouvelle grandeur permettant mieux d'en rendre compte de la sensation auditive : le **niveau d'intensité sonore *L***. Il se mesure avec un sonomètre et s'exprime en **décibel (dB).**

À noter !
Intensité sonore *I* et niveau d'intensité sonore *L* sont liés mais ne sont pas proportionnels.

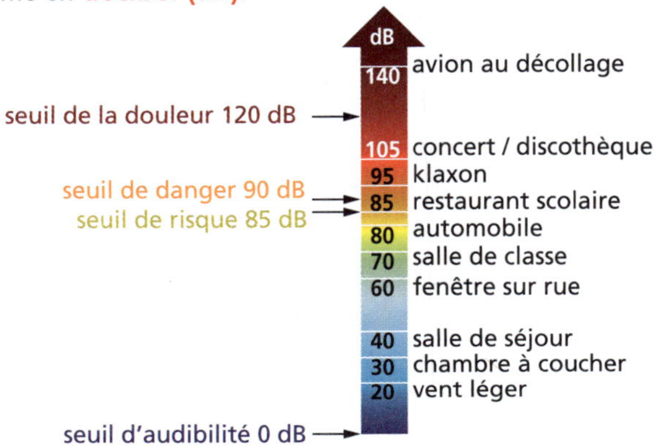

B Sons audibles

• L'oreille humaine est sensible aux sons compris entre 20 Hz (sons graves) et 20 000 Hz (sons aigus).

• Lorsque la fréquence est basse, le son est grave ($f < 500$ Hz).

• Lorsque la fréquence est élevée, le son est aigu ($f > 3\,000$ Hz).

C Son et musique

• Un son musical peut être décrit par sa **hauteur,** son **timbre** et son **intensité**.

• La **hauteur d'un son** correspond à la fréquence de l'onde sonore émise. Elle s'exprime en hertz.

• Le **timbre d'un son** correspond à la perception d'un son par l'oreille humaine. Deux instruments de musique différents jouant la même note (même hauteur) ne sont par perçus de la même manière par l'oreille humaine. Ces deux sons ont la même fréquence, mais leur représentations temporelles sont différentes.

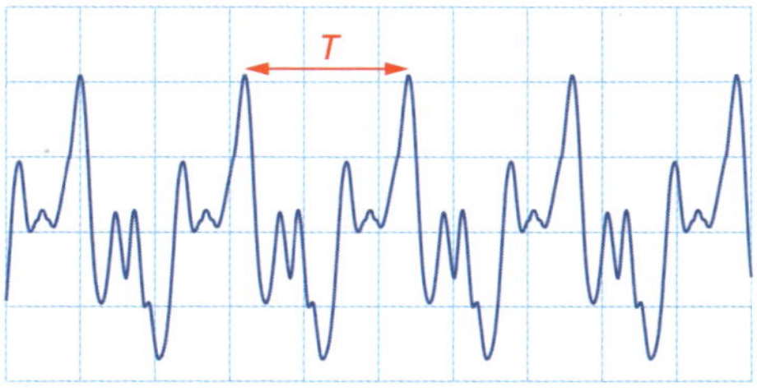

▲ La note Mi_3 produite par une guitare.

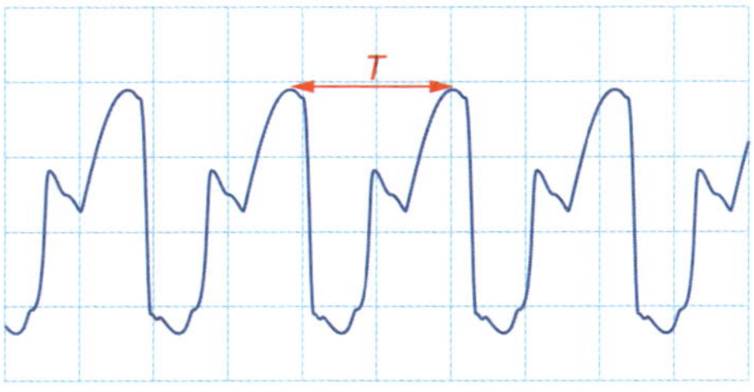

▲ La note Mi_3 produite par un synthétiseur.

• **L'intensité sonore** correspond à sa perception du son (plus ou moins fort) par l'oreille. Elle est proportionnelle à l'amplitude de l'onde sonore.

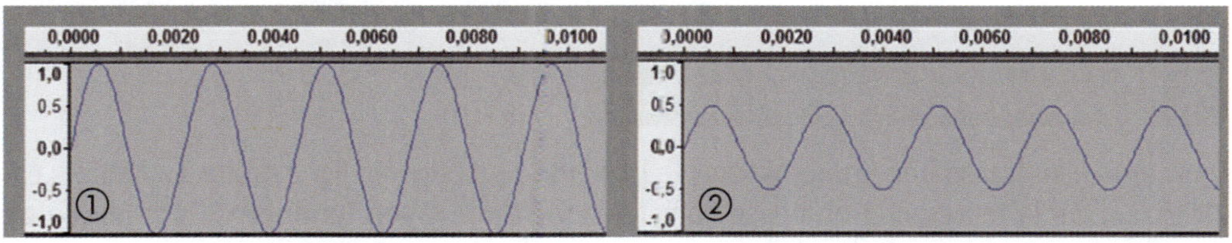

L'onde sonore ① a une amplitude plus importante que l'onde sonore ②. Le son ① est donc plus intense que le son ②.

Exercices d'entraînement

Exercice 1 ★ 5 min

Corrigé p. 261

On a mesuré la durée mise par une onde sonore pour parcourir 5 mètres dans différents matériaux.

1. Utiliser les données expérimentales pour calculer la vitesse du son dans ces matériaux.
2. La vitesse du son dépend-t-elle du matériau dans lequel il se propage ?

Données :

Matériau	Acier	Glace	Aluminium
Durée	$9{,}6.10^{-4}$ s	$1{,}56.10^{-3}$ s	$7{,}8.10^{-4}$ s

Exercice 2 ★ 5 min

Corrigé p. 261

Lorsqu'on joue un La_3 sur un piano, la corde vibre 440 fois par seconde.

1. Quelle est la fréquence du La_3 joué sur le piano ?
2. La fréquence d'une note double lorsqu'on passe à l'octave supérieure. Calculer la fréquence du La_4.
3. Déterminer le nombre de vibration par seconde effectuée par la corde lorsque le piano joue un La_4.

Exercice 3 ★ 5 min

Corrigé p. 261

1. Déterminer la période et la fréquence des ondes sonores représentées ci-contre.
2. Ces sons sont-ils audibles pour l'oreille humaine ?
3. Quel est le son le plus aigu ? Justifier la réponse.

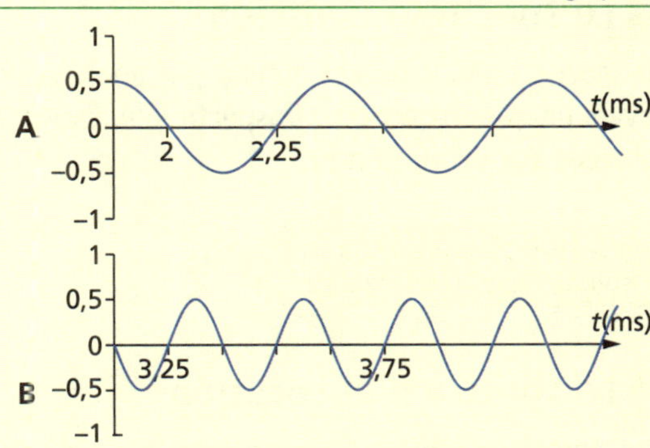

Exercice 4 ★ 5 min

Corrigé p. 262

Un pianiste et une trompettiste jouent la même note. La fréquence de la note émise par le pianiste est de 311,127 Hz.

1. Quelle propriété du son est associée à la fréquence ?
2. Déterminer la fréquence de la note émise par la trompettiste.
3. Le son perçu par l'oreille est différent selon l'instrument. À quelle propriété du son est associée cette perception ?

11 La lumière

1 Propagation de la lumière

Dans un milieu transparent et homogène, la lumière se propage en ligne droite. La lumière est invisible. Pour la représenter on utilise donc **le modèle du rayon lumineux**. Dans le vide ou dans l'air, la vitesse (**célérité**) de la lumière est égale à environ 300 000 kilomètres par seconde, soit **c = 3.10^8 m.s^{-1}**.

2 Composition de la lumière

• La lumière blanche est **polychromatique**, elle contient toutes les lumières colorées et est donc constituée d'une infinité de radiations **monochromatiques**. La décomposition d'une lumière par un prisme ou un spectroscope est appelée **spectre**.

Chaque radiation est identifiée par sa longueur d'onde λ, exprimée en nanomètre.

1 nm = 10^{-9} mètre.

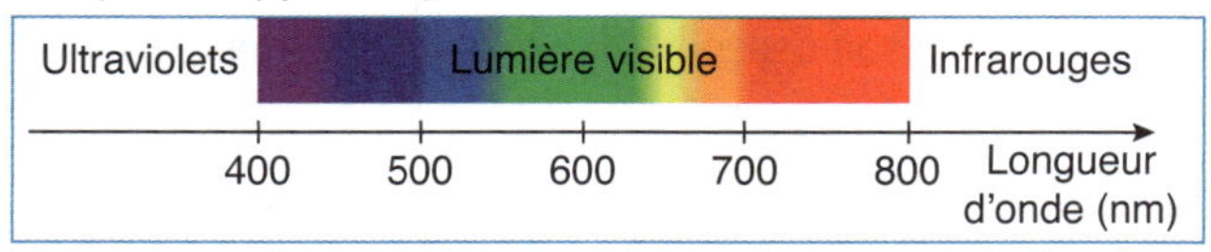

▲ Spectre continu de la lumière blanche.

• Un prisme en verre est un **milieu dispersif** : son indice de réfraction dépend de la longueur d'onde de la lumière qui le traverse.

Lorsque la lumière blanche traverse le prisme, les différentes radiations qui la composent ne sont pas réfractées de la même façon : la lumière est décomposée par le prisme.

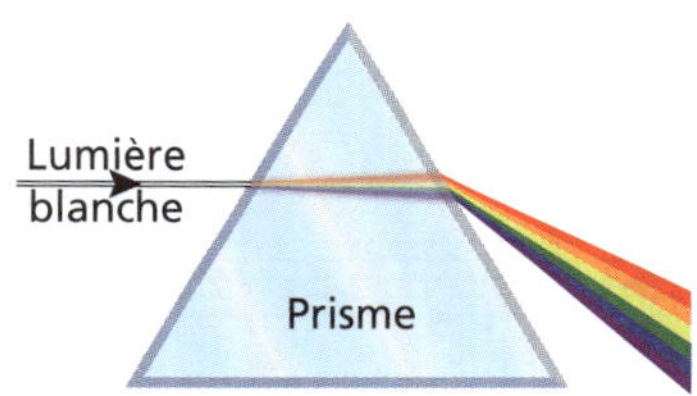

3 Comment analyser la lumière ?

A Le spectre d'émission

Un spectre d'émission est obtenu par analyse directe de la lumière produite par un corps à travers un **spectroscope**. Un spectre d'émission d'une entité chimique est composé de **raies colorées sur un fond noir.**

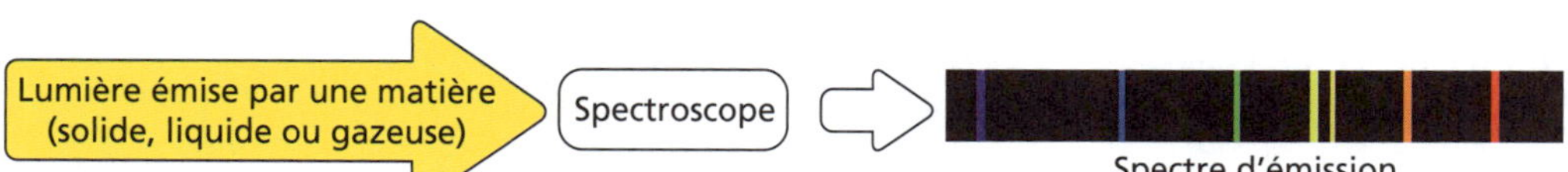

B Le spectre d'absorption

Pour obtenir le spectre d'absorption d'une substance, il faut éclairer cette substance avec une lumière blanche puis analyser la lumière après sa traversée de la substance. Le spectre d'absorption est composé de **raies sombres sur un fond coloré.**

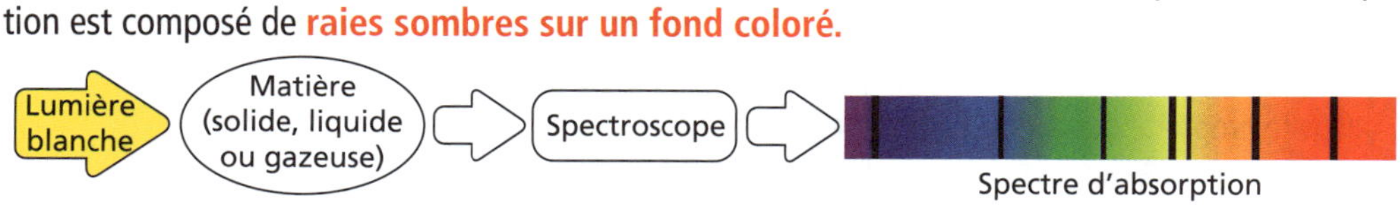

Les raies colorées du spectre d'émission d'une entité chimique ont les mêmes longueurs d'onde que les raies noires de son spectre d'absorption.

4 Pourquoi analyser la lumière ?

• **Chaque entité chimique (atome ou ion)** possède ses propres raies, identifiables par leur longueur d'onde. Une entité absorbe uniquement les radiations qu'elle est capable d'émettre. L'analyse d'un spectre de raies permet donc d'**identifier les entités chimiques** présentes dans la source de lumière.

• **Le spectre d'une entité** dépend de la température. Il s'enrichit vers le violet lorsque la température de l'entité augmente. L'analyse d'un spectre de raies permet donc d'**évaluer la température d'un corps.**

L'analyse de la lumière émise par une étoile permet donc d'identifier les entités chimiques présentes dans son atmosphère et d'évaluer sa température à sa surface.

5 La réflexion de la lumière

Lorsqu'un rayon lumineux est réfléchi sur un miroir plan, le rayon incident et le rayon réfléchi se situent dans le même plan nommé **plan d'incidence.**
L'angle de réflexion est égal à l'opposé de l'angle d'incidence : $r = -i$.

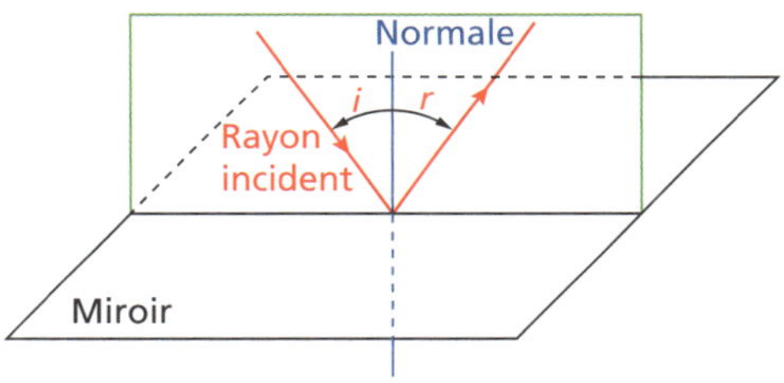

6 La réfraction de la lumière

• **Lorsque la lumière passe d'un milieu à un autre,** elle subit un changement de direction. Ce phénomène est appelé **réfraction**. Un milieu transparent (comme l'eau, l'air, le verre) est caractérisé par son **indice de réfraction.**

Milieu	Indice de réfraction
air	1,00
eau	1,33
plexiglas	1,50

• **Schématisation de la réfraction.** Le rayon se propageant dans le premier milieu est appelé **rayon incident**. Celui qui se propage dans le second milieu est appelé **rayon réfracté**. On appelle **normale** la droite perpendiculaire à la surface de séparation des deux milieux. L'**angle d'incidence** i_1 est l'angle entre le rayon d'incidence et la normale. L'**angle de réfraction** i_2 est l'angle entre le rayon réfracté et la normale.

A Première loi de Snell-Descartes

Le rayon incident, le rayon réfracté et la normale à la surface de séparation se situent dans le même plan, nommé **plan d'incidence**.

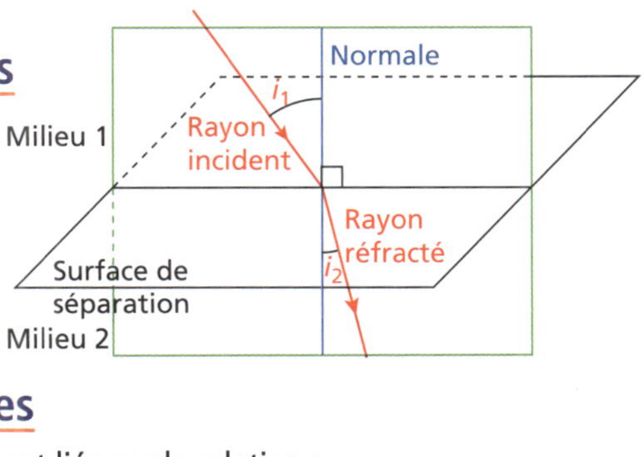

B Deuxième loi de Snell-Descartes

L'angle d'incidence i_1 et l'angle de réfraction i_2 sont liés par la relation :

$$n_1 \times \sin i_1 = n_2 \times \sin i_2$$

avec n_1 et n_2 , indices de réfraction des milieux.

Exercices d'entraînement

Exercice 1 ★ 5 min

Corrigé p. 262

Spectre A

Spectre B

Spectre C

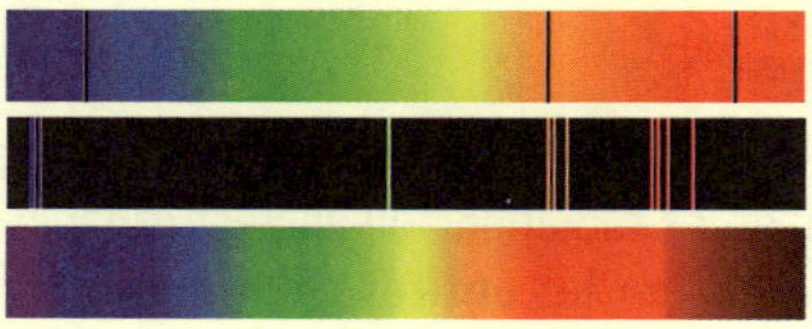

1. Décrire chaque spectre en utilisant les termes suivants : absorption, émission, continu, raie.
2. Citer deux appareils permettant de décomposer la lumière.

Exercice 2 ★★ 5 min

Corrigé p. 262

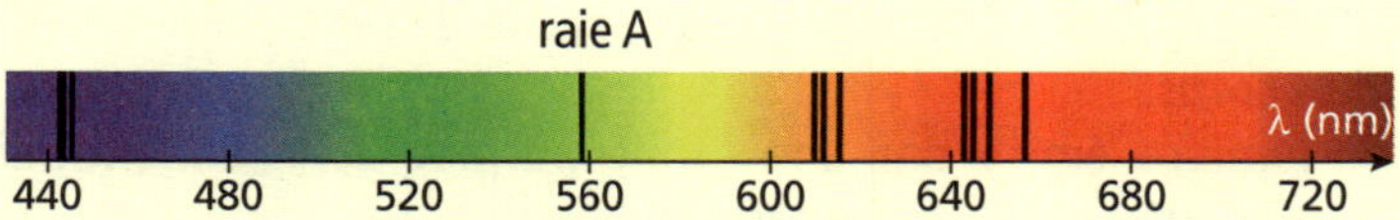

1. Décrire ce spectre en utilisant les termes appropriés.
2. Nommer la grandeur portée sur l'axe des abscisses ainsi que son unité.
3. Que représentent les raies noires visibles sur le spectre ?
4. Donner une valeur approchée de la longueur de la raie A et convertir cette valeur en mètre.

Exercice 3 ★ 5 min

Corrigé p. 262

1. Attribuer la bonne légende à chaque numéro.
   – rayon incident ;
   – rayon réfracté ;
   – normale ;
   – angle d'incidence ;
   – angle de réfraction ;
   – surface de séparation.
2. Qu'arrive-t-il à la lumière lorsqu'elle passe du milieu 1 au milieu 2 ?
3. Quelle valeur permet de caractériser un milieu ?

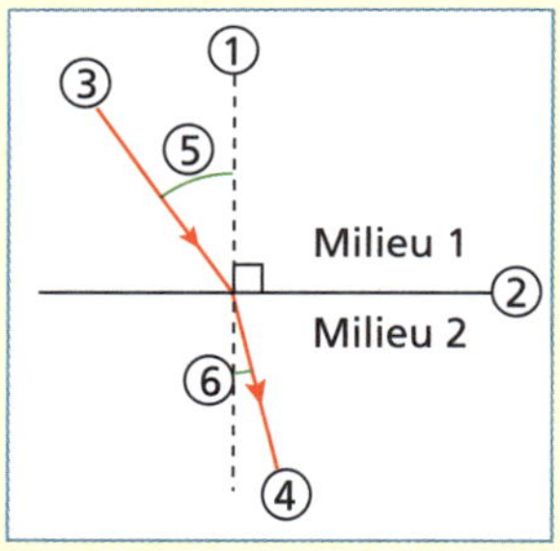

Exercice 4 ★★ 5 min

Corrigé p. 262

Un faisceau laser rouge passe de l'air dans l'eau. Le rayon d'incidence est de 20 degrés.

1. Schématiser le phénomène de réfraction.
2. Écrire la deuxième loi de la réfraction.
3. Calculer la valeur de l'angle de réfraction du rayon laser.
   Données : $n_{air} = 1{,}00$; $n_{eau} = 1{,}33$.

Exercice 5 ★★★ 10 min

Corrigé p. 262

Un rayon lumineux blanc se propage dans l'air avant de passer dans un morceau de verre sous un angle d'incidence de 40°. Ce morceau de verre possède les caractéristiques suivantes :
$n_{\text{lumière rouge}} = 1{,}511$ et $n_{\text{lumière violette}} = 1{,}554$.

1. Pourquoi peut-on dire que ce morceau de verre est dispersif ?
2. Calculer la valeur de l'angle de réfraction de la radiation rouge puis de la radiation violette.
3. Quelle est la radiation la plus déviée par le morceau de verre ? Justifier la réponse.

12 Lentilles et images

1 Le modèle du rayon lumineux

La lumière émise par une source lumineuse se propage dans toutes les directions de l'espace. Dans un milieu matériel transparent et homogène (qui a les mêmes propriétés partout), la lumière se propage en ligne droite. Pour la représenter, on utilisera le modèle du **rayon lumineux :** une droite munie d'une flèche qui indique la direction de propagation :

2 Les lentilles

A Constitution

Une **lentille optique** est faite d'un matériau transparent dont au moins l'une des faces est courbe. Les lentilles sont destinées à faire converger ou diverger la lumière, en application des **lois de Snell-Descartes** pour la réfraction. Leur utilisation implique que leur indice de réfraction soit différent de celui du milieu dans lequel elles sont plongées.

B Caractéristiques d'une lentille mince convergente

Chaque lentille mince est caractérisée par trois points particuliers.

À savoir
Une lentille est dite mince si son épaisseur est très inférieure au rayon de courbure de sa face.

- **Le centre optique *O*** de la lentille, qui est l'intersection de la lentille et de l'axe optique.

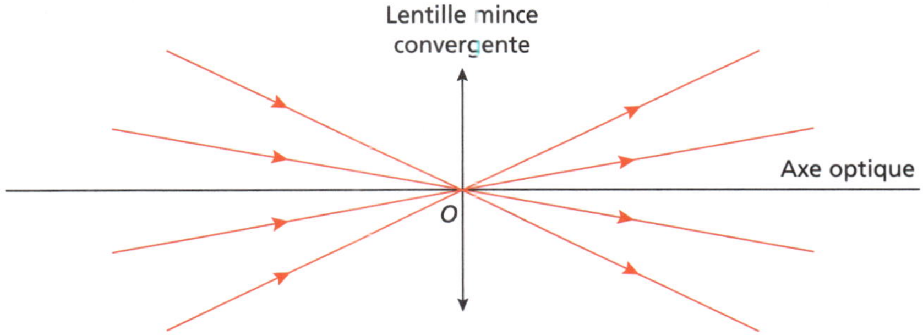

Aucun rayon passant par le centre optique de la lentille n'est dévié.

- **Le foyer image *F'*.** Tout rayon parallèle à l'axe optique avant la lentille converge vers le foyer image *F'* après la lentille.

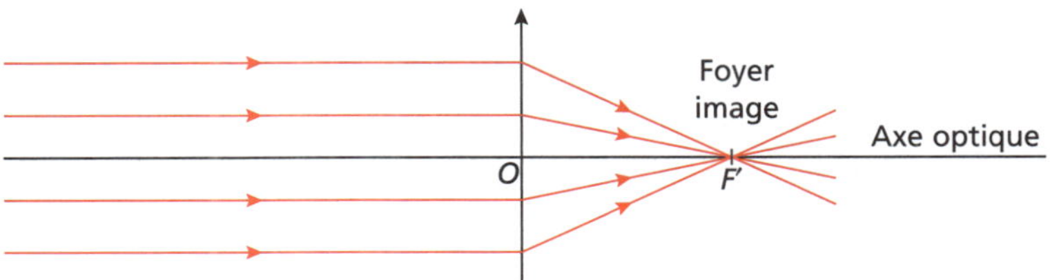

- **Le foyer objet *F*.** Tout rayon passant par le foyer objet *F* émerge de la lentille parallèle à l'axe optique. La distance entre le foyer, objet ou image, et le centre optique est la **distance focale** notée f : $f = OF = OF'$.

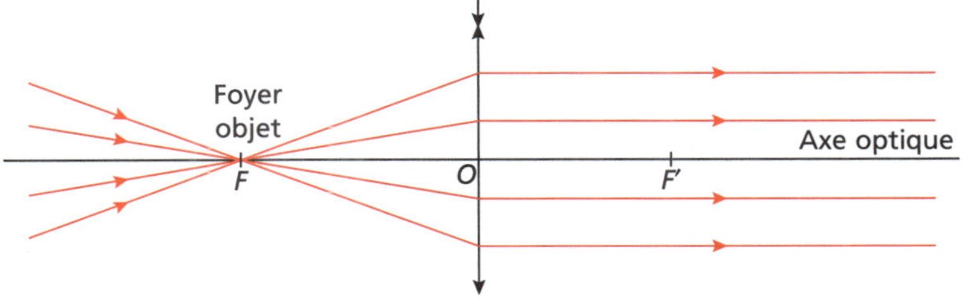

PHYSIQUE

3 Image d'un objet par une lentille mince

A Localisation de l'image donnée par la lentille mince

• Pour trouver l'image donnée par une lentille, il faut savoir que **l'image d'un point est un point** et que **l'image d'un objet perpendiculaire à l'axe optique est perpendiculaire à l'axe optique**.

• Déterminons l'image d'un objet réel *AB*.

Pour cela, il suffit de déterminer l'image *B′* du point *B*. Cette image *B′* est obtenue par l'intersection des rayons lumineux issus de *B* et passants à travers la lentille :

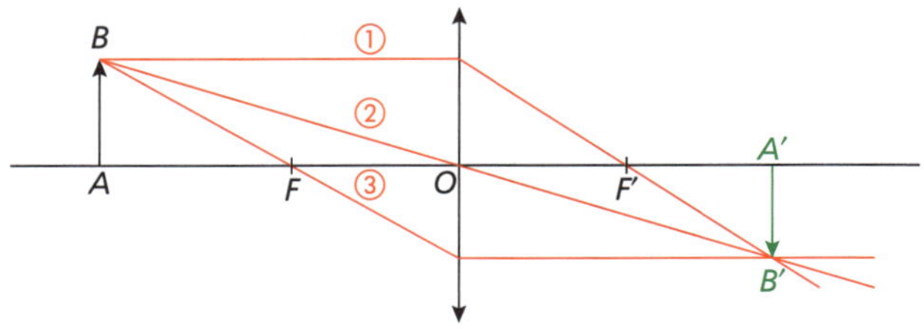

– traçons le rayon issu de *B* et parallèle à l'axe optique ; il converge ensuite vers le foyer image *F′* (rayon ①) ;

– traçons le rayon issu de *B* et passant par le centre optique *O* : il n'est pas dévié (rayon②). On obtient ainsi le point *B′* ;

– plaçons ensuite le point *A′* sur l'axe de façon à ce que l'image *A′B′* soit perpendiculaire à l'axe optique.

Remarque

On peut aussi tracer le rayon issu de *B* et passant par le foyer objet. Il émerge de la lentille parallèle à l'axe optique et passe lui aussi par le point *B′* (rayon ③).

B Caractéristiques de l'image

• L'image est **réelle et renversée** (ce qui signifie que l'objet et l'image sont de sens opposés).

• On peut définir son **grandissement** $\gamma = -\frac{A'B'}{AB}$, c'est-à-dire **le rapport de la taille de l'image sur la taille de l'objet.**

En utilisant le théorème de Thalès dans les triangles *ABO* et *A′B′O*, on obtient :

$$\gamma = -\frac{A'B'}{AB} = -\frac{OA'}{OA}.$$

• Si la valeur numérique du grandissement est supérieure à 1, alors l'image est plus grande que l'objet ; si la valeur numérique du grandissement est inférieure à 1, alors l'image est plus petite que l'objet.

4 L'œil

L'œil est un système optique très complexe. On étudiera son comportement en n'en retenant que trois éléments : la **pupille**, le **cristallin** et la **rétine** qui seront modélisés par un **diaphragme**, une **lentille** et un **écran** respectivement.

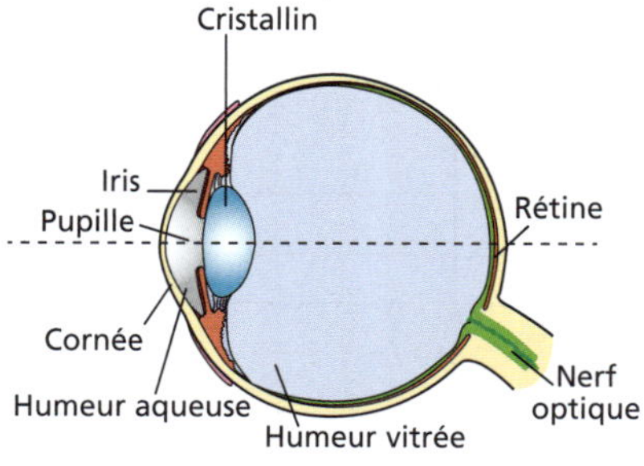

▲ Schéma de l'œil.

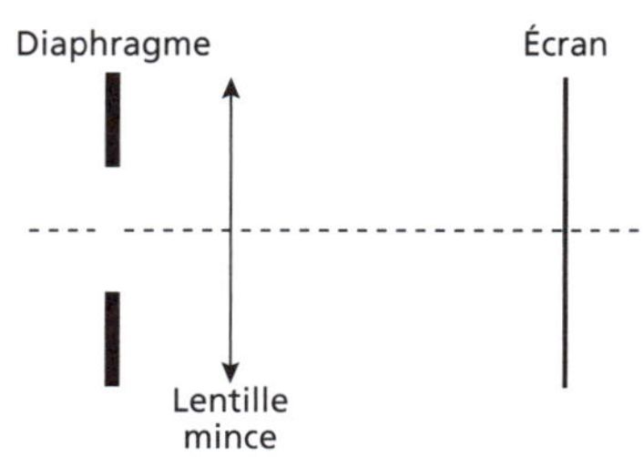

▲ Modèle de l'œil.

Exercices d'entraînement

Exercice 1 ★ 5 min

Corrigé p. 262

1. Légender le schéma ci-dessous avec les expressions suivantes : lentille convergente, foyer objet, foyer image, centre optique, distance focale, rayon incident et axe optique.

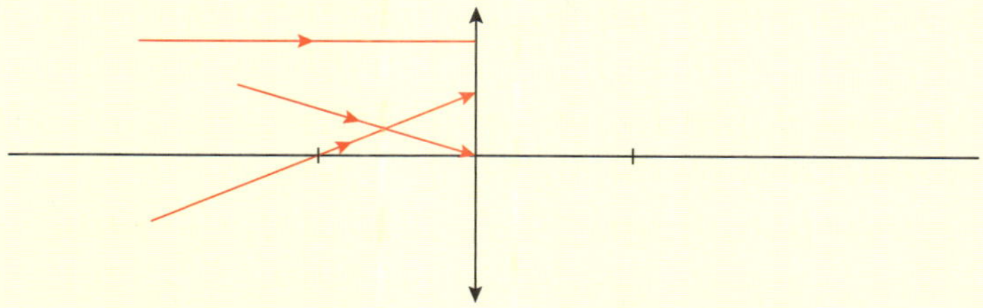

2. Tracer les rayons émergents correspondant aux rayons incidents tracés.

Exercice 2 ★★ 5 min

Corrigé p. 262

Construire l'image *A'B'* de l'objet *AB* à travers la lentille mince ci-dessous.

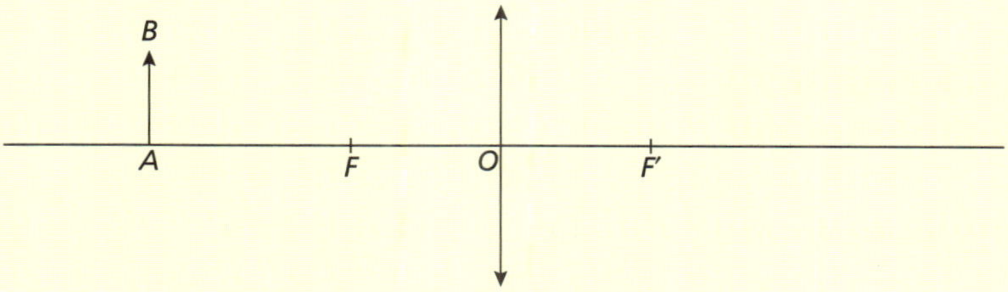

Exercice 3 ★★★ 5 min

Corrigé p. 262

Retrouver la position de l'objet *AB* donnant, à travers la lentille mince, l'image *A'B'* ci-dessous.

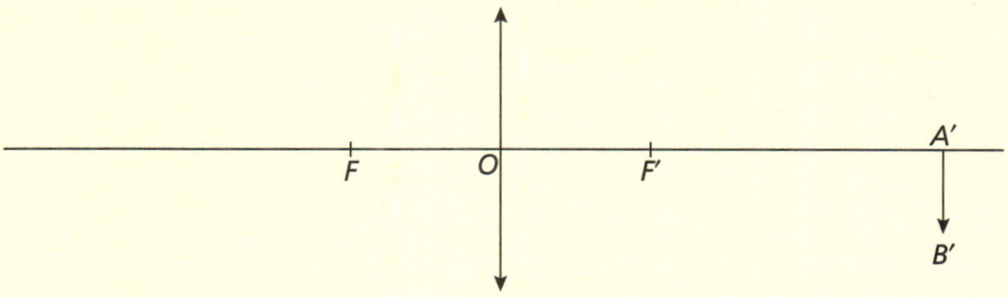

Exercice 4 ★★★ 5 min

Corrigé p. 263

Retrouver la position de la lentille ainsi que ses foyers objet et image, en s'aidant de l'objet *AB* et de son image à travers la lentille *A'B'*.

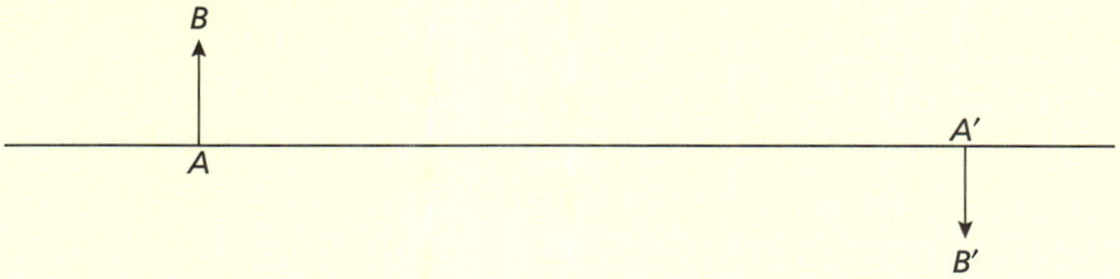

PHYSIQUE

13 Les lois de l'électricité

1 Définitions

• Un circuit est dit **série** si tous les dipôles qui le constituent sont branchés à la suite les uns des autres.

• Une **maille** ou **boucle** désigne une partie de circuit qui est fermée. Un circuit série est donc constitué d'une seule maille ou boucle.

• Un circuit comportant plusieurs mailles ou boucles est un circuit dit **dérivé** ou **parallèle**.

• Un **nœud** est un point de connexion électrique de différentes mailles d'un circuit.

• Une **branche** est une partie de circuit comprise entre deux nœuds.

• L'appareil de mesure de la tension électrique est le **voltmètre**. La tension s'exprime en **volt**, de symbole **V**.

• L'appareil de mesure de l'intensité du courant électrique est l'**ampèremètre**. L'intensité s'exprime en **ampère** de symbole **A**.

2 Le circuit série

Considérons le circuit ci-contre :

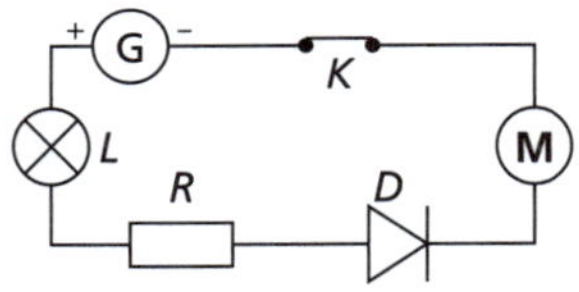

A Intensité

En plaçant l'ampèremètre en série en différents points du circuit (entre la pile et la lampe, ou entre le dipôle ohmique et la diode, par exemple), on constate que l'intensité est la même. D'où la **loi de l'unicité de l'intensité : l'intensité du courant est la même en tous points du circuit série.**

> **Rappel**
> Un ampèremètre se branche en série dans un circuit électrique.

B Tension

En mesurant la tension aux bornes des différents dipôles du circuit, on constate qu'elles sont différentes et toutes inférieures à celle aux bornes du générateur. D'où la **loi des mailles : dans un circuit série, la tension aux bornes du générateur est égale à la somme des tensions aux bornes de tous les autres dipôles qui composent cette maille**.
On a : $U_G = U_L + U_R + U_M + U_D + U_K$.

> **Rappel**
> Un voltmètre se branche en dérivation aux bornes du dipôle duquel on souhaite connaître la tension.

> **Remarques**
> • La tension aux bornes d'un fil est nulle, même s'il est traversé par un courant électrique.
> • La tension aux bornes d'un interrupteur fermé est nulle (il agit comme un fil) alors qu'elle est égale à la tension aux bornes du générateur lorsqu'il est ouvert.

Appliquer le cours

Dans le circuit électrique ci-dessous, la tension aux bornes de la lampe est de 2,4 V, celle aux bornes du générateur de 6 V et celle aux bornes du moteur de 2 V. De plus, l'intensité du courant mesurée en plaçant l'ampèremètre entre le générateur et la lampe est de 128 mA.

1. Déterminer la tension aux bornes du résistor R.

2. Déterminer l'intensité du courant entre le générateur et le résistor.

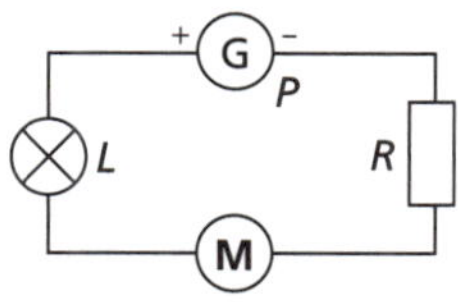

Solution

1. Dans un circuit série, la tension aux bornes du générateur est égale à la somme des tensions aux bornes des autres dipôles. C'est la loi des mailles. Ainsi, $U_P = U_L + U_M + U_R$ et donc $U_R = U_P - U_L - U_M$.
L'application numérique donne
$U_R = 6 - 2{,}4 - 2 = 1{,}6$ V.

2. Dans un circuit série, l'intensité est la même en tous points du circuit ; ainsi, l'intensité est la même entre le générateur et la lampe qu'entre le générateur et le résistor, à savoir 128 mA.

3 Le circuit dérivation

Considérons le circuit ci-contre :

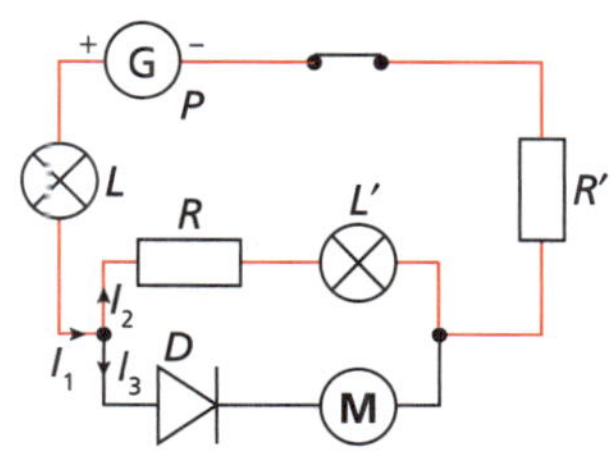

A Intensité

• En mesurant l'intensité du courant en différents points du circuit, on constate qu'elle est constante dans une branche ; elle n'est pas la même dans deux branches différentes. De plus, l'intensité du courant la plus élevée est celle dans la branche contenant le générateur.

• D'où la **loi de l'intensité dans un circuit dérivation** : **l'intensité du courant dans la branche contenant le générateur est égale à la somme des intensités des autres branches du circuit**. Dans l'exemple ci-dessus, on a $I_1 = I_2 + I_3$.

B Tension

• On constate que les tensions aux bornes de différents dipôles son différentes. Néanmoins, on remarque que **la somme des tensions aux bornes des dipôles d'une même branche est constante**. Ainsi, on a $U_R + U_{L'} = U_D + U_M$.

• De plus, en parcourant la maille rouge, on constate que $U_G = U_L + (U_R + U_{L'}) + U_{R'}$. En parcourant l'autre maille, on aurait de même $U_G = U_L + (U_D + U_M) + U_{R'}$.

Appliquer le cours

Dans le circuit électrique précédent, $U_R = 3{,}2$ V, $U_D = 2{,}5$ V et $U_M = 4{,}2$ V. L'intensité qui traverse la diode est de 0,11 A et celle traversant L' de 85 mA.

1. Déterminer la tension aux bornes de L'.

2. Déterminer l'intensité du courant débitée par le générateur.

Solution

1. En utilisant $U_R + U_L' = U_D + U_M$, il vient que $U_L' = U_D + U_M - U_R = 2{,}5 + 4{,}2 - 3{,}2 = 3{,}5$ V.

2. On a $I_1 = I_2 + I_3$, d'où $I_1 = 85 + 110 = 195$ mA.

PHYSIQUE

Exercices d'entraînement

Exercice 1 ★ 5 min

Corrigé p. 263

Dans le circuit ci-contre, identifier :

1. deux nœuds,
2. trois branches,
3. trois mailles.

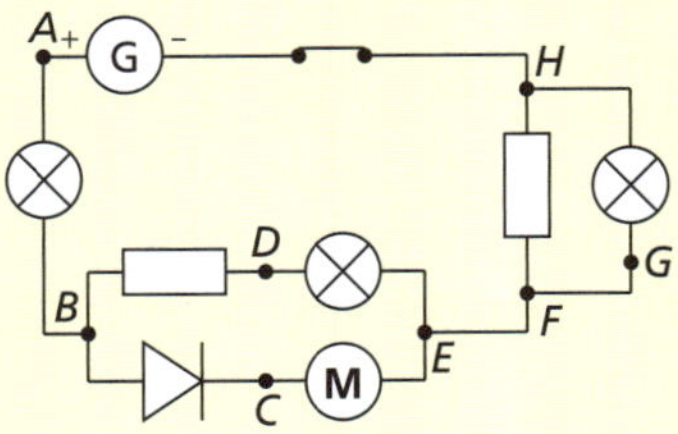

Exercice 2 ★★ 10 min

Corrigé p. 263

Dans le circuit ci-contre, l'intensité du courant mesurée entre l'interrupteur et la lampe est de 52 mA.

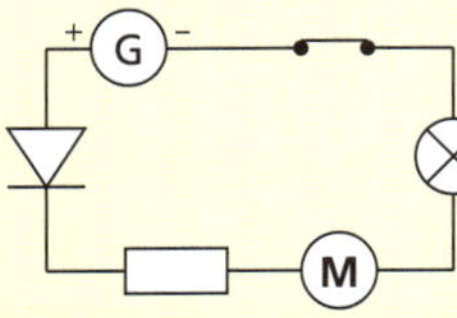

1. Comment déterminer l'intensité du courant qui circule entre le résistor et le moteur ? entre le moteur et la lampe ?
2. Des mesures de tension aux bornes de certains dipôles ont donné les résultats suivants :

Dipôle	Générateur	Diode	Résistor	Lampe
Tension (V)	9,1	2,3	3,2	2,5

Déterminer la tension aux bornes du moteur en citant la loi utilisée.

3. Que vaut la tension aux bornes de l'interrupteur ?

Exercice 3 ★★★ 10 min

Corrigé p. 263

Dans le circuit ci-contre différentes mesures ont été réalisées et regroupées dans les tableaux ci-dessous :

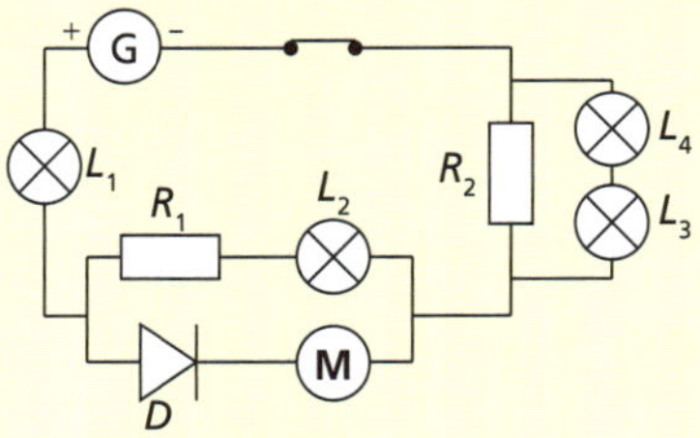

Courant traversant	L_1	L_2	L_3
Intensité	0,32 A	165 mA	0,10 A

Dipôle	L_1	R_1	L_2	D	L_3	R_2
Tension (V)	2,8	1,6	2,2	0,5	2	3,1

1. En justifiant, déterminer :
   a. l'intensité du courant traversant le moteur ;
   b. l'intensité du courant traversant L_4 ;
   c. l'intensité du courant traversant R_2 ;
   d. l'intensité du courant traversant l'interrupteur fermé.
2. En justifiant, déterminer :
   a. la tension aux bornes du moteur ;
   b. la tension aux bornes de L_4.
   c. Déterminer la tension aux bornes du générateur.

14 Caractéristique d'un dipôle

1 Différents types de dipôles

- **Un dipôle passif** est un dipôle qui consomme de l'énergie électrique et la transforme uniquement en chaleur (lampe, conducteur ohmique, diode, DEL…). Il ne peut pas fournir d'énergie autre que thermique.

- **Un dipôle actif est convertisseur d'énergie** qui peut :

– convertir une énergie mécanique, chimique ou lumineuse en énergie électrique (pile, alternateur de vélo…) ;

– convertir l'énergie électrique reçue en une forme d'énergie autre que thermique (moteur, batterie…).

2 Caractéristique d'un dipôle

- **La caractéristique d'un dipôle électrique** est la relation qui existe entre la tension U à ses bornes et l'intensité du courant I qui le traverse.

- Pour obtenir la caractéristique d'un dipôle passif, on réalise le montage ci-contre.

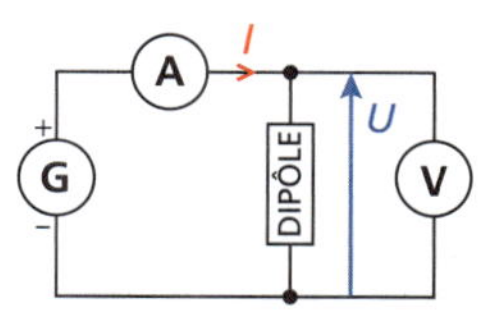

On fait varier la tension U aux bornes du dipôle et on mesure l'intensité I du courant qui le traverse.

On trace ensuite le graphique $U = f(I)$ afin d'obtenir la **caractéristique tension-courant** d'un dipôle.

Remarque

Si on trace le graphique $I = f(U)$, on obtient alors la caractéristique courant-tension du dipôle.

3 Dipôle ohmique

- La résistance électrique R d'un dipôle ohmique s'exprime en **ohm** (symbole Ω). Elle se mesure avec un ohmmètre.

La résistance électrique peut aussi s'exprimer en utilisant des multiples de l'ohm : le kilo-ohm (kΩ) ou le méga-ohm (MΩ).

Remarque

Le dipôle doit être déconnecté du circuit lors de la mesure de sa résistance.

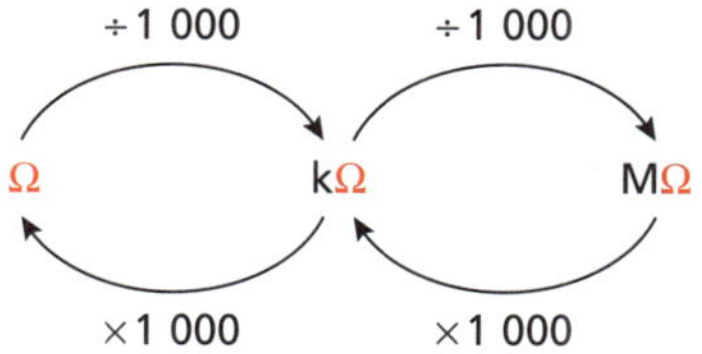

- La caractéristique d'un dipôle ohmique est une **droite passant par l'origine.**

La tension aux bornes d'un dipôle ohmique est donc proportionnelle à l'intensité du courant qui le traverse.

Le rapport U / I est donc constant, égal à la résistance du dipôle ohmique.

***U*(V)**	0	1	2	3	4
***I*(A)**	0	0,025	0,05	0,075	0,1
U/I		40	40	40	40

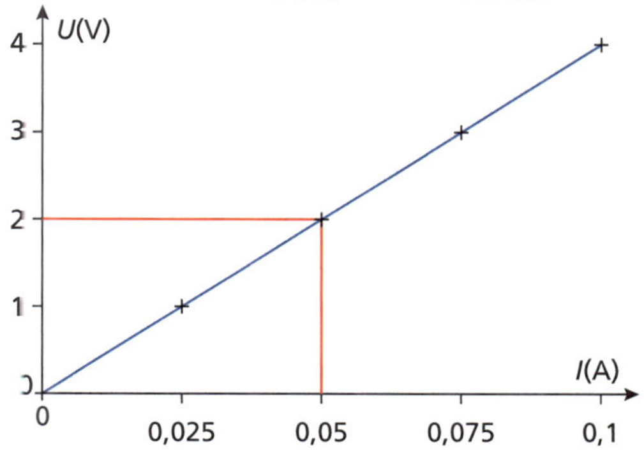

▲ Caractéristique d'un dipôle ohmique de résistance $R = 40\ \Omega$.

- On définit alors la **loi d'Ohm :**

La tension U aux bornes d'un dipôle ohmique est égale au produit de sa résistance R par l'intensité du courant I qui le traverse.

$$U = R \times I$$

PHYSIQUE

La relation peut aussi s'écrire : $R = U / I$ et $I = U / R$.

Appliquer le cours

Un dipôle ohmique de résistance R = 220 Ω est parcouru par un courant de l'intensité I = 15 mA.

Calculer la tension aux bornes de ce dipôle.

Solution

$U = R \times I$ avec R en ohm et I en ampère.

R = 220 Ω et $I = 15.10^{-3}$ A.

$U = 220 \times 15.10^{-3}$

U = 3,3 V.

4 Identification d'un dipôle

Un dipôle peut être identifié grâce à sa caractéristique.

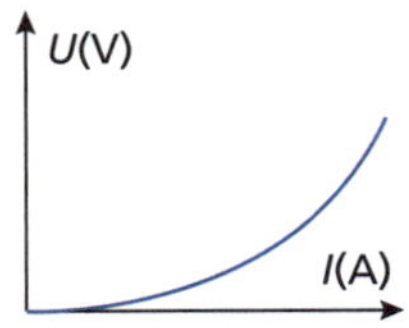

▲ Caractéristique d'une lampe.

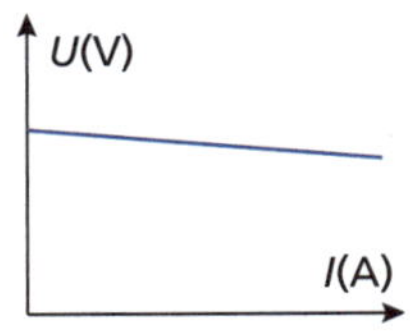

▲ Caractéristique d'une pile.

5 Point de fonctionnement

• Lorsqu'on associe un dipôle récepteur et un dipôle générateur, on obtient un **circuit électrique**. Avant d'associer ces deux dipôles, il est préférable de connaître l'intensité I circulant sans ces dipôles et la tension U entres leurs bornes. Il faut déterminer le **point de fonctionnement** (noté F).

• Pour déterminer graphiquement le point de fonctionnement d'un circuit, on représente sur le même graphique la caractéristique du **dipôle générateur** et du **dipôle récepteur**.
L'intersection des deux courbes donne les valeurs du point de fonctionnement $\boldsymbol{F}$ ($\boldsymbol{U_F}$, $\boldsymbol{I_F}$).

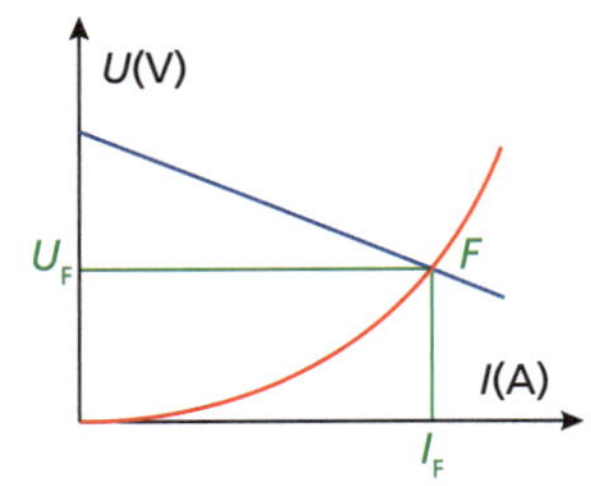

6 Capteurs électriques

Un capteur électrique résistif transforme une grandeur physique en une grandeur électrique.

Phénomène physique étudié	Capteur résistif utilisé
Température	Thermistances
Lumière	Photorésistance
Humidité	Humidistance
Déplacement	Capteur potentiométrique
Force	Capteur de force résistif

Exercices d'entraînement

Exercice 1 ★ 5 min

Corrigé p. 263

La résistance chauffante d'un grille-pain peut être considérée comme un dipôle ohmique. Lorsque la tension aux bornes de la résistance est de 230 volts, elle est parcourue par un courant d'intensité 3,83 ampères.

1. Représenter l'allure de la caractéristique d'une résistance chauffante.
2. Calculer la résistance électrique de la résistance chauffante.

Exercice 2 ★ 5 min

Corrigé p. 263

La caractéristique d'un dipôle ohmique est donnée ci-contre.

1. Déterminer la résistance de ce dipôle ohmique.
2. Déterminer la tension aux bornes de ce dipôle lorsqu'il est parcouru par un courant de 25 mA.

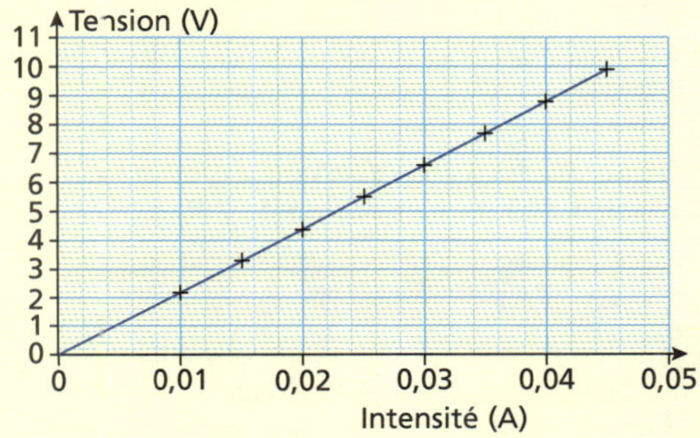

Exercice 3 ★ 5 min

Corrigé p. 264

On fait varier la tension aux bornes d'un dipôle passif. On obtient le tableau de valeurs ci-dessous.

U **(V)**	0	0,11	0,41	0,82	1,33	1,91	2,68	3,54	4,57	5,69
I **(A)**	0	0,01	0,02	0,03	0,04	0,05	0,06	0,07	0,08	0,09
U / I										

1. Représenter le montage permettant d'obtenir ces mesures.
2. Calculer le rapport *U / I* pour chaque valeur. Que peut-on en conclure ?
3. Tracer la caractéristique $U = f(I)$ du dipôle en utilisant un tableur.
4. Déterminer la nature du dipôle étudié.

Exercice 4 ★ 5 min

Corrigé p. 264

Une pile est reliée à un dipôle ohmique. Le graphique ci-contre représente la caractéristique de la pile et du dipôle ohmique.

1. Attribuer à chaque courbe le dipôle correspondant en justifiant la réponse.
2. Comment nomme-t-on le point d'intersection des deux courbes ?
3. Quelle(s) indication(s) donne-t-il sur le circuit ?
4. Lire les coordonnées de ce point.

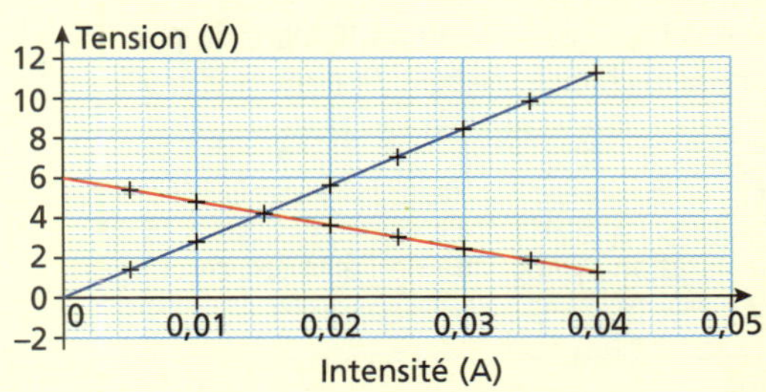

CORRIGÉS

CHAPITRE 1 *(Énoncés p. 219)*

1 La concentration se calcule grâce à la formule $C = m / V$.

	Solution 1	Solution 2	Solution 3	Solution 4
Masse du soluté dissout (g)	12	15	9	10
Volume de la solution (mL)	150	250	300	50
Volume de la solution (L)	0,15	0,25	0,30	0,05
Concentration (g/L)	12 / 0,15 = 80	15 / 0,25 = 60	9 / 0,3 = 30	10 / 0,05 = 200

Classement des solutions :
solution 3 : 30 g / L ; solution 2 : 60 g / L ; solution 1 : 80 g / L ; solution 4 : 200 g / L.

CHAPITRE 2 *(Énoncés p. 222)*

1 1. L'ion calcium a une charge électrique 2^+. L'ion chlorure a une charge électrique 1^-.
Il faut donc deux ions chlorure pour compenser la charge de l'ion calcium.
La formule chimique est donc **(Ca^{2+}, $2Cl^-$)**.

2. L'ion cuivre a une charge électrique 2^+. L'ion sulfate a une charge électrique 2^-.
Il faut donc un ion sulfate pour compenser la charge de l'ion cuivre.
La formule chimique est donc **(Cu^{2+}, SO_4^{2-})**.

3. L'ion potassium a une charge électrique 1^+. L'ion carbonate a une charge électrique 2^-.
Il faut donc un ion carbonate pour compenser la charge de deux ions potassium.
La formule chimique est donc **($2K^+$, CO_3^{2-})**.

2 1. Le noyau contient les nucléons : neutrons et protons. L'élément chrome contient 28 neutrons et 24 protons. Il contient donc 28 + 24 = 52 nucléons. $\boldsymbol{A = 52}$.
Le nombre Z correspond au nombre de protons. L'élément chrome contient 24 protons. $\boldsymbol{Z = 24}$.

2. La notation symbolique d'un élément s'obtient en indiquant le nombre Z en indice et le nombre A en exposant devant le symbole de cet élément.
La notation symbolique de l'élément chrome est ${}^{52}_{24}Cr$.

3

${}^{32}_{16}S$	$A = 32$, $Z = 16$ et $N = A - Z = 16$. Le noyau contient **32 nucléons**, **16 protons** et **16 neutrons**
${}^{35}_{17}Cl$	$A = 35$, $Z = 17$ et $N = A - Z = 18$. Le noyau contient **35 nucléons**, **17 protons** et **18 neutrons**

4 L'atome de fer a un rayon de $1{,}5.10^{-10}$ m.

1. $D = 2 \times R = 2 \times 1{,}5.10^{-10} = 3.10^{-10}$ mètre.
$D = 0{,}3 \times 10^1 \times 10^{-10}$ m $= 0{,}3.10^{-9}$ mètre.
1 nm = 10^{-9} mètre donc $\boldsymbol{D = 0{,}3}$ **nm.**

2. Le noyau d'un atome est 100 000 (10^5) fois plus petit que l'atome.

$$D_{\text{noyau}} = \frac{3 \times 10^{-10}}{10^5} = \mathbf{3.10^{-15}\ mètre.}$$

5 1. La charge électrique du noyau d'un atome, notée Q, est égale à $Z \times e$.
Il faut faire apparaître Z dans la formule : $Z = \dfrac{Q}{e}$
avec e charge électrique du proton : + $1{,}6.10^{-19}$ C.

$$Z = \frac{7{,}52 \times 10^{-18}}{1{,}6 \times 10^{-19}} = \mathbf{47.}$$

Le noyau de l'atome d'argent contient **47 protons.**

2. Le noyau de l'atome d'argent contient 60 neutrons et 47 protons.
60 + 47 = 107. Le noyau de l'atome d'argent contient **107 nucléons.**

3. $A = 107$ et $Z = 47$. Le symbole de l'argent est Ag. Sa notation symbolique est donc ${}^{107}_{47}Ag$.

6 Proton et neutron possèdent la même masse : $m_{\text{nucléon}} = 1{,}7.10^{-27}$ kg.
La masse d'un atome est pratiquement égale à celle de son noyau : $m_{\text{atome}} = A \times m_{\text{nucléon}}$.

Pour identifier cet atome, il faut déterminer le nombre de nucléons qu'il contient.

$$A = \frac{m_{\text{atome}}}{m_{\text{nucléon}}} = \frac{1{,}53.10^{-26}}{1{,}7.10^{-27}} = 9.$$

Le seul atome de la liste ayant pour nombre de nucléons $A = 9$ est l'atome ayant pour symbole ${}^{9}_{4}Be$.

7 1. L'atome de cuivre a pour notation symbolique ${}^{63}_{29}\mathbf{Cu}$. Il contient **29 protons**. Un atome est électriquement neutre, il contient **29 électrons**. Les nucléons (protons et neutrons) constituent le noyau. Ici, le nombre de nucléons est de 63. Le noyau contient donc 63 – 29 = **34 neutrons.**

2. La charge électrique du noyau, notée Q, est égale à $Z \times e$ avec $e = 1{,}6.10^{-19}$ C.

$Q = 29 \times 1{,}6.10^{-19} = 4{,}64.10^{-18}$ C. **La charge électrique du noyau est de $4{,}64.10^{-18}$ C.**
Un atome est électriquement neutre. La charge électrique du noyau est opposée à la charge électrique de son nuage d'électrons. **La charge**

électrique du nuage d'électrons est de $-4{,}64.10^{-18}$ C.

3. $m_{atome} = A \times m_{nucléon}$ $m = 63 \times 1{,}7.10^{-27}$ $= 1{,}07.10^{-25}$ kg. **La masse d'un atome de cuivre est de $1{,}07.10^{-25}$ kg.**

CHAPITRE 3 *(Énoncés p. 225)*

1 1. Les atomes possédant des propriétés chimiques semblables sont situés dans une même colonne de la classification périodique (on parle de famille). Les familles sont donc :
famille 1 : potassium K, césium Cs et lithium Li ;
famille 2 : bore B, aluminium Al et galium Ga ;
famille 3 : carbone C, étain Sn et plomb Pb ;
famille 4 : soufre S, sellure Te et polonium Po ;
famille 5 : néon Ne, krypton Kr et radon Rn.

2. La famille des gaz nobles est la dernière famille de la classification (famille 5).

2 1. Le sodium Na est situé sur la ligne 3, dans la 1re colonne du bloc s. Sa configuration électronique est donc $1s^22s^22p^63s^1$. La structure en p^6 la plus facile à obtenir est la $2p^6$, il doit perdre un électron : c'est l'ion **Na^+**. De même, la configuration du magnésium est $1s^22s^22p^63s^2$: il va perdre 2 électrons : **Mg^{2+}**, et celle du fluor est $1s^22s^22p^5$ et il doit gagner 1 électron : **F^-**.

2. Na^+ : **ion sodium I**, ion Mg^{2+} : **ion magnésium II** et F^- : **ion fluorure**.

3 1. L'ion bromure Br^- est stable, sa configuration électronique est donc en p^6. Cet ion est monochargé négativement, on a donc ajouté seulement 1 électron à l'atome de brome : celui-ci doit donc avoir **5** électrons sur sa couche de valence.

2. Les atomes ayant des propriétés semblables à celles de l'atome de brome ont une configuration en p^5. Ils sont dans la 5e colonne du bloc p, comme F ou I.

3. Voir classification. Il est situé 4e ligne, 5e colonne du bloc p.

CHAPITRE 4 *(Énoncés p. 227)*

1 1. La configuration électronique de l'atome d'oxygène est **$1s^22s^22p^4$**.

2. Pour avoir une couche de valence en p^6, il faut à cet atome 2 électrons. Il fera **2** liaisons.

2 1. a. : il y a 7 doublets liants, soit 7 liaisons covalentes (1 C–C et 6 C–H).
b. : il y a 7 doublets liants, dont 5 liaisons simples et une liaison double. Il y a de plus 2 doublets non liants sur l'atome d'oxygène.
c. : il y a 7 doublets liants, dont 4 liaisons simples (3 C–H et 1 C–C) et une liaison triple C–N. On observe aussi un doublet non liant sur l'atome d'azote.

2. À l'aide des configurations électroniques, on sait que le carbone doit faire 4 liaisons, l'azote 3 et l'oxygène 2. Ainsi, chaque atome est stable dans les molécules étudiées.

3 1. Plus l'énergie de liaison est importante et plus la liaison est stable. Ainsi, par ordre de stabilité croissante, on a : O – O ; N – N ; C – C ; C – H ; N = N ; O = O ; C = C ; C = O ; C ≡ C et N ≡ N.

2. D'après le classement précédent, les liaisons multiples sont plus stables que les liaisons simples, car elles ont des énergies de liaison plus importantes.

3. La première molécule est constituée de 6 liaisons C–H et une liaison C–C. Ainsi l'énergie totale à fournir est de $6 \times 414 + 347 =$ **2 831 SI**. Dans la deuxième molécule, il y a 4 liaisons C–H, une liaison C–C et une double liaison C=O. L'énergie totale à fournir est de : $4 \times 414 + 347 + 730 =$ **2 733 SI**.

CHAPITRE 5 *(Énoncés p. 229)*

1 1. Cette valeur correspond à **une mole d'entités chimiques**.

2. Cette valeur correspond à **$6{,}02.10^{23}$ entités chimiques.**

2 Soit $N_{paracétamol}$ le nombre de molécules contenues dans le cachet. $N_{paracétamol} = 2{,}00.10^{21}$ molécules.
Ici, nous cherchons la quantité de matière de paracétamol $n_{paracétamol}$.
On applique la formule $n = N / N_A$.
$n_{paracétamol} = N_{paracétamol} / N_A$ avec N_A nombre d'Avogadro.
$n_{paracétamol} = 2{,}00.10^{21} / 6{,}022.10^{23} =$ **$3{,}32.10^{-3}$ mol**.

3 1. L'oxyde de fer a pour formule chimique Fe_2O_3. Il contient **2 atomes de fer et 3 atomes d'oxygène**.
$M(Fe_2O_3) = 2 \times M(Fe) + 3\,M(O)$
$= 2 \times 55{,}8 + 3 \times 16 =$ **159,6 g.mol^{-1}**.

2. L'oxyde de fer est un solide. On utilise la formule $n(Fe_2O_3) = m(Fe_2O_3) / M(Fe_2O_3)$.
$n(Fe_2O_3)_s = 23{,}94 / 159{,}6 =$ **0,15 mol**.

CHAPITRE 6 *(Énoncés p. 232)*

1 1. L'échantillon passe de l'état liquide à l'état solide : c'est une **solidification**.

2. Pour écrire l'équation de changement d'état de l'étain, il faut indiquer son symbole chimique ainsi que son état avant et après transformation

Sn(l) → Sn(s).

2 Ici on applique la formule $Q = m \times L$ avec m en kg et L en $J.kg^{-1}$

$Q = m \times L_{liquéfaction}$,
soit $Q = 5 \times 2\ 257.10^3 =$ **$11{,}3.10^6$ J.**

3 Les espèces chimiques consommées sont les réactifs. Les espèces chimiques formées sont les produits.

1. Réactifs : **fer, dioxygène.**
Produit : **oxyde de fer.**

2. La réaction cède de l'énergie au milieu extérieur : c'est une transformation chimique **exothermique.**

3. fer + dioxygène → oxyde de fer

4. 3 Fe + 2 $O_2 \rightarrow Fe_3O_4$

4 1. $Cu^{2+} + 2\ HO^- \rightarrow Cu(OH)_2$

2. Tableau d'avancement :

État	Avancement	Cu^{2+} +	2 HO^- →	$Cu(OH)_2$
État initial	$x = 0$	0,1 mol	0,32 mol	0 mol
État final	$x = x_{max}$	$0{,}1 - x_{max}$	$0{,}32 - 2x_{max}$	x_{max}

3. Lorsqu'un réactif a été totalement consommé, sa quantité de matière est nulle à l'état final. Il est appelé réactif limitant.

Il faut donc résoudre les deux équations : $0{,}1 - x_{max} = 0$ et $0{,}32 - 2x_{max} = 0$. Le réactif limitant étant celui qui donne la plus petite valeur de x_{max}.
$0{,}1 - x_{max} = 0 \Rightarrow x_{max} = 0{,}1$ mol et $0{,}32 - 2x_{max} = 0 \Rightarrow x_{max} = 0{,}16$ mol.
On retient la plus petite valeur de x_{max} : le réactif limitant est Cu^{2+} et $x_{max} = 0{,}1$ mol.

4.

État	Avancement	Cu^{2+} +	2 HO^- →	$Cu(OH)_2$
État initial	$x = 0$	0,1 mol	0,32 mol	0 mol
État final	$x_{max} = 0{,}1$	0 mol	0,12 mol	0,1 mol

On a donc formé **0,1 mol** d'hydroxyde de cuivre.

5. L'hydroxyde de cuivre est un solide. On utilise la formule $n(Cu(OH)_2) = m(Cu(OH)_2) / M(Cu(OH)_2)$.
$M(Cu(OH)_2) = M(Cu) + 2M(O) + 2M(H)$
$= 97{,}5$ g.mol^{-1} et $n(Cu(OH)_2) = 0{,}1$ mol.
$m(Cu(OH)_2) = n(Cu(OH)_2) \times M(Cu(OH)_2)$, soit
$m(Cu(OH)_2) = 0{,}1 \times 97{,}5 \approx$ **9,8 g.**

CHAPITRE 7 *(Énoncés p. 235)*

1

Atome	carbone 13	oxygène 18	uranium 235	carbone 14	plomb 204
Nombre de protons	6	8	92	6	82
Nombre de neutrons	7	10	143	8	122
Symbole du noyau	${}^{13}_{6}C$	${}^{18}_{8}O$	${}^{235}_{92}U$	${}^{14}_{6}C$	${}^{204}_{82}Pb$

Le nombre de neutrons correspond à $A - Z$.

2 1. Plusieurs noyaux s'assemblent pour en donner un plus gros : **fusion nucléaire.**

2. La particule éjectée est un électron : **radioactivité** β^-.

3. La particule éjectée est un positon : **radioactivité** β^+.

4. Un gros noyau se casse en plusieurs plus petits : **fission nucléaire.**

5. La particule éjectée est une particule alpha : **radioactivité** α.

3 1. **Physique.** 2. **Chimique.** 3. **Physique.** 4. **Nucléaire.** 5. **Chimique.**

CHAPITRE 8 *(Énoncés p. 238)*

1 Distance entre les points constante : vitesse constante ; distance entre les points qui diminue : vitesse diminue ; distance entre les points qui augmente : vitesse augmente.

1. La voiture ralentit, est à l'arrêt puis repart en accélérant.

2. La vitesse est constante, puis la voiture accélère.

3. La voiture roule à vitesse constante, ralentit, s'arrête puis repart à une vitesse constante.

2 Le vecteur vitesse est **tangent à la trajectoire** et dans le sens du mouvement.

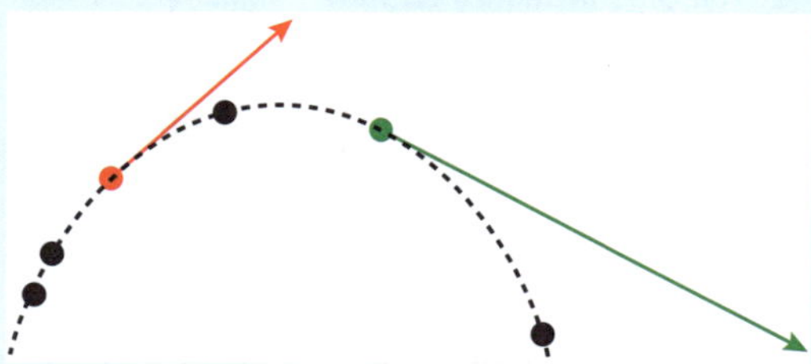

3 1. Les mouvements rectilignes uniformes sont ceux pour lesquels la trajectoire est une droite et la distance entre les points est constante. Il s'agit donc des **mouvements 1 et 4.**

2. Le mouvement le plus rapide est le **mouvement 1**, car l'objet parcourt des distances plus importantes pendant des durées égales.

CHAPITRE 9 *(Énoncés p. 242)*

1 1. et 3. Voir le schéma ci-dessous.

2. Pour $\vec{F}_{homme/voiture}$: la direction de cette force est celle des bras, son sens vers la gauche, son point d'application le contact entre la main et la voiture et sa valeur de 500 N, soit 1 cm.

4. Le poids $\vec{P}$ de l'homme a comme caractéristiques : sa direction est verticale, son sens vers le bas, son point d'application le centre de gravité de l'homme et sa valeur de 800 N, soit 0,8 cm.

2 Un personnage ou un objet est soumis à des forces qui se compensent si son mouvement est un mouvement rectiligne uniforme (MRU).

1. La luge est soumise à des forces qui se compensent car elle est en MRU.

2. La voiture n'est pas soumise à des forces qui se compensent car sa vitesse n'est pas uniforme.

3. Le skieur n'est pas soumis à des forces qui se compensent car sa trajectoire n'est pas rectiligne.

4. L'avion n'est pas soumis à des forces qui se compensent car sa vitesse n'est pas constante.

5. La goutte d'huile est soumise à des forces qui se compensent car elle est en MRU.

3 1. Deux corps *A* (de masse m_A) et *B* (de masse m_B), séparés par une distance *d*, exercent l'un sur l'autre une action attractive dont la valeur est donnée par la formule :

$$F_{A/B} = F_{B/A} = G \times \frac{m_A \times m_B}{d^2}$$

avec G = 6,67 . 10^{-11} N.m².kg⁻².

2. Il faut adapter cette formule aux données de l'exercice : $F_{Soleil/Mercure} = G \times \frac{m_{Soleil} \times m_{Mercure}}{D_{Soleil/Mercure}^2}$

avec m_{Soleil} = 1,99 . 10^{33} g = 1,99 . 10^{30} kg et

$m_{Mercure}$ = 3,3 . 10^{26} g = **3,3 . 10^{23} kg**

$D_{Soleil/Mercure}$ = 57 910 000 km = 57 910 000 . 10^3
= **5,791 . 10^{10} m.**

3. $F_{Soleil/Mercure} = 6{,}67.10^{-11} \times \frac{1{,}99.10^{30} \times 3{,}3.10^{23}}{(5{,}791.10^{10})^2}$
= **1,3.10^{22} N.**

4. La loi des actions réciproques nous permet de savoir que $F_{Mercure/Soleil}$ = **1,3.10^{22} N.**

5.

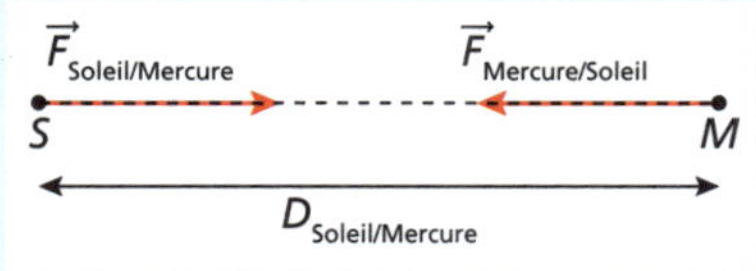

4 Pour déterminer le lieu de la mesure, il faut déterminer la valeur de l'intensité de la pesanteur et la comparer au tableau de données.

$P = m \times g$ donc $g = P / m$ avec *P* en N et *m* en kg.

m = 3,5 t = 3,5 × 1 000 kg = 3 500 kg.

g = 34 303,5 / 3 500 = 9,801 N.kg⁻¹.

g = 9,801 N.kg⁻¹ correspond à **Madrid**.

5 La balle part vers le haut, dans le sens opposé au poids (qui est dirigé vers le bas). Ainsi, le vecteur variation de vitesse est dirigé vers le bas, c'est-à-dire à l'opposé du mouvement et donc la vitesse diminue jusqu'à s'annuler. Puis, une fois la balle immobile, le vecteur variation de vitesse étant toujours dirigé vers le bas, la balle redescend, avec une vitesse de plus en plus importante.

CHAPITRE 10 *(Énoncés p. 245)*

1 1. On applique la formule $v = d / t$.

Pour l'acier :
$v = d / t$, soit 5 / 9,6.10^{-4} ≈ **5 200 m.s⁻¹**.

Pour la glace :
$v = d / t$, soit 5 / 1,56.10^{-3} ≈ **3 200 m.s⁻¹**.

Pour l'aluminium :
$v = d / t$, soit 5 / 7,8.10^{-4} ≈ **6 400 m.s⁻¹**.

2. Les valeurs obtenues sont différentes selon le matériau, donc **la vitesse du son dépend du matériau** dans lequel il se propage.

2 1. La corde vibre 440 fois par seconde. La fréquence de cette note est donc de **440 Hz**.

2. La fréquence du La_4 est égale à 2 × 440 = **880 Hz**.

3. Lorsque le piano émet un La_4, la corde vibre **880 fois par seconde**.

3 1. Son A : on lit sur la figure :
période ***T* = 0,50 ms**.

Il faut convertir milliseconde en seconde :
1 ms = 10^{-3} s.

0,5.10^{-3} s = 5.10^{-4} s.

La fréquence *f* s'obtient par la formule $f = 1 / T$.

f = 1 / 5.10^{-4} = **2 000 Hz**, soit **2 kHz**.

Son B :
T = 2,5.10^{-4} s.
$f = 1/T$ = 2,5.10^{-4} = **4 000 Hz**, soit **4 kHz**.

2. Les fréquences des sons audibles sont comprises entre 20 Hz et 20 kHz.

Les sons A et B sont donc **audibles**.

3. Le son le plus aigu a la fréquence la plus élevée.
Il s'agit du **son B**.

4 1. La fréquence est associée à la **hauteur** d'un son.

2. Les deux instruments jouent la même note. Ils ont la même hauteur. La fréquence de la note émise par la trompettiste est de **311,127 Hz**.

3. Le son perçu par l'oreille est différent selon l'instrument car les deux instruments n'ont pas le même **timbre**.

CHAPITRE 11 *(Énoncés p. 248)*

1 Un spectre d'émission d'une entité chimique est composé de raies colorées sur un fond noir. Un spectre d'absorption est composé de raies sombres sur un fond coloré.

1. Le spectre A est un **spectre d'absorption**.
Le spectre B est un **spectre d'émission**.
Le spectre C est un **spectre d'émission continu**.

2. Un **prisme** ou un **réseau** peuvent décomposer la lumière émise par une source lumineuse.

2 1. Ce spectre est constitué de raies sombres sur un fond coloré. C'est un **spectre d'absorption**.

2. La grandeur portée sur l'axe des abscisses est la **longueur d'onde** λ. L'unité est le nanomètre (nm).

3. Elles représentent les **radiations** que l'entité chimique a **absorbées**.

4. La longueur d'onde de la raie A est $\lambda \approx 559$ nanomètres.
1 nm = 10^{-9} mètre donc **λ = 559.10^{-9} m.**

3 1. Rayon incident : ③ ; rayon réfracté : ④ ; normale : ① ; angle d'incidence : ⑤ ; angle de réfraction : ⑥ ; surface de séparation : ②.
2. Lorsque la lumière passe d'un milieu à un autre elle subit un **changement de direction**. Ce phénomène est appelé **réfraction**.
3. Un milieu transparent (comme l'eau, l'air, le verre) est caractérisé par son **indice de réfraction**.

4 1.

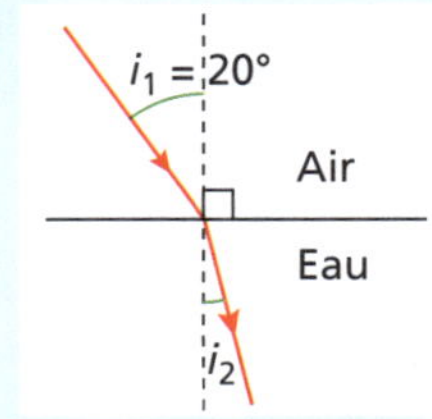

2. $n_{air} \times \sin i_1 = n_{eau} \times \sin i_2$.

3. Il faut calculer l'angle de réfraction i_2.

$$\sin i_2 = \frac{n_{air} \times \sin i_1}{n_{eau}} = \frac{1{,}00 \times \sin(20°)}{1{,}33} = 0{,}257.$$

À l'aide de la calculatrice, on obtient $i_2 = 14{,}9°$.
L'angle de réfraction est de 14,9°.

5 1. $n_{lumière\ rouge} = 1{,}511$ et $n_{lumière\ violette} = 1{,}554$.
L'indice varie selon la lumière, donc ce morceau de verre est dispersif.

2.

Radiation lumineuse rouge **Indice de réfraction du verre :** **$n_{lumière\ rouge}$ = 1,511**	**Radiation lumineuse violette** **Indice de réfraction du verre :** **$n_{lumière\ violette}$ = 1,554**
$n_{air} \times \sin i_1 = n_{verre} \times \sin i_2$ $\sin i_2 = (n_{air} \times \sin i_1) / n_{verre}$ $n_{air} = 1{,}00$ et $i_1 = 40°$ $n_{verre} = 1{,}511$ $\sin i_2 = \sin(40°) / 1{,}511$ $i_2 = 25{,}18°$	$n_{air} \times \sin i_1 = n_{verre} \times \sin i_2$ $\sin i_2 = (n_{air} \times \sin i_1) / n_{verre}$ $n_{air} = 1{,}00$ et $i_1 = 40°$ $n_{verre} = 1{,}554$ $\sin i_2 = \sin(40°) / 1{,}554$ $i_2 = 24{,}43°$

3. La radiation la plus déviée par le morceau de verre est la **radiation lumineuse violette** car l'angle de réfraction de la radiation violette est inférieur à l'angle de réfraction de la radiation rouge.

CHAPITRE 12 *(Énoncés p. 251)*

1 1. et 2.

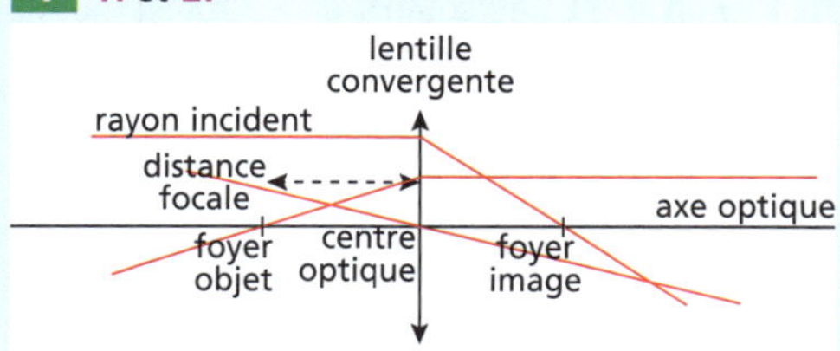

2 Deux rayons suffisent pour construire l'image.

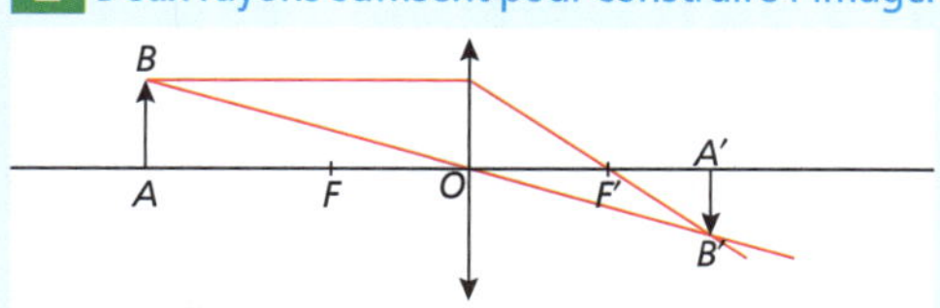

3

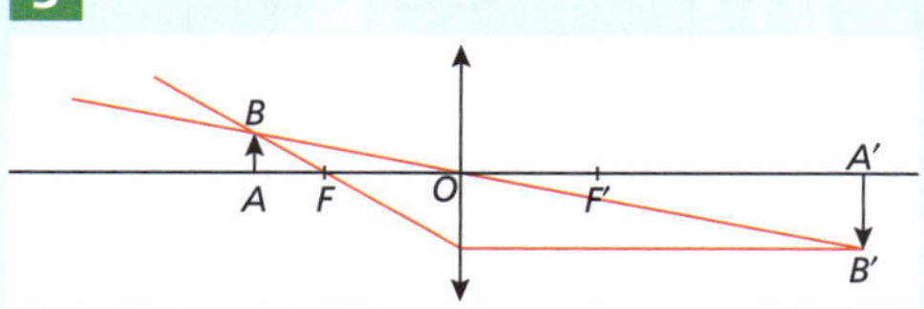

4

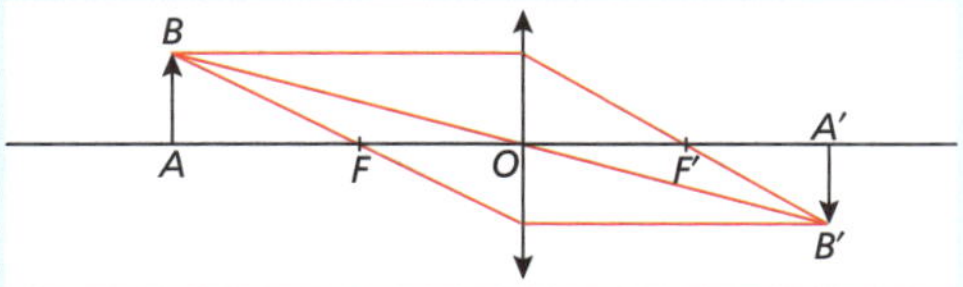

CHAPITRE 13 *(Énoncés p. 254)*

1 **1.** Un nœud est un point de connexion électrique.

On peut donc citer *B*, *E*, *F* et *H*.

2. Une branche est une portion de circuit comprise entre 2 nœuds.

Ainsi, on peut citer *BAHFE*, *BDE*, *BCE*, *FH*, *FGH*, …

3. Une maille est une boucle fermée de circuit.

Par conséquent, on a *ABCEFHA*, *BCEDB*, *FGHF*, *ABDEFGHA*, *ABCEFGHA*, …

2 **1.** Dans un circuit série, l'intensité est la même en tous points.

Ainsi, l'intensité du courant qui circule entre le résistor et le moteur est de **52 mA**, comme entre le moteur et la lampe.

2. D'après la loi des mailles, la tension aux bornes de la pile est la somme des tensions aux bornes des autres dipôles.

Ainsi, $U_G = U_D + U_R + U_M + U_L$, soit
$U_M = U_G - U_D - U_R - U_L$.
$U_M = 9{,}1 - 2{,}3 - 3{,}2 - 2{,}5 = \mathbf{1{,}1\ V}$.

3. La tension aux bornes d'un interrupteur fermé est nulle.

3 **1. a.** Grâce à la loi des nœuds, on peut établir que l'intensité du courant traversant L_1 est égale à celle traversant L_2 plus celle traversant le moteur. Ainsi, sachant que 0,32 A = 320 mA :
$I_{L1} = I_{L2} + I_M$.
Donc $I_M = I_{L1} - I_{L2} = 320 - 165 = \mathbf{155\ mA}$.
b. L'intensité du courant traversant L_4 est la même que celle traversant L_3, soit **0,10 A** car il s'agit de la même branche.
c. Grâce à la loi des nœuds, on peut établir que l'intensité du courant traversant L_1 est égale à celle traversant L_3 plus celle traversant R_2. Ainsi,
$I_{L1} = I_{L3} + I_{R2}$.
Donc $I_{R2} = I_{L1} - I_{L3} = 0{,}32 - 0{,}10 = \mathbf{0{,}22\ A}$.
d. L'intensité du courant traversant l'interrupteur est de 0,32 A.

2. a. La tension aux bornes de tous les appareils d'une branche est la même, soit $U_{R1} + U_{L2} = U_D + U_M$.
$U_M = U_{R1} + U_{L2} - U_D = 1{,}6 + 2{,}2 - 0{,}5 = \mathbf{3{,}3\ V}$.
b. De même, on a $U_{R2} = U_{L3} + U_{L4}$.
Ainsi, $U_{L4} = U_{R2} - U_{L3} = 3{,}1 - 2 = \mathbf{1{,}1\ V}$.
c. En utilisant la loi des mailles, on a :
$U_G = U_{L1} + U_{R1} + U_{L2} + U_{R2}$
$= 2{,}8 + 1{,}6 + 2{,}2 + 3{,}1 = \mathbf{9{,}7\ V}$.

CHAPITRE 14 *(Énoncés p. 257)*

1 **1.** La caractéristique d'un dipôle ohmique est une droite passant par l'origine.

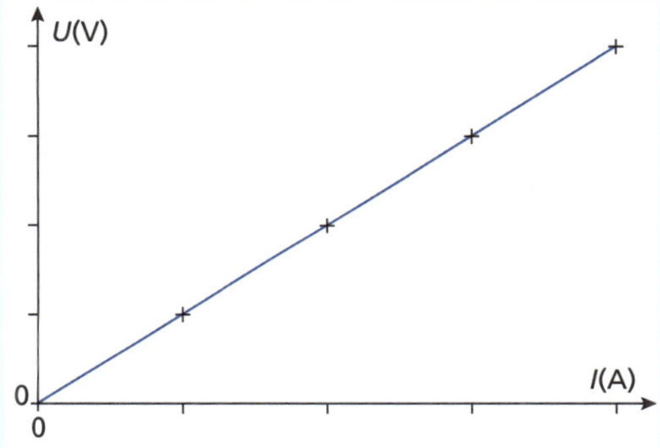

2. Pour calculer la résistance électrique de la résistance chauffante, on applique la formule $U = R \times I$.
Ici on cherche $R = U / I$.
$R = 220 / 3{,}83 \approx \mathbf{57\ \Omega}$.

2 **1.** La caractéristique permet de déterminer la résistance de ce dipôle ohmique par lecture graphique.
On prend une valeur de U et on lit la valeur de I correspondante.

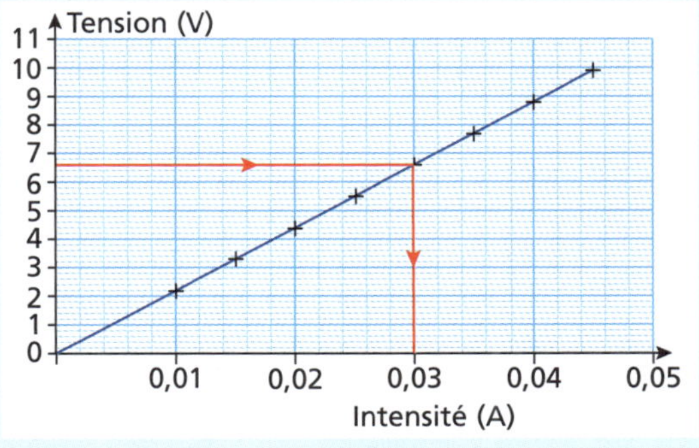

Pour $U = 6{,}6$ V on a $I = 0{,}03$ A.
$R = U / I = 6{,}6 / 0{,}03 = \mathbf{220\ \Omega}$.

2. Il faut convertir l'intensité en ampère.
$I = 25\ \text{mA} = 25.10^{-3}$ A.
$U = 220 \times 25.10^{-3} = \mathbf{5{,}5\ V}$.

3 1. Pour obtenir la caractéristique d'un dipôle passif, on fait varier la tension aux bornes du dipôle et on mesure l'intensité du courant qui le traverse.

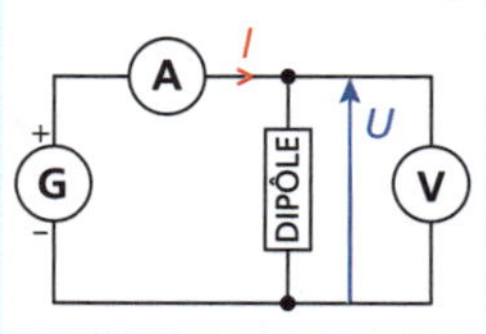

2.

U(V)	0	0,11	0,41	0,82	1,33	1,91	2,68	3,54	4,57	5,69
I(A)	0	0,01	0,02	0,03	0,04	0,05	0,06	0,07	0,08	0,09
U / I	---	11	20,5	27,3	33,3	38,2	44,7	50,6	57,1	63,2

Le rapport U / I n'est pas constant. **Ce n'est donc pas un dipôle ohmique.**

3. La caractéristique $U = f(I)$ d'un dipôle est le graphique représentant la tension U en fonction du temps.

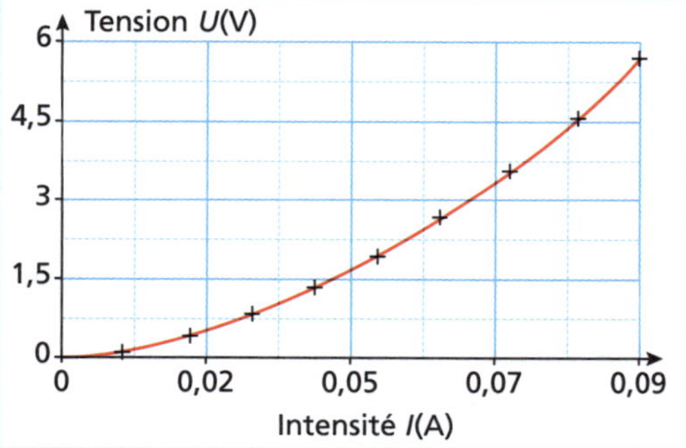

D'après l'allure de la caractéristique, le dipôle étudié est une **lampe**.

4 1. La caractéristique d'un dipôle ohmique est une droite passant par l'origine.

La courbe **bleue correspond donc du dipôle ohmique**.
La courbe **rouge correspond à la pile.**

2. L'intersection de ces deux courbes est le **point de fonctionnement *F*** du circuit.

3. Le point de fonctionnement donne la valeur de **l'intensité *I*** circulant dans les dipôles et **la tension *U*** entres leurs bornes.

4. Ici I_F **= 0,15 A** et U_F **= 4,4 V**.

Sciences de la vie et de la Terre

MÉTHODES

COURS

La Terre, la vie et l'organisation du vivant

Les enjeux contemporains de la planète

Le corps humain et la santé

LES MÉTHODES

Lire et exploiter un graphique

COMMENT FAIRE

Déterminer les paramètres présents dans le graphique

Le titre du graphique vous donne des indications sur les trois paramètres indiqués ci-dessous. Il est toujours construit ainsi : « Graphique de l'évolution de *[paramètre étudié]* en fonction de *[paramètre de référence]* ».

- **Repérer l'axe des ordonnées (vertical)**

Il indique le paramètre étudié et mesuré dont il faudra décrire l'évolution.

- **Repérer l'axe des abscisses (horizontal)**

Il indique le paramètre de référence ; c'est quasiment toujours le temps qui sert de référence.

- **Repérer le ou les éventuels paramètres extérieurs venant influencer le paramètre mesuré**

Lire le graphique

Il faut décrire l'évolution du paramètre étudié en fonction du paramètre de référence et des éventuels paramètres extérieurs au graphique. Cette étape de résolution peut commencer par la formulation « Nous voyons que » et doit contenir des valeurs chiffrées.

> **Attention !**
> Ne jamais écrire « la courbe monte » ou « la courbe descend » ! La courbe ne fait rien ; elle montre l'évolution du paramètre étudié et c'est ce paramètre qui augmente, diminue ou stagne, pas la courbe.

Exploiter le graphique

Il faut ici apporter une explication aux variations du paramètre étudié décrit plus haut. Cette étape de résolution peut commencer par la formulation « Nous en déduisons que ».

Exercice d'application

ÉNONCÉ

Les microorganismes pathogènes possèdent à leur surface des antigènes spécifiques reconnus comme étrangers par le corps humain et déclenchant une réponse immunitaire de celui-ci. Cette réponse va prendre la forme d'une synthèse d'anticorps anti-antigène et va permettre la destruction du microorganisme. Cette réponse est spécifique car les anticorps fabriqués par le corps sont complémentaires aux antigènes de ce seul microorganisme.
Un vaccin permettant de lutter contre un microorganisme noté A est généralement composé d'antigènes A présents à la surface de ce pathogène et est prescrit de façon préventive.
À l'aide de l'analyse du graphique ci-après, expliquer comment la vaccination permet de protéger le corps humain contre un pathogène donné.

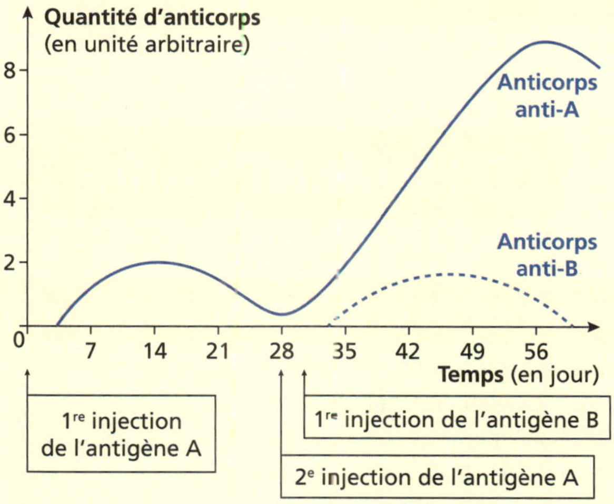

▲ Graphique de l'évolution de la quantité d'anticorps en fonction du temps et d'injections successives d'antigènes dans l'organisme.

CORRIGÉ

Travail préparatoire

Repérer sur le graphique et / ou à l'aide du titre :
- le paramètre étudié et mesuré : quantité d'anticorps en unité arbitraire ;
- le paramètre de référence : temps en jour ;
- les paramètres extérieurs : injections successives d'anticorps A et B.

Réponse attendue

Commencer par repérer les paramètres extérieurs (ici, injection d'antigènes) pour décrire l'évolution de la quantité d'anticorps de façon chronologique par rapport à la survenue de ces paramètres au cours du temps. Toujours bien faire référence au temps lors de la description.

Nous voyons que la quantité d'anticorps anti-A commence à augmenter lentement 3 jours environ après la première injection d'antigène anti-A jusqu'à atteindre 2 UA en 14 jours puis diminue jusqu'à retrouver sa valeur initiale.

Nous voyons que la quantité d'anticorps anti-A augmente à nouveau après la seconde injection d'antigène anti-A mais de façon plus rapide et plus importante qu'après la première injection : elle augmente immédiatement de 8 UA en 21 jours.

Nous voyons que la quantité d'anticorps anti-B commence à augmenter lentement 3 jours environ après la première injection d'antigène anti-B jusqu'à atteindre 2 UA en 14 jours puis diminue jusqu'à retrouver sa valeur initiale.

Il est attendu ici une explication du rôle préventif d'un vaccin contre un microorganisme donné. L'énoncé rappelle qu'un anticorps spécifique à un antigène donné permet de détruire les microorganismes porteurs de cet antigène. Il faut donc faire le lien entre rapidité et intensité de la réponse (sous forme de synthèse d'anticorps) et protection de l'organisme face à un pathogène.

Nous pouvons en déduire que la vaccination va permettre un premier contact avec un antigène précis et entraîner une première réponse spécifique lente et faible sous la forme de synthèse d'anticorps anti-antigène par l'organisme.

Si l'organisme entre à nouveau en contact avec ce même antigène, donc avec le pathogène porteur de cet antigène, alors la réponse sera cette fois rapide et intense et la synthèse d'anticorps sera plus rapide, plus importante et donc la défense plus efficace : le pathogène sera détruit rapidement et l'individu ne tombera pas malade.

SVT

LES MÉTHODES

Analyser des résultats expérimentaux

COMMENT FAIRE

Identifier les expériences et le (ou les) paramètre(s) étudié(s)

L'expérience témoin est généralement celle dans laquelle sont placés tous les éléments qui seront testés en étant retirés successivement et alternativement dans chacune des expériences tests. Un seul élément varie entre l'expérience témoin et chacune des **expériences tests** : c'est le ou les éléments testés.

Attention !
Il arrive également que l'expérience témoin soit celle où aucune des conditions testées n'est présente et que les expériences tests correspondent à l'ajout successif et alternatif des éléments à tester.

Décrire les conditions des expériences et leurs résultats

Cette partie de la réponse se construit comme suit : « Nous voyons dans l'expérience témoin que *[conditions de l'expérience témoin] [résultats de l'expérience témoin]* ».
Puis, autant de fois que d'expériences test : « Nous voyons dans l'expérience test que *[conditions de l'expérience test] [résultats de l'expérience test]* ».

En déduire les conclusions apportées par les expériences

Il faut ici apporter une explication aux résultats obtenus pour chaque expérience. Cette partie de la réponse commence par « Nous pouvons en déduire que ».
Il est possible d'inclure entre chaque étape de description et sa conclusion un rappel de connaissances ou d'informations données dans l'énoncé, commençant par « Nous savons que », et nécessaires pour arriver à la conclusion attendue.
Une conclusion globale répondant au problème initial clôture l'analyse.

Exercice d'application

ÉNONCÉ

Nous cherchons à mettre en évidence certains besoins des végétaux chlorophylliens pour réaliser leur photosynthèse, c'est-à-dire pour produire leur matière organique.
Le sujet d'étude est le pélargonium, une plante qui possède des feuilles entièrement vertes mais aussi des feuilles panachées (seule la partie centrale est verte, le contour est jaune).

Protocole expérimental

- Le pélargonium est éclairé pendant 12 heures et pendant tout ce temps certaines feuilles sont laissées intactes (expériences 1 et 2) tandis que d'autres sont localement recouvertes d'un rectangle de papier noir qui bloque le passage de la lumière (expérience 3) ou placées dans une enceinte privée de CO_2 (expérience 4).
- Chaque feuille est plongée dans l'alcool bouillant jusqu'à ce qu'elle perde sa couleur.

• Chaque feuille est enfin plongée dans de l'eau iodée qui est un réactif mettant en évidence la présence d'amidon (matière organique) par une coloration noire.

Résultats expérimentaux

	Expérience 1	Expérience 2	Expérience 3	Expérience 4
Conditions expérimentales (feuilles placées 12 h à la lumière)				
Résultats expérimentaux (obtenus après le test à l'eau iodée)				

CORRIGÉ

Travail préparatoire

Distinguer l'expérience témoin et ses expériences tests et repérer les éléments testés dans chacune des expériences test.

– Expérience 1 : expérience témoin qui servira de référence et de point de comparaison aux autres.
– Expérience 2 : expérience test 1. Élément testé : la chlorophylle.
– Expérience 3 : expérience test 2. Élément testé : la lumière.
– Expérience 4 : expérience test 3. Élément testé : le CO_2.

Réponse attendue

Exemple de construction de la phrase réponse de description pour la première expérience :
« Nous voyons dans l'expérience témoin que :
– *[conditions de l'expérience témoin]* : la feuille verte est placée à la lumière ;
– *[résultats de l'expérience témoin]* : la feuille devient entièrement noire au contact de l'eau iodée. »

- Nous voyons dans **l'expérience témoin** qu'une feuille verte placée à la lumière devient entièrement noire au contact de l'eau iodée. Nous savons que la coloration noire que prend l'eau iodée indique la présence d'amidon. Nous pouvons en déduire que la feuille verte éclairée contient de l'amidon.
- Nous voyons dans **l'expérience test 1** qu'une feuille panachée placée à la lumière devient noire au contact de l'eau iodée uniquement dans les parties vertes. Nous savons que la coloration verte est due à la présence de chlorophylle dans la feuille. Nous pouvons en déduire que la feuille verte contient de l'amidon uniquement dans les parties chlorophylliennes.
- Nous voyons dans **l'expérience test 2** qu'une feuille verte placée à la lumière et recouverte localement d'un cache empêchant le passage de la lumière devient noire au contact de l'eau iodée uniquement aux endroits éclairés. Nous pouvons en déduire qu'une feuille verte contient de l'amidon uniquement dans les zones ayant reçu de la lumière.
- Nous voyons dans **l'expérience test 3** qu'une feuille verte placée à la lumière et privée de CO_2 ne devient pas noire au contact de l'eau iodée. Nous pouvons en déduire qu'une feuille verte privée de CO_2 ne contient pas d'amidon.

Nous savons que l'amidon est la matière organique fabriquée par les végétaux et sa présence nous indique donc qu'il y a eu photosynthèse.

Nous pouvons en déduire qu'une plante a besoin de lumière, de chlorophylle et de CO_2 pour réaliser sa photosynthèse et donc fabriquer sa matière organique qu'est l'amidon.

LES MÉTHODES

Comprendre la démarche scientifique

COMMENT FAIRE

La démarche utilisée par les scientifiques est une suite d'étapes permettant d'expliquer des phénomènes observables. Nous présentons ci-après les étapes successives de cette démarche scientifique illustrées avec l'exemple de la découverte des antibiotiques par Alexander Fleming.

• Étape 1 : observation

La première étape est un **constat**, une **observation**.

→ *En 1928, Alexander Fleming observe que la moisissure (Pénicillium) qui s'est développée dans sa culture de bactéries a stoppé le développement de ces bactéries.*

• Étape 2 : formulation d'un problème scientifique à partir de l'observation

De l'observation va naître un **problème scientifique**. Il prend la forme interrogative et commence généralement par « comment expliquer », « en quoi », « pourquoi » et ne peut avoir comme réponse *oui* ou *non*.

→ *Comment expliquer que le développement des bactéries ait cessé ?*

• Étape 3 : formulation d'une ou de plusieurs hypothèses répondant au problème

Une hypothèse est une **réponse possible au problème posé**. Elle prend la forme affirmative et commence généralement par « Je pense que ».

→ *Alexander Fleming pense que la moisissure a libéré une substance qui a stoppé le développement des bactéries.*

• Étape 4 : tester les hypothèses pour les confirmer ou les rejeter

Il y a plusieurs façons de tester une hypothèse : par l'**observation**, la **recherche** ou l'**expérimentation**.

Si les hypothèses sont testées par l'expérimentation, la démarche prend le nom de « démarche expérimentale » et cette étape de test se découpe elle-même en trois parties :

– la conception d'un protocole expérimental (une expérience témoin et une ou plusieurs expériences tests) ;

– la mise en œuvre d'un protocole expérimental ;

– l'analyse des résultats obtenus (voir fiche méthode 2, p. 268).

→ *Alexander Fleming valide expérimentalement son hypothèse : une substance antibactérienne libérée par les moisissures est responsable de l'arrêt du développement des bactéries qu'il a observé.*

> **Attention !**
> Si, à la fin de l'étape 4, aucune des hypothèses formulée n'est avérée, il faut reprendre la démarche à l'étape 3 et formuler de nouvelles hypothèses.

• Étape 5 : conclusion

De l'hypothèse validée va découler une affirmation qui sera une théorie ou un modèle scientifique.
→ *Les moisissures fabriquent une substance, qu'Alexander Fleming appelle la pénicilline, capable de détruire les bactéries. Le premier antibiotique est découvert.*

Exercice d'application

ÉNONCÉ

▲ Trèfles avec nodosités. ▲ Trèfles sans nodosité.

Les racines de certaines plantes (notamment les fabacées dont font partie les trèfles) possèdent ce que l'on appelle des nodosités ; petites boules blanches contenant des bactéries en nombre important.

Proposer une démarche permettant de préciser le rôle de ces nodosités.

CORRIGÉ

Travail préparatoire

Partir de l'observation pour successivement répondre à chaque étape de la démarche :
- observation ;
- problème ;
- hypothèse ;
- test.

Ici, l'étape de conclusion ne peut pas être réalisée car le protocole proposé n'est pas mis en œuvre.

Réponse attendue

Observation : J'observe que certains végétaux possèdent des nodosités au niveau de leurs racines et qu'ils sont plus grands que ceux sans nodosité.

Problème : Comment expliquer que les trèfles avec des nodosités soient plus grands que ceux sans nodosité ?

Hypothèse : Je pense que ces nodosités favorisent la croissance des végétaux.

Protocole proposé : Il est possible d'envisager une expérience témoin dans laquelle des trèfles avec nodosités seraient placés dans un milieu nutritif et une expérience test dans laquelle des trèfles, de même taille que ceux de l'expérience témoin, mais sans nodosité, seraient placés dans le même milieu nutritif.

Après un temps défini, la croissance des deux plants serait comparée.

Si notre hypothèse est correcte, le plant avec nodosités aura une croissance plus importante que celui sans nodosité.

1 Structure et métabolisme cellulaire

1 Organismes unicellulaires et pluricellulaires

Tous les organismes vivants sont constitués d'une ou plusieurs cellules ; le nombre de cellules définit les organismes unicellulaires et les organismes pluricellulaires.

A Structure cellulaire de base

• **Une cellule** est délimitée par une **membrane plasmique** et contient un **cytoplasme** dans lequel se retrouvent différents **organites** aux fonctions précises (ex. : les mitochondries assurent la respiration cellulaire) et contenant une information génétique.

• **Les cellules** dont l'information génétique se trouve directement dans le cytoplasme sont des cellules **procaryotes,** et celles dont l'information génétique se trouve dans un noyau sont des cellules **eucaryotes**. **Les cellules eucaryotes animales et végétales présentent des différences à partir de cette structure de base.**

• **Une cellule animale** est composée d'une membrane plasmique, d'un noyau et d'un cytoplasme contenant des organites.

• **Une cellule végétale** est composée d'une paroi, d'une membrane plasmique, d'un noyau et d'un cytoplasme contenant des organites comme la vacuole et les chloroplastes.

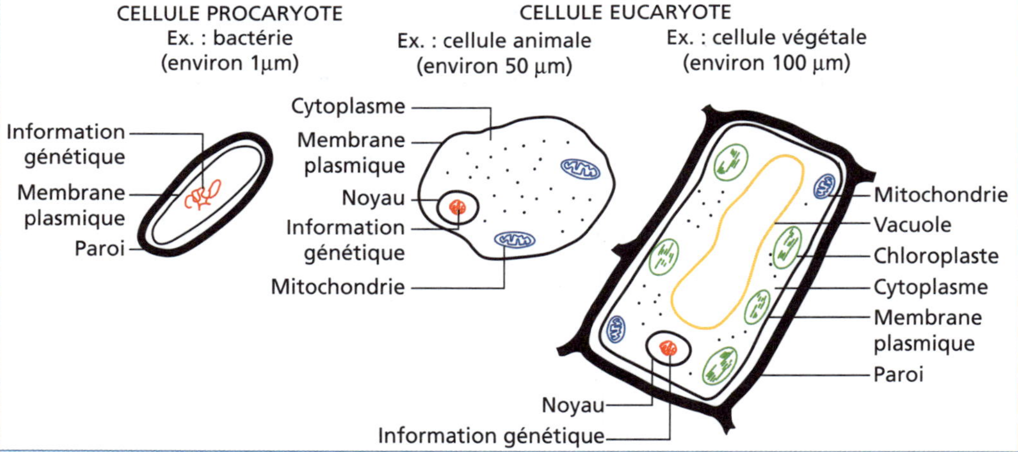

▲ Schéma d'une cellule bactérienne, d'une cellule animale et d'une cellule végétale.

B Spécialisation cellulaire

• **Les cellules spécialisées.** Chez les organismes pluricellulaires, animaux comme végétaux, les cellules se spécialisent afin d'assurer de façon optimale une fonction particulière dans l'organisme. Un ensemble de cellules différenciées de la même façon et assurant la même fonction constitue un tissu.

Exemple

Chez les végétaux, les cellules assurant le transport de la sève brute des racines vers les feuilles constituent les tissus conducteurs. Ce sont des cellules fines, allongées et organisées en tube. Elles ne contiennent ni noyau, ni vacuole et possèdent des ouvertures transversales, idéales pour le passage de la sève.

• **L'organisation de ces cellules** spécialisées, notamment leur forme ainsi que le nombre et la nature des organites présents dans le cytoplasme, vont dépendre de leur fonction.

• **La paroi** présente au niveau des **cellules végétales** permet de maintenir la structure cellulaire mais aussi la structure des tissus.

• **Chez les animaux,** l'organisation de cellules en tissu implique une adhérence cellulaire entre elles pour maintenir la structure du tissu. Cette adhérence est permise, entre autres, par l'existence de molécules situées à l'extérieur des cellules. Ces molécules constituent la **matrice extracellulaire**.

C Échelles du vivant

Les différentes échelles du vivant sont visibles chez un organisme pluricellulaire, de l'échelle de l'organisme à celle de la molécule.

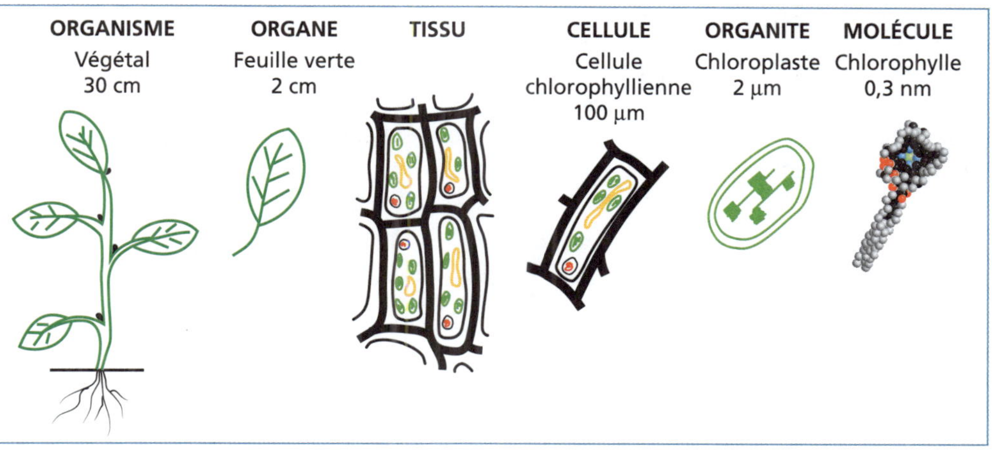

▲ Schéma des échelles du vivant chez un organisme chlorophyllien.

2 Réactions biochimiques au sein des cellules

Chez un organisme unicellulaire, une seule cellule assure la totalité des fonctions nécessaires à sa survie, tandis que chez les organismes pluricellulaires, les fonctions sont réparties et assurées par des cellules spécialisées. Les transformations biochimiques qui ont lieu au sein d'une cellule, principalement dans son **cytoplasme**, et qui lui permettent d'assurer ses besoins fonctionnels, constituent le **métabolisme**.

A Métabolisme autotrophe

Les cellules autotrophes respirent grâce aux mitochondries et prélèvent dans leur milieu des molécules minérales pour produire des molécules organiques (par photosynthèse grâce aux chloroplastes) et de l'énergie nécessaires à leur fonctionnement en présence de lumière.

Exemple
Les végétaux chlorophylliens (c'est-à-dire les végétaux verts) ont un métabolisme autotrophe.

SVT

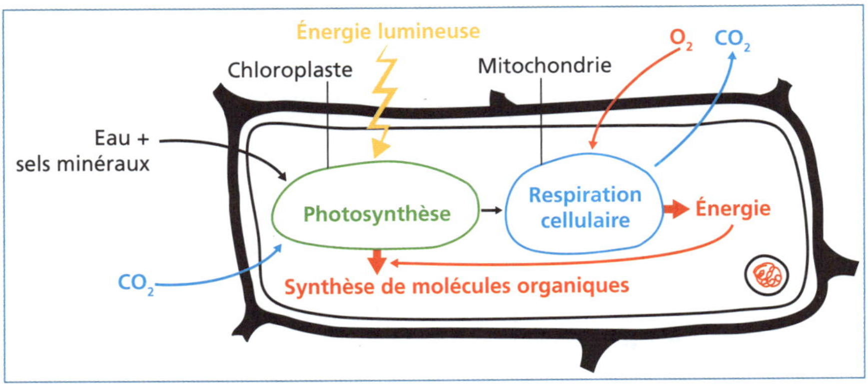

▲ Schéma d'un métabolisme autotrophe.

B Métabolisme hétérotrophe

Les cellules hétérotrophes respirent grâce aux mitochondries et prélèvent dans leur milieu des molécules organiques (ex. : glucose) pour produire de l'énergie et de nouvelles molécules nécessaires à leur fonctionnement.

Exemple
Les animaux ont un métabolisme hétérotrophe.

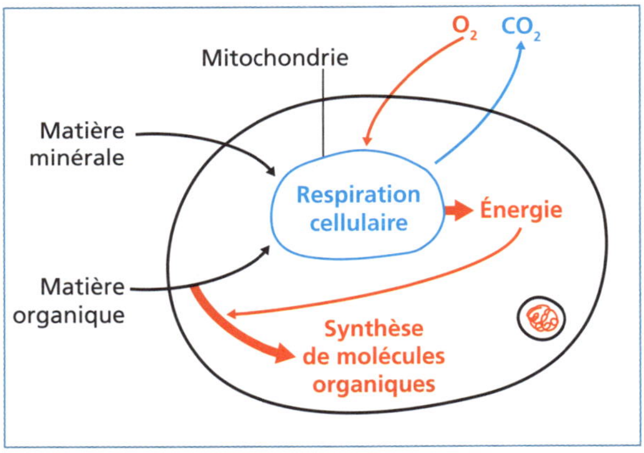

▲ Schéma d'un métabolisme hétérotrophe.

C Voies métaboliques

- **Il y a un flux de matière et d'énergie constant** entre les cellules et leur milieu, indispensable au métabolisme et donc au fonctionnement cellulaire.
- **Le métabolisme de chaque cellule** dépend de sa fonction et donc des organites et molécules spécialisées, notamment les enzymes, présents dans le cytoplasme. Cet équipement spécialisé est mis en place et contrôlé grâce aux informations génétiques présentes dans le noyau.

Mot-clé
Enzyme : molécule réalisant une réaction biochimique et permettant la transformation d'un substrat en produit.

- Le métabolisme est organisé en différentes **voies métaboliques** interconnectées qui sont des successions de réactions biochimiques et qui transforment une molécule en une autre.

2 L'information génétique

1 La molécule d'ADN

A Structure de la molécule

La molécule d'ADN (acide désoxyribonucléique) est formée de deux chaînes enroulées en double hélice. Chacune des deux hélices est constituée d'une suite de nucléotides.

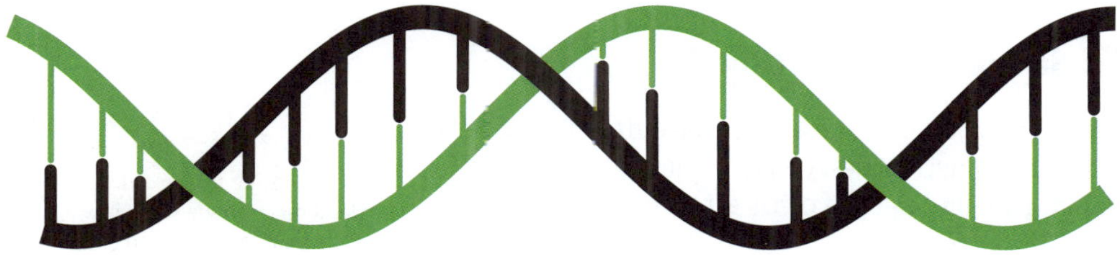

▲ Schéma de la structure de la molécule d'ADN.
Une hélice est représentée en vert et l'autre en noir.

B Organisation des nucléotides

• **Il existe 4 nucléotides différents,** notés T, A, C et G, chacun étant composé de 3 molécules :
– un sucre : le désoxyribose ;
– un acide phosphorique ;
– une base azotée.

• C'est le type de **base azotée** qui diffère d'un nucléotide à l'autre. Il existe 4 bases azotées différentes : adénine, thymine, cytosine et guanine.

À retenir

A s'associe toujours avec T, et C s'associe toujours avec G.

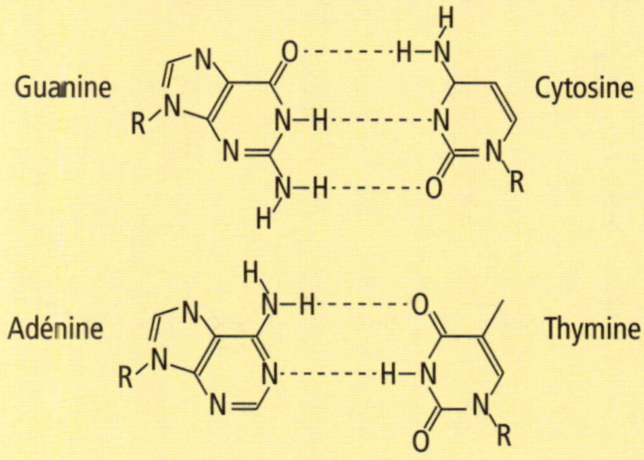

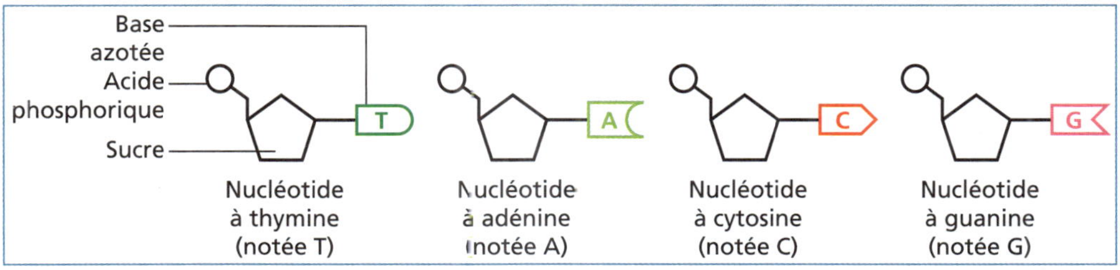

▲ Schéma de l'organisation des nucléotides.

• **Pour former la double hélice,** les nucléotides de chaque hélice s'associent deux à deux. Il existe une complémentarité des bases due aux liaisons hydrogène qui permettent la liaison

SVT

entre les bases azotées complémentaires. Il existe, en effet, trois liaisons hydrogène entre la guanine et la cytosine et deux liaisons hydrogène entre l'adénine et la thymine.

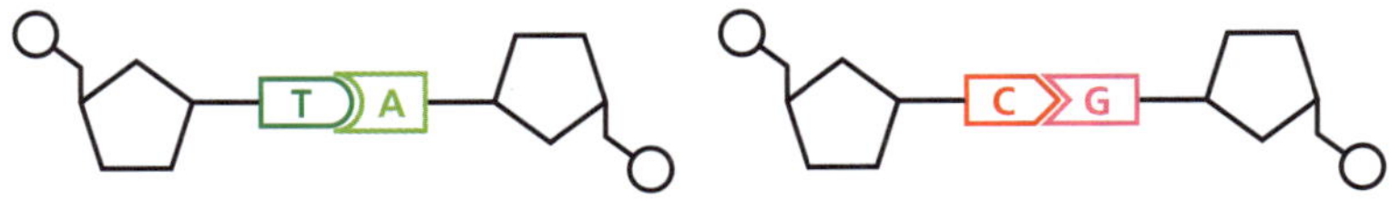

▲ Schémas illustrant la complémentarité des bases.

2 L'information génétique dans l'ADN

A Séquence nucléotidique

• **L'information génétique** est codée dans l'ADN par la séquence de nucléotides. Chaque séquence de nucléotides codant pour un caractère précis est un **gène**.

• **Une mutation** peut causer la modification de la séquence nucléotidique d'un gène et permettre l'apparition de nouveaux allèles et donc de nouveaux phénotypes au sein d'une population (voir chapitre 4, p. 279).

Exemple
La **séquence nucléotidique** du gène « groupe sanguin » code pour la fabrication d'une protéine de surface des hématies et détermine le groupe sanguin de l'individu.

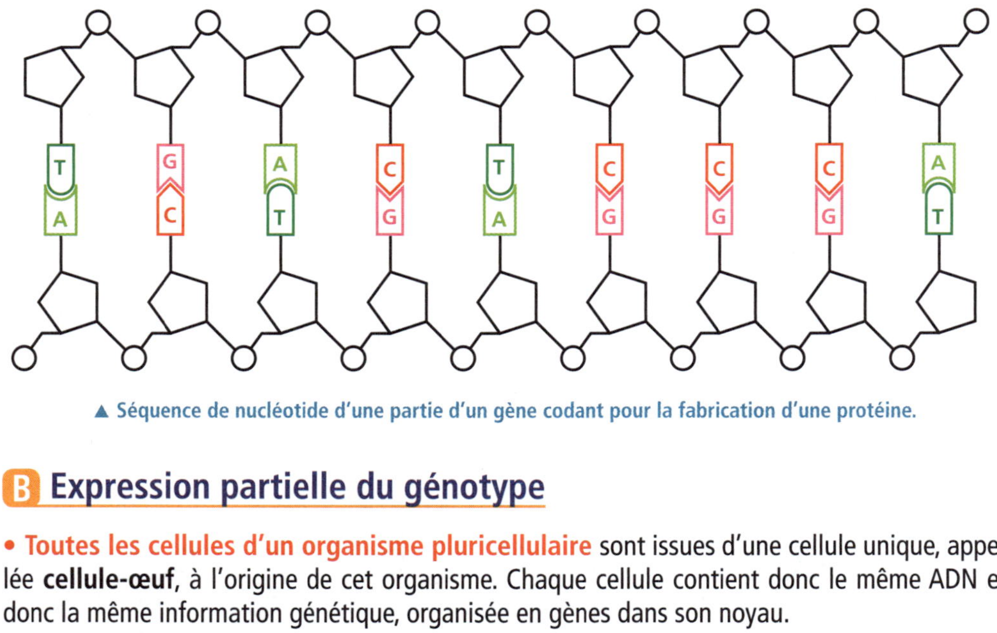

▲ Séquence de nucléotide d'une partie d'un gène codant pour la fabrication d'une protéine.

B Expression partielle du génotype

• **Toutes les cellules d'un organisme pluricellulaire** sont issues d'une cellule unique, appelée **cellule-œuf**, à l'origine de cet organisme. Chaque cellule contient donc le même ADN et donc la même information génétique, organisée en gènes dans son noyau.

• **Les cellules spécialisées** ayant une structure et une fonction propre dans l'organisme, l'intégralité de l'information génétique ne s'exprime pas. Une partie des gènes n'est pas utilisée par la cellule et chacune possède dans son cytoplasme des **organites et un métabolisme propre** à sa fonction.

3 Les différentes échelles de la biodiversité

La **biodiversité** se définit comme étant la **diversité du vivant**. Elle englobe la diversité de plusieurs niveaux différents : au niveau des **gènes**, des **espèces** et des **écosystèmes**. La biodiversité fait également intervenir une notion de **temps** et d'**espace** ainsi que la notion d'**interactions** existantes entre les différents niveaux et au sein d'un même niveau.

1 La biodiversité génétique

La diversité génétique désigne la **diversité des gènes** mais surtout des allèles existant au sein d'une même espèce. Chaque individu d'une même espèce est génétiquement différent, à de rares exceptions près (voir chapitre 4, p. 279).

2 La biodiversité spécifique

- **La diversité spécifique désigne la diversité des espèces.** Elle est caractérisée par le nombre d'espèces présentes en un milieu donné et en un temps donné.
- **La notion d'espèce** est un concept créé par l'Homme pour regrouper les êtres vivants en fonction de leur ressemblance. Deux êtres vivants sont dits de la même espèce s'ils peuvent se reproduire entre eux et que leurs descendants sont fertiles.
- Il est difficile d'établir avec précision une **biocénose** car le nombre d'espèces présentes dans un milieu est souvent grand et certaines espèces ne sont pas encore connues. En effet, on estime que l'on connaît actuellement environ 1,8 millions d'espèces mais qu'il en existe au moins 10 millions.

> **Mot-clé**
> **Biocénose :** ensemble des êtres vivants présents dans un milieu donné.

- De plus, les espèces actuelles représentent un faible pourcentage de la totalité des espèces ayant vécu depuis l'apparition de la vie sur Terre.

3 La biodiversité des écosystèmes

- Un **écosystème** correspond à l'association d'un **biotope** et de la biocénose qui compose ce dernier. Il se caractérise également par les **interactions** qui existent entre les espèces et entre les espèces et leur biotope.

> **Mot-clé**
> **Biotope :** milieu caractérisé par des conditions physico-chimiques précises.

- **Exemple :** l'écosystème étang.

– Biotope : température de l'eau, profondeur, roches présentes, ensoleillement…
– Biocénose : végétaux → algues, roseaux, nénuphars…
animaux → canards, carpes, grenouilles, moustiques, espèces d'animaux microscopiques (zooplancton)…

SVT

▲ L'écosystème étang.

• **La variété des écosystèmes.** Les écosystèmes présents à la surface de la Terre sont très variés et différents (prairie, forêt, sol, étang…) et les interactions entre les espèces qui y vivent sont multiples (relations alimentaires, coopération, défense…).

• **Un écosystème se caractérise** donc par :
– les espèces vivants dans le milieu ;
– les composantes physico-chimiques : température de l'air ou de l'eau, taux de dioxygène, taux de dioxyde de carbone… ;
– les relations entre espèces : réseau trophique (relation alimentaire), dissémination de graines, pollinisation, parasitisme…

4 Schéma bilan

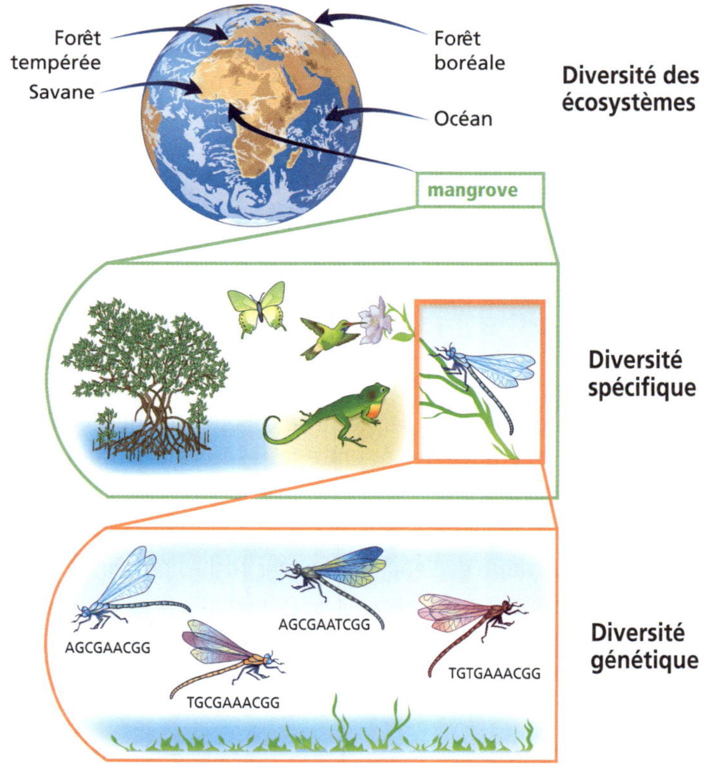

Schéma bilan : les trois niveaux de la biodiversité. ▶

4 La diversité génétique

La diversité génétique au sein d'une espèce a principalement pour origine les mutations et la reproduction. Elle a pour avantage de permettre aux espèces de s'adapter à un environnement et de résister aux parasites ou à certaines maladies.

1 Définition

> **Mot-clé**
> **Chromosomes homologues :** chromosomes qui appartiennent à la même paire.

- **La diversité génétique** correspond à la diversité des allèles présents au sein d'une espèce. En effet, tous les individus d'une même espèce possèdent des gènes similaires mais pas les mêmes allèles. Un gène est présent en deux exemplaires dans le caryotype, et chaque exemplaire peut avoir une forme allélique différente chez un même individu : une sur chaque chromosome homologue.
- **Par exemple, le gène groupe sanguin** se situe sur la paire du chromosome 9. Le gène groupe sanguin existe sous trois formes alléliques différentes : A, B et O. Un individu peut donc posséder la combinaison AA, AB, AO, BO, BB ou OO.

2 La diversité génétique due aux mutations

> **Mot-clé**
> **Mutation :** changement héréditaire dans la séquence de l'ADN.

- **Les mutations** sont des phénomènes qui se produisent constamment et qui peuvent introduire de nouveaux allèles. Ces nouveaux allèles héréditaires permettent la diversité génétique.
- Les **mutations** peuvent se produire de **façon spontanée** lors de la division cellulaire ou être causées par un **élément extérieur** appelé **agent mutagène** (ex. : les UV).
- Si l'on reprend l'exemple des groupes sanguins et que l'on compare la séquence d'ADN de chacun des allèles, on remarque des différences dans ces séquences : ce sont des mutations.

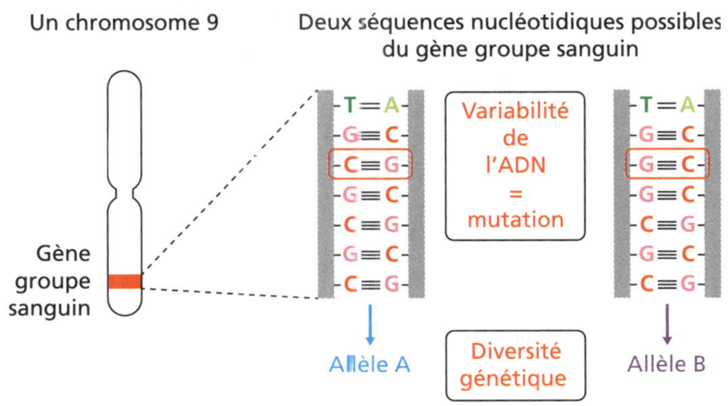

▲ Exemple de diversité génétique due à des mutations.

SVT

3 La diversité génétique due à la reproduction

• **La diversité génétique** dépend également des échanges d'allèles réalisés entre les individus d'une même espèce, notamment par la reproduction. La reproduction assure un **brassage des allèles** entre des individus génétiquement différents et donc une expression des gènes différente d'un individu à un autre.

• **En effet, lors de la fécondation, un chromosome père s'associe à un chromosome mère** pour reformer la paire de chromosomes. Les chromosomes sont associés au hasard et possèdent donc un allèle particulier. L'ensemble des nouvelles associations d'allèles va donc permettre la formation d'un individu unique.

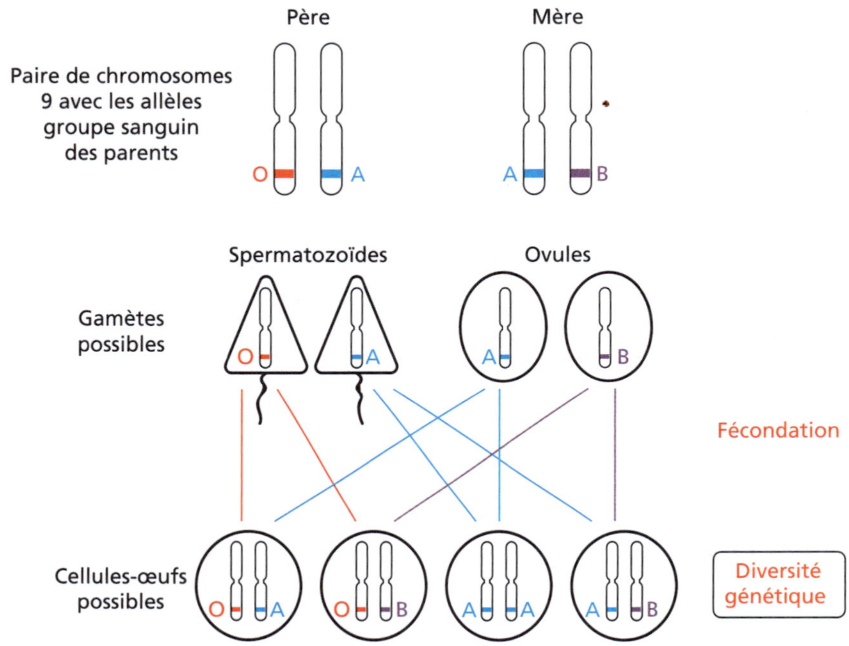

▲ Exemple de diversité génétique due à la reproduction au niveau des allèles.

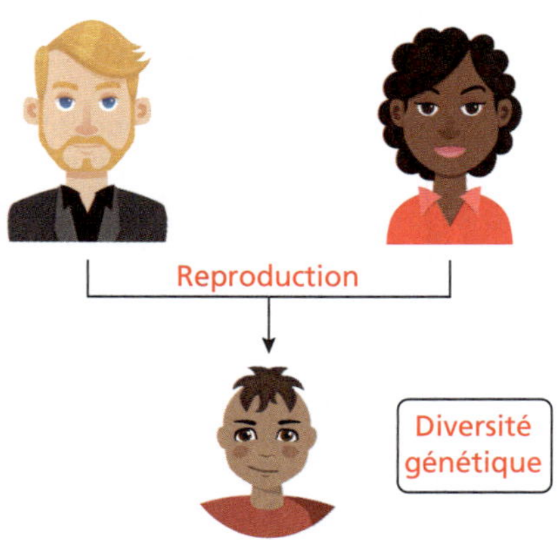

▲ Exemple de diversité génétique due à la reproduction au niveau de l'organisme.

5 Évolution de la biodiversité au cours du temps

1 Évolution de la biodiversité

La biodiversité évolue en permanence. Cette évolution est aussi bien observable sur de courtes échelles de temps, au niveau génétique mais aussi spécifique, que sur des échelles de temps plus longues (échelle de temps géologique).

A Évolution sur des échelles de temps courtes

Les pinsons des Galapagos sont un exemple d'évolution rapide de la biodiversité. En effet, l'archipel des Galapagos peut être divisé en quatre groupements d'îles. Chacun de ces groupements présente une végétation différente et va donc induire un régime alimentaire différent pour les espèces. De ce fait, les pinsons ont évolué sur une génération pour s'adapter à l'alimentation de leur île. Cette évolution est surtout observable au niveau de la forme et la taille des becs. Par exemple, un bec pointu correspond à une alimentation frugivore, un bec large pour les granivores et incurvé pour les insectivores.

B Évolution sur des échelles de temps longues

• **L'étude des fossiles** permet, quant à elle, d'observer l'**évolution de la biodiversité** sur des échelles de temps plus longues. Elle nous montre que l'état actuel de la biodiversité est seulement une étape de l'histoire du vivant. En effet, les espèces actuelles représentent une infime partie – moins de 2 % – du total des espèces qui ont existé depuis le début de la vie sur Terre.

• **Les fossiles** ont permis de mettre en évidence **cinq grandes crises d'extinctions massives** des espèces. Chaque crise a été suivie par une phase de diversification importantes des espèces.

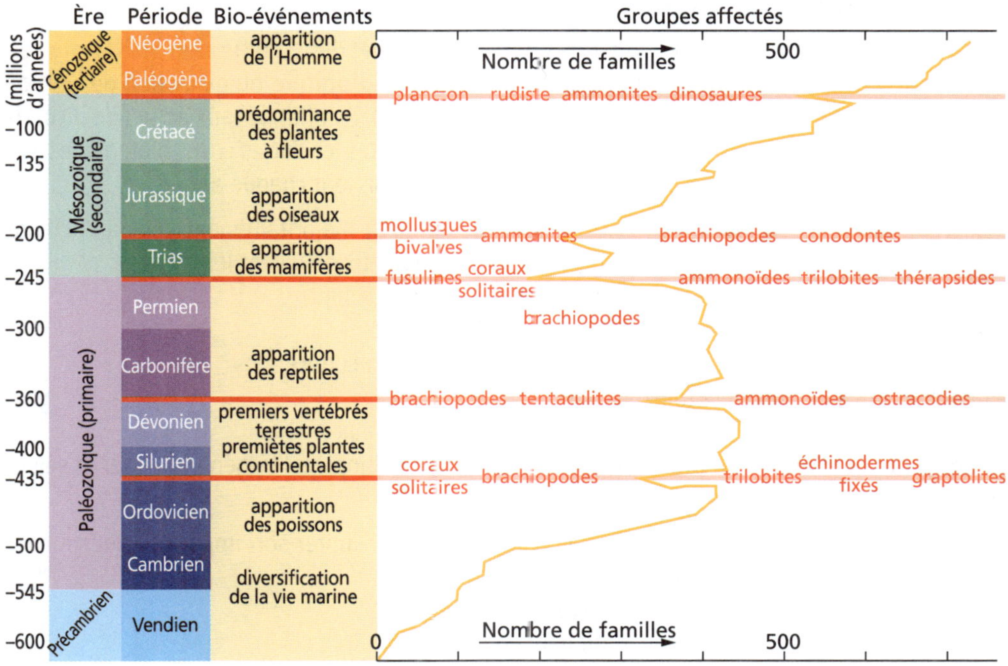

▲ **Les cinq crises biologiques majeures (barres rouges) et quelques-uns des groupes affectés.**
Les barres rouges indiquent les crises biologiques majeures et la courbe jaune indique la variation du nombre de familles.
D'après *Pour la science*, « La valse des espèces », dossier spécial n° 28, juillet 2000.

SVT

2 Exemples d'études de deux crises biologiques

L'extinction d'une espèce se produit lorsque celle-ci ne peut plus survivre ou se reproduire dans un milieu et qu'elle est incapable de gagner un nouveau milieu qui lui conviendrait.

A La crise Crétacé-Paléocène

• **La crise Crétacé-Paléocène est l'une des cinq crises biologiques majeures.** Elle s'est déroulée il y a 66 millions d'années. Lors de cette crise, environ 76 % des espèces marines auraient disparu (ammonites, bélemnites…) mais également de nombreuses espèces terrestres, dont les dinosaures.

• **La disparition des dinosaures** a notamment permis la diversification importante des mammifères. En effet, les mammifères n'étant plus dominés, ils ont pu s'imposer dans tous les milieux et niches écologiques libérés par les dinosaures.

> **Mot-clé**
>
> **Niche écologique :** espace qu'occupe une espèce dans un écosystème et ses interactions avec le biotope et la biocénose. Il ne peut y avoir qu'une seule espèce par niche écologique.
> Ne pas confondre : l'habitat = milieu de vie et la niche écologique = spécialisation dans un habitat.

• **Les causes de cette crise biologique.** Il y a actuellement deux hypothèses qui prédominent : un impact de météorite et un volcanisme très important. Ces deux phénomènes auraient plongé la Terre dans le noir pendant plusieurs centaines de milliers d'années empêchant ainsi les rayons du soleil de traverser l'atmosphère. De ce fait, la photosynthèse, essentielle au développement des végétaux, n'aurait pu se dérouler et les chaînes alimentaires auraient été perturbées.

> **À retenir**
>
> Les végétaux sont les premiers maillons des chaînes alimentaires :
> végétaux → phytophages → zoophages
> (cf. chapitre 11, p. 293).

B La sixième crise biologique

• **La Terre** connaît actuellement une **perte de biodiversité** et des **changements climatiques importants.** On nomme ce phénomène la **sixième crise biologique** ou extinction de l'**Holocène** (époque géologique qui va de –10 000 ans à nos jours). En effet, le taux actuel de disparition des espèces est 100 à 1 000 fois supérieur à celui de toutes les autres crises biologiques. On estime qu'il y a entre 17 000 et 100 000 espèces qui disparaissent chaque année.

• **Les causes de cette sixième crise biologique** seraient majoritairement liées à l'activité humaine. L'Homme modifie les écosystèmes et donc les milieux où vivent les espèces.
Les principales activités de l'Homme menaçant la biodiversité sont :
– la surexploitation des ressources (surpêche, surchasse…) ;
– la transformation du milieu par la déforestation, la mise en culture… ;
– la pollution de la biosphère (air, eau, sol…) ;
– l'introduction de nouvelles espèces dans de nouveaux milieux ;
– l'agriculture et l'élevage entraînant une diminution de la biodiversité génétique par la sélection et le clonage.

• **Les actions positives.** L'Homme essaie actuellement de limiter son impact et peut même mener des actions aux effets « positifs » sur la biodiversité.
Quelques exemples d'activités positives de l'Homme :
– création d'espaces protégés (parc nationaux et régionaux…) ;
– modification de son mode de vie (transports moins polluants, agriculture et élevage biologiques, quota de pêche…) ;
– réintroduction d'espèces en voie de disparition dans leur milieu de vie naturel.

6 Les mécanismes évolutifs à l'origine de la biodiversité

L'évolution de la biodiversité au cours du temps s'explique par des forces évolutives s'exerçant au niveau des populations : la **sélection naturelle** et la **dérive génétique**. On dit que ces forces évolutives font évoluer la constitution génétique des populations, c'est-à-dire le nombre d'allèles différents et leur fréquence. Cette évolution peut aboutir à la disparition de certaines espèces mais aussi à l'apparition de nouvelles espèces : on parle de **phénomène de spéciation**.

1 La sélection naturelle

A Définition

- **L'influence de l'environnement.** Des modifications des paramètres du milieu (climat, prédateurs…) peuvent survenir et agir sur les populations présentes : on parle de **pression sélective**.
- **La sélection des allèles.** En effet, certains individus vont être porteurs d'allèles qui vont favoriser leur survie face à cette pression sélective. Ces individus vont donc être sélectionnés et ainsi avoir plus de chance de se reproduire. De ce fait, ils vont transmettre à leur descendance les allèles favorables au nouvel environnement et donc augmenter la fréquence de ces allèles dans la population.

B Les pinsons des Galapagos : pression sélective liée au climat

- **Conséquences de la sécheresse.** Les îles Galapagos (archipel du Pacifique) ont subi une sécheresse importante en 1977 provoquant un durcissement des graines présentes sur les îles. Les graines tendres étaient l'aliment principal de l'espèce de pinsons *Geospiza fortis*. De nombreux individus de cette espèce, possédant un bec trop petit pour manger des graines dures, n'ont donc pas pu s'alimenter correctement et en sont morts.
- **Sélection des individus.** Certains individus, possédant un bec suffisamment gros, ont survécu en mangeant les graines dures. Ces individus se sont donc davantage reproduits et ont transmis l'allèle « gros bec » à leurs descendants. Le nombre de pinsons à gros bec a augmenté au fil des générations par rapport aux individus à petit bec.
- **Les conditions météorologiques** n'étant pas les mêmes chaque année, la dureté des graines varie ainsi que le nombre d'individus à petit et à gros bec (sachant que les individus à gros bec peuvent se nourrir de graines tendres et dures).

SVT

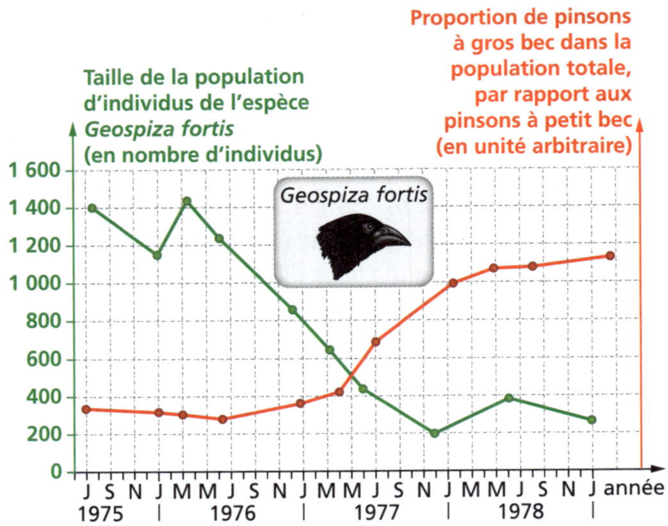

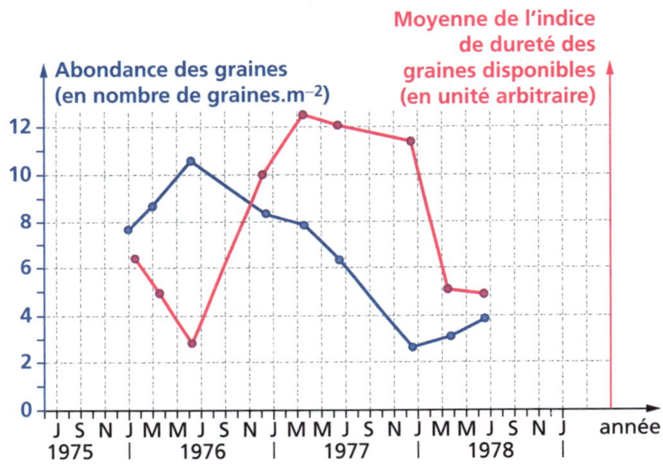

▲ Évolution par sélection naturelle d'une population de *Geospiza fortis*.

2 La dérive génétique

• Au sein d'une population, la **fréquence des allèles** peut varier de façon aléatoire au cours des générations par la reproduction : c'est ce que l'on appelle la **dérive génétique.** En effet, par le biais du hasard lors de la reproduction, la fréquence d'un allèle peut augmenter, diminuer, voire même devenir nulle (c'est-à-dire que l'allèle va disparaître de la population). Contrairement à la sélection naturelle, la dérive génétique concerne davantage les allèles dits neutres du point de vue sélectif.

> **Mot-clé**
> **Allèle neutre :** allèle qui ne donne ni avantages ni inconvénients pour la survie de l'individu.

• **Évolution de la fréquence en fonction de l'effectif.** Les changements de fréquence sont plus facilement observables sur une population à effectif réduit.

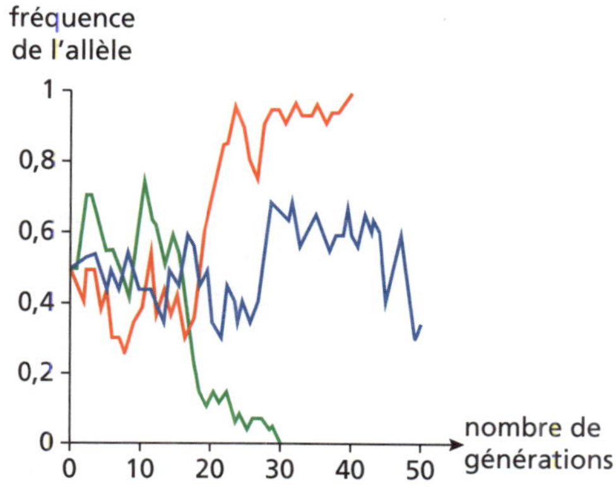

a. Exemple avec une population de 10 individus.

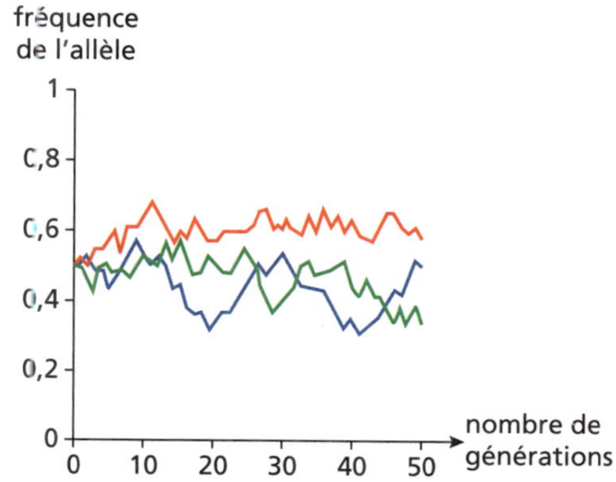

b. Exemple avec une population de 100 individus.

▲ Trois simulations de l'évolution de la fréquence d'un allèle (fixée au départ à 0,5) dans des populations de petite taille et de grande taille.

• **Formation de sous-populations.** Une population initiale peut être séparée en plusieurs sous-populations par le biais d'un isolement géographique (glissement de terrain, migration, construction humaine…). Dans le cas d'une population initiale de petite taille, ces circonstances favorisent la dérive génétique.

• Chaque sous-population est formée au hasard et ne présentera pas les mêmes fréquences alléliques que la population initiale : on parle de **variation d'échantillonnage.** Ensuite, les sous-populations évolueront de manières différentes.

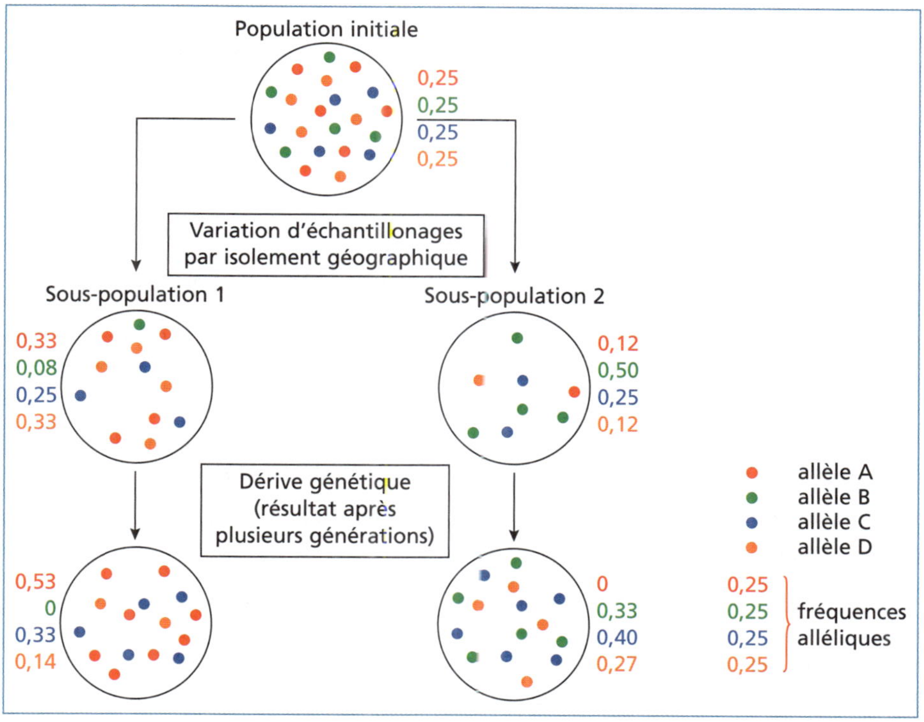

▲ Dérive génétique.

7 Communication intra-spécifique et sélection sexuelle

La communication dans le monde vivant consiste en la transmission d'un message par un organisme émetteur vers un organisme récepteur d'une même espèce. La réception du message entraîne une modification du comportement du récepteur : comportement reproductif, défensif, recherche de nourriture…

1 La chaîne de transmission de l'information

A Les différents types de communication

• **Les signaux** sont des processus physiques ou chimiques qui codent une information. Ces signaux sont produits par des organes souvent spécialisés (ex. : glandes phéromonales des abeilles).

• **La communication chimique chez les animaux.** Des molécules de type phéromones (molécules comparables aux hormones chez l'Homme) sont émises par un individu à un endroit et reçues par un autre individu de la même espèce passant à l'endroit de dépôt.

• **La communication visuelle.** Elle fait intervenir tout ce qui peut être perceptible par l'œil comme la gestuelle, la couleur ou encore l'émission de lumière.

• **La communication sonore.** Il s'agit de l'émission d'ondes sonores allant de l'infrason à l'ultrason en passant par le domaine de l'audible pour l'Homme.

Exemples

• **Communication chimique :** libération de phéromones par les fourmis le long d'un chemin pour indiquer où trouver de la nourriture.
• **Communication visuelle :** production de lumière chimique chez la luciole.
• **Communication sonore :** l'écholocalisation par l'ultrason chez les dauphins.

B Transmission et réception des signaux dans l'environnement

• **Passage de l'organisme émetteur à l'organisme récepteur.** Les signaux doivent traverser un **canal de transmission**. Celui-ci va agir comme un filtre en fonction des caractéristiques du signal (sa portée, son type…) et du milieu. En effet, chaque milieu ne va pas propager le signal de la même manière : le milieu aquatique transmet mieux les signaux sonores que le milieu aérien, les courants d'air et d'eau impactent la propagation des phéromones…

• Pour recevoir un signal, le récepteur doit posséder des structures réceptrices adaptées (ex. : œil chez les mammifères, antennes des papillons…).

• **Mode de réception.** En fonction du signal reçu, on nomme spécifiquement le mode de réception :
– **chimioréception** pour la réception d'un message chimique ;
– **photoréception** pour la réception d'un message visuel ;
– **audition** pour la réception d'un message sonore.

• **Le récepteur** va ensuite interpréter le signal reçu et décider de la réponse à adopter face au message.

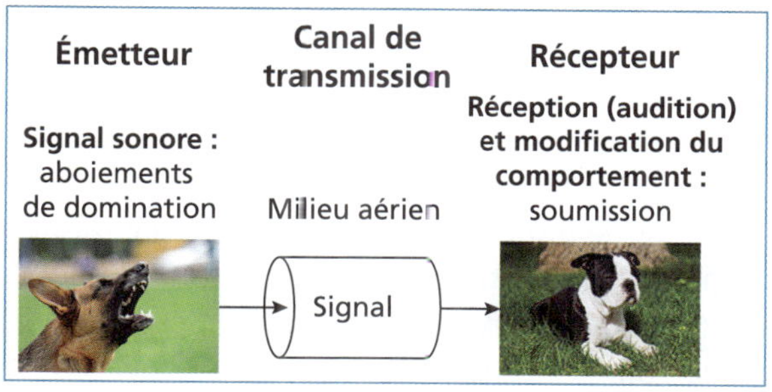

▲ Exemple d'une chaîne de transmission d'un message par communication sonore.

2 La sélection sexuelle

A Généralités

• **Dans le monde animal,** la sélection sexuelle est la communication entre des individus d'une même espèce et les comportements qui en résultent et qui peuvent contribuer à une sélection naturelle par la reproduction. Elle fait appel à deux phénomènes : le choix du partenaire et la compétition entre individus du même sexe pour l'accès à l'individu de sexe opposé.

• La reproduction représente un investissement énergétique important pour la **femelle**. La pression de sélection pousse les femelles à rentabiliser cet investissement, et donc à choisir le partenaire sexuel le mieux adapté à son environnement. De ce fait, la femelle maximise le succès reproductif de sa descendance.

B Dimorphisme sexuel

• **Cette sélection se traduit souvent par un dimorphisme sexuel,** c'est-à-dire une différenciation entre mâles et femelles au niveau des caractères sexuels secondaires (taille, couleur…). Ce dimorphisme sert aux femelles pour repérer plus facilement les mâles dans la population. Chaque femelle pourra ensuite choisir le mâle qui lui paraît le mieux adapté.

▲ Chez le cerf, seuls les mâles peuvent bramer et possèdent des bois.

• La sélection sexuelle passe par une communication différente suivant les espèces. Des difficultés dans la réception du signal peuvent entraîner, sur le long terme, un isolement reproducteur entre organismes d'une même espèce et être à l'origine d'un événement de spéciation (voir chapitre 6, p. 283).

8 L'érosion : de la roche aux sédiments

L'érosion est un processus de **modification du paysage** par **dégradation du relief**, et donc des roches, par un agent externe (vent, eau...). C'est donc un processus géologique naturel qui agit à différents rythmes : l'érosion peut modifier un paysage en quelques minutes (ex. : orage violent) ou en plusieurs dizaines de millions d'années. Dans le processus d'érosion, on distingue trois étapes : altération, transport des débris et sédimentation.

1 Les mécanismes de l'érosion

A Les agents d'érosion

- **Les agents mécaniques** vont arracher des morceaux de roches plus ou moins gros en fonction de la force de l'agent. Parmi les agents mécaniques, on retrouve notamment le vent, le sable et l'eau (liquide et solide).
- **Les agents chimiques** vont dissoudre la roche. L'érosion chimique se fait principalement par l'eau et agit sur des roches de type calcaire.

▲ Érosion mécanique d'un rocher par le sable.

▲ Paysage karstique formé par l'érosion chimique.

B L'altération des roches

- **L'altération** correspond à la **modification des propriétés physiques et chimiques des roches** par les agents d'érosion. L'intensité de l'altération va dépendre du type de roche, du climat et de la présence de végétation.
- L'altération va différer en fonction de la **composition minéralogique de la roche** et de la cohésion de ces minéraux. En effet, l'espace entre les minéraux va favoriser l'altération, les agents d'érosion (vent et eau notamment) s'infiltrant plus facilement dans la roche.
- **Certains minéraux étant plus sensibles** à l'effet d'agents d'érosion (minéraux plus ou moins solubles), la composition de la roche va également impacter l'altération.

Exemples

- Les racines de la végétation vont venir fissurer les roches du sous-sol et donc favoriser l'altération par infiltration d'agents d'érosion.
- Les zones géographiques très pluvieuses vont subir davantage d'altération, notamment par l'eau.

C Transports et sédimentation

• **Les produits de l'érosion** vont ensuite être transportés soit sous forme dissoute dans les eaux, soit sous forme solide. Dans ce dernier cas, on parle de **sédiments.**

> **Exemple**
> Les éboulements sont un exemple de processus gravitaire. Ils se produisent à la suite d'un événement climatique (fortes pluies), d'un évènement géologique (séisme) ou par l'affaiblissement de la roche du fait de la présence de végétation.

• **Le transport des sédiments** se fait soit par des processus gravitaires (faible distance), soit par le biais d'un agent de transport comme l'eau, le vent et la glace (distance importante).

• Les sédiments vont ensuite se déposer au lieu de leur sédimentation (voir chapitre 9, p. 290).

2 L'eau : principal facteur d'érosion et d'altération

• **L'eau** est le **principal facteur** dans le processus **d'érosion des roches.** C'est un agent d'érosion à la fois physique et chimique, et également un agent de transport des produits de l'altération.

• **L'action mécanique de l'eau** se fait principalement par l'impact des particules présentes dans l'eau lors du ruissellement, lors de l'impact des gouttes d'eau sur la roche qui décollent certains microfragments de roches (effet splash) et la **cryoclastie.**

> **Mot-clé**
> **Cryoclastie :** fissuration puis fracturation des roches. L'eau entre dans les fissures puis gèle, ce qui provoque une augmentation de son volume. La roche finit par éclater.

• **L'action chimique** se fait par **dissolution des minéraux** solubles de la roche qui vont se dissoudre et partir dans l'eau. Mais également par des **réactions d'hydratation** qui vont entraîner un gonflement du minéral et favoriser la destruction de la roche.

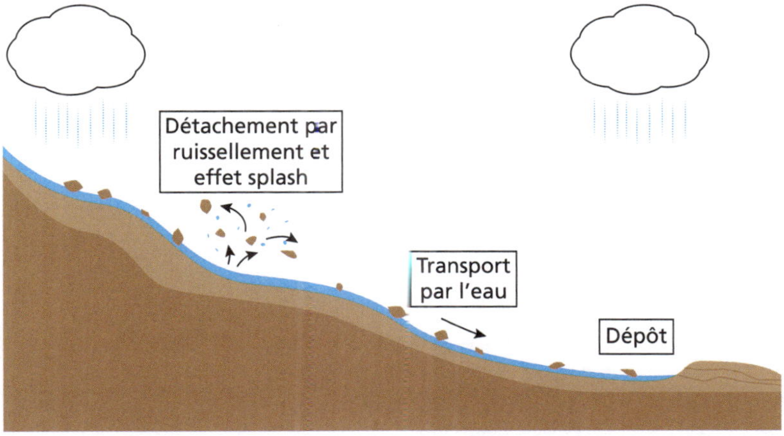

▲ Exemple de processus d'érosion par l'action de l'eau.

9 La sédimentation : des sédiments à la roche

La sédimentation est le processus pendant lequel les sédiments vont se déposer à la suite de leur transport et former des roches sédimentaires. Le dépôt se fait en couches appelées « strates ».

1 Le dépôt des sédiments

Les sédiments se déposent lorsque l'agent qui les transporte n'est plus assez puissant : les grosses particules se déposent donc davantage dans un courant fort et les particules fines dans un courant faible.

A Les apports sédimentaires

- **Les apports sédimentaires** diffèrent en fonction du type **d'altération et des sédiments formés** : taille, origine. Ces différences dépendent de la roche altérée et de l'agent d'érosion.

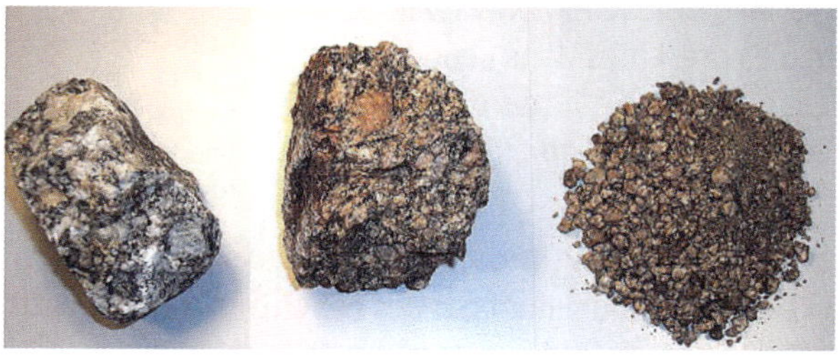

a. Granite sain. b. Granite altéré. c. Arène granitique.

▲ L'altération du granite donne comme produit une arène granitique.

- Des apports sédimentaires différents sont donc à l'origine de dépôts sédimentaires différents.

B Le milieu de sédimentation

- **Les sédiments** se déposent dans un **milieu de sédimentation.** Il en existe de plusieurs types :
  – continentaux : fleuves, désert… ;
  – transitoire (entre terre et mer) : delta, plage, lagon… ;
  – marin : récif, abysse, plateaux…
- **Les principaux dépôts de sédiments** se sont faits, et se font, dans les **milieux marins**.

2 Transformation des sédiments en roche sédimentaire

- Il existe une **diversité de roches sédimentaires détritiques** (conglomérats, grès, pélites) formées en fonction des apports et du milieu de sédimentation.
- Ces roches sont formées lors du **processus de diagénèse** (compaction et cimentation) après enfouissement.

Mots-clés

- **Détritique :** roche sédimentaire composée d'au moins 50 % de débris issus soit de l'érosion (détritique terrigène), soit de squelettes d'organismes vivants (biodétritique).
- **Diagénèse :** ensemble des processus responsables de la transformation d'un sédiment en roche sédimentaire.

A L'enfouissement et la compaction

- **Dans un milieu de sédimentation,** les sédiments se déposent de façon régulière. De ce fait, les sédiments qui se déposés les premiers sont recouverts par une colonne de sédiments. Les sédiments vont donc s'enfouir au fur et à mesure des dépôts.
- **Cette colonne de sédiments** va aussi exercer une pression sur les sédiments enfouis. Cette pression va permettre la compaction des sédiments qui vont donc perdre leur eau (déshydratation).

B La cimentation

- **La cimentation** est l'étape où les sédiments vont former une roche compacte.
- **Les éléments dissous dans l'eau** vont précipiter au fur et à mesure que l'eau s'échappe lors de la compaction. En précipitant, ces éléments (notamment des particules argileuses) forment un ciment qui va lier les sédiments entre eux.

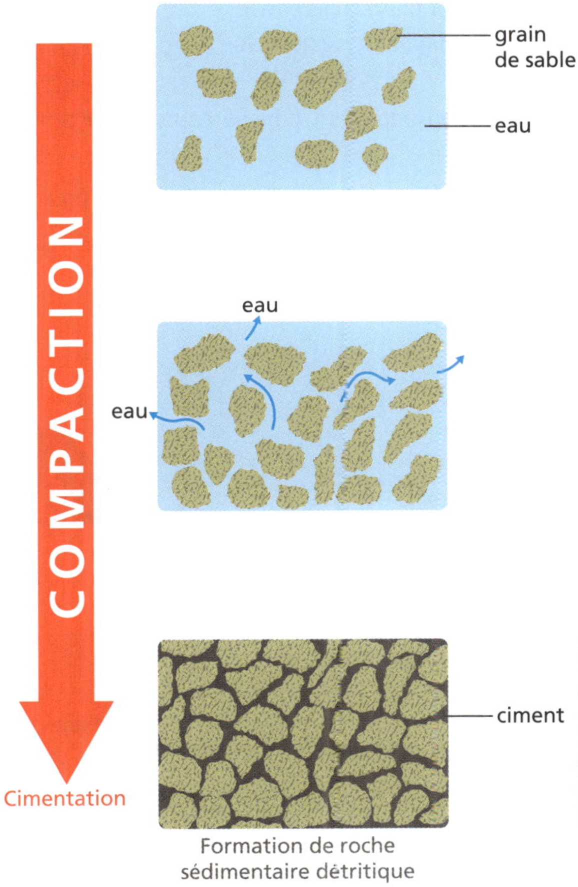

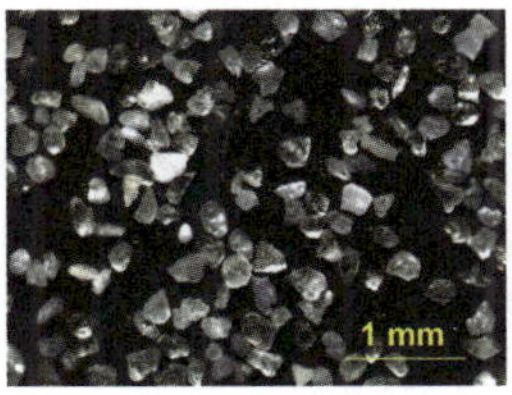

▲ Schéma du processus de formation d'une roche sédimentaire : exemple du grès.

10 Érosion et activités humaines

L'Homme utilise de nombreux produits de l'érosion (sable) et de la sédimentation (roche) pour ses besoins : constructions, industries... Par exemple, le sable est la ressource la plus consommée par l'Homme, après l'eau, avec plusieurs dizaines de milliards de tonnes par an pour l'industrie et la construction. Les activités humaines ont un impact sur l'érosion : elles la favorisent ou bien la limitent.

1 Les activités humaines favorisent l'érosion

• **Certaines activités de l'Homme**, comme l'**urbanisation**, favorisent l'érosion. En effet, les constructions entrainent le ruissellement de l'eau vers les cours d'eau car celle-ci ne peut plus s'infiltrer dans les sols. Par conséquent, le flux du cours d'eau augmente, ce qui favorise l'érosion de ses berges et augmente le risque d'éboulements.

> **Mot-clé**
> **Flux :** quantité d'eau par unité de temps : m^3/s pour un cours d'eau.

• **Lors de fortes pluies,** le flux devenu trop important pour le cours d'eau provoque une inondation.

• **Les conséquences des modifications de l'érosion** entraînent des risques pour la population : inondations, éboulements...

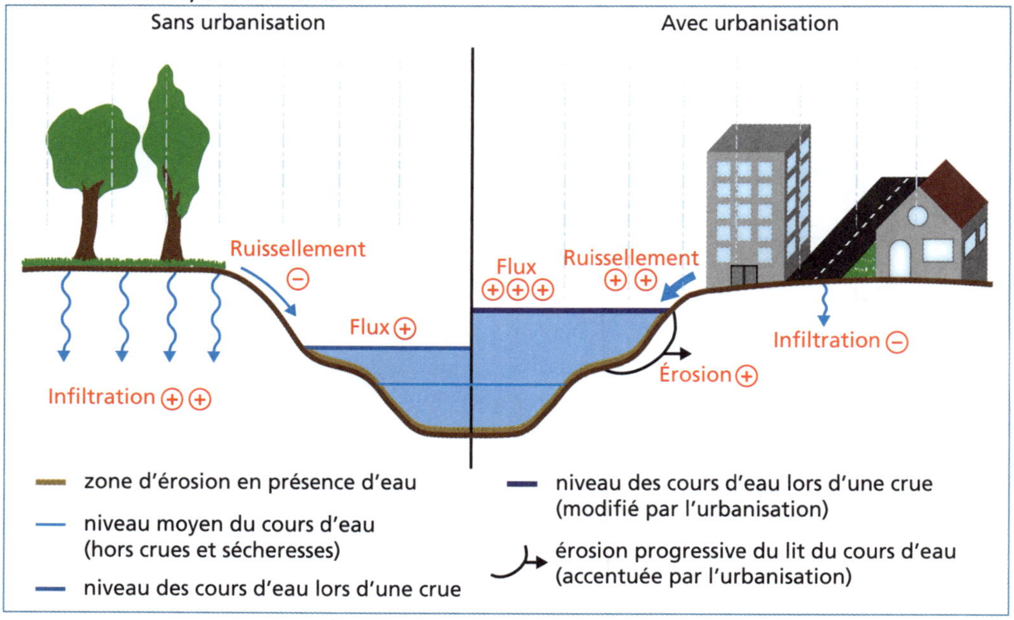

▲ Modification de l'érosion liée à l'urbanisation.

2 Solutions apportées pour limiter les risques

Pour limiter les risques liés à l'érosion, des aménagements spécifiques peuvent être mis en place :
– la construction **d'épis en béton** sur les plages pour limiter l'érosion des côtes littorales ;
– la création de **bassin de rétention d'eau** en amont des cours d'eau pour limiter les risques d'inondations.

11 Sols et biomasse

1 Importance du sol dans la production de biomasse

A Structure d'un sol

• **Superposition de couches.** Un sol est composé de trois couches :
– la **litière** composée de matière organique (essentiellement de feuilles mortes et de brindilles) et de nombreux organismes de tailles variées ;
– l'**humus** composé de matière organique décomposée et d'éléments minéraux ;
– la **couche minérale** composée d'éléments minéraux.

• **Sur le sol** se trouve la végétation et **sous le sol**, le sous-sol, composé de roches.

B Formation d'un sol

Il existe différents sols en fonction de leur nature et de leur composition. Plusieurs facteurs participent à leur formation.

À retenir
Le sol est le résultat de l'interaction du climat, de la roche mère et de la biosphère.

• **Les agents érosifs.** La roche mère subit des altérations chimiques (action de l'eau) et mécaniques (action de la température et des systèmes racinaires qui fracturent la roche) à chaque étape de la formation du sol. De la nature de la roche mère dépendront certaines caractéristiques du sol, telles que le type et la quantité de minéraux présents ou encore le type de végétation qui va s'implanter (ex. : certains végétaux préfèrent les sols acides).

• **L'interaction entre les roches et la biosphère.** Des végétaux vont pousser sur la roche et permettre la formation des couches du sol. La végétation, les animaux et les microorganismes présents dans les différentes couches du sol participent à sa formation et à son renouvellement constant.

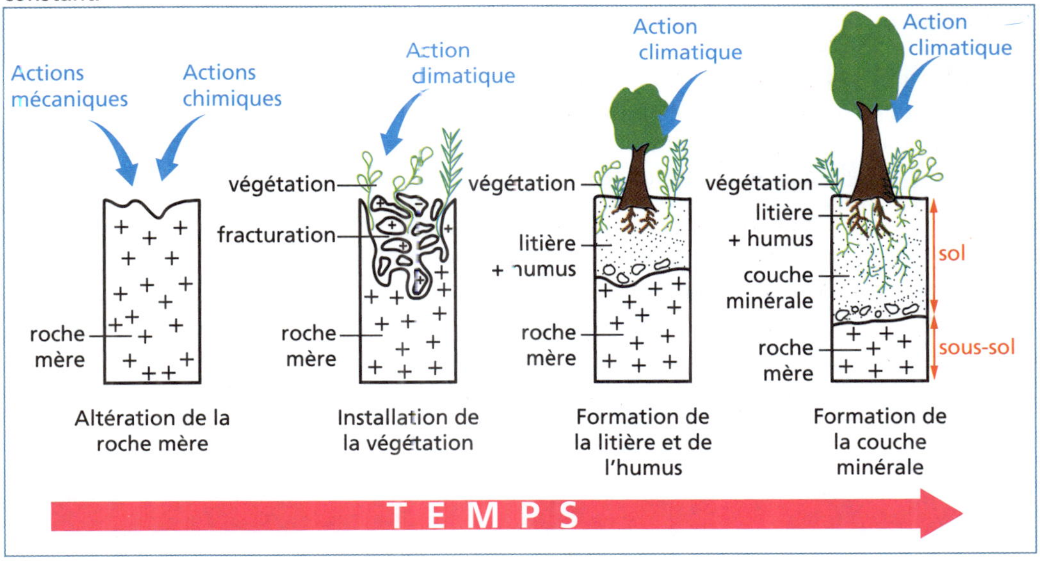

▲ Schéma de la formation d'un sol.

SVT

C Éléments minéraux du sol et production de biomasse

• **Les éléments minéraux du sol** tels que l'azote (N), le phosphore (P) et le potassium (K) sont principalement localisés dans la couche minérale et dans l'humus.

• **Les végétaux**, qui sont producteurs primaires de tout écosystème, prélèvent et utilisent ces éléments minéraux indispensables à la production de leur **biomasse**.

Mot-clé

Biomasse : masse de matière organique végétale ou animale vivant dans un biotope à un moment donné. Elle est souvent exprimée par unité de surface.

Sels minéraux	N, P, K (milieu complet)	N, P (carencé en K)	N, K (carencé en P)	P, K (carencé en N)
Couleur des feuilles	vertes	extrémités jaunâtres	rougeoyantes	vert jaunâtre et décolorées
Croissance	normale	anormale	réduite	très réduite

▲ Expériences mettant en évidence le rôle des éléments minéraux dans la production de biomasse chez le radis.

2 Cycle de matière

A Recyclage de la biomasse du sol

• **Niveaux trophiques d'un écosystème.** La matière et l'énergie circulent entre les différents niveaux trophiques. L'énergie entre dans le système sous forme d'énergie solaire grâce à la photosynthèse des végétaux, puis circule sous forme d'énergie chimique. Une partie est perdue à chaque niveau trophique sous forme de chaleur.

• **Le rôle des décomposeurs.** Des êtres vivants du sol, appelés décomposeurs, sont présents en grande quantité dans la litière. Ils consomment la biomasse morte et permettent sa transformation en éléments minéraux qui seront ensuite prélevés et utilisés par les producteurs primaires de l'écosystème. Les décomposeurs permettent donc le recyclage de la biomasse en éléments minéraux, assurant la fertilité des sols.

À retenir

Il n'y a pas de perte de matière au sein d'un écosystème. La biomasse est recyclée puis réinjectée dans le système.

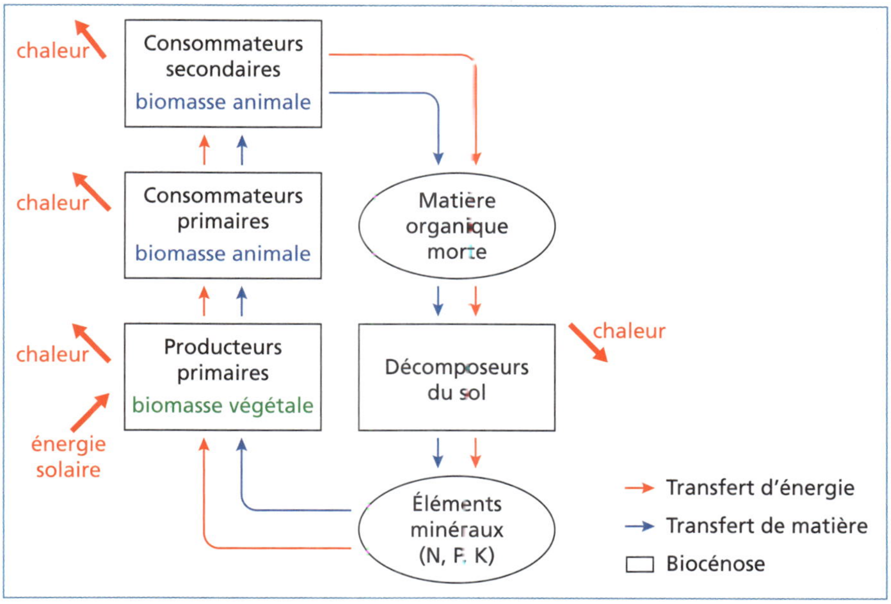

▲ Niveaux trophiques et transfert au sein d'un écosystème.

B Réseaux trophiques du sol

Les décomposeurs, extrêmement nombreux et divers, s'organisent en réseaux trophiques dans le sol.

Mot-clé

Réseau trophique : ensemble de chaînes alimentaires interconnectées au sein desquelles existe un transfert de matière.

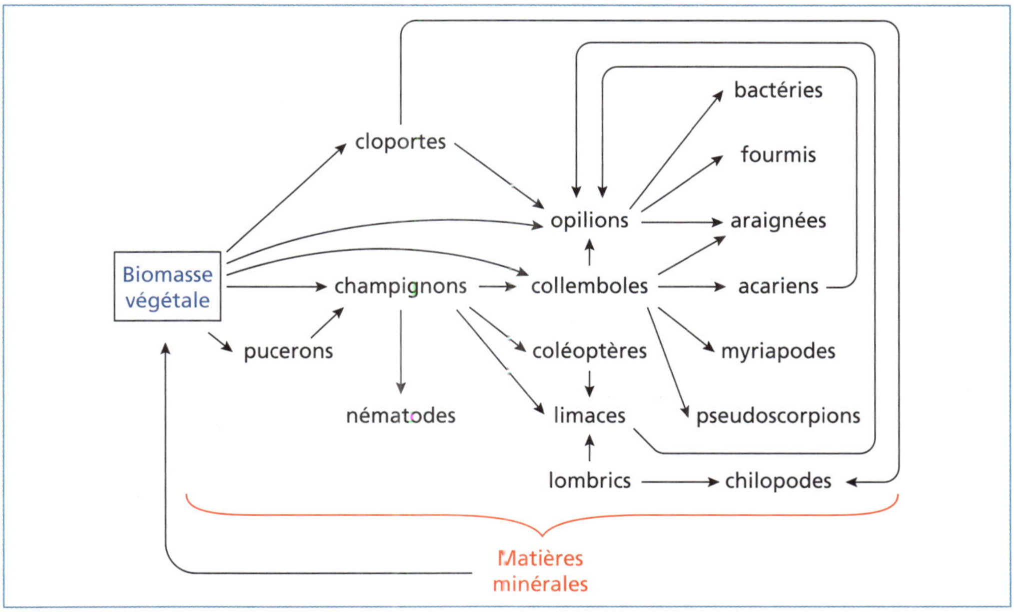

▲ Réseau trophique de décomposeurs du sol.

12 Les agrosystèmes

1 Organisation d'un agrosystème

A Agrosystème, système modifié et déséquilibré

• **Un agrosystème** est un écosystème modifié puis géré par l'Homme dans le but de produire une biomasse animale (élevage) ou végétale (culture) en grande quantité pour répondre à ses besoins, notamment alimentaires.

• **Intervention de l'Homme.** L'Homme va intervenir à tous les niveaux du fonctionnement de l'agrosystème afin d'optimiser la production de biomasse (l'augmentation de la biomasse pendant une période donnée), qu'il exportera du système.

> **À retenir**
> La production de biomasse par unité de surface et de temps dans un système est la productivité.

• **Contrairement à un écosystème naturel,** l'agrosystème n'est pas un système équilibré car une grande partie de la matière produite est sortie du système par l'Homme pour être consommée ou vendue et n'est donc pas recyclée (voir chapitre 11).

B Une seule espèce produite

La biodiversité est toujours très faible au sein d'un agrosystème. L'Homme va en effet installer l'espèce végétale qu'il veut produire et va optimiser son rendement en éliminant la végétation et les espèces animales susceptibles de nuire à sa productivité en prélevant des ressources dans le sol (les autres espèces végétales) ou en abîmant la culture (parasites, animaux).

2 Fonctionnement d'un agrosystème

A Entrées dans le système

• **L'énergie solaire et autres sources d'énergies.** L'énergie entre dans l'agrosystème sous forme d'énergie solaire, permettant la production de biomasse par photosynthèse, c'est la **production primaire**. D'autres sources d'énergie liées au fonctionnement des machines (notamment le carburant) et de la main-d'œuvre ainsi que l'énergie chimique contenue dans les intrants entrent dans le système et permettent la production rapide et efficace de biomasse par l'agrosystème. C'est une énergie qui n'est pas introduite dans un écosystème naturel.

• **L'eau** est apportée en grande quantité par l'Homme dans un agrosystème.

> **Exemple**
> Il faut 1 000 L d'eau pour produire 1 kg de riz et 13 000 L d'eau pour produire 1 kg de steak.

• **Les intrants : engrais et produits phytosanitaires.** L'exportation du système de la biomasse produite entraîne un appauvrissement des sols ; les producteurs primaires ont en effet besoin d'éléments minéraux qui sont normalement apportés par recyclage de la matière organique morte. L'apport d'engrais par l'Homme va compenser ces pertes. Les produits phytosanitaires visant à améliorer la santé de la plante cultivée sont des produits chimiques de type herbicides, fongicides et insecticides.

B Sorties du système

Comme dans un écosystème, de l'énergie est perdue sous forme de chaleur, mais la sortie la plus importante du système est celle de la matière liée à l'exportation de la biomasse produite.

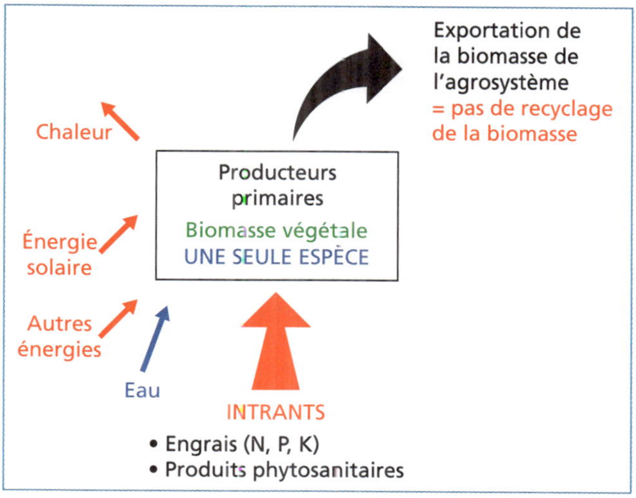

▲ Schéma du fonctionnement d'un agrosystème.

3 Rendement écologique et rendement agricole

A Rendement écologique

- **Le rendement écologique** entre deux niveaux trophiques est le rapport entre la productivité du niveau supérieur et celle du niveau inférieur.
- **Le rendement est faible dans un écosystème naturel** car il y a une perte d'énergie et de matière à chaque changement de niveau trophique. En effet, chaque consommateur ingère plus de biomasse du producteur situé au niveau trophique inférieur pour produire sa propre biomasse ; les consommateurs perdent donc de l'énergie par rapport à celle reçue du producteur.

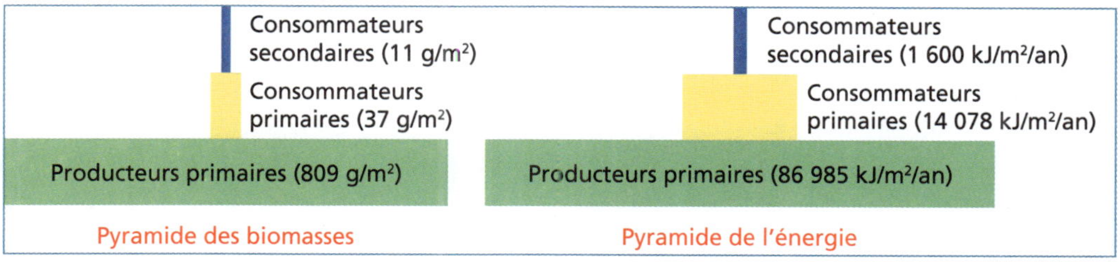

▲ Pyramides écologiques d'un écosystème.

- **Les causes** de la perte de matière et d'énergie d'un niveau trophique à l'autre sont :
– la matière non assimilée ;
– la respiration.

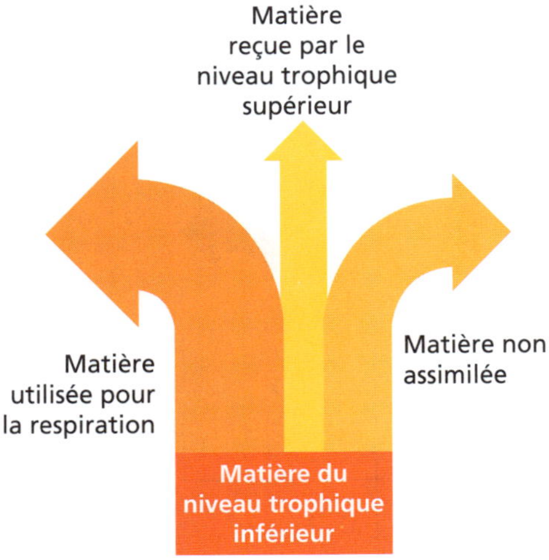

B Rendement agricole

- **Le rendement agricole** est la quantité de biomasse produite sur une surface donnée.
- **Le rendement d'un agrosystème** type élevage est plus faible que celui d'un agrosystème type culture car la biomasse végétale nécessaire pour produire la biomasse animale est importante.

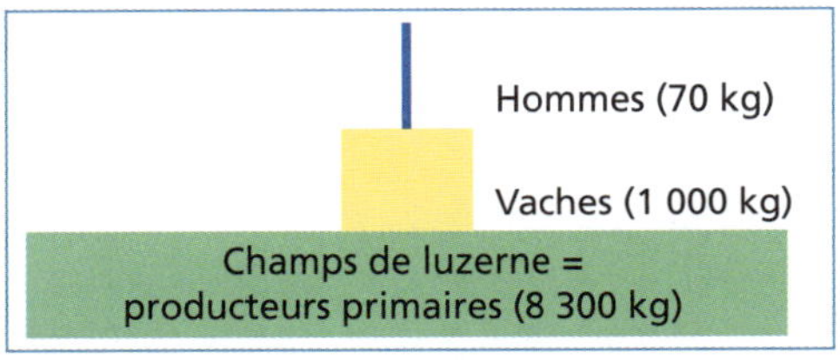

▲ Pyramide écologique (de biomasse) d'un agrosystème.

Exemple
Il faut 8 300 kg de luzerne pour produire 1 000 kg de viande bovine.

13 Gestion durable des agrosystèmes

Afin d'assurer les besoins alimentaires d'une population humaine qui ne cesse de croître, l'Homme recherche des solutions pour augmenter les rendements des agrosystèmes, tout en limitant leur impact écologique.

1 Impact environnemental d'un agrosystème

A Pollution des eaux profondes et des sols par les intrants

• **Pollution aux nitrates.** Les engrais NPK (Azote Phosphore Potassium) sont épandus en grande quantité sur les cultures afin d'optimiser l'assimilation des éléments minéraux par les végétaux. Cependant, une partie de ces éléments ne va pas être utilisée par la culture et donc rester dans le sol. Les nitrates notamment, à la faveur de l'eau de pluie, vont s'infiltrer dans le sol et contaminer les nappes phréatiques du sous-sol qui sont la principale source d'eau potable pour l'Homme. Ils peuvent alors impacter la santé des populations qui consomment cette eau. Les éléments minéraux peuvent également polluer les cours d'eaux aux alentours par ruissellement des eaux de pluie.

• **Les produits phytosanitaires** sont composés de molécules chimiques qui ont une durée de vie très longue. Ces produits s'accumulent dans le sol jusqu'à devenir potentiellement dangereux.

B Impacts sur l'environnement proche

• **Impacts sur la biodiversité.** L'utilisation de produits phytosanitaires (pesticides, fongicides et herbicides) pour maintenir les monocultures et limiter la présence de ravageurs va impacter de façon directe la biodiversité dans l'agrosystème mais aussi, de façon indirecte, la biodiversité aux alentours de l'agrosystème par pollution des sols et des eaux.

• **Impacts sur la santé des organismes.** La pollution des sols va avoir un impact sur la santé des végétaux, des animaux et celle de la population humaine et ce de façon croissante à cause du phénomène de bioconcentration : une molécule dangereuse va être de plus en plus concentrée au fur et à mesure de son passage d'un niveau trophique à l'autre.

▲ Pyramide des concentrations des polluants.
La concentration du polluant au sein des organismes est indiquée en ppm (partie par million).

2 Solutions limitant l'impact écologique des écosystèmes

A Modèles agricoles

L'impact écologique d'un agrosystème varie selon le modèle agricole mis en œuvre.

SVT

• **L'agriculture vivrière,** à très faible impact écologique, a pour but de produire de la nourriture destinée à la consommation humaine uniquement et sans objectif de vente à la population. Le rendement est extrêmement faible.

• **L'agriculture extensive** (appelée également « agriculture biologique ») permet une production limitée sur une vaste zone géographique. Le rendement est faible car seules les ressources naturelles du lieu de culture sont utilisées, aucun intrant chimique n'est introduit.

• **L'agriculture intensive** permet une production importante sur une zone géographique limitée. La quantité d'intrants utilisés est importante et s'accroît afin d'obtenir le plus fort rendement possible. La production a un but commercial et peut être destinée à la consommation humaine ou à l'alimentation d'un agrosystème type élevage.

B Raisonner l'agriculture intensive

• **Les agriculteurs peuvent limiter l'utilisation d'intrants** et n'apporter, par exemple, qu'une quantité d'eau et d'engrais qui corresponde à celle dont a besoin la culture pour produire sa biomasse.

• **La limitation de l'utilisation des produits phytosanitaires** (lutte chimique contre les parasites) est possible en introduisant dans l'agrosystème des prédateurs naturels aux ravageurs de la culture, c'est la **lutte biologique**. La biodiversité de l'agrosystème est dans ce cas également favorisée.

> **Exemple**
> Les coccinelles peuvent être utilisées pour lutter contre les pucerons et les cochenilles.

C Amélioration des variétés agricoles par recherche agronomique

• **La sélection** permet d'améliorer une variété en repérant, parmi la population, les individus ayant des caractéristiques intéressantes (ex. : production de lait plus importante pour une vache laitière) et en favorisant la reproduction de cet individu par rapport aux autres. L'éleveur ou l'agriculteur intervient alors dans le choix des individus qui se reproduisent.

• **L'hybridation agricole.** L'agriculteur peut également créer de nouvelles variétés en sélectionnant des organismes aux caractéristiques qu'il juge intéressantes pour en faire des lignées pures, puis les hybrider. Le but est de créer un hybride qui combine les avantages de ses deux parents et est même plus performant que chacun des deux individus initiaux : c'est l'effet hétérosis.

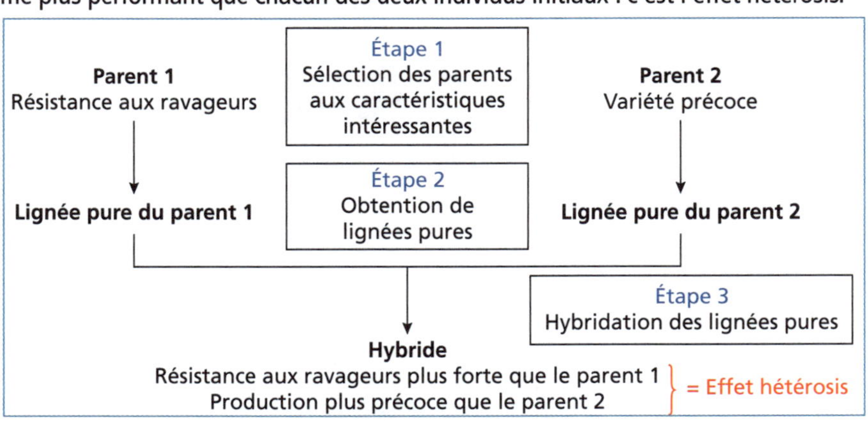

▲ Schéma des étapes d'une hybridation.

• **La création d'OGM en laboratoire.** Un OGM est un organisme génétiquement modifié dont l'ADN a été modifié par l'Homme afin d'y introduire un gène apportant à l'organisme une caractéristique précise, on parle de **transgénèse**.

14 Sexe génétique et appareils sexuels

Dans le champ biologique, l'identité sexuée d'un individu est définie par le **sexe génétique** qui induit les **caractéristiques sexuelles anatomiques** (organes reproducteurs) et **physiologiques** (production des gamètes).

1 La détermination du sexe au niveau génétique

- **Le sexe génétique** d'un individu est déterminé par la paire de chromosomes sexuels formée au moment de la fécondation : **XX pour la femme** ou **XY pour l'homme**.
- **Lors du développement embryonnaire,** la gonade est d'abord indifférenciée (gonade bipotentielle) ; elle se différencie ensuite en **testicule** chez les embryons de caryotype XY ou en **ovaire** chez les embryons de caryotype XX.

> **Mot-clé**
> **Gonades :** organes sexuels qui produisent les gamètes.

- **Le gène SRY,** présent sur le chromosome Y permet la différenciation de la gonade. On parle de **gène de la masculinisation.**

	Situations normales		Anomalies chromosomiques			
Caryotype	XY	XX	XXY	X	XX	XY
Structure des chromosomes sexuels 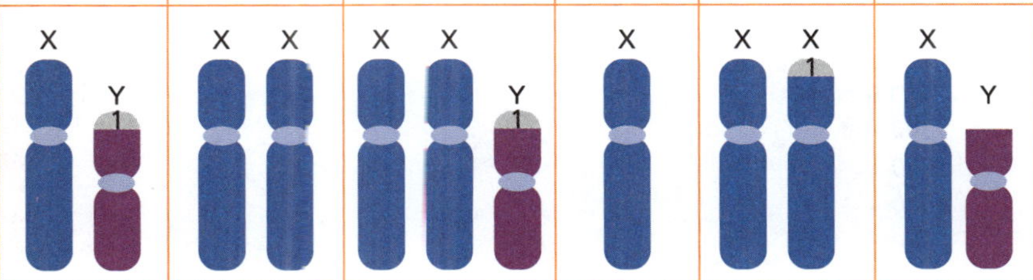	X Y (1)	X X	X X Y (1)	X	X X (1)	X Y
Apparence sexuelle	Homme	Femme	Homme	Femme	Homme	Femme
Gonades	Testicules fonctionnels	Ovaires fonctionnels	Testicules de taille réduite	Ovaires de taille réduite	Testicules non fonctionnels	Ovaires non fonctionnels

▲ Exemples d'anomalies démontrant l'importance du gène SRY (portion 1 du chromosome Y) dans la différenciation de la gonade.

2 La puberté : mise en place des appareils sexuels

La puberté commence à l'apparition des caractères sexuels secondaires et se termine lorsque l'appareil reproducteur devient fonctionnel. Durant cette phase, de nombreuses modifications apparaissent (physiques, comportementales, physiologiques) dues aux hormones sexuelles.

A Généralités sur la puberté

- **La puberté démarre par l'intervention du cerveau** qui stimule le développement des gonades par l'intermédiaire de diverses hormones. En réponse à ce stimulus, ces organes vont synthétiser des hormones sexuelles : œstrogène par les ovaires et testostérone par les testicules.

• **L'augmentation de la concentration des hormones sexuelles** entraîne l'apparition des caractères sexuels secondaires (mue de la voix, poussée de croissance, pilosité, seins…).

B La production des gamètes

• **Les appareils sexuels deviennent fonctionnels** au cours de la puberté, c'est-à-dire qu'ils vont produire des gamètes : **spermatozoïdes chez l'homme** et **ovocytes chez la femme.**

• **Chez la femme, la production des ovocytes est cyclique**. Deux hormones sont produites par les ovaires et permettent de contrôler le cycle : l'**œstrogène** et la **progestérone.** Pour qu'un ovocyte soit expulsé lors de l'ovulation, les hormones (surtout l'œstrogène) induisent la maturation d'un follicule qui va contenir l'ovocyte. Seul l'ovocyte sera expulsé et le reste du follicule se transforme en corps jaune.

> **À retenir**
> Le **corps jaune** a pour but de sécréter de la progestérone permettant de maintenir la muqueuse utérine en cas de nidation.

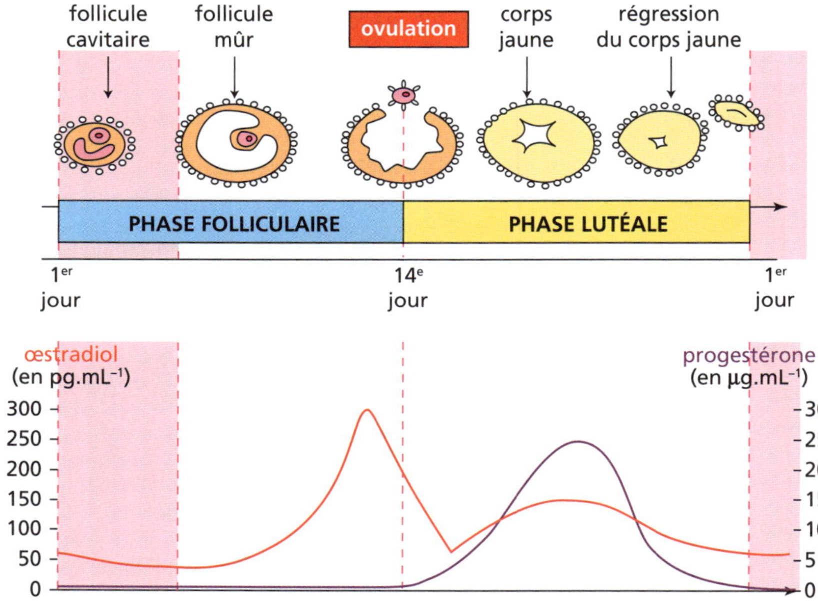

▲ Le cycle ovarien.

• **Chez l'homme, la production de spermatozoïdes est continue.** Elle se déroule dans les tubes séminifères des testicules sous l'influence de la testostérone qui est sécrétée par les cellules interstitielles.

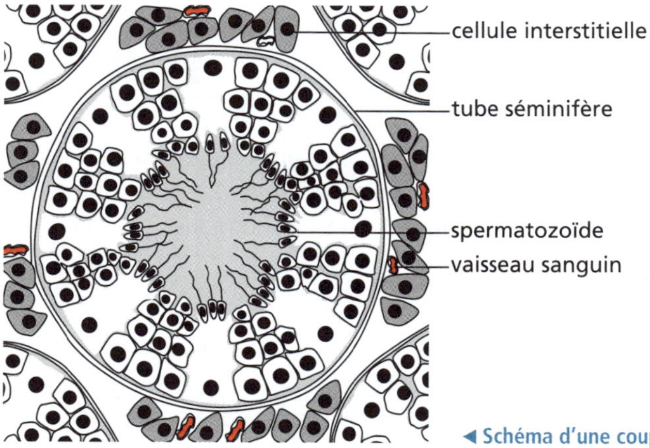

◄ Schéma d'une coupe transversale de tube séminifère.

15 Maîtrise de la reproduction

Pour pouvoir maîtriser la reproduction (décider d'avoir ou non un enfant), il faut connaître le fonctionnement des appareils reproducteurs et notamment les hormones qui y participent.

1 Le fonctionnement des appareils reproducteurs

• **Le fonctionnement des appareils reproducteurs** (féminin et masculin) repose sur un **dispositif neuro-endocrinien**, c'est-à-dire en lien avec le système nerveux et les hormones qu'il libère.

• **Des structures du cerveau libèrent des neurohormones** qui stimulent les organes sexuels, et donc la libération des hormones sexuelles. Ces structures sont l'hypothalamus et l'hypophyse. Elles forment le **complexe hypothalamo-hypophysaire.**

> **Mot-clé**
> **Neurohormones :** hormones libérées par le cerveau.

• **L'hypothalamus libère une neurohormone : la GnRH** qui stimule l'hypophyse. En réponse à ce stimulus, l'hypophyse libère deux hormones : la **LH** et la **FSH** qui stimulent à leur tour les ovaires et les testicules.

• **La LH stimule la production de testostérone** par les cellules interstitielles et le déclenchement de l'ovulation (voir chapitre 14).

• **La FSH stimule la production de spermatozoïdes** dans les tubes séminifères et la **maturation des follicules** dans les ovaires (voir chapitre 14).

> **Mot-clé**
> **Synapse :** région de contact entre un neurone et une autre cellule.

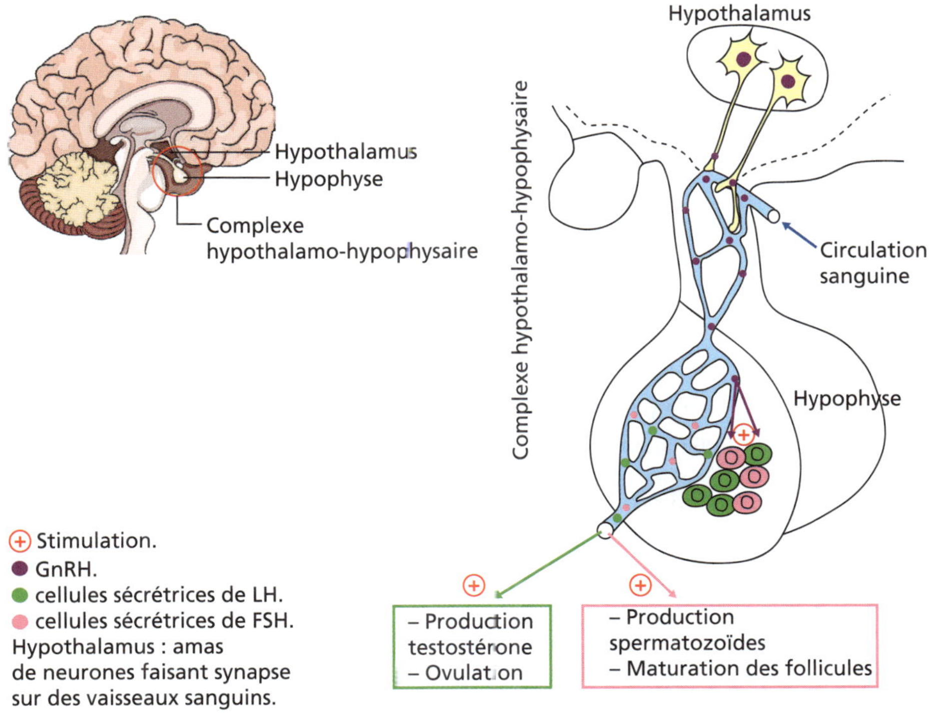

▲ Rôle et fonctionnement du complexe hypothalamo-hypophysaire.

SVT

2 La procréation

La maîtrise de la procréation s'effectue par la mise au point de molécules de synthèse qui trompent le système hormonal contrôlant le fonctionnement des appareils reproducteurs.

A Les moyens de contraception et contragestion

Chez la femme et chez l'homme, ces molécules de synthèse sont utilisées pour :

- **la contraception régulière :** la pilule, par exemple, contient des hormones qui ressemblent à l'œstrogène et à la progestérone fabriqués par les ovaires. Elle modifie les quantités d'hormones au cours du cycle menstruel et donc les effets sur l'organisme (blocage de l'ovulation, modification de la muqueuse utérine rendant la nidation impossible…) ;
- **la contraception d'urgence :** aussi appelée « pilule du lendemain », contient une hormone proche de la progestérone qui bloque l'ovulation et la fécondation ;
- **la contragestion médicamenteuse :** aussi appelée « IVG (interruption volontaire de grossesse) médicamenteuse », se déroule en deux prises de médicaments. Le premier interrompt la grossesse en bloquant l'action de la progestérone (hormone qui permet le maintien de la muqueuse utérine en cas de nidation) ; le second déclenche l'expulsion de l'œuf en provoquant des contractions.

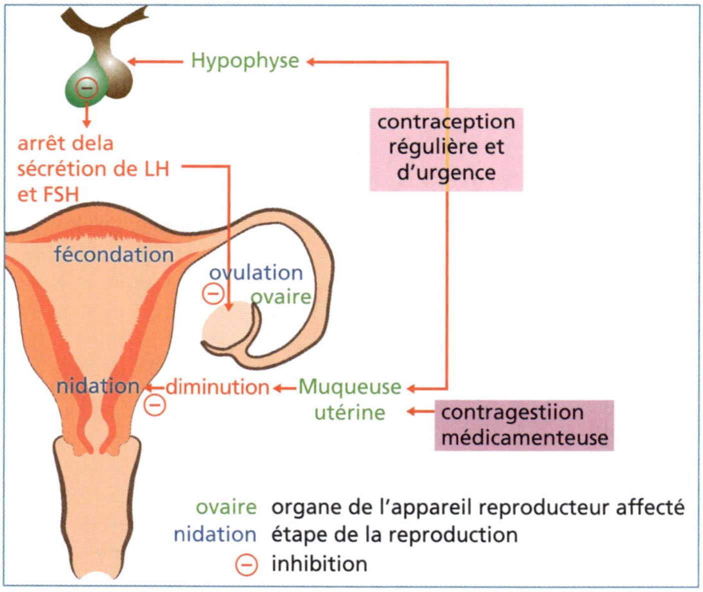

▲ Lieu d'action des moyens de contraception et de contragestion.

À savoir

La contraception hormonale masculine est en cours de développement. Elle contient des hormones similaires à la progestérone pour stopper la production de testostérone.

- **Il existe d'autres modes de contraception pour l'homme et la femme** dont certains, comme les **préservatifs**, permettent de se protéger des infections sexuellement transmissibles (IST) et ainsi d'éviter leur propagation.

B Les techniques d'aide à la procréation

- **L'assistance médicale à la procréation (AMP)** est utilisée pour aider les couples ayant des problèmes de stérilité ou de fertilité.
- **Selon le problème du couple,** des techniques différentes sont pratiquées : insémination artificielle, fécondation *in vitro* (FIV). Un **traitement hormonal** est souvent suivi par la femme pour faciliter la fécondation et / ou la gestation.

16 Plaisir et sexualité

Chez l'homme et la femme, la sexualité est associée au plaisir. Celui-ci repose notamment sur des mécanismes biologiques comme l'activation dans le cerveau du système de récompense et des facteurs affectifs et sociaux.

1 Les mécanismes du système de récompense

• **Le système de récompense** fait intervenir un réseau de connexions qui permet de relier différentes structures cérébrales : l'aire tegmentale ventrale (ATV), le putamen, le noyau accumbens, le septum et le gyrus cingulaire. Ce circuit permet de renforcer certains comportements comme les comportements alimentaires ou sexuels.

À savoir

L'ATV et le noyau accumbens sont les deux structures principales du circuit de la récompense. Les autres structures impliquées varient en fonction de la source de départ (activité sexuelle, alimentation...).

• **Lors d'une activité associée à un plaisir,** le cortex cérébral est stimulé et envoie des informations à l'ATV qui les traite. Ensuite, l'ATV libère un neurotransmetteur, la **dopamine,** qui stimule à son tour d'autres structures cérébrales : le noyau accumbens, le septum, le putamen et le gyrus cingulaire.

Mots-clés

• **Neurotransmetteur :** molécule chimique qui transmet un message entre deux neurones.
• **Récompense :** stimulus interprétés par le cerveau comme positifs.

• **La stimulation de ces structures** entraîne une sensation de plaisir et induit donc le phénomène de récompense qui fournit la motivation nécessaire à la réalisation d'activités ou de comportements fondamentaux.

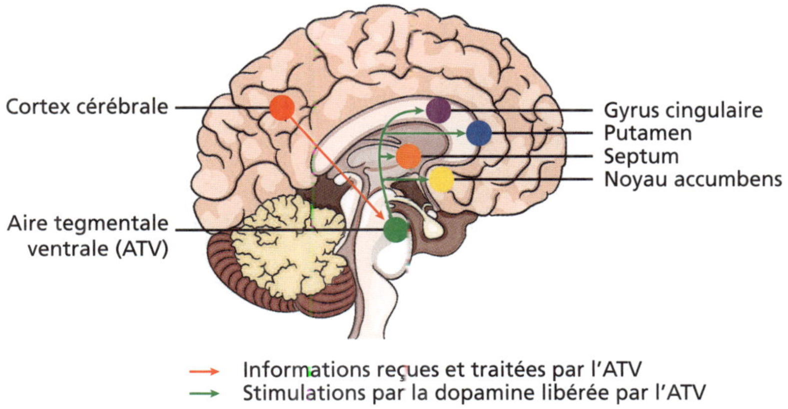

▲ Schéma simplifié du circuit de la récompense lié à l'activité sexuelle.

• **Chez l'Homme, la biologie à elle seule ne peut expliquer les sentiments amoureux,** les sentiments de désir et de plaisir. Le comportement sexuel est influencé par d'autres facteurs.

SVT

2 Les autres facteurs influençant le comportement sexuel

• **La sexualité humaine** est également **liée au développement de cultures et traditions** variables selon les époques et les régions du monde. Le contexte socioculturel influence de manière importante le comportement sexuel individuel, tant au niveau des pratiques que des préférences affectives et sexuelles.

> **Exemple**
> Les jouets mis à la disposition des enfants participent à la représentation culturelle stéréotypée de la femme et de l'homme et de leur rôle au sein de la famille : les filles jouent avec des poupées et font la cuisine, les garçons jouent avec des voitures et font du bricolage.

• **Identité et orientation sexuelle.** L'identité sexuelle est le fait de se reconnaître ou d'être reconnu socialement comme homme ou femme. L'orientation sexuelle est l'attirance affective et sexuelle pour une autre personne (de l'autre sexe, du même sexe, ou les deux). Si l'identité sexuelle appartient à la sphère publique, l'orientation sexuelle, elle, fait partie de la sphère privée.

17 Maladies et agents pathogènes

Des maladies humaines sont causées par des agents pathogènes, c'est-à-dire des organismes vivants (virus, certaines bactéries ou certains eucaryotes) capables d'entraîner une maladie. Certaines de ces maladies peuvent être transmises directement entre êtres humains (maladies à transmission directe) ou par le biais d'animaux (maladies vectorielles) ou encore par le milieu ambiant (air, eau).

1 Une maladie à transmission directe : le sida

Le sida (Syndrome d'Immunodéficience Acquise) est une maladie humaine, mortelle, causée par le VIH (Virus de l'Immunodéficience Humaine).

A Modes de transmission du VIH

• **La propagation de l'agent pathogène VIH** se fait par changement d'hôte à la faveur d'un contact entre deux hôtes. Il se transmet directement entre êtres humains et ce à toutes les phases de la maladie.

> **À retenir**
> Les agents pathogènes vivent aux dépens d'un autre organisme, appelé « hôte », et entraînent l'apparition de maladies qui se manifestent par des symptômes plus ou moins graves.

• **Le VIH est présent dans les liquides biologiques de l'organisme** en quantité suffisante pour une contamination par le sang et les secrétions sexuelles humaines. Il se transmet par voie sexuelle, sanguine et de la mère à l'enfant lors de la grossesse, de l'accouchement ou de l'allaitement. Une fois le virus entré dans l'organisme hôte (contamination par le virus) il va s'y multiplier : c'est l'infection.

B Cycle de développement du virus

• **Un virus,** pour pouvoir se développer dans l'organisme hôte (ici, le corps humain) **parasite les cellules de l'hôte** en détournant leurs fonctions initiales pour sa propre multiplication.

• **Lymphocytes T.** Le VIH va reconnaître, se fixer et entrer dans les cellules immunitaires humaines de type lymphocytes T pour s'y multiplier. Ces cellules, dont le rôle initial est la lutte contre les infections virales, ne peuvent plus fonctionner correctement et finissent par être détruites. Les fonctions immunitaires sont donc affaiblies (immunodéficience) au fur et à mesure de la propagation de l'infection et de l'augmentation du nombre de virus dans l'organisme.

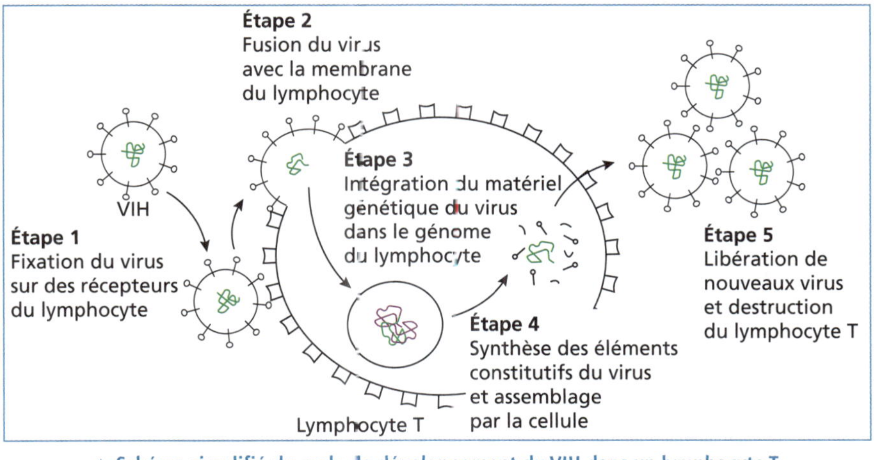

▲ Schéma simplifié du cycle de développement du VIH dans un lymphocyte T.

SVT

C Les phases de la maladie

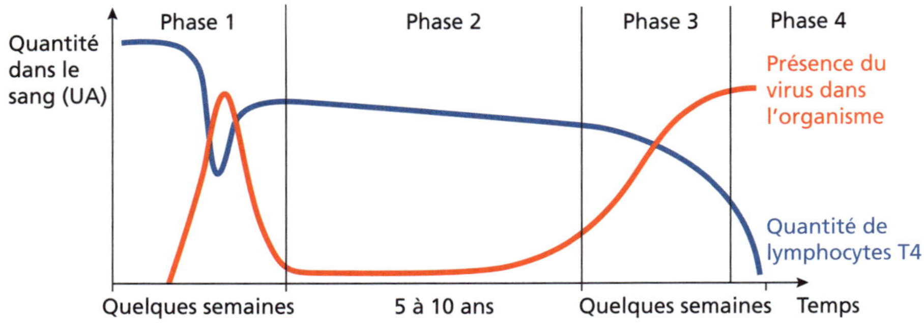

▲ Les phases de la maladie du sida.

La maladie peut se découper en quatre phases, depuis le moment de la contamination jusqu'à la mort de l'individu atteint et le virus peut se transmettre à chacune de ces phases :
– **la phase de primo-infection** qui suit la contamination peut durer quelques semaines. Des symptômes ressemblant à ceux d'un état grippal (fièvre, maux de tête…) peuvent apparaître ;
– **la phase asymptomatique** est la plus longue. Comme son nom l'indique, l'individu ne présente alors aucun symptôme. Le seul moyen de déterminer la présence du virus dans l'organisme est le dépistage. C'est une phase d'équilibre où le corps parvient à maintenir un nombre de virus assez bas mais sans jamais réussir à l'éliminer totalement ;
– **la phase d'accélération** est marquée par la chute de la quantité de lymphocytes T parallèlement à l'augmentation de la quantité de virus : le système immunitaire est dépassé et épuisé ;
– **la phase sida** est la phase terminale de la vie de l'individu malade. Le système immunitaire est inefficace et de nombreuses maladies opportunistes vont se développer, jusqu'au décès.

D Limiter la propagation du virus

• **Pandémie.** La propagation du virus a été très rapide et a causé une pandémie, c'est-à-dire que la maladie a atteint un nombre important de personnes et ce, partout dans le monde.

• **Lutte individuelle et collective.** Il n'existe actuellement aucun vaccin contre le VIH ni aucun traitement qui permet d'éliminer le virus définitivement de l'organisme. Cependant, les connaissances acquises sur les modes de transmission du virus permettent d'envisager des luttes individuelles et collectives afin de limiter sa propagation dans la population humaine.

• **Quelques comportements individuels et collectifs** permettent de lutter contre la propagation du virus :
– réalisation d'un test de dépistage en cas de comportements à risques ;
– utilisation de préservatifs masculins et féminins lors de rapports sexuels, dès les préliminaires ;
– utilisation de seringues stériles ;
– traitement des femmes enceintes porteuses du VIH pour réduire le risque de transmission aux enfants.

2 Une maladie à transmission vectorielle : le paludisme

Le paludisme est une maladie humaine, mortelle, causée par un parasite du genre Plasmodium et transmise par la piqûre d'un moustique femelle du genre Anophèle.

A Mode de transmission du paludisme

• **La propagation de l'agent pathogène** (le plasmodium) se fait par changement d'hôte de façon indirecte, grâce à un vecteur.

• **On distingue le vecteur biologique du parasite** qu'est le moustique **et l'hôte et réservoir de pathogènes** qu'est l'Homme. En effet, l'organisme de l'Homme va servir de lieu de stockage pour le parasite jusqu'à sa transmission ou sa disparition.

> **Mot-clé**
> **Vecteur biologique :** organisme qui transporte les agents pathogènes d'un hôte à l'autre, sans lui-même être malade.

B Cycle évolutif du parasite

Le cycle évolutif du plasmodium se déroule alternativement dans l'organisme humain (où il entraîne notamment l'éclatement des globules rouges) et dans l'organisme du moustique en fonction de son stade de développement. Les insectes sont des agents transmetteurs indispensables au plasmodium car ils permettent sa maturation et sa multiplication, puis sa transmission à l'Homme par piqûre.

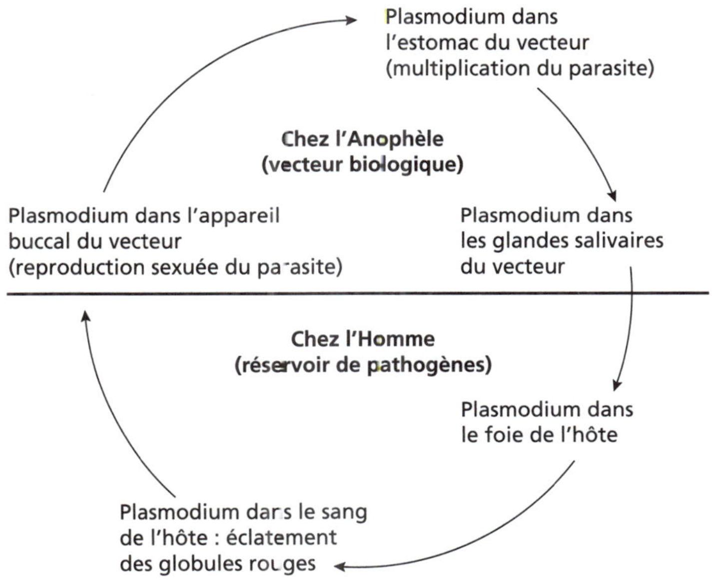

▲ Le cycle évolutif du plasmodium.

C Limiter la propagation du parasite

• **Endémie.** Le paludisme est une endémie parasitaire qui fait des millions de victimes par an dans le monde. Dans certaines régions, une partie de la population est porteuse saine, c'est-à-dire que certains individus sont porteurs du parasite mais ne développent aucun symptôme. Le réchauffement climatique actuel semble étendre la transmission du paludisme en dehors de sa zone endémique connue.

> **Mot-clé**
> **Endémie :** présence persistante d'une maladie dans une région déterminée (ici, certaines régions tropicales et subtropicales) et au sein d'une population précise.

• **Prophylaxie.** Plusieurs médicaments existent également en prophylaxie, c'est-à-dire en prévention avant un voyage en zone endémique, par exemple. Les connaissances sur l'importance du vecteur dans la propagation du plasmodium permettent d'envisager des luttes individuelles et collectives efficaces, telles que l'utilisation de moustiquaires imprégnées d'insecticide afin d'éviter les piqûres de moustiques.

• **Traitements thérapeutiques.** Aucun vaccin n'est disponible mais il existe des traitements médicamenteux pour guérir du paludisme, efficaces si la maladie est traitée rapidement.

18 Microbiote humain et santé

Le microbiote humain est l'ensemble des microorganismes qui vivent sur et dans le corps humain (intestins, vagin, peau…) Le corps humain vit en symbiose avec les microorganismes qui composent son microbiote. Le microbiote humain le plus étudié actuellement est le microbiote intestinal.

1 Composition et évolution du microbiote humain

A Composition du microbiote

• **Type de micro-organismes.** Les micro-organismes de notre microbiote sont des bactéries, des champignons mais aussi des virus qui sont présents sur toutes les surfaces du corps humain en contact avec l'extérieur. Ils sont non pathogènes (ne causent pas de maladies) pour notre organisme et pour certains, sont bénéfiques, voire indispensables à son bon fonctionnement. Une partie de ces micro-organismes est commune à tous les humains mais certaines espèces sont propres à chacun et peuvent varier d'un individu à l'autre, mais aussi chez un même individu au cours de sa vie.

> **Exemple**
> Le **microbiote vaginal** est composé essentiellement de bactéries Firmicutes du genre Lactobacilles et est assez stable au cours de la vie mais il est différent d'une femme à l'autre.

• **Le microbiote intestinal** comprend **100 000 milliards de bactéries** vivant dans les intestins, pèse jusqu'à 2 kg et est composé de plusieurs centaines d'espèces bactériennes différentes. Chaque individu a un microbiote intestinal unique en terme d'espèces, avec une part commune à l'ensemble des humains. La composition en micro-organismes et la diversité du microbiote sont des indicateurs de santé.

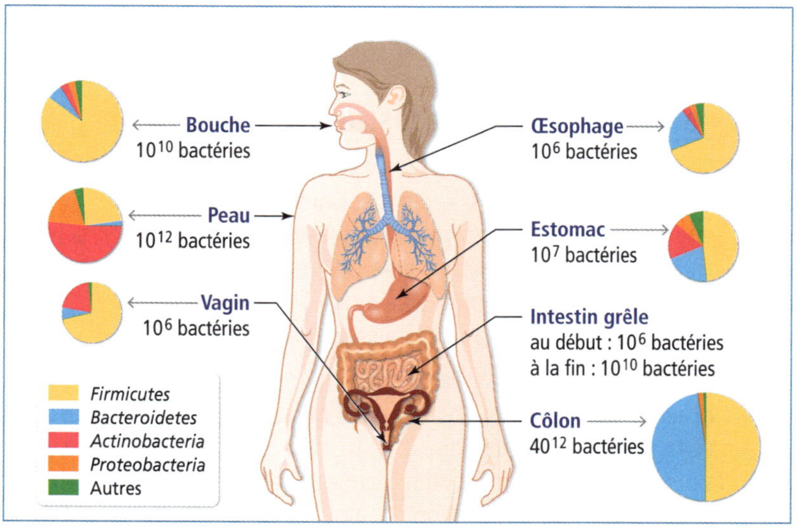

▲ Composition (nombre et types de bactéries) du microbiote humain.

B Évolution du microbiote

• **Installation du microbiote intestinal.** Le tube digestif d'un fœtus ne contient aucun micro-organisme, il est dit stérile. À la naissance, le nouveau-né va ingérer des micro-organismes vaginaux et fécaux maternels qui vont permettre la colonisation de son tube digestif et la construction de la symbiose hôte/microbiote. Le microbiote maternel a donc un rôle important dans la mise en place de celui de l'enfant.

Mot-clé

Symbiose : association bénéfique, réciproque et durable entre deux partenaires au sein de laquelle existent des interactions constantes entre les deux partenaires.

• **L'allaitement** participe également à l apport de bactéries bénéfiques. La composition du microbiote va évoluer et se complexifier en fonction de l'alimentation de l'enfant jusqu'à atteindre une certaine stabilité à l'âge de 3 ans.

• **Habitudes alimentaires.** Tout au long de la vie, le microbiote intestinal va évoluer en fonction de différents facteurs tels que l'alimentation.

• Plus le microbiote intestinal est diversifié en termes d'espèces bactériennes, plus il est efficace pour assurer ses fonctions digestives et immunitaires.

Exemple

Un régime alimentaire pauvre en fibres va entraîner une perte de diversité du microbiote et ce, à long terme.

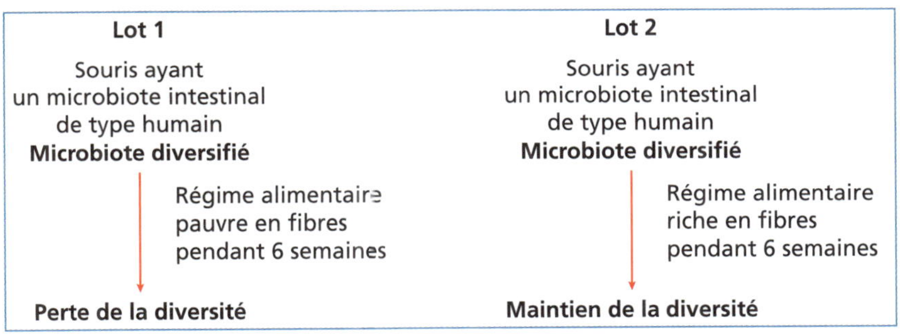

▲ Schéma de l'influence des fibres sur la composition du microbiote intestinal.

2 Les rôles indispensables du microbiote

A Rôle dans la digestion de l'hôte

• **Digestion et absorption intestinale.** Le corps humain n'a pas les enzymes nécessaires à la digestion des fibres et des glucides ingérés, ce sont les bactéries présentes dans le côlon qui assurent cette fonction essentielle à la santé de l'hôte. Le microbiote favorise également l'absorption de certaines vitamines au niveau de l'intestin grêle de l'hôte.

• **Microbiote et obésité.** Le rôle du microbiote dans l'obésité est de plus en plus étudié et des expériences permettent d'établir une corrélation entre sa composition et la maladie.

SVT

Souris receveuse sans microbiote mince **Transfert de microbiote de souris mince**	Souris receveuse sans microbiote mince **Transfert de microbiote de souris obèse**

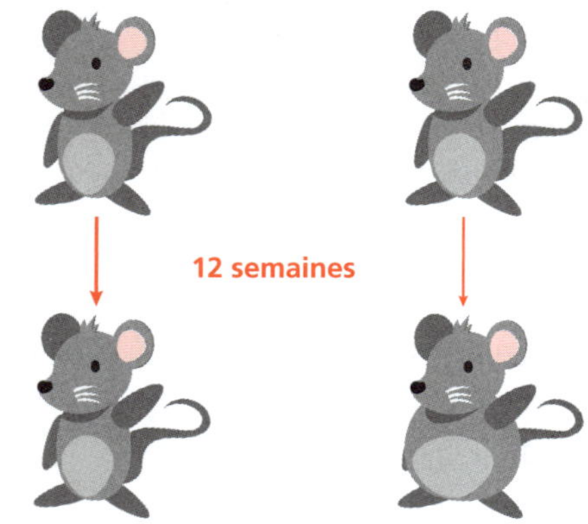

▲ Expériences de transfert de microbiote chez des souris.

B Rôle dans l'immunité de l'hôte

• **Le microbiote participe aux moyens défensifs de l'hôte** sous la forme notamment d'interactions hôte / microbiote. L'ensemble de ces interactions jouent un rôle essentiel pour le maintien de la santé et du bien-être de l'hôte.

• **Rôle de barrière.** Le microbiote trouve des nutriments sur les surfaces qu'il occupe et exerce un effet barrière en limitant et / ou en inhibant le développement de microorganismes pathogènes sur ces surfaces. La compétition entre microbes et microbiote pour ces ressources disponibles est favorable à la santé de l'hôte. Les traitements antibiotiques peuvent déséquilibrer le microbiote en modifiant sa composition et entraîner le développement de microbes.

> **Exemple**
> Un traitement antibiotique non adapté peut entraîner une diminution, voire une disparition des lactobacilles du microbiote vaginal, on parle de dysbiose du microbiote vaginal.

• **Rôle de défense.** Certaines bactéries du microbiote intestinal vont permettre le développement du système immunitaire qui participe à la défense du corps humain, contre les bactéries et les virus notamment.

• **L'intestin** est une des zones du corps humain qui contient un nombre important de cellules immunitaires car c'est, avec la peau, l'interface la plus grande entre l'organisme et le milieu extérieur. Les cellules immunitaires de l'intestin doivent à la fois protéger l'hôte contre les pathogènes extérieurs et les différencier des microorganismes bénéfiques pour lui. Certains microorganismes, normalement bénins, du microbiote peuvent devenir pathogènes notamment en cas d'affaiblissement du système immunitaire.

> **Exemple**
> Certaines bactéries pourraient avoir des propriétés anti-inflammatoires (notamment celles qui ont un rôle dans la digestion des fibres) et d'autres déclencher des maladies inflammatoires.

• **Les travaux sur le microbiote** établissent des corrélations entre des compositions du microbiote et des pathologies. Des traitements influant sur la composition du microbiote pourraient ainsi être envisagés pour soigner certaines maladies.

Langues

ANGLAIS

ESPAGNOL

ALLEMAND

1 Présent simple ou présent *be + V-ing*

1 Le présent simple

A Forme affirmative

1re et 2e personnes du singulier et du pluriel + 3e personne du pluriel	**Base verbale** (c'est-à-dire le verbe sous la forme qu'il a dans le dictionnaire, par exemple *come*, *go*, *walk*, *run*)
3e personne du singulier	**Base verbale + *-s***

Ex. : ***run*** (courir) → *I run, you run, he / she / it runs, we run, you run, they run.*

Attention !
N'oubliez surtout pas le *-s* de la troisième personne du singulier.

B Modifications orthographiques à la 3e personne du singulier

- Pour les verbes qui se terminent par *-ss*, *-sh*, *-ch*, *-x* ou *-o*, on ajoute ***-es***.
Ex. : *push → he / she / it pushes* ;
miss → he / she / it misses.

- Pour les verbes terminés par *-y* précédé d'une consonne, ***y* → *i*** et on ajoute ***-es***.
Ex. : *carry → he / she / it carr**ies**.*

Attention !
Cette règle ne s'applique pas aux verbes terminés par *-y* précédé d'une voyelle.
Ex. : *pay → he / she **pays**.*

C Forme négative

1re et 2e personnes du singulier et du pluriel + 3e personne du pluriel	***don't*** **+ base verbale**
3e personne du singulier	***doesn't*** **+ base verbale**

Ex. : ***run*** → *I don't run, you don't run* (tu ne cours pas), *he doesn't run / she doesn't run / it doesn't run, we don't run, you don't run* (vous ne courez pas), *they don't run.*

D Forme interrogative

1re et 2e personnes du singulier et du pluriel + 3e personne du pluriel	***Do*** + **sujet** + **base verbale** + *?*
3e personne du singulier	***Does*** + **sujet** + **base verbale** + *?*

Ex. : ***run*** → *Do I run?, Do you run?* (Cours-tu ?), *Does he run? / Does she run? / Does it run?, Do we run?, Do you run?, Do they run?*

E Forme interro-négative

1re et 2e personnes du singulier et du pluriel + 3e personne du pluriel	***Don't*** + **sujet** + **base verbale** + *?*
3e personne du singulier	***Doesn't*** + **sujet** + **base verbale** + *?*

Ex. : *Don't I run?, Don't you run?, Doesn't he run? / Doesn't she run? / Doesn't it run?, Don't we run?, Don't you run?, Don't they run?*

2 Le présent *be* + *V-ing*

- **Formation : *be* au présent + base verbale + *-ing*.**
- **Exemple : *run***

Forme affirmative : *I am running, you are running, he / she / it is running, we are running, you are running, they are running.*
Forme négative : *I'm not running, you're not running, he / she / it is not running, we're not running, you're not running, they're not running.*
Forme interrogative : *am I running?, are you running?, is he / she / it running?, are we running?, are you running?, are they running?*
Forme interro-négative : *am I not runing?, aren't you running?, isn't he / she / it running?, aren't we running?, aren't you running?, aren't they running?*

3 Emploi du présent simple ou du présent *be* + *V-ing*

A Emploi du présent simple

- Pour exprimer **une vérité générale**.

Ex. : *Most people* ***want*** *to have children*. (La plupart des gens veulent avoir des enfants.)

- Pour exprimer **une habitude**.

Ex. : *I* ***have*** *breakfast at 6.30*. (Je prends mon petit déjeuner à 6 heures et demie.)

- Pour exprimer **une opinion, un sentiment, un désir**.

Ex. : *He* ***doesn't believe*** *in reincarnation but he* ***thinks*** *it's a beautiful notion.* (Il ne croit pas à la réincarnation, mais il pense que c'est une belle idée.)
I ***don't feel*** *like going to the cinema*. (Je n'ai pas envie d'aller au cinéma.)

- Pour **décrire l'action** dans un film ou un commentaire télévisé.

Ex. : *Superman* ***frees*** *her from her chains, and* ***carries*** *her away in his arms.* (Superman la libère de ses chaînes et l'emporte dans ses bras.)

- Dans les subordonnées introduites par ***when*** quand la principale exprime le futur.

Ex. : *That idiot will kill her when she* ***walks*** *out.* (Cet imbécile la tuera quand elle sortira.)

> **Attention !**
> Pour exprimer un futur, on peut employer le présent, **simple ou progressif + adverbe ou complément de temps.**
> Ex. : *I* ***go*** *to Rome next week. = I'****m going*** *to Rome next week.* (Je vais à Rome la semaine prochaine.)

B Emploi du présent *be* + *V-ing*

- Pour **décrire ce qui est en train de se dérouler au moment où l'on parle.**

Ex. : *"What's Laura doing?"*
"She is getting up."
(« Que fait Laura ? – Elle est en train de se lever. »)

- Pour **décrire ce qui a lieu dans une période qui englobe le moment où l'on parle.**

Ex. : *They are drafting a new bill.* (On prépare un nouveau projet de loi.)

- Associé à l'adverbe ***always***, le présent *be* + *V-ing* peut exprimer **l'irritation**.

Ex. : *Why are you always criticizing your parents?* (Mais pourquoi est-ce que tu critiques sans arrêt tes parents ?)

2 L'expression du passé

1 Le prétérit simple

La forme du prétérit simple des verbes réguliers et irréguliers est la même à toutes les personnes, y compris la 3e personne du singulier.

A Verbes réguliers à la forme affirmative

- **Formation :** **base verbale + *-ed*** (*-d* si le verbe se termine par un *e*).

Ex. : *talk* → ***talked*** ; *stay* → ***stayed*** ; *love* → ***loved***.

- **Modifications orthographiques.** Pour les verbes terminés par *y* précédé d'une consonne, ***y*** devient ***i*** : *try* → ***tried***.

Pour les verbes terminés par une seule consonne précédée d'une seule voyelle, et à condition que la dernière syllabe soit accentuée, on redouble la consonne finale : *stop* → ***stopped*** ; *pin* → ***pinned***.

> **Exception !**
>
> *Book* → ***booked*** parce qu'il y a deux voyelles avant la consonne finale.

B Verbes irréguliers à la forme affirmative

Le prétérit des verbes irréguliers est une forme qui est, le plus souvent, différente de la base verbale et qu'il faut apprendre par cœur.

Ex. : *eat* (manger) → *ate* ; *take* (prendre) → *took* ; *buy* (acheter) → *bought*.

> **Prononciation**
>
> La marque du prétérit des verbes réguliers se prononce de trois façons différentes.
>
> • [ɪd] après les sons [t] et [d] :
> *He **noted** what the teacher said.* [nəʊtɪd]
>
> • [t] après les sons [p], [k], [f], [s], [θ], [ʃ] et [tʃ] :
> ***walked*** [wɔ:kt] ***kissed*** [kɪst] ***pushed*** [pʊʃt]
>
> • [d] après tous les autres sons :
> ***loved*** [lʌvd] ***played*** [pleɪd]

C Formes négative et interrogative des verbes réguliers ou irréguliers

- **Forme négative :** ***did not*** / ***didn't*** + **base verbale**.

Ex. : *She **didn't watch** the match on TV*. (Elle n'a pas regardé le match à la télé.)

- **Forme interrogative :** ***did*** + **sujet + base verbale + *?***

Ex. : ***Did she buy** a new car?* (A-t-elle acheté une nouvelle voiture ?)

2 Le prétérit *be + V-ing*

- **Formation :** **prétérit de *be* + base verbale + *-ing***.
- **Exemple :** ***play* (jouer)**

Forme affirmative : *I / he / she / it* ***was playing****. You / we / they* ***were playing****.*
Forme négative : *I / he / she / it* ***was not playing****. You / we / they* ***were not playing****.*
Forme interrogative : *Was I / he / she / it* ***playing****? Were you / we / they* ***playing****?*
Forme interro-négative : ***Wasn't*** *I / he / she / it* ***playing****?* ***Weren't*** *you / we / they* ***playing****?*

3 Emploi du prétérit simple ou du prétérit *be + V-ing*

Le prétérit est le **temps du récit au passé** en anglais. Il correspond à plusieurs temps français : le passé composé, le passé simple, l'imparfait.

A Emploi du prétérit simple

- Pour parler d'une **action ou d'un état situés dans le passé**, à un **moment** qui est explicitement ou implicitement **précisé**.

Ex. : *Trump* ***was*** *elected president in 2016.* (Trump a été élu président en 2016.)

- Pour **interroger sur le moment du passé**.

Ex. : *When* ***did you*** *see her?* (Quand l'avez-vous vue ?)

- Pour parler d'une **action terminée qui a eu une certaine durée dans le passé**.

Ex. : *We* ***stayed*** *in the United States for three years.* (Nous sommes restés trois ans aux États-Unis.)

- Pour parler d'**habitudes passées**.

Ex. : *He* ***went*** *to bed at 11 p.m. every evening.* (Il se couchait tous les soirs à 11 heures.)

B Emploi du prétérit *be + V-ing*

On emploie le **prétérit *be + V-ing*** pour exprimer qu'une action est **vue dans son déroulement**. Cette action est souvent située par rapport à une autre action, plus ponctuelle, qui sert de repère et qui est exprimée par un prétérit simple.

Ex. : *When I arrived, he* ***was talking*** *on the phone.* (Quand je suis arrivé, il parlait au téléphone.) *arrived* exprime l'action qui sert de point de repère ; ***was talking*** exprime l'action qui était en cours à ce moment-là.

4 *Used to*

Pour parler d'une action terminée, d'une habitude révolue, on peut aussi employer l'expression ***used to*** suivie de la base verbale.

Ex. : *I* ***used to stay*** *at that hotel years ago*. (Je séjournais dans cet hôtel il y a des années de cela.)

5 Le *present perfect*

A Le *present perfect* simple

- **Formation : présent de *have* + participe passé du verbe.**
- **Exemple : *eat* (manger)**

Forme affirmative : *I / you / we / they* ***have eaten****. He / she / it* ***has eaten****.*
Forme négative : *I / you / we / they* ***haven't eaten****. He / she / it* ***hasn't eaten****.*
Forme interrogative : ***Have*** *I / you / we / they* ***eaten****? Has he / she / it* ***eaten****?*
Forme interro-négative : ***Haven't*** *I / you / we / they* ***eaten****?* ***Hasn't*** *he / she / it* ***eaten****?*

- **Emploi :** Avec le *present perfect*, on **relie toujours le présent au passé**. On fait, dans le présent, un bilan sur le passé, ou bien on exprime un point de vue présent sur une action, un événement situés **totalement ou en partie** dans le passé. C'est pourquoi, lorsqu'une action n'est pas localisée de façon précise dans le passé, on emploie le *present perfect*.

Ex. : ***Have you done*** *your homework?* (As-tu fait tes devoirs et appris tes leçons ?) On emploie le *present perfect* parce qu'on ne s'intéresse pas au moment de l'action mais au résultat. La réponse pourra être : *Yes, I* ***have****. I* ***did*** *it as soon as I returned from school.* (Oui. Je les ai faits dès que je suis rentré de l'école.) La deuxième partie de la réponse est au prétérit *(did)* parce que l'action est située précisément dans le passé.

B Le *present perfect be + V-ing*

• **Formation : *present perfect* de *be* + base verbale + *-ing*.**

Ex. : *They* ***have been working*** *in the garden for two hours.* (Il y a deux heures qu'ils / elles travaillent au jardin.)

• **Emploi.** On emploie le *present perfect be + V-ing* pour les actions commencées dans le passé et non terminées ou qui viennent tout juste de se terminer.

Ex. : *He* ***has been walking*** *non-stop for five hours.* (Il y a cinq heures qu'il marche sans s'arrêter.)

> **Attention !**
> Notez l'emploi du présent en français.

6 Le *past perfect*

A Le *past perfect* simple

• **Formation : *had* + participe passé.**

Ex. : *He* ***had slept*** *on the train and felt quite refreshed when he arrived.* (Il avait dormi dans le train et se sentait bien reposé en arrivant.)

• **Emploi.** Le ***past perfect*** s'emploie pour marquer l'antériorité d'une action ou d'un état par rapport à un moment du passé exprimé au prétérit.

Ex. : *They* ***had known*** *each other for over five years when they decided to get married.* (Ils se connaissaient depuis plus de cinq ans quand ils ont décidé de se marier.)

B Le *past perfect be + V-ing*

• **Formation : *had been* + base verbale + *-ing*.**

• **Emploi.** Cette forme s'emploie pour insister sur le fait qu'une action était en train de se dérouler ou bien qu'elle n'était pas terminée au moment de référence (exprimé au prétérit).

Ex. : *He* ***had been driving*** *for two hours when he realized he was going in the wrong direction.* (Il roulait depuis deux heures quand il s'est rendu compte qu'il allait dans la mauvaise direction.)

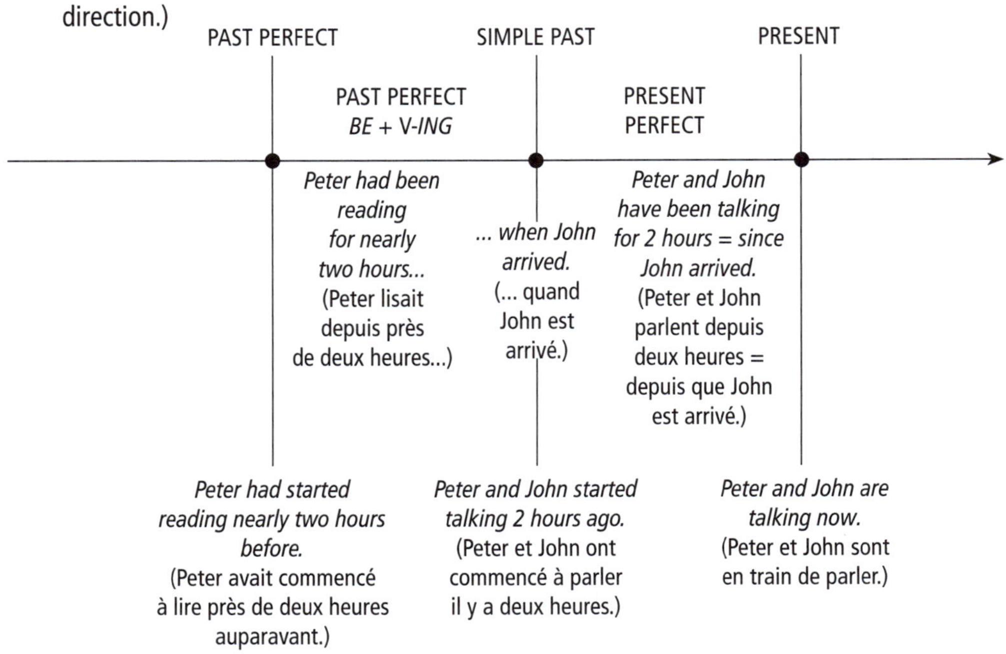

3 L'expression du futur

Il n'y a pas de futur en anglais. Mais il y a plusieurs manières d'exprimer la futurité.

1 L'auxiliaire *will*

- **Formes**

– **Forme affirmative : sujet + *will* + base verbale.**
– **Forme négative : sujet + *won't* + base verbale.**
– **Forme interrogative : *will* + sujet + base verbale + ?**
– **Forme interro-négative : *won't* + sujet + base verbale + ?**

- **Emploi**

- Pour exprimer qu'un **événement** est **certain**, **déterminé à l'avance**.

Ex. : *They **will get married** next Tuesday*. (Ils se marieront mardi prochain.)

- Pour exprimer une **intention**, une **résolution** (surtout à la forme négative).

Ex. : *I **won't spend** so much money*. (Je ne dépenserai pas autant d'argent.)

2 L'expression *be going to*

- Avec *be going to*, l'énonciateur **déduit les conséquences futures d'une situation présente**.

Ex. : *We**'re going to be** late*. (Nous allons être en retard.) La personne qui parle remarque que le sujet grammatical ne se dépêche pas, prend tout son temps, etc.

- Ou bien il exprime sa détermination, sa volonté.

Ex. : *I**'m going to** give him a good dressing-down*. (Je vais lui passer un bon savon.)

3 Le présent simple

- Pour parler, de façon impersonnelle, d'un événement à venir.

Ex. : *The train **arrives** at 5:15*. (Le train arrive à cinq heures quinze.)

- Pour décrire une série d'événements à venir.

Ex. : *We **arrive** at 6, **visit** the museum, and then **have** tea before we **go** to the theatre*. (Nous arrivons à 6 heures, visitons le musée, puis prenons le thé avant d'aller au théâtre.)

4 Le présent *be + V-ing*

Ex. : *I'**m seeing** the doctor on Friday*. (Je vois le médecin vendredi.) C'est la présence d'un marqueur temporel (*on Friday*) qui permet de comprendre que c'est un futur qui est exprimé.

5 L'expression *be about to* + base verbale

Cette formulation exprime un **futur immédiat**.

Ex. : *We**'re about to go** out*. (Nous sommes sur le point de sortir.)

4 Les auxiliaires et les expressions de modalité

1 Propriétés communes aux modaux

- Ils n'ont ni infinitif, ni participe présent, ni participe passé.
- Ils ne prennent pas *-s* à la 3e personne du singulier.
- On ne peut associer deux modaux entre eux.
- Ils se conjuguent sans l'auxiliaire *do / did* et sont suivis de la seule base verbale.
- Ils ne se conjuguent pas à tous les temps. Pour les temps qui leur font défaut, on emploie des mots ou des structures qui expriment la même modalité.

2 *Can, could, can't, couldn't*

- **La capacité physique ou intellectuelle. Équivalent : *be able to*.**

Ex. : *This little girl **can** swim very well.* (Cette petite fille sait très bien nager.)

- **Une demande polie : can / could. Pas d'équivalent.**

Ex. : ***Can you** / **Could you** pass me the salt, please?*

- **La permission : can / could. Équivalent : *be allowed to*.**

Ex. : ***Can I** / **Could I** watch TV now?* (Puis-je / Pourrais-je regarder la télé maintenant ?)

- **Une possibilité : can / could. Équivalent : *it is possible* + proposition.**

Ex. : *Pigeons **can** cause diseases.* (Les pigeons peuvent donner des maladies.)
*That bird **could** be a pigeon.* (Cet oiseau pourrait être un pigeon.)

- **L'impossibilité : can't / couldn't. Équivalent : *it is impossible* + proposition.**

Ex. : *He **can't** have written his essay himself – there is not a single mistake.* (Il ne peut pas avoir écrit sa rédaction lui-même : il n'y a pas une seule faute.)

3 *May, might*

- **La permission : may. Équivalent : *be allowed to*.**

Ex. : *They **may** go out if they wish.* (Ils ont la permission de sortir s'ils le souhaitent.)

- **L'éventualité : may. Équivalent : *perhaps* + proposition.**

L'emploi de *may* au présent simple exprime que quelque chose pourra se produire dans l'avenir.

Ex. : *It **may** rain.* (Il se pleut qu'il pleuve.)

Si l'on veut indiquer qu'il est peut-être en train de pleuvoir, on emploiera la forme *be* + *V-ing*.

Ex. : *It **may be raining**.* (Peut-être qu'il pleut en ce moment.)

> **À savoir**
>
> Pour le passé, on a deux possibilités : *It may have rained = Perhaps it has rained / Perhaps it rained.*

- **L'hypothèse (conditionnel) : might. Pas d'équivalent.**

Ex. : *It **might** rain if the temperature got lower.* (Il pourrait pleuvoir / Il se pourrait qu'il pleuve si la température baissait.)

4 *Must*

- **Le devoir, l'obligation. Équivalent :** ***have to.***

Ex. : *We **must** do our English exercises.* (Il faut que nous fassions nos exercices d'anglais.)

- **La forte probabilité. Équivalent :** ***probably / no doubt / certainly*** **+ proposition.**

Ex. : *They **must** have air-conditioning – they're wearing sweaters when it's so hot outside.* (Ils doivent avoir l'air conditionné : ils portent des pulls alors qu'il fait si chaud dehors.)

> **Attention !**
> ***Mustn't*** n'exprime pas l'absence d'obligation mais l'**interdiction**.
> Ex. : *You **mustn't** run so fast.* (Il ne faut pas que tu coures si vite.)

5 *Will*

- **Le futur (voir p. 319).**
- **La volonté.** Ex. : ***Will** you stop!* (Voulez-vous arrêter !)
- **Une suggestion.** Ex. : ***Won't** you have some rest?* (Reposez-vous donc !)

6 *Would*

- **Le conditionnel.**

Ex. : *I **would** read more if I didn't have so much homework.* (Je lirais plus si je n'avais pas autant de devoirs et de leçons.)

- **La répétition d'une action, d'un état dans le passé.**

Ex. : *Every time my grandmother came she **would** spoil us.* (Chaque fois que ma grand-mère venait, elle nous gâtait.)

- **La volonté.** Cette notion de volonté est plus nette à la forme négative.

Ex. : *I told him to stop but he **wouldn't**.* (Je lui ai dit d'arrêter mais il n'a pas voulu.)

> **Cas particulier**
> Avec le verbe ***like***, *would* exprime :
> – une proposition, une suggestion :
> Ex. : ***Would you like** to go for a walk?* (Cela vous tenterait-il d'aller faire une promenade ?)
> – un souhait du sujet grammatical :
> Ex. : ***I would like** to go for a walk.* (J'aimerais bien faire une promenade.)

7 *Should*

- **Pour exprimer un conseil.**

Ex. : *You **should** be more self-confident.* (Tu devrais avoir plus confiance en toi.)

8 L'expression de modalité *had better* (+ *not*) + base verbale

On implique qu'il y a risque pour le sujet s'il ne suit pas le conseil exprimé.

Ex. : *She'**d better take** a raincoat if she doesn't want to be soaked through.* (Elle ferait mieux de prendre un imperméable si elle ne veut pas être trempée.)

ANGLAIS

5 L'interrogation

1 Les questions fermées

On répond à ces questions par *yes* ou *no*. Elles consistent en une simple forme interrogative.
Ex. : *"Are they dining with us?"* (Est-ce qu'ils dînent avec nous ?)
→ Réponses : *"Yes, they are."* ou : *"No, they aren't."*

2 Les questions ouvertes

Ces questions commencent par un mot interrogatif (adjectif, pronom ou adverbe). Ces mots interrogatifs commençant tous par ***wh***, à l'exception de ***how*** ; on parle de ***"wh-questions"***.

Les mots et expressions interrogatifs.

On emploie	pour interroger sur	Exemple
who...?	une personne	***Who** is knocking at the door?* (Qui frappe à la porte ?)
what...?	un objet, une activité	***What** is this?* (Qu'est-ce que cela ?) ***What** are you doing?* (Que faites-vous ?)
which...?	un objet, une activité, une personne, mais avec choix limité	***Which** play do you prefer –* Julius Caesar *or* Coriolanus*?* (Laquelle de ces (deux) pièces préférez-vous : *Jules César* ou *Coriolan* ?)
whose + nom*...?*	un possesseur	***Whose** house is that?* (À qui appartient cette maison ?)
why...?	la raison d'une action, d'une attitude	***Why** don't you like her?* (Pourquoi est-ce que tu ne l'aimes pas ?)
when...?	le moment	***When** will you write?* (Quand écriras-tu ?)
where...?	le lieu	***Where** is the key?* (Où est la clé ?)
how...?	le moyen	***How** did you get in?* (Comment êtes-vous entré ?)
how much...?	le prix	***How much** is that coat?* (Combien coûte ce manteau ?)
how much + nom sing.*...?* *how many* + nom plur.*...?*	la quantité	***How much** food and **how many** bottles of water should we take?* (Quelle quantité de nourriture et combien de bouteilles d'eau faudrait-il emporter ?)
how old...?	l'âge	***How** old is she?* (Quel âge a-t-elle ?)
how far...?	la distance	***How** far is the hotel?* (À quelle distance se trouve l'hôtel ?)
how often...?	la fréquence	***How often** do you see them?* (Vous les voyez tous les combien ?)
how long...?	1) la durée 2) la longueur	***How long** will you stay?* (Combien de temps resterez-vous ?) ***How long** is the room?* (Quelle longueur fait la pièce ?)

6 Les propositions subordonnées relatives

Une subordonnée relative commence par un **pronom relatif** qui reprend un des éléments de la proposition principale appelé **l'antécédent**.

Ex. : *Mary, **who** is my best friend, is sitting next to me.* (Mary, qui est ma meilleure amie, est assise à côté de moi.) Dans cette phrase, *Mary* est l'antécédent de ***who***, qui est pronom relatif (sujet de *is*).

1 Choisir le pronom relatif qui convient

On doit tenir compte de la fonction du pronom relatif dans la subordonnée et de la nature de l'antécédent. En anglais, le pronom relatif n'est pas le même selon que l'antécédent est **humain** ou **non humain**. Le pronom relatif est **sujet** ou **complément d'objet direct** du verbe de la subordonnée, ou bien **complément du nom** qui le suit.

A Antécédent humain

- **Relatif sujet : *who* ou *that*.**

Ex. : *The man **who** / **that** is wearing a hat is my father.* (L'homme qui porte un chapeau est mon père.)

- **Relatif COD : *whom* ou *who* ou *that* ou pas de pronom (*Ø*).**

Ex. : *The boy **whom** / **who** / **that** / Ø you met is my brother.* (Le garçon que tu as rencontré est mon frère.)

- **Relatif complément de nom : *whose*.**

Ex. : *The children **whose** parents are here may leave.* (Les enfants dont les parents sont là peuvent partir.)

B Antécédent non humain

- **Relatif sujet : *which* ou *that*.**

Ex. : *The book **which** / **that** is on my desk is mine.* (Le livre qui est sur mon bureau est à moi.)

- **Relatif COD : *which* ou *that* ou pas de pronom (*Ø*).**

Ex. : *Did you read the book **which** / **that** / Ø I gave you?* (As-tu lu le livre que je t'ai donné ?)

- **Relatif complément de nom : *whose*.**

Ex. : *The house **whose** owner is ill is on sale.* (La maison dont le propriétaire est malade est à vendre.)

> **Attention !**
> Que l'antécédent soit humain ou non humain, le pronom relatif sujet ne peut jamais être omis. Dans la langue parlée, le pronom relatif COD est toujours omis.

C Le pronom relatif complément indirect

On place la préposition à la fin de la proposition relative et on omet le pronom relatif.

Ex. : *This is exactly the friend I've been looking for.* (C'est exactement l'ami(e) que je cherchais.)

7 Rapporter les paroles d'autrui (discours indirect)

Pour rapporter, expliquer, commenter paroles ou récits (discours direct), vous devez savoir les mettre au discours indirect. Le **passage du discours direct au discours indirect** entraîne un certain nombre de **modifications de l'énoncé** selon que la proposition principale introductive est au présent ou au *present perfect* ou bien au prétérit ou au *past perfect*.

1 Principale introductive au présent ou *present perfect*

Ex. : Style direct : *He says: "I'll come as soon as my car is ready."* (Il dit : « Je viendrai dès que ma voiture sera prête. »)

Style indirect : *He says (that)* ***he****'ll come as soon as* ***his*** *car is ready.* (Il dit qu'il viendra dès que sa voiture sera prête.)

On fait les quatre remarques suivantes :

– Le pronom relatif *that* peut être omis.

– La subordonnée (phrase rapportée au discours indirect) est au même temps que la phrase au style direct.

– Le pronom sujet de la phrase rapportée change : *I* devient *he*.

– L'adjectif possessif change : *my* devient *his*.

Attention !

Dans une phrase rapportée au discours indirect :

– *I* peut devenir *he* ou *she*, *we* devient *they* ;

– *my* peut devenir *her* ou *his*, *our* devient *their*.

2 Principale introductive au prétérit ou *past perfect*

• Les paroles prononcées au présent sont rapportées au prétérit.

Ex. : Style direct : *She said to me: "I'm really enjoying myself in the company of my friends."* (Elle m'a dit : « Je m'amuse vraiment en compagnie de mes amies. »)

Style indirect : *She told me (that)* ***she was*** *really enjoying* ***herself*** *in the company of* ***her*** *friends.* (Elle m'a dit qu'elle s'amusait vraiment…)

Remarquez : *myself* → *herself.*

À savoir

Au discours indirect, on utilise le verbe *tell* plutôt que le verbe *say*.

• Les paroles prononcées au futur sont rapportées au futur ou au conditionnel.

Ex. : Style direct : *The president said: "I'll focus my attention on energy savings."* (Le président a dit : « Je vais me concentrer sur les économies d'énergie. »)

Style indirect : *The president said (that)* ***he'll focus*** / ***he'd focus his*** *attention on…* (Le président a dit qu'il va / qu'il allait se concentrer sur…)

• Les paroles prononcées au conditionnel sont rapportées au conditionnel.

Ex. : Style direct : *The M.P. said: "We'd help more people if we had more money."* (Le député a dit : « Nous aiderions plus de gens si nous avions plus d'argent. »)

Style indirect : *The M.P. said (that)* ***they'd help*** *more people if* ***they had*** *more money.*

• Les paroles prononcées au prétérit ou au *present perfect* sont rapportées au *past perfect*.

Ex. : Style direct : *She said to her sister: "I've applied for that job."* (Elle a dit à sa sœur : « J'ai posé ma candidature pour cet emploi. »)

Style indirect : *She told her sister (that)* ***she had applied*** *for that job.* (Elle a dit à sa sœur qu'elle avait posé sa candidature pour cet emploi.)

8 Enrichir son vocabulaire : la formation des mots

1 La dérivation

La dérivation est la formation de mots par **adjonction de préfixes ou de suffixes.**

- **Formation de verbes**

– **Préfixe + adjectif.** Ex. : *en- + able → enable* (permettre, rendre capable de).
– **Préfixe + nom.** Ex. : *en- + courage → encourage* (encourager).
– **Préfixe + verbe.** Ex. : *dis- + appear → disappear* (disparaître).
mis- + use → misuse (mal utiliser, faire un emploi impropre ou abusif).

- **Formation de noms**

– **Adjectif + suffixe.** Ex. : *thankful + -ness → thankfulness* (gratitude).
– **Nom + suffixe.** Ex. : *child + -hood → childhood* (enfance).

- **Formation d'adjectifs**

– **Nom + suffixe.** Ex. : *care + -ful ≠ -less → careful ≠ careless* (prudent, consciencieux, soigné ≠ insouciant, négligent, sans soin).
– **Verbe + suffixe.** Ex. : *forget + -ful → forgetful* (étourdi, négligent, distrait).
– **Préfixe + adjectif.** Ex. : *un– + pleasant → unpleasant* (désagréable).

- **Formation d'adverbes**

– **Adjectif + suffixe "*-ly*" → adverbe de manière.** Ex. : *pleasant + -ly → pleasantly*.

> **À savoir**
> Ces diverses opérations peuvent se combiner :
> *il + legal + ly → illegally* (illégalement).

2 La composition

La composition est la formation de mots par **juxtaposition de deux mots.**

- **Formation de verbes**

– **Adverbe ou préposition + verbe.**
Ex. : *out + do → outdo* (surpasser), *out + grow → outgrow* (devenir trop grand pour), *over + rate → overrate* (surestimer), *over + take → overtake* (dépasser), *under + value → undervalue* (sous-évaluer, sous-estimer).

- **Formation de noms**

– **Nom + nom.** Ex. : *kitchen table* (table de cuisine) ; *savings bank* (caisse d'épargne)
– **Nom + gérondif.** Ex. : *coalmining* (extraction du charbon) ; *data processing* (informatique).
– **Gérondif + nom.** Ex. : *driving licence* (permis de conduire) ; *waiting room* (salle d'attente).

- **Formation d'adjectifs**

– **Nom + adjectif.** Ex. : *navy blue* (bleu marine) ; *seasick* (qui a le mal de mer).
– **Adjectif + adjectif.** Ex. : *pale blue* (bleu clair).
– **Adverbe + participe passé.** Ex. : *ill-advised* (mal conseillé) ; *well-bred* (bien élevé).
– **Adverbe / adjectif / nom + participe présent.**
Ex. : *profit-making* (rentable).
– **Adjectif ou nom + nom + *-ed*.**
Ex. : *old-fashioned* (démodé) ; *short-sighted* (myope).

> **Attention !**
> Dans les noms et adjectifs composés, le premier élément détermine ou précise toujours le second.

9 Enrichir son vocabulaire : fonctions

• Accord et désaccord

– *I think so (too) / I agree with you / I'm of the same opinion / I think you're right...* Je pense que vous avez raison.

– *I don't think so / I don't agree = I disagree = I've a different opinion / I can't go along with you...* Je ne suis pas de votre avis.

• But

– *What... for?* → *To* + verbe. *"What did you say that for?" "To remind them of the whole business."* « Pourquoi as-tu dit cela ? – Pour leur rappeler toute l'affaire. »

– *in order to / so as to* + verbe.

– *so that* + sujet de la subordonnée + *should / could / might / would* + verbe. *He studied hard so that he should / could / might / would have an interesting job.* Il a fait beaucoup d'études pour avoir un emploi intéressant.

– *with a view to* + verbe + *-ing*. *... with a view to obtaining an interesting job.* ... en vue d'obtenir un emploi intéressant.

– *intend / want / mean* + *to* + verbe. *He intends to look for a new job.* Il a l'intention de chercher un autre emploi.

– *aim at* + verbe + *-ing*. *He aims at earning more money.* Il a pour objectif de gagner plus d'argent.

• Cause

– *because / as / since* + proposition parce que / comme / puisque

– *owing to / due to* + nom ou gérondif en raison de

• Condition

– *if* ou *unless* (= *if... not*). *We won't go unless they tell us to.* Nous n'irons que s'ils nous disent d'y aller.

– expressions : *provided that = providing that = on condition that.* À condition que…

• Conseils

– *should / shouldn't / ought to / had better / had better not* + verbe. *You should give up smoking = You ought to give up smoking = You had better give up smoking.* Vous devriez arrêter de fumer. *You shouldn't smoke.* Vous ne devriez pas fumer.

– *Why don't you* + verbe...? *Why don't you stop?* Pourquoi n'arrêtez-vous pas ?

– *I advise you to ≠ I advise you not to* + verbe. Je vous conseille ≠ déconseille de...

– *I suggest you* + verbe. *I suggest you work harder.* Je te suggère de travailler plus.

• Conséquence

– *result in* + nom ou gérondif. *Their policy resulted in war.* Leur politique a abouti à la guerre.

– *as a result = consequently* à la suite de quoi

– *so that* + proposition à l'indicatif. *The weather was glorious, so that we went to the seaside.* Le temps était magnifique, si bien que nous sommes allés au bord de la mer.

> **Attention !**
> Ne confondez pas *so that* + *should* / ... (= but) et *so that* suivi de l'indicatif (= conséquence).

• Contraste

– *unlike* + nom. *Unlike her sister, she is a good musician.* À la différence de sa sœur,…

– *in spite of = despite* + nom. *In spite of the bad weather…* Malgré le mauvais temps…

– *yet / however*. *She is old, and yet she is very active.* Elle est vieille, et pourtant elle est très active.

– *although / though / even though* + phrase à l'indicatif. *Even though she is old, she is very active.*

– *whereas*. *She is very active, whereas her husband is very lazy.* ... alors que son mari est très paresseux.

- **Éventualité**

– *may / might* + verbe. *I may take that exam.* Il se peut que je passe cet examen.
– Adverbes : *perhaps, possibly, maybe. Perhaps I'll pass that exam.* Peut-être réussirai-je cet examen.

- **Goûts**

– *enjoy / like / love* + verbe + *-ing. He loves playing with his computer.*
– *be fond of / keen on* + nom / verbe + *-ing. She is fond of music.* Elle aime beaucoup la musique. *She is fond of playing the piano.*
– *can't stand / can't bear / hate* + verbe + *-ing. I can't stand being treated like that.* Je ne supporte pas d'être traité ainsi.

- **Hypothèse**

– *They may be late = Perhaps they'll be late.* Il se peut qu'ils soient en retard.
– *He is probably very ill.* Il est probablement très malade.
– *They must have gone away: all the doors are locked.* Ils ont dû partir : toutes les portes sont verrouillées.
– *They can't have gone away: the windows are open.* Il est impossible qu'ils soient partis…

- **Interdiction**

– *You mustn't be rude = You aren't to be rude.* Tu ne dois pas être impoli.
– *Don't be rude!* Ne sois pas impoli.
– *Driving fast is forbidden / prohibited / not allowed / not permitted.* Il est interdit / Il n'est pas permis de conduire vite.

- **Obligation et absence d'obligation**

– *You must arrive on time / You have to arrive on time / You've got to arrive on time / You are to arrive on time.* Il faut que tu arrives à l'heure.
– *You don't have to / You don't need to / You needn't / You haven't got to be back before 10.* Il n'est pas nécessaire / indispensable que tu sois de retour avant dix heures.

- **Préférence**

– Le sujet exprime une préférence qui le concerne lui-même.
I would rather have some fruit than jelly = I'd prefer to have some fruit rather than jelly. Je préfèrerais prendre des fruits plutôt que de la gelée.
I like walking better than cycling = I prefer walking to cycling.
– Le sujet exprime une préférence qui concerne quelqu'un d'autre que lui-même.
I would rather you came straightaway = I'd prefer you to come straightaway. Je préfèrerais que tu viennes tout de suite.

- **Regret et reproche**

– *shouldn't + have* + participe passé. *You shouldn't have insulted him.* Tu n'aurais pas dû l'insulter.
– Expressions. *Why did you do this? If only you had not betrayed them! Why did I behave like this? If only I had been honest! I wish I had been honest!*

- **Vœu ou souhait**

– Vœu ou souhait réalisable. *She wants / wishes / would like to act in one of Shakespeare's plays.* Elle veut / souhaite / aimerait jouer dans l'une des pièces de Shakespeare.
They want / wish / would like their daughter to be an actress. Ils veulent / souhaitent / voudraient que leur fille soit actrice.
– Vœu ou souhait dont la réalisation n'est pas certaine. *We wish you would say yes.* Nous voudrions bien que vous disiez oui.
– Vœu ou souhait qui n'est plus réalisable. Il peut s'agir d'un regret. *I wish you had informed me.* J'aurais bien voulu que vous m'informiez = Je regrette que vous ne m'ayez pas informé.

10 Le vocabulaire utile
Living together / Vivre ensemble

A Les relations entre générations / Intergenerational relationships

le respect mutuel mutual respect
combler le fossé entre les générations to bridge the generation gap
éviter les préjugés to avoid prejudices
avoir l'esprit ouvert to be broad-minded
s'intéresser à to take an interest in
être à l'écoute to be all ears
faire confiance à to trust
aider to help
soulager to relieve
être compréhensif to be understanding
se confier à to confide in
pardonner à quelqu'un to forgive somebody
indulgent ≠ intraitable, impitoyable forgiving ≠ unforgiving
fiable, sur qui on peut compter reliable
tolérant (≠ intolérant) tolerant (≠ intolerant)
généreux → la générosité generous → generosity
présenter des excuses to apologize
partager des activités to share activities
critiquer to criticize
être critique to be critical
être trop susceptible to take offence easily

I'm sorry I offended you. (Je suis désolé/e de t'avoir blessé/e.)
Please forgive me for my intrusiveness. (S'il te plaît, pardonne-moi mon indiscrétion.)
I shouldn't have said so. (Je n'aurais pas dû dire cela.)
You should respect senior citizens / children / your parents. (Tu devrais respecter les personnes âgées / les enfants / tes parents.)
The keyword is communication. (Le mot-clé, c'est la communication.)

B Univers professionnel & monde du travail / People at work

l'accueil the reception
un bureau an office
une salle de réunion a meeting-room
le restaurant d'entreprise the staff canteen / the cafeteria
le local détente the restroom
relations professionnelles professional relationships
un/e candidat/e (à un poste) an applicant
une équipe / le travail d'équipe a team / team work
un/e collègue a colleague
un/e assistant/e an assistant
la direction the management
la gestion management
le patron the boss
un service / un département a department
un stage a training course
un stagiaire a trainee
une période d'essai a trial period
un contrat de travail a work contract
faire appel à un/e prestataire extérieur/e to outsource
un ticket restaurant a luncheon voucher
une note de frais an expense account
le comité d'entreprise the works council
un CDD a fixed-term contract
un CDI a permanent contract
le marché du travail the labour market
un métier a job
le plein emploi ≠ le chômage full employment ≠ unemployment
un jour ouvrable / ouvré a working day
un jour férié a bank holiday
les congés payés paid holidays

What would you like to do for a living? (Qu'aimeriez-vous faire dans la vie ? / Quel métier aimeriez-vous exercer ?)
Working conditions are as important as the salary. (Les conditions de travail sont aussi importantes que le salaire.)
I wouldn't mind working abroad. (Cela ne me dérangerait pas de travailler à l'étranger.)
Why don't you apply for the job? (Pourquoi est-ce que tu ne postules pas à cet emploi ?)
You can work full time / part time / half time. (Vous pouvez travailler à plein temps / à temps partiel / à mi-temps.)

C Le village, le quartier, la ville / The village, the neighbourhood, the city

habiter to inhabit
la campagne the country
un village a village
une ville a town
la banlieue suburbia / the suburbs
un quartier a district
un bidonville a shantytown
un terrain vague a waste ground
la démolition des taudis slum clearance
rénover to rehabilitate
des HLM council flats
un magasin / une boutique a shop
une rue a street
le trottoir the pavement
une piste cyclable a cycling lane
un parking a parking lot
un jardin public a public garden
une bibliothèque a library
une médiathèque a media library
un musée a museum
un stade a stadium
une piscine municipale a public swimming pool
une maison des jeunes a youth club
une maison de retraite an old people's home
un hôpital a hospital
les équipements collectifs public amenities
le mobilier urbain street furniture
les feux de circulation traffic lights
les égouts the sewers
un abribus a bus-shelter
le ramassage des ordures garbage collection

Many city centres are overcrowded. (De nombreux centres-villes sont surpeuplés.)
That district is unfit for human habitation. (Ce quartier est insalubre.)
Rehabilitation is a must. (Une rénovation est indispensable.)
Selective sorting of waste is important for the environment. (Le tri sélectif est important pour l'environnement.)

D Représentation de soi et rapport à autrui / Self-image and social relationships

la personnalité personality
une qualité a quality
un défaut a shortcoming
sérieux/-euse earnest
prudent/-e cautious
calme / posé/-e cool = calm = collected
paisible peaceful
bon, bonne / gentil/-ille kind
honnête → l'honnêteté honest → honesty
courageux/-euse brave
déterminé/-ée determined
timide shy
modeste / humble unassuming / humble
prétentieux/-euse conceited
snob snobbish
imprudent/-e / téméraire reckless
entêté/-e stubborn / dogged
grossier/-ère abusive
égoïste → l'égoïsme selfish → selfishness
avare → l'avarice stingy → stinginess
paresseux/-euse → la paresse lazy → laziness
sociable sociable
facile à vivre easy-going
être très sociable to be a good mixer
être hospitalier/-ère to be hospitable
recevoir to entertain
bavarder avec quelqu'un to have a chat with
les menus propos small talk

to be in a good ≠ bad mood (être de bonne ≠ mauvaise humeur)
to have good ≠ bad manners (avoir de bonnes ≠ mauvaises manières)
It is important to have a positive self-image. (Il est important d'avoir une image de soi positive.)
Young people tend to emulate their peers. (Les jeunes ont tendance à imiter leurs pairs.)
We received a warm welcome. (Nous avons reçu un accueil chaleureux.)
He is not a friend; he is a mere acquaintance. (Ce n'est pas un/e ami/e ; ce n'est qu'une relation.)

E Sports et société / Sports and society

être en forme to be fit
être en pleine forme to be on top form
sang-froid self-control
les sports en salle indoor sports
les sports de plein air outdoor sports
un terrain de sport a sports field
un sport de compétition a competitive sport
une équipe a team
un/e entraîneur/-euse a coach
s'entraîner to practice = to train
gagner ≠ perdre to win ≠ to lose
les gradins the terraces
la tribune d'honneur the grandstand
le football football / soccer
un but → le gardien de but a goal → the goal keeper
le coup d'envoi the kick-off
taper dans le ballon to kick the ball
passer le ballon to pass the ball
tirer to shoot
marquer to score
mener to lead
l'athlétisme athletics
l'escrime fencing
la lutte / le catch wrestling
l'haltérophilie weightlifting

Ready, steady, go! (À vos marques ! Prêts ! Partez !)
Competition is not everything! (Il n'y a pas que la compétition !)
Amateur sports bring people together. (Le sport amateur réunit les gens.)
Hosting sporting events can boost tourism. (L'accueil d'événements sportifs peut développer le tourisme.)
It is a boon for the economy of a city. (C'est une aubaine pour l'économie d'une ville.)

F La création et le rapport aux arts / Creation and its links with arts

créer / créatif/-ve / la créativité to create / creative / creativeness
l'esthétique aesthetics
les beaux-arts the fine arts
l'artisanat d'art arts and craft
une œuvre d'art an artwork
un chef-d'œuvre a masterpiece
l'architecture architecture
la littérature literature
dessiner → le dessin to draw → drawing
un carnet de croquis a sketchbook
poser / un modèle to sit / a sitter
graver → la gravure to engrave → engraving
une eau-forte an etching
peindre → la peinture to paint → painting
une aquarelle a water-colour
une fresque a fresco
la musique classique classical music
la musique folklorique folk music
chanter juste ≠ faux to sing in tune ≠ out of tune
enregistrer to record
un disque / un CD a record / a CD
un écran a screen
un/e acteur/-trice an actor / an actress
la distribution the cast
le théâtre drama
la scène the stage
une pièce (de théâtre) a play

to play the piano / the violin… (jouer du piano / du violon…)
She has written several novels and many short stories. (Elle a écrit plusieurs romans et de nombreuses nouvelles.)
It is a novel by Hemingway. (C'est un roman de Hemingway.)
The underlying theme is man's ability to endure. (Le thème sous-jacent est la capacité de l'être humain à [en]durer.)
The film was shot on location. (Le film a été tourné en extérieur.)
It has been a box office hit for years. (C'est un succès populaire depuis des années.)

G Sauver la planète, penser les futurs possibles / Save the planet, invent the future

l'environnement the environment
un écosystème an ecosystem
la biodiversité biodiversity
les problèmes liés à l'environnement environmental issues
polluer → la pollution to pollute → pollution
les retombées radioactives radioactive fallout
les déchets nucléaires nuclear waste
le gaz carbonique (CO_2) carbon dioxide
les gaz d'échappement exhaust fumes
l'effet de serre the greenhouse effect
la déforestation deforestation
une marée noire an oil spill = an oil leak
le réchauffement climatique global warming
la préservation de l'environnement conservation of the environment
l'écologie ecology
écologique environment-friendly
les économies d'énergie energy saving
le reboisement re(af)forestation
recycler → le recyclage to recycle → recycling
une éolienne a wind turbine
l'économie durable sustainable economy
biodégradable biodegradable
les ampoules à basse consommation energy saving bulbs
les emballages consignés / réutilisables returnable packaging
un conteneur à verre a bottle bank

The release of chemicals into the atmosphere should be banned. (Il faudrait interdire que l'on libère des produits chimiques dans l'atmosphère.)
It depletes the ozone layer. (Cela détruit la couche d'ozone.)
With car-pooling we curb exhaust pipe emissions. (Avec le covoiturage, on réduit les émissions de gaz d'échappement.)
Avoid waste! (Évitez le gaspillage !)

H Le passé dans le présent / Past & present

le passé the past
l'Histoire history
les événements historiques historic events
la préhistoire prehistory
l'Antiquité Antiquity
la chronologie → chronologique chronology → chronological
l'archéologie archaeology
une ère an era
un siècle a century
un monument a monument
la mémoire memory
un souvenir a memory = a recollection
se rappeler ≠ oublier to remember ≠ to forget
l'oubli oblivion
enregistrer to record
des archives archives
un site de fouilles an excavation
une découverte a find
une grotte a cave
une peinture préhistorique a cave painting
le Moyen Âge the Middle Ages
le Haut Moyen Âge the Dark Ages
médieval medieval
l'héritage du passé the legacy of the past
au temps jadis in olden days
en ce temps-là in those days
dater de to date from
cela remonte à… it goes back to…
passer à la postérité to go down in history

Learning history may help us to understand the present. (Apprendre l'histoire peut nous aider à comprendre le présent.)
Every society has inherited traditions, habits and works of art which contribute to form its present. (Toutes les sociétés ont hérité de traditions, d'habitudes et d'œuvres d'art qui contribuent à forger leur présent.)
The influence of the past is ubiquitous. (L'influence du passé est omniprésente.)

11 Les pronoms personnels sujets et compléments

1 Les pronoms sujets

- ***yo*** (je), ***tú*** (tu), él (il), ***ella*** (elle), ***usted*** (forme de politesse singulier), ***ello*** (ceci, cela), ***nosotros / -as*** (nous masculin / féminin), ***vosotros / -as*** (vous masculin / féminin – forme de tutoiement), ***ellos / -as*** (ils / elles), ***ustedes*** (forme de politesse pluriel).
- Lorsque la forme verbale est clairement différenciée les pronoms sujets ne s'emploient pas.
Ex. : ***Tengo*** *un problema.* (J'ai un problème.)
- Les pronoms français « moi » et « toi » quand ils sont sujets se traduisent par ***yo*** et ***tú***.
Ex. : *Soy* ***yo****.* (C'est moi.)

2 Les pronoms compléments

• Les pronoms compléments d'objet direct

Masculin	***me***	***te***	***lo*** (personnes et choses) ***le*** (personnes)	***nos***	***os***	***los*** (personnes et choses)
Féminin	***me***	***te***	***la*** (personnes et choses)	***nos***	***os***	***las*** (personnes et choses)
Politesse			***lo, le*** (masculin) ***la*** (féminin)			***los, les***
Réfléchi	***me***	***te***	***se***	***nos***	***os***	***se***

Ex. : *El niño* ***me*** *mira.* (L'enfant me regarde.)

Attention !
Neutre : ***lo*** (3e personne du singulier).
Ex. : *No* ***lo*** *entiendo.* (Je ne le comprends pas [lui / ceci / cela].)

• Les pronoms compléments d'objet indirect sans préposition

Masculin Féminin	***me***	***te***	***le*** (personnes, choses et neutre)	***nos***	***os***	***les*** (personnes et choses)
Politesse			***le*** (masculin ou féminin)			***les*** (masculin ou féminin)
Réfléchi	***me***	***te***	***se***	***nos***	***os***	***se***

Ex. : *No* ***me*** *des nada.* (Ne me donne rien).

• Les pronoms précédés d'une préposition

Masculin	*mí*	*ti*	él	*nosotros*	*vosotros*	*ellos*
Féminin	*mí*	*ti*	*ella*	*nosotras*	*vosotras*	*ellas*
Politesse			*usted*			*ustedes*
Réfléchi			*sí*			*sí*

Ex. : *Estas flores son* ***para ti****.* (Ces fleurs sont pour toi.)

Attention !
Avec la préposition ***con***, les pronoms ***mí***, ***ti***, ***sí*** prennent les formes ***conmigo***, ***contigo***, ***consigo***.
Ex. : *Ven* ***conmigo****.* (Viens avec moi.)

• Ordre des pronoms dans la phrase

– Le pronom ***se*** précède toujours tous les autres pronoms.
Ex. : ***Se*** *le ocurre.* (Il lui vient à l'esprit.)
– Le pronom complément indirect précède toujours le pronom complément direct.
Ex. : ***Me lo*** *das.* (Tu me le donnes.)

12 Tutoiement ou forme de politesse, l'enclise – *le* / *les* remplacés par *se*

1 Tutoiement ou forme de politesse *(forma de cortesía)*

• **Le tutoiement** est une forme familière. Il est rendu par la **2e personne du singulier** s'il s'adresse à une seule personne et par la **2e personne du pluriel** s'il s'adresse à plusieurs personnes.

Ex. : ***(Tú) préstame*** *tu libro.* (Toi, prête-moi ton livre.)

(Vosotros) venid *con vuestros amigos.* (Vous, [toi + toi + toi...] venez avec vos amis.)

> **Attention !**
> ***Vosotros / as*** est le pluriel de ***tú*** et marque obligatoirement le tutoiement collectif.

• **La forme de politesse** nécessite l'emploi des pronoms ***usted*** et ***ustedes*** qui appartiennent à la 3e personne du singulier ou du pluriel.

Ex. : ***Usted*** *trabaja con entusiasmo.* (Vous travaillez avec enthousiasme.)

Ustedes *se van temprano.* (Vous partez tôt.)

L'usage de la forme de politesse implique l'utilisation de pronoms (sujets, compléments, réfléchis, possessifs), d'adjectifs possessifs et de formes verbales correspondant à la 3e personne.

• La langue espagnole **différencie clairement le vouvoiement singulier, le vouvoiement pluriel et le tutoiement pluriel**.

Ex. : ***Usted se lleva sus libros.*** (Vous, [une personne] vous emportez vos livres.)

Ustedes se llevan sus libros. (Vous, [vouvoiement plusieurs personnes] vous emportez vos livres.)

Vosotros os lleváis vuestros libros. (Vous, [toi + toi...]) vous emportez vos livres.)

2 L'enclise

• **Avec l'infinitif, l'impératif et le gérondif.** Le ou les pronoms compléments sont rejetés à la fin du verbe et soudés à la terminaison de ce dernier.

Ex. : *Podrías* ***ayudarme***. (Tu pourrais m'aider.) ***Dámelo.*** (Donne-le-moi.)

Aprenderás ***ayudándome***. (Tu apprendras en m'aidant.)

• **Forme verbale composée d'un verbe conjugué suivi d'un infinitif ou d'un gérondif.** Le ou les pronoms peuvent se situer soit devant le verbe conjugué, soit en position enclitique (soudés à l'infinitif ou au gérondif), mais jamais entre les deux comme en français.

Ex. : ***Te lo*** *quiero prestar.* ou *Quiero* ***prestártelo***. (Je veux te le prêter.)

3 *Le* ou *les* remplacés par *se*

• Les pronoms COI ***le*** et ***les*** sont toujours remplacés par ***se*** quand ils se trouvent **devant** les pronoms COD ***lo***, ***la***, ***los***, ***las***.

• On n'emploie jamais deux pronoms commençant par la lettre « ***l*** » l'un derrière l'autre.

Ex. : ***Se lo da.*** (Il le lui donne.) et non : *le lo da.*

No quiere dárselo. (Il ne veut pas le lui donner.) et non : *no quiere dárlelo.*

• ***Se***, en se substituant aux pronoms indirects ***le*** ou ***les***, conserve toute l'ambiguïté de la 3e personne et peut donc signifier :

– ***Se lo da*** [a él, a ella] (Il le lui donne)

– ***Se lo da*** [a usted, a ustedes] (Il vous le donne).

– ***Se lo da*** [a ellos, a ellas] (Il le leur donne).

ESPAGNOL

13 Participe passé et temps composés

1 Formation des temps composés

- Tous les temps composés sont formés à partir des temps simples de l'auxiliaire ***haber*** : ***haber*** + ***participe passé*** du verbe conjugué.
Ex. : ***He trabajado*** (J'ai travaillé), ***has trabajado*** (tu as travaillé), etc.
- **Le participe passé associé à l'auxiliaire *haber* est invariable.**

> **Attention !**
> Auxiliaire + participe passé forment un bloc indissociable.

A Formation du participe passé

- **Participes passés réguliers**
– Verbes du 1er groupe en *-ar* → **radical** + *-ado*. Ex. : ***cantado.***
– Verbes des 2e et 3e groupes en *-er* et *-ir* → **radical** + *-ido.* Ex. : ***bebido / vivido.***

- **Participes passés irréguliers**
Seuls quelques verbes très utilisés ont un **participe passé irrégulier** : *abrir* (ouvrir) → ***abierto*** ; *cubrir* (couvrir) → ***cubierto*** ; *decir* (dire) → ***dicho*** ; *escribir* (écrire) → ***escrito*** ; *hacer* (faire) → ***hecho*** ; *morir* (mourir) → ***muerto*** ; *poner* (poser) → ***puesto*** ; *romper* (casser) → ***roto*** ; *ver* (voir) → ***visto*** ; *volver* (revenir / devenir) → ***vuelto***.

> **Cas particulier**
> Le participe passé peut être utilisé (comme en français) comme adjectif. Dans ce cas, il s'accorde.
> Ex. : ***Una casa pintada de blanco.*** (Une maison peinte en blanc.)

B Les temps composés

- **Passé composé de l'indicatif : présent de *haber* + participe passé.**
Ex. : *he cantado* (j'ai chanté).
- **Plus-que-parfait de l'indicatif : imparfait de *haber* + participe passé.**
Ex. : *había cantado* (j'avais chanté).
- **Passé antérieur de l'indicatif : passé simple de *haber* + participe passé.**
Ex. : *hube cantado* (j'eus chanté).
- **Futur antérieur de l'indicatif : futur de *haber* + participe passé.**
Ex. : *habré cantado* (j'aurai chanté).
- **Passé du subjonctif : subjonctif présent de *haber* + participe passé.**
Ex. : *haya cantado* (que j'aie chanté).
- **Subjonctif plus-que-parfait : subjonctif imparfait de *haber* + participe passé.**
Ex. : *hubiera / hubiese cantado* (que j'eusse chanté).
- **Conditionnel passé : conditionnel présent de *haber* + participe passé.**
Ex. : *habría cantado* (j'aurais chanté).

2 La conjugaison des formes passives

- Elle est formée à partir des temps simples du verbe *ser* + **participe passé.**
Ex. : ***Ser apreciado.*** (Être apprécié.)
Era apreciado / a. (J'étais apprécié / e.). ***Seré apreciado / a.*** (Je serai apprécié / e.)
- Dans la forme passive le participe passé s'accorde toujours avec le sujet.
Ex. : ***Fuiste muy apreciada.*** (Tu as été très appréciée.)

14 Les formes affectives

1 Usage du verbe *gustar*

A Sens du verbe

• Il est habituel de traduire ***gustar*** par « aimer ». Cependant, il ne faut jamais perdre de vue qu'il correspond au verbe français « plaire » et s'emploie de la même façon. Ainsi, la phrase : ***Me gustan las flores*** signifie « *Les fleurs me plaisent*. »

Attention !

Te quiero (Je t'aime.) est différent de : ***Me gustas tú.*** (Tu me plais.)

• Quand « aimer » exprime en français le sentiment amoureux, il correspond au verbe ***querer***.

B Constructions avec *gustar*

• Le sujet « J' » de la phrase française, « J'aime les fleurs. », devient le COI de la phrase espagnole. Le complément français (« les fleurs ») devient le sujet qui sera toujours placé derrière le verbe selon le schéma suivant.

Me	*gustan*	*las flores*
Pronom complément	Verbe conjugué à la personne déterminée par le sujet	Sujet

• Généralement le verbe ***gustar*** s'emploie à la 3e personne du singulier ou du pluriel. Il doit être immédiatement précédé du pronom complément (qui correspond au sujet français du verbe « aimer »), soit, pour les différentes personnes : ***me, te, le, nos, os, les***.

C Le complément de renforcement

• D'emploi facultatif et précédé de la préposition ***a*** le renforcement peut être un nom ou un pronom (voir liste des pronoms après proposition page 332). Il ne peut jamais se substituer à la base verbale indissociable.

A mí	*me gusta*	*el cine*
Forme de renforcement facultative	Base verbale indissociable	Sujet

2 Les tournures affectives

Elles expriment le sentiment, la sensation, l'impression, etc. Elles se construisent sur le modèle de ***gustar***. Il convient de se familiariser avec l'emploi des plus courantes.

***Me aburre** la música clásica.* La musique classique m'ennuie.
***Me da** igual.* Cela m'est égal.
***Me encanta** el cine de Almodóvar.* J'adore le cinema d'Almodóvar.
***Nos conviene** perfectamente.* Cela nous convient tout à fait.
*¿**Te apetece** comer jamón serrano?* Cela te dit de manger du jambon de montagne ?
***Nos alegra** tu éxito.* Ta réussite nous réjouit.
***Me cae** bien / mal esta chica.* Je trouve / ne trouve pas cette fille sympathique.
***Me extraña** tu reacción.* Je m'étonne de ta réaction.
***Nos interesan** sus novelas.* Ses / vos romans nous intéressent.
***Me duelen** los dientes.* J'ai mal aux dents.
***Me toca** limpiar.* C'est mon tour / il m'incombe de nettoyer.

15 SER et ESTAR

Ser et ***estar*** donnent à la phrase un sens différent qu'il faut absolument maîtriser.

1 Emploi systématique de *ser* ou de *estar*

• **Toujours *ser***
– Avec **un nom attribut**. Ex. : ***Es una persona simpática.*** (C'est une personne sympathique.)
– Avec **un infinitif**. Ex. : ***Trabajar es necesario.*** (Il faut travailler.)
– Avec **un pronom**. Ex. : ***Es el mío, el tuyo es aquel.*** (C'est le mien, le tien c'est celui-là.)

• **Généralement *ser***
Pour situer dans le temps et exprimer l'heure, le jour, la date, la saison.
Ex. : ***Hoy es lunes y son las cuatro.*** (Aujourd'hui, c'est lundi et il est quatre heures.)

• **Toujours *estar***
Avec **les gérondifs**. Ex. : ***Estoy trabajando.*** (Je suis en train de travailler.)

• **Généralement *estar***
Pour situer dans l'espace.
– Situer des personnes. Ex. : ***Carmen está en el jardín.*** (Carmen est dans le jardin.)
– Situer des choses. Ex. : ***Las corbatas están en el armario.*** (Les cravates sont dans l'armoire.)
– Situer des lieux. Ex. : ***El pueblo no está muy lejos de aquí.*** (Le village n'est pas très loin d'ici.)
– Situer des concepts. Ex. : ***¿Dónde está la verdad?*** (Où se trouve la vérité ?)

2 Emploi de *ser* ou *estar* avec le participe passé

• ***Ser* + participe passé** exprime une **action en cours d'exécution**. On doit exprimer ou sous-entendre que quelqu'un ou quelque chose (un agent) fait cette action.
Ex. : ***El pueblo fue destruido.*** (Le village fut détruit. [Sous-entendu : par les bombes, etc.])

• ***Estar* + participe passé** exprime que l'**on considère l'effet, le résultat d'une action antérieure**.
Ex. : ***El pueblo estaba destruido.*** (Le village était détruit. [Il était en ruines.])

3 Emploi de *ser* ou *estar* avec les adjectifs

• ***Ser* associé à un adjectif** exprime l'**essence**, c'est-à-dire des **caractéristiques propres**, inhérentes, fixes et naturelles.
Ex. : ***El hielo es frío.*** (La glace est froide.)

• ***Estar* associé à un adjectif** exprime la **circonstance**, c'est-à-dire des **caractéristiques conjoncturelles**, variables, apparentes.
Ex. : ***Mi café está frío.*** (Mon café est froid.)

• **La plupart des adjectifs peuvent s'employer avec *ser* ou avec *estar*** selon ce que l'on veut exprimer.
Ex. : ***El cielo es azul.*** (Le ciel est bleu. – c'est sa nature –) ***Hoy el cielo está gris.*** (Aujourd'hui, le ciel est gris.)

Attention !

Certains adjectifs peuvent varier très fortement de sens.
Ex. : ***Ser joven*** (Être jeune [d'âge]). ***Estar joven*** (Faire jeune). ***Ser malo*** (Être méchant). ***Estar malo*** (Être malade). ***Ser rico*** (Être riche). ***Estar rico*** (Être savoureux). ***Ser listo*** (Être vif d'esprit). ***Estar listo*** (Être prêt).

16 Situer l'action dans le temps

- **Situer l'action dans l'instant présent**

Ahora / actualmente / en el momento actual (maintenant / actuellement / au moment présent).
Ex. : ***Ahora puedo afirmar que...*** (À l'instant, je peux affirmer que...)

- **Situer l'action aux différents moments de la journée**

– ***Por la mañana / a mediodía / por la tarde / por la noche / a medianoche*** (le matin / à midi / l'après-midi / le soir, la nuit / à minuit).
Ex. : ***Por la mañana voy al instituto.*** (Le matin, je vais au lycée.)
– ***De día / de noche.***
Ex. : ***Duerme de día y sale de noche.*** (Il dort le jour et sort la nuit.)

- **Préciser la durée de l'action**

– ***Desde ... hasta ...*** (depuis ... jusqu'à ...).
Ex. : ***Duermo la siesta desde las dos hasta las cuatro.*** (Je fais la sieste de deux heures à quatre heures.)
– ***De ... a ...*** (de / du ... à ...).
Ex. : ***Trabajo de la mañana a la noche.*** (Je travaille du matin au soir.)

- **Exprimer le temps écoulé**

– ***Hace ... que*** (Il y a / cela fait). Le verbe ***hacer*** est toujours employé à la 3e personne du singulier.
Ex. : ***Hace un año que no he jugado al fútbol.*** (Il y a un an que je n'ai pas joué au football.)
– ***Desde hace*** (depuis : suivi d'une mesure de temps).
Ex. : ***No he ido al cine desde hace más de un año.*** (Je ne suis pas allé au cinéma depuis plus d'un an.)
– ***Llevar ...*** **+ gérondif.**
Ex. : ***Llevo dos horas esperando.*** (J'attends depuis deux heures.) ***Llevaba dos años en la empresa.*** (Il était dans l'entreprise depuis deux ans.)

- **Exprimer la fréquence de l'action**

– ***De vez en cuando / a veces*** (de temps en temps / parfois).
Ex. : ***De vez en cuando iba a verla.*** (De temps en temps, il allait la voir.)
– ***Cada vez que / siempre que*** (chaque fois que / toutes les fois que).
Ex. : ***Cada vez que juega, gana.*** (Chaque fois qu'il joue, il gagne.)
– ***A menudo / muchas veces / la mayoría de las veces*** (souvent / de nombreuses fois / la plupart du temps).
Ex. : ***A menudo se equivoca.*** (Souvent, il se trompe.)

- **Exprimer qu'une action se passe avant, en même temps, après une autre**

– ***Antes de / antes de que*** (avant de / avant que).
Ex. : ***Antes de empezar, quiero decir que...*** (Avant de commencer, je veux dire que...)
– ***Mientras / al mismo tiempo*** (pendant / en même temps).
Ex. : ***Mientras trabajaba, pensaba en ella.*** (Pendant qu'il travaillait, il pensait à elle.)
– ***Después de*** (après).
Ex. : ***Después de comer, dormimos.*** (Après manger, nous dormons.)

- **Exprimer la simultanéité de deux actions**

– ***Al*** **+ gérondif** indique simplement que deux actions se passent en même temps.
Ex. : ***Al entrar saludó.*** (En entrant, il salua.)
– **Le gérondif** indique la simultanéité et la manière dont se passe l'action.
Ex. : ***Entró saludando.*** (Il entra en saluant.)

17 Les adverbes

Les adverbes modifient le sens d'un verbe, d'un adjectif ou d'un autre adverbe. Ils sont **invariables**.

1 Les adverbes de manière

• Adjectif au féminin singulier + suffixe *-mente*.
Ex. : ***Rápido [a]*** (rapide) + ***mente*** = ***Rápidamente*** (rapidement).
Útil (utile) + ***mente*** = ***Útilmente*** (utilement).

• **Les principaux autres adverbes de manière.** ***Así*** (ainsi), ***adrede*** (exprès), ***bien*** (bien), ***despacio*** (lentement), ***deprisa*** (rapidement), ***mal*** (mal).

2 Les adverbes de lieu

• *Aquí* / *acá* (ici), *ahí* (là), *allí* / *allá* (là-bas) établissent une notion progressive d'éloignement.
Ex. : ***Aquí mi casa, ahí la iglesia, allí el castillo.*** (Ici ma maison, là l'église, là-bas le château).

• **Les principaux adverbes de lieu.** ***Adelante*** (en avant), ***atrás*** (en arrière), ***arriba*** (en haut), ***abajo*** (en bas), ***encima*** (dessus), ***debajo*** (dessous), ***dentro*** (dedans), ***fuera*** (dehors), ***lejos*** (loin), ***cerca*** (près), ***delante*** (devant), ***detrás*** (derrière), ***enfrente*** (en face), ***alrededor*** (autour).

3 Les adverbes de temps

• *Nunca* et *jamás* (jamais), se construisent avec la négation *no* quand ils suivent le verbe.
Ex. : ***No trabaja nunca.*** (Il ne travaille jamais.)

• **Autres adverbes de temps.** ***Ya*** (déjà, maintenant), ***hoy*** (aujourd'hui), ***anoche*** (hier soir), ***ayer*** (hier), ***anteayer*** (avant-hier), ***mañana*** (demain), ***ahora*** (maintenant), ***antes*** (avant), ***aún*** (encore), ***después*** (après), ***enseguida*** (aussitôt), ***entonces*** (alors), ***siempre*** (toujours), ***tarde*** (tard), ***temprano*** (tôt), ***todavía*** (encore), etc.

4 Les adverbes de quantité

• *Más* (plus) et *menos* (moins) se construisent avec *que*.
Ex. : ***Pedro es más joven que María.*** (Pierre est plus jeune que Marie.)

• *Tanto* / *tan* (aussi, autant, tant, si) se construit avec ***como***.
Ex. : ***Trabaja tanto como su padre.*** (Il travaille autant que son père.)

• *Sólo* (seulement) permet de traduire la tournure française « ne ... que ». Il équivaut à la forme *no ... más que*.
Ex. : ***Trabaja sólo por la mañana. No trabaja más que por la mañana.*** (Il ne travaille que le matin.)

• **Autres adverbes de quantité.** ***Apenas*** (à peine), ***bastante*** (assez), ***demasiado*** (trop), ***mucho*** (beaucoup), ***muy*** (très), ***poco*** (peu), etc.

Rappel

Devant les adjectifs, les participes ou les adverbes, on emploie la forme ***tan***.
Ex. : ***Estás tan cansado como yo.*** (Tu es aussi fatigué que moi.)

5 Les adverbes de doute

• *Tal vez* / *acaso* / *quizás* (peut-être), *a lo mejor* (peut-être), sont équivalents. *A lo mejor* est toujours suivi de l'indicatif. Les autres sont généralement suivis d'un verbe au subjonctif.

18 Argumenter, critiquer, relier les idées

1 Les connecteurs

• Commencer ou reprendre un discours

Pues Bon

Dicho esto Cela dit

• Ordonner des idées ou des événements

En primer lugar En premier lieu

Por una parte D'une part

Por otro lado D'un autre côté

• Introduire une digression

Por cierto Bien sûr

A propósito À propos

• Ajouter une information

Además En plus

Encima En plus / En outre

Incluso Y compris

• Exprimer une conséquence

Por eso C'est pourquoi

Por consiguiente Par conséquent

• Opposer un argument

En cambio Par contre

Al contrario Au contraire

Sin embargo Cependant

A pesar de todo Malgré tout

• Reformuler, rectifier

Es decir C'est-à-dire

Mejor dicho Plus exactement

Más bien Plutôt

De todos modos De toute façon

• Récapituler

En conclusión En conclusion

Al fin y al cabo En fin de compte

• Renforcer un argument, donner un exemple

En realidad En réalité

Por ejemplo Par exemple

• Marquer l'approbation

Claro Bien sûr

Desde luego Bien entendu

• Émettre une supposition

Por lo visto Apparemment

Al parecer À ce qu'il paraît

2 Commenter un document

• Le présenter

Este texto está sacado de ... publicado en ... y escrito por ... Ce texte est tiré de ... publié en ... et écrit par ...

En primer lugar vamos a ... Tout d'abord, nous allons ...

Después presentaremos ... Ensuite, nous présenterons ...

Al final intentaremos ... Pour finir, nous essaierons ...

• En rendre compte

Este párrafo presenta / aborda Ce paragraphe présente / aborde ...

La frase me hace pensar en ... La phrase me fait penser à ...

• Conclure

El desenlace del cuento permite ... Le dénouement du conte permet de ...

Esto nos incita a meditar sobre ... Ceci nous incite à méditer sur ...

3 Les mots-clés de l'image

Un cómic Une bande dessinée

Una tira de viñetas Une bande d'images

Un cuadro Un tableau

Un retrato Un portrait

Un dibujo humorístico Un dessin humoristique

Un grabado Une gravure

El pintor Le peintre

El dibujante Le dessinateur

El humorista L'humoriste

El marco Le cadre

El primer plano Le premier plan

El fondo Le fond

19 Emploi du subjonctif

Contrairement à l'indicatif qui exprime et constate l'existence d'un fait, **le subjonctif s'emploie quand on ne constate pas l'existence ou la réalité d'un fait**.

• Dans les propositions complétives

Quand le verbe de la proposition principale :

– marque **l'ordre, la défense, le souhait, la crainte, le doute, le sentiment...**

Ex. : ***No quiero que salgas con ese chico.*** (Je ne veux pas que tu sortes avec ce garçon.)

– exprime **une obligation** ;

Ex. : ***Hace falta que lo ayudes.*** (Il faut que tu l'aides.)

– est à **la forme négative, principalement avec les verbes : *creer, pensar, saber.***

Ex. : ***No creo que diga la verdad.*** (Je ne crois pas qu'il dise la vérité.)

• Dans les propositions concessives

Principalement après : ***aunque*** (quoique) ou ***por más que*** (avoir beau), le subjonctif marque un fait qui n'est pas avéré et présenté comme improbable.

Ex. : ***Aunque digas la verdad, no te creerán.*** (Quoique tu dises la vérité, ils ne te croiront pas.)

• Le futur hypothétique

Parce qu'il présente toujours un fait non encore accompli et avéré, le futur dans les propositions subordonnées, doit être rendu par le subjonctif présent.

Ex. : ***Iremos al cine cuando vengas.*** (Nous irons au cinéma quand tu viendras.)

• Exprimer la probabilité avec les adverbes de doute

Quizá / quizás, tal vez et ***acaso*** (peut-être) ont le même sens. Quand ils sont placés au début de la proposition, ils doivent être suivis du subjonctif.

Ex. : ***Quizás no quiera venir.*** (Peut-être ne veut-il pas venir.)
Tal vez te dejen pasar. (Peut-être te laisseront-ils passer.)

Attention !
A lo mejor (peut-être) est, en revanche, suivi de l'indicatif.

• La concordance des temps

Verbe de la principale	Verbe de la subordonnée au subjonctif
Présent	Subjonctif présent
Temps du passé ou conditionnel	Subjonctif imparfait

Ex. : ***Hoy el profesor desea que los alumnos trabajen, aprendan y escriban.*** (Aujourd'hui, le professeur désire que les élèves travaillent, apprennent et écrivent.)

Ayer el profesor deseaba / deseó / había deseado que los alumnos trabajaran, aprendieran y escribieran. (Hier, le professeur désirait / désira / avait désiré que les élèves travaillent, apprennent et écrivent.)

En cualquier otra ocasión el profesor desearía que los alumnos trabajaran, aprendieran y escribieran. (En toute autre occasion, le professeur désirerait que les élèves travaillent, apprennent et écrivent.)

20 L'obligation

On distingue :
– l'**obligation impersonnelle** qui correspond à « il faut » + infinitif ou « on doit » + infinitif ;
– l'**obligation personnelle** qui correspond à « je (tu, il, etc.) dois » + infinitif ou « il faut que je (tu, il, etc.) » + subjonctif présent.

1 L'obligation impersonnelle

• **Forme principale : *hay que* + infinitif** est la forme la plus utilisée.
Ex. : ***Hay que tomar las buenas decisiones.*** (Il faut prendre les bonnes décisions.)

• **Autres formes. *Hace falta* / *Es necesario* / *Es preciso* / *Es menester* + infinitif**
Ex. : ***Hace falta trabajar. Es necesario trabajar. Es preciso trabajar. Es menester trabajar.*** (Il faut travailler.)

• ***Haber de* + infinitif** marque davantage la convenance que l'obligation.
Ex. : ***Has de saber, Sancho.*** (Il faut que tu saches, Sancho.)

2 L'obligation personnelle

• **Formes principales**
– ***Tener que* + infinitif** marque une nécessité, un devoir impérieux.
Ex. : ***Tienes que estudiar.*** (Tu dois étudier.)
Tengo que ir. (Je dois aller.)
– ***Deber* + infinitif** exprime plus une obligation morale qu'une nécessité impérieuse.
Ex. : ***Debes decirme la verdad.*** (Tu dois me dire la vérité.)

• **Autres formes**
On utilise également avec la même valeur que ***tener que* + infinitif** les formes suivantes : ***Hace falta* / *Es necesario* / *Es preciso* / *Es menester* + que + subjonctif.**
Ex. : ***Hace falta que trabajes. Es necesario que trabajes. Es preciso que trabajes. Es menester que trabajes.*** (Il faut que tu travailles.)

> **Attention !**
> Ces formes impliquent l'application de la règle de concordance des temps (voir p. 340).
> Ex. : ***Era preciso que se lo dijeras.*** (Il fallait que tu le lui dises.)
> ***Hizo falta que saliera.*** (Il fallut qu'il sorte.)

3 Traduction de « il n'y a qu'à »

• **Si « il n'y a qu'à » signifie « il suffit de »**, la tournure est traduite par : ***no hay más que*** ou ***basta con***.
Ex. : ***Basta con aplicar la regla.*** (Il n'y a qu'à appliquer la règle.)
No hay más que devolvérselo. (Il n'y a qu'à le lui rendre.)

• **Si « il n'y a qu'à » signifie « il n'y a pas d'autre moyen ou d'autre solution que »**, la tournure est traduite par : ***No hay más remedio que***.
Ex. : ***No hay más remedio que pagar.*** (Il n'y a qu'à payer.)
No hay más remedio que abandonar. (Il n'y a qu'à abandonner.)

21 Expression de la condition

La condition est exprimée par une proposition généralement introduite par *si*.

1 La condition réalisable

La condition réalisable s'exprime toujours par le mode indicatif dans la proposition qui énonce la condition.

Présent	***Si me quieres*** Si tu m'aimes (aujourd'hui)	***nos casamos.*** nous nous marions. ***nos casaremos.*** nous nous marierons. ***casémonos.*** marions-nous.
Passé	***Si me aburría*** Si je m'ennuyais (alors)	***iba al cine.*** j'allais au cinéma (à cette époque).

2 La condition irréalisable

La condition irréalisable s'exprime toujours par le subjonctif imparfait ou plus-que-parfait dans la proposition qui énonce la condition.

Présent	***Si trabajaras*** Si tu travaillais (mais tu ne travailles pas) **Subjonctif Imparfait**	***ganarías dinero.*** tu gagnerais de l'argent. **Conditionnel présent**
Passé	***Si hubieras trabajado*** Si tu avais travaillé (hier) **Subjonctif plus-que-parfait**	***ganarías dinero.*** tu gagnerais de l'argent (maintenant). ***hubieras (habrías) ganado dinero.*** tu aurais gagné de l'argent (hier). **Subjonctif plus-que-parfait ou conditionnel passé**

3 Le subjonctif imparfait

A Verbes réguliers

• **Verbes du premier groupe**

-ar : **radical** + *-ara, -aras, -ara, -áramos, -arais, -aran*.

Ex. : ***Cantar*** (chanter). *Cantara, cantaras, cantara, cantáramos, cantarais, cantaran.*

• **Verbes des deuxième et troisième groupes**

-er, -ir : **radical** + *-iera, -ieras, -iera, -iéramos, -ierais, -ieran*.

Ex. : ***Beber*** (boire). *Bebiera, bebieras, bebiera, bebiéramos, bebierais, bebieran.*

Escribir (écrire). *Escribiera, escribieras, escribiera, escribiéramos, escribierais, escribieran.*

• À côté des terminaisons en ***-ra*** qui sont les plus fréquentes, il existe une autre forme de subjonctif imparfait terminée en ***-se***.

Ex. : ***Cantara*** ou ***cantase*** – ***Bebiera*** ou ***bebiese*** – ***Viviera*** ou ***viviese.***

B Verbes irréguliers

La connaissance du passé simple permet de former facilement le subjonctif imparfait des verbes irréguliers. Celui-ci se forme à partir de la 3e personne du pluriel du passé simple en substituant à la terminaison ***-ron*** les formes : *-ra, -ras, -ra, -ramos, -rais, -ran*.

Ex. : ***Decir*** → ***dijeron*** → ***dijera*** ou ***dijese***.

22 Le vocabulaire utile *Vivir juntos / Vivre ensemble*

A Les relations entre générations / Convivencia entre generaciones

un/e adolescent/e un adolescente
le/la retraité/e el jubilado / la jubilada
le troisième âge la tercera edad
la personne âgée la persona mayor
le dialogue el diálogo
le respect mutuel el mutuo respeto
promouvoir le vieillissement actif fomentar el envejecimiento activo
réduire la discrimination disminuir la discriminación
partager des valeurs compartir valores
le sentiment de solitude el sentimiento de soledad
l'apprentissage de modèles positifs el aprendizaje de modelos positivos
l'aide scolaire aux enfants el apoyo escolar a niños
resoudre les conflits resolver conflictos
les traditions culturelles las tradiciones culturales
les activités de loisir las actividades de ocio
transmettre des connaissances transmitir conocimientos
les stéréotypes associés à l'âge los estereotipos asociados a la edad
la perte de l'autonomie la pérdida de la autonomía
l'accompagnement dans les déplacements el acompañamiento en los desplazamientos
La nostalgie de l'enfance la nostalgia de la infancia

Se deja de lado a las personas mayores. (On laisse de côté les personnes âgées.)
Pienso que hay que involucrar a los medios de comunicación. (Je pense qu'il faut impliquer les médias.)
Deberíamos eliminar todas formas de discriminación en contra de las personas mayores. (Nous devrions éliminer toute discrimination envers les personnes âgées.)
Participo en jornadas interculturales e intergeneraciones. (Je participe à des journées interculturelles et intergénérationnelles.)

B Univers professionnel & monde du travail / Los universos profesionales, el mundo laboral

choisir un métier elegir un oficio
l'orientation la orientación vocacional
l'entreprise la empresa
un chef d'entreprise un empresario
gagner sa vie ganarse la vida
un/e cadre d'entreprise un ejecutivo / una ejecutiva
le recrutement la contratación
demander un emploi solicitar un empleo
le code du travail el código del trabajo
être au chômage estar en el paro
les heures supplémentaires las horas extraordinarias
la grève la huelga
le syndicat el sindicato
la prévention des risques la prevención de riesgos
les accidents du travail los accidentes del trabajo
la formation des travailleurs la capacitación de los trabajadores
le salaire des cadres el salario de los ejecutivos
la Sécurité sociale la Seguridad Social
faire un stage hacer prácticas
la discrimination envers les femmes la discriminación femenina

Quiero elegir un oficio que me haga sentirme bien conmigo mismo. (Je veux choisir un emploi dans lequel je me sente à l'aise.)
He presentado una solicitud de empleo en una empresa extranjera. (J'ai sollicité un emploi dans une entreprise étrangère.)
Esta empresa facilita la capacitación de sus empleados. (Cette entreprise facilite la formation de ses employés.)
Puedo estudiar gracias a la beca que me otorga la universidad. (Je peux étudier grâce à la bourse que me donne l'université.)

C Le village, le quartier, la ville / El pueblo, el barrio, la ciudad

le milieu rural el medio rural
l'environnement el entorno
l'exode rural la despoblación
le manque d'emplois la escasez de fuentes de empleo
l'attrait des villes el atractivo de las ciudades
l'offre de services la oferta de servicios
la décroissance démographique el empobrecimiento demográfico
le transport scolaire el transporte escolar
l'insécurité la inseguridad
le ramassage des ordures la recolección de la basura
une décharge sauvage un botadero de escombros
l'éclairage public el alumbrado público
résoudre les conflits solucionar los conflictos
la délinquance des jeunes la delincuencia juvenil
appeler les pompiers llamar a los bomberos
la circulation el tráfico urbano
la pollution la contaminación atmosférica
se garer aparcar el coche
payer le parking pagar el aparcamiento
limiter les émissions de CO_2 limitar las emisiones de CO_2
éviter les embouteillages evitar los embotellamientos
les conflits entre communautés los conflictos entre comunidades de personas
l'hôtel de ville el ayuntamiento
un quartier résidentiel un barrio residencial

¿Hay una parada de taxis por aquí cerca? (Y a-t-il une station de taxis près d'ici ?)

En mi barrio es difícil encontrar sitio para aparcar. (Dans mon quartier, il est difficile de trouver de la place pour se garer.)

¿Dónde está la parada de autobuses? – Cerca de la oficina de correos. (Où se trouve l'arrêt des autobus ? – Près du bureau de poste.)

D Représentation de soi et rapport à autrui / El concepto de sí mismo y la relación uno con otro

le comportement el comportamiento
établir des relations sociales establecer relaciones sociales
se mesurer à quelqu'un competir con otro
bien se comporter portarse bien
avoir à cœur tomar a pecho
les conflits los conflictos
la thérapie de couple la terapia de pareja
montrer de l'empathie demostrar empatía
l'estime de soi la autoestimación
le développement affectif el desarrollo afectivo
capter l'attention captar la atención
changer de comportement cambiar de comportamiento
l'insertion sociale la inclusión social
le désir de paraître el deseo de ostentación
les symboles sociaux los símbolos sociales
la position sociale la posición social
l'habillement la indumentaria
la construction identitaire la construcción identitaria
être à la mode estar a la moda
la vanité la vanidad
le sentiment d'appartenance el sentido de pertenencia
la réussite el éxito
l'échec el fracaso

¿Te gustas cuando te contemplas en el espejo? (Tu te plais quand tu te regardes dans le miroir ?)

Siempre quieren parecerse a lo que consideran superior. (Ils veulent toujours s'identifier à ce qu'ils considèrent supérieur.)

¿Cómo crees que los demás te ven? (Comment crois-tu que les autres te voient ?)

Las comunidades virtuales atraen a muchos jóvenes. (Les communautés sur les réseaux sociaux attirent de nombreux jeunes.)

Me gustaría conocer qué hay detrás de esa persona. (J'aimerais savoir ce qui se cache derrière cette personne.)

Los presumidos son personas que se creen mejor que otros. (Les prétentieux sont des personnes qui se croient meilleures que les autres.)

E Sports et société / Deporte y sociedad

les installations sportives las instalaciones deportivas

le stade el estadio

le gymnase el gimnasio

le club professionnel el club profesional

sponsoriser un événement patrocinar un acontecimiento

les droits de diffusion los derechos de transmisión

battre le record batir el récord

le championnat du monde de fooball los mundiales de fútbol

les jeux Olympiques los juegos olímpicos

le sentiment d'orgueil national el sentimiento de orgullo nacional

promouvoir l'image de la nation promover la imagen nacional

intégrer le sport dans l'éducation integrar el deporte en la educación

un spectacle populaire un espectáculo de masas

la lutte contre la violence la prevención de la violencia

les personnes handicapées las personas con discapacidades

contrôler le dopage controlar el dopaje

un terrain de jeu una cancha

un/e amateur/-trice de sport un aficionado / una aficionada

un supporter un hincha

marquer des buts marcar goles

le travail d'équipe el trabajo en equipo

le leadership el liderazgo

les actes de violence et incivilités actos de violencia e incivilidades

el deporte como espejo de la sociedad (le sport miroir de la société)

Me gustaría practicar gimnasia artística porque combina danza y gimnasia. (J'aimerais pratiquer la gymnastique artistique parce qu'elle combine la danse et la gymnastique.)

Los medios de comunicación deberían luchar contra la violencia dentro y fuera de los estadios. (Les médias devraient lutter contre la violence à l'intérieur et à l'extérieur des stades.)

El "Santiago Bernabéu" en Madrid y el "Camp Nou" en Barcelona son los estadios con más aforo de España. (Le « Santiago Bernabéu » à Madrid et le « Camp Nou » à Barcelone sont les stades d'Espagne pouvant accueillir le plus de public.)

F La création et le rapport aux arts / La creación y su relación con las artes

partager avec le reste du monde compartir con el resto del mundo

un acte de communication un acto de comunicación

le talent el talento

transmettre des émotions transmitir emociones

se servir de la musique valerse de la música

exprimer la richesse intérieure expresar la riqueza interior

jouer avec l'imaginaire jugar con lo imaginario

développer une activité artistique desarrollar una actividad artística

l'apprentissage autodidacte el aprendizaje autodidacta

choisir une profession artistique elegir una profesión artística

le processus de création el proceso de creación

éduquer le public educar al público

promouvoir l'avant-garde promover las vanguardias

le street art el arte urbano o callejero

faire prendre conscience concientizar

la libre expression la libre expresión

la BD la novela gráfica / el cómic

le centre de création contemporaine el centro de creación contemporánea

promouvoir la rencontre de créateurs promover el encuentro de creadores

les arts visuels las artes visuales

exposer dans une galerie d'art exponer en una galería de arte

Necesito satisfacer mis ansias de crear. (J'ai besoin d'exprimer ma créativité.)

Debes investigar y aprender los fundamentales. (Tu dois faire des recherches et apprendre les bases.)

¿Cómo ser artista y vivir del arte? (Comment être artiste et vivre de son art ?)

G Sauver la planète, penser les futurs possibles / Salvar el planeta, pensar los futuros posibles

protéger le milieu ambiant proteger el medioambiente

prendre conscience du problème tomar conciencia del problema

la pollution la contaminación

recycler les objets reciclar objetos

l'écosystème el ecosistema

la déforestation la desforestación

s'impliquer comprometerse

le gaspillage de l'eau el derroche de agua

la croissance de la population el crecimiento de la población

la disparition des ressources naturelles la pérdida de los recursos naturales

le développement équitable el desarrollo equitativo

la gestion des déchets el manejo de los desechos

l'écotourisme el ecoturismo

l'effet de serre el efecto invernadero

le ramassage sélectif la recolección selectiva

trier les déchets clasificar los desechos

Clasifico los desechos antes de tirarlos a la basura. (Je trie les déchets avant de les mettre à la poubelle.)

Estoy comprometido en un proyecto de desarrollo equitativo. (Je suis impliqué dans un projet de développement équitable.)

Milito por el desarrollo sostenible. (Je milite pour le développement durable.)

La naturaleza te lo agracerá. (La nature t'en sera reconnaissante.)

La automatización y la robótica ya no son ciencia ficción. (L'automatisation et la robotique ne sont plus de la science-fiction.)

La desaparición de la capa de ozono me preocupa. (Je suis préoccupé par la disparition de la couche d'ozone.)

Es difícil predecir el impacto de la robótica. (Il est difficile de prédire l'impact de la robotique.)

H Le passé dans le présent / El pasado en el presente

la mémoire collective la memoria colectiva

la légende la leyenda

l'inconscient collectif el inconsciente colectivo

vivre dans ses souvenirs vivir anclado en los recuerdos

les fantasmes los fantasmas

les apports culturels las aportaciones culturales

apprendre du passé aprender del pasado

l'évocation nostalgique la evocación nostálgica

la lignée généalogique el linaje genealógico

le cadre historique el marco histórico

l'identité ethnique la identidad étnica

la tradition orale la tradición oral

partager une identité compartir una identidad

la conservation des archives la custodia del archivo

la bibliothèque la biblióteca

le musée des arts premiers el museo de artes primeros

le conservatoire de musique el conservatorio de música

restaurer des monuments restaurar monumentos

les restes archéologiques los restos arqueológicos

l'époque contemporaine la edad contemporánea

les fêtes religieuses las festividades religiosas

les traditions folkloriques las tradiciones folclóricas

un festival un festival

une foire una feria

une exposition una muestra

La historia nos ayuda a comprender nuestro presente. (L'histoire nous aide à comprendre notre passé.)

Muchas fiestas en España evocan acontecimientos históricos. (De nombreuses fêtes traditionnelles en Espagne évoquent des événements historiques.)

El «Reina Sofía» de Madrid es uno de los mejores museos de arte contemporáneo y del siglo XX. (La « Reine Sophie » à Madrid est l'un des plus beaux musées d'art contemporain et du xxe siècle.)

Hay recuerdos que el tiempo no borra. (Il y a des souvenirs que le temps n'efface pas.)

Merece la pena asistir al espectáculo de las fiestas de Moros y Cristianos. Cela vaut la peine d'assister au spectacle des fêtes des Maures et des Chrétiens.

23 Le verbe à l'indicatif présent

1 Les auxiliaires et les verbes faibles

• **Les auxiliaires *haben, sein* et *werden***

– ***Haben*** (avoir) : *ich habe – du hast – er / es / sie hat – wir haben ihr habt – sie / Sie haben.*

– ***Sein*** (être) : *ich bin – du bist – er / es / sie ist – wir sind – ihr seid – sie / Sie sind.*

– ***Werden*** : *ich werde – du wirst – er / es / sie wird – wir werden – ihr werdet – sie / Sie werden.*

> **À savoir**
> À l'indicatif présent, ***werden*** signifie « devenir ». Il sert également à exprimer **le futur** et **le passif**.

• **Les verbes faibles (verbes réguliers)**

– **Radical du verbe** + *-e, -st, -t, -en, -t, -en.*

Ex. : *ich wohn**e** – du wohn**st** – er / es / sie wohn**t** – wir wohn**en** – ihr wohn**t** – sie / Sie wohn**en**.*

2 Les verbes forts

• **Les verbes forts sont des verbes irréguliers** car la voyelle du radical est modifiée à la 2e et à la 3e personne du singulier de **l'indicatif présent** et / ou au **prétérit** (page 348) et / ou au participe II (page 349).

• **Au présent**, les terminaisons sont les mêmes que celles des verbes faibles.

Ex. : *ich fahr**e** – du fähr**st** – er / es / sie fähr**t** – wir fahr**en** – ihr fahr**t** – sie / Sie fahr**en**.*

3 Les verbes de modalité

Les verbes de modalité sont accompagnés d'un verbe à l'infinitif placé en bout de phrase.

Ex. : *Ich **kann** heute nicht kommen.* (Je ne peux pas venir aujourd'hui.)

– Pouvoir → ***können*** (être capable de) ; ***dürfen*** (avoir la permission de).

– Vouloir → ***wollen*** (avoir la volonté de) ; ***mögen*** (apprécier qqch ou qqn).

– Devoir → ***müssen*** (être contraint(e) de) ; ***sollen*** (être obligé(e) de (parce qu'on me le demande)).

• **Conjugaison à l'indicatif présent**

Le radical est modifié au singulier (sauf pour ***sollen***) et les terminaisons sont particulières : *-Ø, -st, -Ø, -en, -t, -en.*

– ***Können*** : *ich kann – du kann**st** – er / es / sie kann – wir könn**en** – ihr könn**t** – sie / Sie könn**en**.*

– ***Dürfen*** : *ich darf – du darf**st** – er / es / sie darf – wir dürf**en** – ihr dürf**t** – sie / Sie dürf**en**.*

– ***Wollen*** : *ich will – du will**st** – er / es / sie will – wir woll**en** – ihr woll**t** – sie / Sie woll**en**.*

– ***Mögen*** : *ich mag – du mag**st** – er / es / sie mag – wir mög**en** – ihr mög**t** – sie / Sie mög**en**.*

– ***Müssen*** : *ich muss – du muss**t** – er / es / sie muss – wir müss**en** – ihr müss**t** – sie / Sie müss**en**.*

– ***Sollen*** : *ich soll – du soll**st** – er / es / sie soll – wir soll**en** – ihr soll**t** – sie / Sie soll**en**.*

4 Les verbes à particule

La particule modifie le sens du verbe. La **particule séparable** accentuée se place en bout de phrase dans les énonciatives. La **particule inséparable** (*ge-*, *mis-*, *zer-*, *be-*, *er-*, *ent-*, *emp-*, *ver-*) reste soudée au verbe.

Ex. : ***ab**/fahren* → *Der Zug **fährt** um sechs Uhr **ab**.* (Le train part à six heures.)

erklären → *Er **erklärt** die Regeln.* (Il explique les règles.)

ALLEMAND

24 Les différents modes et voix

1 Les temps du passé à l'indicatif

A Le prétérit

Le prétérit est le temps du récit. Il correspond à l'**imparfait** et au **passé simple** en français.

• Le prétérit des auxiliaires *haben* et *sein*

– ***Haben :*** *ich ha**tte** – du ha**ttest** – er / es / sie ha**tte** – wir ha**tten** – ihr ha**ttet** – sie / Sie ha**tten**.*

– ***Sein :*** *ich war – du war**st** – er / es / sie war – wir war**en** – ihr war**t** – sie / Sie war**en**.*

• Le prétérit des verbes faibles

– **Radical du verbe** + ***-t*** + ***-e***, ***-est***, ***-e***, ***-en***, ***-et***, ***-en***.

Ex. : *wohnen* (habiter) → *ich wohn**te** – du wohn**test** – er / es / sie wohn**te** – wir wohn**ten** –* ihr *wohn**tet** – sie / Sie wohn**ten**.*

– Les verbes dont le radical se termine par ***-t*** ou ***-d*** prennent un ***-e*** intercalaire.

Ex. : *Ich arbeit**e**te.* (Je travaillais.)

• Le prétérit des verbes de modalité

– **Radical sans l'inflexion de la voyelle** (¨) + ***-t*** + les terminaisons du prétérit.

– ***Können :*** *ich k**o**nn**te*** – ***Dürfen :*** *ich d**u**rf**te*** – ***Wollen :*** *ich woll**te*** – ***Mögen :*** *ich m**ochte*** – ***Müssen :*** *ich m**u**ss**te*** – ***Sollen :*** *ich soll**te**.*

• Le prétérit des autres verbes mixtes

Brennen (brûler), ***bringen*** (apporter), ***denken*** (penser), ***kennen*** (connaître), ***rennen*** (courir), ***senden*** (envoyer) modifient leur radical, prennent la marque ***-t*** et les terminaisons des verbes faibles.

Ex. : *brennen : er br**a**nn**te*** ; *bringen : er br**achte*** ; *denken : er d**achte*** ; *kennen : er k**a**nn**te*** ; *rennen : er r**a**nn**te*** ; *senden : er s**a**nd**te**.*

• Le prétérit des verbes forts

– **Radical modifié** + ***-Ø***, ***-st***, ***-Ø***, ***-en***, ***-t***, ***-en***.

Ex. : *fahren* (conduire) → *ich f**u**hr – du f**u**hr**st** – er / es / sie f**u**hr – wir f**u**hr**en** – ihr f**u**hr**t** – sie / Sie f**u**hr**en**.*

– Les verbes en ***-a*** changent leur voyelle du radical en ***-u*** ou ***-ie*** : *fahren* (conduire) → *er f**u**hr* ; *lassen* (laisser) → *er l**ie**ß.*

– Les verbes en ***-i*** changent leur voyelle du radical en ***-a*** : *finden* (trouver) → *er f**a**nd.*

– Les verbes en ***-e*** changent leur voyelle du radical en ***-a*** : *geben* (donner) → *er g**a**b.*

– Les verbes en ***-ei*** changent leurs voyelles du radical en ***-ie*** ou ***-i*** : *bleiben* (rester) → *er bl**ie**b* ; *streichen* (peindre) → *er str**i**ch.*

– Les verbes en ***-ie*** changent leurs voyelles du radical en ***-o*** : *frieren* (avoir froid) → *er fr**o**r.*

> **Exception**
>
> *Fangen* (attraper) → *er f**i**ng.*

> **Exceptions**
>
> *Heben* (soulever) → *er h**o**b* ; *gehen* (aller à pied) → *er g**i**ng* ; *werden* (devenir) → *er w**u**rde* ; *stehen* (se tenir debout) → *er st**a**nd.*

B Le parfait

Le parfait est l'équivalent du **passé composé** en français. Il se forme avec l'**auxiliaire *haben* ou *sein* au présent** + **participe II (participe passé)**.

Ex. : *Ich **habe** heute viel **gearbeitet**.* (J'ai beaucoup travaillé aujourd'hui.)

- **Choix de l'auxiliaire**

– ***Sein*** s'emploie avec ***sein*** (être), ***werden*** (devenir) et ***bleiben*** (rester) ; les verbes de déplacement tels que ***gehen*** (aller à pied) et les verbes qui indiquent un changement d'état tels que ***einschlafen*** (s'endormir).
– ***Haben*** s'emploie avec tous les autres verbes.

- **Formation du participe II**

– **Auxiliaires :** *haben* (avoir) → ***gehabt*** ; *sein* (être) → ***gewesen*** ; *werden* (devenir) → ***geworden***.
– **Verbes faibles simples :** ***ge*** + **radical** + ***-t***. Ex. : *wohnen* (habiter) → ***gewohnt***.
– **Verbes faibles à particule séparable : particule** + ***ge*** + **radical** + ***-t***.
Ex. : *einkaufen* (faire les courses) → ***eingekauft***.
– **Verbes faibles à particule inséparable : radical** + ***-t***. Ex. : *verkaufen* (vendre) → ***verkauft***.
– **Verbes en *-ieren* : radical** + ***-t***. Ex. : *telefonieren* (téléphoner) → ***telefoniert***.
– **Verbes de modalité** et verbes **mixtes :** ***ge*** + **radical modifié** + ***-t***.
Ex. : *können* (pouvoir) → ***gekonnt***.
– **Verbes forts simples :** ***ge*** + **radical modifié** + ***-en***. Ex. : *gehen* (aller à pied) → ***gegangen***.
– **Verbes forts à particule séparable : particule** + ***ge*** + **radical modifié** + ***-en***.
Ex. : *ausgehen* (sortir) → ***ausgegangen***.
– **Verbes forts à particule inséparable : radical modifié** + ***-en***.
Ex. : *verstehen* (comprendre) → ***verstanden***.

C Le plus-que-parfait

Le plus-que-parfait se forme comme le parfait mais avec les auxiliaires ***haben*** et ***sein*** au **prétérit** (page 348).
Ex. : *fahren* (aller avec un véhicule) → *ich* ***war gefahren*** – *du* ***warst gefahren***.

2 Le futur

Pour tous les types de verbes : ***werden*** **au présent + infinitif**.
Ex. : *kommen* (venir) → *ich* ***werde kommen*** – *du* ***wirst kommen***.

3 Le mode impératif

- **Conjugaison**

– 2e personne du singulier : **radical** + *(-e)*.
Ex. : ***Mach(e)*** *deine Hausaufgaben!* (Fais tes devoirs !)
Remarque : la marque ***-e*** est facultative et peu employée. Elle est cependant obligatoire pour les verbes conjugués avec un ***-e*** intercalaire.
Ex. : *Rede / Redet nicht so laut!* (Ne parle / parlez pas si fort !)
– 1re personne du pluriel : **radical** + ***-en*** + ***wir***.
Ex. : ***Machen wir*** *unsere Hausaufgaben!* (Faisons nos devoirs !)
– 2e personne du pluriel : **radical** + ***-t***.
Ex. : ***Macht*** *eure Hausaufgaben!* (Faites vos devoirs !)
– Formule de politesse : **radical** + ***-en*** + ***Sie***.
Ex. : ***Machen Sie*** *Ihre Hausaufgaben!* (Faites vos devoirs !)

Attention !
Le verbe occupe la première place dans la phrase et celle-ci se termine par un point d'exclamation.

ALLEMAND

- **Cas particuliers**

– Les verbes irréguliers en *-e* voient leur radical modifié à la 2e personne du singulier, comme au présent. Le *-e* est alors remplacé par *-i* ou *-ie*.
Ex. : (*du gibst*) *Gib!* (Donne !) ; (*du liest*) *Lies!* (lis !)

> **À savoir**
> ***Sein*** (être) à la 2e personne du pluriel : la terminaison *-t* est remplacée par un *-d*.
> Ex. : *Seid ruhig!* (Soyez tranquilles !)

4 Le subjonctif II

- **Le subjonctif II présent** se forme sur le **radical du prétérit** + *-e*, *-est*, *-e*, *-en*, *-et*, *-en* ainsi qu'une inflexion (¨) sur le *a*, le *o* et le *u*.
Ex. : *ich wäre – du wärest.*

> **À savoir**
> **Le subjonctif II** est le mode de **l'irréel** et sert à exprimer un **souhait** ou une **condition.**

- **Le subjonctif II présent des verbes faibles** est identique au prétérit. Pour les différencier, on emploie **le subjonctif II futur** qui se forme de la manière suivante : ***werden* au subjonctif II + infinitif.**
Ex. : *Ich **machte** gern einen Ausflug. / Ich **würde** gern einen Ausflug **machen**.* (J'aimerais bien faire une sortie.)

- **Le subjonctif II passé** correspond au conditionnel passé en français et se forme avec l'**auxiliaire *haben* ou *sein* au subjonctif II + participe II.**
Ex. : *Ich **wäre** gerne **gekommen**.* (J'aurais bien aimé venir.)

5 Le subjonctif I

- **Le subjonctif I présent** se forme à partir du **radical du verbe** + *-e*, *-est*, *-e*, *-en*, *-et*, *-en*.
Ex. : *ich **habe** – du **habest**.*

- **Le subjonctif I passé** se forme avec l'**auxiliaire *haben* ou *sein* au subjonctif I + participe II.**

- **Le subjonctif I futur** se forme avec l'**auxiliaire *werden* au subjonctif I + infinitif.**

> **À savoir**
> **Le subjonctif I** est le mode du **discours indirect** et sert à rapporter les propos de quelqu'un.
> Ex. : *Der Minister **habe** gesagt, man **brauche** ein neues Gesetz.* (Le ministre a dit qu'on avait besoin d'une nouvelle loi.)

6 Le passif

- **Le passif personnel**

– Au passif, le sujet **subit l'action**. Le sujet de la voix active devient alors **complément d'agent**.
Voix active : *Die Umweltverschmutzung zerstört den Wald.* (La pollution détruit la forêt.) → Voix passive : *Der Wald **wird** von der Umweltverschmutzung **zerstört**.* (La forêt est détruite par la pollution.)
– Pour passer de la voix active à la voix passive, il suffit de conjuguer l'auxiliaire ***werden*** au temps de la voix active.

- **Le passif impersonnel**

Le passif impersonnel se substitue au **« on » français**. Le pronom impersonnel ***es*** prend la place de sujet à la voix passive et occupe toujours la première place. Il peut disparaître au profit d'un complément.
Ex. : ***Es** wird gearbeitet!* (On travaille !) *Am Sonntag wird gearbeitet!* (On travaille dimanche !)

25 La phrase

1 La place du verbe dans la déclarative et l'interrogative

A La déclarative

Dans l'énoncé déclaratif, le **verbe occupe toujours la deuxième position**. Les autres éléments de l'énoncé peuvent changer de place. Toutefois, si le sujet n'occupe pas la première place, il doit être placé immédiatement après le verbe.

Ex. : *Ich / **habe** / heute / eine Mathearbeit. Heute / **habe** / ich / eine Mathearbeit. Eine Mathearbeit / **habe** / ich / heute.* (J'ai un contrôle de maths aujourd'hui.)

B L'interrogative directe

- **Interrogative directe globale :** le verbe conjugué occupe la première place.

Ex. : ***Hast** du heute Zeit?* (As-tu du temps aujourd'hui ?)

- **Interrogative directe partielle :** commence toujours par un mot interrogatif.

Ex. : *Was **machst** du heute?* (Que fais-tu aujourd'hui ?)

Mots interrogatifs : *Wer* / *wen* / *wem* (qui) ; ***was*** (que, quoi) ; ***wie*** (comment) ; ***wo* / *wohin*** (où) ; ***woher*** (d'où) ; ***wann*** (quand) ; ***warum*** (pourquoi) ; ***wie viel*** (combien) ; ***wie lange*** (combien de temps).

2 La subordonnée

La proposition subordonnée dépend de la proposition principale à laquelle elle est rattachée. La conjonction de subordination introduit la subordonnée et le **verbe conjugué occupe la position finale**.

A Compléter un énoncé avec *dass* et *weil*

Dass permet de compléter un énoncé et ***weil*** exprime une cause.

- ***Dass** : Ich glaube nicht, **dass** ich morgen kommen werde.* (Je ne crois pas que je viendrai demain.)
- ***Weil** : Ich muss zum Arzt gehen, **weil** ich krank bin.* (Je dois aller chez le médecin, parce que je suis malade.)

B L'interrogative indirecte

- **L'interrogative indirecte globale** est toujours introduite par la conjonction de subordination ***ob*** (si). On ne peut y répondre que par « oui » ou par « non ».

Ex. : *Weißt du, **ob** sie ihre Prüfung bestanden hat? Nein, ich weiß es nicht.* (Sais-tu si elle a réussi son examen ? Non, je ne le sais pas.)

- **L'interrogative indirecte partielle** est toujours introduite par un mot interrogatif dont dépend la réponse.

Ex. : *Weißt du, **wann** unsere Eltern zurückkommen? Sie kommen übermorgen zurück.* (Sais-tu quand nos parents rentrent ? Il rentrent après-demain.)

C Se repérer dans le temps : *wenn* et *als*

• ***Wenn* (quand)** s'emploie au **présent**, au **futur** et au **prétérit**. Au prétérit, il exprime une action qui s'est répétée dans le passé et peut se traduire par « chaque fois que ».

Ex. : Présent : ***Wenn** ich fertig bin, komme ich zu dir.* (Quand j'ai fini, je viens chez toi.)

Futur : ***Wenn** ich fertig sein werde, werde ich erleichtert sein.* (Lorsque j'aurai fini, je serai soulagé(e).)

Prétérit : ***Wenn** ich von der Schule zurückkam, musste ich immer etwas essen.* (Lorsque je rentrais de l'école, je devais toujours manger quelque chose.)

• ***Als* (quand)** s'emploie dans le cas d'un moment unique dans le passé et peut se traduire par « au moment où ».

Ex. : ***Als** ich klein war, wohnte ich in Berlin.* (Lorsque j'étais petit, j'habitais à Berlin.)

D Exprimer une condition avec *wenn* (si)

• **Si la condition est réalisable**, on emploie le **présent**.

Ex. : ***Wenn** ich mit meinem Studium fertig bin, dann suche ich eine Arbeit.* (Quand j'aurai fini mes études, je chercherai un travail.)

• **Si la condition n'est pas réalisable** au moment où on l'exprime, on utilise le **subjonctif II** (page 350).

Ex. : ***Wenn** ich viel Geld hätte, dann würde ich eine Weltreise machen.* (Si j'avais beaucoup d'argent, je ferais un tour du monde.)

À savoir

On peut également exprimer une condition en supprimant ***wenn*** et en plaçant le verbe conjugué en **première position**.

Ex. : ***Hätte** ich viel Geld, dann würde ich eine Weltreise machen.*

E Préciser un énoncé, exprimer un but

• **La relative** est introduite par un **pronom relatif** qui varie selon sa **fonction** dans la phrase et le genre de son **antécédent**. Les pronoms relatifs sont identiques aux déterminants sauf **au datif pluriel et au génitif**.

	Masc.	Neu.	Fém.	Pl.
Nom.	*der*	*das*	*die*	*die*
Acc.	*den*	*das*	*die*	*die*
Dat.	*dem*	*dem*	*der*	***denen***
Gén.	***dessen***	***dessen***	***deren***	***deren***

• **Les pronoms relatifs**

Ex. : Sujet → *Mein Freund, **der** Klaus heißt, feiert heute sein Geburtstag.* (Mon ami, qui s'appelle Klaus, fête son anniversaire aujourd'hui.).

Cod → *Mein Freund, **den** ich am Samstag einlade, freut sich.* (Mon ami, que j'invite samedi, se réjouit.).

Coi → *Mein Freund, **dem** ich etwas geschenkt habe, hat sich sehr gefreut.* (Mon ami, à qui j'ai offert quelque chose, s'est beaucoup réjoui.).

Cdn → *Mein Freund, **dessen** Mutter krank ist, macht sich Sorgen.* (Mon ami, dont la mère est malade, se fait du souci.)

• **Le groupe infinitif complément**

– **Groupe infinitif avec *zu* : *zu*** précède le verbe à l'infinitif ou s'interpose entre la particule et la base du verbe si le verbe est à particule séparable.

Ex. : *Ich habe Lust, ins Kino **zu** gehen.* (J'ai envie d'aller au cinéma.)

*Ich habe Lust mit**zu**kommen.* (J'ai envie de vous accompagner.)

– **Groupe infinitif sans *zu* :** le groupe infinitif se construit sans ***zu*** avec les verbes de modalité, les verbes de perception tels que ***sehen*** (voir) et les verbes ***lassen*** (laisser), ***lehren*** (enseigner), ***lernen*** (apprendre) et ***helfen*** (aider).

Ex. : *Ich höre die Kinder kommen.* (J'entends venir les enfants.)

À savoir

Pour exprimer un but, on utilise la formule ***um … zu***.

Ex. : *Ich lerne, **um** bessere Noten **zu** haben.*

26 Le groupe nominal

1 Le groupe nominal sans adjectif

A Les articles et leurs marques

L'article du groupe nominal permet d'identifier son genre et son nombre ainsi que sa fonction selon un cas.

- **Les différentes fonctions du groupe nominal :** **nominatif** (sujet et attribut du sujet) ; **accusatif** (cod) ; **datif** (coi / cos) ; **génitif** (complément du nom).

- **L'article défini**

	Masc.	Neu.	Fém.	Pl.
Nom.	***der*** *Vater*	***das*** *Kind*	***die*** *Mutter*	***die*** *Kinder*
Acc.	***den*** *Vater*	***das*** *Kind*	***die*** *Mutter*	***die*** *Kinder*
Dat.	***dem*** *Vater*	***dem*** *Kind*	***der*** *Mutter*	***den*** *Kinder**n***
Gén.	***des*** *Vater**s***	***des*** *Kind**es***	***der*** *Mutter*	***der*** *Kinder*

À savoir

Le démonstratif ***dies-*** (ce, cet, cette) se décline comme l'article défini.

- **L'article indéfini**

	Masc.	Neu.	Fém.
Nom.	*ein Vater*	*ein Kind*	*ein**e** Mutter*
Acc.	*ein**en** Vater*	*ein Kind*	*ein**e** Mutter*
Dat.	*ein**em** Vater*	*ein**em** Kind*	*ein**er** Mutter*
Gén.	*ein**es** Vaters*	*ein**es** **Kindes***	*ein**er** Mutter*

Attention !

L'article indéfini disparaît au pluriel.

B Exprimer la possession

- **Les adjectifs possessifs**

Il faut identifier le ou les **possesseurs** et son ou ses **objets**. À la 3e personne du singulier, le genre du possesseur détermine le choix de l'adjectif possessif. L'identification de l'objet se fait grâce à la déclinaison de l'adjectif possessif qui est identique à celle de l'article indéfini (tableau précédent).

Ex. : ***Meine*** *Freundin.* (Possesseur : 1re personne / Objet : féminin).

	1re pers. du sg.	2e pers. du sg.	3e pers. masc. / neu. du sg.	3e pers. fém. du sg.	1re pers. du pl.	2e pers. du pl.	3e pers. du pl.
Objet masc.	*mein Vater*	*dein Vater*	*sein Vater*	*ihr Vater*	*unser Vater*	*euer Vater*	*ihr Vater*
Objet neu.	*mein Baby*	*dein Baby*	*sein Baby*	*ihr Baby*	*unser Baby*	*euer Baby*	*ihr Baby*
Objet fém.	*meine Mutter*	*deine Mutter*	*seine Mutter*	*ihre Mutter*	*unsere Mutter*	*eure Mutter*	*ihre Mutter*
Objet pl.	*meine Eltern*	*deine Eltern*	*seine Eltern*	*ihre Eltern*	*unsere Eltern*	*eure Eltern*	*ihre Eltern*

Au pluriel, les adjectifs possessifs se déclinent selon le modèle de l'article défini (voir ci-dessus).

- **Le génitif saxon** s'utilise principalement avec des noms propres. Pour marquer la possession, on rajoute un **-s** au nom propre. S'il comprend déjà un **-s**, on ajoute une apostrophe.

Ex. : *Peter**s** Auto fährt schnell.* (La voiture de Peter roule vite.)
*Thomas**'** Eltern holen ihn ab.* (Les parents de Thomas viennent le chercher.)

Avec la **préposition *von*** (de) (page 355), la marque ***-s*** du nom disparaît.
Ex. : *Die Mutter **von** Lea ist noch nicht da.* (La mère de Léa n'est pas encore là.)

C Nier un énoncé : la négation

• ***Kein*** permet de nier un groupe nominal comprenant l'article ***ein*** ou sans article.
Ex. : *Ich habe einen Termin. / Ich habe **keinen** Termin.* (J'ai un rendez-vous. / Je n'ai pas de RV.)
*Ich trinke Orangensaft. / Ich trinke **keinen** Orangensaft.* (Je bois du jus d'orange. / Je ne bois pas de jus d'orange.)

• ***Nicht*** s'emploie dans tous les autres cas.
Ex. : *Ich will **nicht** ins Schwimmbad gehen.* (Je ne veux pas aller à la piscine.)
– Dans un **groupe verbal simple** comprenant un **cod** ou un **coi**, ***nicht*** se place en fin de phrase.
Ex. : *Ich helfe meinem Vater **nicht**.* (Je n'aide pas mon père.)
Dans tous les autres cas, *nicht* précède l'attribut ou l'adverbe, la particule séparable, le groupe infinitif, le groupe prépositionnel.
Ex. : *Heute gehe ich **nicht** ins Kino.* (Aujourd'hui, je ne vais pas au cinéma.)

• **Les autres négateurs** sont ***nichts*** (rien) et ***nie*** (jamais). On peut renforcer la négation avec ***gar nicht*** (pas du tout), ***keineswegs*** (aucunement) et ***nicht einmal*** (même pas).

D Les pronoms personnels et les pronoms réfléchis

• **Les pronoms personnels** dépendent du nom qu'ils remplacent à la 3e personne du singulier.

	1re pers. du sg.	2e pers. du sg.	3e pers. du sg. (masc., neu., fém.)	1re pers. du pl.	2e pers. du pl.	3e pers. du pl., politesse
Nom.	*ich*	*du*	*er, es, sie*	*wie*	*ihr*	*sie, Sie*
Acc.	*mich*	*dich*	*ihn, es, sie*	*uns*	*euch*	*sie, Sie*
Dat.	*mir*	*dir*	*ihm, ihm, ihr*	*uns*	*euch*	*ihnen, Ihnen*

• **Les pronoms réfléchis** sont identiques aux pronoms personnels, sauf à la 3e personne du singulier et du pluriel où le pronom réfléchi est toujours ***sich***.
Ex. : À l'accusatif → *ich wasche **mich** – er wäscht **sich** – sie waschen **sich***. Au datif → *ich wasche **mir** die Hände – er wäscht **sich** die Hände – sie waschen **sich** die Hände*.

E Les pronoms indéfinis

• **Les pronoms indéfinis invariables**
– ***man*** (on) : ***Man** könnte heute wegfahren.* (On pourrait partir demain.)
– ***etwas*** (quelque chose) : *Ich habe **etwas** zu sagen.* (Je dois dire quelque chose.)
– ***nichts*** (rien) : *Ich habe **nichts** zu sagen.* (Je n'ai rien à dire.)
– ***jemand*** (quelqu'un) et ***niemand*** (personne) peuvent être invariables, ou déclinés : *Ich habe **niemand(en)** gesehen.* (Je n'ai vu personne.)

• **Les pronoms indéfinis qui se déclinent**
– ***einer***, ***eines***, ***eine***... (l'un de... quelqu'un) : ***Eine** meiner Freundinnen macht ein Praktikum im Ausland.* (Une de mes amies fait un stage à l'étranger.)
– ***keiner***, ***keines***, ***keine***... (aucun(e) de...) : *Wir haben **keinen** getroffen.* (Nous n'en avons rencontré aucun.)

2 Le groupe nominal avec adjectif

Un adjectif est **épithète** lorsqu'il est placé devant le nom qu'il qualifie. Dans ce cas, **il se décline**. L'**attribut** reste en revanche **invariable**.

- Il existe deux types de marques pour l'adjectif : les marques fortes (celles des articles définis page 353), et les marques faibles *-e* ou *-en*.

- **Groupe nominal sans article :** l'adjectif prend la marque forte sauf au génitif masculin et neutre, la marque forte étant située sur le nom.

	Masc.	Neu.	Fém.	Pl.
Nom.	*nett**er** Vater*	*nett**es** Kind*	*nett**e** Mutter*	*nett**e** Kinder*
Acc.	*nett**en** Vater*	*nett**es** Kind*	*nett**e** Mutter*	*nett**e** Kinder*
Dat.	*nett**em** Vater*	*nett**em** Kind*	*nett**er** Mutter*	*nett**en** Kinder**n***
Gén.	*nett**en** Vater**s***	*nett**en** Kind**es***	*nett**er** Mutter*	*nett**er** Kinder*

- **Groupe nominal avec article défini**

C'est l'article défini qui porte la marque forte. L'adjectif prend la marque faible ***-e*** ou ***-en***. La marque ***-e*** n'apparaît qu'au nominatif singulier et à l'accusatif neutre et féminin.

	Masc.	Neu.	Fém.	Pl.
Nom.	*der nett**e** Vater*	*das nett**e** Kind*	*die nett**e** Mutter*	*die nett**en** Kinder*
Acc.	*den nett**en** Vater*	*das nett**e** Kind*	*die nett**e** Mutter*	*die nett**en** Kinder*
Dat.	*dem nett**en** Vater*	*dem nett**en** Kind*	*der nett**en** Mutter*	*den nett**en** Kinder**n***
Gén.	*des nett**en** Vaters*	*des nett**en** Kind**es***	*der nett**en** Mutter*	*der nett**en** Kinder*

- **Groupe nominal avec article indéfini**

L'article indéfini ***ein*** n'ayant pas de marque au nominatif masculin et neutre et à l'accusatif neutre, l'adjectif prend la marque forte. Dans les autres cas, il prend la marque faible ***-e*** ou ***-en***.

	Masc.	Neu.	Fém.
Nom.	*ein nett**er** Vater*	*ein nett**es** Kind*	*ein**e** nett**e** Mutter*
Acc.	*einen nett**en** Vater*	*ein nett**es** Kind*	*eine nett**e** Mutter*
Dat.	*einem nett**en** Vater*	*einem nett**en** Kind*	*einer nett**en** Mutter*
Gén.	*eines nett**en** Vaters*	*eines nett**en** Kind**es***	*einer nett**en** Mutter*

3 Les prépositions et leur cas

La préposition détermine le cas du groupe nominal.

- **Prépositions suivies de l'accusatif :** ***um*** (autour de), ***ohne*** (sans), ***gegen*** (contre), ***durch*** (à travers), ***für*** (pour).

- **Prépositions suivies du datif :** ***aus*** (provenance), ***bei*** (chez, quand on est chez la personne), ***mit*** (avec), ***seit*** (depuis), ***nach*** (à, après, vers), ***von*** (de), ***zu*** (chez, quand on va chez la personne).

- **Prépositions suivies du génitif :** ***(an)statt*** (au lieu de), ***trotz*** (malgré), ***während*** (pendant), ***wegen*** (à cause de).

> **Attention !**
> Contractions possibles : ***zu*** + ***dem*** = ***zum*** ; ***zu*** + ***der*** = ***zur***.
> ***in*** + ***das*** = ***ins*** ; ***an*** + ***das*** = ***ans*** ; ***in*** + ***dem*** = ***im*** ; ***an*** + ***dem*** = ***am***.

- **Prépositions mixtes :** ***in*** (dans, en), ***auf*** (sur), ***über*** (au-dessus), ***unter*** (sous), ***an*** (à, au), ***vor*** (devant), ***hinter*** (derrière), ***neben*** (à côté), ***zwischen*** (entre).

– Au directif (suivies de l'**accusatif**) : *Ich gehe* ***in die Stadt****.* (Je vais en ville.)
– Au locatif (suivies du **datif**) : *Ich bin* ***in der Stadt****.* (Je suis en ville.)

27 La comparaison : infériorité, égalité, supériorité, superlatif

1 L'expression de la comparaison

• Infériorité

nicht so **+ adjectif ou adverbe +** ***wie*****.**

Ex. : *Meine Schwester ist **nicht so groß wie** ich.* (Ma sœur n'est pas aussi grande que moi.)

• Égalité

so **+ adjectif ou adverbe +** ***wie*****.**

Ex. : *Meine Schwester ist **so groß wie** ich.* (Ma sœur est aussi grande que moi.)

• Supériorité

Adjectif ou adverbe + ***-er*** **+** ***als*****.**

Ex. : *Mein Buch ist **interessanter als** dein Buch.*
(Mon livre est plus intéressant que ton livre.)

– De nombreux adjectifs monosyllabiques comprenant un ***a***, un ***o*** ou un ***u*** prennent une inflexion (¨) sur ladite voyelle.

Ex. : *Ich bin **größer als** meine Schwester.* (Je suis plus grande que ma sœur.)

> **Attention !**
> Après ***als*** et ***wie***, le groupe nominal qui suit est toujours au nominatif.

– Quelques comparatifs de supériorité ont des formes **irrégulières** qu'il faut connaître : *gut* (bon) → ***besser*** (meilleur) ; *hoch* (haut) → ***höher*** (plus haut) ; *gern* (volontiers) → ***lieber*** (de préférence) ; *viel* (beaucoup) → ***mehr*** (plus).

2 Le superlatif

Le superlatif qualifie quelque chose ou quelqu'un en précisant qu'il ou elle est **le plus...** ou **la plus...**

Il peut être apparenté à un **adjectif épithète** ou apparaître sous la forme d'un **adverbe** ou d'un **attribut**.

• Superlatif adjectif épithète

– Il se forme en ajoutant le suffixe ***-st*** à l'adjectif et il se décline.

Ex. : *Das ist die schön**ste** Frau des Dorfes.* (C'est la plus belle femme du village.)

– Lorsque l'adjectif se termine par ***-s***, ***-ß***, ***-z***, ***-tz***, ***-d*** ou ***-t***, on place un ***e*** intercalaire entre l'adjectif et la marque ***-st***.

Ex. : *Das ist das nett**e**ste Kind der Klasse.* (C'est l'enfant le plus gentil de la classe.)

• Superlatif adverbe ou attribut

am **+ adjectif +** ***-sten*****.**

Ex. : *Dieser Sportler läuft **am schnellsten**.* (Ce sportif court le plus vite.)

– Il reste invariable.

– Il existe des formes irrégulières : *gut* (bon) → ***am besten*** (le/la meilleur/e) ; *gern* (volontiers) → ***am liebsten*** (le/la préféré/e) ; *nah* (proche) → ***am nächsten*** (le/la plus proche) ; *viel* (beaucoup) → ***am meisten*** (la plupart, la majorité).

28 Le vocabulaire utile
Zusammen leben / Vivre ensemble

A Les relations entre générations / Intergenerativ leben

la démographie die Demographie
la société die Gesellschaft
la colocation die Wohngemeinschaft(en) (die WG)
la maison intergénérationnelle das Mehrgenerationenhaus (¨er)
la maison de retraite das Altersheim(e)
le/la colocataire der Mitbewohner(-) / die Mitbewohnerin(nen)
le/la retraité/e der Rentner(-)/die Rentnerin(nen)
le/la jeune der Jugendliche(n)/die Jugendliche(n)
la mère célibataire die alleinstehende Mutter(¨n)
le veuf / la veuve der Witwer(-) / die Witwe(n)
la garderie die Kinderversorgung(en)/die Kika(s)
le conflit des générations der Generationenkonflikt(e)
le vieillissement de la population die Alterung der Bevölkerung
la dispute der Streit(e) / der Konflikt(e)
la réconciliation die Versöhnung(en)
prêt/-e à faire des compromis kompromissbereit
serviable hilfsbereit
attentif/-ive à l'autre rücksichtsvoll
solidaire solidarisch
énervant/-e nervig
ouvert/-e offen
qui aime les enfants kinderlieb
entreprenant/-e unternehmenslustig
avoir une dispute einen Streit haben
se réconcilier sich versöhnen
s'entraider sich gegenseitig helfen (a, o; i)
aider quelqu'un jemandem helfen(a, o; i) (+ datif)

Es tut mir leid! (Je suis désolé/e !)
In einem MGH kann man seine Interessen und Probleme teilen. (On peut partager ses centres d'intérêt et ses problèmes dans une maison intergénérationnelle.)
Das ist gemein! (Ça n'est vraiment pas sympa !)
Ich freue mich auf deinen Besuch! (Je me réjouis de ta visite !)

B Univers professionnel & monde du travail / Der Arbeitsmarkt

le métier der Beruf(e)
le poste die Stelle(n)
l'employé/e der Angestellte(n) / die Angestellte(n)
le salaire das Gehalt(¨er) / der Lohn(¨e)
le stage das Praktikum(a)
le/la stagiaire der Praktikant(en)/die Praktikantin(nen)
l'apprenti/e der Azubi(s)
le/la candidat/e der Kandidat(e) / die Kandidatin(nen)
le/la collègue de travail der Arbeitskolleg(en) / die Arbeistkollegin(nen)
l'entreprise die Firma(en)
la Direction die Geschätsführung / die Geschäftsleitung
l'usine das Werk(e)
le curriculum vitae der Lebenslauf (¨e)
l'entretien d'embauche das Vorstellungsgespräch(e)
la lettre de motivation das Motivationsschreiben
la réunion die Besprechung(en)
la formation die Ausbildung(en)
le/la supérieur/e hiérarchique der Vorgesetze / die Vorgesetze
le service die Abteilung(en)
les conditions de travail die Arbeitsbedingungen
le/la chômeur/-euse der Arbeitslose(n) / die Arbeitslose(n)
le chômage die Arbeitslosigkeit
être engagé/-e eingestellt werden
poser sa candidature sich bewerben(a, o; i)
engager quelqu'un jemanden einstellen
avoir un rendez-vous einen Termin haben
travailler à l'étranger im Ausland arbeiten
avoir des congés Urlaub haben
être en déplacement auf Dienstreise sein
être licencié/-e gekündigt werden
être renvoyé/-e entlassen werden

Sehr geehrter Herr Müller, (Cher Monsieur Müller, *dans une lettre*)
Mit freundlichen Grüssen (Cordialement)

ALLEMAND

C Le village, le quartier, la ville / Das Dorf, das Wohnviertel, die Stadt

la piste cyclable Der Radweg(e)
le centre-ville / les centres-villes das Zentrum / die Zentren
le quartier périphérique die Siedlung(en)
la vieille ville die Altstadt(¨e)
l'appartement die Wohnung(en)
le centre commercial das Einkaufszentrum(en)
la zone piétonne die Fussgängerzone(n)
la circulation der Verkehr
le métro die U-Bahn
la gare der Bahnhof(¨e)
la rue die Strasse
l'habitant/e der Einwohner(-) / die Einwohnerin(nen)
une ville sans voiture eine autofreie Stadt
le loyer die Miete(n)
s'installer à… sich in… niederlassen
déménager à… nach… ziehen
habiter à… in… wohnen
le jumelage die Stadtpartnerschaft
la mairie das Rathaus(¨er)
le conseil municipal der Stadtrat(¨e)
vivre à la campagne auf dem Land wohnen
vivre en ville in der Stadt wohnen
les curiosités d'une ville [monuments] die Sehenswürdigkeiten einer Stadt
être détruit/e zerstört sein
être bombardé/e zerbombt werden
aller au musée ins Museum gehen
visiter une ville eine Stadt besichtigen
aller sur le marché auf den Markt gehen (i, a; e)

In dieser Stadt ist das Leben sehr angenehm. (La vie est très agréable dans cette ville.)
Ich lebe in einem ruhigen Viertel. (Je vis dans un quartier tranquille.)
Ich möchte lieber auf dem Land wohnen. (Je préfère habiter à la campagne.)

D Représentation de soi et rapport à autrui / Ich und die anderen

la mode die Mode
l'uniforme die Uniform(en)
les habits / les vêtements die Kleider
les fringues (fam.) die Klamotten (fam.)
le style / le look das Outfit
la boutique die Boutique(n) / der Modeladen(¨)
le magasin das Geschäft(e)
le créateur de mode der Modemacher(-) / der Designer(-)
le recyclage das Recycling
le tiers-monde die Dritte Welt
démodé altmodisch
classique klassisch
romantique romantisch
gothique gothisch
tendance schick / im Trend
bon marché billig
cher teuer
s'habiller sich an/ziehen (o, o; ie)
porter quelque chose etwas an/haben / etwas tragen (u, a; ä)
avoir l'air naturel/-lle natürlich aussehen
avoir l'air authentique authentisch wirken
faire partie d'une bande einer Clique angehören (+ datif)
trouver une nouvelle famille eine neue Familie finden (a, u; i)
faire ses achats en ligne online kaufen
fabriquer de manière écologique umweltfreundlich produzieren
échanger des habits Kleider tauschen
recycler recyceln
plaire à quelqu'un jemandem gefallen (ie, a; ä) (+ datif)
faire du commerce équitable fair handeln

Kleider machen Leute! (L'habit fait le moine !)
Die Hose passt dir sehr gut. (Le pantalon te va très bien.)
Das steht dir aber gut! (Comme ça te va bien !)
Das ist zu eng! (C'est trop étroit !)
Das ist zu weit! (C'est trop grand !)
Das ist mein Lieblingsstück! (C'est mon vêtement préféré !)

E Sports et société / Sport und Gesellschaft

la discipline sportive die Sportart(en)
le/la sportif/-ive der Sportler(-) / die Sportlerin(nen)
le/la sportif/-ive de haut niveau der Spitzensportler(-) / die Spitzensportlerin(nen)
l'entraîneur/-euse der Trainer(-) / die Trainerin(nen)
l'équipe die Mannschaft(en)
la division nationale die Bundesliga
le/la joueur/-euse der Spieler(-) / die Spielerin(nen)
le terrain das Feld(er)
la blessure die Verletzung(en)
la Coupe du monde die Weltmeisterschaft (die WM)
la Coupe d'Europe die Europameisterschaft (die EM)
la coupe der Pokal
le tournoi das Turnier(e)
la compétition der Wettkampf(¨-e)
les jeux Olympiques die olympischen Spiele
les jeux d'hiver / les jeux d'été die Winterspiele / die Sommerspiele
le/la gagnant/e der Gewinner (-) / die Gewinnerin(nen)
le/la perdant/e der Verlierer (-) / die Verliererin(nen)
le fan / le supporter der Fan (¨-s)
le maillot das Trikot(s)
le patriotisme der Patriotismus
mieux / moins bien besser / schlechter
performant, ante leistungsfähig
difficile / facile hart / einfach
s'entraîner trainieren
représenter son pays sein Land vertreten (a, e; i)
être blessé/e verletzt sein
gagner un match ein Spiel gewinnen
perdre un match ein Spiel verlieren
participer à une compétition an einem Wettkampf teilnehmen
faire partie d'un groupe einer Gruppe angehören (+ datif)
unifier les peuples die Völker vereinigen
être fier/-ère de quelqu'un / quelque chose auf jemanden/etwas stolz sein (+ accusatif)
se réjouir jubeln
faire la fête feiern
s'intégrer sich integrieren

F La création et le rapport aux arts / Das Schaffen und das Verhältnis zur Kunst

l'art die Kunst
l'artiste der Künstler(-) / die Künstlerin(nen)
l'œuvre das Werk(e)
le tableau das Bild(er) / das Gemälde(-)
le/la réalisateur/-trice der Regisseur(e) / die Regisseurin(nen)
l'acteur/-trice der Schauspieler(-) / die Schauspielerin(nen)
le/la chanteur/-euse der Sänger(-) / die Sängerin(nen)
la pièce de théâtre das Theaterstück(e)
le public das Publikum
le/la musicien/-ienne der Musiker(-) / die Musikerin(nen)
l'opéra die Oper
le/la compositeur/-trice der Komponist(en) / die Komponistin(nen)
l'orchestre das Orchester
le/la chef d'orchestre der Dirigent(en) / die Dirigentin(nen)
l'écrivain/e der Schriftsteller(-) / die Schriftstellerin(nen)
le premier plan der Vordergrund
l'arrière-plan der Hintergrund
le motif das Motiv(e)
l'art abstrait die abstrakte Kunst
l'art figuratif die figurative Kunst
beau / belle schön
ennuyeux, euse langweilig
politique politisch
drôle / amusant/e lustig
multicolore bunt
clair/e / sombre hell/dunkel
critique kritisch
contenir un message eine Botschaft beinhalten (ie, a; ä)
peindre un tableau ein Gemälde malen
jouer un rôle eine Rolle spielen
tourner un film einen Film drehen (+ accusatif)
écrire un livre ein Buch schreiben (ie, ie; ei)
publier une critique de film eine Filmkritik veröffentlichen

Den Film fand ich richtig gut! (J'ai beaucoup aimé le film !)
Dieses Gemälde ist wunderschön! (Ce tableau est magnifique !)

ALLEMAND

G Sauver la planète, penser les futurs possibles / Den Planeten retten

l'environnement die Umwelt
la pollution die Umweltverschmutzung
l'écologie die Ökologie
le développement durable die Nachhaltigkeit
le changement climatique der Klimawandel
les émissions de CO_2 die CO_2-Emissionen
le pétrole das Öl
l'essence das Benzin
le moteur diesel der Dieselmotor
le parti politique des Verts die Grünen
les énergies renouvelables die erneubaren Energien
l'énergie éolienne die Windenergie
l'énergie solaire die Solarenergie
la mer das Meer
l'océan der Ozean
la nature die Natur
les plantes die Pflanzen
l'animal das Tier(e)
la Terre die Erde
la planète der Planet(en)
la centrale nucléaire das Atomkraftwerk(e)
le produit bio das Bio-Produkt(e)
bon pour l'environnement umweltfreundlich
en faveur de la protection de l'environnement umweltbewusst
nocif pour la santé gesundheitsschädlich
trier ses déchets den Müll trennen
polluer l'air die Luft verschmutzen
utiliser les transports en commun die öffentlichen Verkehrsmittel benutzen
circuler à vélo Rad fahren(u, a; ä)
manger sainement gesund essen

Die Luft ist verpestet. (L'air est très pollué.)
Atomkraftwerk? Nein, danke! (Le nucléaire ? Non merci !)

H Le passé dans le présent / Die Vergangenheit in der Gegenwart

l'Histoire die Geschichte
l'historien/-ienne der Historiker(-) / die Historikerin(nen)
le conflit der Konflikt(e)
la Première Guerre mondiale der Erste Weltkrieg
la Seconde Guerre mondiale der Zweite Weltkrieg
le cessez-le-feu der Waffenstillstand(¨e)
la paix der Friede(n)
le soulèvement populaire der Volksaufstand(¨e)
la responsabilité die Schuld
le crime das Verbrechen
le camp de concentration das Konzentrationslager(-)
le mouvement étudiant die Studentenbewegung(en)
la nomination die Ernennung
le/la chancelier/-ière der Kanzler(-) / die Kanzlerin(nen)
la République de Weimar die Weimarer Republik
la RDA die DDR
la République fédérale die Bundesrepublik
le Rideau de fer der Eiserne Vorhang
le présent die Gegenwart
le futur die Zukunft
le personnage historique die historische(n) Figur(en)
le/la traître der Verräter(-) / die Verräterin(nen)
la Résistance der Widerstand
le/la résistant/e der Widerstandskämpfer(-) / die Widerstandskämpferin(nen)
le/la combattant/e de la liberté der Freiheitskämpfer(-) / die Freiheitskämpferin(nen)
affreux/-euse schrecklich
porteur d'espoir hoffnungsvoll
avant früher
à cette époque damals
de nos jours heutzutage
se confronter à l'Histoire sich mit der Geschichte auseinandersetzen
regarder un film historique einen historischen Film gucken
débattre d'un événement historique über ein historisches Ereignis debattieren
se rebeller sich auflehnen
s'identifier sich identifizieren

Es lebe die Freiheit! (Vive la liberté !)

Sciences économiques et sociales

MÉTHODES

COURS

LES MÉTHODES

Analyser des documents statistiques

COMMENT FAIRE

Lire les documents statistiques

- **Repérer le titre** et la source du document.
- **Analyser les variables des axes** pour les graphiques : le temps est représenté sur l'axe des abscisses tandis qu'une autre variable (par exemple, le taux de chômage) est représentée sur l'axe des ordonnées.
- **Repérer les variables pour les tableaux,** c'est-à-dire les variables représentées en colonne ou en ligne. Les marges du tableau (la ligne ou la colonne « Total » ou « Ensemble »), lorsqu'elles existent, donnent des informations importantes, car les plus générales.
- **Repérer les indicateurs statistiques.** Distinguez bien l'indicateur statistique de son unité.
- **Repérer les unités** et **l'échelle** (cas des graphiques).
- **Repérer d'éventuelles légendes.** Il peut s'agir de couleurs, de formes de traits (pleins, en pointillés, etc.), de remarques ou de renvois signalés par un astérisque.

Travailler au brouillon

Au brouillon, compléter un tableau permettant de synthétiser toutes les informations nécessaires à la bonne lecture des documents statistiques.

Nature du document	*texte, tableau, graphique, schéma…*
Titre	
Source	
Unité(s)	*milliard d'euros, million de tonnes, pourcentage…*
Période et/ou pays concernés	
Variables	*intitulé des lignes, des colonnes, ou intitulé des axes*
Indicateur(s) statistique(s)	*taux de croissance, taux de répartition, indice, coefficient multiplicateur…*
Notion(s) à définir	
Que montre le document ?	

Commenter les documents

- **Dégager d'abord la tendance générale** : croissance, décroissance, stabilisation.
- **Repérer les différentes phases ou fluctuations** en identifiant les points extrêmes : nombres élevés, nombres faibles.
- **Isoler les irrégularités** (les points isolés) ou les fluctuations accidentelles (guerre, crise économique, etc.).

Attention !
Il ne suffit pas d'observer ou de constater le contenu d'un document statistique. Il faut analyser et expliquer le phénomène étudié en faisant appel à votre cours.

- **Sélectionner les informations** permettant de répondre aux questions posées.
- **Illustrer les idées** par un exemple chiffré qui vient justifier leur affirmation.
- **Effectuer de petits calculs** à partir des données du document : calculs de taux de croissance, d'indices, de coefficients multiplicateurs, de moyennes, etc. Cela permet d'extraire des informations supplémentaires pour renforcer le commentaire.

Exercice d'application

ÉNONCÉ

À partir du tableau suivant :

Évolution du PIB en France, en %.

Années	Évolution du PIB
2014	+ 0,9
2015	+ 1,1
2016	+ 1,2
2017	+ 2,2

Source : d'après l'INSEE.

1. Complétez au brouillon le tableau synthétisant toutes les informations à connaître.

2. Rédigez une phrase avec la donnée chiffrée de l'année 2017.

3. Quelle a été l'évolution du PIB français entre 2014 et 2017 ?

CORRIGÉ

1.

Nature du document	Tableau à double entrée
Titre	Évolution du PIB en France, en %
Source	INSEE
Unité(s)	Pourcentages
Période et/ou pays concernés	Entre 2014 et 2017, en France
Variables	Les années en lignes / l'évolution du PIB en colonnes
Indicateur(s) statistique(s)	Taux de variation (*cf.* Méthode, p. 364)
Notion(s) à définir	PIB : richesses créées sur un an par un pays.
Que montre le document ?	Il montre comment le PIB a varié selon les années.

2. Selon l'INSEE, le PIB de la France a augmenté de 2,2 % en 2017.

3. Le PIB de la France a augmenté tous les ans entre 2014 et 2017. Il a même augmenté de plus en plus depuis 2014 : de + 0,9 % en 2014 à + 2,2 % en 2017, soit 1,3 points de % supplémentaires.

LES MÉTHODES

Taux de répartition et taux de variation

COMMENT FAIRE

Calculer un taux de répartition et un taux de variation

Le taux de répartition

Un taux de répartition (ou de proportion) est une part relative entre un sous-ensemble (ex. : les revenus du travail) et un ensemble (ex. : l'ensemble des revenus) à une même date.

$$\frac{\text{Sous-ensemble}}{\text{Ensemble}} \times 100 = \ldots\ \%$$

Le taux de variation

- Un taux de variation (d'évolution ou de croissance) est une part relative qui mesure la variation d'une grandeur économique ou sociale entre deux instants donnés.
- La variation peut être positive (taux de croissance positif = augmentation) ou négative (taux de croissance négatif = diminution).

$$\frac{VA - VD}{VD} \times 100 = \ldots\ \%$$

VA : valeur d'arrivée de la grandeur
VD : valeur de départ de la grandeur

Éviter certaines erreurs

- Un taux de variation augmente, diminue, mais ne monte pas, ni ne descend.
- Une baisse du taux de variation ne signifie pas une baisse absolue : ainsi, lorsqu'un salaire augmente de 10 % une année et de 5 % l'année suivante, il continue à augmenter (de même lorsque le taux de croissance est constant, par exemple, de 10 % tous les ans). Le salaire diminuerait uniquement si le taux de croissance était négatif (par exemple – 20 %).
- Il ne faut pas croire qu'une augmentation, par exemple de 20 % sur un revenu de 2 000 € (soit 400 €), est supérieure à celle de 5 % sur un revenu de 10 000 € (soit 500 €).

Exploiter les taux

- La variation absolue entre deux taux est exprimée en points, tandis que la variation relative est exprimée en pourcentages.

Variation absolue : 20 % – 10 % = + 10 points

Variation relative : $\frac{20\ \% - 10\ \%}{10\ \%} \times 100 = +\ 100\ \%$

Ici, la hausse de 10 points est équivalente à une augmentation de 100 %.

- Les taux de variation ne s'ajoutent pas entre eux mais se multiplient à l'aide des coefficients multiplicateurs (CM).

CM = $\frac{\text{valeur d'arrivée}}{\text{valeur de départ}}$ ou **CM** = taux de variation (positif ou négatif) + 1

Exercice d'application

ÉNONCÉ

1. Transformez en pourcentages les chiffres suivants.

Les grands impôts en France, en 2018 (en milliards d'euros).

Impôt sur le revenu	Impôt sur les sociétés	Taxe intérieure de consommation sur les produits énergétiques	TVA	Total
72,7	25,3	13,3	152,8	264,1

Source : ministère de l'Économie.

2. Avec les données suivantes, calculez le taux de variation global du chômage des jeunes. En France, les jeunes de 15-24 ans au chômage étaient 500 000 en 2008 ; ils étaient 620 000 en 2017.

3. Complétez le tableau suivant en calculant les taux de variation et les coefficients multiplicateurs.

Taux de variation et coefficients multiplicateurs.

Taux de variation	1 %	…	– 3 %	…	21 %
Coefficients multiplicateurs	…	2,5	…	0,68	…

4. Calculez l'augmentation totale des prix en France, entre 2012 et 2018.

Augmentation des prix à la consommation en France (en %).

2012	2014	2016	2018
2	0,5	0,2	1,2

Source : INSEE.

CORRIGÉ

1.

Impôt sur le revenu	Impôt sur les sociétés	Taxe intérieure de consommation sur les produits énergétiques	TVA	Total
27,5 %	9,5 %	5,1 %	57,9 %	100 %

Exemple de calcul pour l'impôt sur le revenu : $\left(\frac{72,7}{264,1}\right) \times 100 = 27,5$ %.

2. $\frac{620\,000 - 500\,000}{500\,000} \times 100 = 24$ %

Les jeunes au chômage sont plus nombreux en 2017 par rapport à 2008 (hausse de 24 %).

3.

Taux de croissance	1 %	**150 %**	– 3 %	**– 32 %**	21 %
Coefficients multiplicateurs	**1,01**	2,5	**0,97**	0,68	**1,21**

On a : CM = taux de variation + 1.
Donc, pour un taux de variation de 1 % (1 % s'écrit 0,01), on a un CM de 1,01.
Pour un CM de 2,5, on a un taux de variation de 150 % (150 % s'écrit 1,5).
Pour un taux de variation de – 3 % (soit – 0,03), on a un CM de 0,97.
Et ainsi de suite…

4. $(1 + 0,02) \times (1 + 0,005) \times (1 + 0,002) \times (1 + 0,012) = 1,039$
Les prix ont donc augmenté de 3,9 % en France, entre 2012 et 2018 (inflation de 3,9 %).

LES MÉTHODES

Calculer des indices simples

COMMENT FAIRE

Comprendre la notion d'indice

Définition

Un indice est un rapport entre deux valeurs d'une même grandeur économique ou sociale (le revenu, l'effectif des ouvriers, etc.) dont l'une est appelée base, qui sert de référence et à laquelle on affecte, par convention, la valeur 100.

Date	t_0	t_1	t_2
Valeur	V_0	V_1	V_2
Indice	$I_{0/0}$ $\frac{V_0}{V_0} \times 100 = \mathbf{100}$	$I_{1/0}$ $\frac{V_1}{V_0} \times 100$	$I_{2/0}$ $\frac{V_2}{V_0} \times 100$

Exemple

L'exemple suivant montre tout l'intérêt de calculer des indices pour avoir une meilleure lecture des données brutes.

Effectifs des ouvriers en France (en milliers).

	1975	**1990**	**2016**
Effectifs	8 118	7 614	5 279
Indice des effectifs	100	93,6	65

Source : selon l'INSEE.

L'année 1975 a été choisie comme base (indice 100). L'indice des effectifs d'ouvriers en 2016 a été calculé de la façon suivante :

$$\frac{5\,279}{8\,118} \times 100 = 65$$

En 2016, l'indice est inférieur à 100 : il traduit une baisse du nombre d'ouvriers.

Faire le lien entre indice, taux de croissance et coefficient multiplicateur (CM)

Si l'on reprend l'exemple précédent, il y a trois manières de dire la même chose :
– L'indice des effectifs d'ouvriers est de 65 en 2016 (base 100 en 1975).
– Le nombre d'ouvriers a été multiplié par 0,65 entre 1975 et 2016.

$$CM = \frac{\text{indice}}{100} = \frac{65}{100} = 0{,}65$$

– Le nombre d'ouvriers a diminué de 35 % entre 1975 et 2016 : 65 – 100 = – 35 %. La variation en pourcentage n'est possible qu'en faisant la différence par rapport à l'indice de base.
On peut vérifier ce calcul par un taux de variation des données brutes :
[(5 279 – 8 118) / 8 118] × 100 = – 35 %

Changer de base

N'importe quelle année peut être choisie comme base. Il faut, pour cela, diviser chaque indice par celui qui correspond à la nouvelle base et multiplier le résultat par 100. Si l'année de base choisie est une année exceptionnelle (guerre, crise, etc.), l'interprétation de tous les autres indices calculés en fonction de cette année en découlera.

Exercice d'application

ÉNONCÉ

1. Calculez l'évolution de l'investissement, en indice base 100 en 1988.

Investissements en France, en milliards d'euros

1988	1995	1999	2003	2017
222,12	231,11	263,13	298,7	516

Source : INSEE.

2. Complétez le tableau suivant en calculant les indices.

La croissance des investissements

Taux de croissance	4 %	...	...	0,7 %
CM	...	1,3	...	...
Indices	...	...	**80**	...

CORRIGÉ

1. $I_{1995/1988}$: (231,11 / 222,12) × 100 = 104. L'indice des investissements en France est de 104 en 1995.

$I_{1999/1988}$: (263,13 / 222,12) × 100 = 118,4. L'indice des investissements en France est de 118,4 en 1999.

$I_{2003/1988}$: (298,7 / 222,12) × 100 = 134,4. L'indice des investissements en France est de 134,4 en 2003.

$I_{2017/1988}$: (516 / 222,12) × 100 = 180,9. L'indice des investissements en France est de 232,3 en 2017.

2.

Taux de croissance	4 %	**30 %**	**– 20 %**	0,7 %
CM	**1,04**	1,3	**0,8**	**1,007**
Indices	**104**	**130**	80	**100,7**

– Un taux de croissance de 4 % correspond à un indice de 104 (car 104 – 100 = 4 %) et à un CM de 1,04 (car 104/100 = 1,04).

– Un CM de 1,3 correspond à un indice de 130 (car 1,3 × 100 = 130) et à un taux de croissance de 30 % (car 130 – 100 = 30 %).

– Un indice de 80 correspond à un taux de croissance de – 20 % (car 80 – 100 = – 20 %) et à un CM de 0,8 (car 80 / 100 = 0,8).

– Un taux de croissance de 0,7 % correspond à un indice de 100,7 (car 100,7 – 100 = 0,7 %) et à un CM de 1,007 (car 100,7 / 100 = 1,007).

LES MÉTHODES

Distinguer valeur nominale et valeur réelle

COMMENT FAIRE

Distinguer l'effet-prix de l'effet-volume

• Deux effets interviennent dans l'évolution d'une grandeur économique comme la production :
– un effet-volume : l'évolution de la production résulte strictement des quantités produites ;
– un effet-prix : la production évolue par suite de la seule variation des prix.

La combinaison de l'effet-volume et de l'effet-prix est le cas le plus fréquent. La production varie à la fois du fait des quantités et des prix.

• Pour connaître la variation en volume d'une grandeur, il suffit de supprimer l'effet-prix de l'évolution. Cela revient donc à déflater la grandeur. Pour cela, on passe en général par les indices à l'aide de la formule suivante :

$$\text{Indice en volume} = \frac{\text{Indice en valeur}}{\text{Indice des prix}} \times 100$$

L'indice des prix est le déflateur statitique.

Maîtriser le vocabulaire

• Des termes différents sont employés pour désigner une grandeur avec un effet-prix ou avec un effet-volume.

Avec effet-prix seulement	Avec effet-volume seulement
valeur	volume
nominal	réel
euros courants (= de l'année en cours)	euros constants

• Ainsi, on parlera par exemple :
– de PIB en valeur ou de PIB en volume ;
– de salaire nominal ou de salaire réel (pouvoir d'achat) ;
– de taux d'intérêt nominal (ou facial) ou de taux d'intérêt réel (ou effectif) ;
– d'exportations exprimées en euros courants ou d'exportations exprimées en euros constants.

Calculer le pouvoir d'achat

Le salaire nominal ne permet en rien de calculer son pouvoir d'achat, c'est-à-dire la quantité de biens et de services qu'il permet potentiellement de se procurer. Pour éviter tout phénomène d'illusion monétaire qui consiste à ne considérer que le niveau nominal du salaire, il faut calculer le salaire réel. Calculé en euros constants, le salaire réel supprime l'effet-prix.

$$\text{Indice du salaire réel} = \frac{\text{Indice du salaire nominal}}{\text{Indice des prix}} \times 100$$

Exercice d'application

ÉNONCÉ

1. À partir du tableau suivant, calculez l'augmentation de la production de cette entreprise de matériel informatique en mettant en évidence l'effet-volume et l'effet-prix.

	2000	2018
Production (en millions d'euros)	0,45	1,12
Indice des prix	100	103

2. À partir des données suivantes, calculez la baisse du pouvoir d'achat de M. Beaujean.

En 2018, une prime de 450 € permet à M. Beaujean de se payer une semaine de sports d'hiver d'un montant de 450 €. En 2019, il reçoit une prime de 465 €, mais la semaine de sports d'hiver coûte désormais 495 €.

CORRIGÉ

1. • **L'effet-volume**

On déflate la production. L'indice de la production en valeur en 2018 :
(1,12 / 0,45) × 100 = 248,88 (base 100 en 2000).
Donc, l'indice de la production en volume (en euros constants) est de :
(248,88 / 103) × 100 = 241,63.
L'augmentation en volume de la production a été de 141,63 % (241,63 – 100). La production en volume s'établit donc à 1,087 millions d'euros constants en 2018 (soit + 0,637 million d'euros constants).

• **L'effet-prix**

Il suffit de multiplier la production en volume par les prix (multipliés par 1,03) pour retrouver la production en valeur (en euros courants) : 1,087 × 1,03 = 1,12.

2. La prime de M. Beaujean a augmenté de : [(465 – 450) / 450] × 100, soit + 3,33 %. Elle est donc passée de l'indice 100 en 2018 à l'indice 103,3 en 2019.

Dans le même temps, le prix de la semaine de vacances a augmenté de :
[(495 – 450) / 450] × 100, soit + 10 %.
L'indice de son prix est donc de 110 en 2019 (base 100 en 2018).
L'indice du pouvoir d'achat de M. Beaujean est de :

$$\frac{\text{Indice en valeur}}{\text{Indice des prix}} \times 100 = \frac{103,3}{110} \times 100 = 94$$

Ainsi, le pouvoir d'achat de sa prime pour une semaine de vacances aux sports d'hiver a diminué de 6 % en un an (94 – 100).

LES MÉTHODES

Calculer une moyenne et interpréter une médiane

COMMENT FAIRE

Connaître la signification de la moyenne

Définition de la moyenne

• La moyenne est le paramètre de position le plus connu. C'est pourtant une notion abstraite : la moyenne en SES, pour un élève, peut être de 12 même s'il n'a jamais eu 12 à aucune de ses évaluations.
• De plus, la moyenne est un paramètre qui ne donne aucune idée de la dispersion des données : une moyenne de 10 peut correspondre autant à une classe homogène qu'à une classe hétérogène.
• Enfin, la moyenne est un paramètre sensible à l'effet de structure (dû à la répartition différente des effectifs) et à l'effet de dimension (dû aux valeurs de la variable qui changent).

Exemple : répartition des salaires dans deux entreprises A et B

• Dans l'entreprise A : 3/4 des salariés sont payés 7,50 € de l'heure et 1/4 sont payés 4,50 € de l'heure.
• Dans l'entreprise B : 1/4 des salariés sont payés 7,65 € de l'heure et 3/4 sont payés 4,65 € de l'heure.
• Si on calcule les salaires moyens, on obtient :
– pour l'entreprise A : (3/4 × 7,50) + (1/4 × 4,50) = 6,75 €.
– pour l'entreprise B : (1/4 × 7,65) + (3/4 × 4,65) = 5,40 €.
Ainsi, le salaire horaire moyen est plus élevé dans l'entreprise A alors que c'est dans l'entreprise B que les salariés sont les mieux payés.

Calculer une moyenne pondérée

• La moyenne simple est, par exemple, l'addition des notes de tous les élèves de la classe divisée par le nombre d'élèves.
Exemple : (5 + 8 + 9 + 10 + 14 + 8 + 16 + 8 + 14 + 11) / 10 = 10,3
• La moyenne pondérée tient compte du poids de chaque terme (ici, la note). On dit alors que chaque terme est pondéré d'un coefficient.
Si on reprend l'exemple précédent : 3 élèves ont obtenu la note 8 et 2 élèves la note 14.
[(3 × 8) + (2 × 14) + 5 + 9 + 10 + 16 + 11] / 10 = 10,3

Interpréter une médiane (Me)

Définition

La médiane correspond à la valeur de la variable (par exemple, le salaire), telle qu'il y a autant d'individus qui possèdent une valeur de la variable inférieure à elle que d'individus qui possèdent une valeur de la variable supérieure à elle. Autrement dit, la médiane est la valeur qui partage les effectifs en deux parties égales.

Exercice d'application

ÉNONCÉ

1. À partir des données suivantes, calculez les moyennes.

Lors d'un concours pour une école de commerce, un élève obtient les notes suivantes :
11 en Économie (coefficient 7) ; 8 en Histoire (coefficient 5) ; 13 en Langue vivante (coefficient 5).

a. Calculez d'abord la moyenne simple de cet élève.

b. Puis calculez sa moyenne pondérée.

2. À partir des données suivantes, calculez d'abord le salaire moyen, puis le salaire médian.

Dans une entreprise de 7 salariés, les salaires sont les suivants : 3 750 €, 2 250 €, 900 €, 1 200 €, 1 350 €, 1 050 €, 1 650 €.

3. Le texte ci-dessous vous permet-il de répondre à la question suivante « Qui est le Français moyen ? » ?

En 2017, l'INSEE a dressé le portrait du Français moyen. Il vit dans une grande ville, est propriétaire d'un logement de 91 m². Il a obtenu son premier emploi à 19 ans, appartient à la catégorie des employés, travaille à temps plein 37,2 heures par semaine, en CDI, pour un revenu salarial de 1 711 € par mois. Il épargne 14 % de son revenu et consomme le reste. Il dépense sur l'année 2 975 € en soins et biens médicaux et pratique au moins une activité sportive, ce qui lui permettra de vivre jusqu'à 82,3 ans.

CORRIGÉ

1. Calcul de moyennes

a. La moyenne simple est de :

$$\frac{(11 + 8 + 13)}{3} = 10,6$$

b. La moyenne pondérée est de :

$$\frac{(11 \times 7) + (8 \times 5) + (13 \times 5)}{7 + 5 + 5} = 10,7$$

(somme des coefficients)

2. Le salaire moyen et le salaire médian

a. Le salaire moyen est de 1 735,71 € :

$$\frac{3\,750 + 2\,250 + 900 + 1\,200 + 1\,350 + 1\,050 + 1\,650}{7} = 1\,735,71\text{ €}$$

b. Le salaire médian est de 1 350 €, car trois salaires sont au-dessus (3 750 €, 2 250 € et 1 650 €) et trois salaires sont au-dessous (1 200 €, 1 050 € et 900 €).

3. Qui est le Français moyen ?

Le texte ne permet pas de déterminer qui est le Français moyen car celui-ci n'existe pas réellement. Il n'est qu'une représentation de la réalité. C'est un modèle utile pour étudier la société française et la comparer à d'autres. (Car comparer tous les Français et tous les Espagnols est impossible à faire !)

1 La démarche des économistes, des sociologues et des politistes

1 Les questions fondamentales

A Qu'est-ce qu'une allocation efficace des ressources rares ?

• **La nécessité de faire des choix.** L'analyse économique étudie la façon dont s'opèrent les choix des individus dans un contexte marqué par une limitation des ressources utilisables (problème de rareté des matières premières, de la main-d'œuvre, etc.).

> **Mot-clé**
> **Rareté :** situation de déséquilibre entre les ressources disponibles et les quantités que les individus souhaitent utiliser.

• **Des choix sous contrainte.** Du fait de la rareté des ressources, les agents économiques (consommateurs, entreprises, État, etc.) doivent faire des choix sous contrainte. Dans le cas des choix de consommation des ménages, une contrainte budgétaire s'impose : le montant des dépenses ne peut pas dépasser le montant du budget. Dans la limite de ce qui leur est accessible, les consommateurs doivent opter pour le choix le meilleur (allocation optimale des ressources).

• **L'économiste** s'intéresse donc à ce qui se passe avant, pendant et après la production de richesses (biens et services) dans le but de satisfaire les besoins humains.

B Comment fait-on société ?

• **La question fondatrice de la sociologie.** Comment se fait-il que les individus, tout en étant autonomes (des êtres singuliers), dépendent étroitement de la société dans laquelle ils vivent ? Les sociologues y répondent en expliquant comment l'homme est relié aux autres et à la société. Ils montrent que la vie en société place tout être humain, dès sa naissance, dans une **relation d'interdépendance** avec les autres, à l'origine d'une forme de solidarité.

• **Le sociologue** étudie donc les individus en tant qu'acteurs appartenant à des groupes sociaux, et analyse leurs comportements, valeurs et manières de penser à l'intérieur d'une société.

C Comment se conquiert et s'exerce le pouvoir politique ?

• **L'objet de la science politique** est l'étude des phénomènes politiques dont le champ est large. On distingue **la** politique et **le** politique :
– **la politique** est un concept assez récent et ce terme désigne les activités qui tournent autour du pouvoir : sa conquête à travers les élections, et son exercice ;
– **le politique**, qui existe depuis toujours dans les sociétés humaines, est ce qui permet la cohésion de la société. Dans nos démocraties, l'État est reconnu comme l'arbitre chargé de gérer des conflits inhérents à la société. Le politique est ce contenant invisible qui permet à chacun de bien vivre : il permet donc à la politique de fonctionner.

> **Exemple**
> Tout n'est pas politique mais n'importe quel problème dans la société peut le devenir pourvu qu'un groupe s'en saisisse. Le mariage pour tous, par exemple, a émergé du fait de la mobilisation d'acteurs.

• **Le politologue (ou politiste)** étudie les moyens plus ou moins codifiés (coutumes et lois, institutions, idéologies) utilisés pour réguler les conflits potentiels entre groupes sociaux et notamment tout ce qui concerne les rapports de pouvoir et leur régulation.

2 Des méthodes scientifiques

A Une démarche scientifique

• **Des sciences sociales.** L'économie, la sociologie et la science politique sont des sciences sociales qui adoptent chacune une rigueur de l'analyse.

• **Formuler un problème avec des hypothèses.** Le scientifique établit des **relations causales** et en donne des explications plausibles mais provisoires en attendant qu'elles soient validées. Par exemple, le sociologue français Émile Durkheim (1858-1917) a étudié le suicide en cherchant à savoir si les causes de cet acte étaient personnelles ou liées à la société.

• **Distinguer causalité et corrélation.** Deux variables peuvent être corrélées (c'est-à-dire reliées) sans qu'il y ait de relation causale entre elles. Par exemple, en disant que 90 % des personnes meurent dans leur lit, il n'y a pas de lien de cause à effet entre la variable « mourir » et la variable « être dans son lit » ; la corrélation s'explique par une troisième variable (comme la maladie) qui a des relations causales avec les deux autres.

• **Se défaire de ses jugements de valeur dans le travail de recherche.** Le scientifique doit se départir de son opinion et de celle des autres car elles sont infondées scientifiquement.

B Des méthodes quantitatives et qualitatives

• **Des méthodes quantitatives.** Pour repérer et étudier certains phénomènes, les scientifiques travaillent sur des **données empiriques**, c'est-à-dire des informations disponibles qu'ils vont mettre en relation pour pouvoir les interpréter (recours aux statistiques et à l'usage des mathématiques).

> **Exemple**
> Émile Durkheim ne pouvait pas interroger les suicidés sur leurs motivations. Il a donc mis en évidence des régularités statistiques en utilisant des informations chiffrées (sexe, âge, religion, état matrimonial, etc.).

• **Des méthodes qualitatives.** D'autres phénomènes nécessitent de faire des enquêtes afin de prendre en compte l'opinion ou les motivations des individus. Cette collecte d'informations se fait sur le terrain à partir d'une observation, de questionnaires et/ou d'entretiens.

C La construction de modèles

• **Une description simplifiée de la réalité.** Construire des modèles pour les économistes, les sociologues ou les politologues est essentiel pour la connaissance scientifique. Ce sont des **représentations simplifiées de la réalité** conçues pour tester des hypothèses concernant le fonctionnement de la société et le comportement des individus.

• **Les modèles encouragent le débat scientifique.** Par définition, les modèles ignorent certains aspects de la réalité. Ils prennent en compte certaines variables ainsi que les hypothèses relatives aux relations entre ces variables. Un modèle peut alors s'opposer à un autre et s'exposer à la critique.

> **Exemple**
> Les modèles servent à la prévision : ils peuvent renseigner les responsables politiques sur les conséquences possibles de leurs décisions.

• **Des exemples de modèles**

– **En économie**, le modèle de l'offre et de la demande (*cf.* chapitre 5, p. 380) explique le niveau des quantités échangées en fonction des prix sur un marché parfaitement concurrentiel.

– **En sociologie**, le modèle du « passager clandestin » explique qu'un individu rationnel peut avoir intérêt à ne pas participer à une grève (perte de salaire évitée), mais attendre que les autres le fassent et bénéficier d'une augmentation salariale grâce à leur mobilisation.

– **En science politique**, le modèle du Michigan (États-Unis) explique le vote par un attachement affectif durable au Parti démocrate ou au Parti républicain : une identification partisane transmise par les parents, renforcée par le milieu social et professionnel.

2 Comment crée-t-on des richesses ?

1 La production de biens et de services

A La production marchande

• **Les biens et services économiques** sont une création du travail humain. Les **biens de consommation** sont destinés aux ménages et les **biens de production** (machines, matières premières…) sont destinés aux entreprises. Les **services** sont des prestations de travail non stockables : leur production et leur consommation sont réalisées simultanément (ex. : course de taxi).

> **Exemple**
> Achetée par un ménage, une voiture est un **bien de consommation.** Achetée par une entreprise, c'est un **bien de production.**

• **Un but lucratif.** La production marchande est issue des entreprises dans le but de réaliser un profit (biens et services vendus sur un marché à un prix au moins supérieur aux coûts de production).

B La production non marchande

• **Un but non lucratif.** La production non marchande concerne les services non vendus sur le marché. Ils sont gratuits ou quasi gratuits (la police, l'Éducation nationale, l'activité syndicale, etc.).

• **Le secteur non marchand** regroupe les associations, les syndicats ainsi que les administrations publiques (État, régions, hôpitaux publics, etc.) qui produisent des services non marchands.

C Les organisations productives

• **Les entreprises** ont pour activité principale de produire des biens et des services marchands. Le **secteur privé** regroupe les entreprises dont les propriétaires sont privés, ayant pour objectif de réaliser un profit grâce au résultat de la vente sur un marché. Le **secteur public** regroupe les entreprises qui appartiennent en totalité ou majoritairement à l'État (EDF, SNCF…).

• **Les administrations publiques** regroupent les **administrations centrales** (État, CNRS, Pôle emploi, les musées, les universités, etc.), les **administrations locales** (régions, départements, communes) et les **administrations de Sécurité sociale** (les hôpitaux publics par exemple).

• **Les administrations publiques produisent des services non marchands** pour mieux protéger, mieux soigner, mieux loger, mieux éduquer la population. Ces services sont **financés par les prélèvements obligatoires** (impôts et cotisations sociales), mais sur le principe de la solidarité nationale : ainsi, un ménage ne payera pas plus d'impôts qu'un autre ménage en allant davantage chez le médecin.

• **Le secteur de l'économie sociale et solidaire (ESS)** regroupe les associations, les mutuelles (d'assurance et de santé) et les coopératives (de consommateurs et de producteurs) dont le point commun est de privilégier le service rendu plutôt que la recherche du profit maximal.

> **Chiffres-clés**
> En 2018, l'économie sociale en France regroupe plus de 200 000 entreprises. Elle représente 10 % du PIB et près de 13 % des emplois privés.

• **Le secteur de l'ESS** répond à de nouveaux besoins sociaux suite aux mutations de la société : lutter contre l'exclusion, créer des emplois, protéger l'environnement, donner accès au crédit aux plus défavorisés, etc.

2 La combinaison des facteurs de production

A Les facteurs de production

• **Facteur naturel et facteur travail.** Les ressources naturelles (du sol et du sous-sol) ainsi que la main-d'œuvre disponibles sont des facteurs de production : par exemple, l'agriculteur, par sa qualification et son temps de travail sur une terre fertile, contribue à la production.

> **Mot-clé**
> **Facteurs de production :** toutes les ressources économiques utiles à la production.

• **Facteur capital.** Le **capital circulant** disparaît au cours du cycle de production : c'est une disparition/destruction comme pour l'électricité, ou une disparition/incorporation comme pour le bois utilisé par une menuiserie. Le capital circulant est donc synonyme de consommations intermédiaires. Le **capital fixe** ne disparaît pas dans l'acte de production mais subit une usure (tels les bâtiments d'une usine, les machines-outils…). L'achat de capital fixe correspond à l'investissement matériel, encore appelé formation brute de capital fixe (FBCF).

> **Mot-clé**
> **Facteur capital : capital productif et matériel.** Il n'a donc rien à voir avec le capital financier, pour lequel on parlera de placements financiers.

• **Le progrès technique** améliore l'efficacité des facteurs de production utilisés : il résulte d'innovations qui modifient les méthodes de production (ex. : le travail à la chaîne) et débouchent sur la création de nouveaux produits.

B La combinaison productive

• **Des facteurs complémentaires.** Les producteurs combinent les facteurs de production de façon optimale. Sans ses outils, l'agriculteur aurait du mal à assurer sa récolte : le facteur capital et le facteur travail sont donc complémentaires.

• **Des facteurs substituables.** Dans l'agriculture, comme dans l'industrie, le facteur capital (outillages, machines…) est plus intensément utilisé ; il s'est même largement substitué au facteur travail. Ainsi, il est devenu plus rentable d'utiliser un tracteur avec un seul agriculteur que dix agriculteurs munis de simples bêches.

• **Le secteur des services.** Dans ce secteur, le facteur travail est davantage utilisé pour assurer la production. Mais les machines sont de plus en plus utilisées pour augmenter la productivité. Par exemple, les banques ont généralisé les distributeurs de billets automatiques et se sont informatisées.

> **Mot-clé**
> **Productivité :** mesure de la performance de la combinaison productive, c'est-à dire la production obtenue rapportée aux facteurs de production utilisés.

3 Comment mesure-t-on des richesses ?

1 Les indicateurs de création des richesses

A Valeur ajoutée, chiffre d'affaires et bénéfices

• **La valeur ajoutée (VA) mesure la richesse réelle produite.** Une fabrique de meubles achète pour 2 500 € de bois (consommations intermédiaires « transformées ») et consomme 300 € d'électricité (consommation intermédiaire « détruite »). Si elle vend ses meubles 10 000 €, sa valeur ajoutée est de 7 200 € (production effectivement réalisée).

VA = production vendue (ou chiffre d'affaires) – consommations intermédiaires

• **Le chiffre d'affaires (ou production vendue) d'une entreprise** est obtenu en calculant seulement ses recettes, soit les quantités de biens ou de services vendues multipliées par leurs prix.

• **Le bénéfice d'une entreprise** est obtenu lorsque le total de ses charges (dépenses) est inférieur au total de ses produits (ventes). Ce bénéfice comptable n'est pas totalement identique au profit mesuré par l'excédent brut d'exploitation (EBE) :

EBE = VA – (salaires + cotisations sociales + impôts liés à la production)

B De la valeur ajoutée au produit intérieur brut (PIB)

• **Le PIB est égal à la somme des valeurs ajoutées** de toutes les organisations productives sur le territoire national au cours d'une année (en ajoutant les impôts liés à la production et en enlevant les subventions liées à la production).

• **Le PIB par habitant** (PIB/nombre d'habitants = 30 000 € en France) permet de classer les pays selon leur niveau de richesse, c'est-à-dire leur niveau de vie. Il évalue donc ce que serait la part de chacun si tout ce qui est produit au cours d'une année était distribué équitablement aux habitants du pays .

• **Le PIB par habitant gomme les inégalités.** Il masque en effet la répartition plus ou moins inégalitaire des revenus au sein d'une population, puisqu'il ne s'agit que d'une moyenne.

2 La croissance économique

A Qu'est-ce que la croissance économique ?

• **Définition.** La croissance économique désigne l'augmentation soutenue pendant une ou plusieurs périodes longues de la quantité de richesses créées par une économie. C'est donc un **phénomène purement économique et quantitatif**.

• **Son calcul.** La croissance économique se mesure en calculant le taux de croissance du PIB.

$$\frac{\text{valeur du PIB de l'année 2} - \text{valeur du PIB de l'année 1}}{\text{valeur du PIB de l'année 1}} \times 100$$

• **Un phénomène récent dans l'histoire.** La croissance économique n'apparaît qu'à la fin du XVIIIe siècle. D'abord lente jusqu'en 1945, elle s'accélère ensuite jusqu'en 1974 lors de la période dite des « Trente Glorieuses » (production et consommation de masse). Puis, elle se ralentit considérablement en Occident lorsque la concurrence internationale des pays où la main-d'œuvre est moins chère (ex. : Inde, Chine) devient de plus en plus importante.

Croissance du PIB par habitant (indice 1820 = 100).

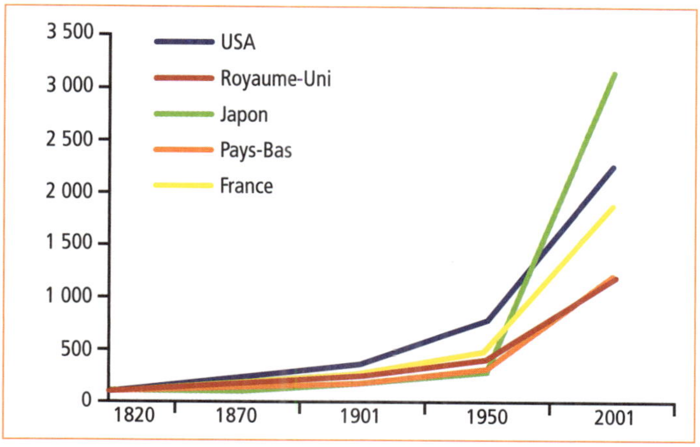

Source : OCDE.

B Les limites écologiques de la croissance

• **Une croissance économique infinie dans un monde fini (limité par ses ressources naturelles)** n'est certainement pas possible sans causer de dégâts sur la nature. Les coûts environnementaux sont directement liés aux activités de production et de consommation qui génèrent des pollutions (CO_2, bruit, paysages dégradés) et qui exploitent la nature dans une proportion supérieure à ses capacités de renouvellement (ex. : déforestations intensives).

• **Les externalités négatives** témoignent des défaillances du marché. Ce sont les coûts produits par une activité de production ou de consommation et qui affectent d'autres agents économiques, sans compensation pour le tort subi.

• **L'État intervient pour contraindre les agents économiques** à payer les conséquences de leurs actions. C'est notamment le principe de la taxe du pollueur-payeur. Cette taxe a pour but de compenser les dégâts causés par le pollueur sur les autres agents économiques.

Citation-clé

L'économiste anglais A. C. Pigou (1877-1959) fait état des « *ressources que l'on emploie à la protection contre la fumée des cheminées d'une usine. Cette fumée en effet, dans les grandes villes, cause à la communauté de lourds dommages non compensés, tant aux bâtiments qu'aux végétaux, entraîne des dépenses pour laver le linge, nettoyer les chambres et éclairer ces dernières à la lumière artificielle* » (*The Economics of Welfare*, Macmillan, 1920).

4 Qu'est-ce qu'un marché ?

1 Le marché en économie

A Un lieu physique ou virtuel

• **Le marché au sens courant.** Le marché est communément le **lieu physique** où sont rassemblés, sur une place ou dans une halle, des commerçants qui vendent directement des produits ou des services à leurs clients.

• **Le marché au sens large.** Sur certains marchés, les producteurs (offreurs) et les consommateurs (demandeurs) ne se rencontrent pas physiquement. La Bourse, par exemple, est un **marché fictif** vide de toute référence géographique puisque les achats et les ventes de produits financiers (comme les actions) se réalisent à l'aide d'un réseau moderne de communication (téléphone, Internet).

Attention !

Par définition, le marché s'applique aux activités marchandes. Il exclut donc les productions non marchandes (*cf.* chapitre 2, p. 374).

B La diversité des marchés

• **L'extension des rapports marchands.** Il y a autant de marchés que de marchandises à échanger : le marché alimentaire, le marché financier, le marché du travail, le marché de l'automobile, etc. On assiste à une **marchandisation des rapports humains** car il y a peu d'activités sociales qui ne peuvent pas être soumises à une logique de marché.

Exemple

Le marché s'est emparé de la mort (concurrence entre entreprises de pompes funèbres), de l'amour (agences matrimoniales, sites de rencontre), du sport (athlètes qui s'achètent et se vendent dans le clubs), et parfois même du corps humain (mères porteuses ou ventes d'organes dans certains pays).

• **La taille des marchés.** On parle du marché mondial (du pétrole, etc.), du marché européen (où les marchandises, les capitaux et les personnes circulent librement) du marché national (de l'automobile, etc.), ou du marché local (du foie gras du Sud-Ouest, etc.) pour désigner l'offre et la demande d'un secteur particulier.

2 L'offre et la demande

A Les déterminants de l'offre et de la demande

• **Les facteurs qui agissent sur la demande** des biens ou des services sont :
– les **goûts des consommateurs** (déterminant le plus évident) : ceux-ci vont consommer des biens et des services en fonction de leurs préférences. Si un consommateur préfère la glace aux yaourts, il va consommer plus de glace que de yaourts ;
– les **revenus** dont disposent les agents économiques qui déterminent la demande solvable ;
– les **prix** qui constituent une variable importante puisqu'ils vont déterminer les quantités demandées.

Mots-clés

• **Demande :** quantité d'un bien ou d'un service désirée par un consommateur ou l'ensemble des consommateurs sur un marché.
• **Offre :** quantité d'un bien ou d'un service qu'une entreprise ou l'ensemble des entreprises désire vendre sur un marché.

• **Les facteurs qui agissent sur l'offre** des biens et des services sont :
– l'**état des techniques** : par exemple, la robotisation dans l'industrie automobile permet de gros volumes de production ;
– les **prix des facteurs de production** : si par exemple le coût du travail ou le prix de l'énergie augmentent, la production baisse car elle devient moins profitable.

Exemple
Les économistes n'essaient pas d'expliquer les goûts des consommateurs car ils reposent sur des raisons historiques et psychologiques qui vont bien au-delà du champ de l'économie. En revanche, ils examinent ce qui se passe lorsque les préférences des consommateurs changent.

B Les courbes d'offre et de demande

• **La courbe de demande.** En général, les consommateurs ont tendance à consommer davantage lorsque les prix diminuent (ou consomment moins lorsque les prix augmentent). Ils réagissent donc selon une **fonction de demande décroissante des prix**.

• **La courbe d'offre.** En général, les producteurs tendent à accroître leur production aussi longtemps que les prix augmentent. Ils réagissent donc selon une **fonction croissante des prix**.

• **La pente de la courbe de la demande** représente l'élasticité des quantités demandées par rapport aux prix (sensibilité de la demande lorsque les prix varient) : une faible pente correspond alors à une forte variation des quantités consommées lorsque les prix varient peu.

• **La pente de la courbe de l'offre** représente l'élasticité des quantités offertes par rapport aux prix : une forte pente correspond alors à une faible variation des quantités produites lorsque les prix varient beaucoup.

Demande

Prix	2 €	4 €	5 €	9 €
Quantités demandées	500	350	200	100

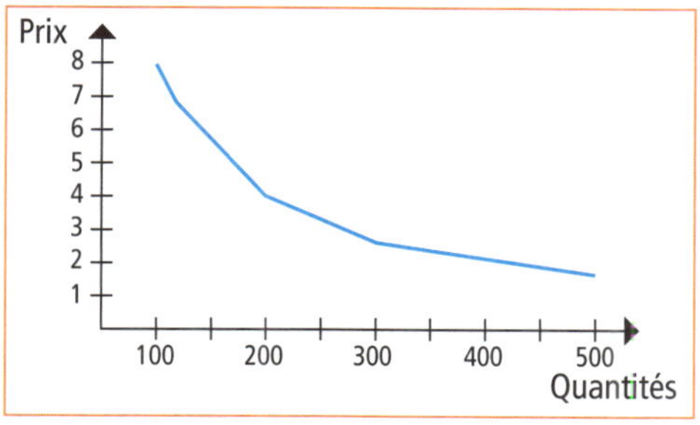

Offre

Prix	2 €	4 €	5 €	9 €
Quantités offertes	100	200	300	500

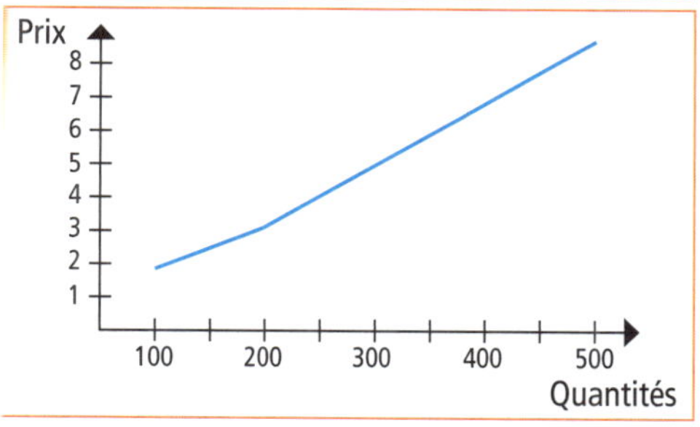

C Les demandes atypiques

• **Pour se distinguer socialement,** certains individus veulent consommer certains biens ou services dont le prix augmente (cas des produits nouveaux sur le marché). C'est un moyen pour eux de se surclasser socialement, ou d'imiter certains groupes sociaux.

• **Demandes liées aux anticipations.** Lorsque certains consommateurs anticipent une inflation (hausse du niveau général des prix), ils consomment plus avant que les prix n'augmentent davantage. Le contraire se produit dans le cas d'une anticipation à la baisse des prix : les consommateurs retardent alors leurs achats dans l'attente d'une baisse des prix (cas des soldes).

• **Les « biens Giffen ».** L'économiste écossais Robert Giffen (1837-1910) a montré que la hausse du prix des biens dits inférieurs, (comme le pain) entraîne une hausse de leur consommation, car les biens dits supérieurs (comme la viande) deviennent alors trop chers à acheter.

5 Comment se forment les prix sur un marché ?

1 L'ajustement offre-demande sur le marché

A Prix d'équilibre et quantités d'équilibre

• **Lorsque l'offre et la demande se confrontent** sur le marché, un équilibre sur le prix et les quantités satisfait consommateurs et producteurs. Un **prix d'équilibre** (p*) égalise donc l'offre et la demande : à ce prix, toutes les **quantités offertes** sont vendues (q*) tandis que toutes les **quantités demandées** sont achetées (q*).

Notion-clé

L'expression « **loi de l'offre et de la demande** » a été employée par l'économiste Alfred Marshall (1842-1924).
La courbe de demande décroît lorsque le prix augmente, la courbe d'offre suit le mouvement inverse : il arrive donc forcément un moment où les deux courbes se coupent, déterminant ainsi un prix et une quantité d'équilibre.

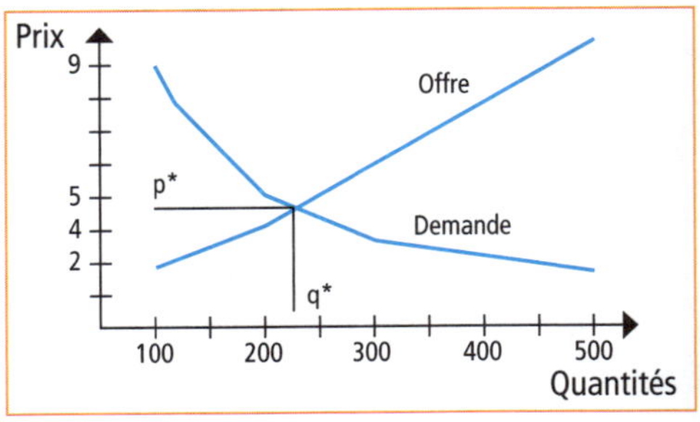

• **Ajustement et prix d'équilibre.** L'économiste français Léon Walras (1834-1910) évoquait la détermination des prix sur le marché par ajustements successifs, comme si un arbitre imaginaire jouait le rôle de commissaire-priseur lors d'une vente aux enchères. Ce dernier fait une proposition de prix : producteurs et consommateurs réagissent en offrant et en demandant des quantités plus ou moins importantes. Si l'offre et la demande s'équilibrent, l'**ajustement** est terminé ; sinon, le prix est modifié par le commissaire-priseur jusqu'à ce qu'on parvienne à un prix d'entente (**prix d'équilibre**). Ce mécanisme suppose une régulation par aucun autre agent que les seuls participants au marché, ce qui exclut toute intervention de l'État.

B Les conditions de la concurrence

• **Le cadre théorique.** En théorie, la loi de l'offre et la demande définit un prix et des quantités d'équilibre dans les **conditions de la concurrence pure et parfaite**, qui sont au nombre de cinq :
– l'**atomicité du marché** : le très grand nombre d'offreurs et de demandeurs ne permet à aucun de fixer les prix lui-même ;
– l'**homogénéité des produits** : les offreurs d'un même type de produit livrent des biens considérés comme identiques pour les consommateurs ;
– la **libre entrée et la libre sortie du marché** : un producteur doit pouvoir s'installer sur le marché ou cesser son activité librement ;
– la parfaite **transparence du marché** : chaque participant au marché a une connaissance complète de tous les éléments significatifs du marché (prix, qualité et origine des biens et services) ;
– la parfaite **mobilité des facteurs de production** (*cf.* chapitre 2, p. 375) : le travail et le capital peuvent se déplacer librement.

• **Le cadre réel.** Le cas de la concurrence pure et parfaite est souvent qualifié « d'abstraction héroïque » car il ne correspond pratiquement jamais à des situations concrètes. Par exemple, le marché du pétrole fait intervenir un petit nombre de producteurs (atomicité non respectée) et nécessite un coût d'exploitation très élevé (libre entrée difficile).

Exemple

Le marché du travail est peut-être celui qui est le plus éloigné de la concurrence pure et parfaite : travailleurs peu mobiles, poids des syndicats, méconnaissance de certains salaires, diplômes nécessaires pour la plupart des professions, etc.

2 Interventions de l'État et équilibre du marché

A Les effets d'une taxe payée par les acheteurs

• **Exemple d'une taxe imposée aux consommateurs par l'État.** Afin de réduire la production de produits polluants (ex. : le carburant), pour chaque unité consommée, les consommateurs doivent verser un montant de taxe de 0,5 €. Comme les acheteurs sont guidés par le **prix effectivement payé**, au prix du marché de 3 €, les quantités demandées sont de 100 : mais au prix de 3,5 € (prix du marché + taxe), les quantités demandées ne sont plus que de 80. Pour inciter les acheteurs à consommer toujours 100 après l'instauration de la taxe, il faudrait que le prix du marché soit de 2,5 €. La taxe sur les acheteurs déplace donc la courbe de demande vers la gauche d'une distance égale au montant de la taxe.

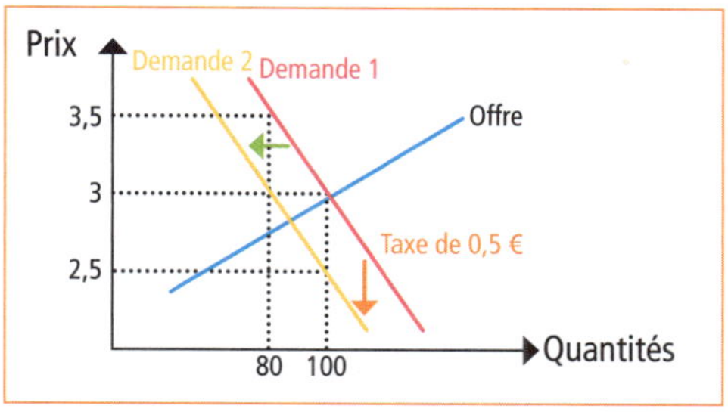

Comprendre la courbe : la demande est translatée vers le bas car, pour un même prix de marché, la taxe rend le prix du produit plus onéreux.

• **L'impact de la taxe sur l'équilibre de marché.** La taxe introduit une rupture de l'équilibre du marché : la demande baisse et les producteurs vendent moins ainsi que l'atteste le nouvel équilibre avec la taxe (la taille du marché diminue de 100 à 90 unités).

• **Qui paye la taxe ?** Acheteurs et vendeurs supportent le poids de la taxe : les vendeurs gagnent moins (prix de vente qui baisse de 3 à 2,8 €), et le prix que les acheteurs doivent payer (taxe incluse) a augmenté (prix d'achat de 3 à 3,3 €).

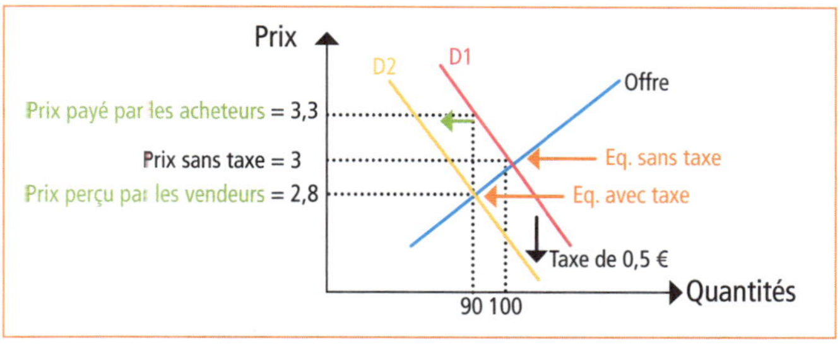

Comprendre la courbe : la taxe nuit à l'activité économique car la quantité d'équilibre diminue.

B Les effets d'une taxe payée par les vendeurs

• **Exemple d'une taxe imposée aux vendeurs par l'État.** L'État impose cette fois-ci aux vendeurs de lui payer 0,5 € de taxe par produit polluant vendu : comme les vendeurs sont guidés par le **prix effectivement encaissé**, au prix du marché de 3 €, les quantités offertes sont de 100, mais à un prix de vente de 2,5 € (prix du marché – taxe), les quantités offertes ne sont plus que 70. Pour inciter les vendeurs à produire toujours 100 après l'instauration de la taxe, il faudrait que le prix du marché soit de 3,5 €. La taxe sur les vendeurs déplace donc la courbe d'offre vers la gauche d'une distance égale au montant de la taxe.

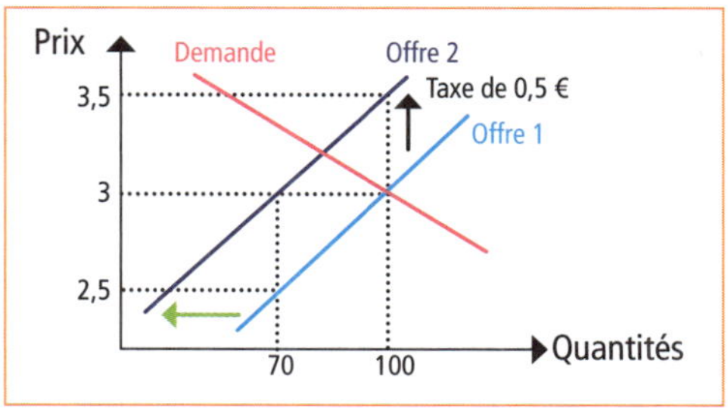

Comprendre la courbe : l'offre est translatée vers le haut car, pour un même prix de marché, la taxe renchérit le coût de production.

• **L'impact de la taxe sur l'équilibre de marché.** La taxe introduit là encore une rupture de l'équilibre du marché. Au nouvel équilibre (avec la taxe), les acheteurs consomment moins et les producteurs vendent moins (la taille du marché diminue de 100 à 90 unités).

• **Qui paye la taxe ?** Là aussi, acheteurs et vendeurs supportent le poids de la taxe. Les acheteurs payent leur produit 0,3 € de plus qu'auparavant, et les vendeurs encaissent 3,3 € mais restituent 0,5 € de taxe à l'État (ils gagnent 2,8 € par produit vendu au lieu de 3 €).

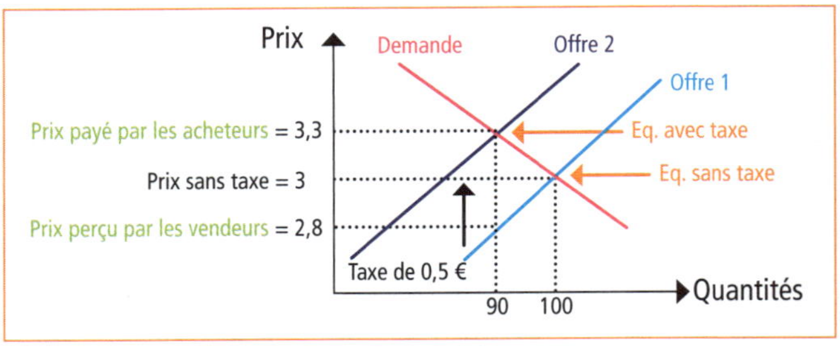

Comprendre la courbe : la taxe nuit à l'activité économique car la quantité d'équilibre diminue.

Au final, la taxe payée par les acheteurs ou celle payée par les vendeurs est la même. Dans les deux cas, on observe le même écart entre le prix d'achat payé par les acheteurs (3,3 €) et le prix de vente encaissé (taxe déduite) par les vendeurs (2,8 €).

C La répartition de la taxe entre acheteurs et vendeurs

• **Qui paie réellement la taxe ?** L'État ne peut pas décider de la répartition réelle du coût de la taxe entre acheteurs et vendeurs : lorsque la courbe d'offre est plus pentue que la courbe de demande (ce qui signifie que la quantité demandée varie plus avec les prix que la quantité offerte), alors le poids de la taxe pèse plus lourdement sur les vendeurs que sur les acheteurs (la taxe pèse plus lourdement sur les acheteurs dans le cas inverse).

> **Remarque**
> Ceux qui perdent le moins sont ceux dont l'offre ou la demande varie le plus avec les prix, c'est-à-dire ceux dont « l'élasticité prix » est la plus forte.

• **Exemples**

– **Si les acheteurs consomment autant quels que soient les prix** (élasticité prix de la demande nulle), les entreprises peuvent garder le même prix hors taxe et faire payer ce prix ajouté de la taxe aux consommateurs puisque cela n'a aucun effet sur la demande.

– Au contraire, **si la demande est totalement élastique aux prix**, toute hausse du prix liée à la taxe facturée aux consommateurs entraîne une annulation de toutes les ventes, si bien que les entreprises sont obligées de réduire leur marge du montant de la taxe, qu'elles supportent alors intégralement.

> **Attention !**
> Le coût de l'impôt doit être mis en regard de l'utilité des dépenses publiques (Sécurité sociale, équipements collectifs...) qui sont financées par ces mêmes impôts.

6 Comment devenons-nous des acteurs sociaux ?

1 L'apprentissage de la société

A Société et culture

• **Le modèle culturel.** Il y a culture là où il y a société, autrement dit rien n'est vraiment naturel chez l'homme. Toutes ses fonctions sont informées par la culture. L'homme vivant en société suit le modèle ou le **code culturel** qui lui a été transmis.

> **Exemple**
> Manger assis à table et manger avec des couverts sont des comportements culturels (et non naturels).

• **Les normes.** Les normes renvoient aux **règles de comportement** : se marier, aller à l'école... La norme indique à l'individu (et d'abord à l'enfant) la conduite à tenir dans une situation donnée : par exemple, dire *merci* quand on reçoit un cadeau.

• **Les valeurs.** Les normes n'ont pas de signification propre (« Pourquoi ne faut-il pas voler ? »). Il leur faut quelque chose de supérieur pour les légitimer : ce sont les **valeurs**, à savoir les **principes moraux et éthiques** qui orientent l'action sociale par l'intermédiaire des normes (on ne vole pas par respect de la propriété).

> **Notions-clés**
> • **Normes sociales :** normes **implicites** dans le sens où aucun règlement ni aucune loi ne contrôle ou ne punit leur transgression (ne pas dire *bonjour* ne fera pas l'objet d'une amende).
> • **Normes juridiques :** normes **explicites** car elles sont exprimées à l'aide de codes et de règlements écrits.

B Le processus de socialisation

• **La socialisation primaire.** L'apprentissage du code social est très intense de la naissance jusqu'à l'adolescence. C'est la période durant laquelle tout est à apprendre en matière de code de conduite.

> **Citation-clé**
> Selon le sociologue français **Émile Durkheim** (1858-1917) : l'éducation *« superpose à l'être individuel et asocial que nous sommes en naissant, un être entièrement nouveau »*.

• **La socialisation secondaire.** La socialisation se poursuit à l'âge adulte et jusqu'à la mort, notamment dans la vie en couple et dans la vie professionnelle.

• **Entre le psychisme et le social.** La personnalité de chacun s'accommode d'une obligation morale, d'une règle de conscience. L'individu agit en fonction de sa personnalité et des valeurs collectives de son milieu inscrites dans sa conscience. En cela, la socialisation est un **facteur d'intégration de l'individu à la société**.

C Les agents de socialisation

• **Les agents primaires.** Parmi les agents de socialisation, les agents primaires sont ceux dont la fonction est manifeste. La famille, l'école (la classe) et les institutions religieuses ont pour but explicite de **former** et d'**éduquer**.

• **Les agents secondaires.** Ils ont une fonction de socialisation plus **latente** : les médias (télévision, radio, Internet, presse écrite, cinéma), l'école (la cour de récréation), les groupes de pairs (les bandes d'amis, le voisinage, etc.) et l'entreprise exercent de manière secondaire cette fonction de transmission des normes et des valeurs.

• Exemples

	Fonction principale	Fonction secondaire de socialisation
La cour de récréation	jouer, échanger	l'amitié, la tolérance...
Les médias	informer	la violence, la démocratie...
Les groupes de pairs	se distraire, communiquer	la solidarité, la politesse...
L'entreprise	produire	la ponctualité, le respect de la hiérarchie...

D Des agents plus ou moins influents

• **Des agents sociaux significatifs.** Pour être efficace sur l'individu, la socialisation doit être transmise par des agents sociaux qui ont une forte influence sur lui : c'est le cas de la famille et de l'école pour l'enfant, mais à l'adolescence, l'éducation devient davantage négociation (heures de sorties, tenues vestimentaires, relations sexuelles, etc.).

> **Exemple**
> Le jeune forge sa personnalité en s'identifiant ou en s'opposant au modèle parental.

• **La famille concurrencée.** Initialement et jusqu'au XIXe siècle, la famille était le lieu unique de socialisation et apparaissait comme un **marqueur durable du statut social** (position occupée dans la société : frère aîné, lycéen, membre d'un club de sport...). L'école est venue ensuite offrir à l'enfant un autre lieu de socialisation où les valeurs enseignées peuvent s'éloigner de celles des parents. Puis, l'apparition des moyens de communication de masse a encore augmenté la complexité de la socialisation. En effet, par une information omniprésente et hétéroclite, les enfants arrivent à une connaissance des réalités à laquelle ils ne parvenaient autrefois qu'après un long apprentissage.

• **D'autres agents de socialisation désormais moins influents.** Les syndicats et les partis politiques voient leur influence diminuer (par défiance, désintérêt), mais aussi les institutions religieuses (décalage entre leurs discours et la société actuelle).

• **Mais un cadre cohérent.** Qu'ils soient primaires ou secondaires, les agents de socialisation partagent souvent les mêmes modèles : le travail, le respect de l'autorité, la politesse, sont des valeurs transmises aussi bien par la famille que par l'école ou l'entreprise. Cette complémentarité donne un cadre cohérent dans lequel l'individu peut évoluer.

2 Les modes de socialisation

A Transmission et acquisition

• **Socialisation par répétition.** La socialisation par répétition est l'apprentissage de réflexes conditionnés, d'habitudes acquises dans un temps plus ou moins long. Ce sont des **apprentissages élémentaires** transmis essentiellement par les parents (respecter les horaires des repas, se laver chaque jour, etc.).

• **Par imitation ou interaction.** L'apprentissage résulte du **contact avec autrui**. Ils sont transmis par la famille ou les groupes de pairs (la manière de s'habiller, les rites religieux, etc.).

• **Par tâtonnements.** L'apprentissage résulte des différentes expériences au travers desquelles l'individu valide les **succès** (réussites, récompenses) ou subit la **sanction** (échec, punitions, réprimandes). Par exemple, en étant ponctuel à son travail, le salarié sera gratifié, ce qui l'encouragera à recommencer.

> **À savoir**
> Les sanctions peuvent être négatives (punitions) mais aussi positives (récompenses).

• **Un processus interactif.** Tous ces mécanismes qui favorisent la socialisation laissent une part d'autonomie à l'individu qui peut agir sur son processus d'apprentissage.

B Les conflits de socialisation

• **Selon le sexe.** La socialisation différentielle selon le sexe fait apparaître des comportements différents entre les garçons et les filles, par exemple dans les jeux ou la répartition des tâches domestiques. La cause est à rechercher du côté de certains agents de socialisation qui apparaissent comme traditionnellement sexistes (tels les institutions religieuses, les partis politiques, l'entreprise ou la famille).

Exemple

Le sociologue français **Pierre Bourdieu** (1930-2002) a opposé le « *franc-manger* » populaire (abondance des plats, liberté) aux manières élaborées des milieux bourgeois (rituels et retenues). Ces goûts et ces aptitudes sont acquis pendant l'éducation, et sont donc liés au groupe social d'appartenance.

• **Selon le milieu d'appartenance.** La **socialisation différentielle** selon les milieux sociaux d'origine est conforme au milieu d'appartenance dans lequel elle s'exerce. Chaque milieu social (ouvrier, bourgeois…) reste attaché à la transmission des éléments socioculturels de son milieu.

• **Selon le milieu de référence.** Ce n'est pas tant le milieu d'appartenance qui est central que, de plus en plus, le milieu de référence. À l'image de la famille, les agents de socialisation vont exercer leur fonction suivant les normes et les valeurs d'autres milieux sociaux auxquels ils veulent s'identifier (pratique du golf, de l'équitation ou vacances de sports d'hiver partagées également par des milieux sociaux modestes).

• **Selon les agents de socialisation.** La famille, on l'a vu, a perdu le monopole de la socialisation. D'autres agents sont venus la concurrencer, mais elle agit comme un filtre et demeure encore l'instance fondamentale pour les jeunes : transmission du code linguistique, contrôle de l'usage des médias, etc.

Conflits possibles entre les différents agents de socialisation.

Agents de socialisation	Famille	Médias	Groupes de pairs
École (la classe)	Culture savante à l'école, langage familier à la maison	Savoirs abstraits à l'école, savoirs concrets dans les médias	Discipline à l'école, liberté avec les amis
Famille		Tolérance à la maison, violence dans les médias	Conformisme à la maison, volonté de changement avec les amis
Médias			Diversité culturelle dans les médias, attachement à une identité communautaire avec les amis

7 Pouvoir politique et institutions de la Ve République

1 Pouvoir politique et séparation des pouvoirs

A Spécificités du pouvoir politique

• **Les mots du pouvoir.** La notion de pouvoir est vague. Elle est surchargée de significations et de connotations différentes : elle renvoie à des mots grecs (les gouvernants, la souveraineté), des mots latins (capacité collective d'agir, exercer l'autorité), et à des mots plus modernes (la puissance, l'ordre, la domination).

• **Le pouvoir politique.** Habituellement, on ramène le pouvoir politique au fonctionnement du « milieu décisionnel central » incluant la classe politique, les hauts fonctionnaires, les partenaires sociaux comme les dirigeants d'entreprise et grands managers ou les leaders syndicaux. De plus, le pouvoir ne devient politique que s'il présente quelques **caractéristiques importantes** :

– S'**il se distingue du pouvoir social** en ayant un espace propre que la société lui reconnaît (ex. : la relation paternelle entre un père et son fils n'est pas politique).

– S'il possède une permanence par la présence de **lois écrites** et de **coutumes**.

– Si c'est un **phénomène collectif** qui s'exerce sur l'ensemble de la société.

– S'il **intervient sur la société** : apaisement et résolution des conflits sociaux, réduction des inégalités, défense de la société contre la menace du désordre et contre les dangers extérieurs.

– S'il repose fondamentalement sur la **légitimité** (terme qui renvoie à la confiance) : une légitimité « légale-rationnelle » selon le sociologue allemand Max Weber (1864-1920), c'est-à-dire la croyance en la légalité des règlements (le droit).

Exemple

Selon l'anthropologue français **Georges Balandier** (1920-2016), la société est marquée par un désordre qui a naturellement tendance à augmenter (elle a plus d'aptitude à détruire qu'à construire).

Notion-clé

Aucun pouvoir ne peut perdurer sans une **légitimité**. Celle-ci ne recouvre pas seulement ce qui est fondé en droit (légalité) mais aussi ce qui est fondé en raison et en valeur, c'est-à-dire selon les valeurs fondamentales du système politique acceptées par tous.

B Les trois pouvoirs selon Montesquieu

• **Le pouvoir législatif.** Confié au Parlement (Assemblée nationale et Sénat en France), il consiste en l'**élaboration de normes juridiques** (lois) qui sont générales et impersonnelles.

• **Le pouvoir exécutif.** Confié au gouvernement, il **met en œuvre les lois** en les appliquant par des textes.

• **Le pouvoir judiciaire.** Confié aux juges, il **fait appliquer les normes juridiques** une fois qu'elles sont votées.

C Les démocraties sont des États de droit

• **Qu'est-ce qu'un État de droit ?** C'est un **ordre juridique** au sein duquel les individus sont protégés contre l'arbitraire et les abus du pouvoir des dirigeants politiques. La présence de tribunaux permet de faire respecter les textes juridiques.

• **La séparation des pouvoirs est une condition de la démocratie.** La non séparation des pouvoirs a conduit pendant longtemps à la monarchie absolue, à l'image de celle de Louis XIV qui s'est emparé de la souveraineté de la Nation.

2 Les régimes démocratiques

A Régime parlementaire et régime présidentiel

• **Séparation souple des pouvoirs dans les régimes parlementaires.** Le pouvoir exécutif peut provoquer de nouvelles élections législatives (dissolution de l'Assemblée nationale) et le pouvoir législatif peut forcer le gouvernement à démissionner (censure votée par le Parlement, ou confiance non accordée).

> **Notion-clé**
> Un **régime politique** est l'ensemble des éléments sociologiques, idéologiques et institutionnels qui concourent à former le gouvernement d'un pays.

• **Séparation stricte des pouvoirs dans les régimes présidentiels.** Les pouvoirs exécutif et législatif sont irresponsables l'un devant l'autre : aucun ne peut renverser l'autre.

• **Pouvoir exécutif bicéphale.** Dans un régime parlementaire, le pouvoir exécutif est bicéphale (à deux têtes) car il est composé d'un chef de l'État (avec peu de pouvoirs) et d'un chef de gouvernement (doté de nombreux pouvoirs et issu de la majorité parlementaire).

• **Pouvoir exécutif monocéphale.** Dans un régime présidentiel, le pouvoir exécutif est monocéphale (à une seule tête). Le Président a de nombreux pouvoirs, et il est élu au suffrage universel direct ou quasi direct.

B L'exemple des régimes anglais et américains

• **Le régime parlementaire anglais.** L'exécutif est partagé entre la reine et le cabinet du Premier ministre. Le pouvoir législatif est détenu par le Parlement (Chambre des communes et Chambre des lords). De plus, la Chambre des communes peut révoquer le cabinet qui peut lui-même demander à la reine de dissoudre la Chambre des communes.

• **Le régime présidentiel américain.** Le président détient la totalité du pouvoir exécutif. Le pouvoir législatif est détenu par le Congrès (Chambre des représentants et Sénat). Le pouvoir exécutif et le pouvoir législatif ne peuvent se renverser mutuellement (en dehors de la procédure de destitution du président pour crime ou délit).

3 Les institutions de la Ve République en France

• **Naissance de la Ve République.** Sous l'impulsion du **général de Gaulle**, la Constitution de 1958 met fin à l'instabilité politique de la IVe République (1946-1958).

• **Un régime politique mixte.** De nombreux éléments rapprochent la France d'un régime parlementaire : un exécutif bicéphale (chef de l'État et Premier ministre), chacun responsable l'un devant l'autre. Mais d'autres éléments la rapprochent d'un régime présidentiel : le président est élu au suffrage universel direct, ce qui lui donne une forte légitimité.

• **Les pouvoirs du président de la République** sont étendus même si les lois sont votées par le Parlement (Assemblée nationale et Sénat). Toutefois, il peut arriver que le président et le Premier ministre ne soient pas de la même famille politique (situation de cohabitation) : dans ce cas, le régime politique s'apparente plutôt à un régime parlementaire.

• **Le quinquennat.** Depuis 2000, le président est élu tous les **5 ans** et les élections législatives (députés) suivent les élections présidentielles, ce qui rend improbable une cohabitation. Le programme électoral du président est alors mis en œuvre par le gouvernement.

8 Modes de scrutin et acteurs de la vie politique

1 Différents modes de scrutin en France

A La compétition politique en démocratie

• **Une compétition pacifiée.** En démocratie, la compétition politique (lutte pour accéder au pouvoir) est non violente : celui qui détient le pouvoir est celui qui gagne les **élections**.

• **Une compétition pluraliste.** Cette compétition est ouverte (se présenter aux élections est possible) et sincère (ce n'est pas par la fraude que l'on gagne). De plus, elle est structurée autour de plusieurs **partis politiques**.

Info-clé

Historiquement, c'est par les guerres, les révolutions ou les coups d'État que le pouvoir a été conquis.

Mot-clé

Parti politique : organisation durable dont l'objectif est de conquérir le pouvoir à travers les élections.

B La variété des modes de scrutin

• **Qu'est-ce qu'un mode de scrutin ?** C'est une **modalité d'organisation de l'élection** des représentants par le peuple pour définir comment sont transformées les voix des électeurs en sièges d'élus.

• **Types et fonctions des modes de scrutin.** Un scrutin peut être :
– **direct ou indirect :** les citoyens votent directement pour les représentants ou pas ;
– **uninominal :** on vote pour une personne ;
– **de listes :** on vote pour une liste de candidats ;
– **majoritaire :** seul le candidat ou la liste qui a le plus de voix est élu ;
– **proportionnel :** les sièges sont distribués proportionnellement au nombre de voix obtenues ;
– **mixte :** à la fois majoritaire et proportionnel.

Modes de scrutin	Exemples d'élections
uninominaux	Législatives – Présidentielle
de listes	Européennes – Municipales (villes < 1 000 hab.)
majoritaires	Présidentielle – Législatives – Municipales (villes > 1 000 hab.)
indirects	Sénatoriales

• **Les effets des modes de scrutin**
– Le **scrutin majoritaire** conduit à la bipolarisation de la vie politique (gauche/droite) et marginalise les partis se situant en dehors de ces deux pôles (ex. : le Modem, le Rassemblement national).
– Le **scrutin proportionnel** favorise une meilleure représentativité des différentes sensibilités politiques, mais rend plus difficile la formation d'une majorité stable.

2 Les partis politiques au centre de la vie politique

A La sélection des candidats par les partis

• **Partis politiques et mobilisation électorale.** Les partis politiques sont les acteurs majeurs de la mobilisation électo-

Exemple

Les meetings politiques sont l'occasion de créer une forte adhésion des participants.

rale : elle regroupe l'ensemble des actions pour inciter les citoyens à participer aux élections (voter, mais aussi diffuser des valeurs et soutenir des candidats).

- **Les partis « filtrent » les candidatures.** La plupart des candidats sont investis par un parti politique qui augmente leurs chances d'être élus. Le parti apporte à ses candidats un soutien logistique et financier lors des campagnes électorales, ainsi que « l'étiquette » du parti pour appuyer leur discours.

- **Les formes diverses de sélection.** La désignation du (ou des) candidat(s) peut être faite par la direction du parti, par les adhérents du parti (un vote désigne leur candidat), ou par les sympathisants (système des primaires).

> **Mot-clé**
> **Primaire :** élection au cours de laquelle ce sont les adhérents mais aussi ceux qui partagent les valeurs du parti qui votent pour choisir le candidat.

B L'élaboration des programmes des partis

- **La structuration de l'opinion publique.** Les partis alimentent le débat politique en diffusant dans l'opinion des idées, ce sont de véritables « **laboratoires d'idées** ».

> **Exemple**
> Le débat sur l'intégration des migrants en France fut lancé par le Rassemblement national puis repris par les autres partis politiques.

- **L'élaboration de programmes.** Les idées élaborées par les partis politiques sont formulées dans un programme général et structuré qui est la **synthèse des demandes des citoyens** liées à des intérêts particuliers.

C La politisation de l'opinion

- **La politisation des citoyens.** Les partis politiques sensibilisent les citoyens et suscitent chez eux un intérêt pour la politique. Les enquêtes d'opinion révèlent cependant une faible politisation des citoyens français.

- **L'intégration des citoyens au système politique.** Les partis sont des corps intermédiaires entre les citoyens et le pouvoir. Ils atténuent ainsi les risques d'affrontement global entre le pouvoir et la société en instaurant une communication. Ils jouent donc le rôle d'un porte-voix pour les demandes des individus.

3 La contribution des autres acteurs à la vie politique

A L'organisation de la société civile

- **La composition de la société civile.** Elle est essentiellement composée d'associations, de syndicats et de mouvements religieux qui sont réunis sur une base volontaire et qui assurent une fonction de représentation de leurs membres.

- **Elle se différencie des partis politiques.** La société civile organisée est distincte de l'État, de ses institutions et des partis politiques : son objectif n'est pas la conquête ni l'exercice du pouvoir.

> **Exemple**
> Certaines organisations de la société civile (féministes, altermondialistes…) concurrencent les syndicats et les partis politiques qui les représentent mal.

- **Un intermédiaire entre la sphère privée et la sphère publique.** Les organisations de la société civile permettent aux citoyens de se regrouper, de s'exprimer et de mener des **actions collectives** pour défendre leurs intérêts. Souvent, elles mettent au grand jour des problèmes qui seraient restés méconnus de l'opinion publique.

B Les médias

> **Exemple**
> Le président américain Donald Trump communique beaucoup par des tweets. C'est pour lui une manière de s'affranchir des médias qu'il combat.

• **Le relais des partis politiques.** Avec peu d'adhérents et donc peu de relais directs dans la population, les partis politiques doivent passer par l'intermédiaire des médias. D'un côté, ils sont donc soumis aux exigences médiatiques des journalistes : personnalisation de la vie politique, citations de petites phrases choc, temps médiatique très court, etc. Mais d'un autre côté, les hommes et les femmes politiques utilisent de plus en plus les **réseaux sociaux** pour s'exprimer directement auprès de leurs abonnés, pour répondre à des critiques ou attaquer leurs rivaux.

• **Des acteurs de la société civile.** Les associations (dont les organisations non gouvernementales font partie) ont de plus en plus recours aux **actions médiatiques** pour attirer l'attention des pouvoirs publics. Ces actions médiatiques spectaculaires ont pour but d'amener les pouvoirs publics à intervenir.

C L'influence politique de ces acteurs

• **Les groupes d'intérêt font pression.** Les organisations de la société civile sont qualifiées de **groupes d'intérêt**. Elles soulèvent des problèmes qu'elles érigent en causes à défendre (ex. : l'impôt sur la fortune, la procréation médicalement assistée). Elles cherchent ainsi à exercer une pression sur le pouvoir politique qui reste le dernier décisionnaire.

• **Diverses stratégies suivies**

– Des **stratégies contestataires** lorsqu'une pression externe (manifestations, débats publics, pétitions…) est exercée sur les pouvoirs publics pour attirer leur attention sur certains enjeux.

– Des **stratégies coopératives** lorsque la pression des organisations est interne : participation à des conférences, rapports d'analyses, rencontres des membres du gouvernement… L'information et le dialogue permettent à ces organisations de devenir les interlocuteurs des pouvoirs publics dans certains domaines politiques.

• **Médias et votes.** En plaçant sur le devant de l'actualité des thèmes de débat (comme l'insécurité, le pouvoir d'achat…), les médias renforcent l'intérêt des individus pour certains sujets. Ils peuvent donc influencer le vote, en étant à l'origine d'un « **vote sur enjeux** ». Cependant, les citoyens ont tendance à ne retenir que ce qui conforte leurs opinions.

9 Niveau de diplôme, emploi et salaire

1 Le rôle protecteur du diplôme

A Salaire, diplôme et réelle liberté de choix

• **Le salaire est la rémunération** monétaire du facteur travail (main-d'œuvre disponible). Le **salaire net** est le salaire réellement perçu par le salarié. Il est égal au salaire brut diminué des charges salariales (cotisations salariales, CSG – contribution sociale généralisée –, etc.). Le coût global du salaire pour un employeur est égal à la somme du salaire brut plus les charges sociales patronales.

• **À quoi servent les diplômes ?** Ils certifient tout d'abord la **maîtrise de certains savoirs et savoir-faire** par leurs détenteurs aux yeux de leurs potentiels employeurs. Ils permettent également à leurs titulaires d'acquérir **certains droits** (poursuite d'études, accès à des professions réglementées comme médecin ou coiffeur, par exemple). Les diplômes confèrent enfin aux personnes un **statut social** en déterminant en grande partie le rang qu'elles occupent dans la société.

• **Diplômes et réelle liberté de choix.** Le diplôme doit permettre à l'individu de réaliser ses capabilités (ou capacités), c'est-à-dire d'avoir une réelle liberté de choix de réaliser son projet de vie. Ce qui implique, par exemple, pour une personne :
– de pouvoir financièrement et géographiquement poursuivre des études ;
– de suivre des études qui correspondent à ses désirs et à ce que la société permet comme projet ;
– d'avoir eu autant de chances, à diplôme égal, d'obtenir un emploi qu'une autre personne.

> **Mot-clé**
> **Capabilité :** néologisme tiré du mot anglais *capability* utilisé par l'économiste indien Amartya Sen dans sa théorie du développement et du bien-être. Par souci de simplicité, on parle aussi de « capacité ».

B Le salaire déterminé par le niveau de diplôme

• **Les diplômes influencent les rémunérations.** Les diplômes permettent d'accéder à des professions plus ou moins attractives sur le plan des salaires.

• **Faire des études rapporte.** Les jeunes diplômés de l'enseignement supérieur bénéficient de salaires nettement plus élevés que ceux du secondaire.

C Le diplôme protège du chômage

• **Une relation inverse entre diplôme et chômage.** En moyenne, plus un individu est diplômé, moins il est exposé au risque de chômage et, inversement, en moyenne, moins un individu est diplômé, plus il est exposé au risque de chômage. Le diplôme est donc une « arme » contre le chômage.

> **Remarque**
> Étymologiquement, *diplôme* signifie « document plié en deux », produit par une autorité et remis scellé à son destinataire.

• **Le niveau scolaire est déterminant dans la sphère professionnelle.** Les deux tiers des chômeurs sont très faiblement diplômés : au contraire, les diplômés de l'enseignement supérieur sont presque au plein emploi.

D Comment expliquer le rôle protecteur du diplôme ?

• **L'investissement en capital humain.** Faire de longues études est rentable si elles permettent d'obtenir un salaire plus élevé qui compense les frais d'investissement de départ (frais de scolarité, logement, renoncement au salaire qui aurait été perçu en entrant sur le marché du travail…). Les années d'études constituent bien un investissement en capital humain car elles augmentent l'efficacité productive de l'individu, donc la rentabilité de l'entreprise : un salarié diplômé aura alors, en général, un salaire plus élevé qu'un salarié peu ou non diplômé.

> **Mot-clé**
> **Capital humain :** somme des connaissances, aptitudes et savoir-faire d'un individu déterminant sa capacité à travailler ou à produire.

• **Un signal pour l'employeur.** Le diplôme sélectionne les individus qui sont déjà et seront les plus productifs. Pour l'entreprise, le diplôme est une preuve que son titulaire est meilleur que les autres et qu'il a été sélectionné. Ainsi la formation dans les grandes écoles est la plus valorisée puisque les étudiants ont été sélectionnés pour y entrer.

2 Les facteurs relativisant le rôle protecteur du diplôme

A Des contextes d'éducation différents

• **Certains cursus plus rentables que d'autres.** On observe parmi les plus diplômés des écarts importants selon les filières. Par exemple, les diplômés d'un master en droit, économie et gestion décrochent plus facilement un emploi que ceux de la filière Lettres, Langues et Arts.

• **Le lieu de la formation.** Le rendement des études peut varier selon la situation d'éducation. Poursuit-on vraiment le même diplôme dans tous les établissements d'enseignement supérieur du territoire ?

B Des conditions d'insertion différentes après le diplôme

• **Des différences pour un même niveau de diplôme.** Des écarts salariaux importants existent chez les titulaires de master : les masters en sciences dures ont des bénéfices salariaux supérieurs alors que, pour les diplômés en Lettres, Langues, Arts ou Sciences humaines, l'emploi à temps partiel subi est plus fréquent.

> **Attention !**
> Tous les diplômes ne se valent pas. La valeur du diplôme n'est pas celle du diplômé, mais celle que lui donne le marché du travail !

• **Des paradoxes de niveau.** Certains diplômes courts (BTS, DUT) ont des rémunérations bien supérieures à certains diplômes longs, et la part des emplois à temps partiel subi est moins élevée pour les professionnels issus de ces filières supérieures plus professionnalisantes.

• **Des critères discriminants.** Certains critères peuvent entraîner des différences de rémunération entre individus ayant le même diplôme :
– Un salarié ayant de l'ancienneté est considéré comme plus productif : son salaire sera plus élevé que celui d'un débutant.
– À diplôme équivalent, les femmes gagnent souvent moins que les hommes.
– Les jeunes issus de l'immigration, à diplôme égal, sont davantage touchés par le chômage et éprouvent plus de difficulté à trouver un emploi qui correspond à leur qualification.

• **L'effet de la taille et de la localisation de l'entreprise.** Plus l'entreprise est grande, plus les salaires sont élevés pour un même niveau de qualification. Les salaires sont généralement plus faibles en province qu'à Paris.

10 Les enjeux économiques et sociaux de la poursuite d'études

1 Les diplômes ont-ils perdu leur valeur ?

A L'inflation de diplômes

• **L'emprise croissante des diplômes sur nos sociétés.** Au cours des années 1980, l'État avait fixé l'objectif de **80 % d'une classe d'âge au baccalauréat** (objectif atteint depuis). La loi de 2005 sur l'école a fixé la nécessité de conduire un jeune sur deux vers un diplôme de l'enseignement supérieur (45 % des 25-34 ans actuellement).

• **Augmentation du niveau d'études.** Augmenter le niveau d'études est une mauvaise chose au regard de l'analyse du signal (*cf.* chapitre 9, p. 391). Les meilleurs emplois iront de toute façon à ceux qui ont fait plus d'études que les autres. Cependant, un sentiment de frustration apparaîtra chez ceux qui ont cru atteindre un niveau plus élevé mais découvrent qu'il y a toujours autant de diplômés au-dessus d'eux.

• **Une dévaluation des diplômes.** L'accroissement plus rapide du nombre de titulaires de diplômes par rapport à celui des postes auxquels ces diplômes permettent normalement d'accéder, aboutit mécaniquement à leur dévaluation.

> **Notion-clé**
> L'inflation des diplômes est analogue au phénomène d'inflation monétaire : les prix augmentent car l'offre est supérieure à la demande sur un marché.

B Le déclassement

• **Le déclassement d'une même génération.** Il correspond au sentiment chez les salariés de ne pas occuper la place qui leur est due compte tenu de leur formation. En effet, le même diplôme (le baccalauréat, par exemple) ne donne plus accès à la même position sociale qu'autrefois étant donnée la vive concurrence sur le marché du travail.

> **Chiffres-clés**
> Durant les trente dernières années, la proportion de bacheliers d'une classe d'âge est passée de 26 % à 80 %.

• **Le déclassement entre les générations.** La **création massive d'emplois qualifiés** ne signifie cependant pas qu'il y ait davantage d'égalité d'accès aux différentes positions sociales. Même si les enfants qui occupent une position sociale supérieure à celle de leur père sont nombreux – beaucoup plus d'enfants d'ouvriers deviennent cadres –, ils sont, en revanche, de plus en plus nombreux à descendre dans l'échelle sociale par rapport à la situation de leur père. On parle alors de déclassement entre les générations.

2 Origine sociale et réussite scolaire

Selon certaines études, il apparaît que la France est l'un des pays où l'origine sociale (milieu social duquel on est issu) influence le plus le niveau scolaire. Plusieurs explications peuvent être avancées.

A L'école mise en cause

• **Le phénomène de reproduction sociale.** L'école serait en partie responsable de ce phénomène selon lequel, par exemple, un fils ou une fille d'ouvrier devient plus fréquement ouvrier(ère), ou de manière très proche, employé(e), à l'âge adulte.

• **La raison.** Le système scolaire s'adapterait mal aux enfants issus des catégories sociales populaires (les ouvriers notamment). Le sociologue français Pierre Bourdieu (1930-2002) évoque, pour ces enfants, un **décalage entre les attentes de l'école** (culture et langage savants, travail hors temps scolaire important, etc.) **et le niveau économique, social et culturel de leur famille** qui rend cette dernière moins apte à aider ses enfants dans le suivi et le soutien scolaire.

B Des stratégies d'études différentes

• **Des choix différents selon les famille.** Le sociologue français Raymond Boudon (1934-2013) attribue les inégalités scolaires à des intérêts particuliers rationnels en termes de coûts relatifs des études (avantages et inconvénients) : des études courtes pour les milieux défavorisés (études peu onéreuses qui suffisent pour atteindre ou dépasser le niveau des parents) et des études longues pour les autres (les classes aisées acceptent de payer cher pour les études de leurs enfants).

• **Un exemple d'effet pervers.** Raymond Boudon reconnaît l'élévation de la demande d'éducation et le simple **déplacement vers le haut des inégalités scolaires**. C'est un exemple d'effet pervers puisque l'addition des décisions individuelles aboutit à un résultat opposé à celui recherché par les individus.

Proportion d'enfants de cadres et d'ouvriers selon le niveau final d'études en 2014, en %.

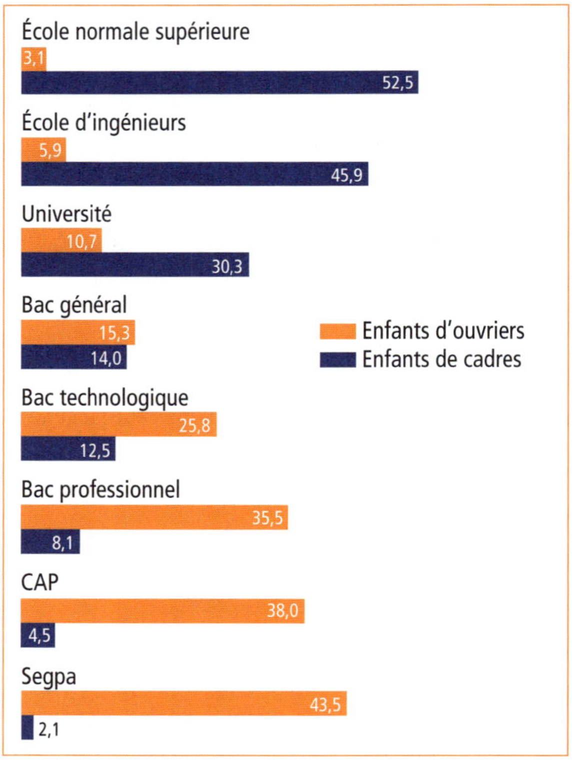

Source : ministère de l'Éducation nationale, Pierre Merle.

Index

MATHS

HISTOIRE

GÉOGRAPHIE

PHYSIQUE-CHIMIE

SVT

ANGLAIS

ESPAGNOL

ALLEMAND

SES

Achevé d'imprimer en Espagne par Macrolibros
Dépôt légal : Juin 2019 - Édition : 01
75/5924/2